Ostelbische Agrargesellschaft im Kaiserreich und in der Weimarer Republik

Ostelbische Agrargesellschaft im Kaiserreich und in der Weimarer Republik

Agrarkrise – junkerliche Interessenpolitik – Modernisierungsstrategien

Herausgegeben von Heinz Reif

Akademie Verlag

Die Deutsche Bibliothek – CIP-Einheitsaufnahme
Ostelbische Agrargesellschaft im Kaiserreich und in der Weimarer Republik : Agrarkrise – junkerliche Interessenpolitik – Modernisierungsstrategien / hrsg. von Heinz Reif . – Berlin : Akad. Verl., 1994
ISBN 3-05-002431-3
NE: Reif, Heinz [Hrsg.]

Der Akademie Verlag ist ein Unternehmen der VCH-Verlagsgruppe.

Gedruckt auf chlorfrei gebleichtem Papier.
Das eingesetzte Papier entspricht der amerikanischen Norm ANSI Z.39.48 – 1984 bzw. der europäischen Norm ISO TC 46.

Satz: deutsch-türkischer fotosatz, Berlin
Druck und Bindung: Druckhaus „Th. Müntzer“ GmbH, Bad Langensalza
Printed in the Federal Republic of Germany

Inhalt

Vorwort

Anfang April 1992 fand in Gosen bei Berlin, im Wissenschaftlichen Kommunikations- und Konferenzzentrum der Humboldt-Universität, eine Tagung zum Thema „Wege und Auswege aus der Krise. Stabilisierungskonzepte und Anpassungsstrategien der ostdeutschen Landwirtschaft an der Wende vom 19. zum 20. Jahrhundert" statt. Konzipiert wurde diese Tagung von einem Gesprächskreis aus west- und ostdeutschen Historikern, die sich seit Herbst 1990 regelmäßig am Institut für Geschichtswissenschaft der Technischen Universität Berlin trafen, um die agrargeschichtliche Forschung in beiden Teilen Deutschlands zu diskutieren. Hier entstand der Plan einer Konferenz, die die Agrarhistoriker der ehemaligen DDR wie der Bundesrepublik, aber auch Kollegen in Ost und West, mit welchen man international kooperierte, zusammenbringen sollte, in Bearbeitung eines so repräsentativen wie kontrovers beurteilten Forschungsfeldes. Die Mitglieder dieses auch weiterhin bestehenden Gesprächskreises sind Hartmut Harnisch, Wolfgang Jacobeit, Stephan Merl, Hans-Heinrich Müller, Hans-Joachim Rook und Volker Klemm. Ich möchte diesen Kollegen für viele anregende Gespräche, für Rat und Kritik bei der Konzeption der Tagung, aber auch bei der Herstellung dieses Buches sehr herzlich danken.

Die Technische Universität Berlin hat die Gosener Tagung finanziert; die Humboldt-Universität Berlin gewährte einen Beitrag zur Tagung wie zum Druck des Buches.

Gisela Klinkmüller, Waltraud Peschke und Oliver Schmidt sorgten mit engagierter Arbeit dafür, daß das Manuskript rechtzeitig zum Verlag kam. Curt Garner und Rainer Pomp halfen bei der Tagungsorganisation. Ihnen allen bin ich zu Dank verpflichtet.

Nicht zuletzt aber habe ich allen Teilnehmerinnen und Teilnehmern der Konferenz zu danken, die hier nicht durch Beiträge vertreten sind. Ganz besonders gilt dieser Dank Hans-Jürgen Teuteberg, Karl-Heinrich Kaufhold, Eckart Schremmer und Hans-Jürgen Puhle, die als Sektionsvorsitzende durch einführende Referate und Diskussionsleitung ganz wesentlich zum Gelingen der Konferenz beitrugen.

Berlin, im Juli 1993 — Heinz Reif

Einleitung

I

Seit den 1870er Jahren, nach vier Jahrzehnten günstigster Ertragslage, sah sich die nordostdeutsche, „ostelbische“[1], überwiegend durch Großgrundbesitz geprägte Landwirtschaft mit einer Vielzahl von Wandlungsprozessen konfrontiert, die alles andere als eine Fortdauer der bisher so „goldenen Jahre“ signalisierten. Die Dynamik von Industrie und Handel übertraf die der Landwirtschaft bei weitem; von überall her zogen die Menschen, das Land verlassend, in die Fabriken und Büros des Westens, wo die schnell wachsenden Städte lagen; Deutschland wandelte sich vom Auswanderer- zum Einwanderer-, vom Agrarexport- zum Agrarimportland. Die anhaltende, beunruhigende „Landflucht“ provozierte die nationalpolitisch äußerst folgenreiche Angstvision eines schon bald „entvölkerten“ bzw. „polonisierten“ Ostelbien. Die relativ gut verdienenden städtisch-industriellen Bevölkerungsmassen verlangten mehr (und andere) Nahrungsmittel, nicht nur Getreide und Kartoffeln wie bisher, sondern zunehmend auch Fleisch, Milch und andere Veredlungsprodukte. Nicht mehr langsam und unmerklich, wie in den Jahren und Jahrzehnten zuvor, sondern schnell und spürbar legte sich das Netzwerk der Märkte und der Geldwirtschaft über die landwirtschaftlichen Produzenten. Und schließlich etablierte sich in den 1870er Jahren auch diejenige Marktkonstellation, die der deutschen Landwirtschaft fortan schwer zu schaffen machte: Die Überproduktion des Weltagrarmarktes drängte, begünstigt durch schnell fallende Transportkosten, auf den deutschen Markt und drückte dort die Preise, zunächst die Getreidepreise, die für die ostelbischen Produzenten, vor allem den Großgrundbesitz, von zentraler Bedeutung waren.

Wie reagierten die Produzenten des überwiegend agrarisch-großbetrieblich strukturierten Nordostens Deutschlands auf diesen Strukturwandel und den damit einhergehenden Bedeutungsverlust von Landwirtschaft und ländlicher Gesellschaft, den Bedeutungszuge-

1 Die Begriffe ostelbisch und nordostdeutsch werden im folgenden synonym gebraucht; sie bezeichnen im Kern die altpreußischen, durch Großgrundbesitz geprägten Provinzen Brandenburg, Pommern und Westpreußen. Doch greifen einige der hier vorgelegten Studien zum Vergleich auch darüber hinaus, auf Mecklenburg, Schlesien, Sachsen, zum Teil auch auf Schleswig-Holstein; zur allgemeinen ökonomischen Lage dieser Agrarregion in der Weimarer Republik siehe Richard Bessel, Eastern Germany as a structural problem in the Weimar Republic, in: Social History, 3, 1978, S. 199–218.

winn von Industrie, Handel und Stadt, den Übergang vom „Agrarstaat zum Industriestaat"? Die historische Forschung hat das hier kurz umrissene Untersuchungsfeld mit sehr unterschiedlichen Ansätzen und Konzepten zu erschließen versucht; die Varianz und Gegenläufigkeit der Ergebnisse war entsprechend groß; und noch immer sind viele wichtige Vorgänge und Sachverhalte dieses Prozesses schlicht nicht bekannt. Die Aufsätze dieses Buches präsentieren deshalb auch kein auf einen breiten Fundus empirischer Forschung gegründetes Resümee; sie halten eher einen zur Zeit noch unentschiedenen Zwischenstand fest. Noch ist keineswegs sicher, wie die Bearbeitung dieses Feldes sich in der Zukunft entwickeln wird. Die Beiträge vermitteln hoffentlich aber auch ein Stück weit die Erfahrung, die für die Teilnehmer dieser Tagung in Gosen bei Berlin prägend war: Es gibt im Inland wie im Ausland eine große Zahl von Kollegen, von forschungserfahrenen Historikern und erfreulicherweise auch von stark motivierten Nachwuchswissenschaftlern, die sich für die Agrargeschichte Deutschlands, insbesondere Nordostdeutschlands, interessieren und dazu gegenwärtig Untersuchungen durchführen. Das hier angelegte, erweiterungsfähige Potential läßt die Hoffnung zu, daß die Agrargeschichte Deutschlands, wenn die Kräfte konzentriert und die verschiedenen Ansätze im konstruktiven Diskurs miteinander vermittelt werden, durchaus das Niveau erreichen, die innerfachliche Akzeptanz gewinnen kann, welche die Agrargeschichte z. B. der englischsprachigen und romanischen Länder ganz selbstverständlich, allerdings auf der Grundlage einer in Deutschland nicht vorhandenen Kontinuität beeindruckender Forschungsleistungen, genießt.

Grob vereinfacht lassen sich die bisherigen Forschungen zur deutschen Agrargeschichte, an welche die Beiträge dieses Bandes anknüpfen, vier unterschiedlichen Untersuchungsansätzen und Erklärungskonzepten zuordnen.[2] Eine erste, große Zeit der Agrarstatistik und agrargeschichtlichen Forschung, deren Ergebnisse auch heute noch kaum ausgewertet sind, wurde von der „Historischen Schule der Nationalökonomie" begründet. Die Auseinandersetzung mit den wachsenden inneren Ungleichgewichten und Spannungslagen der sich durchsetzenden Industriegesellschaft führten in der Kaiserzeit liberal- und konservativ-sozialreformerische Sozial- und Wirtschaftswissenschaftler, nicht zuletzt Max Weber und Johannes Conrad, beunruhigt vor allem durch die „Landflucht" und die ländliche Verschuldung, zur Erforschung der landwirtschaftlichen Verhältnisse, der Agrarverfassung und -politik, und zwar mit ausgeprägter Schwerpunktsetzung bei den

2 Die überzeugendsten Übersichten über die deutsche agrargeschichtliche Forschung in unserem Untersuchungszeitraum wurden von englischen und amerikanischen Historikern geschrieben; zu nennen sind hier vor allem: David Blackbourn, Peasants and Politics in Germany 1871–1914, in: ders., Populists and Patricians. Essays in Modern German History, London 1987, S. 114–139; Ian Farr, Tradition and the Peasantry: On the Modern Historiography of Rural Germany, in: R. Evans und W. R. Lee (Hg.), The German Peasantry, London 1986, S. 1–36; Richard Bessel, Making Sense of the Countryside: Some Recent Writing on Rural Life and Politics in Germany, in: European History Quarterly 19, 1989, S. 115–128, und Robert G. Moeller, Introduction: Locating Peasants and Lords in Modern German Historiography in: ders. (Hg.), Peasants and Lords in Modern Germany, London 1986, S. 1–23. Als einzige befriedigende zudem auf die Bauern begrenzte deutsche Forschungsübersicht ist zu nennen: Christof Dipper, Bauern als Gegenstand der Sozialgeschichte, in: W. Schieder/V. Sellin (Hg.), Sozialgeschichte in Deutschland, Bd. IV, S. 9–33.

ostelbischen Agrargebieten. Auf mehreren Tagungen und Kongressen der bürgerlich-sozialreformerischen Öffentlichkeit, insbesondere des Vereins für Sozialpolitik und des Evangelisch-Sozialen Kongresses, wurden diese Forschungen, aus erkennbar unterschiedlichen politischen Positionen heraus, so intensiv wie kontrovers diskutiert und damit bekannt gemacht.[3] Erst nach dieser Diskussion der Agrarverhältnisse wandten sich die bürgerlichen Sozialreformer dann, seit dem Ende der 1890er Jahre, anderen gesellschaftlichen Problemgruppen, insbesondere dem alten Mittelstand und der Arbeiterschaft zu. Zwei gegenwärtige Forschungsrichtungen der Agrargeschichte lassen sich, wenn auch in jeweils einseitiger Rezeption und mit eher schwachen Kontinuitäten, auf diesen „starken Anfang" beziehen. Die im Rahmen der allgemeinen Wirtschafts- und Sozialgeschichte betriebene Agrargeschichte, für die hier vor allem die Beiträge von Stephan Merl, Maria Blömer und Klaus Heß stehen, hat zwar die agrarökonomische Thematik übernommen, leider aber nicht die Dynamik dieses Anfangs konservieren können. Agrargeschichtliche Forschungen blieben innerhalb dieser Wirtschafts- und Sozialgeschichte selten, werden aber in letzter Zeit, wie nicht zuletzt die Teilnahme junger Wissenschaftler aus Berliner, Münsteraner und Tübinger Instituten, also von Schülern Wolfram Fischers, Richard Tillys, Hans-Jürgen Teutebergs und Karl Erich Borns, zeigt, wieder stärker, und zum Teil durchaus in sozial- und politikgeschichtlicher Erweiterung betrieben. Die andere Richtung, die entschieden agrargeschichtlich ausgerichtete Wirtschafts- und Sozialgeschichte (vgl. z. B. die Beiträge von Walter Achilles und Klaus Herrmann), die ihren Ort, soweit sie das „technische Zeitalter" betrifft, vor allem in den Universitäten Göttingen, Hohenheim und auch Köln besitzt, hat die Entwicklung der Landwirtschaft stärker (und auch länger) als die allgemeine Wirtschafts- und Sozialgeschichte von der umfassenden Gesellschaftsentwicklung getrennt erforscht, mit sehr beachtlichen Einzelleistungen (Achilles, Winkel, Boelcke, Henning u. a.); doch wurde diese tendenzielle Abtrennung mit einer zunehmenden Distanz zum allgemeinen Diskurs der Historiker bezahlt, zumal nicht immer die Gefahr vermieden wurde, die agrarwirtschaftlichen Ergebnisse – wie z. B. exemplarisch die verdienstvollen Studien Haushofers zeigen – auf heute nur noch wenig überzeugende Weise, nämlich ideengeschichtlich (als landwirtschaftlicher Fortschritt innerhalb des allgemeinen Fortschritts) mit der Politik- und Gesellschaftsgeschichte zu vermitteln.[4]

---

3 Vgl. hierzu Wolfram Fischer, Vom Agrarstaat zur Industriegesellschaft, in: D. Langewiesche (Hg), Ploetz. Das Deutsche Kaiserreich 1867/71 bis 1918. Bilanz einer Epoche, Freiburg 1984, S. 64–66; sowie die knappen Ausführungen in: Rüdiger vom Bruch, Wissenschaft, Politik und öffentliche Meinung. Gelehrtenpolitik im Wilhelminischen Deutschland (1890–1914), Husum 1980, S. 296ff. und 331ff., den Beitrag von Hartmut Harnisch in diesem Band; die Darstellungen von Volker Hentschel, Wirtschaft und Wirtschaftspolitik im Wilhelminischen Deutschland, Stuttgart 1978, und Karl Erich Born, Wirtschafts- und Sozialgeschichte des Deutschen Kaiserreichs, Wiesbaden 1985, gehen auf diese Thematik leider nicht ein.

4 Siehe Heinz Haushofer, Die Deutsche Landwirtschaft im technischen Zeitalter, Stuttgart 1962; eine sektoral agrarwirtschaftliche Fortschrittsperspektive bestimmt auch noch stark die Darstellung von Max Rolfes, Landwirtschaft 1850–1914, und ders., Landwirtschaft 1914–1970, in: H. Aubin u. W. Zorn (Hg.), Handbuch der Deutschen Wirtschafts- und Sozialgeschichte, Bd. 2, S. 495–526 und 741–795; eine erweiterte, Landwirtschaft und ländliche Gesellschaft im Zusam-

Hans Rosenberg, mit Alexander Gerschenkron Erbe der agrarpolitischen Schwerpunktsetzung und der linksliberalen Fraktion der „Historischen Schule", hat eine solche auf Rechts-, Ideen-und Fortschrittsgeschichte verengte Agrargeschichte scharf und polemisch kritisiert, und zwar auf der Grundlage eines Konzeptes, das zwar von einem ökonomischen Sachverhalt, den zyklisch wiederkehrenden Krisen, ausgeht, aber von dort schnell – wahrscheinlich zu schnell – zur „sozialen Funktion" eines dadurch motivierten kaiserzeitlichen Paradigmas der Agrarpolitik, des Agrarprotektionismus durch Zölle, Steuern und vielfältige Subventionen voranschreitet.[5] Neben Rosenbergs eigenen Studien haben die sozialwissenschaftlich ausgerichteten Untersuchungen Puhles, Flemmings und Gessners zur deutschen Agrarpolitik diesen Ansatz bekannt gemacht und als außerordentlich ergiebig erwiesen.[6] Holzschnittartig zusammengefaßt, ergibt sich das folgende Argument: Die schwere Krise der Landwirtschaft in der „Großen Depression" der 1870er bis 1890er Jahre – die m.E. bisher eher plausibel gemacht als genau herausgearbeitet wurde – habe die strukturellen Defizite der nordostdeutschen Großbetriebe schlagartig sichtbar werden lassen. Deren Besitzer aber, insbesondere die politisch wie militärisch noch außerordentlich einflußreichen, streng konservativen Landadligen, die abstiegsbedrohte feudalständische ostelbische Junkerklasse, wichen der notwendigen Anpassung der Betriebsstrukturen aus. Die Staatsintervention, die auf Schutz der Landwirtschaft durch Abschirmung ausgerichtete Agrarpolitik, zielte nicht auf die Anpassung der Produktions- und Betriebsstrukturen an gewandelte Marktbedingungen, sondern auf die Sicherung der überlebten Junkerposition durch Besitz- und Einkommensstützung, und letztlich auf eine Konservierung der hergebrachten ländlichen Sozialstruktur. Ganz analog zum alten Mittelstand in den Städten, der ebenfalls gezielt stabilisiert wurde, sah man auch die Bauern als naturhaft konservativ, als Stütze der autoritär-antiparlamentarischen Monarchie an. Diese sozialreaktionäre Funktionalisierung der Agrarpolitik wurde durchgesetzt über das Ohr des Monarchen, durch das Wohlwollen seiner zumeist entschieden konservativen Regierungen, vor allem aber durch effektive Herrschaftskompromisse mit den konkurrierenden bürgerlichen Machteliten und – ganz wesentlich – durch die Nutzung vielfältiger

menhang erfassende Perspektive, allerdings mit einem weiterhin noch sehr stark agrarwirtschaftlichen Schwerpunkt, verfolgt Friedrich-Wilhelm Henning, Landwirtschaft und ländliche Gesellschaft in Deutschland, Bd. 2: 1750–1976, Paderborn 1978. Zu einer nicht unproblematischen weiteren Tradition der wirtschafts- und sozialgeschichtlich ausgerichteten Agrargeschichte, der Geschichte ländlichen „Volkstums", des „Landvolks", siehe die kritischen Gedanken in: Dipper, Bauern, S. 14ff.

5 Hans Rosenberg, Deutsche Agrargeschichte in alter und neuer Sicht, in: ders., Machteliten und Wirtschaftskonjunkturen, Göttingen 1978, S. 118–149; Zur sozialen Funktion der Agrarpolitik im Zweiten Reich, ebd., S. 102–118 (beide erstmals 1969); Hans Rosenberg, Große Depression und Bismarckzeit. Wirtschaftsablauf, Gesellschaft und Politik in Mitteleuropa, Berlin 1967; Alexander Gerschenkron, Bread and Democracy in Germany, Berkeley 1943.

6 Hans-Jürgen Puhle, Agrarische Interessenpolitik und Preußischer Konservatismus im wilhelminischen Reich (1893–1914), Hannover 1966; ders., Von der Agrarkrise zum Präfaschismus, Wiesbaden 1972; Jens Flemming, Landwirtschaftliche Interessen und Demokratie, Bonn 1978; siehe auch als Übersicht: ders., Agrarstruktur und politische Agrarbewegungen im Deutschen Reich, 1871–1933, in: Sozialwissenschaftliche Informationen für Unterricht und Studium 3, Heft 2, 1974, S. 48–51; und Dieter Gessner, Agrarverbände in der Weimarer Republik, Düsseldorf 1976.

ländlicher Unzufriedenheitspotentiale, die Lenkung der ländlichen Bevölkerung, insbesondere der Bauern „von oben", die „pseudo-demokratische" Mobilisierung ländlicher Massen zur Beeinflussung der politischen Öffentlichkeit bei Wahlen und wichtigen Parlamentsentscheidungen. Und diese Lenkungsstrategie blieb deshalb so dauerhaft und erfolgreich, weil Welt- und Nachkriegsjahre die bäuerliche – und insgesamt die ländliche – Bevölkerung mit einer Vielzahl neuer Erfahrungen des Verlustes, der Statusminderung und Herabsetzung konfrontierten (z. B. mit einer eher konsumentenorientierten Zwangswirtschaft, mit Plänen der Bodenenteignung, mit wachsenden Stadt-Land-Gegensätzen), die sich, trotz großer Ansehensverluste und deutlicher Machteinbußen der Großagrarier, als wertvolle neue Lenkungsressourcen erwiesen. Erst unter den gravierenden ökonomischen wie politischen Krisenschlägen der späten Weimarer Republik, als selbst eine extreme Übersteigerung der traditionellen Mittel des Agrarschutzes die Marktrisiken nicht mehr von Gutsbesitz und Bauernhof fernzuhalten, den Zusammenbruch eines großen Teils dieser Betriebe nicht mehr zu verhindern vermochte, brach dieses elitäre System der Massenlenkung von oben, das Zusammenspiel von ökonomisch rückständigen Großgrundbesitzern und politisch unselbständigen Bauern dramatisch schnell zusammen, wandten sich beide Gruppen auf getrennten Wegen, aber ihrer „protofaschistischen" Tradition treu bleibend, mit ihren Lenkungsinteressen bzw. ihren Schutzbedürfnissen dem Nationalsozialismus zu.

Die agrargeschichtlichen Aussagen dieses umfassenden gesellschaftsgeschichtlichen Erklärungsansatzes wurden in den letzten Jahren vor allem von zwei Seiten in Frage gestellt. Zum einen suchte eine Reihe von jüngeren Sozialhistorikern des englischsprachigen Raums, den „Eigensinn" und die beträchtliche Eigendynamik der Bauernbewegung in Genese und Fortentwicklung dieser Agrarpolitik herauszuarbeiten. Die traditionalen Lenker des organisierten „ländlichen Interesses", die ländlichen Honoratioren, erscheinen in dieser Sicht als eine Gruppe von Getriebenen, die spätestens seit den 1890er Jahren nahezu permanent in Frage gestellt waren durch eine neue, dynamische, populistische Allianz aus protestbereiten Bauern und kompromißlosen, hochideologisierten bürgerlichen Verbandsfunktionären. Dieser Forschungsansatz hat für einige klein- und mittelbäuerliche Regionen Süd- und Westdeutschlands einleuchtende neue Ergebnisse erbracht.[7] Für die nordostdeutschen, stark großbetrieblich strukturierten Agrarregionen steht eine Erprobung dieses Zugriffs noch aus; und dieser dürfte wohl auch nur für die zweite Hälfte der Weimarer Republik aussichtsreich sein.

Weniger spektakulär, aber nicht weniger grundlegend, zudem näher am hier gewählten wirtschafts- und sozialgeschichtlichen Focus: die frühe und beharrliche Kritik der agrargeschichtlich ausgerichteten Wirtschaftshistoriker an einer Grundprämisse des Rosenbergschen Ansatzes, der Behauptung einer Agrarkrise in den für das Agrarschutz- und Len-

7 Siehe v. a. David Blackbourn, Peasants; Robert G. Moeller, Introduction; Richard Bessel, Making Sense (alle wie Anm. 2) sowie Ian Farr, Populism in the Countryside: The Peasant Leagues in Bavaria in the 1890s', in: R. J. Evans (Hg.), Society and Politics in Wilhelmine Germany, London 1978, S. 136–159, und Jonathan Osmond, A Second Agrarian Mobilization? Peasant Associations in South and West Germany, 1918–24, in: R. G. Moeller, Peasants, S. 168–198 (wie Anm. 2).

kungskonzept formativen 1870er bis 1890er Jahren. Diese Kritik äußerte sich teils in vorsichtigerer Wortwahl, ein Verfahren, welches z. B. Rolfes bevorzugte, zum Teil aber auch als genauerer und differenzierterer Blick auf die seit langem publizierten zeitgenössischen Statistiken, wie ihn Walter Achilles schon 1979, relativ wenig beachtet, präsentierte, oder als Versuch einer Befragung aller veröffentlichten statistischen Materialien zu diesem Problemkreis in ihrem inneren Zusammenhang, eine Arbeit, die jüngst – sehr forciert – Klaus Heß vorgelegt hat.[8]

Die Agrargeschichte der DDR, die letzte der hier kurz vorzustellenden vier deutschen Forschungstraditionen, hat, ihrer marxistisch-leninistischen Perspektive gemäß, für unseren Zeitraum die überwiegend von Großbetrieben geprägte Besitzstruktur Nordostdeutschlands, eine Konsequenz des sog. „preußischen Weges" von der feudalen zur kapitalistischen Landwirtschaft, rekonstruiert und in ihrer Kontinuität dargestellt. Ihr Hauptaugenmerk galt dabei – jenseits der Landarbeiterklasse auf den Gutsbetrieben – vor allem der „stadial" voranschreitenden ökonomischen und sozialen Formierung einer neuen, konsequent marktorientierten und kapitalistisch wirtschaftenden Großgrundbesitzerklasse aus fortschrittlichen Landadligen, reichen bürgerlichen Gutsbesitzern und fachlich gebildeten, erfolgreichen, Kapital akkumulierenden und reinvestierenden bürgerlichen Großpächtern. Man akzentuierte die sukzessiv sich ausweitende gemeinsame Interessenlage dieser Klasse mit den ebenfalls Lohnarbeit nutzenden Mittel- und Großbauern einerseits, mit der Industriebourgeoisie andererseits und registrierte aufmerksam die Beispiele und Entwicklungsschritte, welche die Bildung einer „Monopolbourgeoisie" ankündigten. Die Agrarschutzpolitik erschien in dieser Perspektive als eine gegenüber den Krisenzyklen des Weltmarktes letztlich zwar wirkungslose, als Begleiterscheinung des Prozesses der Bodenkonzentration aber notwendige Staatsfunktion. Der Zusammenbruch einer großen Zahl von Guts- und Bauernbetrieben seit 1928 wurde ebenso als unumgängliche Konsequenz der fortgeschrittenen Monopolisierung des Kapitals in Landwirtschaft und Industrie gedeutet wie der Übergang von Großgrundbesitzern und Bauern in den „Faschismus", weil dieser die letzte Möglichkeit bot, dem Klassenkampf mit den Landarbeitern auszuweichen.[9]

---

8 Zu Rolfes vgl. Anm. 4; Walter Achilles, Die Wechselbeziehungen zwischen Industrie und Landwirtschaft, in: H. Pohl (Hg.), Sozialgeschichtliche Probleme in der Zeit der Hochindustrialisierung (1870–1914), Paderborn 1979, S. 57–101; Klaus Heß, Junker und bürgerliche Großgrundbesitzer im Kaiserreich. Landwirtschaftlicher Großbetrieb, Großgrundbesitz und Familienfideikommiß in Preußen (1867/71–1914), Stuttgart 1990; in starkem Kontrast zu Heß' Thesen stehen z. B. (die von Heß nicht herangezogenen) Studien von Steven B. Webb, v. a. ders., Agricultural Protection in Wilhelmine Germany: forging an empire with pork and rye, in: Journal of Economic History 42, 1982, S. 309–326; und ders., Tariff protection for the iron industry. Cotton textiles and agriculture in Germany 1879–1914, in: Jahrbücher für Nationalökonomie und Statistik 192, 1977, S. 336–357.

9 Vgl. z. B. Gerhard Heitz, Varianten des preußischen Weges, in: Jahrbuch für Wirtschaftsgeschichte 1969, S. 99–109; Wolfgang Küttler, Zu den Kriterien einer sozialen Typologie des Junkertums vor 1917, in: Zeitschrift für Geschichtswissenschaft 27, 1979, S. 721–735; H. Handke, Einige Probleme der Sozialstruktur im imperialistischen Deutschland vor 1914, in: Jahrbuch für Geschichte 15, 1975, S. 261–288; Rudolf Berthold, Zur Herausbildung der kapitalistischen Klas-

Seine Stärke entfaltete dieser Erklärungszusammenhang dort, wo die dynamischen, vorwärtstreibenden agrarischen Produzentengruppen, Gutsbesitzer, große Pächter und Bauern als Bourgeois zu entdecken waren; und diese Präferenz führte notwendig zu denjenigen expansiven Spezialkulturen (z. B. Zuckerrüben- und Kartoffelanbau, Zuckerraffinerie und Brennerei), denen früh und wirksam der Brückenschlag, ja die organisatorische, „monopol"-bildende Verflechtung mit der Industrie, vor allem mit der Nahrungsmittelindustrie gelang.[10] Die eher zurückbleibenden Gruppen, die graduellen Anpassungsschritte an den Markt, erst recht aber die Frage nach Gewicht und Wirkungsmacht traditionaler Gutsbesitzer-, Pächter- und Bauernmentalitäten blieben dagegen eher jenseits dieses Forschungsinteresses. Doch wuchs unter den Agrarhistorikern der DDR seit den achtziger Jahren – wie nicht zuletzt die hier von Ilona Buchsteiner präsentierten Forschungsergebnisse zeigen – unverkennbar die Skepsis gegenüber der bisher gängigen These, adlige und bürgerliche Großgrundbesitzer seien im Kaiserreich ökonomisch, sozial und politisch-kulturell zügig zu einer kapitalistisch wirtschaftenden Großgrundbesitzerklasse verschmolzen. Diese Skepsis schärfte den Blick für Ungleichzeitigkeiten, Ungleichgewichte, aber auch für spezifische Formen der Arbeitsteilung innerhalb der adlig-bürgerlichen Großgrundbesitzerklasse.

Als Resümee dieses kurzen Überblicks über die Forschungen zur Agrargeschichte Nordostdeutschlands in Kaiserreich und Weimarer Republik ist festzuhalten: Diese Forschung ist an Zahl der Publikationen eher gering; sie kann zwar, insbesondere in ihrem Schwerpunktbereich, der Geschichte der Agrarpolitik, auf zahlreiche ergiebige und anregende Einzeluntersuchungen verweisen; aber es fehlt – bei einer Vielzahl kaum miteinander vermittelter Untersuchungskonzepte, Erklärungsmodelle und Teilergebnisse – auch nur annähernd ein in Austausch und kritisch-anregender Diskussion erarbeiteter, konsensfähiger Forschungsstand. Die verschiedenen Forschungsrichtungen haben, bei großer räumlicher Nähe und keineswegs ungünstigen institutionellen Möglichkeiten der Kooperation, schlicht aneinander vorbeigearbeitet. Die Gründe hierzu sind vielfältig und an dieser Stelle nicht zu erörtern. Und kam es einmal zu gemeinsamen Publikationen oder Tagungen, so ging die Initiative in der Regel von englischen oder amerikanischen Kollegen aus (R. Moeller, R. Evans). Die Tagung in Gosen, ein Zusammentreffen von Kollegen

---

senschichtung des Dorfes in Preußen, in: Zeitschrift für Geschichtswissenschaft 20, 1977, S. 556–574; Ilona Ballwanz, Zu den Veränderungen in der sozialökonomischen Basis der Junker zwischen 1895 und 1907, in: Zeitschrift für Geschichtswissenschaft 27, 1979, S. 759–762, sowie die der Landwirtschaft gewidmeten Kapitel 7 bzw. 11 in Dieter Baudis u. Manfred Nußbaum, Wirtschaft und Staat in Deutschland vom Ende des 19. Jahrhunderts bis 1918/19, Berlin (Ost) 1978, S. 177–282, und Manfred Nußbaum, Wirtschaft und Staat in Deutschland während der Weimarer Republik, Berlin (Ost) 1978, S. 221–372.

10 Vgl. hierzu als Beispiel die Ergebnisse des Forschungsprojekts zur Magdeburger Börde, z. B. Hans-Jürgen Rach u. Bernhard Weissel (Hg.), Bauer und Landarbeiter im Kapitalismus der Magdeburger Börde, Berlin (Ost) 1982, sowie die zahlreichen Studien von Hans-Heinrich Müller, z. B. ders., Zur Geschichte und Bedeutung der Rübenzuckerindustrie in der Provinz Sachsen im 19. Jahrhundert unter besonderer Berücksichtigung der Magdeburger Börde, in: Hans Jürgen Rach u. Bernhard Weissel, Landwirtschaft und Kapitalismus, Berlin 1979, S. 9–42.

aller hier skizzierten gegenwärtigen Forschungsrichtungen der Agrargeschichte mit einigen einschlägig arbeitenden ausländischen Agrarhistorikern, ging von diesem Befund relativ geringer Homogenität des Forschungsstandes aus und stellte, bezogen auf die Strukturprobleme der vorwiegend vom Großgrundbesitz getragenen ostelbischen Landwirtschaft, einige alte, grundlegende Fragen aufs Neue: Welche Entwicklung nahmen Ertrag und wirtschaftliche Gesamtlage der Landwirtschaft, insbesondere des Großgrundbesitzes im Kaiserreich? Wann und wo kann man von einer Krise der Landwirtschaft sprechen? Wie bedeutsam und ökonomisch folgenreich war der sich ausbildende Agrarprotektionismus? Wurde die traditionale Haltung der Großgrundbesitzer, wirtschaftliche Probleme durch Einforderung staatlicher Stützungsmaßnahmen zu „bewältigen", dadurch erneut verfestigt und zudem auf die Bauern ausgedehnt? Hat er die Möglichkeiten der Leistungssteigerung und der Anpassung von Produktions- und Betriebsstrukturen an die neuen Marktbedingungen gebremst, blockiert, verzerrt? Oder schuf er einen Schutzraum, innerhalb dessen die erforderlichen Umstellungs- und Effektivierungsprozesse anliefen? Welche Zumutungen, welche Profitchancen boten die sich ausweitenden und ausdifferenzierenden Märkte den Gutsbesitzern und Bauern? Wieviel verstanden beide von landwirtschaftlicher Produktion und Marktverhältnissen? Wie groß war die Dynamik in dieser Landwirtschaft, und auf welchen Ebenen läßt sich diese beobachten? Inwieweit organisierten Gutsbesitzer und Bauern Wissenserwerb und Marktmacht in Selbsthilfe oder durch Inanspruchnahme privater Unternehmungen? Inwieweit und in welchen Bereichen erkämpften oder nutzten sie die Hilfe des Staates? Welche Alternativen der Produktions- und Agrarpolitik wurden diskutiert? Welche Stufen, Stationen und Inhalte des Krisenbewußtseins lassen sich im Übergang vom Agrar- zum Industriestaat bestimmen? Wie verarbeitete man ideologisch die wachsende Einsicht, daß die Industrie die Landwirtschaft, die Stadt das Land schon bald an wirtschaftlichem Gewicht und politischer Bedeutung übertreffen wird? Welche Relevanz gewannen diese Bewußtseinsinhalte für das wirtschaftliche Handeln? Kurz: Wie rückständig oder modern, traditional verkrustet oder innovationsbereit, ökonomisch defensiv oder offensiv, verunsichert oder selbstbewußt waren die Gutsbesitzer und Bauern östlich der Elbe? Welches Verständnis haben wir von ihnen und inwieweit ist dieses schon heute zu korrigieren?

II

In drei thematischen Schwerpunkten haben zwanzig agrarhistorisch arbeitende Wissenschaftler diese Fragen am Beispiel ihres jeweiligen Untersuchungsbereichs aufgenommen. Für einige der Themen, welche die vorbereitende Arbeitsgruppe in einer Wunschliste erarbeitet hatte, z. B. für die in unserem Fragezusammenhang zentralen Gebiete des landwirtschaftlichen Vereins- und des ländlichen Bildungswesens, ließen sich keine Bearbeiter gewinnen; andere Kollegen begaben sich in bisher weitgehend unerforschte Bereiche und konnten deshalb (wie Stephan Merl beim ländlichen Genossenschaftswesen) naturgemäß nur einen Schritt weit ins Neuland vordringen, mußten ihre Recherche auch (wie z. B. Maria Blömer bei der Untersuchung des ländlichen Kreditwesens) auf einen Teil des auf der Tagung behandelten Zeitraums einschränken. Eine Tagung allein kann die langjährigen Defizite agrargeschichtlicher Forschung, selbst für eine einzige Agrarregion, nicht ausgleichen. Aber der Ertrag dieses Treffens erscheint gleichwohl beträchtlich. Die hier abgedruckten Beiträge konkretisieren, korrigieren, klären und erweitern unser bisheriges bruchstückhaftes Bild der nordostdeutschen Landwirtschaft in Kaiserzeit und Republik; viele Widersprüche zwischen den unterschiedlichen Forschungsansätzen werden aufgewiesen; zahlreiche offene, spannende Forschungsthemen lassen sich erkennen; das Forschungsfeld gewinnt Konturen. Eine auf festen Grundlagen stehende neue Synthese scheint gleichwohl zur Zeit noch nicht sinnvoll. Zu viel ist noch zu tun; und diese Einsicht soll mit dem Sammelband auch gezielt vermittelt, nicht aber verwischt oder gar zugedeckt werden.

Der erste Themenschwerpunkt sucht die Lage der nordostdeutschen Landwirtschaft im Rahmen der gesamtwirtschaftlichen Entwicklung zu bestimmen. Gefragt wird nach der tatsächlichen wirtschaftlichen Lage der hier produzierenden Betriebe, nach den Deutungsmustern, mit denen man zur Jahrhundertwende ihre Lage und Bedeutung in Wirtschaft und Gesellschaft zu bestimmen suchte. Dieser Deutungsrahmen, so wird vermutet, hatte erheblichen Einfluß auf die Paradigmen politisch durchsetzbarer Agrarpolitik. Und es geht nicht zuletzt um wichtige restriktive Bedingungen und Hindernisse, die einer Entwicklung und Umstrukturierung der nordostdeutschen Landwirtschaft entgegenstanden.

Hartmut Harnischs Analyse der „Agrar- und Industriestaat"-Debatte macht deutlich, daß es hier, trotz der zentralen Kontroverse „Freihandel oder Schutzzoll", nicht nur um eine agrar- oder volkswirtschaftliche Diskussion, sondern auch um die Formulierung eines gesellschaftspolitischen Deutungsrahmens für die künftige Entwicklung von Landwirtschaft und ländlicher Gesellschaft in Deutschland ging. Betriebsstrukturen wurden als Sozialstrukturen, Agrarpolitik weitgehend in ihrer sozialen, nicht so sehr in ihrer ökonomischen Funktion diskutiert. Sichtbar wird eine dominant sozial-konservative, bürgerliche „Nationalökonomie", die eher national als ökonomisch dachte und mit nationalpolitischen wie kulturkritischen Vorstellungen des „deutschen", antiwestlichen Wegs, der Stärkung des Deutschtums an der prekären Ostgrenze, der Sicherung von Wehrkraft und Autarkie, der „Gesundheit" ländlicher und mittelständischer Sozialstrukturen etc. die romantische Agrarideologie auf eine neue Stufe hob. Zwar gab es durchaus erhebliche Kritik am Großgrundbesitz. Im Mittelpunkt des Interesses stand aber die Konservierung und Erweiterung der deutschen Bauernschaft und der seßhaften Landarbeiterklasse, deren Lage und Lebensperspektiven es zu verbessern galt. Bei den Großbetrieben sah man zwar erheblichen, zwischen 20 und 30 % liegenden Reduzierungsbedarf auf einen „besseren Teil" (Schmoller), aber faktisch, durch die Vorstellung einer notwendigen „gesunden" Mischung der verschiedenen Betriebsgrößen und vor allem durch die breite Öffentlichkeitswirkung dieser Diskussion, stützte die Arbeit der bürgerlichen Sozialreformer ganz wesentlich die „Junkerinteressen" an einer Ausweitung des Agrarprotektionismus. Harnisch sieht allerdings an der Jahrhundertwende ohnehin nur wenig Spielräume für eine neue Agrarpolitik konsequent marktorientierter Umstrukturierung der Betriebsgrößen zugunsten bäuerlicher Veredlungswirtschaft, wie sie von einzelnen liberalen Nationalökonomen, vor allem von Lujo Brentano gefordert wurde; seines Erachtens war ein „gewisser Zollschutz" damals unvermeidbar. Die in der Folge erstaunlich große und belastende Kontinuität der großbetrieblichen Strukturen rechnet er zudem, die bisherige kritische Junker-Forschung revidierend und das Bild einer souverän „von oben" lenkenden Junkerklasse relativierend, ganz wesentlich auch dem Engagement dieses sozialreformerisch-bildungsbürgerlichen „Partners" wider Willen zu.

Manfred Jatzlauk bestätigt und konkretisiert mit seiner Übersicht über die Enquêten zur Lage der Bauern, die vom Verein für Sozialpolitik in den 1880er/90er Jahren durchgeführt und diskutiert wurden, dieses Agrarkonzept der bürgerlichen Sozialreform: Schutz der Bauernschaft vor den Risiken des Marktes als Teil einer umfassenden, auf soziale Stabilisierung zielenden Mittelstandspolitik durch Bekämpfung des „Wuchers", durch Anerbenrecht, Fideikommisse(!) und Siedlung („Innere Kolonisation"); Konservierung und Bindung der seßhaften Landarbeiterschaft durch eine freiere Arbeitsverfassung, verbesserte Landgemeindeordnung und günstigere Aufstiegsmöglichkeiten in eine bäuerliche Existenz. Konzepte wirtschaftlicher Effektivierung der bäuerlichen Betriebe waren offenbar nur in diesem sozialkonservativen Rahmen denkbar. Im Mittelpunkt von Wahrnehmung und Diskussion stand – weitgehend im Einklang mit den Klagen der Agrarier – ein von den Märkten bedrohter, schutzbedürftiger Bauer und die Krisen seines Besitzes: Verschuldung, Zwangsverkauf, Verdrängung durch den expandierenden Großgrundbesitz bzw. Bodenzersplitterung. Von neuen Marktchancen, effektiven Selbsthilfeformen und aussichtsreichen Umstellungs- oder gar Umstrukturierungsmaßnahmen als Voraussetzung zur Bewährung in der Marktkonkurrenz wurde dagegen weitaus weniger gesprochen.

Wie stark der Gedanke, die Landwirtschaft den Gefahren des Markts zu entziehen und den „besseren Teil" des Großgrundbesitzes zu erhalten, in diesem Kreis verbreitet und akzeptiert war, zeigt *Fusao Katos* Analyse von Max Webers Äußerungen zur Fideikommißfrage. Weber unterschied danach, im Rückbezug auf englische Verhältnisse, zwei Typen des fideikommissarisch gebundenen Großgrundbesitzes in Preußen: Die „großen Fideikommisse" aus mehreren anpassungsfähigen, selbständigen, rationell wirtschaftenden Betriebseinheiten wären, wie in England, langfristig leistungsfähig und deshalb zu akzeptieren. Die künftige Forschung wird zu klären haben, ob es diesen Fideikommißtypus der „internen", flexiblen Anpassung an den Markt im ostelbischen Preußen wirklich gegeben hat. Kritisch wertete Weber dagegen, nach Kato, nur den zweiten Typus, das „kleine Fideikommiß", das lediglich aus einer einzigen Betriebseinheit bestand, in Größe und Bewirtschaftung eher vom Zufall bestimmt war, damit wenig rationell bewirtschaftet wurde und sich an wechselnde Marktlagen kaum anpassen konnte. Nur für diesen Typus forderte Weber die Abschaffung der fideikommissarischen Bindung.

Mit *Maria Blömers* Studie über die Organisation des Agrarkredits verlagert sich der forschende Blick – weiter auf der Suche nach der Lage der nordostdeutschen Landwirtschaft im Kaiserreich – von der eher bewußtseinsgeschichtlichen auf die realgeschichtliche Ebene. Sie verfolgt am Beispiel der regionalen, alten und neuen, nach dem Pfandbriefsystem arbeitenden „Landschaften", der wohl erfolgreichsten ländlichen Kreditinstitutionen des 19. Jahrhunderts, den Prozeß des Übergangs vom personalen zum institutionalisierten, verrechtlichten und stark ausdifferenzierten Kreditwesen. Blömer zeigt, wenn auch verständlicherweise noch sehr viele Fragen weiterhin offen bleiben, den riesigen und bis zur Jahrhundertwende kaum reduzierten Vorsprung der Großgrundbesitzer vor den Bauern in diesem Kreditsystem. Mit den paternalistischen Argumenten zunächst des nicht-kreditbedürftigen, dann des schutzbedürftigen Bauern wurde dieser von den neuen Möglichkeiten des Krediterwerbs auch dann noch formell wie informell ferngehalten, als seit Mitte des 19. Jahrhunderts mit den Rentenbanken die Ablösungsproblematik endgültig geregelt und mit den sog. „neuen Landschaften" die ständischen Zugangsbarrieren zum Geldmarkt endgültig gefallen waren. Die auf Intensivierung setzenden Bauern blieben mit ihrem steigenden Kreditbedarf weiterhin ganz überwiegend auf den risikoreicheren, teureren Personalkredit verwiesen. Erst mit den Landwirtschaftskammer-Gründungen der 1890er Jahre läßt sich in dieser restriktiven, auf Sozialstabilisierung zielenden preußischen Bodenkreditpolitik eine stärkere Tendenz zu systematischer Förderung des Zugangs der Bauern zum Geldmarkt, zunächst zugunsten der großen, dann auch der kleinen Bauern beobachten. Das Gesamturteil bleibt dennoch klar: Die ökonomischen und politischen Grundsatzentscheidungen dieser Kreditinstitution kamen überwiegend dem Großgrundbesitz zugute; er gewann über die „Landschaften" sehr früh den Zugang zum Geldmarkt und damit die Möglichkeit, sich an die Mechanismen der Märkte zu gewöhnen, deren Vorteile zu nutzen. Eine analoge, auf die breite Bauernschaft gerichtete Politik staatlicher Marktanpassungshilfen gewann dagegen erst extrem spät und auch dann nur in kargen Umrissen an Profil. Leider geht Maria Blömer auf die 1920er Jahre, als eine gravierende Kreditkrise Großgrundbesitzer wie Bauern einer harten Bewährungsprobe auf dem Kapitalmarkt unterwarf, nicht ein. Hier, in der Analyse von Kreditbeschaffung und Verschuldungsmechanismen bei Gutsbesitzern und Bauern Nordostdeutschlands, liegt eines der wichtigsten Forschungsdesiderate der Agrargeschichte Deutschlands in neuerer Zeit.

Die Untersuchungen *Ilona Buchsteiners* und *Scott M. Eddies* stehen sowohl in der Quellengrundlage (Güteradreßbücher) wie in der Fragestellung in einem engen Zusammenhang; und beide knüpfen an eine Arbeit an, die Johannes Conrad an der Jahrhundertwende in Angriff genommen hat. Eddies methodisch innovative Besitzstrukturanalyse weist für die großen Güter Sachsens und Pommerns erstaunlich ähnliche Profile der Besitz- und Produktionsstruktur auf. Und Buchsteiner betont am Beispiel Pommerns wie Eddie die relativ schwache ökonomische Position des Adels innerhalb des Großgrundbesitzes schon 1879. Diese zeigt sich nicht nur am geringeren Anteil adliger gegenüber bürgerlichen Gütern, sondern auch und vor allem daran, daß die bürgerlichen Großgrundbesitzer ganz dominant die kleineren, intensiver bewirtschafteten Güter besaßen, also ihren adligen Nachbarn in der Führung eines Großbetriebes ökonomisch eindeutig überlegen waren. Der Trend zur Intensivierung der großen Güter zeigt sich also in zweifacher Weise, an der Zunahme bürgerlicher Gutsbesitzer und am Trend zu reduzierten Besitzgrößen, der, wie Buchsteiner belegt, als Indikator für eine Änderung in der inneren Bewirtschaftungsform gelesen werden kann. Zwar verminderten die adligen Gutsbesitzer bis 1910 diesen Rückstand, aber die Unterschiede blieben doch, im Widerspruch zu den Prämissen des „preußischen Wegs", äußerst signifikant. Der Wandel des adligen Großgrundbesitzers zum kapitalistischen Unternehmer stieß offenbar auf innere, adelsspezifische Barrieren. Ökonomische und politische Machtposition drifteten auseinander. Die Verschmelzung von adeligem und bürgerlichem Großgrundbesitz blieb (auch) auf der Ebene der Wirtschaftsgesinnung aus.

Abgeschlossen wird dieser erste Themenschwerpunkt mit einem Beitrag von *Klaus Heß*. Heß gründet im Unterschied zu Eddie und Buchsteiner seine Untersuchung voll auf bekannte zeitgenössische Statistiken und Enquêten, zeigt aber, anknüpfend an ältere Einwände von Walter Achilles gegen die These einer Agrarkise in den 1870er bis 1890er Jahren, wie ergiebig eine Analyse dieses Quellenmaterials sein kann, wenn man deren Informationen konsequent in einem betriebswirtschaftlichen Zusammenhang interpretiert. Er relativiert die Aussagekraft der Indikatoren, die bisher vorzugsweise zum Nachweis einer solch kritischen Lage des nordostdeutschen Großgrundbesitzes herangezogen wurden (fallende Getreidepreise, hohe Verschuldungsquoten und Zwangsverkäufe), indem er ihnen fallende Betriebskosten, große Ertragssteigerungen und steigende Güterpreise entgegenstellt. Die höchstverschuldeten Güter wären zugleich diejenigen mit den höchsten Reinerträgen, die steigende Verschuldung also wahrscheinlich eine produktive gewesen. Heß weist die These einer strukturellen oder tendenziellen „Agrarkrise" ebenso vehement zurück wie die Vorstellung einer existenzgefährdenden „Überschuldung" des Großgrundbesitzes. Er widerspricht damit entschieden den Einschätzungen Rosenbergs und zahlreicher anderer Agrarwissenschaftler und natürlich auch den Klagen der zeitgenössischen Agrarier. Diese recht provokativ vorgetragenen Ergebnisse regen nicht nur zur kritischen Auseinandersetzung mit der von Heß herangezogenen Datengrundlage und seinen methodischen Prämissen an. Sie werfen auch vielfältige neue Fragen auf: Ist die bisherige Periodisierung der Agrarkonjunktur noch zu halten? Gab es jenseits der späten 1920er Jahre für die Landwirtschaft, und insbesondere für die ostelbischen Großbetriebe (mit Ausnahme Ostpreußens) überhaupt Zeiten akuter ökonomischer Krisen? Waren die seit den 1870er Jahren von den Agrariern immer wieder vehement artikulierten Krisenerfahrungen eventuell nur, wie Heß vermeint, „subjektive Krisenempfindungen"? Artikulierte man mit solchen Klagen nicht die Erfahrung existenzgefährdender Ertragseinbußen, sondern eher den Statusverlust des Adels gegenüber der reichen Industrie-, Handels- und Finanzbourgeoisie, den erkennbar voranschreitenden volkswirtschaftlichen Bedeutungsverlust der Landwirtschaft gegenüber der Industrie, des agrarischen Ostens gegenüber dem industriellen Westen Preußens, oder gar den simplen Protest gegen die unbestreitbare Tatsache, daß die Märkte flexibler, die Anpassungszwänge für Gutsbesitzer wie Bauern entprechend größer wurden, sicherer Ertrag künftig also nur noch durch aktives, zeitaufwendiges, permanent innovatives Selbstwirtschaften möglich war? Andererseits: An welchen Großbetrieben orientierte sich der Bülow-Tarif, wenn die landwirtschaftliche Lage so schlecht gar nicht war? Und welche Wirkung hatte diese staatliche Schutzzollpolitik? Gab es eventuell eine Art interner Arbeitsteilung zwischen adligen und bürgerlichen Großgrundbesitzern, nach welcher die politisch einflußreichen, aber ökonomisch rückständigen adligen Gutsbesitzer für sich und ihre Standesgenossen massive Getreidepreisstützungen durchsetzten, welche es ihnen erlaubten, ihre stagnierenden „Jammerwirtschaften" zu halten, während ihre bürgerlichen Gutsnachbarn diese Zölle gern als Zusatzprofit entgegennahmen, um mit diesem desto zielstrebiger die Produktion weiter zu intensivieren?

Eine zweite, größere Gruppe von Beiträgen sucht, vor dem Hintergrund dieser Voraussetzungen und Rahmenbedingungen agrarischen Produzierens und Vermarktens, auf ausgewählten wichtigen Ebenen landwirtschaftlicher Intensivierung, Effektivierung und Qualifizierung nach Anzeichen, Ansätzen und Ausmaßen einer dynamischen, vorwärtsdrängenden Marktanpassung.

Volker Klemm beschreibt in seinem Beitrag die Entwicklung der Agrarwissenschaften in Deutschland und sucht für Nordostdeutschland Zusammenhänge aufzuweisen zwischen dem Aufschwung dieser Wissenschaft und den steigenden Produktivitäts- und Ertragsziffern. Er identifiziert als Motor eines von der „Agrarkrise" entschieden vorangetriebenen Bemühens um Ertragssteigerung die dynamisierende, enge Verflechtung zwischen einem Verwissenschaftlichungsschub – mit beeindruckenden anwendungsbezogenen Ergebnissen vor allem in der Landbauwissenschaft –, einer auf Intensivierung ausgerichteten landwirtschaftlichen Praxis (Düngung, Pflanzenzüchtung, Saatgutverbesserung, Maschineneinsatz) und der Entfaltung einer auf landwirtschaftliche Innovationen bezogenen, praxisnahen, institutionalisierten Kommunikations- und Informationsstruktur. Nordost- und Mitteldeutschland waren Schwerpunkte dieser Dynamik, und es waren überwiegend Großbetriebe, die als Orte praxisnaher Rezeption, Erprobung und Vermittlung der neuen agrarwissenschaftlichen Erkenntnisse fungierten, sei es als Zuchtbetriebe, Versuchs- oder Mustergüter. Die hier erarbeiteten Zugewinne an praktisch verwertbarer Einsicht dürften wohl zunächst und für längere Zeit primär den Großgrundbesitzern zugute gekommen sein; denn das Netz der Landwirtschaftsschulen, über die auf dieser Tagung leider keine Untersuchung präsentiert werden konnte, war in den ostelbischen Gebieten, bezogen auf die Zahl der Betriebe, wahrscheinlich selbst zu Zeiten der Weimarer Republik noch immer weit schwächer geflochten und weniger leistungsfähig als in anderen Gegenden Deutschlands, so daß man von einem lange Zeit relativ geringen landwirtschaftlichen Ausbildungsstand der nordostdeutschen Bauern ausgehen muß. Ungeklärt und in der Tagungsdiskussion umstritten blieb darüber hinaus die Frage, wie schnell sich die neuen agrarwissenschaftlichen Erkenntnisse auf breiter Front in landwirtschaftliche Praxis umsetzten. Hier schwankten die Einschätzungen erheblich, und zwar zwischen 15 (Volker Klemm) und 30 Jahren (Walter Achilles). Weitere empirische Forschung wird diese und die Frage der Qualität bäuerlicher Ausbildung zu klären haben.

Steht somit die produktivitätssteigernde Leistung der Agrarwissenschaften auch für die ostelbische Landwirtschaft, zumal für die Großbetriebe, trotz zahlreicher noch offener Fragen, also außer Zweifel, so präsentiert *Walter Achilles*, auf der Suche nach analogen Leistungen und Funktionen der landwirtschaftlichen Betriebswirtschaftslehre ein stark ernüchterndes Ergebnis: Es gab bis zum Ersten Weltkrieg und darüber hinaus keine wissenschaftlich abgesicherten betriebswirtschaftlichen Leitbilder des leistungsstarken, umstellungsfähigen, optimal den wechselnden Marktchancen angepaßten landwirtschaftlichen Betriebs. Ein Grund für dieses Defizit war eben die noch nicht geleistete Umsetzung agrarwissenschaftlicher Erkenntnisse in zuverlässige Ertragsdaten. Es war dem Landwirt noch nicht möglich, die verschiedenen Produktionsfaktoren kontrolliert, mit dem Ziel eines optimalen Betriebsergebnisses zu kombinieren. Die zeitgenössischen betriebswirtschaftlichen Überlegungen beschränkten sich zudem einseitig auf den Gutsbetrieb; die eigene Logik des Bauernbetriebes blieb den Wirtschaftswissenschaftlern weithin verschlossen, interessierte sie offenbar nicht. So blieb der Bauernhof nicht nur langfristig aus dem sich entwickelnden Kreditsystem, sondern auch aus der landwirtschaftstheoretischen Reflexion weitgehend ausgeklammert. Als seit den 1870er Jahren die Marktlage komplexer, Marktanpassungsleistungen dringender wurden, ergriffen die Gutsbesitzer, von der landwirtschaftlichen Betriebswirtschaftslehre kaum wirksam unterstützt, zwar additiv einige der naheliegenden Anpassungsmöglichkeiten, steigerten zumal, abwandernde Arbeitskräfte ersetzend, den Maschineneinsatz; aber weitaus zielstrebiger als die Optimierung des Betriebes forcierten sie nach Achilles mit „nicht geringem Anspruchsdenken" den Beweis ihrer permanenten Notlage und die Forderung nach staatlicher Stützung, damit „die Landwirtschaft", „das Land", nicht hinter der allgemeinen, weitgehend industriell bedingten Reichtumssteigerung zurückbleibe. Die landwirtschaftliche Betriebswirtschaftslehre spielte in dieser Politik der verbandsgestützten Pseudobeweise eine doppelt traurige Rolle. Ihre Argumente und Verfahrensweisen wurden, bis hin zur offenen Steuerhinterziehung, zu „Beweis", Legitimation und rechnerischer Steigerung der behaupteten Notlage des Großgrundbesitzes instrumentalisiert; und sie entwickelte vor dem Ersten Weltkrieg auch kein Korrektiv gegen dieses Verhaltensmodell, das nicht den leistungsfähigen, innovativen Gutsbesitzer, sondern denjenigen mit dem höchsten sozialen und politischen Ansehensanspruch zur Norm erhob.

Walter Achilles' konsequent durchgehaltener Blick auf die Gutsbetriebe unter den Bedingungen einer sich erst in Ansätzen entwickelnden Betriebswirtschaftslehre zeitigt somit Ergebnisse, die einerseits mit bedenkenswerten Argumenten den modernisierungstheoretischen Zugriff als eindimensional, insbesondere die Logik des Bauernbetriebs verfehlend aufweisen, andererseits aber zu Einschätzungen führen, die denjenigen Forschungen zum ostelbischen Großbetrieb nahekommen, die von den anregenden Thesen Hans Rosenbergs inspiriert sind.

Die beiden sich anschließenden Aufsätze, *Klaus Herrmanns* Darstellung der Deutschen Landwirtschafts-Gesellschaft (DLG, gegr. 1885) in ihrem Wirken für die Landwirtschaft Ostelbiens und *Wolfgang Jacobeits* Analyse der Konzepte des Reichskuratoriums für Technik in der Landwirtschaft (RKTL, gegr. 1927) und seiner Vorläufer bestätigen und erweitern aus je unterschiedlichen Blickrichtungen die von Volker Klemm und Walter Achilles erarbeiteten Ergebnisse. Beide Gesellschaften stellten wichtige Knotenpunkte im Kommunikations- und Informationsnetzwerk dar, das sich seit dem Ende des 19. Jahrhunderts zwischen expandierender Agrarwissenschaft und landwirtschaftlicher Intensivierungspraxis entfaltete und verdichtete. Die DLG, äußerst flexibel in der Anwendung vielfältiger praxisnaher Vermittlungstechniken, verschrieb sich nach englischem Selbsthilfe-Vorbild der Förderung landwirtschaftlicher Leistungssteigerung und Marktbehauptung durch Eliten-Engagement. Die Großgrundbesitzer und großen Bauern der ostelbischen Provinzen, insbesondere Pommerns, waren in dieser Gesellschaft weit überdurchschnittlich vertreten, profitierten wohl auch am ehesten von deren Versuchs-, Erprobungs- und Informationsarbeit. Doch wurden, zumal mit den massenwirksamen Ausstellungen, zweifellos auch große Teile der Bauernschaft erreicht.

Im Unterschied zur DLG gehörte das vom Reichsernährungsministerium initiierte RKTL in die Reihe derjenigen Institutionen (landwirtschaftliche Vereine, Landesökonomiekollegium, Landwirtschaftskammern), die aufgrund staatlicher Initiative oder mit starker staatlicher Unterstützung gegründet wurden. Zielpunkt der vom RKTL betriebenen Technisierung der Landwirtschaft war ebenfalls ganz dominant der Großbetrieb, das bevorzugte Mittel dazu: die große, teure Maschine. Aber der notwendige Wiederaufbau der Landwirtschaft nach dem Krieg und die neuen gesellschaftlichen Machtverhältnisse ließen in der Weimarer Republik eine offensichtliche Vernachlässigung bäuerlicher

Betriebslogik und Betriebsbedürfnisse nicht mehr zu. Da sowohl die Agrartechnik als auch die Finanzmittel der Bauern dem Programm der Mechanisierung des Bauernhofes frühe Grenzen setzten, suchte und fand das RKTL deshalb einen Ansatz, der – wie auch Achilles betont – dem Entwicklungsstand und der Logik des damals noch wenig kapitalintensiven Bauernbetriebs entsprach: die Rationalisierung der Handarbeit, Verbesserung der Handarbeitsgeräte, Erleichterung und kontrolliertere Verausgabung der Arbeitskraft. Dieser technische Fortschritt in kleinsten Schritten, der von den Bauern zügig rezipiert wurde, ist dem Ethnologen Jacobeit ein untrügbarer Beweis dafür, daß der Bauer keineswegs von Natur traditional war, wie die bürgerliche Land- und Bauernideologie es wollte, sondern landwirtschaftlichen Fortschritt und Landtechnik als Substitute der Handarbeit durchaus zu schätzen wußte, wenn diese mit Entwicklungsstand, Finanzkapazität und Logik seines Betriebes im Einklang standen. Aber bei dem RKTL (z. B. mit ihren Maschinen-Versuchsringen nach dem Selbsthilfemodell) wie bei der DLG blieb diese auf den Bauern ausgerichtete Förderungstradition der 20er Jahre ein Nebenstrang; die Dominanz des Großbetiebs als Bezugspunkt der Landwirtschaftswissenschaft und fortschrittlichen Landwirtschaftstechnik blieb ungebrochen.

Wie wirkungsvoll sich die Anregungen dieser und anderer, freier wie staatlich gestützter Gesellschaften zur Vermittlung von Agrarwissenschaft und Landtechnik, zur Durchsetzung landwirtschaftlichen Fortschritts in die Praxis umsetzten, zeigt *Hans-Joachim Rook* für die brandenburgische Landwirtschaft am Beispiel der Maschinisierung, Elektrifizierung und Motorisierung. In diesem Sektor landwirtschaftlicher Intensivierung sind seit dem letzten Drittel des 19. Jahrhunderts beeindruckende Verbesserungen zu beobachten. Die Strategien agrarpolitischen Schutzes und der Marktanpassung liefen hier offenbar parallel. Aber diese Dynamik betraf primär und bis zum Ende der Weimarer Republik mit bleibendem Vorsprung die Großgrundbesitzer, denen es gelang, ihre langjährigen Erfahrungen mit dem Kapitalmarkt und ihre günstigeren Informationsstandards in eine effektive Anpassung an die sich wandelnden Arbeitsmarktbedingungen umzusetzen. Auf dem Felde wie in der Hofwirtschaft wurden die teurer werdenden, in großer Zahl nach Westen abwandernden Landarbeiter wirkungsvoll durch Maschinen ersetzt. Nur mühsam und erst spät gezielt vom Staat gestützt, gelang es auch den wenig kapitalintensiv wirtschaftenden, noch kaum an Kredit und Kapitalmarkt herangeführten Bauern, Anschluß an diesen Mechanisierungstrend zu finden. Die vielfältigen, hohen Kosten wirkten hier prohibitiv. Die Lösung des auch für die Bauern äußerst dringenden Arbeitskräfteproblems wurde damit weit aufgeschoben. Die Mittel allgemeiner staatlicher Kreditförderung zur Stützung und Modernisierung der Landwirtschaft, das zeigt sich auch bei der Mechanisierung, flossen in den ostelbischen Provinzen Preußens bis zum Ende der Weimarer Republik stets überwiegend auf die Mühlen des Großgrundbesitzes, der sich mit einigem Recht als Wegbereiter der landwirtschaftlichen Mechanisierung in dieser Region feiern ließ. Es steht somit außer Zweifel, daß es in dem von Rook untersuchten Bereich der Mechanisierung ein Konzept der gezielten Anpassung an sich wandelnde Bedingungen des Marktes, genauer des Arbeitsmarktes, gab. Doch eine nur geringe Blickverschiebung auf andere Gebiete notwendiger Marktanpassung, auf mineralische Düngung, auf Viehveredlung oder eine von den Preisen nahegelegte Umstellung vom Roggen zum Weizen, erweist, wie hochgradig sektoral und begrenzt diese Anpassungsleistung des Großbetriebes blieb.

Jürgen Laubners vergleichender Blick auf eine Sondergruppe des ostelbischen Adels, die oberschlesischen Magnaten, bestätigt noch einmal die auf Kapitalkraft und lange Markttradition gegründete Führungsrolle des Großgrundbesitzes im Prozeß der landwirtschaftlichen Mechanisierung, macht aber auf zwei weitere Faktoren aufmerksam, die, trotz aller ansonsten riesigen Unterschiede, den adligen Großgrundbesitzern der nordöstlichen Regionen Preußens und diesen Magnaten gemeinsam waren: Die Verbindung von Landwirtschaft und Industrie – letztere war bei den Magnaten dominant, bei den „Junkern" in der Form von Nebenbetrieben zumindest nicht zu unterschätzen – erweiterte Handlungshorizont und Markteinbindung, reduzierte die Scheu vor Marktspekulation, Aufbau von Produktionsketten und Einsatz „großer Technik". Und die nötigen Ideen wie unternehmerischen Kapazitäten erwarb man hier wie dort durch die Einstellung anerkannter bürgerlicher Fachleute. Diese entlasteten in hohem Maße von alltäglicher wie mittelfristiger Lenkungsarbeit im Großbetrieb, so daß man auch weiterhin für die adligen Hauptinteressen, Politik und „Gesellschaft", freigesetzt war.

Einen vergleichbaren Zugewinn an unternehmerischer Energie, an Fachwissen, aber auch an Betriebskapital verbuchten – so das Argument im Beitrag von *Hans-Heinrich Müller* – die Großgrundbesitzer des ostelbischen Preußens relativ risokofrei durch das Engagement von bürgerlichen Güterdirektoren und Pächtern, auf indirektem Wege zudem durch das Beispiel der in unmittelbarer Nachbarschaft, auf hohem Wissens- wie Leistungsniveau arbeitenden Beamten und Pächter der Domänen und der Zuckerfabriken, welche große Anbauflächen besaßen oder langfristig pachteten. Die Zuckerfabriken wurden zudem zu wichtigen Gelenkstellen zwischen Fabrik und Landwirtschaft; über sie und die Betriebsführer ihrer Agrargüter wurden der großbetrieblichen Landwirtschaft vielfältige marktrelevante Standards der Profitsteigerung, der Rechenhaftigkeit, der Qualitätsproduktion, der Gewöhnung an Marktschwankungen und der Organisation von Produktionsketten (bis hin zur Nahrungsmittelindustrie), die solche Schwankungen ausglichen, vermittelt. Die adligen Großgrundbesitzer haben, im Unterschied zu ihren bürgerlichen Nachbarn, Wissen und Kapital dieser bürgerlichen Intelligenz in erheblichem Maße zu nutzen gewußt. Sie gewannen gegen die überlegene konkurrierende Nachfrage des Staates und der Zuckerfabriken zwar kaum die besten dieser Fachleute, aber auch deren zweite Kategorie reichte, wie die seit den 1870er Jahren stetig steigenden Pachteinnahmen zeigen, aus, den Anschluß an die voranschreitende landwirtschaftliche Entwicklung einigermaßen zu halten, sich die ökonomischen Vorteile dieses Fortschritts zu sichern.

Die Bauern, von den direkten staatlichen Stützungsprogrammen nur wenig bedacht, blieben natürlich auch von dieser Möglichkeit der landwirtschaftlichen Effektivitätssteigerung ausgeschlossen. Desto wichtiger war für sie ein anderes, ein Selbsthilfe-Instrument zur kontrollierten Anpassung an die Märkte und zum Erwerb von agrarwissenschaftlicher Fachkenntnis: die landwirtschaftliche Genossenschaft. *Stephan Merl* hat versucht, die Geschichte dieser für Nordostdeutschland noch kaum erforschten Institution ein Stück weit zu erhellen. Inwieweit trug diese Organisation, die seit den 1890er Jahren zur Massenbewegung aufstieg, zur Überwindung der „Agrarkrise" und zum landwirtschaftlichen Fortschritt bei; und gewannen zumindest hier die Bauern einen Vorsprung? Im Vergleich mit anderen Agrarregionen Deutschlands fallen an den ostelbischen Provinzen Preußens zum einen die relativ spät liegenden Anfänge des landwirtschaftlichen Genossenschaftswesens auf, zum anderen eine Eigenart der hier ausgeprägten Mitgliederstruktur: der hohe Anteil von Großgrundbesitzern in dieser andernorts eher dominant mittel- und kleinbäuerlichen Bewegung. Merls Befunde bleiben zwiespältig. Einerseits übernahmen die Großgrundbesitzer in dieser „verspäteten" Genossenschaftsbewegung wichtige Überzeugungs- und Vorbildfunktionen, zogen die Bauern in die Genossenschaften hinein; andererseits blieb das ganz offensichtlich unter tatkräftiger Mitarbeit der Großgrundbesitzer entfaltete Netz des Genossenschaftswesens aber wesentlich dünner, der Organisationsgrad geringer als in anderen deutschen Regionen. Merl attestiert vor allem den Molkerei- und Viehverwertungsgenossenschaften eine wichtige Anregungs- und Anpassungsfunktion. Und diese kam wohl auch den Bauern zugute, die ihre Produktion in Mengen wie Qualitäten auf den Markt auszurichten lernten. Daneben betont er, für marktfernere Gebiete wie Pommern – hier wohl gleichgewichtig zugunsten von Bauern wie Großgrundbesitzern – die Bedeutung der Bezugs- und Absatzgenossenschaften. Alle anderen Genossenschaftstypen blieben dagegen an Gewicht deutlich hinter den westlichen Vorbildern zurück. Die Gutsbesitzer, vor allem die adligen, dominierten die Leitungspositionen, repräsentierten und nutzten überproportional – selbst in den Kreditgenossenschaften – die Leistungsfähigkeit dieser Institution und suchten schließlich – wie die Hegemoniebestrebungen des Bundes der Landwirte und des Reichslandbundes mit ihren eigenen Genossenschaften anzeigen – den Zentralisierungsprozeß des landwirtschaftlichen Genossenschaftswesens zu okkupieren und in die Perspektiven einer konservativen Wirtschafts- und Gesellschaftspolitik, die einseitig auf staatlichen Agrarschutz setzte, einzubinden. Das Scheitern des Bemühens, die drei vom Großgrundbesitz geleiteten, aber offenbar nicht gleichermaßen beherrschten Genossenschaftsverbände unter der Ägide des Reichslandbundes zu vereinigen, verweist auf noch weiter zu klärende wachsende Interessenunterschiede zwischen Großgrundbesitz und Bauern, vermutlich aber auch zwischen Fraktionen des Großgrundbesitzes selbst, z. B. zwischen einer stärker an flexibler Marktbehauptung interessierten und einer stärker auf Politikbeeinflussung und staatlichen Schutz setzenden Gruppierung. Die Tatsache, daß Großgrundbesitzer wie Bauern steigende Getreidezölle und andere staatliche Zuwendungen stets gerne in Empfang nahmen, sollte nicht den Blick dafür verstellen, daß unterhalb dieser dünnen Decke der Gemeinsamkeit viel Raum blieb für unterschiedliche agrar- wie allgemeinpolitische Präferenzen. Wenn am Ende der Weimarer Republik Grundbesitzer, Agrarfunktionäre und Politiker wie Schiele oder Schlange-Schöningen die Notwendigkeit einsahen, bis zu einem Drittel des Großgrundbesitzes in Bauernland aufzulösen, um den schon von der bürgerlichen Sozialreform um 1900 propagierten „besseren Teil" zu retten, dann offenbart sich darin eine Fraktionierung der ostelbischen Agrarbewegung, die in den Landbünden offenbar schon seit längerem existent war: eine kleinere, wachsende Fraktion, die auf individuelle unternehmerische Fähigkeiten und flexible Marktanpassung durch Selbsthilfe setzte, letztlich auch eine Veränderung der ländlichen Betriebs- wie Sozialstruktur zur Bewältigung der Krise akzeptierte, artikulierte sich zunehmend selbstbewußter gegenüber einer traditionalen Mehrheit, die weiterhin und mit zunehmender Aggressivität auf die alten Mittel einer sozial-konservativen, protektionistischen Agrarschutzpolitik setzte, die den ländlichen Produzenten, zumal den Bauern, trotz aller Verbesserungen und Steigerungen immer weniger Schutz verlieh.

Zwei polnische Agrarhistoriker, *Leszek Wiatrowski* und *Wlodzimierz Stepinski*, berichten in ihren Beiträgen über die polnische Forschung zur Geschichte der Landwirtschaft in den ehemaligen polnischen Teilungsgebieten Preußens. Zunächst fällt, gerade im Vergleich mit den Ergebnissen Stephan Merls auf, welch bedeutende Rolle das landwirtschaftliche Genossenschaftswesen in der Fortentwicklung des polnischen Agrarbereichs gespielt hat, wie früh diese Bewegung einsetzte, wie stark sie im Zentrum des nationalpolnischen Abwehrkampfes gegen preußisches Siedlungs- und Germanisierungsbestreben stand, wie schnell sie sich ausdifferenzierte und zentralisierte; aber auch – wie offensichtlich gut dieses landwirtschaftliche Genossenschaftswesen in Polen schon erforscht ist. Weiterhin zeigt sich im Vergleich, daß die von Walter Achilles mit großer Vorsicht angegangene Frage der Über- oder Unterlegenheit des Bauernbetriebes gegenüber dem Großbetrieb in Polen, gestützt auf die marxistisch-leninistischen Rahmenvorgaben, mit größerer Entschiedenheit erforscht und zugunsten des Großbetriebs beantwortet worden ist. Während Achilles darauf hinweist, daß der Bauernbetrieb aufgrund seiner Zentrierung auf die Ausnutzung des Arbeitskräftepotentials weniger kapitalintensiv wirtschaftete, weniger krisenempfindlich, auch umstellungs- und anpassungsfähiger war, akzentuieren und belegen die Ausführungen Wiatrowskis die Überlegenheit des Großbetriebs in der Pflanzenproduktion, in der Nutzung agrarwissenschaftlichen Wissens, in Mechanisierung und chemischer Düngung, kurz: in der Intensität, im Ertrag und in der Qualität ihrer Produktion. Beide Befunde scheinen sich eher zu ergänzen als zu widersprechen. Festzuhalten ist an dieser Diskussion Großbetrieb vs. Bauernbetrieb schließlich auch, daß sich weder die polnische noch die deutsche Seite bei der Behandlung dieses Themas seinerzeit aus den dominant nationalpolitischen und sozialkonservativen Deutungsmustern lösen konnte, und diese räumten dem Bauernbetrieb Priorität ein: aus Gründen der Bevölkerungsstabilisierung, der Erhaltung eines „gesunden" Gleichgewichts zwischen Großgrundbesitz und Bauernschaft, Agrarkapital und Landarbeiterschaft, Stadt und Land.

Wlodzimierz Stepinski resümiert die polnische Historiographie zur Entwicklung der Landwirtschaft in den preußischen Teilungsgebieten Posen und Westpreußen und sucht das aus unserer Perspektive wichtigste Ergebnis, die beschleunigte Leistungssteigerung der polnischen Landwirte, das Aufholen ihres Rückstands gegenüber den deutschen Agrariern und Bauern innerhalb von knapp drei Jahrzehnten, zu erklären. Er beschreibt und kritisiert, wie die „Forschungsoptik" der polnischen Agrarwissenschaftler und Agrarhistoriker sich zunächst zunehmend auf die polnischen Landwirte dieses Raums eingrenzte. Die landwirtschaftliche Entwicklung erschien in dieser Perspektive als ein parallel, in zwei völlig voneinander separierten nationalen Welten und Bahnen, unabhängig voneinander voranschreitender Prozeß. Nur die polnische Entwicklung interessierte; und diese schien allein geprägt durch die mächtige national-moralische Energie und die ökonomisch-patriotische, innovative Organisationsdynamik, mit welcher die Polen auf die preußische Germanisierungspolitik antworteten. Stepinski plädiert im Einklang mit einer jüngeren Richtung der polnischen Agrarhistorie für die Überwindung dieser Politik und Ökonomie nahezu in eins setzenden einseitigen Perspektive. Er wendet seine Aufmerksamkeit, diese Einseitigkeit korrigierend, bewußt den „funktionalen Verzahnungen" zwischen polnischer und deutscher Landwirtschaft zu: im Bankenwesen, in der Genossenschaftsbewegung, im formellen wie informellen Austausch modernen organisations- wie produktionsrelevanten Wissens. Sein Ergebnis: Gleichsam unterhalb des nationalpolitischen Gegensatzes gab es viel – teils gezielt angestrebte, teils durch die funktionalen Zwänge einer hochentwickelten, marktorientierten Landwirtschaft erzwungene – Zusammenarbeit in Siedlung wie landwirtschaftlicher Entwicklung, die die politischen Spannungen milderte und der Fortentwicklung beider Landwirtschaften nutzte. Nur ein Teil der landwirtschaftlichen Dynamik läßt sich auf beiden Seiten nationalpolitisch erklären. Wirkte auf der Seite der deutschen Bauern die qualifizierte Hilfe des Staates, so auf der polnischen die unerwartet große Dynamik genossenschaftlicher Selbsthilfe. Beide Entwicklungen profitierten voneinander und vollzogen sich zudem auf der gemeinsamen, starken Grundlage eines die deutsche wie die polnische Landwirtschaft umfassenden europäischen Prozesses wissenschaftsgeleiteter, marktorientierter landwirtschaftlicher Effektivierung. Diese Zusammenhänge zwischen den beiden nationalen Landwirtschaftswelten tragen zur Erklärung der relativ großen Fortschritte des polnischen Agrarbereichs in Posen und Westpreußen zumindest mit gleichem Gewicht bei wie deren innere, national motivierte Selbsthilfedynamik. Stepinskis Beitrag belegt die Ergiebigkeit der von ihm vorgestellten, differenzierten und integrierten Forschungsoptik, die zu weiterer Forschung, gerade auch aus der Sicht der deutschen Bauern und Großgrundbesitzer anregt. Die polnischen Landwirte waren zwar in einer weniger günstigen Ausgangslage, aber sie holten ihren Rückstand auf und kompensierten den Mangel an Staatshilfe erfolgreich durch organisatorische Innovation und neue Wege in der Produktion, evtl. sogar in der Vermarktung. Auf welchen Ebenen und wie profitierten die deutschen Landwirte Posens und Westpreußens – über den Anstieg der Großgüterpreise hinaus – von der Dynamik dieses Aufhol- und partiell möglicherweise auch Überholprozesses? Wirkte hier das nationale Motiv in der Konkurrenz motivierend und dynamisierend oder – im Bewußtsein relativ sicherer Staatshilfe – eher immobilisierend?

Ein dritter und letzter Teil dieses Tagungsbandes fragt schließlich – nach der Sichtung möglicher Ebenen landwirtschaftlicher Innovation und marktorientierter Dynamik – dezidiert nach Verhaltensbereichen, die sich als Indikatoren einer Strategie lesen lassen, die statt der Anpassung an sich wandelnde Marktbedingungen die Suche nach Auswegen oder sogar die Ablenkung vom Problemkern präferierte. *Jens Flemming* beschreibt die Landarbeiterpolitik der ostelbischen Großgrundbesitzer in Reaktion auf die in der Öffentlichkeit viel diskutierten Landarbeiter-Enquêten, die Max Weber zusammengefaßt und ausgewertet hatte. Weber konstatierte eine schnelle Auflösung der partiell gemeinsamen Interessenlage von Gutsbesitzern und seßhaften Landarbeitern. Die von den Gutsbesitzern forcierte Versachlichung und „Vergeldlichung“ der Arbeitgeber-Arbeitnehmer-Beziehungen verschlechtere die Lage der seßhaften Landarbeiter, fördere deren Abwanderungsneigung. Polnische Wanderarbeiter träten an ihre Stelle. Entvölkerung und weitere „Polonisierung“ des preußischen Ostens sei die Folge. Die angegriffenen Gutsbesitzer, so Flemming, wirkten dieser Entwicklung und Kritik entgegen, aber nicht durch Besserung der Landarbeiterverhältnisse, z. B. durch gezielten Landarbeiterwohnungsbau, sondern durch eine Reihe von Gegen-Enquêten, die von Landwirtschaftskammern erstellt wurden und nachzuweisen suchten, daß die Lage der Landarbeiter nicht nur erträglich, sondern geradezu günstig sei, eine Behauptung, die der Wirklichkeit je später desto weniger gerecht wurde. Vereinzelte Reformansätze blieben in der Planung stecken. Lageverbesserungen blieben aus, zumal bei ausländischen Saisonarbeitern, die einem besonders harten staatlichen Zugriff unterlagen.

Wolfram Pyta verfolgt die Geschichte der Großgrundbesitzer Nordostdeutschlands als Steuerzahler. Seine Ausführungen knüpfen an den Beitrag von Walter Achilles an und führen diesen fort. Bis zum Ende des Kaiserreiches gelang es dem Großgrundbesitz, sich weitgehend dem Zugriff des Steuerstaates zu entziehen. Er profitierte dabei von der Unübersichtlichkeit und von den Mängeln des Steuersystems, von seinem politischen Einfluß auf Steuergesetzgebung und Steuerveranlagung, aber auch von einer überbetrieblich organisierten Instrumentalisierung der Buchführung (sog. Fernbuchstellen) und von Defiziten zeitgenössischer Betriebswirtschaft. Erst nach 1918, mit einer grundlegenden Neustrukturierung des Steuersystems, gingen diese goldenen Steuerjahre langsam zu Ende. Der ungewohnte, wachsende Steuerdruck des Landes wie der Kommune, dem man spätestens seit 1923/24 nicht mehr ausweichen konnte, konzentrierte sich an einem für die Landwirtschaft empfindlichen Punkt, der Grundvermögensteuer, die auf allgemeine Ertragsfähigkeit, nicht auf das tatsächliche Betriebsergebnis ausgerichtet war. Und die Steuerbürokratie setzte den staatlichen Steueranspruch nun termingerecht und mit großer Strenge durch. Die Steuerbelastung, als Einzelfaktor für das Betriebsergebnis nur wenig entscheidend. gewann schnell an Bedeutung und schließlich sogar an politischer Sprengkraft, weil sie sich mit den anderen Krisenphänomenen der Weimarer Landwirtschaft, insbesondere mit der zentralen Verschuldungsproblematik, zu einem Bündel verflocht und allgemeine Stellvertreterfunktion bei dem Versuch der Landwirte, Großgrundbesitzer wie Bauern, zugewiesen bekam, Ursachenanalyse für die Misere der Landwirtschaft zu betreiben. Bauern und Großgrundbesitzer rückten bei dieser Deutungsarbeit wieder näher zusammen; die Führungsstellung der „Junker" festigte sich noch einmal. Steuerkritik wurde bewußt zur Systemkritik überhöht. Pyta konstatiert für die Jahre nach 1927/28 eine von den Großgrundbesitzern zu verantwortende gezielte Radikalisierung der landwirtschaftlichen Interessen von der „lautstarken Artikulation" zur „gewalttätigen Verabsolutierung". Daß es gerade die Großgrundbesitzer waren, die die steigende Gewaltbereitschaft der Landbevölkerung auch in den ostelbischen Regionen Preußens zu verantworten haben, ist eine durch weitere Forschung noch zu erhärtende, zur Zeit nur gut begründete Vermutung. Sicher ist dagegen, daß sich diese Großgrundbesitzer auf der Grundlage eines „besonders ausgeprägten Anspruchsdenkens" (Walter Achilles) der staatlich gesetzten Steuerdisziplin, der die Bauern schon seit langem unterlagen, weiterhin zu entziehen versuchten und schließlich diesen Disziplinierungsdruck ins grundsätzlich Politische ablenkten, also an die Stelle der notwendigen betriebsstrukturellen Anpassung eine weitere Ablenkung vom eigentlichen Problemkern setzten.

Es war diese Bund-der-Landwirte-Tradition der Nutzung von Ablenkungsstrategien und der kurzschlüssigen Politisierung ökonomischer Problemlagen der ostelbischen Landwirtschaft, die auch dem Antisemitismus in den Agrarverbänden der Weimarer Republik seinen festen Platz verlieh. In *meinem eigenen Beitrag* zu diesem Band habe ich versucht, den Stellenwert dieses Antisemitismus im agrarpolitischen Konzept des Reichslandbundes, des Brandenburgischen und des Pommerschen Landbundes herauszuarbeiten. Zunächst scheint es so, als sei mit der Auflösung des Bundes der Landwirte und der

Gründung des Reichslandbundes 1921 dieser Antisemitismus an sein Ende gekommen; denn im zentralen Presseorgan des Reichslandbundes wurde ihm fortan kaum noch Platz eingeräumt. Aber der Blick auf die weitere Presse des agrarisch-konservativen Milieus dieser Regionen weist eher eine Arbeitsteilung auf. Das „Deutsche Adelsblatt" für den adligen Großgrundbesitz und der „Deutsche Jungbauer" für die Bauern betrieben nach innen die völkisch-rassische Indoktrination, während die Landbundzeitschriften den Antisemitismus über einen spezifischen „Andeutungsstil" eher latent konservierten als offensiv elaborierten. Aber in Krisenphasen, als politischer Antisemitismus der Anfangs- und Endphase der Republik, vor allem aber als ökonomischer Antisemitismus – in der Zeit der Währungsstabilisierung 1924/25 und in den Jahren der Agrarkrise 1927/28 – war diese Ideologie innerhalb kürzester Zeit wieder lebendig und hochpräsent. Der ökonomische Antisemitismus der späten 1920er Jahre offenbart aber in seinem Formel- und Bilderreservoir wie in seinen Angstvisionen nicht nur ein grundlegendes Bedrohungs- und Unterlegenheitsgefühl der Landwirtschaft gegenüber Handels- und Finanzwelt, des Landes gegenüber der Stadt, sondern auch die dramatisch wachsende Ablehnung der Großgrundbesitzer und Bauern im östlichen Preußen, sich mit ihren Betrieben in das komplexe, bewegliche Netzwerk der überregionalen, zentralisierten kapitalistischen Märkte einzufügen. Das politische Prinzip sozialer Konservierung behielt weiter den Vorrang vor den Prinzipien der ökonomischen Effektivierung und der Anpassung von Betriebsstrukturen an die Erfordernisse der nationalen wie internationalen Märkte.

III

Sucht man zum Schluß, auf sehr allgemeiner Ebene, einige wichtige Ergebnisse dieser hier präsentierten neuen, gemeinsamen Zuwendung agrarhistorisch arbeitender Historiker zur ostelbischen Agrargesellschaft in Kaiserreich und Weimarer Republik zusammenzufassen, so ergibt sich eine Gemengelage aus einigen neuen Einsichten und zahlreichen interessanten, noch offenen Forschungsfeldern. Das stereotype Bild einer Landwirtschaft, die im wesentlichen aus Großbetrieben bestand, Getreide anbaute, von rückständigen, altadligen „Junkern" dominiert wurde und bedenkenlos Stagnation mit staatlicher Stützung kombinierte, wird mit den hier veröffentlichten Beiträgen weiter verflüssigt. Die Bauern, die immerhin im großen Durchschnitt 50–55 % der landwirtschaftlichen Nutzfläche Ostelbiens bewirtschafteten, werden als Produzenten mit eigenen Problemlagen und Anpassungsmustern sichtbar, das ökonomische Gewicht der altadligen Junker wird dagegen noch einmal erheblich reduziert. Die Dynamik auch dieser Landwirtschaft erwies sich als durchaus bedeutsam, zum Teil sogar beeindruckend. Die Erträge und Reinerträge stiegen zumeist; und von einer Agrarkrise im letzten Viertel des 19. Jahrhunderts wird man künftig nur noch vorsichtig, mit neuen und wesentlich differenzierteren Argumenten (und Zahlen), sprechen können. Gleichwohl sollte man angesichts des äußerst plausiblen Arguments einer Status-, Marktanpassungs- und Bewußtseinskrise der Großgrundbesitzer und Bauern des östlichen Preußens im Übergang vom Agrar- zum Industriestaat weiterhin den Betrieb und die Betriebsstruktur als Schwäche- und Krisenbereiche dieser Landwirtschaft nicht aus den Augen verlieren. Qualität und Mechanismen der Verschuldung des Groß grundbesitzes, vor allem die Verschärfung der Schuldenproblematik in Weimarer Zeit, sind noch keineswegs hinreichend geklärt. Neben landwirtschaftlicher Dynamik wurden unübersehbar auch Grenzen der Intensivierung, Marktanpassung und Marktbewältigung sichtbar gemacht; beide Phänomene, Dynamik und Stagnation, hatten „ihre" eigenen Sektoren. Ein integriertes Konzept marktadäquater Anpassung bildete sich nicht aus. Bedeutsame Defizite lassen sich besonders in den Bereichen der ländlichen Bildung, der genossenschaftlichen Selbsthilfe, der Organisation des Absatzes, aber auch der Versorgung mit Krediten beobachten. Das wog, trotz aller Unterschiede zwischen den einzelnen Regionen, in diesem marktfernen Raum zweifellos schwer. Ebenso auffällig ist auch die im Vergleich zum Westen wenig gewichtige Rolle der Bauern in der Organisation des landwirtschaftlichen Fortschritts und der Partizipation an staatlichen Stützungs- und Förderungsmitteln. Letztlich wird man das hier herausgearbeitete Maß an Dynamik, Stagnation und Rückständigkeit der Landwirtschaft nur im gezielten Ost-West-Vergleich, evtl. sogar nur im internationalen Vergleich angemessen gewichten können.

Die erstaunliche Stabilität der ostelbischen Besitzstruktur, trotz massiver Infragestellung durch die linksliberalen bürgerlichen Sozialreformer schon an der Jahrhundertwende, verweist auf eine weitere Sequenz nur zum Teil gelöster Fragen und lohnenswerter Untersuchungsbereiche agrarwissenschaftlicher Forschung. Die Diskussion über Rentabilität und jeweils spezifische Leistungsbereiche der Großbetriebe und Bauernwirtschaften ist noch keineswegs zu Ende geführt und kann nur auf der Grundlage weiterer empirischer Studien neue Argumente erhalten. Die Frage der möglichen Alternativen und ökonomischen Handlungsspielräume der Großgrundbesitzer läßt sich am ehesten durch eine Untersuchung derjenigen Großbetriebe weiterer Klärung zuführen, deren in der Regel wohl bürgerliche Besitzer stärker an Profitsteigerung als an Statussicherung orientiert waren. Welche Alternativen zum Großbetrieb gab es? Wie überlebte – dies wäre die komplementäre Frage – dasjenige Drittel der Großbetriebe, das Ende der Weimarer Republik von fast allen fachkundigen Landwirten und Politikern als nicht mehr zu retten eingestuft wurde? Daß unterhalb einer zunehmend schwächer werdenden Gemeinsamkeit agrarkonservativer Ideologie, Abwehrstrategien und Agrarschutzpolitik die Interessenunterschiede zwischen fortschrittlichen und rückschrittlichen Landwirten, Vertretern eher ökonomischer und eher politischer Strategien, bürgerlichen und altadligen Großgrundbesitzern, aber auch Großgrundbesitzern und Bauern sich ausweiteten und zum Teil zu Gegensätzen verschärften, dürfte durch die Forschung inzwischen gesichert sein. Aber welches waren die konkreten Prozesse, Erfahrungen und Folgen dieser Gegensätze? Erst das Abschreiten dieser wirtschafts- und sozialgeschichtlichen Stufen unseres Forschungsfeldes verspricht Anregung und Neuorientierung auch auf dem bisher am intensivsten beackerten Teil des Feldes, der Rolle des Staates und seiner Agrarpolitik. Auch hier wäre, trotz ihrer starken gesellschaftspolitischen und ideologischen Prägung, zunächst die wirtschaftliche Funktion dieser Agrarpolitik näher zu betrachten. Nicht die Getreidezölle sollten uns künftig primär interessieren, sondern die Gründe für die Schwächen Ostelbiens im ländlichen Bildungs- und Genossenschaftswesen, bei den ländlichen Kredit- und Kommunikationssystemen, im Verkehrs-, Wohlfahrts-, Siedlungs- und Wohnungswesen. Was leistete der Interventionsstaat für die ostelbische Landwirtschaft jenseits des Zollprotektionismus? Wie differenziert sahen Regierungen und höhere Beamte Preußens die wach sende Disparität zwischen Landwirtschaft und Industrie, Land und Stadt, und welche Qualität besaß ihre Reaktion? Eine schnelle Umstellung der ostelbischen Landwirtschaft auf bäuerliche Betriebe und Veredlungswirtschaft war zwar auch ökonomisch nicht sinnvoll, aber wie stellte sich das Problem in längerfristiger Perspektive dar? Wie weit wagte man, wie Knapp, eine notwendige „Verwestlichung des Ostens" zu denken? Und wenn es schon keinen Durchbruch zu einer neuen Strukturpolitik gab, gab es wenigstens Denkansätze und Durchsetzungsversuche zu einem neuen, richtigeren Entwicklungsziel? Es wäre gut, wenn wir mehr über diese agrarwirtschaftlichen Entwicklungs- und Verhinderungsstrukturen wüßten, bevor wir uns wieder dem Problem der Bewertung staatlicher Agrarintervention zuwendeten: der starken Steuerung des Agrarsektors durch den Staat, der alle ländlichen Produzenten auf ein ökonomisch-politisches Kalkül der Landbewirtschaftung ausrichtete, der dem Denken in Alternativen, den Initiativen der genossenschaftlichen Selbsthilfe, der konsequenten Akzeptanz und flexiblen Anpassung an den Markt zu frühe Grenzen setzte, und der, vor allem bei den Großgrundbesitzern, die Ausprägung einer Mentalität des Jammerns statt Wirtschaftens, bestenfalls des Jammerns und Wirtschaftens, begünstigte. Aber an der Entwicklung einer solchen Mentalität, so ein letztes und zugleich gesichertes Ergebnis dieser Tagung, haben nicht nur das ständische Anspruchsdenken der „Junker" und „eine sozialkonservative Regierungspolitik" ihren Anteil, sondern auch breiteste bürgerliche Bewegungen, einschließlich der bürgerlichen Sozialreform, und eine gerade im Osten Deutschland hochbrisante Mischung aus Krisenideologien und Angstvisionen, aus Agrarromantik, bürgerlicher Kulturkritik und Mittelstandsverherrlichung einerseits, „Landflucht", Entvölkerung des Grenzraums, Schwächung nationaler wie völkischer Militärkraft und Autarkieidealen andererseits. Die Geschichte der ostelbischen Agrargesellschaft in Kaiserreich und Weimarer Republik wartet mit interessanten Themen auf weitere Bearbeitung.

Hartmut Harnisch

Agrarstaat oder Industriestaat
Die Debatte um die Bedeutung der Landwirtschaft in Wirtschaft und Gesellschaft Deutschlands an der Wende vom 19. zum 20. Jahrhundert

I

Thema unserer Tagung sind die Strukturprobleme der in hohem Maße durch den Großgrundbesitz bestimmten ostdeutschen Landwirtschaft in den letzten Jahrzehnten des 19. und am Anfang des 20. Jahrhunderts. Selbstverständlich sind in diesen Zusammenhängen die Fragen des Verhältnisses der Agrarproduzenten zu den Agrarmärkten von zentraler Bedeutung, und ganz selbstverständlich stellen sich von daher die Fragen zum Gesamtkomplex der Wirtschaftspolitik, speziell der Agrarpolitik im kaiserlichen Deutschland.

Traditionell hatte die Agrarpolitik Preußens bzw. dann des deutschen Kaiserreiches verschiedene Hauptbetätigungsfelder. Neben die im 18. Jahrhundert einsetzenden Bestrebungen zur Hebung von Pflanzenbau und Tierzucht und in der Landeskultur im weiteren Sinne sowie die mit besonderer Intensität betriebene ländliche Siedlung traten in den letzten Jahrzehnten des 19. Jahrhunderts erneut die von verschiedenen Ansatzpunkten her und unter verschiedenen Zielstellungen betriebenen Anstrengungen um die sog. innere Kolonisation, die in den östlichen Provinzen Preußens bekanntlich seit 1886 ihre besondere Funktion erhielt. In den beiden letzten Jahrzehnten des 19. Jahrhunderts wurde dann mit der rigorosen Reglementierung der landwirtschaftlichen Wanderarbeiter auch der ländliche Arbeitsmarkt verstärkt in die staatliche Agrarpolitik einbezogen.

Seit 1880 gewannen die Schutzzölle auf Agrarprodukte im Rahmen der Agrarpolitik des kaiserlichen Deutschlands eine besonders gewichtige Bedeutung. Geht man vom Kostengefüge der deutschen Landwirtschaft unter den Bedingungen der Weltwirtschaft aus, wie sie sich seit den siebziger Jahren des 19. Jahrhunderts entwickelt hatten, so wird man feststellen können, daß die Agrarzölle zum wichtigsten Steuerungsinstrument der staatlichen Agrarpolitik überhaupt wurden.

Max Sering, einer der einflußreichsten Vertreter des Faches „Agrarpolitik“ an den deutschen Hochschulen seiner Zeit, schrieb 1911: „Der Freihandel würde sehr große Teile unseres Landes, die unter der herrschenden Konjunktur nicht mehr anbauwürdig waren, zur Verödung gebracht haben.“[1] Mit anderen Worten: Nur mit Hilfe von Schutzzöllen auf Getreide konnte die deutsche Landwirtschaft in den Betriebssystemen und in der Betriebsgrößenstruktur erhalten werden, wie sie sich mit der Durchsetzung der rationellen

---

1 Max Sering, Agrar- und Industriestaat, in: Handwörterbuch der Volkswirtschaft, 3. Aufl., hg. von Ludwig Elster, Bd. 1, Jena 1911, S. 52f.

Landwirtschaft und im Zuge der zunehmenden Verwissenschaftlichung des Landbaus, in Anpassung an die naturgegebenen Standorte und unter den Bedingungen der historisch gewachsenen Agrarverfassung herausgebildet hatten. Ohne Zölle wären mindestens der Getreideanbau, möglicherweise auch der Zuckerrübenanbau und damit im Zusammenhang weitere Zweige der Landwirtschaft und der landwirtschaftlichen Nebenindustrien wegen mangelnder Rentabilität stark geschrumpft. In besonderem Maße trifft das auf Ostdeutschland zu, wo aus verschiedenen Gründen der Anbau von Getreide die größte Bedeutung hatte.

Sering hatte 1883 im Auftrag der preußischen Regierung Nordamerika bereist, um die landwirtschaftliche Konkurrenz vor Ort zu studieren. Er wußte also sehr genau, wovon er sprach.[2] Tatsächlich war seit den letzten Jahrzehnten des 19. Jahrhunderts die Landwirtschaft der mittleren und westlichen Länder Kontinentaleuropas nicht mehr in der Lage, Getreide so preisgünstig auf den Markt zu bringen, wie das die Konkurrenz aus Übersee, aus Rußland und Rumänien konnte. Ganz zweifellos war hier für die Wirtschaftspolitik der Staaten ein Entscheidungszwang entstanden. Das Problem ist bekanntermaßen schwierig genug. Die meisten europäischen Länder haben inzwischen über mehr als ein Jahrhundert hinweg Erfahrungen darin sammeln müssen, die unterschiedlichen Interessen von Agrarproduzenten und Konsumenten mit den gesamtvolkswirtschaftlichen Erfordernissen und Möglichkeiten zu einem tragfähigen Kompromiß zu bringen. Die Wirtschaftswissenschaft jedenfalls hat keine logisch geschlossene, unwiderlegbare Lösung für oder gegen Freihandel oder eben Schutzzoll vorlegen können. Es gab und es gibt offenbar immer nur von der ökonomischen und politischen Gesamtsituation her abgeleitete pragmatische Lösungen. Tatsächlich wird man dem Freiburger Nationalökonomen Karl Diehl zustimmen können, der 1901 auf dem Höhepunkt der Debatte um Agrarstaat oder Industriestaat schrieb: „Sobald ein Nationalökonom Stellung zu einer Frage der Handelspolitik nimmt und dabei ein bestimmtes System der Handelspolitik empfiehlt, z. B. den Freihandel oder den Schutzzoll, überschreitet er die Grenzen der Wissenschaft und wird Politiker.“[3]

Offenbar handelt es sich hierbei eben primär nicht um einen Problemkomplex, der mit dem Instrumentarium der wirtschaftswissenschaftlichen Theorie zu einer eindeutigen Klärung gebracht werden kann, sondern hier stehen vitale Lebensinteressen breiter Bevölkerungsschichten zur Entscheidung, geht es um zentrale Fragen der Innenpolitik und nicht zuletzt geht es auch um Einfluß und Macht bestimmter Schichten oder Gruppen.

Dieser prinzipielle Interessengegensatz war in allen Staaten vorgegeben, die vor der wirtschaftspolitischen Entscheidungssituation Freihandel oder Schutzzoll standen. Die Entscheidung für den Freihandel mußte im kontinentalen Europa seit den letzten Jahr-

2 Über Sering, Handwörterbuch der Staatswissenschaften, 2. Aufl., Bd. VII, Jena 1911, S. 474f. Die Ergebnisse seiner Studien legte er in seinem Buch nieder: „Die landwirtschaftliche Konkurrenz in Gegenwart und Zukunft. Landwirtschaft, Kolonisation und Verkehrswesen in den Vereinigten Staaten und Kanada“, Leipzig 1887.

3 Hier zitiert nach: Paul Mombert, Geschichte der Nationalökonomie, Jena 1927, S. 482 (Diehl, 1864–1943, war seit 1908 Prof. für Nationalökonomie in Freiburg/Breisgau).

zehnten des 19. Jahrhunderts zwangsläufig von der Landbevölkerung, insbesondere natürlich den Agrarproduzenten, als Benachteiligung erfahren werden. So haben auch Frankreich und Italien seit den achtziger Jahren des 19. Jahrhunderts ihrer Landwirtschaft Schutzzölle angedeihen lassen.[4] Angesichts des großen Gewichts, das der Agrarsektor dort noch hatte, wäre eine andere Entscheidung auch schwer vorstellbar gewesen. Zölle auf Getreide bedeuteten aber selbstverständlich eine Belastung der einkommensschwachen Verbraucher, speziell in den Städten.

Im deutschen Kaiserreich hatte dieser Entscheidungszwang insofern ein besonderes Gewicht, als hier das in eindeutiger Abwehrhaltung gegenüber den politischen und gesellschaftlichen Modernisierungsbestrebungen verharrende ostelbische Junkertum nach wie vor entscheidende Machtpositionen innehatte und aus seiner Stellung als Großgrundbesitzer selbst unmittelbar höchst engagiert in diesen Fragen war. Wenn aus so unterschiedlichen Positionen wie der von Max Weber[5] und der des Reichskanzlers Fürst Hohenlohe[6] 1895 bzw. 1898 festgestellt wurde, daß in Preußen und im Reich die Junker entscheidenden Einfluß ausüben, dann dürfte daran kaum zu zweifeln sein. Die Junker, die Ostelbier, die Agrarier waren denn auch seit den achtziger Jahren die energischen Vorkämpfer für hohe Schutzzölle. Der Bund der Landwirte bot ihnen seit 1893 eine schlagkräftige Organisation für diesen Kampf. Hans Jürgen Puhle hat das umfassend dargestellt, speziell auch hinsichtlich der innenpolitischen Folgen.[7]

Man muß sich jedoch dabei auch darüber im klaren sein, daß die deutsche Landwirtschaft ohne den Agrarprotektionismus seit den 1880er/90er Jahren hinsichtlich der Betriebsgrößenstruktur und der Betriebssysteme eine wesentlich andere Entwicklung genommen hätte und hätte nehmen müssen, als es unter der Glocke der Schutzzölle tatsächlich der Fall gewesen ist. Zwangsläufig hätten sich daraus politisch und sozialpolitisch kaum lösbare Konflikte und Aufgaben ergeben. Denn man kann dabei nicht außer acht lassen, daß diese tiefgreifende Agrarkrise zwar vielleicht tatsächlich die Chance zur Entmachtung der vorindustriellen Elite der Junker gebracht hätte[8], aber gleichzeitig hätte sich mit Sicherheit auch die Notwendigkeit ergeben, Hunderttausende von ruinierten Klein- und Mittelbauern beruflich außerhalb der Landwirtschaft zu integrieren, was schlechterdings nicht zu bewältigen gewesen wäre, so daß als Alternative nur die Auswanderung geblieben wäre.

---

4 Art. „Getreidezölle", in: Handwörterbuch der Staatswissenschaften, 3. Aufl., Bd. IV, 1909 (von Joh. Conrad). Conrad gehörte übrigens zu den wenigen Nationalökonomen, die sich gegenüber den massiven Argumentationen von der unbedingten Notwendigkeit von Getreidezöllen zur Erhaltung der deutschen Landwirtschaft zurückhaltend aussprachen (S. 832f.).

5 Max Weber, Der Nationalstaat und die Volkswirtschaftspolitik (akademische Antrittsrede 1895), in: Max Weber, Gesammelte politische Schriften, München 1921, S. 25.

6 Denkwürdigkeiten des Fürsten Chlodwig zu Hohenlohe-Schillingsfürst, Bd. 2, Stuttgart und Berlin 1914, S. 534f.

7 Hans-Jürgen Puhle, Agrarische Interessenpolitik und preußischer Konservatismus im wilhelminischen Deutschland. Ein Beitrag zur Analyse des Nationalismus in Deutschland am Beispiel des Bundes der Landwirte und der Deutsch-Konservativen Partei, Hannover 1966.

8 Hans Ulrich Wehler, Das deutsche Kaiserreich 1871–1918, 4. Aufl., Göttingen 1980, S. 47.

II

Der zielbewußte Kampf der Agrarier um die Erhöhung der Getreidezölle hatte nun ein eigentümliches Pendant in der zunächst rein akademischen Debatte über den richtigen Kurs der Wirtschaftspolitik im Deutschen Reich. Wie sollte Deutschland seinem Grundcharakter nach beschaffen sein, sollte es überwiegend ein Agrarstaat sein oder ein Industriestaat?

1895 waren im Deutschen Reich nicht weniger als vier große statistische Erhebungen durchgeführt worden: eine Volkszählung, eine Berufszählung, eine gewerbliche Betriebszählung und eine landwirtschaftliche Betriebszählung. Die Ergebnisse wurden im Laufe des Jahres 1896 publik, und sie zeigten in voller Deutlichkeit die tiefgreifende Grundtendenz des seit langem in Gang befindlichen sozialökonomischen Strukturwandels. Deutschland war aus einem Agrar-Industrie-Land zu einem Industrie-Agrar-Land geworden. Der Vergleich mit den entsprechenden Zählungen des Jahres 1882 ergab, daß der Anteil der von einer Beschäftigung in der Landwirtschaft lebenden Bevölkerung an der Gesamtbevölkerung von 42,5 % auf 35,8 % gesunken war, während gleichzeitig der Anteil der von Arbeit in Industrie, Bergbau und Baugewerbe lebenden Bevölkerung von 35,5 % auf 39,1 % angestiegen war.[9]

Dieser beeindruckende Befund wurde der unmittelbare Anlaß zu der über lange Jahre engagiert geführten Debatte um die wirtschaftspolitische Grundsatzentscheidung, ob Deutschland überwiegend ein Agrarstaat sein sollte oder überwiegend ein Industriestaat. Die Debatte ging bis zum Ersten Weltkrieg weiter und fand auch danach noch in den großen Fachenzyklopädien ihren Niederschlag. Einen deutlichen Höhepunkt erreichte sie 1901 und 1902, als das Auslaufen der noch unter dem Reichskanzler Caprivi abgeschlossenen Handelsverträge bevorstand und im Reichstag ein neues Zolltarifgesetz zur Verhandlung kam, das am 25. Dezember 1902 angenommen wurde.[10]

Tatsächlich bündelt die Debatte in fast einzigartiger Weise die ökonomischen, gesellschaftlichen und politischen Strukturprobleme des Kaiserreiches wie in einem Brennspiegel. Die wirtschaftspolitische Grundsatzentscheidung war von größter Bedeutung für die Volkswirtschaft wie für die Sozialstrukturentwicklung insgesamt, und sie hatte wesentliche Konsequenzen im Hinblick auf die innenpolitische Kräftekonstellation, natürlich gerade auch für die Sicherung der Vorrangstellung der traditionellen agrarischen Herrschaftseliten aus dem Ostelbischen. Allerdings kam sie im Grunde genommen verspätet in Gang, wie Wehler ganz zutreffend feststellte, denn die Alternative war in den neunziger Jahren schon nicht mehr offen.[11] Aber eine Wirtschaftspolitik, die auf die Industrialisie-

9 Die Daten hier nach: Volker Hentschel, Wirtschaft und Wirtschaftspolitik im wilhelminischen Deutschland. Organisierter Kapitalismus und Interventionsstaat, Stuttgart 1978, S. 44.

10 Vgl. den Artikel: Schutzsystem im: Handwörterbuch der Staatswissenschaften, 3. Aufl., Bd. VII, Jena 1911, S. 364–383 (Wilhelm Lexis). Hier auch die Angaben zu den Handelsverträgen des Deutschen Reiches mit anderen Staaten sowie die Zollsätze auf Getreide allgemein und in bilateralen Handelsverträgen.

11 Hans Ulrich Wehler, Das deutsche Kaiserreich 1871–1918, S. 47.

rung in stärkerem Maße retardierend wirken konnte, lag immerhin doch wohl noch im Bereich des Möglichen.

Zu Beginn der wissenschaftlichen Kontroverse werden die Verfechter des Agrarstaatskonzepts wohl tatsächlich noch der Meinung gewesen sein, die Entwicklung zum Industriestaat ließe sich aufhalten oder wenigstens abbremsen, und im Vorfeld der Reichstagsverhandlungen über das neue Zolltarifgesetz von 1902 waren solche Vorstellungen bei den eifrigen Verfechtern noch immer lebendig. In den folgenden Jahren wurde das Ganze jedoch immer mehr zum typologischen Begriffspaar für die Charakterisierung unterschiedlicher Entwicklungsmöglichkeiten von Volkswirtschaften und gewann eher eine heuristische Funktion für die Begründung der Notwendigkeit von Agrarzöllen.

In der modernen wissenschaftlichen Literatur erscheint die Debatte, wenn überhaupt[12], vornehmlich als agrarpolitisches Problem im Rahmen einer Behandlung der Agrarschutzzölle, so in dem knappen Abriß von Wolfram Fischer[13], aber auch in einem längeren Aufsatz von Hermann Lebovics.[14] Die gesellschaftspolitische Dimension blieb weitgehend außerhalb der Betrachtungen. Diesem Aspekt soll hier nachgegangen werden, speziell natürlich auch im Hinblick auf die ländliche Gesellschaft im ostelbischen Deutschland.

Der Eindruck des schnellen sozialökonomischen Strukturwandels vom „überwiegenden Agrar- zum überwiegenden Industriestaat“[15] auf die Zeitgenossen muß enorm gewesen sein. Dem Wachstum der gewerblichen Wirtschaft parallel lief bekanntlich eine immer stärker zunehmende Binnenwanderung. Der tiefgreifende Wandlungsprozeß von einem vorwiegenden Agrarland zu einem in immer stärkerem Maße durch die Industrie geprägten Lande mußte selbstverständlich mit allen seinen Begleiterscheinungen ganz wesentliche Auswirkungen auf die Gesellschaft insgesamt haben. Das ökonomische Wachstum und die Veränderungen in der Sozialstruktur sind statistisch mit hinreichender Klarheit zu erfassen. Die Wandlungen in der Mentalität der verschiedenen Schichten und Gruppen der Bevölkerung lassen sich dagegen sehr viel schwerer rekonstruieren. Aber natürlich mußte dieser ganze Prozeß der Urbanisierung und der völligen Veränderung in den Lebens- und Arbeitsbedingungen von Millionen auch zu einem weitgehenden Wandel in den Denk- und Verhaltensweisen führen. Von den alten Herrschaftseliten wurde dieser Wandlungsprozeß mit deutlichem Unbehagen registriert, ja sogar als bedrohlich empfunden. Fürst Chlodwig zu Hohenlohe, der hochbetagte Reichskanzler, gab in seinen privaten

12 Merkwürdigerweise hat Hentschel (vgl. Anm. 9) diese für die Wirtschaftspolitik im kaiserlichen Deutschland doch sehr wesentliche Debatte überhaupt ncht behandelt.

13 Wolfram Fischer, Vom Agrarstaat zum Industriestaat, in: Ploetz, Das deutsche Kaiserreich von 1867/71 bis 1918. Bilanz einer Epoche, hg. von Dieter Langewiesche, Würzburg 1984, S. 64ff.

14 Hermann Lebovics, „Agrarians“ Versus „Industrializers“. Social Conservative Resistance To Industrialism And Capitalism In Late Nineteenth Century Germany, in: International Review Of Social History, vol. XII, 1967, S. 31–65. Lebovics geht ausführlich auf die sozialstrukturellen Veränderungen Deutschlands ein, weniger jedoch auf die unterschiedlichen Positionen in der Debatte selbst und fast gar nicht auf ihre gesamtgesellschaftlichen Aspekte für die politische Meinungsbildung im Kaiserreich. Weiterhin: Kenneth D. Barkin, The Contoversy over German Industrialization 1890–1902, Chicago 1970.

15 Hentschel, Wirtschaft und Wirtschaftspolitik, S. 13.

Aufzeichnungen unter dem 10. Januar 1896 den folgenden Gedankenaustausch wieder: „P. beklagte, daß Deutschland mehr und mehr Industriestaat werde. Dadurch werde der Teil der Bevölkerung gestärkt, auf den sich die Krone nicht stützen könne, die Bevölkerung der großen Städte und der Industriebezirke. Den eigentlichen Halt für die Monarchie bilde doch nur die Landbevölkerung. Gehe es so fort wie jetzt, so werde die Monarchie entweder in Republik übergehen oder, wie in England, eine Art Schattenmonarchie werden. Ich erwiderte, daß ich diese Befürchtung teile, daß ich aber das Mittel, die Landbevölkerung zu stärken, noch nicht gefunden habe. Auf die exzessiven Forderungen der Agrarier können wir nicht eingehen."[16] Der Kanzler dachte dabei natürlich an bestimmte politische Grundeinstellungen der städtischen Arbeitermassen, die in ihren Mindestforderungen auf eine stärkere Demokratisierung hinzielten, und natürlich wird er ganz besonders an das Anwachsen der sozialdemokratischen Bewegung gedacht haben. Er sah vor allem auch die daraus resultierenden Gefahren für die Herrschaftsstruktur des Bismarck-Reiches und die Rolle der traditionellen Herrschaftseliten in Preußen und im Reich.

Immerhin scheint Hohenlohe diesen Prozeß als nicht aufzuhalten oder gar als umkehrbar angesehen zu haben. Dagegen waren andere politisch-gesellschaftliche Kräfte im Reich nicht bereit, den Dingen ihren Lauf zu lassen. Die Agrarier als Vertreter des ostdeutschen Großgrundbesitzes und eine gewichtige Gruppe innerhalb der wissenschaftlichen Elite waren entschlossen, durch gesellschaftspolitische Maßnahmen diese Entwicklung abzubremsen oder gar umzukehren, übrigens von sehr verschiedenen Ausgangspositionen aus und unter sehr unterschiedlichen Zielsetzungen, verblüffenderweise aber mit ähnlichen Argumenten und fast identischen Vorstellungen hinsichtlich des anzuwendenden Instrumentariums.

Die Haltung der Agrarier war eindeutig. Der vom Reichskanzler Caprivi – beraten von dem Hallenser Nationalökonomen Johannes Conrad – 1891/93 vollzogene Kurswechsel in der Handelspolitik brachte mit der Herabsetzung der Getreidezölle den Agrarproduzenten Einkommensverluste, die durch den tiefen Preiseinbruch bei Getreide in den neunziger Jahren aufgrund guter Ernten und des Druckes vom Weltmarkt her noch schärfer durchschlugen.[17] Hier liegen bekanntermaßen die Triebfedern, die 1893 zur Gründung des Bundes der Landwirte führten.[18]

16 Denkwürdgkeiten des Fürsten Chlodwig zu Hohenlohe-Schillingsfürst, Bd. 2, Stuttgart und Berlin 1914, S. 523f.

17 Albert Hesse: Johannes Conrad, in: Mitteldeutsche Lebensbilder, Bd. 3, Magdeburg 1928, S. 497ff., hier S. 503; Getreidepreise: Alfred Jacobs/Hans Richter, Die Großhandelspreise in Deutschland 1792 – 1934, Berlin 1935, S. 52ff. (= Sonderhefte des Instituts für Konjunkturforschung, hg. von Ernst Wagemann, Nr. 37).

18 Puhle, Agrarische Interessenpolitik (vgl. Anm. 7).

III

Die Debatte über die wirtschafts- und gesellschaftspolitische Grundsatzentscheidung Agrarstaat oder Industriestaat als Kontroverse unter Nationalökonomen, sozialpolitisch engagierten Theologen, Publizisten und kirchlichen Laien nahm ihren Ausgang von der achten Tagung des evangelisch-sozialen Kongresses am 10. und 11. Juni 1897 in Leipzig.[19]

Die Themen der Kontroverse waren an sich nicht neu. Im Grunde genommen zeichnete sich die Debatte gegenüber voraufgegangenen ähnlichen Erörterungen speziell durch das Bestreben aus, die sozialökonomischen Grundsatzfragen im wissenschaftlichen Disput zu klären. Die Frage der Agrarschutzzölle beschäftigte die Öffentlichkeit seit dem spektakulären Kurswechsel Bismarcks von 1879 in der Handelspolitik. Aber auch das Thema von der besonderen Bedeutung der Landwirtschaft und des Landvolkes für die Stabilität der hergebrachten staatlich-gesellschaftlichen Ordnung war Mitte der neunziger Jahre keineswegs neu. Beispielsweise schrieb 1885 Wilhelm Roscher in der 11. Auflage seiner „Nationalökonomik des Ackerbaus“, damals wohl das am weitesten verbreitete Handbuch zum Thema, über die mit den krisenhaften Erscheinungen in der Landwirtschaft zunehmende Verschuldung: „Darum ist zu fürchten, wenn die jetzigen Verhältnisse auch nur zehn Jahre lang währen, daß sie eine sociale Umwälzung hervorrufen, den Untergang eines großen Theils unserer Gutsherrn und Bauern, also eines ganz unersetzlichen Bollwerkes für Ordnung und Freiheit, namentlich gegenüber communistischen Revolutionen. Um dieser schweren Gemeingefahr zu begegnen, können vorübergehende Opfer des Staates, also der nicht grundbesitzenden Steuerpflichtigen, gar wohl angezeigt sein: etwa durch Ermäßigung der Grundsteuer, oder durch landwirtschaftlichen Zollschutz.“[20] Das Grundmuster dieser Auffassungen reicht aber noch weiter zurück.

Das Thema war also keineswegs neu. Indem es jedoch eine Institution wie der evangelisch-soziale Kongreß zum Gegenstand seiner Veranstaltung machte, erhielt die Kontroverse etwas vom Charakter einer öffentlichen Angelegenheit, wurde sie aus dem Umfeld bloßer Interessenvertretungen herausgehoben.

Das Hauptreferat war dem Nationalökonomen Karl Oldenberg übertragen worden[21], damals noch Assistent Gustav Schmollers bei der Herausgabe des „Jahrbuch für Gesetzgebung, Verwaltung und Volkswirtschaft im Deutschen Reich“. Das von ihm als ökonomisches Modell zugrundegelegte Begriffspaar Agrarstaat–Industriestaat ist auch unter Berücksichtigung des damaligen Standes der Wirtschafts- und Sozialwissenschaften als wissenschaftliche Abstraktion doch nur von bescheidenem Niveau. Noch mehr gilt das von den Argumenten Oldenbergs zur gesamtgesellschaftlichen Dimension dieses Prozesses. Kein anderer als Max Weber hat denn auch in seiner anschließenden Debatterede mit der ihm bei solchen Gelegenheiten eigenen Rücksichtslosigkeit gesagt, der Vortrag Olden-

19 Die Verhandlungen des evangelisch-sozialen Kongresses zu Leipzig 1897, Göttingen 1897.

20 Wilhelm Roscher, System der Volkswirtschaft, Bd. 2, Nationalökonomik des Ackerbaus, 11. Aufl., Stuttgart 1885, S. 582.

21 Karl Oldenberg, Ueber Deutschland als Industriestaat, in: Die Verhandlungen des evangelisch-sozialen Kongresses zu Leipzig 1897, Göttingen 1897, S. 64–104.

bergs verdiene „... als ein Denkmal der Zukunft überliefert zu werden“[22], und darin wird man ihm zustimmen können.

Grundlage und Angelpunkt der Argumentation Oldenbergs war seiner Auffassung nach die unabdingbare Notwendigkeit der Erhaltung der Landwirtschaft als dem führenden Sektor der Volkswirtschaft. Das Wachstum der Industrie über einen gewissen Punkt hinaus gewinnt „... die Bedeutung einer qualitativen Aenderung der Natur des volkswirtschaftlichen Körpers“[23] und bedeutet den Übergang zum Industriestaat. Das „Ueberwuchern der Industrie“[24] aber sei ökonomisch ungesund, gefährlich und könne nicht von Dauer sein. Außerdem sei das auch eine politisch gefährliche Entwicklung, denn „Deutschland treibt als Industriestaat in die künftige Knechtschaft einer wirthschaftlichen Staatengruppe“[25]. Die hinter diesem Modell stehenden ökonomischen Überlegungen sind heute kaum noch nachvollziehbar. Aber auch schon 1897 wurden die Schwachpunkte aufgedeckt, unter anderem von Max Weber in seiner anschließenden Debatterede.

In knappster Form besagt die Agrarstaatstheorie als ökonomische Lehrmeinung, daß die im Zuge der Industrialisierung einiger Länder Europas – darunter auch Deutschlands – entstandene weltwirtschaftliche Arbeitsteilung zwischen getreide- bzw. rohstoffproduzierenden Ländern und industriegüterproduzierenden Ländern mit gesetzmäßiger Sicherheit lediglich ein „Zwischenspiel der Wirtschaftsgeschichte“[26] sein könne. Denn es sei nicht anzunehmen, daß Deutschland immer genügend Absatz für seine Industrieerzeugnisse finden werde, um die notwendigen Agrarimporte bezahlen zu können. Im Gegenteil seien vielmehr Schwierigkeiten unausweichlich, weil die Getreideexportländer ihre eigene Industrie aufzubauen im Begriff wären. Einerseits würde damit ihr Importinteresse an deutschen Industriegütern abnehmen und andererseits müßten aufgrund ihrer zunehmenden Bevölkerung die Agrarüberschüsse entweder geringer oder aber als Folge einer intensivierten Landwirtschaft teurer werden. Wenn dann aber die deutsche Landwirtschaft infolge des Freihandels bedeutungslos geworden sei, müsse man die eigenen Industrieprodukte wohl oder übel unter Preis verkaufen, um überhaupt noch die erforderlichen Nahrungsmittel einführen zu können, gerate also in die Abhängigkeit der jung industrialisierten Staaten mit einer noch exportfähigen Landwirtschaft. Das seebeherrschende Großbritannien mit seinen großen Agrarüberschußgebieten in Übersee könne eben nicht das Vorbild sein. Oldenberg sprach direkt von der „Unmöglichkeit einer dau-

22 Die Verhandlungen des evangelisch-sozialen Kongresses zu Leipzig, S. 106.

23 Oldenberg, Ueber Deutschland als Industriestaat, S. 66.

24 Ebd., S. 67.

25 Ebd., S. 66.

26 So die Formulierung von Heinrich Dietzel in seinem Artikel „Agrarstaat und Industriestaat“, in: Handwörterbuch der Staatswissenschaften, 3. Aufl., Bd. I, Jena 1909, S. 226ff., hier S. 227. Dietzel war übrigens ein entschiedener Gegner der Agrarstaatstheorie. Seinen Artikel beschloß er mit dem bekenntnishaften Satz: „Unter dem wirtschaftlichen, wie dem sozialen, wie dem nationalen Gesichtswinkel betrachtet, ist die industriestaatliche Entwicklung zu begrüßen – als Hebel des Reichtums, als Bürge des inneren Friedens, als Helfer zur Macht.“ Der Gedanke, die Industrialisierung als Zwischenspiel aufzufassen, findet sich auch bei Oldenberg, S. 104.

ernden Exportindustrie“[27]. Es ist daher nur folgerichtig, wenn er kurz und bündig feststellte: „Ohne Industrie kann man leben, aber nicht ohne Nahrungsmittel“[28], und offenbar war eine möglichst weitgehende Autarkie sein wirtschaftspolitisches Ideal.

Er verzichtete allerdings bewußt darauf, aus seinen langen Darlegungen wirtschaftspolitische Schlußfolgerungen zu ziehen. Eine pessimistischere Darstellung des ganzen Industrialisierungsprozesses ließe sich aber kaum geben. Oldenbergs ökonomisch-gesellschaftliches Weltbild war geprägt von einer Fundamentalkritik am Kapitalismus. Die deutsche Volkswirtschaft würde auf Gedeih und Verderb im Schlepptau des Kapitals dahinfahren, und er will doch die Frage aufwerfen dürfen, „wie diese kapitalistische Führung zum wirklichen Interesse der Gesamtheit, zum Nationalinteresse sich verhält“.[29] Das Verwertungsbedürfnis des Kapitals wäre es, das zum Industriestaat dränge.[30] Übrigens ist hier noch anzumerken, daß Oldenberg bei allen seinen Überzeugungen über die Vorrangigkeit der Landwirtschaft kein Vorkämpfer des Großgrundbesitzes war, denn er stellt kritisch fest, daß in den Güterdistrikten wegen der Besitzlosigkeit der Landarbeiter die Neigung zur Abwanderung in die Industrie besonders stark ist.[31]

Oldenberg erweist sich insgesamt als tief beeinflußt von den kulturkritischen Strömungen des Fin de siècle, wenn er von „materialistischem Entzücken“[32] über die Wohlstandszunahme aufgrund des wachsenden Welthandels, von „gedankenlosem Fortschrittstaumel“[33] spricht und schließlich die herrschende „blöde geldwirtschaftliche Grundstimmung“[34] aufs Korn nimmt. Genau diese ja in der Tat staunenswerte Formulierung griff denn auch Max Weber auf und dürfte ihm das Wort von der eingangs erwähnten Denkmalswürdigkeit des Oldenbergschen Vortrags eingegeben haben.[35]

Die umständliche nationalökonomische Argumentation für den Agrarstaat wischte Weber in seiner Debatterede kurz und knapp mit dem Hinweis vom Tisch, daß die größten kapitalistischen Industrieländer zugleich die besten Kunden der deutschen Industrie sind.[36] Zu Oldenbergs Attacken auf das Kapital bemerkte er, daß die kapitalistische Entwicklung in Deutschland nicht verhindert werden kann, „... sie ist unabwendbar für uns und nur die Bahn, in der sie sich bewegt, läßt sich wirtschaftlich beeinflussen“.[37]

Wahrscheinlich war Oldenberg unter den Universitätsgelehrten der schärfste Kritiker der Entwicklung zum Industriestaat. In praktische Wirtschaftspolitik ließen sich seine Gedanken jedoch kaum umsetzen.

Der gewichtigste Wortführer der Anhänger des Modells vom Agrarstaat war vielmehr

27 Oldenberg, Ueber Deutschland als Industriestaat, S. 90.
28 Ebd., S. 67.
29 Ebd., S. 71.
30 Ebd., S. 70.
31 Ebd.
32 Ebd., S. 78.
33 Ebd., S. 73.
34 Ebd., S. 75.
35 Ebd., Debatterede Max Webers zum Referat von Karl Oldenberg, S. 106.
36 Ebd., S. 107.
37 Ebd., S. 109.

der streitbare alte Kathedersozialist Adolf Wagner, der aus konservativer Position heraus seine Verdienste um die Anfänge der staatlichen Sozialpolitik in Deutschland hatte. Wagner brachte 1901 ein Buch heraus: „Agrar- und Industriestaat. Eine Auseinandersetzung mit den Nationalsozialen und mit Prof. L. Brentano über die Kehrseite des Industriestaates und zur Rechtfertigung agrarischen Schutzzolls."[38] Der Titel ist das Programm. In der Grundposition des nationalökonomischen Modells stimmt Wagner mit Oldenberg überein: Die weltwirtschaftliche Arbeitsteilung werde nicht unbegrenzt so weiterwachsen können, und die Verflechtung Deutschlands in die Weltwirtschaft stelle ökonomisch und politisch eine Gefahr dar. Daher müsse Deutschland sich im Gesamtinteresse der Nation seine leistungsfähige Landwirtschaft erhalten, auch wenn dadurch die Konsumenten belastet würden. Aber scharf verwahrte sich Wagner gegen den Vorwurf, er stelle sich in den Dienst von Junkerinteressen und wolle deren Herrschaft verlängern.[39] Seine Position umschrieb er wie folgt, und sie entspricht im Grunde der ganzen Richtung. Er vertrete „... agrarische Forderungen, nicht dem 'Brotwucher' dienend, nicht einmal der ländlichen Besitzer und Landwirte, seien es Klein-, Mittel- oder Großbauern und 'Junker' und Rittergutsbesitzer wegen, sondern weil wir in der Erhaltung einer absolut und relativ bedeutenden heimischen ländlichen grundbesitzenden und Landwirtschaft treibenden Bevölkerung, in einer wirtschaftlich leistungsfähig bleibenden solchen Bevölkerung eine unbedingte Voraussetzung des Wohles und der dauernden wirtschaftlichen und sozialen, ethischen, kulturellen und politischen Sicherung der ganzen Nation sehen.

Wir verhehlen dabei nicht, uns und anderen nicht, daß, wie alles Große, das eine Nation braucht, Wehrkraft, innere Verwaltung, Justiz, Unterricht, Volkswirtschaftspflege usw., so auch die 'Erhaltung der dauernden Wirtschafts- und Bevölkerungskraft der Nation', in einer genügenden Quote tüchtiger ländlicher Bevölkerung – Opfer kostet."[40]

Wagner hat sich übrigens bei aller eindeutigen Stellungnahme für eine bleibende ökonomische und gesellschaftliche Vorzugsstellung der Landwirtschaft niemals prinzipiell gegen die Industrie ausgesprochen. Es ging ihm, wie er schrieb, „... nicht um die Wahl zwischen zwei Prinzipien", sondern um das Maß, in welchem an „agrarstaatlicher Gestaltung"[41] festgehalten wird.

Die hier wiedergegebene Option Wagners für den Agrarstaat zeigt sehr deutlich auch die gesamtgesellschaftliche Dimension, um die es dabei im kaiserlichen Deutschland ging. Die Nation brauche die starke Landwirtschaft nicht nur aus Gründen der ökonomischen Ratio nach einem bestimmten theoretischen Modell der Volkswirtschaft, sondern auch, weil sie als Faktor der politischen Stabilität unentbehrlich schien, weil die Landbevölkerung als Bewahrerin der guten alten Sitte und Tradition galt und weil vom Lande stets eine höhere Quote strammer Rekruten kam als aus den großen Städten.

Ein immer wieder von den Anhängern dieser Richtung mit besonderer Vehemenz vertretenes Argument war ihre Behauptung, Deutschland müsse aus Gründen der Siche-

38 1. Aufl., Jena 1901; 2. Aufl., Jena 1902.
39 Hier nach der 2. Aufl., Jena 1902, S. 3.
40 Ebd., S. 25.
41 Ebd., S. 46.

rung seiner Position als Großmacht Agrarstaat bleiben, zum einen, weil die Landbevölkerung eine höhere Quote von Militärtauglichen stelle und zum anderen, weil im Kriegsfalle nur so die Ernährung sichergestellt sei. Bei vitaler Abhängigkeit von Nahrungsmittelzufuhren wäre im Kriege die Gefahr einer tödlichen Blockade zu gewärtigen.

Die Gegenposition vertraten die Anhänger des Modells, Deutschlands Zukunft könne nur die eines Industriestaates sein. Ihre Hauptvertreter waren die Nationalökonomen Lujo Brentano in München und Heinrich Dietzel in Bonn. Grundlage ihrer Argumentation war, etwa im Sinne der Debatterede Max Webers von 1897[42], die kapitalistische Entwicklung als das unabwendbare Schicksal zu begreifen, die sie aber insgesamt positiv werteten.[43] Nur die Industrie wäre in der Lage, der stark anwachsenden Bevölkerung Arbeit und Brot zu geben. Die einzige Alternative wäre sonst die Massenauswanderung. Die Industrie aber muß exportieren, und die besten Exportchancen haben die Länder, die am billigsten ihre Erzeugnisse anbieten können. So bildet sich von selbst eine weltwirtschaftliche Arbeitsteilung heraus, bei der sich auf Dauer die besten Standorte für die Agrarproduktion und für die Industrie durchsetzen werden. Deutschland habe aufgrund seiner fortgeschrittenen Industrie gute Exportchancen. Daher wäre es grundfalsch, die Produktion durch Agrarzölle zu verteuern. Der Freihandel würde die beste Gewähr für ein wirtschaftliches Wachstum geben.

Im Vorfeld der Reichstagsdebatte um das neue Zolltarifgesetz veröffentlichte Lujo Brentano 1901 seine Broschüre unter dem kennzeichnenden Titel „Die Schrecken des überwiegenden Agrarstaates“. Nüchtern stellte er fest: „Daß das Deutsche Reich heute ein überwiegender Industriestaat ist.“[44] Die Entscheidung sah er als bereits gefallen an. Den Gegnern gehe es vielmehr um das „Verlangen nach Rückbildung zum überwiegenden Agrarstaat“.[45] Aber diese Rückbildung wäre eben nur künstlich machbar und nur um den Preis der „Verkrüppelung von Industrie und Handel“[46] zu haben, d.h. konkret über hohe Zölle auf Getreide, die vor allem die städtischen Arbeitermassen belasten würden und den Export schädigen müßten, weil dadurch die Industrieprodukte verteuert werden.

Den Grundpfeiler der Verfechter des Agrarstaates, die Annahme von der zwangsläufig kommenden Blockade der Märkte für deutsche Industrieprodukte mit den als unausweichlich angesehenen Rückwirkungen auf die ökonomische und politische Stellung des deutschen Reiches, widerlegte Brentano mit einer knappen Analyse des deutschen Außenhandels[47], also der schon von Max Weber 1897 in seiner Debatterede hervorgeho-

---

42 Lujo Brentano, Mein Leben im Kampf um die soziale Entwicklung Deutschlands, Jena 1931, S. 210ff.; ders., Die Schrecken des überwiegenden Industriestaates, Berlin 1901 (= Volkswirtschaftliche Zeitfragen, hg. von der volkswirtschaftlichen Gesellschaft zu Berlin, Heft 183/184); Heinrich Dietzel, Kornzoll und Sozialreform, Berlin 1901.

43 Vgl. die entsprechende Aussage Heinrich Dietzels in Anm. 26.

44 Lujo Brentano, Die Schrecken des überwiegenden Industriestaates, S. 17.

45 Ebd.

46 Ebd., S. 43.

47 Ebd., S. 30ff.

benen Tatsache, daß die großen Industrieländer untereinander die besten Handelspartner sind und in einer wechselseitigen Abhängigkeit stehen.[48]

Im Grunde genommen diskutierte Brentano das ganze Problem als eine bereits historische Frage. Einleitend stellte er nämlich fest, daß Deutschland seit dreißig Jahren in steigendem Umfang zum Industrieland geworden sei, und er kam dann auf den Kern des Ganzen, wenn er schrieb: „Solche Uebergänge gehen nicht ohne schwere innere Kämpfe vor sich. Grosse Verschiebungen auch in der politischen Bedeutung der in den verschiedenen wirthschaftlichen Erwerbszweigen thätigen Gesellschaftsklassen pflegen damit Hand in Hand zu gehen. Es ist ganz naturgemäss, dass die Gesellschaftsklassen, welche durch das rapide Wachsen neuer Klassen relativ in den Hintergrund treten, sich mit aller Macht dagegen wehren."[49] Brentano drückt im Prinzip hier im umfassenderen Sinne und auf höherer Abstraktionsstufe genau das aus, was wenige Jahre zuvor der greise Kanzler Hohenlohe seinem Journal anvertraut hatte.

Brentano hatte natürlich vollkommen recht mit seiner Feststellung, daß es gar nicht mehr um eine offene wirtschaftspolitische Entscheidung ging, sondern daß die Anhänger des Modells vom Agrarstaat für eine Rückbildung zu einem solchen kämpften. Es kann auch festgestellt werden, daß alle bekannten Fakten die ökonomische Argumentation der Agrarstaatsanhänger immer mehr ad absurdum führten. Aber es ging eben um mehr als um eine ökonomische Streitfrage unter Wissenschaftlern. In der harten politischen Praxis setzten sich unter der überaus geschickten Führung des Reichskanzlers Bülow die Verfechter hohen Agrarschutzzölle durch.[50] Das Zolltarifgesetz vom 14. Dezember 1902 brachte eine beträchtliche Erhöhung der Getreidezölle und wurde mit den Stimmen der gemäßigten Konservativen, der Nationalliberalen und des Zentrums angenommen, also keineswegs nur von den eindeutigen Interessenvertretern der Junker. Zweifellos bedeutete das für die Landwirtschaft, insbesondere für die ostelbischen Großgrundbesitzer einen Sieg, und zweifellos stellte es für die einkommensschwachen Verbraucher eine „Brotsteuer" dar, wie die Freihandelsanhänger das auch deutlich aussprachen.

IV

Die volkswirtschaftliche Zweckmäßigkeit der Agrarzölle war unter den Zeitgenossen umstritten, und auch die nachträglich wertenden Historiker konnten keine einhellige Auffassung dazu gewinnen. Der politische Gewinn für die traditionelle Herrschaftsord-

48 Max Weber, Debatterede zum Referat von Karl Oldenberg, S. 107.

49 Lujo Brentano, Die Schrecken des überwiegenden Industriestaates, S. 6.

50 Dazu die sehr aufschlußreiche Darstellung, die Bülow nachträglich zu diesen wirtschafts- und gesellschaftspolitischen Weichenstellungen gab: Fürst Bernhard von Bülow, Deutsche Politik, 81.-100. Tausend, Berlin 1917, S. 305ff. Der Ex-Reichskanzler schildert seine selbstverständlich überparteiliche, auf einen Interessenausgleich bedachte Wirtschaftspolitik selbstverständlich in den hellsten Farben.

nung des Kaiserreiches dürfte jedenfalls sicher sein, auch wenn dadurch natürlich die SPD nur noch weiter in ihrer grundsätzlichen Oppositionshaltung bestärkt werden mußte.

Die Frage nach Nutzen oder Schaden der Agrarzölle kann hier nur kurz angeschnitten werden. Es ist Tatsache, daß um 1900 die Rendite in der Landwirtschaft schlecht war, geringer jedenfalls als in anderen Zweigen der Volkswirtschaft. Der deutsche Landwirtschaftsrat hat 1898 über das Reichsamt des Inneren anhand von 1525 Landwirtschaftsbetrieben der verschiedenen Größenklassen Erhebungen über die Rentabilität anstellen lassen.[51] Der Durchschnittswert aller Betriebe lag bei 2,1 %, und nur 245 Betriebe (= 16 %) kamen auf eine Rendite von mehr als 3 %. Dabei muß man wissen, daß der zeitgenössische Zinssatz für Hypotheken bei 3 bis 3,5 % lag.

Die Getreidezölle bedeuteten also für alle Landwirtschaftsbetriebe mit regelmäßigem Getreideverkauf eine Einkommensverbesserung. Auch dazu wurden Untersuchungen angestellt.[52] Sie ergaben, daß der regelmäßige Verkauf von Roggen bei einer Größenordnung ab 5 ha Betriebsfläche begann und bei Weizen schon ab 3 ha. Die Hälfte aller selbständigen Landwirte Deutschlands hätte demzufolge direkt von den Getreidezöllen profitiert. Ein so vorsichtig abwägender Mann wie Gustav Schmoller, der sich prinzipiell für Getreidezölle ausgesprochen hatte, wollte diese auch als Erziehungsinstrument für den Landwirt sehen, denn durch bloße betriebliche Rationalisierung, also ohne erhöhten Kapitaleinsatz, ließen sich die Ernten um 25 bis 30 % steigern.[53]

Die Frage, ob die Mehrzahl der mittleren und kleinen Bauern nicht besser gefahren wäre, wenn sie mit billigem, also zollfrei eingeführtem Getreide zur Veredelungswirtschaft übergegangen wären, ist ebenfalls nicht so einfach zu beantworten. Dänemark ist bekanntlich diesen Weg mit Erfolg gegangen. Aber der Vergleich darf nicht mechanisch gezogen werden, denn Dänemark hatte die Chance, sich zum Lieferanten von Fleisch- und Milchprodukten für Großbritannien zu entwickeln. Es erscheint kaum vorstellbar, daß im Deutschen Reich 1 bis 2 Mill. klein- und mittelbäuerliche Betriebe sich auf die Veredelungswirtschaft geworfen hätten. Das hätte eine enorme Steigerung des Pro-Kopf-Verbrauchs an Fleisch- und Milchprodukten zur Voraussetzung gehabt, und eine solche wäre wiederum nur als Folge sehr beträchtlicher Lohnsteigerungen bei den breiten Verbrauchermassen möglich gewesen. In bestimmten Regionen, wie beispielsweise im Oldenburgischen Münsterland[54], konnte man aufgrund günstiger Verkehrsbedingungen diesen Weg gehen und hat sich auf Schweinemast spezialisiert. Den generellen Weg zur Überwindung der Schwierigkeiten in der Landwirtschaft konnte der Übergang zur Veredelungs-

51 Bericht der XVI. Kommission über den Entwurf eines Zolltarifgesetzes, Nr. 373, Beilage 1, Nr. 704 der Drucksachen der II. Session des Reichstages 1900–1903.

52 Hier nach: Wilhelm Roscher, System der Volkswirtschaft, Bd. 2, Nationalökonomik des Ackerbaus und der verwandten Urproduktionen, 14. Aufl., bearb. von Heinrich Dade, Stuttgart und Berlin 1912, S. 767 f.

53 Gustav Schmoller, Grundriß der allgemeinen Volkswirtschaftslehre, zweiter Teil, 12.-15. Tausend, München – Leipzig 1923, S. 737.

54 Hans Wilhelm Windhorst, Spezialisierte Agrarwirtschaft in Südoldenburg. Eine agrargeographische Untersuchung, Leer 1975.

wirtschaft damals kaum bieten. Und selbstverständlich kam das für die großen Güter Ostelbiens betriebswirtschaftlich nicht in Frage. Ihr Interesse galt der Getreidewirtschaft und daher den Getreidezöllen. Für die bäuerliche Veredelungswirtschaft machte sich der Bund der Landwirte nicht stark.

Unvorstellbar war allerdings auch, daß sich im Reichstag eine Mehrheit für die Einführung des Freihandels mit Agrarprodukten, also für einen Verzicht auf Agrarzölle, gefunden hätte. Adolf Wagner führte unter vielem anderen für die Agrarzölle auch das Argument ins Feld, daß ohne solche viele bäuerliche Existenzen nicht überleben könnten und die Bildung riesiger Latifundien mit allen unerwünschten Nebenwirkungen unausweichlich sein würde. Ein massenhaftes Aufgeben klein- und mittelbäuerlicher Existenzen wäre aber sozialpolitisch im deutschen Kaiserreich nicht zu verkraften gewesen. Das Problem wiegt ja auch heute noch schwer genug.

Natürlich kann aber überhaupt nicht bestritten werden, daß die Getreidezölle eine spürbare Verteuerung der Lebenshaltung für die einkommensschwachen Bevölkerungsschichten bedeuteten, lag der Anteil der Ausgaben für Nahrungsmittel am Familienbudget einer Arbeiterfamilie auch zu dieser Zeit noch bei über 50% des Verdienstes.[55] Heinrich Dietzel, Gesinnungsgenosse Brentanos im Kampf gegen die Agrarzölle, gab ebenfalls 1901 eine Broschüre heraus „Kornzoll und Sozialreform“. Sein besonderes Anliegen war die Herausarbeitung des Zusammenhangs zwischen dem sozialen Frieden im Inneren und den negativen Wirkungen von Schutzzöllen auf Getreide. Diese bezeichnete er ohne Umschweife als „Brotsteuer“[56] und charakterisierte sie neben den Steuern auf Fleisch und Salz als die „ungerechteste Verbrauchssteuer“[57]. Zur Forderung der Agrarier auf Garantie eines Minimalpreises für Getreide sagte er unverblümt: „richtiger Minimalrente“[58]. Dietzel fühlte sich durch den Getreidezoll in seinem Bemühen um den sozialen Frieden behindert und führte dazu aus: „Während die Apostel der Sozialreform den sozialdemokratischen Agitatoren den Wind aus den Segeln nehmen möchten, wird er diesen durch den Kornzoll aus vollen Backen zugeblasen: die Geister, die man loswerden möchte, ruft man mit dem Kornzoll.“[59]

Zusammenfassend zu diesem vielschichtigen, komplizierten Problem wird man sagen können, daß unter den konkret gegebenen volkswirtschaftlichen Gesamtbedingungen dieser Jahrzehnte ein gewisser Zollschutz für die Landwirtschaft doch wohl sinnvoll oder sogar unvermeidlich war. Die deutsche Industrie hat unter der Wirkung der Agrarzölle keine ernstlichen Nachteile hinnehmen müssen. Im Gegenteil: Gerade in dem Jahrzehnt nach 1902 konnte sie unter den Industrienationen Europas die größten Wachstumsraten

---

55 Sozialgeschichtliches Arbeitsbuch, Bd. II, Materialien zur Statistik des Kaiserreiches 1870 bis 1914, bearb. von Gerd Hohorst, Jürgen Kocka und Gerhard A. Ritter, 2. Aufl., München 1978, S. 113.

56 Dietzel, Kornzoll und Sozialreform, S. 19.

57 Ebd.

58 Ebd., S. 4.

59 Ebd.

verzeichnen[60], und auch die Realeinkommen der Industriearbeiter stiegen langsam weiter.[61]

V

Deutschlands Weg als Industriestaat war also nicht aufzuhalten. Die erhöhten Agrarzölle haben daran nichts ändern können. Die Anhänger des Modells Deutschland als Agrarstaat waren, soweit sie als Nationalökonomen dieses Konzept verfochten hatten, de facto als Verlierer aus der Debatte hervorgegangen.

Der Erfolg für die Agrarier und in gewisser Weise doch auch für die Anhänger des Agrarstaatskonzepts lag eigentlich auf politisch-moralischem Gebiet. 1895 hatte die Öffentlichkeit teils mit Staunen, teils mit Erschrecken wahrnehmen müssen, daß hinsichtlich der Beschäftigtenzahlen Industrie, Bergbau und Gewerbe vor die Landwirtschaft an die erste Stelle gerückt waren. Dieser Prozeß setzte sich natürlich fort, und nach den Erhebungen von 1907 zeigte sich, daß mit 28,6 % nur noch ein reichliches Viertel der Bevölkerung in der ländlichen Sphäre verankert war.[62]

Ungeachtet dessen aber wurde der bis in die Tage der Romantik zurückreichende topos von dem besonderen Rang und Wert der Landbevölkerung in politisch-moralischer, volkswirtschaftlicher, gesellschaftlicher und militärischer Hinsicht weitergetragen, ja sogar seit den letzten Jahrzehnten des 19. Jahrhunderts noch intensiviert.[63] In den Veröffentlichungen der Anhänger des Agrarstaatskonzepts wurde davon als einem ganz selbstverständlichen, völlig unbezweifelbaren Tatbestand ausgegangen. Die Mehrzahl der deutschen Nationalökonomen, aber zweifellos auch der Historiker, Germanisten etc., neigte, wenn nicht dem Konzept vom Agrarstaat, so doch den Vorstellungen vom notwendigen Vorrang bzw. der Schutzbedürftigkeit der Landwirtschaft zu. Bei dem hohen öffentlichen Ansehen des Universitätsprofessors im deutschen Kaiserreich bedeutete das in der Praxis eine starke Unterstützung für alle Maßnahmen zugunsten der Landwirtschaft.

Nutznießer dieser publicity waren natürlich auch und nicht zuletzt die ostelbischen Agrarier. Deutlich zeigt sich in diesem Zusammenhang der sozialkonservative Charakter der Mehrzahl der deutschen Nationalökonomen. Adolf Wagner, der sich doch ausdrücklich dagegen verwahrt hatte, als Interessenvertreter des Großgrundbesitzes verstanden zu werden[64], meinte dann doch, die Getreidezölle seien notwendig, da „... die alteingesessenen ... adligen, bürgerlichen und bäuerlichen Familien wichtige Bestandteile des nationa-

---

60 Brian R. Mitchell, European Historical Statistics 1750–1975, S. 375ff.

61 Sozialgeschichtliches Arbeitsbuch, Bd. II, S. 107.

62 Hentschel, Wirtschaft und Wirtschaftspolitik im wilhelminischen Deutschland, S. 44.

63 Dazu: Hartmut Harnisch, Zwischen Junkertum und Bürgertum. Der Bauer im ostelbischen Dorf im Widerstreit der Einflüsse von traditionalem Führungsanspruch des Adels und moderner kapitalistischer Gesellschaft, in: Idylle oder Aufbruch. Das Dorf im bürgerlichen 19. Jahrhundert. Ein europäischer Vergleich, von Wolfgang Jacobeit, Josef Mooser und Bo Stråth, Berlin 1990, S. 25ff.

64 Siehe oben S. 23.

len und sozialen Organismus sind"[65]. Gustav Schmoller meinte, die Agrarzölle nur dann rechtfertigen zu können, wenn die Regierung sich zu einer starken bäuerlichen Kolonisation entschließe und damit zeigt, „daß die Zollerhöhung nicht wesentlich im Dienste der reichen Großgrundbesitzer geschieht"[66]. Aber gleichzeitig sprach er sich auch dafür aus, daß der „bessere Teil" der adligen und bürgerlichen Rittergutsbesitzer seine Stellung im Staat behält.[67] Noch weiter in dieser Richtung ging der Berliner Agrarökonom Heinrich Dade, wenn er betonte, daß der Großgrundbesitz als wirtschaftliche Basis der Träger des landwirtschaftlichen Fortschritts und im Dienste der Allgemeinheit, insbesondere als Offiziere, unentbehrlich bleibe.[68] Im gleichen Sinne äußerte sich der hochangesehene Jurist Otto Giercke in einer Stellung zur Frage der Fideikommisse.[69]

Die eigentümliche sozialkonservative, agrarromantisch gefärbte Grundeinstellung sehr vieler und oft sehr einflußreicher Universitätsprofessoren hat wesentlich dazu beigetragen, in der Öffentlichkeit den Boden für einen aufwendigen Agrarprotektionismus zu bereiten. Selbstverständlich stand hinter solchen Einstellungen nicht zuletzt auch die Abneigung gegen die Sozialdemokraten.

Argumentationen, wie sie von Dietzel und Brentano vorgetragen wurden, die sozialen Spannungen durch niedrige Lebensmittelpreise vermittels des Freihandels (Dietzel) oder durch Entwicklung der Arbeiterschutzgesetzgebung und Koalitionsfreiheit (Brentano)[70] zu entschärfen, fanden wenig Gehör.

Die Öffentlichkeitswirksamkeit der Befürworter hoher Agrarzölle und der möglichsten Konservierung der ländlichen Welt ist eindeutig. Als bemerkenswert für die Meinungsbildung in der Öffentlichkeit muß aber auch das in der Debatte um Agrarstaat/Industriestaat niemals fehlende Argument von der für Deutschland unabdingbaren Notwendigkeit der ständigen Bereitschaft für den Kriegsfall angesehen werden. Heinrich Dade schrieb dazu in aller Deutlichkeit: „Die geographische und politische Lage Deutschlands erheischt für den dauernden Bestand des Reiches dafür zu sorgen, daß ihm in Zeiten der Not Brot und Fleisch, vor allem aber Brot, ebenso wenig ausgehen, wie Pulver und Blei."[71] In diesem

---

65 Wagner, Agrarstaat und Industriestaat, S. 58.

66 Schmoller, Grundriß der allgemeinen Volkswirtschaftslehre, S. 739.

67 Gustav Schmoller, Einige Worte zum Antrag Kanitz, in: Jahrbuch für Gesetzgebung, Verwaltung und Volkswirtschaft im Deutschen Reich, Bd. 19. 1895, S. 622.

68 Wilhelm Roscher, Grundriß der Volkswirtschaft, zweiter Bd.: Nationalökonomik des Ackerbaus und der verwandten Urproduktionen, 14. Aufl., bearb. von Heinrich Dade, Stuttgart und Berlin 1912, Nachtrag (von Heinrich Dade), S. 883.

69 Otto von Giercke, Art. Fideikommisse, in: Handwörterbuch der Staatswissenschaften, 3. Aufl., Bd. IV, Jena 1909, S. 114f.

70 Dietzel, Kornzoll und Sozialreform, S. 10ff.; Lujo Brentano, Mein Leben im Kampf um die soziale Entwicklung Deutschlands.

71 Heinrich Dade, Agrarzölle, in: Schriften des Vereins für Socialpolitik, Bd. 91/2, 1901, S. 95–102, hier nach: Quellen zur deutschen Wirtschafts- und Sozialgeschichte von der Reichsgründung bis zum Ersten Weltkrieg, bearb. von Walter Steitz, Darmstadt, 1985, S. 264 (= Freiherr vom Stein Gedächtnisausgabe, Bd. XXXVII).

Sinne, der Furcht vor einer Blockade, äußerte sich auch Adolf Wagner.[72] Selbst Lujo Brentano verzichtete auf dieses Argument nicht, wenn er betonte, die Rückbildung zum Agrarstaat würde die Wehrfähigkeit des Reiches beeinträchtigen und die für die „Zukunft der Nation unentbehrliche Machtstellung" unmöglich machen.[73]

Diese Form einer „Wagenburgmentalität" war verbreitet, und sie trug dazu bei, wie Wolfgang Mommsen kürzlich sagte[74], daß in den bürgerlichen und aristokratischen Schichten vor 1914 der Krieg im Prinzip als notwendiges Mittel der Politik angesehen wurde. Natürlich konnte das in politischen Krisensituationen fatale Konsequenzen gewinnen. So werden auch die immer wieder vorgebrachten Befürchtungen von der im Kriegsfalle drohenden Blockade der Nahrungsmittelzufuhren ihre Auswirkungen auf die Bereitschaft zur Flottenrüstung in breiten Kreisen des Bürgertums nicht verfehlt haben.

Man wird nicht an der Feststellung vorbeikommen, daß doch offenbar ein großer Teil der Sozial- und Geisteswissenschaftler des kaiserlichen Deutschlands nicht bereit war, sich den sozialen und ökonomischen Herausforderungen ihrer Zeit wirklich zu stellen. Die Lobpreisung der ländlichen Gesellschaft und ländlichen Welt war eher eine Fluchtreaktion als das Bemühen, die sozialen Fragen der Zeit wirklich anzugehen. Ein Mann wie Lujo Brentano, der sich für gewerkschaftliche Rechte der Arbeiter einsetzte, die Wohnungsfrage aufgriff und eben auch in der Frage der Agrarzölle prononciert Stellung bezog, stand oft genug auf einsamem Posten.

Als nationalökonomische Kontroverse war die Debatte Agrarstaat/Industriestaat intellektuell unbedeutend und sachlich unergiebig.[75] Sie begann, als die Entscheidung im Prinzip schon gefallen war, und diese Entscheidung war irreversibel. Ihre Bedeutung liegt in der Öffentlichkeitswirksamkeit für die Interessen der Landwirtschaft, insbesondere der Großgrundbesitzer. Der Bund der Landwirte war bekanntlich gerade auch in der Öffentlichkeitsarbeit sehr tätig. Zu deutlich aber haftete ihm der Stallgeruch einer Interessenvertretung an, noch dazu einer Interessenvertretung des Großgrundbesitzes. In den Kreisen außerhalb der Landwirtschaft konnte die Agitation des Bundes der Landwirte nicht viel an Boden gewinnen.

Aber die öffentlich geführte Debatte innerhalb der ehrfürchtig bewunderten geistigen Elite der Nation erreichte breitere Schichten des sonst an den Dingen der Landwirtschaft wenig interessierten Bürgertums. Die Argumente, daß man um die Sicherung des täglichen Brotes in Frieden und Krieg Vorsorge treffen müßte, waren eingängig und konnten zudem an damals noch landläufige Vorstellungen über die Ordnung des täglichen Lebens

72 Wagner, Agrarstaat und Industriestaat, S. 74.

73 Lujo Brentano, Die Schrecken des überwiegenden Industriestaates, S. 39.

74 Wolfgang Mommsen, Der Topos vom unvermeidlichen Krieg. Außenpolitik und öffentliche Meinung im Deutschen Reich im letzten Jahrzehnt vor 1914, in: Wolfgang Mommsen, Der autoritäre Nationalstaat. Verfassung, Gesellschaft und Kultur des deutschen Kaiserreiches, Frankfurt/Main 1990, S. 382.

75 Schmoller meinte allerdings 1901 in einer Sammelrezension, in der er die o. a. Arbeiten von Wagner und Brentano behandelte: „... der Gegenstand ihrer Kontroverse ist einer der größesten, der die deutsche Gegenwart bewegt...", in: Jahrbücher für Gesetzgebung, Verwaltung und Volkswirtschaft im Deutschen Reich, Bd. 25, 1901, S. 1608.

im breiten Publikum anknüpfen. Hier wurde im bürgerlichen Lager der Boden bereitet für eine breite Zustimmung zu den Agrarschutzzöllen.

Den eigentlichen Nutzen aus dieser ideologieträchtigen Unterstützung der Landwirtschaft zogen die Großgrundbesitzer Ostelbiens, denn vor allem sie hätten ohne Schutzzölle auf Getreide nicht weiterwirtschaften können wie bisher. Und ob viele von ihnen die ohne Zölle unausweichliche Rationalisierung bewältigt hätten, läßt sich bezweifeln.

Max Weber hat dann auch in seiner Debatterede im Anschluß an das Referat von Oldenberg auf dem evangelisch-sozialen Kongreß 1897 ganz klar gesagt, daß Bismarcks Übergang zur Schutzzollpolitik nicht zuletzt dazu dienen sollte, „... die in ihrer ökonomischen Unterlage wankend gewordene Herrschaft der östlichen Junker bei uns zu erhalten“[76].

Der ganze Kampf um die Agrarzölle findet hier seine eigentliche Begründung. Die ökonomische Unterlage der östlichen Junker wurde in der Tat stabilisiert. Elard von Oldenburg-Januschau, einer der aktivsten und aggressivsten Vertreter der Agrarier im Reichstag, spendet in seinen Memoiren dem Reichskanzler Bülow in gewissen Grenzen Anerkennung für dessen Unterstützung im Kampf um die Agrarzölle. Er zitiert aus seiner damaligen Rede wie folgt: „Ich glaube nicht, daß wir durch die neuen Handelsverträge materiell viel gewinnen. Aber in einem anderen Punkte haben wir die Schlacht gewonnen, wir, der Bund der Landwirte. Das ist der Ehrenpunkt. Und von heute an wird es im deutschen Reich nicht mehr heißen: Industriestaat, sondern anerkanntermaßen wird es wieder heißen: Agrarstaat und Industriestaat.“[77] Die Tendenz der sozialökonomischen Entwicklung schätzte der „Januschauer“, parteipolitisch argumentierend, nicht sehr realistisch ein, aber die politische Rolle, die das Junkertum noch immer spielen konnte, die sah er vollkommen richtig.

76 Max Weber, Debatterede zum Referat von Karl Oldenberg, S. 110.

77 Elard von Oldenburg-Januschau, Erinnerungen, Leipzig 1936, S. 70.

Manfred Jatzlauk

Diskussionen und Untersuchungen über die Agrarverhältnisse im Verein für Sozialpolitik in den letzten beiden Jahrzehnten des 19. Jahrhunderts

1. Vorbemerkung

Nach Jahrzehnten günstiger Entwicklung sahen sich die Agrarwirtschaften der deutschen Staaten infolge der Einbeziehung in den entstehenden nationalen und internationalen Markt von etwa 1875 bis zur Jahrhundertwende aufgrund zu hoher Erzeugungskosten und überhöhter Güterwerte einer Strukturkrise gegenüber, die hauptsächlich die Getreide und Kartoffeln produzierenden nordostdeutschen Großlandwirte betraf. Die Vertreter der landwirtschaftlichen Interessen reagierten darauf sowohl in den Parlamenten als auch in solchen Gremien wie dem Königlich Preußischen Landesökonomie-Kollegium oder der Vereinigung der Steuer- und Wirtschaftsreformer mit fortgesetzt erhobenen Klagen über die „Not der Landwirtschaft" bzw. mit vehement vorgetragenen Forderungen nach staatlicher Hilfe. Auf Anregung der Regierungen der größeren deutschen Staaten, der Statistischen Bureaus und wissenschaftlich-politischer Vereine, vor allem des Vereins für Sozialpolitik, kam es in dieser Situation in den 1880er und 1890er Jahren zu einer Reihe von Untersuchungen über die Agrarverhältnisse.[1]

Den Auftakt bildeten die amtliche Erhebung über die bäuerlichen Besitz- und Wohlstandsverhältnisse im Königreich Preußen von 1882, die probeweise Erhebung über den Stand der Verschuldung des ländlichen Grundbesitzes im Königreich Preußen von 1883 und die Erhebungen über die Lage der Landwirtschaft im Großherzogtum Baden von 1883. Die Ergebnisse der badischen Enquête, die eine wachsende Verschuldung der Landwirtschaft nicht für alle Betriebsgrößengruppen feststellte und deshalb großes Interesse fand, veranlaßte Parlamentarier und Regierungen in Hessen, Württemberg, Elsaß-Lothringen und Sachsen zwischen 1884 und 1886 ebenfalls Erhebungen über die Agrarverhältnisse vornehmen zu lassen. Später folgten dann weitere deutsche Staaten bzw. kam es zu Wiederholungen von Erhebungen, wobei die Verschuldungsproblematik weiterhin ein großes Interesse fand.[2]

Besondere Aktivitäten bei der Untersuchung der Agrarverhältnisse entwickelte aber der 1872 gegründete Verein für Sozialpolitik in den 1880er und 1890er Jahren. Daher

---

1 Vgl. Sigrid Dillwitz, Quellen zur Verschuldung der Bauernschaft im Deutschen Reich von 1871 bis 1914, in: Wiss. Zeitschrift Universität Rostock, Gesellschafts- und Sprachwissenschaftliche Reihe, 25, 1976, S. 775ff.

2 Vgl. ebd., S. 778ff.

scheint es gerechtfertigt, die Ergebnisse seiner Untersuchungen und Diskussionen hier in den Mittelpunkt zu stellen. Die Vereinsmitglieder, unter ihnen namhafte Beamte, Politiker, Industrielle, Rittergutsbesitzer und Professoren der Nationalökonomie, befürworteten staatliche Eingriffe in die sozialökonomischen Verhältnisse und standen damit im Gegensatz zur freihändlerischen Richtung, die sich im „Volkswirtschaftlichen Kongreß" organisiert hatte.[3]

2. Die Agrarfrage auf den Tagungen des Vereins in den 1880er Jahren

Während der Verein sich noch in den 1870er Jahren vorwiegend der sozialen Lage der Arbeiter widmete, kam es nach 1879 unter dem Eindruck des Sozialistengesetzes und der Hinwendung zur Schutzzollpolitik nach internen Auseinandersetzungen um die zukünftige Rolle des Vereins, in deren Ergebnis sich die liberalen Kräfte zurückzogen, zu einer Verschiebung der Themenstellung mit der Absicht, möglichst politisch neutrale Bereiche zu untersuchen. Damit wollte die Führung des Vereins Diskussionen über aktuelle sozialpolitische Fragen vermeiden, die „immer den Charakter eines Kampfes für oder wider Bismarck" annehmen müßten. Unter dem Vorsitz von Erwin Nasse wurde der Verein zwar kein „Parteigänger Bismarcks", verhielt sich aber bei der Erörterung sozialpolitischer Themen bis 1890 weitgehend passiv. Gleichzeitig erfolgte die Abkehr von der praktisch-politischen Orientierung der Arbeiten bzw. die Hinwendung zur wissenschaftlich-distanzierten Behandlung der Themen und eine stärkere Privatisierung der Sozialforschung in dem Sinne, daß der früher auf „staatlich angeordnete Untersuchungen" angewandte Begriff der „Enquête" jetzt auch auf die Erhebungen von privaten Vereinigungen, einschließlich der des Vereins für Sozialpolitik, ausgedehnt wurde.[4]

Die Verlagerung der inhaltlichen Themenstellung des Vereins auf die „Bäuerlichen Zustände" geht vermutlich auf Anregungen von Georg Friedrich Knapp zurück. Man wollte die Bauern unterstützen, die als neuer Mittelstand und Bollwerk gegen die Sozialdemokratie angesehen wurden. Alle Generalversammlungen des Vereins der 1880er Jahre und neun von 22 Bänden der Schriften des Vereins, die in diesem Jahrzehnt publiziert wurden, behandelten die Agrarfrage.

Im Mittelpunkt standen die Themen Erbrecht und Grundeigentumsverteilung bei den mittleren und kleineren Grundeigentümern und Maßnahmen zur Erhaltung ihres Besitzstandes, die Verbreitung des Zinswuchers auf dem Lande und dessen Zurückdrängung durch den Aufbau genossenschaftlicher Kreditorganisationen, die innere Kolonisation als Mittel zur Stärkung der klein- und mittelbäuerlichen Betriebe in den ostelbischen Gebie-

3 Vgl. Franz Boese, Geschichte des Vereins für Sozialpolitik, in: Schriften des Vereins für Sozialpolitik (= Schriften), Bd. 188, Berlin 1939.

4 Vgl. Dieter Lindenlaub, Richtungskämpfe im Verein für Sozialpolitik, Wiesbaden 1967, S. 182ff.; Irmela Gorges, Sozialforschung in Deutschland 1872–1914. Gesellschaftliche Einflüsse auf Themen- und Methodenwahl des Vereins für Sozialpolitik, Königstein 1980, S. 158ff.

ten sowie der Vergleich der Agrarverhältnisse in Deutschland mit denen in Frankreich, England und Italien.[5]

a) Die Tagung von 1882

In den Verhandlungen des Jahres 1882 in Frankfurt a. M. referierte der Breslauer Ordinarius für Staatswissenschaften August von Miaskowski über die Grundeigentumsverteilung und Erbrechtsreform im Deutschen Reich. Zu diesem Thema hatte er kurz zuvor eine monographische Abhandlung in den Schriften des Vereins publiziert. Miaskowski bot dann auch noch einmal einen Überblick über die Verteilung der Besitz- und Betriebsgrößen sowie über die verschiedenen Erbrechtsformen und stellte besonders die gegensätzlichen Verhältnisse zwischen Nordostdeutschland mit der Tendenz zur Bodenkonzentration und die in Südwestdeutschland zu beobachtende Zersplitterung des Bodeneigentums in den Vordergrund. In beiden extremen Fällen zeigte sich nach seiner Auffassung bei einem Teil der ostelbischen Landarbeiter bzw. der Kleinstellenbesitzer im Südwesten „eine bis dahin völlig unbekannte Empfänglichkeit für soziale und politische Umsturzpläne“. Als Ziel der Agrarpolitik forderte v. Miaskowski deshalb die Erhaltung und Festigung des mittleren Grundbesitzes durch die allgemeine Einführung des Anerbenrechts. Dadurch wäre es möglich, die „im großen gesunde Verteilung des ländlichen Grundeigentums“ zukünftig zu konservieren und die grundbesitzenden Familien „gegenüber dem Andrängen des beweglichen Kapitals“ in ihrem Besitz besser zu schützen.[6]

Die anschließenden Diskussionsredner zeigten ein hohes Maß an Übereinstimmung mit den Ansichten des Referenten und anerkannten durchweg die Bedeutung des mittleren Grundbesitzes für die sozialen Zustände. Miaskowskis Vorschläge fanden nur wenige Jahre später Berücksichtigung in dem preußischen Ansiedlungsgesetz von 1886 für die Provinzen Posen und Westpreußen.[7]

b) Die Tagung von 1884

Die Verhandlungen des Vereins im Jahre 1884, die wiederum in Frankfurt a. M. stattfanden, befaßten sich u. a. mit „Maßregeln der Gesetzgebung und Verwaltung zur Erhaltung des bäuerlichen Grundbesitzes“. Die einführenden Referate dazu wurden von J. Conrad (Halle) und A. Buchenberger (Karlsruhe), der sich auf die Zustände in Südwestdeutschland beschränkte, gehalten. Besonders Conrad beklagte das Fehlen einer breiten, das ganze Deutschland umfassende Agrarstatistik, die als Basis für eine realistische Einschätzung der Situation der bäuerlichen Schichten hätte dienen können.

Als Grundlage ihrer Analyse nutzten die beiden Referenten daher die Berichte der

5 Vgl. Schriften, Bd. 188, S. 35, S. 44.
6 Vgl. Schriften, Bd. 21, Leipzig 1882, S. 6ff.; Schriften, Bd. 188, S. 44ff.
7 Vgl. Schriften, Bd. 21, S. 29ff.

landwirtschaftlichen Zentralvereine Preußens, die Erhebungen über die Lage der Landwirtschaft in Baden und die vom Verein für Sozialpolitik selbst in Auftrag gegebene und fertiggestellte Enquête über die bäuerlichen Zustände in Deutschland. Für Conrad stellten alle drei Erhebungen die Verhältnisse ungünstiger dar, als sie tatsächlich waren. Beide Referenten wiesen dann auch pessimistische Anschauungen über den Verfall der bäuerlichen Wirtschaften zurück, der aufgrund der voranschreitenden Industrialisierung eintreten müsse und unterbreiteten für die staatliche Gesetzgebung und Verwaltung eine Reihe von Vorschlägen und Maßregeln zur Festigung und Hebung des Bauernstandes, der „als die letzte Wehr gegen die Sozialdemokratie anzusehen und deshalb zu erhalten sei", wie Conrad in seinen Ausführungen betonte.[8]

Im Ergebnis der anschließenden Aussprache wurde u. a. vorgeschlagen, das Anerbenrecht in den Gebieten zu erhalten, wo es dem bäuerlichen Rechtsbewußtsein noch entsprach. Dazu befürwortete man ein Höferecht, wie es in einigen preußischen Provinzen eingeführt worden war. Andererseits sah man ein, daß das Realerbrecht in bestimmten Gegenden aus wirtschaftlichen Gründen oder wegen des Rechtsgefühls der Bevölkerung nicht wieder beseitigt werden könne. Bei Erbteilungen sollte grundsätzlich nicht der Verkaufswert sondern der Ertragswert der Bauernwirtschaften maßgebend sein. Für zu hoch hielt man allgemein die Kommunallasten, vor allem die Schul- und Armenlasten, die auf der Basis der Grundsteuern erhoben wurden. Kein einziger Redner sah in den Getreidezöllen ein Mittel zum Schutz der Bauernwirtschaften gegen Zersplitterung in Zwergbetriebe oder gegen Auskauf durch Großgrundbesitzer. Für Südwestdeutschland sah man Flurregulierungen als notwendige Maßnahme zur Überwindung der Grundstückszersplitterung an. Um die Kreditmöglichkeiten für kleine und mittlere Bauern zu verbessern, sollten auf lokaler Ebene Darlehenskassen unter Selbstverwaltung der ländlichen Bevölkerung eingerichtet und der gewerbsmäßige Wucher stärker kontrolliert und besteuert werden. Schließlich rief man die Bauern dazu auf, Konsum- und Verkaufsvereine zu gründen, um die Abhängigkeit von den Händlern zu vermindern.[9]

c) Die Tagung von 1886

Im Mittelpunkt des agrarpolitischen Teils der Verhandlungen des Vereins für Sozialpolitik im September 1886 in Frankfurt a. M. stand die „innere Kolonisation mit Rücksicht auf die Erhaltung und Vermehrung des mittleren und kleineren Grundbesitzes." Mit dieser Themenwahl griff man ein wichtiges Anliegen der Agrardebatte der vorangegangenen Tagung von 1884, nämlich die Sicherung des bäuerlichen Grundbesitzes, erneut auf. Bei der Festlegung des Programms war den Veranstaltern allerdings noch nicht bekannt, daß die preußische Regierung schon vier Monate später, am 26.4.1886, ein Gesetz zur Bildung von Rentengütern in den ehemals polnischen Landesteilen Posen und Westpreußen erlassen würde. Das Ansiedlungsgesetz ermöglichte dem Staat den Ankauf von zwangsversteiger-

8 Vgl. Schriften, Bd. 28, Leipzig 1884, S. 3ff.; Schriften, Bd. 188, S. 48ff.

9 Vgl. Schriften, Bd. 28, S. 73ff.

ten Ländereien, möglichst polnischer Großgrundbesitzer aus Steuermitteln und deren Parzellierung zur Bildung bäuerlicher Rentengüter und Häuslerstellen, die dann mit deutschen Ansiedlern aus dem Kreise geeigneter Landarbeiter besetzt werden sollten. Bismarck u. a. ging es dabei nicht nur um die Entmachtung des polnischen Adels, sondern langfristig um die Eindämmung des Polonismus, den man auf dem Vormarsch wähnte.[10]

Für die Verhandlungen der Tagung blieb dieses Ziel von geringer Bedeutung. Die beiden Referenten, A. von Sombart und G. Schmoller, sprachen sich für die innere Kolonisation in der gesamten ostelbischen Region aus. Sombart, der selbst privatim als Innenkolonisator Erfahrungen gesammelt hatte, referierte vom bauernfreundlichen Standpunkt aus über die Aufsiedlung von Großbetrieben zur Errichtung von klein- und mittelbäuerlichen Wirtschaften. Schmoller dagegen betrachtete von vornherein die innere Kolonisation als Angelegenheit des Staates. Private Siedlungsaktionen, die nach seiner Auffassung zumeist nur in der schädlichen Form der Güterschlächterei aufträten, sollten die Ausnahme bleiben. Während Sombart „etwa 20 Prozent Großgrundbesitz überall" für wünschenswert hielt, warnte Schmoller vor übertriebener Dezimierung des Großgrundbesitzes zugunsten der Bauernwirtschaften. Er wollte dem Großgrundbesitz „gerne 35–40% lassen, um nicht eines der ersten Lebenselemente des preußischen Staates" zu untergraben. Schmoller forderte auch die Schaffung von Kleinstellen für Landarbeiter. Damit sollten ihnen Aufstiegsmöglichkeiten gegeben und der sozialdemokratischen Agitation der Boden entzogen werden. Beide Referenten erwarteten von der inneren Kolonisation eine Steigerung der Agrarproduktion, Verbesserungen der Verkehrs- und Marktverhältnisse sowie eine Anhebung des Kulturniveaus.[11]

In der zum Teil kontroversen Debatte ging es hauptsächlich um die Vor- und Nachteile des Rentengutsprinzips und um den wünschenswerten Anteil der Großbetriebe an der landwirtschaftlichen Nutzfläche in Ostelbien. Abschließend nahm die Generalversammlung zwei Resolutionen zum Ansiedlungsgesetz vom 26.4.1886 an. Darin forderten die Teilnehmer, daß die in Posen und Westpreußen fakultativ eingeführte Form des Rentengutes durch ein allgemeines Gesetz für ganz Preußen zuzulassen sei und daß die für die beiden Provinzen beabsichtigte Verstärkung der Zahl der Bauern- und Häuslerstellen auch auf die übrigen ostelbischen Gebiete ausgedehnt werden solle.[12]

d) Die Tagung von 1888

1888 stand „Der ländliche Wucher und die Mittel zu seiner Abhilfe, insbesondere die Organisation des bäuerlichen Kredits" in Frankfurt a. M. als erstes Thema auf der Tagesordnung der Generalversammlung des Vereins für Sozialpolitik. Bereits ein Jahr zuvor erschien in der Schriftenreihe des Vereins ein Gutachtenband über den Wucher auf dem Lande. Damit behandelte der Verein Probleme, auf die bereits 1884 hingewiesen wurde.

10 Vgl. Schriften, Bd. 188, S. 51 ff.; Schriften, Bd. 33, Leipzig 1887, S. 77 ff.

11 Vgl. Schriften, Bd. 33, S. 77 ff., S. 90 ff.

12 Vgl. ebd., S. 103–136.

Die Referate erstatteten A. von Miaskowski und H. Thiel. Miaskowski unterschied den von ihm gebrauchten wirtschaftswissenschaftlichen Begriff des Wuchers von dem strafrechtlichen Begriff, wie er durch das Reichsgesetz vom 24.5.1880 definiert worden war. Auf der Grundlage der Ergebnisse des vorbereitenden Gutachtenbandes setzte er sich mit der vermuteten Verbreitung und der Höhe des durch Wucher entstandenen Schadens auseinander. Die in der öffentlichen Diskussion vorgeschlagenen Bekämpfungsmittel hielt Miaskowski für ungeeignet. Er plädierte dagegen für eine angemessene Organisation des ländlichen Real- und Personalkredits, um dadurch dem Wucherkredit vorbeugend zu begegnen. In seinen weiteren Darlegungen erörterte er außerdem fast alle Kategorien der landwirtschaftlichen Kreditorganisation, und empfahl besonders die gerade im Aufbau befindlichen Raiffeisenschen Darlehenskassen, die nach seiner Auffassung das Kreditbedürfnis der kleinen und mittleren ländlichen Grundeigentümer in zweckmäßigerer Weise befriedigen würden als die Schulze-Delitzschen Vorschußvereine. Miaskowski lehnte auch „Radikalkuren", wie die Zwangsablösung oder die Zwangsreduktion der hypothekarischen Schulden, ab.[13] Thiel nahm eine erste vorsichtige Bewertung der im Band 35 der Schriften enthaltenen Gutachten vor und referierte selbst auch über die verschiedenen Formen des ländlichen Wuchers. Später zählte F. Boese in der von ihm verfaßten Geschichte des Vereins die von Miaskowski und Thiel vorgetragenen Referate wegen ihrer Klarheit und Übersichtlichkeit zu den besten Reden, die im Verein für Sozialpolitik gehalten worden sind.[14]

Auch die Diskussion bewegte sich auf einem hohen wissenschaftlichen Niveau, da sie durchweg von den besten Sachkennern geführt wurde. Schnapper-Arndt kritisierte aber auch antisemitische Tendenzen in einzelnen Gutachten des Bandes 35. Hier wirkte sich wahrscheinlich die antisemitische Agitation der 1880er Jahre aus. In seiner Zusammenfassung der Debatte konstatierte Nasse, daß die Untersuchungen über den Wucher Mißstände aufgezeigt hätten, ohne aber deren Verbreitung und Größe genau festzustellen. Es zeigte sich allerdings, daß es vor allem die Gebiete des thüringischen, fränkischen und in geringerem Maße des alemannischen und bayerischen Volksstammes waren, wenn man von den ehemals polnischen Landesteilen absah, die am meisten von der Ausbeutung durch den Zinswucher betroffen worden sind. Zur Abhilfe forderte Nasse die Hebung der intellektuellen Entwicklung der bäuerlichen Bevölkerung durch Unterrichtung in den Formen des kommerziellen Verkehrs und der Buchführung sowie die Bereitstellung von Personalkrediten durch kommunale und genossenschaftliche Einrichtungen.[15]

13 Vgl. Schriften, Bd. 38, Leipzig 1889, S. 1–64.

14 Vgl. Schriften, Bd. 188, S. 56; Gorges, Sozialforschung, S. 163.

15 Vgl. Schriften, Bd. 38, S. 65–112; Gorges, Sozialforschung, S. 178ff.

3. Einzelschriften und Enquêten des Vereins in den 1880er Jahren

a) Das Erbrecht und die Grundeigentumsverteilung im Deutschen Reiche. Ein sozialwirtschaftlicher Beitrag zur Kritik und Reform des deutschen Erbrechts

Diese Untersuchung erschien 1882 bzw. 1884 in zwei Abteilungen und wurde von August von Miaskowski nach umfangreichen Vorarbeiten und insgesamt zwölfjähriger Beschäftigung verfaßt. Die Erste Abteilung „Die Verteilung des landwirtschaftlich benutzten Grundeigentums und das gemeine Erbrecht" behandelte hauptsächlich die deutsche Grundeigentumsverteilung und ihre Entstehung, insbesondere den Einfluß des Erbrechts; die Veränderungstendenzen in der deutschen Grundeigentumsverteilung und ihre Erklärung; die Geschichte des deutschen Erbrechts; Auseinandersetzung unter den Miterben; Testierfreiheit und Pflichtteilsrecht.[16]

Miaskowski gelangte zu der Auffassung, daß die Verteilung des Grundeigentums den Anforderungen einer gesunden Volkswirtschafts- und Sozialpolitik am besten dort entspricht, „wo eine solche Kombination der Güter verschiedener Größe besteht, daß das spannfähige Bauerngut vorherrscht und Latifundien sowie Zwerggüter vollständig ausgeschlossen sind".[17] Daran hatte das Erbrecht besonders dann einen maßgeblichen Anteil, wenn der Staat – wie nach den Agrarreformen seit Anfang des 19. Jahrhundert – verzichtet, auf die Verteilung des Grundeigentums in direkter Weise einzuwirken. In solchen Zeiten wäre das Erbrecht eines der wenigen staatlichen Mittel, um die Eigentumsverhältnisse indirekt zu beeinflussen. Die Anwendung des gemeinen Erbrechts müsse nach seiner Analyse im Laufe der Zeit naturnotwendig zur Zersplitterung des Grundeigentums oder zu seiner Überlastung mit Erbschaftsschulden und dadurch zum raschen Besitzwechsel der Familiengüter führen und schließlich die Agglomeration des Grundbesitzes begünstigen. Von den in Deutschland geltenden Pflichtteilssystemen würden „das österreichische und gemeine Erbrecht den letztwilligen Verfügungen die geringsten, das preußische Landrecht und der Code Civil dagegen die größten materiellen Hemmnisse entgegen stellen."[18]

Die zweite Abteilung „Das Familienfideikommiß, das landwirtschaftliche Erbgut und das Anerbenrecht" beinhaltet die Entstehungs- und Entwicklungsgeschichte des Familienfideikommiß sowie dessen sozialwirtschaftliche und politische Analyse; die Entstehungsgeschichte der Erbgutsgesetzgebung und ihre Resultate sowie die Vererbung des bäuerlichen Grundeigentums vor Erlaß der neueren Höfegesetze und Landgüterordnungen, insbesondere älteres Anerbenrecht und Übergabeverträge (Statistik des bäuerlichen Erbrechts im Jahre 1870) und die Reform des Anerbenrechts seit 1870.[19]

Im Mittelpunkt dieses Teils der Untersuchung stehen also zwei sonderrechtliche Institutionen, das Familienfideikommiß und das Anerbenrecht, welche die Anwendung des

16 Vgl. Schriften, Bd. 20, Leipzig 1882; Schriften, Bd. 25, Leipzig 1884.
17 Schriften, Bd. 25, S. 462.
18 Ebd., S. 463.
19 Vgl. ebd., S. 5ff.

gemeinen Erbrechts aufhielten sowie deren geographische Verbreitung. Miaskowskis Analyse ergab, daß der Familienbesitz vor allem der Großgrundbesitz, am wirksamsten durch das Fideikommiß geschützt wurde. Allerdings verstärkte diese Institution die ungesunde Verteilung des Grundeigentums. Daher forderte er, daß auch für den Schutz des übrigen, besonders des mittleren Grundbesitzes ein ähnliches Institut geschaffen werde. Ansonsten würde dieser „der auflösenden Wirkung des gemeinen Erbrechts verfallen". Für Miaskowski bot letztlich nur das Anerbenrecht, das noch im Nordwesten und Südosten Deutschlands weit verbreitet war, den Bauerngütern Schutz vor den Einflüssen des gemeinen Erbrechts. Als Hauptaufgabe der künftigen Gesetzgebung forderte er deshalb „das Anerbenrecht aus einem ausnahmsweise für eine Übergangszeit zugelassenen zu einem definitiv anerkannten, aus einem singulären Rechtsinstitut zu einem Bestandteile des allgemeinen Rechts zu machen."[20] Nach seiner Auffassung müßte das Anerbenrecht in seinen Grundzügen durch das deutsche bürgerliche Gesetzbuch geregelt und mit der Erbfolge des allgemeinen Rechts gleichgestellt werden.

b) Bäuerliche Zustände in Deutschland

Ende 1881 faßte der Ausschuß des Vereins für Sozialpolitik den Beschluß, den wirtschaftlichen Zustand der bäuerlichen Bevölkerung in verschiedenen Teilen Deutschlands zu untersuchen und zu beschreiben. Damit beabsichtigte der Verein die Erhaltung und wirtschaftliche Kräftigung des ländlichen Mittelstandes durch sorgfältige und objektive Ermittlung der tatsächlichen Verhältnisse zu fördern. Für die Untersuchung gewann man orts- und sachkundige Berichterstatter, die durch ein von G.F. Knapp und G. Schmoller entworfenes Rundschreiben Hinweise zur Abfassung ihrer Beobachtungen erhielten.

Das Rundschreiben enthielt 23 Fragen zu ausgewählten Problemkreisen:[21]

1. Wie war die Verteilung des bäuerlichen Grundeigentums in der untersuchten Region?
2. Existierten dazu offizielle Statistiken, welches waren ihre Resultate?
3. Gab es größeren geschlossenen Grundbesitz in der Nähe, in welchem Umfang beschäftigte er Tagelöhner?
4. Fanden Grundstückszusammenlegungen statt und wie wirkten sie auf den kleineren Besitz?
5. Bestand die schädliche Gemengelage und der Flurzwang noch?
6. Waren noch „Gemeinheiten" vorhanden und brachten sie Vorteile für die kleinen Bauern und Tagelöhner?
7. In welchem Umfang fanden Verpachtungen statt?
8. Waren die Pächter die früheren Eigentümer und war ihre Lage schlecht?
9. Wer war jetzt Eigentümer des verpachteten Landes?
10. Wie hoch war die hypothekarische Verschuldung der Bauerngüter?
11. Fand in den letzten 50 Jahren eine Zunahme der Verschuldung statt?

20 Ebd., S. 471.
21 Vgl. Schriften, Bd. 22, Leipzig 1883, S. Vff.

12. Existierten neben der passiven Verschuldung vieler Bauern auch aktive Hypothekenforderungen wohlhabender Bauern?
13. Wer waren die Hypothekengläubiger der Bauern?
14. Gab es noch andere Formen bäuerlicher Verschuldung?
15. Existierten bäuerliche Darlehenskassen und was bewirkten sie?
16. Waren die Bauern in ihren Geschäften von Vermittlern abhängig?
17. Nach welchen Gewohnheiten vollzog sich der Erbgang?
18. Gab es einen häufigen Güterhandel unter den Lebenden?
19. Wie entwickelten sich die Grundstücks- und Pachtpreise in den letzten 20 Jahren?
20. Fand in den bäuerlichen Betrieben in den letzten 20 Jahren ein technischer Fortschritt statt?
21. Gab es zwischen Bauernwirtschaft und Großbetrieben Unterschiede in Höhe des Reinertrages und der Intensität?
22. Welches waren die wesentlichen Verkaufsprodukte der Bauern? Gab es Nebengewerbe?
23. Wie hoch waren Kinderzahl, Heiratsalter und Sterblichkeit?

Daraus entstand die erste eigentliche „Enquête" des Vereins. Man verstand darunter nun nicht mehr nur die staatliche Anordnung einer Untersuchung, sondern „eine aus Monographien zusammengesetzte Schilderung wirtschaftlicher und sozialer Tatbestände auf einem bestimmten Gebiete der Volkswirtschaft".[22] Unter dem Titel „Bäuerliche Zustände in Deutschland" entstanden drei Bände mit insgesamt 1045 Druckseiten, die alle bis dahin veröffentlichten Schriften des Vereins in ihrem Umfang übertrafen. Sie behandelten einen großen Teil der landwirtschaftlichen Regionen Deutschlands und den Schweizer Kanton Zürich, ohne dabei Vollständigkeit und gleichmäßige Behandlung der einzelnen Gebiete zu erreichen. Damit wäre ein privater Verein aber auch überfordert gewesen. Diese Enquête wurde als eine große Leistung beurteilt, „die bis zu einem gewissen Grade erstmalig Neuland erschloß und eine immerhin ziemlich systematische Kenntnis statt einer bis dahin sporadischen vermittelte." Der Preußische Landwirtschaftsminister Dr. Lucius unterstützte mit 1000 Mark aus den Mitteln des Ministeriums die rasche Veröffentlichung dieser Bände im Jahre 1883.[23]

Ein Vergleich mit den agrarischen Zuständen in anderen wichtigen europäischen Staaten erfolgte durch die literarische Auswertung der amtlichen Enquêten von 1879/80 in Frankreich und England durch F. Frhrn. von Reitzenstein bzw. E. Nasse. Der Erlanger Nationalökonom K. Th. Eheberg analysierte die Ergebnisse der 1877 begonnenen „Enquête über die Lage der Landwirtschaft und der bäuerlichen Klasse in Italien". Diese Arbeiten erschienen in zwei gesonderten Bänden der Schriften des Vereins.[24]

22 Gorges, Sozialforschung, S. 171.

23 Vgl. Schriften, Bd. 22; Schriften, Bd. 23, Leipzig 1883; Schriften, Bd. 24, Leipzig 1883; Schriften, Bd. 188, S. 49.

24 Vgl. Schriften, Bd. 27, Leipzig 1884; Schriften, Bd. 29, Leipzig 1886.

c) Zur inneren Kolonisation in Deutschland. Erfahrungen und Vorschläge

Der Band enthält vier Einzelbeiträge zum Thema der inneren Kolonisation.[25] Einleitend bot G. Schmoller einen Überblick über „Die preußische Kolonisation des 17. und 18. Jahrhunderts". Ausgehend von der Situation nach der Beendigung des Dreißigjährigen Krieges bis zum Tode Friedrichs II. behandelte er den allgemeinen Charakter der Kolonisation, den Umfang der Einwanderung und der Kolonisation, die Heimat und die Art der Kolonisten, die Beschaffung des Grund und Bodens für die Kolonisten sowie die Bedingungen und die Art ihrer Ansetzung.

H. Thiel stellte Auszüge über „Die Verhandlungen der letzten Jahre über innere Kolonisation und ihr förderliche Rechtsformen im preußischen Landtage, dem königl. preußischen Landes-Ökonomie-Kollegium und der Zentral-Moorkommission" zusammen. H. Rimplers Aufsatz „Über innere Kolonisation und Kolonisationsversuche in Preußen" stellte sich die Aufgabe, die Bedenken zu untersuchen, die gegen die auf die innere Kolonisation gerichtete Domänenpolitik und ihre Ausführung geltend gemacht wurde. Anlaß dazu gab das Mißlingen namentlich der neuesten Versuche der inneren Kolonisation auf domanialem Gebiet in Preußen. A. Sombart-Ermsleben berichtete in seinem Beitrag „Steesow, ein projektiertes Bauerndorf in der Prignitz, Provinz Brandenburg" über private Erfahrungen auf dem Felde der inneren Kolonisation durch die Aufsiedlung des Rittergutes Steesow im Kreis Westprignitz.

d) Der Wucher auf dem Lande

Zur Vervollständigung der früheren Berichte über die bäuerlichen Verhältnisse beschloß der Ausschuß des Vereins für Sozialpolitik am 28. Dezember 1885 einen besonderen Sammelband über die Verbreitung und die schädlichen Auswirkungen des Wuchers auf dem Lande zu publizieren. Außerdem bestand die Absicht, Ursachen und Formen sowie Mittel zur Abhilfe gegen die beobachteten Mißstände zu diskutieren. Diese Untersuchungen sollten nicht nur auf den Wucher im engeren Sinne begrenzt werden, sondern sich neben dem Geld- und Kreditwucher auch auf den Vieh-, Grundstücks- und Warenwucher erstrecken. Dazu wurde diesmal von H. Thiel ein Fragebogen erstellt und im Frühjahr 1886 an die Berichterstatter versandt. Die einzuholenden Auskünfte bezogen sich auf sieben Problemkreise:[26]

1. Welche Formen und welchen Umfang nahm der Geld- und Kreditwucher ein und wer betrieb ihn hauptsächlich?
2. In welcher Form und in welchem Umfang existierte der Viehwucher? Wurde eine zu hohe Gebühr beim Zwischenhandel erhoben oder später das betreffende Viehstück und sein Nachwuchs verkauft und der Erlös zwischen dem Verleiher und dem Leiher geteilt? Wurden den Bauern Viehverleihgeschäfte aufgezwungen oder besseres Vieh gegen schlechteres umgetauscht?

---

25 Vgl. Schriften, Bd. 32, Leipzig 1886.

26 Vgl. Schriften, Bd. 35, Leipzig 1887, S. Vff.; Gorges, Sozialforschung, S. 173ff.

3. Bestand das Bedürfnis, Land zu übermäßigen Preisen zu erwerben (Landhunger)? Wurden bei Versteigerungen unzulässige Mittel der Beeinflussung angewandt, kostenlos geistige Getränke verabreicht usw.? Wurden lange Abzahlungstermine gewährt, aber nur kurze befristete Kündigungstermine vereinbart, die dann zu Erpressungen in Geld oder zum Zwang zu weiteren unvorteilhaften An- und Abkäufen oder Tauschgeschäften mißbraucht wurden?
4. Bestand ein Warenwucher in umfänglichem Ausmaß? Wurde er zum Beispiel in Form der Kreditierung von Saatgut gegen Aushaltung eines Ernteanteils oder Umtausch der landwirtschaftlichen Produkte gegen minderwertige Kolonialwaren betrieben?
5. Bemächtigte sich der Wucherer der gesamten Geschäftsführung des Bauern? Begünstigte fehlende oder mangelhafte Buchführung den Wucher?
6. Worin bestanden die Ursachen all dieser Wucherformen? Waren es wirtschaftliche Notlagen, mangelnde Berufsausbildung, schlechte Ernten, Leichtsinn, Unglücksfälle oder unterlassene Versicherungen usw.?
7. Wie hatte sich das Gesetz vom 24. Mai 1880 zur Bestrafung des Wuchers bewährt? Sollten die strafgesetzlichen und sonstigen Bestimmungen gegen den Wucher ausgedehnt werden, zum Beispiel durch Verbot der Landversteigerungen im Wirtshaus und der kostenlosen Verabreichung von Getränken?

Insgesamt wurden 27 Berichte für die Wucherenquête eingereicht. Wo es keine Möglichkeit gab, einen Berichterstatter für den Verein für Sozialpolitik zu gewinnen, ergänzte man die im Laufe des Winters 1886/87 eingegangenen Berichte und Gutachten mit Erlaubnis des Preußischen Landwirtschaftsministers durch Material des Preußischen Landes-Ökonomie-Kollegiums, das sich 1886 ebenfalls mit der Wucherfrage befaßt hatte. Dadurch gewann man ein relativ vollständiges Bild der betreffenden Verhältnisse in Deutschland. Den Hauptzweck dieser Publikation sah Thiel erreicht, wenn dadurch „die Gleichgültigkeit gegen diese Frage und das ausschließliche Vertrauen auf die individuelle Selbsthilfe“ erschüttert wäre, um dadurch gemeinschaftliche Gegenmaßnahmen zu organisieren.[27]

4. Die Agrarfrage auf den Tagungen des Vereins in den 1890er Jahren

In der ersten Hälfte der 90er Jahre beschäftigte sich der Verein mit einer vielfältigen Fragestellung. Es kamen Vertreter unterschiedlicher politischer Positionen, auch Sozialdemokraten, als Referenten zu Wort. Neben der Berücksichtigung sozialer (Fortbildung des Arbeitsvertrages, Arbeiterausschüsse) und wirtschaftspolitischer (Handelspolitik und Kartellfrage) Themen behielten Probleme zur Agrarfrage einen hohen Stellenwert. Bis 1894 wurden während der Verhandlungen dazu im wesentlichen vier Sachbereiche berührt: Die Reform der Landgemeindeordnung in Preußen; die ländliche Arbeiterfrage

27 Schriften, Bd. 35, S. IX.

und die deutschen Binnenwanderungen; die Bodenbesitzverteilung und die Sicherung der Kleingrundbesitzer sowie das bäuerliche Erbrecht.[28] Zu allen Sachbereichen gab es als Grundlage für die Diskussion vorbereitende Untersuchungen, deren Ergebnisse ebenfalls in der Schriftenreihe des Vereins zur Veröffentlichung gelangten. Einige dieser Themen wurden schon während der 80er Jahre wegen ihrer damals relativen sozialpolitischen Unverfänglichkeit behandelt. Nun aber gehörten sie anläßlich zu erwartender Gesetzesvorlagen der Regierung zu den brisanten Fragen der aktuellen Innenpolitik. Regional hatte sich der Schwerpunkt der Untersuchungen auf die östlichen Provinzen Preußens und sachlich auf die soziale Lage der Landarbeiter verlagert. Zwischen 1895 und 1900 ging im Verein das Interesse für die Situation der Bauern und Landarbeiter zurück. Die Behandlung des Personalkredits des ländlichen Kleingrundbesitzes in den Jahren 1896 bis 1898 bildete den Abschluß. Bis zur Auflösung des Vereins während der Nationalsozialistischen Diktatur wurden wesentliche Probleme des Agrarsektors durch den Verein nicht mehr untersucht.[29]

a) Die Tagung von 1890

Die Frankfurter Tagung von 1890 behandelte wiederum zuerst ein agrarpolitisches Problem: Die Reform der Landgemeindeordnung in Preußen. Anlaß für diese Themenwahl gab eine erwartete Gesetzesvorlage des Preußischen Innenministers über die Reform der Landgemeinden und die Auflösung der Gutsbezirke. Noch vor Beginn der Tagung erschienen die Bände 43 und 44 der Schriften des Vereins mit der einführenden historischen Arbeit von F. Keil über „Die Landgemeinde in den östlichen Provinzen Preußens und die Versuche, eine Landgemeindeordnung zu schaffen"[30] und die „Berichte über die Zustände und die Reform des ländlichen Gemeindewesens in Preußen" von H. Thiel. Auch hier nahm die Darstellung der Verhältnisse in den östlichen Provinzen über die Hälfte des Bandes ein.[31]

Die Notwendigkeit einer Reform ergab sich vor allem aus den gewachsenen kommunalen Lasten für den Straßenbau, die Schuleinrichtungen und die Armenpflege. Eine Lösung sah man entweder in der Bildung von „Samtgemeinden" bzw. von Amtsbezirken für alle Aufgaben oder von „Zweckverbänden" für einzelne Aufgaben. Zur Sprache kam außerdem die Übernahme eines Teils der Kosten für diese kommunalen Zwecke durch übergeordnete politische Körper (zum Beispiel dem Landkreis). Sowohl in den Referaten, die von Sombart und von Ernsthausen gehalten wurden, als auch in der Debatte spielte die Zukunft der Gutsbezirke ihre Beibehaltung oder Eingemeindung eine große Rolle. Eine Inkommunalisierung von Zwerggemeinden und ungesunden kleinen Gutsbezirken hielt man für dringend erforderlich, dagegen sollten die großen Gutsbezirke auch zukünftig ihre Selbständigkeit bewahren.

---

28 Vgl. Schriften, Bd. 188, S. 60ff.; Gorges, Sozialforschung, S. 220ff.

29 Vgl. Gorges, Sozialforschung, S. 280ff.

30 Vgl. Schriften, Bd. 43, Leipzig 1890.

31 Vgl. Schriften, Bd. 44, Leipzig 1890.

G. Schmoller, der vor Beginn der Verhandlungen für den verstorbenen E. Nasse zum Vorsitzenden des Vereins gewählt worden war, erklärte sich mit dem Verlauf der Verhandlungen zufrieden, da alle Seiten und alle Gruppen gleichmäßig berücksichtigt werden konnten und nicht wie befürchtet, die konservativen und agrarischen Interessen des Ostens zu kurz gekommen wären. Vom preußischen Staat erwartete er die zügige Durchführung der Landgemeindereform, denn davon würde die ganze soziale Zukunft abhängen.[32]

b) Die Tagung von 1893

1892 verhinderte eine Choleraepidemie die geplante Tagung in Posen. Sie fand daher erst im März 1893 in Berlin statt. Das Programm blieb aber unverändert. Behandelt wurden: 1. die ländliche Arbeiterfrage und die deutschen Binnenwanderungen, 2. die Bodenbesitzverteilung und die Sicherung des Kleingrundbesitzes. Zum ersten Thema konnten sich die drei Referenten G. F. Knapp, G. v. Mayr und M. Weber, aber auch die übrigen Teilnehmer auf die umfangreichen Veröffentlichungen über die Verhältnisse der Landarbeiter in Deutschland (2521 Druckseiten) stützen, die im Vorjahr in den Bänden 53–55 der Schriften des Vereins erschienen waren. Knapp gab in seinem einleitenden Referat eine Übersicht der Ergebnisse der umfänglichen Publikation und gestand ein: „... ich habe viel Mühe darauf verwendet, die Entstehung der heutigen Zustände aufzuklären. Daß ich aber ein hervorragender Kenner der Gegenwart wäre, kann ich angesichts der neueren Untersuchungen nicht mehr behaupten."[33]

Mayr behandelte die Statistik der deutschen Binnenwanderungen. Er hielt Verbesserungen dieser speziellen Statistik für notwendig und möglich und versah ihre vorläufigen Ergebnisse mit einem Vorbehalt. Als dritter Referent hielt M. Weber seine Jungfernrede im Verein für Sozialpolitik. Sie gründete sich auf die hervorragende Materialkenntnis, die er sich durch seine Abhandlung über „Die Verhältnisse der Landarbeiter im ostelbischen Deutschland" angeeignet hatte. Weber referierte zunächst über die allgemeinen Aspekte einer Reform der Landarbeiterverhältnisse in Deutschland, aber hauptsächlich berücksichtigte er die Arbeitsverfassung in den landwirtschaftlichen Großbetrieben Ostelbiens. Er wies darauf hin, daß auf den Rittergütern das bisher vorherrschende Instwesen mit seiner dominierenden Naturalentlohnung wegen der Einführung der Dreschmaschine und der Ausweitung des intensiven Zuckerrübenanbaus immer mehr in Auflösung geriet. Die schlechten sozialen Zustände und die starke Abhängigkeit vom Gutsbesitzer förderten die Abwanderung der einheimischen Landarbeiter, die immer mehr durch billigere polnische Wanderarbeiter ersetzt wurden. Weber erörterte sowohl die „agrar- und sozialpolitischen" als auch die „nationalpolitischen" Probleme dieser Entwicklung.[34]

---

32 Vgl. Schriften, Bd. 47, Leipzig 1890, S. 1–116; Schriften, Bd. 188, S. 60ff.

33 Schriften, Bd. 58, Leipzig 1893, S. 6; Vgl. Kerstin Schmidt, Die Stellung Georg Friedrich Knapps in der vorimperialistischen bürgerlichen Agrarreformgeschichtsschreibung, Diss. Rostock 1985.

34 Vgl. Schriften, Bd. 58, S. 24ff.,S. 62ff.

In der Debatte bemängelten die erstmals im Verein anwesenden Sozialdemokraten M. Quarck und B. Schoenlank Grundlagen und Durchführung der Enquête, aber auch das Webersche Referat, dessen „mangelhafte nationalökonomische Grundlage“ und „hoher nationaler Schwung“ kritisiert wurden. Die Resultate der Enquête trügen den „Stempel der Unternehmerauskunft“.[35]

Die Diskussion sollte nach Schmoller nur beurteilen, „in welcher Verfassung sich der ländliche Arbeiter befinde, und ob die älteren Einrichtungen verschwinden, welche an die Stelle zu treten haben, ob für Arbeitgeber und Arbeiter es wünschenswert und möglich sei, daß eine größere Zahl von ländlichen Arbeitern als Pächter oder Eigentümer kleinerer Grundstücke in eine bessere zufriedenstellende Lage kommen“.[36] Man war sich weitgehend darüber einig, daß die ländliche Arbeiterfrage durch die innere Kolonisation in den ostelbischen Gebieten gelöst werden könne.Das zweite Thema der Tagung, „Die Bodenbesitzverteilung und die Sicherung des Kleingrundbesitzes“, stand mit der Landarbeiterfrage und der inneren Kolonisation in Verbindung. M. Serings einleitendes Referat behandelte dann auch den gesamten Komplex der inneren Kolonisation. Dabei konnte er sich auf seine vorbereitende Untersuchung über „Die innere Kolonisation im östlichen Deutschland“ stützen, die als Band 56 der Schriften des Vereins vorlag und in deutlicher Trennung sowohl die „Arbeiteransiedlungen“ als auch die „Bauernkolonien“ berücksichtigte. Sering erörterte unter Einbeziehung empirischer Grundlagen alle wichtigen Gesichtspunkte der inneren Kolonisation.

Die Korreferate hielten Metz über seine „Erfahrungen bei der Begründung von Rentengütern“, die ganz aus den Eindrücken der täglichen Verwaltungsarbeit stammten, und O. Gierke, der eine „juristische Nachlese“ hielt, welche gegen die liberalistische Auffassung über die Verschuldung und das Erbrecht gerichtet war.[37] Bei den Teilnehmern der Verhandlung bestand Einigkeit darüber, daß neue Bauern- und Kleinstellensiedlungen geschaffen werden müßten, deren Rechtsform ihre Dauerhaftigkeit garantiere. In der Bildung von Rentengütern und deren staatlicher Förderung, wie sie im Gesetz von 1891 zum Ausdruck kam, sah man den richtigen Weg, um eine Bevölkerungsvermehrung in den östlichen Gebieten zu erreichen und die dortigen Lebensverhältnisse sowohl für die Großgrundbesitzer als auch für die Arbeiter zu verbessern. Schmoller äußerte sich zufrieden zum Verlauf der Diskussion, da anders als 1886 „die diesmaligen Resultate und das Niveau der Erkenntnis“ unendlich viel höher waren als vor sieben Jahren und in den wesentlichen Fragen die Gegensätze nicht sehr weit gingen.[38]

---

35 Vgl. ebd., S. 87ff.,S. 111ff.

36 Ebd., S.221.

37 Vgl. ebd., S.1 35ff.,S. 151ff., S. 163ff.

38 Vgl. ebd., S. 219ff.

c) Die Tagung von 1894

Die Tagung von 1894 sollte zunächst in München stattfinden, mußte dann aber wegen der unerwartet schweren Erkrankung L. Brentanos nach Wien verlegt werden. Als Verhandlungsthemen waren „Die Kartelle“ und „Das ländliche Erbrecht“ vereinbart worden. Thiels kurzes Referat zum zweiten Thema bezog sich auf die verschiedenen Formen der bäuerlichen Erbsitten und deren Verbreitung in ganz Deutschland. Anlaß zu diesem Thema gab ein beabsichtigter Gesetzentwurf, der die Erbfolge nach dem Anerbenrecht unterstützen sollte. Letztendlich ging es wiederum um den Einfluß des Erbrechts auf die Verschuldung und Zersplitterung der bäuerlichen Wirtschaften sowie um deren Aufsaugen durch den landwirtschaftlichen Großbetrieb. Als Gegenmittel empfahl Thiel die Einführung des Anerbenrechts. Das zweite Referat über das bäuerliche Erbrecht in Österreich erstattete M. Hainisch, der spätere Bundespräsident der Republik Österreich. Er dagegen zeigte sich skeptisch gegenüber den Gegenmitteln Anerbenrecht und Verschuldungsgrenze.[39]

In der Debatte kam es zur Kontroverse zwischen den Gegnern und den Befürwortern des Anerbenrechts. Sie wurde hauptsächlich zwischen Sering, der die gesetzliche Einführung des Anerbenrechts befürwortete, und Brentano, der ganz vom liberalen Standpunkt aus Anerbenrecht und Verschuldungsgrenze ablehnte, ausgetragen. Man einigte sich schließlich darauf, daß die Gesetzgebung dort hilfreich eingreifen sollte, wo sich das Anerbenrecht schon eingebürgert hatte. Die Zusammenfassung der Verhandlungen zum Erbrecht erfolgte abschließend durch Karl Theodor v. Inama-Sternegg.[40]

d) Die Tagung von 1897

Die nächste Tagung fand erst im Herbst 1897 in Köln statt. Nur das zweite der insgesamt drei Themen, „Der ländliche Personalkredit“, war der Agrarfrage gewidmet. Zur Vorbereitung erschienen 1896 in den Schriften des Vereins zwei Sammelbände über den „Personalkredit des ländlichen Grundbesitzes“ in Deutschland. 1898 folgte zum gleichen Thema ein dritter Band über Österreich. Diese Enquête untersuchte die neueste Entwicklung des Kreditwesens auf dem Lande. Die Problematik des ländlichen Personalkredits war bereits 1887 im Schriftenband 35 und auf der Tagung von 1888 im Zusammenhang mit dem Auftreten des Wuchers behandelt worden. Im einleitenden Referat beurteilte Hecht am Beispiel von Süd- und Westdeutschland die Wirksamkeit der Darlehenskassen, ihre Organisation und Leistungsmöglichkeiten. Die beiden Korreferenten Seidel und Thieß behandelten in ihren Berichten die übrigen deutschen Staaten bzw. nur die Kreditgenossenschaften. Kontroversen entzündeten sich in der Diskussion an praktischen Problemen zwischen Vertretern der Schulze-Delitzschen Genossenschaften einerseits und der Raiffeisenschen Kreditbanken andererseits. Abschließend kamen die Teilnehmer zu dem Ergebnis, daß

39 Vgl. Schriften, Bd. 61, Leipzig 1895, S. 239–271; Schriften, Bd. 188, S. 69ff.
40 Vgl. Schriften, Bd. 61, S. 272ff.

eine Kreditorganisation notwendig sei. „Es müsse zwar nicht an jedem Ort eine Kasse gegründet werden, doch müsse jeder, der einen Kredit aufzunehmen wünsche, die Möglichkeit haben, eine nahegelegene und gut organisierte Stelle aufzusuchen".[41]

Nach dieser Tagung wurden die bäuerlichen Verhältnisse für lange Zeit nicht mehr im Verein behandelt.[42]

5. Einzelschriften und Enquêten des Vereins in den 1890er Jahren

a) Die Landgemeinde in den östlichen Provinzen Preußens und Berichte über die Zustände und die Reformen des ländlichen Gemeindewesens in Preußen

Der vom Gerichtsassessor F. Keil verfaßte Band 43 der Schriften des Vereins bildete die historische Einleitung zur Diskussion der Reform der Landgemeindeordnung in Preußen. Zuerst werden die Verhältnisse zwischen Landesherren, Adel und Bauernschaft in den östlichen Provinzen Preußens von der Kolonisation bis zum Jahre 1806 dargestellt. Der zweite Teil behandelt die Versuche seit der Regierung Friedrich Wilhelms III. eine Landgemeindeordnung zu schaffen und geht u. a. auch auf die Unterschiede zwischen Landgemeinde und Gutsbezirk ein.[43]

Für die im Band 44 veröffentlichten Berichte über die Zustände und die Reform des ländlichen Gemeindewesens in Preußen erarbeitete Miaskowski für die Berichterstatter einen Fragenkatalog zu drei Komplexen:[44]

I. Grundlagen des Gemeindewesens, soweit durch diese die Gestaltung und Wirksamkeit der Gemeindeverbände bedingt wurde (insgesamt 13 Fragen);
II. Die Verfassung der Gemeinden und Gutsbezirke (insgesamt 10 Fragen);
III. Würdigung der bestehenden Gemeindeeinrichtungen (insgesamt 5 Fragen).

Es gingen 18 Berichte von Sachverständigen vor allem aus dem Kreis der Ökonomie- und Landräte ein. Den Auftakt der Berichterstattung bildete aber die Rede des Innenministers Herrfurth in der 16. Sitzung des Preußischen Abgeordnetenhauses am 25. Februar 1890. Allerdings war es nicht gelungen, für alle preußischen Provinzen Gutachten zu bekommen. Besonders bedauerlich war die Tatsache, daß für Ost- und Westpreußen und für Brandenburg keine Berichterstattung erfolgte. Das Ersuchen um Gutachten an Vertreter aller im Preußischen Landtag vertretenen politischen Parteien diesen Sammelband zu nutzen, wurde unterschiedlich angenommen.[45]

---

41 Schriften, Bd. 76, Leipzig 1898, S. 137ff. Vgl. Schriften, Bd. 188, S. 75ff.
42 Vgl. Schriften, Bd. 188, S. 309ff.
43 Vgl. Schriften, Bd. 43, S. 1ff.
44 Vgl. Schriften, Bd. 44, S. Vff.
45 Vgl. ebd., S. VIII.

b) Die Verhältnisse der Landarbeiter in Deutschland

Diese Enquête geht auf Anregungen M. Serings zurück und wurde 1890 begonnen. Die Verantwortung für die Ausführung übernahm ein Unterausschuß, dem die Professoren J. Conrad und M. Sering sowie der Oberregierungsrat H. Thiel angehörten. Das Ziel der Untersuchung bestand darin, eine „abgerundete Schilderung" der Landarbeiterverhältnisse und nicht „ausschließlich trockene tabellarische Zusammenstellungen" zu erhalten. M. Sering erarbeitete zu diesem Zweck zwei Fragebogen, einen speziellen und einen allgemeinen. Fragebogen I wandte sich an die landwirtschaftlichen Arbeitgeber, während Fragebogen II für eine beschränkte Anzahl von sachkundigen Berichterstattern gedacht war, die über besondere Probleme Auskünfte liefern sollten.[46]

Der neun Druckseiten umfassende Fragebogen I war so angelegt, daß im Einzelfalle nicht jede Frage beantwortet werden mußte. Teil A verlangte Auskünfte „Zur allgemeinen Orientierung", Teil B forderte Angaben über „Die Arbeits- und Einkommensverhältnisse" der fünf Landarbeitergruppen: Tagelöhner im allgemeinen, freie einheimische Tagelöhner, kontraktlich gebundene Tagelöhner (Dienstleute, Instleute), Dienstboten (Gesinde) und Wanderarbeiter. Außerdem wurden Fragen zu den Besonderheiten der jeweiligen Landarbeitergruppe gestellt. Jedoch sollte nur für die Landarbeitergruppe geantwortet werden, die auf dem betreffenden Gut und in der betreffenden Region die Mehrheit der Lohnarbeitskräfte bildete.

Der Fragebogen II (zwei Druckseiten) enthielt sieben Fragen, die „verschiedene Erscheinungen in Beziehung setzten und den Befragten um Auskunft über die Art der Beziehung bat." So wurde zum Beispiel auch nach dem „Verhältnis der Arbeitgeber zu den Arbeitern" oder zu „Ausbreitung und Erfolge der sozialdemokratischen Agitation" gefragt.[47] Im Juli 1891 wandte sich H. Thiel im Namen des Vereins an die Vorstände der landwirtschaftlichen Zentralvereine Deutschlands mit der Bitte um eine Liste solcher Landwirte, an welche man die beiden Fragebogen versenden könne. Außerdem bat man um Angaben zur Einteilung des betreffenden Vereinsgebiets, um annähernd gleichmäßige Landarbeiterverhältnisse untersuchen zu können. Durch die Mitwirkung der landwirtschaftlichen Vereinsbehörden konnte man sich mit fast 4000 Persönlichkeiten in Verbindung setzen. Davon erhielten 3180 landwirtschaftliche Arbeitgeber Exemplare des Fragebogens I und 562 Sachverständige Exemplare des Fragebogens II. Druck und Portokosten beliefen sich auf 1500 Mark und überstiegen damit die finanziellen Möglichkeiten des Vereins.

Erst nachdem erhebliche Zuschüsse aus dem Fonds der preußischen landwirtschaftlichen Verwaltung eingingen, konnte im Dezember 1891 mit der Versendung der Fragebogen begonnen werden. Von den insgesamt 3742 versandten Fragebogen kamen 49 als unzustellbar und 168 unbeantwortet zurück. Beantwortet wurden 2277 Fragebogen I und 291 Fragebogen II, 957 Fragebogen blieben offen.[48]

46 Vgl. Schriften, Bd. 53, Leipzig 1892, S. VIIff.

47 Ebd., S. XIVff.; Gorges, Sozialforschung, S. 241.

48 Ebd., S. VIIIff.

Ursprünglich sollte eine größere Zahl einzelner Berichterstatter aus dem Kreise der Landwirte die Bearbeitung der Fragebogen zu zusammenfassenden Darstellungen übernehmen. Wegen der Materialfülle und der Kürze der Zeit bis zum vorgesehenen Publikationstermin entschied der Ausschuß, die Auswertung durch sechs ausgewählte jüngere Wissenschaftler in kürzerer Frist vornehmen zu lassen.[49]

Daraufhin wurde das Material den Herren Dr. Karl Kaerger (Nordwestdeutschland), Dr. Hermann Losch (Württemberg, Baden, Elsaß-Lothringen), Dr. Kuno Frankenstein (Hohenzollern, Regierungsbezirk Wiesbaden, Thüringen, Bayern, Großherzogtum Hessen, Regierungsbezirk Kassel, Königreich Sachsen), Dr. Friedrich Großmann (Schleswig-Holstein, Provinz Sachsen, Provinz Hannover, Braunschweig, Anhalt),dem Jurastudenten Otto Auhagen (Rheinprovinz, Birkenfeld) und Dr. Max Weber (ostelbisches Deutschland) zur Bearbeitung übergeben. Dr. Heinrich Grohmann fertigte eine statistische Arbeit über die deutschen Landarbeiter an. Mit diesen Bearbeitern legten die verantwortlichen Ausschußmitglieder in „mehrfachen Konferenzen" die Gesichtspunkte der Auswertung fest, ohne jedoch die Freiheit des einzelnen zu sehr einzuschränken. Man erwartete aber „eine treue Zusammenstellung der hauptsächlichsten in den Berichten gegebenen tatsächlichen Angaben". Subjektive Urteile sollten als solche kenntlich gemacht werden, die „Darlegung kausaler Zusammenhänge, historischer Entwicklungen und sonstige Erörterungen kritischer Natur" blieb den Bearbeitern vorbehalten, wenn sich darin in den Einzelberichten genügend Material fände.[50]

Die Ergebnisse dieser Zusammenfassungen füllten 2521 Druckseiten. Sie wurden 1892 in den Bänden 53 bis 55 der Schriften des Vereins publiziert. Unter diesen Arbeiten wiederum ragte die von M. Weber über „Die Verhältnisse der Landarbeiter im ostelbischen Deutschland" hervor. Weber vollzog mit dieser Untersuchung nicht nur den Wechsel von der Rechtswissenschaft zur Nationalökonomie, sondern setzte sich auch erstmals mit den Methoden der empirischen Sozialforschung auseinander. Gemeinsam mit Paul Göhre führte er die Erforschung der Landarbeiterverhältnisse durch die Organisation einer weiteren Enquête im Rahmen des Evangelisch-Sozialen Kongresses fort.

Mit Unterstützung des Vorstandes der Koppe-Stiftung gelang das rasche Erscheinen dieser Bände in einem Jahr. Das gesamte Urmaterial der Enquête wurde der Bibliothek der Landwirtschaftlichen Hochschule in Berlin zur Aufbewahrung übergeben.[51]

---

49 Vgl. dazu die Einleitung von Martin Riesebrodt, in: Max Weber Gesamtausgabe, hg. v. Horst Baier u. a., Abteilung I: Schriften und Reden, Bd. 3, 1. Halbband, Tübingen 1984, S. 22.

50 Vgl. Schriften, Bd. 53, S. XI.

51 Vgl. ebd., S. Xf.; Vgl. Schriften, Bd. 54, Leipzig 1892.; Schriften, Bd. 55, Leipzig 1892. Außerdem wurde 1894 von W. Hasbach eine Darstellung über „Die englischen Landarbeiter in den letzten 100 Jahren und die Einhegungen" publiziert. Dazu vgl. Schriften, Bd. 59, Leipzig 1894.

c) Die innere Kolonisation im östlichen Deutschland

Diese Problematik wurde von M. Sering untersucht. Es handelte sich um eine Einzelarbeit, die nicht zu den Enquêten zählte. Auf der Grundlage amtlicher Statistiken über die Bodenbewegung, die soziale Gliederung der landwirtschaftlichen Bevölkerung und die Ost-West-Wanderung werden zuerst allgemeine Ziele und Voraussetzungen der inneren Kolonisation dargestellt. Es folgen Ausführungen über Arbeiter-Ansiedlungen: Ansiedlung von Arbeitern im Gutsbezirk, selbständige Arbeiterkolonien und Kolonisation im Großherzogtum Mecklenburg-Schwerin und über Bauernkolonien: Domänenparzellierungen in Neuvorpommern, private Parzellierungen im Kreise Kolberg-Körlin, staatliche Kolonisation in Posen und Westpreußen und polnische Kolonien in Posen-Westpreußen.[52]

Für die Gutsbetriebe forderte Sering, „eine Arbeitsverfassung auszubilden, welche in höherem Maße als die bisherige dem Unabhängigkeitsgefühl der Arbeiter Rechnung trägt".[53] Diese sollte außerhalb der Gutsbezirke Ergänzung finden durch mehr Aufstiegschancen der Arbeiter zu voller wirtschaftlicher Selbständigkeit. Darunter verstand er auch die Übernahme spannfähiger Stellen (7–15 ha) durch strebsame Landarbeiterfamilien. „Ein solcher Mittelstand bildet das festeste Bollwerk gegen alle Gelüste mißleiteter städtischer Volksmassen, den staatlichen Bau gewaltsam zu zertrümmern".[54]

Bauernkolonien sollten unbedingt in Landgemeinden, die sich selbst regieren, ihre öffentliche Organisation finden. Gutsbezirke wären „eine Erscheinungsform der herrschaftlichen Arbeitsverfassung des landwirtschaftlichen Großbetriebes"[55], die für unabhängige Bauern keinen Raum bieten.

d) Der ländliche Personalkredit

Im Zusammenhang mit der Untersuchung des Wuchers war 1887 auch das Problem des ländlichen Personalkredits behandelt worden. Seit dieser Zeit hatte es schon Fortschritte bei der Organisation des kleinen Kredits gegeben. Die kommunalen Sparkassen hatten sich dieser Aufgabe mit Erfolg zugewandt. Außerdem waren besondere Darlehenskassen entstanden. Dennoch galt diese Frage noch lange nicht als gelöst, und der Verein für Sozialpolitik bildete am 1. April 1891 einen Ausschuß, dem E. K. Knebel, M. Sering, A. Sombart und H. Thiel angehörten, um sich durch eine Untersuchung Aufklärung über die „Personalkreditverhältnisse der ländlichen Kleingrundbesitzer (Bauern, Arbeiter, Kleingewerbetreibende, Pächter u. a.)" zu verschaffen. Auch der Mobiliarkredit, d. h. die Darlehensaufnahme gegen Verpfändung von Mobilien (Getreide, Wolle), sollte in Betracht gezogen werden. Der Immobiliar- oder Hypothekenkredit dagegen nur dann, wenn es zur

52 Vgl. Schriften, Bd. 56, Leipzig 1893.
53 Ebd., S. 15.
54 Ebd., S. 16.
55 Ebd., S. 17.

„allgemeinen Orientierung über die Gesamtheit der Kreditbeziehungen der beteiligten Grundbesitzer“ notwendig erschiene. Weiterhin wollte man erfahren, welche Kassenorganisationen sich am besten bewährt hätten und welche volkswirtschaftliche Bedeutung das Kreditwesen überhaupt habe. Diese Enquête sollte sich über ganz Deutschland erstrekken. Dazu wurden Berichtsbezirke gebildet. Für jeden Bezirk war ein Berichterstatter zuständig. Ähnlich wie bei der „Landarbeiterenquête“ erarbeitete der Ausschuß für die Berichterstattung zwei Fragebogen.[56]

Fragebogen A sollte der Berichterstatter an „Vertrauensmänner“ austeilen, die anhand der Fragen für die verschiedenen Unterbezirke die tatsächlichen Verhältnisse feststellen sollten. Für jeden Unterbezirk mußte also ein „Vertrauensmann“ gewonnen werden, der die ihm gestellten Fragen möglichst umfassend beantwortete, da später die Ermittlungen zur Beseitigung öffentlicher Mißstände nutzbar gemacht werden sollten. Die beantworteten Fragebogen A bildeten dann für die Berichterstatter die Grundlage für die Beantwortung der in Fragebogen B formulierten Fragen.

Der Fragebogen A für die Vertrauensmänner der Berichterstatter enthielt 15 Fragen, die nach der Gestaltung und Wirksamkeit der vorhandenen Kasse und den Besitz- und Erwerbsverhältnissen des Kassenbezirks gruppiert waren. Fragebogen B für die Berichterstatter umfaßte 6 Punkte, nach denen Besitz- und Erwerbsverhältnisse, Art der Kreditkassen, Ausnutzung der Kreditmöglichkeiten durch die bäuerliche Bevölkerung und deren wirtschaftlicher Erfolg einzuschätzen waren.[57] 1896 veröffentlichte der Verein insgesamt 23 Berichte und Gutachten in zwei Bänden. Der erste Band behandelte die Situation in Süddeutschland, der zweite die Zustände in Mittel- und Norddeutschland. Es folgte 1898 zusätzlich ein Band für Österreich mit 10 Berichten und Gutachten. Auf die ursprünglich geplante Zusammenfassung der Ergebnisse mußte aus Zeitgründen verzichtet werden. Die veröffentlichten Berichte sollten nicht die amtliche Statistik ersetzen, sondern die Diskussion über die Verbesserung der Einrichtungen für den Personalkredit des Kleingrundbesitzes befördern sowie zur Fortbildung und Reform des bestehenden Schuldrechts die Voraussetzungen schaffen.[58]

Die Arbeiten des Vereins für Sozialpolitik über die Agrarverhältnisse bieten eine Fülle von Material aus den verschiedensten Regionen Deutschlands. Sie sind bisher nur zum Teil ausgewertet und verarbeitet worden. Noch immer fehlt eine zusammenfassende Darstellung der gesamten Ergebnisse. Für die Agrarhistoriker würde es sich also lohnen, diese Aufgabe zu lösen.

---

56 Vgl. Schriften, Bd. 73, Leipzig 1896, S. Vff.

57 Vgl. ebd., S. Xff.; Gorges, Sozialforschung, S. 296ff.

58 Vgl. Schriften, Bd. 73; Schriften, Bd. 74, Leipzig 1896; Schriften, Bd. 75, Leipzig 1898.

Anlage I
Verhandlungsthemen der abgehaltenen Generalversammlungen des Vereins für Sozialpolitik zwischen 1882 und 1897

1. Die Verhandlungen von 1882 in Frankfurt a. M., in: Schriften, Bd. 21, Leipzig 1882.
Themen: – Grundeigentumsverteilung und Erbrechtsreform;
– Internationale Fabrikgesetzgebung;
– Versicherungszwang und Armenverbände;
2. Die Verhandlungen von 1884 in Frankfurt a. M., in: Schriften, Bd. 28, Leipzig 1884.
Themen: – Maßregeln der Gesetzgebung und Verwaltung zur Erhaltung des bäuerlichen Grundbesitzes;
– Die Einwirkung der Organisation unserer höheren und mittleren Schulen auf das soziale Leben und die Erwerbstätigkeit der Nation;
3. Die Verhandlungen von 1886 in Frankfurt a. M., in: Schriften, Bd. 33, Leipzig 1887.
Themen: – Die Wohnungverhältnisse der ärmeren Klassen in deutschen Großstädten;
– Die innere Kolonisation mit Rücksicht auf die Erhaltung und Vermehrung des mittleren und kleineren ländlichen Grundbesitzes;
4. Die Verhandlungen von 1888 in Frankfurt a. M., in: Schriften, Bd. 38, Leipzig 1889.
Themen: – Der ländliche Wucher, die Mittel zu seiner Abhilfe, insbesondere die Organisation des bäuerlichen Kredits;
– Der Einfluß des Detailhandels auf die Preise und etwaige Mittel gegen eine ungesunde Preisbildung;
5. Die Verhandlungen von 1890 in Frankfurt a. M., in: Schriften, Bd. 47, Leipzig 1890.
Themen: – Die Reform der Landgemeindeordnung in Preußen;
– Arbeitseinstellungen und die Fortbildung des Arbeitsvertrages;
6. Die Verhandlungen von 1893 in Berlin, in: Schriften, Bd. 58, Leipzig 1893.
Themen: – Die ländliche Arbeiterfrage und die deutschen Binnenwanderungen;
– Die Bodenbesitzverteilung und die Sicherung des Kleingrundbesitzes;
7. Die Verhandlungen von 1894 in Wien, in: Schriften, Bd. 61, Leipzig 1895.
Themen: – Die wirtschaftlichen Kartelle;
– Das bäuerliche Erbrecht;
8. Die Verhandlungen von 1897 in Köln, in: Schriften, Bd. 76, Leipzig 1898.
Themen: – Die Handwerkerfrage;
– Der ländliche Personalkredit;
– Das Vereins- und Koalitionsrecht der Arbeiter im Deutschen Reiche.

Anlage II
Berichte und Untersuchungen des Vereins für Sozialpolitik über die Agrarverhältnisse zwischen 1880 und 1900

1. Das Erbrecht und die Grundeigentumsverteilung im Deutschen Reiche. Ein sozialwirtschaftlicher Beitrag zur Kritik und Reform des deutschen Erbrechts. Von A. v. Mias-

kowski. Erste Abteilung. Die Verteilung des landwirtschaftlich benutzten Grundeigentums und das gemeine Erbrecht, (311 S.), in: Schriften, Bd. 20, Leipzig 1882.
2. Bäuerliche Zustände in Deutschland. Berichte. 1. Bd., (320 S.), in: Schriften, Bd. 22, Leipzig 1883.
3. Bäuerliche Zustände in Deutschland. 2. Bd., (344 S.), in: Schriften, Bd. 23, Leipzig 1883.
4. Bäuerliche Zustände in Deutschland. 3. Bd., (381 S.), in: Schriften, Bd. 24, Leipzig 1883.
5. Das Erbrecht und die Grundeigentumsverteilung im Deutschen Reiche. Von A. v. Miaskowski. Zweite (Schluß-) Abteilung. Das Familienfideikommiß, das landwirtschaftliche Erbgut und das Anerbenrecht, (476 S.), in: Schriften, Bd. 25, Leipzig 1884.
6. Agrarische Zustände in Frankreich und England. Nach den neuesten Enquêten dargestellt von Freiherrn von Reitzenstein und E. Nasse, (222 S.), in: Schriften, Bd. 27, Leipzig 1884.
7. Agrarische Zustände in Italien. Dargestellt von K. Th. Eheberg, (158 S.), in: Schriften, Bd. 29, Leipzig 1886.
8. Zur inneren Kolonisation in Deutschland. Erfahrungen und Vorschläge, (229 S.), in: Schriften, Bd. 32, Leipzig 1886.
9. Der Wucher auf dem Lande. Berichte und Gutachten, (354 S.), in: Schriften, Bd. 35, Leipzig 1887.
10. Die Landgemeinde in den östlichen Provinzen Preußens und die Versuche, eine Landgemeindeordnung zu schaffen. Von F. Keil, (217 und 110 S.), in: Schriften, Bd. 43, Leipzig 1890.
11. Berichte über die Zustände und die Reform des bäuerlichen Gemeindewesens in Preußen, (327 S.), in: Schriften, Bd. 44, Leipzig 1890.
12. Die Verhältnisse der Landarbeiter in Deutschland. 1. Band: Die Verhältnisse der Landarbeiter in Nordwestdeutschland, (455 S.), in: Schriften, Bd. 53, Leipzig 1892.
13. Dasselbe. 2. Band: Die Verhältnisse der Landarbeiter in Hohenzollern, im Regierungsbezirk Wiesbaden, in Thüringen, Bayern, im Großherzogtum Hessen usw., (765 S.), in: Schriften, Bd. 54, Leipzig 1892.
14. Dasselbe. 3. Band: Die Verhältnisse der Landarbeiter im ostelbischen Deutschland. Von Max Weber, (891 S.), in: Schriften, Bd. 55, Leipzig 1892.
15. Die innere Kolonisation im östlichen Deutschland. Von M. Sering, (330 S.), in: Schriften, Bd. 56, Leipzig 1893.
16. Die englischen Landarbeiter in den letzten 100 Jahren und die Einhegungen. Von W. Hasbach, (410 S.), in: Schriften, Bd. 59, Leipzig 1894.
17. Der Personalkredit des ländlichen Kleingrundbesitzes in Deutschland. 1. Band: Süddeutschland, (414 S.), in: Schriften, Bd. 73, Leipzig 1896.
18. Dasselbe. 2. Band: Mittel- und Norddeutschland, (456 S.), in: Schriften, Bd. 74, Leipzig 1896.
19. Der Personalkredit des ländlichen Kleingrundbesitzes in Österreich, (394 S.), in: Schriften, Bd. 75, Leipzig 1898.

Fusao Kato

Die wirtschaftliche und soziale Bedeutung der Fideikommißfrage in Preußen 1871–1918*

1. Max Webers Abhandlung zur preußischen Fideikommißfrage

Für den Versuch, „Die wirtschaftliche und soziale Bedeutung der Fideikommißfrage in Preußen 1871–1918" darzustellen, erweist sich eine kritische Analyse der großen Abhandlung von Max Weber, „Agrarstatistische und sozialpolitische Betrachtungen zur Fideikommißfrage in Preußen, 1904"[1] als sehr hilfreich. Mir scheint, als ob dieser in der sogenannten Neuen Phase des Weberschen Schaffens geschriebene Artikel von der bisherigen Forschung für nicht so wichtig gehalten wurde, obwohl er sehr bedeutend ist. Ich möchte das mir gestellte Thema deshalb mit einer Untersuchung dieser Abhandlung angehen.

a) Die Auffassung Wolfgang Mommsens

Wie bekannt, ist Wolfgang Mommsen einer der führenden Max Weber-Forscher. Sein großes Buch „Max Weber und die Deutsche Politik, 1890–1920"[2] zählt zu den hervorragendsten Leistungen dieses Forschungsgebiets. Dort, genauer gesagt im ersten Abschnitt („Die große Alternative: Industrialismus oder Feudalismus") des fünften Kapitels („Max Weber und die innenpolitische Entwicklung Deutschlands vor dem Weltkriege"), erwähnt Mommsen denn auch die Webersche Abhandlung zur Fideikommißfrage. Und er faßt die dort vorgestellte, differenzierte begriffliche Erfassung des Großgrundbesitzes, einschließlich der Fideikommisse, kurz gesagt, wie folgt zusammen:[3]

(1) Max Weber habe die Gruppe der konservativen Großgrundbesitzer für eine Klasse in der modernen Bedeutung des Wortes gehalten. Er sah, daß solch ein Junkertum als Vertreter des feudal-patriarchalischen Gesellschaftssystems und die Bourgeoisien in der Regel einen strengen Klassengegensatz ausbilden.

---

* Für die Betreuung und Unterstützung bei der Anfertigung dieses Aufsatzes danke ich sehr herzlich Herrn Prof. Dr. Heinz Reif an der TU Berlin sowie Frau Prof. Dr. Christel Kojima-Ruh an der Universität Hiroshima.

1 Max Weber, Gesammelte Aufsätze zur Soziologie und Sozialpolitik, Tübingen 1924, S. 323–393 (im folgenden: Fideikommißfrage).

2 Wolfgang J. Mommsen, Max Weber und die deutsche Politik, 1890–1920, 2. Aufl., Tübingen 1974.

3 Vgl. ebd., S. 102–104.

(2) Aber in der Zeit vom Ende des 19. Jahrhunderts bis zum Ersten Weltkriege strebten die bürgerlichen Kaufleute und Industriellen in ziemlich großer Zahl danach, durch Erwerb der als Fideikommiß errichteten Rittergüter zum Stand der großgrundbesitzenden Junker emporzusteigen. Solche Bourgeoisien wurden durch ihre sogenannten „feudalen Prätentionen" dazu gedrängt.

(3) „Der vorläufige Entwurf eines Gesetzes über Familienfideikommisse"[4], den die preußische Regierung im Jahre 1903 vorbereitete, hatte Webers Ansicht nach das bestimmte Ziel, nicht bloß den bestehenden Großgrundbesitz zu erhalten, sondern diesen auch zu erweitern und neu zu schaffen. Alles in allem sei dieser Gesetzentwurf ein typisches Beispiel für das unverdrossene Bemühen der preußischen Konservativen gewesen, die vereinigte Front der verschiedenartigen Bourgeoisien gegen die Großgrundbesitzerklasse zu zerstören.

Mommsen führt aus, Max Weber habe ohne Unterschied allen Fideikommißbesitz als wichtigen Bestandteil der Großgrundbesitzerklasse verstanden und dann – unter Nichtbeachtung selbst irgendeines Unterschiedes im ökonomischen Charakter der verschiedenen Fideikommißbesitzer – seine Aufmerksamkeit vornehmlich auf den einen Punkt konzentriert, daß der Entwurf einem Teil der deutschen Bourgeoisie die Chance eines sozialen Aufstiegs zum „Fideikommiß besitzenden Junkertum" zugesichert habe. Deshalb kritisiere Weber den betreffenden Entwurf aufs schärfste. „Max Weber sah in dem Fideikommißinstitut und in der Briefadelspraxis nichts anderes als das ausgesprochene Bestreben der Konservativen, durch ein solches Hinüberziehen der Spitzen des Großbürgertums die eigene, im Wanken begriffene soziale Stellung zu befestigen"[5]. Soweit die Darstellung Mommsens. Mit einem Wort könnte man sagen, daß Mommsen als Angelpunkt der Weberschen Erkenntnis des hier zur Debatte stehenden Problems das Folgende versteht: Weber faßte die preußisch-deutschen Fideikommisse (und Fideikommißbesitzer) als eine Gesamtheit auf; und er sah das deutsche Fideikommißinstitut als solches grundlegend und allseitig kritisch, weil es unweigerlich die sogenannte „Feudalisierung"[6] der Bourgeoisie mit sich bringen mußte. Kann man, soweit es sich um diesen Punkt handelt, wirklich sagen, daß Mommsens Sicht der Weberschen Position gänzlich richtig ist? Ich bin nicht davon überzeugt. Vielmehr will es mir scheinen, daß ein solches Verständnis etwas einseitig ist; denn Max Weber schätzte die „positive ökonomische Bedeutung"[7] einer bestimmten Gruppe von Fideikommissen durchaus recht hoch ein, und man findet bei ihm weder die auf Differenzierung verzichtende Zusammenfassung aller Fideikommisse noch deren umfassende, allseitige Kritik. Noch deutlicher gesagt: in Wirklichkeit stehen die vergleichenden Vorstellungen Webers – zu denen als wichtige Momente auch seine Kenntnis des englischen Fideikommiß sowie sein breites Wissen über vergleichende Geschichte gehören – in einer geradezu engen Verbindung zu einer sehr positiven Einschätzung eines wichtigen Teils der deutschen Fideikommisse.

---

4 In: Geheimes Staatsarchiv der Stiftung Preußischer Kulturbesitz, Außenstelle Merseburg, Historische Abteilung (im folgenden: GStA Merseburg, Hist. Abt.) II, 2.2.1, Nr. 30787.

5 Mommsen, Max Weber, S. 102.

6 Siehe z. B. Hans-Ulrich Wehler, Das Deutsche Kaiserreich 1871–1918, Göttingen 1973, S. 54.

7 Max Weber, Fideikommißfrage, S. 378 Anm. 1.

Andererseits ist nicht zu übersehen, daß Weber die anderen, nicht zu diesem Teil gehörenden Fideikommisse mit scharfen Worten kritisiert und ihrer Fortexistenz konsequenten Widerstand entgegensetzt. Soweit es sich um diese Seite handelt, kann ich die oben erwähnten Argumente von Mommsen im großen und ganzen akzeptieren. Wir können aber Max Webers Einsichten zur Fideikommißfrage erst dann vollkommen verstehen, wenn wir den ambivalenten Doppelsinn seiner gleichzeitig positiven und negativen Einschätzung der preußischdeutschen Fideikommisse zu Beginn des 20. Jahrhunderts erfaßt haben. Diesen Punkt möchte ich im Auge behalten und meine kritische Untersuchung von Webers Argumenten fortsetzen.

b) Der Widerspruch von Grundbesitz und Betrieb

Es sei, so Weber, natürlich nicht zu leugnen, daß die nicht gerade wenigen Fideikommisse als „extremste Form der Monopolisierung des Bodens" in der Regel „ein Zentrum der Bodenakkumulation" bilden. Der gewöhnliche Fideikommißbesitzer „denkt (normalerweise) gar nicht daran, landwirtschaftlicher Unternehmer sein zu wollen, er will Rente, standesgemäße Rente, will mehr standesgemäße Rente haben und dazu braucht man eben Land. Er will eine – nach Werner Sombarts Ausdruck – *seigneuriale*, keine Unternehmer-Existenz führen"[8]. Wenn man andererseits den durchschnittlichen Flächeninhalt des traditionellen Großbetriebs in Ostdeutschland untersuche, so „stellte er 1885 in Ostpreußen eine Fläche von 590 ha, in Pommern von 720 ha, und in Schlesien von 500 ha dar". Und dabei bestehe kein Zweifel, „daß selbst die schlesische Fläche als Durchschnitt für eine modernen Anforderungen entsprechende Bewirtschaftung von einem Zentrum aus technisch zu groß ist". Daraus zieht Weber den folgenden antinomischen Schluß, der, wie mir scheint, von größter Bedeutung ist. Er akzentuiert nämlich den Gegensatz (oder den Widerspruch) zwischen den „betriebstechnischen Motiven zur Verkleinerung der Fläche der kapitalistischen großen Betriebe" und dem „privatwirtschaftlichen Zwang zur Vergrößerung des Umfangs des großen Besitzes".[9]

Ich möchte hier zunächst kurz die Fakten der Weltwirtschaft und ihre Auswirkungen darstellen, denen die preußisch-deutschen Fideikommißbesitzer damals gegenüberstanden. Das ist eine notwendige vorbereitende Betrachtung für die Erläuterung der Wichtigkeit der Grundbesitztheorie, auf welche Weber mit diesem Satz hindeutet. Es ist eine allbekannte Tatsache, daß die tiefe, chronische Agrarkrise am Ende des 19. Jahrhunderts den grundlegenden Strukturwandel des europäischen Getreidemarktes bedingte und den „Agrarierjammer von Schottland bis Italien und von Südfrankreich bis nach Ostpreußen" hervorgebracht hat, und daß diese Agrarkrise von der sogenannten „Verkehrsrevolution" (während der etwa fünfzig Jahre seit der Mitte des 19. Jahrhunderts) und der darauf folgenden großen Veränderung „des Markts als Weltmarkt" verursacht wurde. Friedrich Engels sah diese Verkehrsrevolution als „eine Revolution an, die sich nur mit der indu-

8 Vgl. ebd., S. 364 und 366.
9 Vgl. ebd., S. 368f.

striellen Revolution der letzten Hälfte des vorigen Jahrhunderts vergleichen läßt". Auch für die lokal zerstreuten Rittergutsbesitzer im Osten Preußens, die als „Territorialherr en miniature" lange „die wirtschaftlich satten Existenzen" geblieben waren, konnte es keine Ausnahme von den neuen Zwängen des Marktes geben. Auch sie wurden den gravierenden Folgen des Strukturwandels auf dem Weltmarkt und des dort tobenden Konkurrenzkampfes ausgesetzt. Oder in Max Webers exakter Formulierung: „mit der Beseitigung der Isolierung der Gutswirtschaften tritt die Notwendigkeit eines relativ weit größeren Gehorsams gegenüber den weltwirtschaftlichen Produktionsbedingungen gebieterisch an diese Betriebe heran".[10]

So entwickelte sich in den Zeitläufen der letzten Hälfte des 19. Jahrhunderts, gerade mit der (nach Webers Ausdruck) „beginnenden Verflechtung in die Weltwirtschaft", oder (mit einem Wort von Marx) eben in den „neugeschaffenen weltmarktlichen Zusamenhängen"[11] die moderne Umgestaltung der Betriebsweise der deutschen Gutswirtschaften und die damit einhergehende Intensivierung des Betriebs.

Was waren die Einflüsse, die solch eine weltwirtschaftliche Umwälzung auf die Fideikommißbesitzer ausübte? Eine Antwort auf diese Frage wird sich im Folgenden ergeben. Sobald irgendein rationell wirtschaftender Betrieb einmal den ersten Schritt zur Intensivierung getan hat, muß er diesen Weg immer weiter fortsetzen. Es ist eine unbestrittene Wahrheit, daß dieser Betrieb unaufhörlich nach weiteren, sukzessiv steigenden Betriebskapitalien verlangt. Im Gegensatz dazu muß es den gewöhnlichen Fideikommißbesitzer nach Bodenakkumulation verlangen, wodurch er um so mehr Kapitalien verliert, je eifriger er sich um Bodenakkumulation bemüht, gleichsam als bewege er sich in einem „treibenden Fluß mit einer Stange fort", indem er jenem ihm selbst innewohnenden „privatwirtschaftlichen Zwang" pflichttreu gehorcht. So stellten sich die Umstände dar, die der Widerspruch von Grundbesitz und Betrieb ausgelöst hatte. Dieser Widerspruch war, nach Webers Auffassung, neben „steigenden Bodenwerten" derjenige Faktor, der „heute überall die Existenz rationaler Großlandwirtschaft bedroht".[12]

Daraus ist zu folgern, daß der obenerwähnte Satz Webers recht eigentlich die wirtschaftswissenschaftliche Bedeutung von Grundeigentum als „absolute Schranke für die nötige Kapitalanlage", d. h. als „Hindernis" des Akkumulationsprozesses von Kapital enthält. Weber deutete darüber hinaus auf die bürgerliche Notwendigkeit der „Trennung des fungierenden Kapitals und des Grundeigentums" hin, indem er „die Rückführung des Grundeigentums *ad absurdum*" genau in solchem Sinne auffaßte.[13] Im Folgenden möchte

---

10 Karl Marx, Das Kapital. Kritik der politischen Ökonomie, Bd. 2 [1885], Berlin 1969, S. 113, Bd. 3 [1894], Berlin 1969, S. 81 und 736; Max Weber, Entwicklungstendenzen in der Lage der ostelbischen Landarbeiter [1894], in: ders., Gesammelte Aufsätze zur Sozial- und Wirtschaftsgeschichte, Tübingen 1924, S. 471 und 473–475.

11 Vgl. Max Weber, Lage der ostelbischen Landarbeiter, S. 473 und 478; Karl Marx, Das Kapital, Bd. 1 [1867], Berlin 1969, S. 405 und 468.

12 Max Weber, Kapitalismus und Agrarverfassung [1904], in: Zeitschift für die gesamte Staatswissenschaft 108, 1952, S. 448.

13 Vgl. Karl Marx, Das Kapital, Bd. 3, S. 631, 759, 773 und 821.

Skizze 1:
Typisches Beispiel eines kleinen Fideikommisses

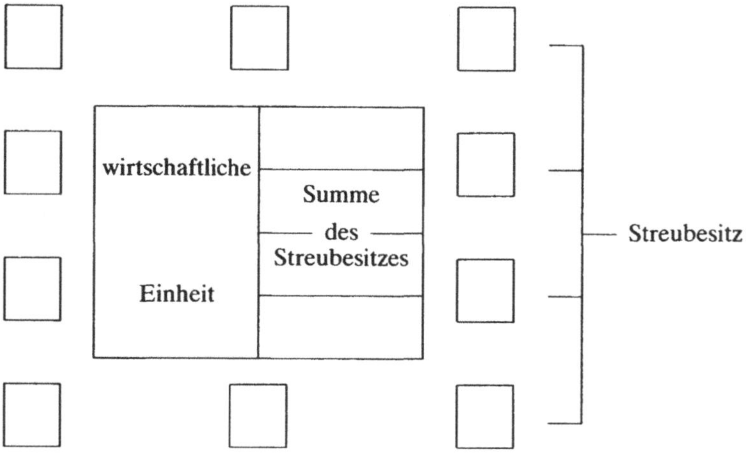

Quelle: Max Weber, Agrarstatistische und sozialpolitische Betrachtungen zur Fideikommißfrage in Preußen (1904), in: ders., Gesammelte Aufsätze zur Soziologie und Sozialpolitik, Tübingen 1924, S. 371.

ich die Ausführungen Max Webers zum starken, kontrastartigen Unterschied von kleinem und großem Fideikommiß unter dem fundamentalen Gesichtspunkt dieser Grundeigentumstheorie noch eingehender behandeln.

c) Die Schädlichkeit der kleinen Fideikommisse

„Der vorläufige Entwurf eines Gesetzes über Familienfideikommisse (1903)" ermöglichte, indem er – wie Skizze 1 illustriert – nur die Hälfte des Gutsbesitzes als geschlossene Wirtschaftseinheit forderte, für die andere Hälfte Streubesitz akzeptierte, die Bildung neuer Fideikommisse. Diese kleinen Fideikommisse mit etwa 500 ha Größe als oberer Grenze, die so zustande gekommen wären, besaßen nach Webers Auffassung die folgenden Eigenarten: Da war zunächst ihre zentrale Dynamik, die „in Verbindung mit Parzellenpachtwucher" äußerst intensiv nach Bodenakkumulation strebte. Ein solches kleines Fideikommiß war ein Betrieb, dem es – bei einem Reinertrag von etwa 5000 Mark – gerade noch möglich war, „eine großbäuerliche Lebenshaltung" aufrechtzuerhalten. Es vermittelte den täuschenden Eindruck, die Illusion, als gewähre es eine „*seigneuriale*" Lebenshaltung. Damit war das in Skizze 1 dargestellte, vom Gesetzentwurf 1903 vorstrukturierte Fideikommiß nichts anderes als ein exemplarisches Beispiel der von Weber sogenannten „kleinen Fideikommisse", deren Schädlichkeit er mit beredten Worten beschrieb:[14]

14 Max Weber, Fideikommißfrage, S. 371 f.

Erstens: Wenn der Fideikommißbesitzer auf dem Lande wohnt, ist beim „kleinen Fideikommiß“ Kapitalmangel nicht zu vermeiden. Die ursprüngliche unterminierende Neigung des Fideikommißherrn zur Bodenanhäufung bringt ihn unvermeidlich in diese Lage. Aus der Verschwendung des Kapitals, das eigentlich als Betriebskapital verwendet werden sollte, für weitere Bodenankäufe, müssen notwendig „irgend erheblichere pekuniäre Extravaganzen“ und eine „unglaublich widerliche chronische Misere“ entstehen. Überdies ist „vom Standpunkt des Produktionsinteresses aus“, der zunächst einmal ein anderer als der der Finanzierung ist, „eine Überlegenheit des selbstwirtschaftenden kleinen Fideikommißbesitzers“ gar nicht denkbar.[15]

Zweitens bilden die kleinen Fideikommisse „eben als Luxusgut“ oder als „Parvenü-Fideikommiß“ auch eine Komponente des Vermögens von industriellkaufmännischen Bourgeoisiefamilien, „die mit den Interessen des platten Landes nichts zu tun haben“. Was waren denn die Ergebnisse, wenn die bürgerlichen Kapitalisten beabsichtigten, überall kleine Fideikommisse zu bilden, immer stärker eine „Metamorphose des akkumulierten Kapitals in Grundbesitz und Fideikommißbildung“, eine „Metamorphose in die Form des Ritterguts“, d. h. die „Nobilitierung“[16] des Kapitals, die Verwandlung von Kapital in Grundbesitz anstrebten?[17]

Weber faßt seine Antwort folgendermaßen zusammen: Das typische kleine Fideikommiß (in der Gestalt der Skizze 1) „muß mit einem Strahlenkranz von Parzellen“ umgeben werden, die von allen Seiten fortwährend zuzukaufen sind. Nur so kann es zur materiellen Grundlage des *seigneurialen* Lebensniveaus werden, nach welchem das immanente Bedürfnis seines Besitzers verlangt. Mit den ungefähr 5000 Mark Reineinkommen, die sein eine wirtschaftliche Einheit bildender Hauptbetrieb erwirtschaftet, ist es ihm letztlich unmöglich, ein Niveau zu erreichen, welches die bäuerliche Lebensführung weit hinter sich läßt. Das muß schließlich ganz von selbst zum weit verbreiteten „Überhandnehmen des Zusammenkaufs von Boden“ durch „Bauernauskauf“ oder stetigen Zukauf weiterer Parzellen führen, und zwangsläufig auch das „Pächterlegen, das Legen der kleinen Wirtschaften“ und die „Abzweigung der Hungerbauern“ befördern. Denn die Tendenz zur Vergrößerung der Gutswirtschaft ist die eigentliche Lebensfrage der kleinen Fideikommisse. In ihrem Fall hat das treibende Motiv des Bodenauskaufs nämlich nichts mit dem Standpunkt der betriebswirtschaftlichen Technik zu tun, sondern zielt vielmehr dahin, das Grundeigentum als die Basis des eigenen Einkommens zu erweitern.[18]

Selbst wenn die obenerwähnte bedenkliche Lage einer „chronischen Misere“ infolge fideikommissarischer Bodenbindung nicht eintreten würde, müßte jener antinomische Gegensatz und Widerspruch von rationellem Betrieb und großem Grundeigentum, um den sich Weber aufs intensivste sorgte, durch die kleinen Fideikommisse als „Bodenaufkaufszentren“ überall hervorgerufen werden. Man kann sagen, daß dies die eigentliche

15 Vgl. ebd., S. 339 und 372.
16 Ebd., S. 379.
17 Vgl. ebd., S. 367 Anm. 1, 373, 379, 383 Anm. 1, 384 und 389; ders., Kapitalismus und Agrarverfassung, S. 450.
18 Vgl. Max Weber, Fideikommißfrage, S. 351 Anm., 367 Anm. 1, 371 f., 376 Anm., 384.

Schädlichkeit der kleinen Fideikommisse ausmacht. Max Weber hat die so von ihm charakterisierten „kleinen Fideikommisse“ für ein typisches Beispiel irrationellsten Großgrundeigentums gehalten, das die Existenz der rationellen Landwirtschaft von Großbetrieben gefährdete.[19]

Ich möchte den folgenden Satz Max Webers zitieren, um den bisher erreichten Stand der Analyse zusamenzufassen: „Aber das Phantom des Rückenbesitzes – wenn man darunter ständige eigene Betriebsleitung versteht – müßte freilich bei jener Mindestgrenze fallen gelassen werden. Ich vermag, wenn man den Glauben aufgibt, ein moderner Landwirt könne dauernd dem Typus des altpreußischen Junkers vergangener Zeiten entsprechen, keinerlei ökonomische oder sozialpolitische Gesichtspunkte zu erkennen, unter denen dies zu bedauern wäre“.[20] Wie hat Weber dann andererseits die ökonomisch wie sozialpolitisch positive Rolle der großen Fideikommisse erfaßt? Das ist unsere nächste Frage.

d) Die Wirksamkeit der großen Fideikommisse

Verfolgen wir zunächst, wie Max Weber die ökonomische Seite der positiven „Wirkung großer deutscher Fideikommisse erörterte, Fideikommisse, deren Flächeninhalt normalerweise 4000 bis 5000 ha überschritt und sich nicht selten auf über 10000 ha erstreckte. Weber bezieht sich bei seinem Versuch, solche positiven Wirkungen aufzuweisen, auf das Fideikommiß in England, dem Mutterland der kapitalistischen Entwicklung; und er bewertete dieses auf das positivste: „Die Elastizität gegenüber Krisen, wie sie die englische Agrarverfassung gezeigt hat, beruht auf der Verteilung des Stoßes auf zwei starken Schultern. Das *jointbusiness* von Landlord und Pächter, wie es sich in England entwickelte, hatte ebenfalls eine bedeutende Größe der dortigen Fideikommisse und die ökonomische Potenz der Landlords zur Voraussetzung“.[21]

Man ersieht hieraus, daß Max Weber im historischen Vergleich die englischen Verhältnisse als nachahmenswertes Muster für die deutschen Fideikommisse angesehen hat. Er rechtfertigte die „positive ökonomische Bedeutung“ der in Deutschland existierenden großen Fideikommisse, indem er ihre Elastizität und Anpassungsfähigkeit gegenüber Krisen, ihr Vermögen, sich an die Marktbedingungen und die Fortschritte der Technik anzupassen, akzentuierte.

Diese positive Einschätzung gründete Weber vor allem auf die Tatsache, daß innerhalb dieser großen Fideikommisse in der Regel zahlreiche landwirtschaftliche Einzelbetriebe existierten, die eine betriebstechnisch angemessene Größe nicht überschritten. Sie waren in der Lage, ein sehr hohes, risikofreies Renteneinkommen zu gewährleisten. Und der Fideikommißherr kümmerte sich hier nicht darum, hielt sich sogar ganz davon fern, zu fragen, ob die aus jedem einzelnen Betrieb seines Fideikommißguts erworbenen Renten auch hoch genug waren, um die Kosten seiner sogenannten „*seigneurialen*“ Lebensfüh-

19 Vgl. ebd., S. 373f. und 376f.

20 Ebd., S. 373f.

21 Ebd., S. 374.

rung zu gewährleisten. Diese Frage war für ihn eine Nebensächlichkeit, da er, was dieses standesgemäße Einkommen anging, nichts zu befürchten hatte. Unter diesen Bedingungen konnte sich jeder Bewirtschafter mit Herz und Hand der rationellen Führung seines Betriebs widmen. Er konnte die stolze Gesinnung des Fachmanns bewahren, der relativ unabhängig davon war, ob er eine ihm als Pflicht auferlegte pekuniäre Norm erfüllte oder nicht. Dieses Verhalten begründete eine Partnerschaft eigener Art, die für beide Partner, den Grundeigentümer (Fideikommißherrn) und den Bewirtschafter des jeweiligen Einzelbetriebs günstig war. Beide agierten und lebten, relativ unabhängig voneinander, nach ihren eigenen Imperativen, wobei ein wechselseitiger Beistand keineswegs ausgeschlossen war. Max Weber sah diesen Punkt als einen charakteristischen Vorteil der großen Fideikommisse an, den er sehr positiv bewertete. Nach seiner Einschätzung begründete dieses spezifische Verhältnis zwischen großem Fideikommißherrn und Bewirtschafter „die Stärke des Fideikommisses unter der kapitalistischen Wirtschaftsorganisation". Auf diese Weise könne nämlich der „Konflikt von technisch zweckmäßigem Betriebsausmaß und standesgemäßer Rente", das heißt, jener Gegensatz und Widerspruch, der dort entsteht, wo „der privatwirtschaftliche Zwang zur Vergrößerung des Umfangs des großen Besitzes den betriebstechnischen Motiven zur Verkleinerung der Fläche der kapitalistischen großen Betriebe gegenübersteht", vermieden werden. Auf den „großen, zumal (den) geschlossen zusamenliegenden Fideikommißherrschaften, bei denen der weit überwiegende Teil der landwirtschaftlich genutzten Fläche verpachtet, ein Teil des Rests administriert wird", komme es zu diesem Gegensatz nicht. Bei den kleinen Fideikommissen, die der Besitzer selbst bewirtschafte, lasse sich leider, im Gegensatz dazu, jener Widerspruch nicht vermeiden.[22]

Wie hat Weber nun die inneren Verhältnisse der großen Fideikommisse, ihre Produktions- und Betriebsweise, aufgefaßt? Zu diesem Punkt führt er aus, daß „auf dem Grund und Boden des Fideikommisses neben *Proletariern* nur *Pächter* hausen werden". Läßt sich dieses nicht als ein kurzer, aber bedeutungsvoller Hinweis auf die konkrete Art der Betriebe und der Produktion auf den großen Fideikommissen auffassen? Ich sehe darin einen Hinweis darauf, daß die grundsätzliche Produktionsweise des großen Fideikommisses, in dem die landwirtschaftlich genutzte Fläche größtenteils verpachtet wird, bestimmt ist von dem Verhältnis dreier Faktoren: Grundeigentümer (Besitzer des großen Fideikommisses), Bewirtschafter (kapitalistischer Pächter) und Lohnarbeiter (Proletarier). Es ist also ein Bodenbetriebsmonopol des Pächters (Kapital) eingetreten, eine Bodennutzung durch kleinbäuerliche Betriebe gibt es nicht mehr. Also stellt das große Fideikommiß nichts anderes dar als ein „deutsches Grundeigentum", aus dem sich sozusagen ein *german joint business* entwickelt hat.[23]

Bezogen auf den ökonomischen Charakter des großen Fideikommisses ist, neben dem oben ausgeführten Punkt, noch ein weiterer Sachverhalt zu beachten. Webers Analyse der Wirkungen des Fideikommisses auf die „Arbeitsverfassung"[24] führt zu der Schlußfolge-

22 Vgl. ebd., S. 369 und 374f.

23 Vgl. ebd., S. 375 und 382.

24 Vgl. ebd., S. 355–360.

rung, „... (daß) wenigstens die großen Fideikommisse im eigenen Interesse die Erhaltung einer *ansässigen und doch nicht schollenpflichtigen Arbeiterschaft* ohne Zweifel fördern können. Das geschieht durch Eingehung günstiger kombinierter Pacht- und Arbeitsverträge. Und nur die *Parzellenpacht* kann Bodenständigkeit und Freiheit des Arbeiters vereinigen".[25] Es ist sehr interessant, daß Weber die wichtige Rolle der Parzellenpacht in den Blick nimmt. Dieses verweist auf die große Bedeutung der Beziehung zwischen Grundeigentum und Lohnarbeit in der ostdeutschen Landwirtschaft an der Wende vom 19. zum 20. Jahrhundert. Es läßt sich nicht leugnen, daß ohne das einen Bodenbetrieb monopolisierende Kapital das moderne Grundeigentum sich selbst nicht verwirklichen kann, und daß die Lohnarbeit die unentbehrliche aktive Grundlage für die Akkumulation des Kapitals darstellt.[26]

Die großen Fideikommisse waren dasjenige große Grundeigentum, dem die bestimmte Bedeutung zukam, das Beziehungsmuster „Lohnarbeit für Kapital" zu verallgemeinern, indem sie – in der Form der Parzellenpacht – die *Seßhaftigkeit* der freien Landarbeiterschaft erfolgreich sicherten und zugleich die beständige Erhaltung und Reproduktion einer Klasse von „Lohnarbeitern als Lohnarbeiter" förderten, die auf eine „Verwandlung in unabhängige Produzenten", mit anderen Worten, auf die Rückverwandlung in kleine Landwirte nicht mehr hoffen konnten.[27] Man kann in diesem Sinne sagen, daß die Lohnarbeit auf dem Lande erst von einem modernen Grundeigentum geschaffen werden konnte. Und wir müssen das große Grundeigentum als ein entscheidendes Moment zur Schaffung solcher Lohnarbeit erkennen und anerkennen. Ich möchte in dieser Hinsicht von der „Macht des Großgrundbesitzes" sprechen. Jedenfalls stellte das große Fideikommiß an der Jahrhundertwende nichts anderes dar als eine preußisch-deutsche Form dieses modernen Großgrundeigentums.

Andererseits vergißt Max Weber auch nicht, die positive sozialpolitische Rolle der großen Fideikommisse in Preußen zu erwähnen. Auf diesbezügliche Ausführungen möchte ich hier allerdings verzichten und nur darauf hinweisen, daß Weber die erzieherischen Wirkungen des großen Fideikommisses auf die in der Nähe liegenden Mittel- und Kleinbetriebe sehr zu schätzen gewußt hat.[28]

Zusammenfassend läßt sich der folgende Schluß ziehen: Max Weber hat mit dem scharfen Ausdruck „Unheil" den „Entwurf eines Gesetzes über Familienfideikommisse" aus dem Jahre 1903, der „die Fideikommißpolitik unter den Gesichtspunkt der Stützung des *Eigentümergrossbetriebes*" stellte, hart kritisiert. Er hob hervor, daß ein großes Fideikommiß von 4000 bis 5000 ha Größe, das viele landwirtschaftliche Großbetriebe über 100 ha umfaßte, einen glänzenden Kontrast zu den in ihrer Mehrzahl etwa zwölfmal kleineren Fideikommissen darstellte, die zwar auch ein Grundeigentum von (höchstens) 400 ha umfaßten, denen aber „eine planvolle Neugestaltung" des Gutes von vornherein umöglich

---

25 Ebd.

26 Vgl. Karl Marx, Grundrisse der Kritik der politischen Ökonomie (Rohentwurf 1857–1858), Berlin 1953, S. 186–190.

27 Vgl. Karl Marx, Das Kapital, Bd. 1, S. 797.

28 Vgl. Max Weber, Fideikommißfrage, S. 375 f.

sei. Den Grund für diesen deutlichen Kontrast sah Weber darin, daß beide Fideikommiß-Typen in ihrer „ökonomischen Elastizität und Anpassungsfähigkeit gegenüber dem Stoß der Konjunktur" geradezu entgegengesetzte Wirkungen entfalteten: Die großen Fideikommisse entwickelten und verstärkten unter diesen Bedingungen erst eigentlich ihre volle Elastizität und Anpassungsfähigkeit, während sich diese bei den kleineren Fideikommissen gleichzeitig verringerte.[29]

2. Ein Versuch über „Fideikommiß und Imperialismus in Deutschland"

In einer zweiten Annäherung an mein Thema möchte ich – auf der Grundlage der zahlreich überlieferten staatlichen Archivalien zur Gründung und Aufhebung von Fideikommissen – einen wichtigen weiteren Aspekt der Fideikommißfrage in Preußen zwischen der Jahrhundertwende und dem Ersten Weltkrieg erschließen.

a) Die Fideikommisse der Grafen Pourtales und der Fürsten Sulkowski[30]

Der Reserverittmeister der französischen Armee, Graf Paul de Pourtales, war ein französischer, in Paris lebender Adliger. Vor dem Ausbruch des Ersten Weltkriegs erbte er die 2200 ha große Herrschaft Glumbowitz in der preußischen Provinz Schlesien. Diese Herrschaft war ein Familienfideikommiß. Graf Paul de Pourtales war also ein französischer Staatsangehöriger, der ein deutsches Fideikommiß besaß. Am 12. März 1918 ordnete der damalige Reichskanzler Graf Georg von Hertling die Liquidation der im Besitz des Grafen Paul de Pourtales befindlichen Herrschaft Glumbowitz an. Und zwar aufgrund einer Bekanntmachung vom 14. März 1917, die besagte, daß französische Unternehmungen zu liquidieren seien.[31] Infolgedessen ging der Besitz dieser Fideikommißherrschaft auf einen deutschen Staatsangehörigen, den Kaiserlichen Botschafter z.D., Graf Friedrich von Pourtales, über. Die Kosten, welche Graf Friedrich für den Erwerb der Herrschaft zu tragen hatte, betrugen ungefähr 1900000 Mark. Darin war eine Übernahme von Kriegsanleihen enthalten im Werte von etwa 1300000 Mark (siehe Tabelle 1). Dabei spielte die

29 Vgl. ebd., S. 376f.

30 Ich habe die folgenden Materialien analysiert: GStA Merseburg, Hist. Abt. II, 2.5.1, Nrn. 5789–5790, Das Glumbowitzer Gräflich Karl von Pourtales'sche Familienfideikommiß, 1894–1913, 1914–1921; GStA Merseburg, Hist. Abt. II, 2.2.1, Nr. 31036, Pourtales, 1917–1918; GStA Merseburg, Hist. Abt. II, 2.5.1, Nr. 6260, Das Konstantin von Schweinichen'sche Familienfideikommiß Hilarhof-Bachorzew, 1914–1920; GStA Merseburg, Hist. Abt. II, 2.2.1, Nr. 31128, Schweinichen, 1916; GStA Merseburg, Hist. Abt. II, 2.2.1, Nr. 31162, Sulkowski, Fürstliche Familie, 1836–1912; GStA Merseburg, Hist. Abt. II, 2.5.1, Nr. 6469, Die Fürst Sulkowski'sche Familienfideikommißsache, 1908–1910.

31 Reichs-Gesetzblatt 1917, Berlin 1917, S. 227.

Tabelle 1:
Kaufpreis der Herrschaft

Übernahme von Hypotheken	611.850 Mark	32.43 %
Hingabe von Kriegsanleihe an Zahlungsstatt	1.274.000 Mark	67.52 %
Barzahlung	874,23 Mark	0.05 %
Summe	1.886.724,23 Mark	100 %

Quelle: GStA Merseburg, Hist. Abt. II, 2.5.1, Nr. 5790, Bl. 145f.

„Graf James von Pourtales'sche Stiftung zur Förderung der inneren Kolonisation in Breslau" eine gewisse Vermittlerrolle zwischen dem staatlichen Liquidator (Verkäufer) und dem Grafen Friedrich von Pourtales (Käufer). Graf James war der deutsche Vetter des Grafen Paul.

Fürst Anton Sulkowski war ein polnischer Adliger der Provinz Posen. Vor dem Ersten Weltkrieg bestand sein Familienfideikommiß aus der Herrschaft Reisen (5540 ha) und der Herrschaft Görchen (etwas über 2040 ha). Die Errichtung des Fürstlich Sulkowski'schen Familienfideikommisses ging weit ins 18. Jahrhundert zurück. Aufgrund eines Beschlusses des polnischen Parlaments (Seym) von 1775 wurde die Befugnis zur Stiftung der beständigen Ordination an die Sulkowski'sche Familie gegeben. Fürst August Sulkowski übte diese Befugnis mit der Stiftungsurkunde vom 16. Januar 1783 aus. Der wesentlichste Bestandteil dieser Ordination gemäß der Erstgeburt waren die Fideikommißherrschaften Reisen-Görchen. Der obengenannte Anton und seine zwei Söhne stammtem direkt vom Stifter ab. Außerdem gehörten die später zu erwähnenden beiden Grafen Wodzicki und Potocki zu der mütterlichen oder angeheirateten Verwandtschaft des Stifters. Das sog. zweite Recht der Fideikommißnachfolge wurde beiden Grafenfamilien erteilt.

Ausgangspunkt des komplizierten Nachfolge- und Erbschaftsproblems, das in späteren Zeiten so große Wirkung entfalten sollte, war der Artikel 3 der Stiftungsurkunde vom 16. Januar 1783. Dort wurde Folgendes bestimmt: „Wenn aber nach dem Ratschlusse des Allerhöchsten die Nachkommenschaft aller zur Nachfolge ordinierten Linien [d. h. einschließlich der Nachfolger zweiten Rechts, F.K] gänzlich erlöschen sollte, alsdann soll die ganze aus beweglichen und unbeweglichen Gütern bestehende Sulkowski'sche Ordination unverzüglich zum Eigentum, Verwaltung und Nutzen der National-Erziehungs-Kommission übergehen und die sämtlichen jährlichen Einkünfte dieser Ordination sollen zur Erziehung der adligen Jugend und zur Unterhaltung derer ihr anständigen Wissenschaften verwendet werden".[32]

Die National-Erziehungs-Kommission war das erste „Unterrichtsministerium in Europa".[33] Es war nach der Aufhebung des früheren Jesuitenordens im Jahre 1773 errichtet worden, um das polnische Erziehungswesen zu reformieren. Der Stifter des Sulkowski'schen Fideikommisses, Fürst August, setzte fest, daß alles Eigentum der Ordination

32 GStA Merseburg, Hist. Abt. II, 2.2.1, Nr. 31162, Bl. 125f.
33 Stefan Kieniewicz (ed.), History of Poland, 2. edition, Warszawa 1979, S. 300.

dieser betreffenden Kommission gewidmet werden sollte, wenn die Familie ausgestorben wäre.

Die zweite Teilung Polens im Jahre 1793 verwirrte die Angelegenheit mit einem Schlage. Die polnische National-Erziehungs-Kommission war infolge der Abtretung des sog. Großpolen, die Wisla und die Warta entlang, an Preußen, gezwungen, sich aufzulösen. Dieses Gebiet sollte dann seit dem Jahre 1830 die preußische Provinz Posen bilden.[34] Anstelle dieser Kommission verwaltete das „Provinzial-Schul-Kollegium zu Posen" oder das „Königliche Provinzial-Schul-Kollegium" das zuständige Erziehungswesen. Daraus entstand die Frage, ob der Preußische Staat vertreten durch das Provinzial-Schul-Kollegium in Posen als Rechtsnachfolger der Edukations-Kommission Ansprache auf die Sulkowski'schen Fideikommißgüter hatte.[35]

b) Die Liquidation eines französischen Adels-Fideikommiß

Graf Paul de Pourtales war der amtlich anerkannte Eigentümer der Herrschaft Glumbowitz, die als deutsches Fideikommiß seit 1908 in der ehemaligen preußischen Provinz Schlesien bestand. Am 14. März 1908 empfing Paul de Pourtales die Bescheinigung des Oberlandesgerichts in Breslau als dortiger Fideikommißbehörde, die ihn als Fideikommißnachfolger offiziell anerkannte. Sogar das zuständige preußische Justizministerium, das von Anfang bis Ende der Genehmigung dieses Fideikommisses strikt ablehnend gegenübergestanden hatte, mußte mit den Voten des Justizministers schließlich anerkennen, daß „der *Besitz* der zum Fideikommiß gewidmeten Güter auf den Grafen Paul de Pourtales überginge", und daß „seit dem Jahre 1908 diese Fideikommiß-Herrschaft sich *tatsächlich in Besitz und Verwaltung* eines französischen Staatsangehörigen befände". 1917 aber befahl der Reichskanzler Georg von Hertling den zuständigen Ministern „die Liquidation der im *Besitz* des französischen Staatsangehörigen Graf Paul de Pourtales befindlichen Herrschaft.[36] Dieses Verfahren bedeutete, gemäß der „Bekanntmachung, betreffend Liquidation französischer Unternehmungen vom 14. März 1917", daß dem Grafen Paul de Pourtales sein gesetzmäßiges Fideikommißbesitz- und Erbrecht in Deutschland entzogen wurde. Diese Herrschaftsliquidation war nichts anderes als eine Enteignung. Soweit ich beurteilen kann, spielte diese „Bekanntmachung" in Wirklichkeit die Rolle eines Grundstücks-Enteignungsgesetzes. Der damalige preußische Justizminister Maximilian von Beseler traf „den Nagel auf den Kopf", wenn er offen aussprach, daß „der wesentliche Zweck der Liquidation" darin bestünde, „den früheren Fideikommißbesitz in deutsche Hand und [zwar] in den Besitz des deutschen Zweiges der gräflichen Familie zu überführen". Dieses Ziel wurde, dem angekündigten Vorhaben der deutsch-preußischen

34 Vgl. Walther Hubatsch (Hg.), Grundriß zur deutschen Verwaltungsgeschichte 1815–1945, Reihe A: Preußen, Bd. 2, Posen, Marburg 1975, S. 1.

35 GStA Merseburg, Hist. Abt. II, 2.5.1, Nr. 6469, Bl. 168 und 180.

36 Vgl. GStA Merseburg. Hist. Abt. II, 2.2.1, Nr. 31036, Bl. 24; GStA Merseburg, Hist. Abt.II, 2.5.1, Nr. 5789, Bl. 34; GStA Merseburg, Hist. Abt. II, 2.5.1, Nr. 5790, Bl. 111 und 148.

Regierung gemäß, gänzlich erreicht, als der deutsche Diplomat, Graf Friedrich von Pourtales, die Herrschaft ankaufte und ihr Besitzer wurde.[37]

Die Kosten, die Friedrich von Pourtales dabei entstanden, beliefen sich, wie gezeigt, auf rund 1,9 Millionen Mark. Er erwarb die Herrschaft für diese große Summe Geldes. In Max Webers Worten betrieb von Pourtales die „Metamorphose [des Geldes] in Grundbesitz und Fideikommißbildung" und wurde auf geschickte Weise der Eigentümer des Fideikommisses. Man könnte dieses Gut als einen Großgrundbesitz ansehen, der dem französischen Adel von der deutschen Staatsgewalt ohne Entgelt entzogen wurde. Die deutsche Regierung beraubte auf diese Art einen Ausländer seines Fideikommisses und machte einen Deutschen zu seinem Besitzer.

Andererseits wurde aber die „Graf James von Pourtales'sche Stiftung" bei der Forderung der „inneren Kolonisation", einem „Schlagwort und Leitbild imperialistischer Agrarpolitik"[38], in der Provinz Schlesien stark bevorzugt. So ging, um nur ein Beispiel zu geben, ein Teil des Rittergutes Siegda (2,5 ha) in den Besitz der Stiftung über. Ziel dieser Regierungsmaßnahme war es, die für landwirtschaftlich-großbetriebliche Nutzung ungeeigneten Böden dieser Herrschaft als Siedlungsgelände, z. B. für sog. Kriegerheimstätten, zu verwerten. Diese Kriegerheimstätten waren ein Ergebnis der Heimstättenbewegung des Kammerherrn von Riepenhausen, der als Verfasser des „Entwurfs eines Reichsheimstättengesetzes für das Deutsche Reich (1904)" berühmt ist.[39] Bei der Erledigung dieser Herrschaft berücksichtigte die Regierung so bestimmte Nachkriegsmaßnahmen, z. B. die Grundstücksversorgung für die Heimkehrer. Man kann also vorläufig zusammenfassen, daß der für landwirtschaftliche Großbetriebe geeignete größte Teil der Herrschaft durch die „Graf James von Pourtales'sche Stiftung" einem deutschen Adligen, Friedrich von Pourtales, und die für die Innere Kolonisation nützlichen kleinen Restteile mittels der Stiftung den deutschen Kolonisatoren zugute kamen (siehe Skizze 2). Mir scheint, dies war für die Regierung eine gute Maßnahme, die sozusagen zwei Fliegen mit einer Klappe schlug.

Aber daneben bleibt doch eine andere Frage bestehen. Wir dürfen die historische Bedeutung der Kriegsanleihen in diesem Vorgang, die etwa 1,3 Millionen Mark betrugen, nicht übersehen. Wie erwähnt, machten die Kriegsanleihen über zwei Drittel des Geldbetrages, den Friedrich von Pourtales zahlte, aus. Skizze 3 versucht, diese Seite des Liquidationsverfahrens zu veranschaulichen. Friedrich von Pourtales erwarb sowohl Grundeigentum als auch Anleihen gegen bare Bezahlung an die Staatsregierung. Daraus lassen sich folgende Schlüsse ziehen: (1) Die deutsche Regierung gewann eine große Summe von etwa 1,3 Millionen Mark für ihre imperialistische Kriegspolitik, indem sie Kriegsanleihen ausgab, die der Graf übernahm. (2) Es darf angenommen werden, daß der als Fideikommißherrschaft organisierte Großgrundbesitz für die Regierung die Rolle einer Art Pfandes spielte. Diese Aktion war kein verlustbringendes Geschäft, weder für den Grafen von

37 Vgl. GStA Merseburg, Hist. Abt. II, 2.5.1, Nr. 5790, Bl. 150.

38 Gerhard Heitz, Varianten des preußischen Weges, in: Jahrbuch für Wirtschaftsgeschichte, 1969, S. 109.

39 Vgl. GStA Merseburg, Hist. Abt. II, 2.5.1, Nr. 5790, Bl. 73f.

Skizze 2:
Verfügungsmaßnahme zu der Herrschaft Glumbowitz

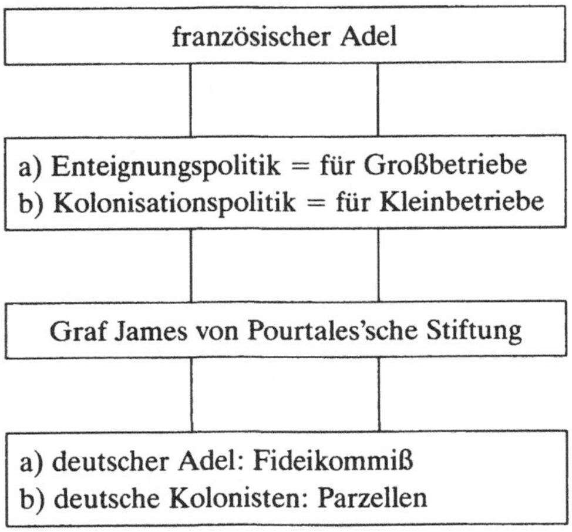

Skizze 3:
Beziehung des Staates mit Friedrich von Pourtales

Pourtales, geschweige denn für den deutschen Staat, dem es gelang, sich hohe Geldmittel zu beschaffen. Denn von Pourtales erwarb nicht nur die Schuldverschreibung (Kriegsanleihe) als einen bloß fiktiven Wert, sondern auch den Großgrundbesitz. Objektiv betrachtet, könnte man sagen, daß dieser Großgrundbesitz praktisch die Rolle einer Hypothek spielte.

Das ostdeutsche Pourtales'sche Fideikommiß, ein „feindliches Vermögen", welches am Ende des Ersten Weltkriegs dem feindlichen Frankreich weggenommen wurde, hatte für den Imperialismus praktische Bedeutung als Mittel der Kapitalbeschaffung, welches half, das eigentliche Kriegsziel zu erreichen. Das war nichts anderes als eine Methode zur Ausnutzung des Fideikommißinstituts für die Zwecke des deutschen Imperialismus.

c) Die Enteignung eines polnischen Adels-Fideikommisses

Das deutsche Fideikommiß der Familie v. Schweinichen, das in der Provinz Posen, dem Kern der Ostmarken, „Preußens bestem Sehnen“[40] lag, und nur eine Bodenfläche von etwas mehr als 500 ha umfaßte, fällt in die Klasse der von Max Weber so benannten „kleinen Fideikommisse“. In gewisser Weise bildete es einen ausgezeichneten Kontrast zu einem anderen großen Fideikommiß der gleichen Provinz, dem Fideikommiß der Fürsten Sulkowski, einer sog. Magnatenfamilie.

Vor längerer Zeit schon habe ich in Japan Max Webers Sicht der Fideikommißfrage erörtert. Wenn ich mich auf das Notwendigste beschränke und die dort gezogenen Schlußfolgerungen kurz im Umriß nachzeichne, wäre das Folgende zu sagen: Max Weber setzte sich für den Aufbau eines dauerhaften, rationell bewirtschafteten Grundbesitzes ein, der die rationelle Lohnarbeit als aktive Grundlage der Kapitalverwertung verallgemeinern und kein Hindernis mehr sein sollte für die Akkumulation des Kapitals. Das große Fideikommiß galt ihm, wie gezeigt, als Musterbeispiel eines solchen rationellen Großgrundbesitzes. Die irrationellen Elemente des Großgrundbesitzes, die zum einen die Elastizität und Anpassungsfähigkeit gegenüber Konjunkturschwankungen minimierten, zum anderen als Hemmnisse für die Kapitalanlage wirkten, die im Grunde nichts anderes als Keimzellen schmarotzerhaft von Renten lebender Existenzen waren, wollte er dagegen beseitigen. Diese Irrationalität sah er am ausgeprägtesten im kleinen Fideikommiß verkörpert, das die Einheit von Grundbesitz und Betrieb realisierte. Max Weber verfolgte konsequent das Ziel, mit dieser praktischen Maßregel (große vs. kleine Fideikommisse) die bürgerliche Rationalisierung der grundbesitzenden Klassen voranzubringen. Eine Bestimmung der Stiftungsurkunde des kurz vor dem Ersten Weltkrieg gegründeten Schweinichen'schen Familienfideikommisses legte fest, daß der Fideikommißbesitzer zum Fideikommißvermögen gehörige Grundstücke verkaufen könne, den Erlös aus solchen Verkäufen aber stets mündelsicher oder in Grundbesitz anzulegen habe. Diese Bestimung ist, neben den so zahlreichen wie hohen Wertpapieren im Besitz der gleichen Familie, für uns besonders interessant; denn sie zeigt den kleinen Fideikommißbesitzer deutlich als Grundbesitzer und Rentier.[41] Die Schweinichen'sche Herrschaft, ein treffendes Beispiel des kleinen Fideikommisses, war nichts anderes als eine Art Pfründen-Fideikommiß.

Zur Entwicklung der preußischen Fideikommißpolitik, die Weber aufs Korn nahm, ist zu berichten, daß der Entwurf des Jahres 1903 strikt abgelehnt wurde; doch schon nach 10 Jahren, Ende 1913, bereitete die preußische Regierung „den Entwurf des preußischen Gesetzes über Familienfideikommisse und Familienstiftungen“[42] vor. Dieser Entwurf wurde noch einmal überarbeitet und danach dem preußischen Abgeordnetenhaus als „Entwurf eines Gesetzes über Familienfideikommiß, Stammgüter und Familienstiftun-

40 Hans-Ulrich Wehler, Krisenherde des Kaiserreichs 1871–1918. Studien zur deutschen Sozial- und Verfassungsgeschichte, 2. Aufl., Göttingen 1979, S. 185.

41 Vgl. GStA Merseburg, Hist. Abt. II, 2. 5. 1, Nr. 6260, Bl. 61 f.

42 Der Entwurf des preußischen Gesetzes über Familienfideikommisse und Familienstiftungen vom 22. Dezember 1913, vom Literarischen Bureau, 1914, S. 1–48.

Tabelle 2:
Entstehung der Fideikommisse in Preußen

bis 1905	1083
1901–1905	59
1906–1910	102
1911/1912	33
insgesamt	1277

Quelle: GStA Merseburg, Hist. Abt. II, 2.2.1, Nr. 30788, S. 30f.

gen"[43] vorgelegt. Das war der Entwurf, den Max Weber in der nicht umfangreichen, aber an Anregungen sehr ergiebigen aktuellen Rezension mit dem Titel „Die Nobilitierung der Kriegsgewinne"[44], die in der „Frankfurter Zeitung" vom 1. März desselben Jahres erschien, erneut scharf kritisierte. Kurz gesagt war die reale Lage so, daß der Trend zur Bildung kleiner Fideikommisse, trotz der gründlichen Kritik Max Webers vom Jahre 1904, von der Jahrhundertwende bis zum Ersten Weltkrieg unvermindert angehalten hatte (siehe Tabelle 2). Die Fideikommißstiftung der Familie Schweinichen steht also nur als ein Beispiel für diesen allgemeinen Trend.

Ich möchte zwei Hauptpunkte meiner bisherigen Analyse festhalten: Erstens beschleunigte sich die Errichtung kleiner Fideikommisse als „moderner Parvenü-Fideikomisse"[45] während des Weltkriegs. Franz Horsten spricht von den „durch die enormen Kriegsgewinne begünstigten ganz freien und unbegrenzten Fideikommiß-Bildungen".[46] Die Neigung des deutschen Kapitalismus-Imperialismus zum Großgrundbesitz, die Max Weber als „Metamorphose [des Geldes] in Grundbesitz und Fideikommißbildung" angemessen beurteilt hat, war tief und fest verwurzelt. Zweitens: Gerade in der Provinz Posen als dem Kern der „Ostmarken" spielte die Errichtung kleiner Fideikommisse eine besondere Rolle. Motor dieser Dynamik war das Streben nach Ausschluß der „polnischen Elemente" als einer Rotte Korah vom Boden, das parallel zur Erhaltung und Verstärkung des Deutschtums ablief. Ich bin überzeugt, daß für die Ostpolitik des deutschen Kapitalismus-Imperialismus Gesichtspunkte wie Landesverteidigung und Völker-Nationalismus die eigentlich ausschlaggebenden gewesen sind. Dem preußischen Fideikommiß kam auch innerhalb dieser beiden Zielsetzungen, die für die wesentlichen Eigenschaften des damaligen deutschen Kapitalismus stehen, ein historischer Stellenwert zu. Die Fideikommisse sollten eine wichtige Rolle als einflußreiche soziale Stützpunkte im polnischen Teilungsgebiet spielen.

Unsere Einsichten in die Fideikommißfrage der Jahrhundertwendezeit gewinnen weiter

43 Franz Horsten, Die Familien-Fideikommiß-Politik in Preußen. In besonderer Berücksichtigung der parteipolitischen Stellungnahme, Gießen 1924, S. 90.

44 Max Weber, Gesammelte Politische Schriften, 4. Aufl., Tübingen 1980, S. 183–191.

45 Ders. Fideikommißfrage, S. 389.

46 Horsten, Familien-Fideikommiß-Politik, S. 92.

Skizze 4:
Verfügungsmaßnahme zu der polnischen Herrschaft Sulkowski

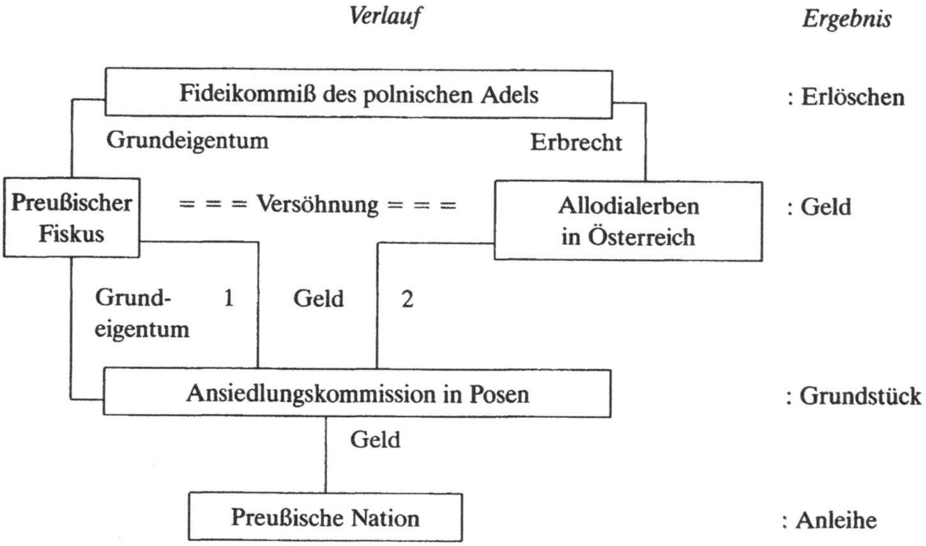

Anmerkung: 1 = 3 Millionen M 2 = 3964000 M

an Substanz, wenn wir ein bestimmtes Fideikommiß des polnischen Adels näher ins Auge fassen (siehe Skizze 4). Wenn die Linie, die das Erbrecht des „Fideikommißvermögens" besaß, ausstarb, sollte die Sulkowski'sche Herrschaft eigentlich nur, so die Bestimung in der Stiftungsurkunde, die Eigenschaft eines Fideikommisses verlieren. Dann hätte aber jemand aus dem Geschlecht der Sulkowskis das Grundeigentum als „Allodialvermögen" erben müssen. Das korrekte und vernünftige Gutachten von Dr. Heinrich Dernburg beweist die Richtigkeit dieser Behauptung.[47] Aber die Vollstreckung durch die preußische Regierung verlief ganz anders. Die Regierung bestand einerseits, um die rechtliche Qualität als Fideikommiß außer Kraft zu setzen, auf dem Besitzrecht des preußischen Fiskus; sie suchte andererseits aber durch Zahlung von Abfindungssummen eine Versöhnung mit den Allodialerben des Nachlasses. Um ein eventuelles kompliziertes Prozeßverfahren zu vermeiden, trat sie vom schließlichen Resultat aus betrachtet, den sehr großen Grund und Boden des Fideikommisses (7500 ha) freiwillig an die „Ansiedlungskommission" in Posen ab. Das Fideikommiß eines polnischen Magnaten verschwand also spurlos und ging in die Hände von deutschen Kolonialbauern über. Außerdem wurde der Schätzwert des Fideikommiß in zwei fast gleich große Teile zerlegt, um den Gewinn zwischen dem preußischen Fiskus und den einflußreichen Allodialerben zu teilen.

Die Entwicklung und Ausarbeitung dieser Methode war eine bewundernswerte, glän-

47 Vgl. GStA Merseburg, Hist. Abt. II, 2.2.1, Nr. 31162, Bl. 170–175.

zende Leistung. Zieht man zunächst die wirtschaftliche Seite der Aktion in Betracht, so bot sich der preußischen Regierung hierdurch die gute Gelegenheit, zwei Fliegen mit einer Klappe zu schlagen. Die Verwandlung einer polnischen Fideikommißherrschaft in deutsches Siedlungsgelände war vom preußischen Fiskus ausgezeichnet eingefädelt. Dem polnischen Magnaten wurde der Grundbesitz ohne Entgelt entzogen; und von der Ansiedlungskommission erwarb man eine große Summe Geldes. Außerdem darf man nicht übersehen, daß die Kapitalbeschaffung durch Ausgabe von Anleihen eine Einnahmequelle war, die dem weiteren Erwerb von deutschem Siedlungsland diente. Ich erinnere an den wichtigen Artikel 3 des sog. Enteignungsgesetzes von 1908, der besagte, daß „der Finanzminister ermächtigt werde, zur Bereitstellung der erforderlichen Summen Staatsschuldverschreibungen auszugeben. Anstelle von Staatsschuldverschreibungen können vorübergehend auch Schatzanweisungen ausgegeben werden. Der Finanzminister werde ermächtigt, die Mittel zur Einlösung dieser Schatzanweisungen durch Ausgabe von neuen Schatzanweisungen und von Schuldverschreibungen in dem erforderlichen Nennbetrage zu beschaffen. Die Schatzanweisungen können wiederholt ausgegeben werden".[48]

Das nächste Problem betrifft die rechtliche Seite dieses Vorgangs. Zunächst verkehrte die Regierung den Sinn des Artikels 3 der Sulkowski'schen Stiftungsurkunde, die mit kurzen Worten bestimmte, daß das Fideikommiß in bestimmtem Fall zur National-Erziehungs-Kommission übergehe, um hundertachtzig Grad und interpretierte, daß der Preußische Staat als Rechtsnachfolger der Erziehungs-Kommission Ansprüche auf die Fideikommißgüter habe, im Fall die Nachkommenschaft gänzlich erlöschen sollte. Dies bedeutete, daß diese Fideikommißherrschaft endgültig an den Preußischen Staat (Fiskus) zur unbeschränkten Verfügung übergehen sollte.

Die Regierung betrieb so eine gewaltsame Verwandlung des Fideikommisses in ein *caducum*[49], eine Art Staatseigentum. Gleichzeitig arbeitete sie einen Versöhnungsvorschlag von Dr. Heinrich Dernburg um, der anriet, daß „ein Teil der Einkünfte der Sulkowski'schen Ordination zu einer Ritterakademie behufs Erziehung der adligen polnischen Jugend weltlichen Standes unter Mitwirkung des preußischen Staates und der Sulkowski'schen Allodialerben gewidmet würde".[50] Die Regierung sprach dagegen und verlangte nun das „Abtreten der ganzen Herrschaft an die deutsche Ansiedlungskommission vermittels einer Versöhnung der Staatsregierung mit den einflußreichen Erben".[51]

Auch die Abweisung der Klage in der betreffenden Angelegenheit, die das Reichsgericht zugunsten der Regierung in den Jahren 1904 und noch einmal 1912 verkündete, zeigt deutlich die reaktionäre Tendenz der Gerichte im Deutschen Kaiserreich in Fragen des „Kampfs um den Boden" im Teilungsgebiet. Das Reichsgericht legte das Recht mehr und mehr zugunsten der Staatsregierung aus. Man darf feststellen, daß dieser Fall ein

48 Preußische Gesetzsammlung 1908, Berlin 1908, S. 33.

49 Max Kaser, Römisches Privatrecht. Ein Studienbuch, 15. Aufl., München 1989, S. 265, 309 und 342.

50 GStA Merseburg, Hist. Abt. II, 2.2.1, Nr. 31162, Bl. 175.

51 Vgl. ebd., Bl. 179–185.

gutes Beispiel für die Anwendung der Staatsrechtslehre von Paul Laband, dem damaligen führenden Verfassungsrechtler, auf die Praxis war.[52]

Es ist offenkundig, daß der ganze Prozeß des Bodenkampfs mit dem Höhepunkt des Enteignungsgesetzes 1908 den sozioökonomischen und wirtschaftspolitischen Hintergrund bildete für das Erlöschen dieses polnischen Fideikommisses. Im gleichen Jahre 1912, in dem das Sulkowski'sche Fideikommiß verschwand, wurden auch vier Expropriationen von etwa 1700 bis 1900 ha durchgesetzt; ebenfalls eine Konsequenz der neuen Enteignungspolitik. Was die von der Ansiedlungskommission erworbene Bodenfläche anlangt, so müssen wir zu diesen Hektarzahlen noch die Herrschaft Sulkowski von etwa 7500 ha hinzuzählen. Die von der preußischen Regierung durchgesetzte Einziehung dieser Herrschaft aus dem Besitz eines polnischen Magnaten war, wenn sie auch einen legalen Schein wahrte, in Wirklichkeit nichts anderes als eine de facto-Enteignung, die mit dem Enteignungsgesetz nicht im Einklang stand.

Um zu ihrem Ziel zu kommen, nutzte die Regierung die äußerst günstige Gelegenheit des Aussterbens derjenigen Linie, die das Fideikommiß erben konnte. Die Einziehung der Herrschaft Sulkowski ist ein wichtiger Tatbestand, der der Geschichte des seit den 1880er Jahren geführten ernsten und harten Bodenkampfs als weitere Seite hinzuzufügen ist.[53] Daß ein solches Verfahren zur Durchsetzung der Bodenpolitik auch auf „flankierende" politische Maßnahmen vertrauen konnte, zeigt deutlich das Verhalten des Reichskanzlers Bernhard von Bülow, der sich um den Grafen Wodzicki kümmerte, und so dafür sorgte, daß die intenationalen Beziehungen zum befreundeten Staat Österreich keinen Schaden nahmen.

Die Maßregeln der preußischen Regierung gegenüber diesen zwei Fideikommissen, die fast gleichzeitig entweder zustandekamen (Schweinichen) oder erloschen (Sulkowski), stimmten konsequent mit der Bodenpolitik des Deutschen Kaiserreichs überein, weil sie genauso fest entschlossen „die Germanisierung des Bodens"[54] in der Provinz Posen, „Preußens Sehnen", vorantrieb. Dieses schonungslose Vorgehen gegenüber dem polnischen Magnaten fand später seine Parallele in der Liquidation des ostdeutschen Fideikommisses aus dem Besitz eines französischen Adligen. Obwohl es einen formellen Unterschied zwischen dieser Liquidation und der oben dargestellten tatsächlichen Enteignung gab, waren beide Maßnahmen nichts anderes als konkrete Exempel, die wesentliche Bestandteile der von der preußischen Regierung gewaltsam durchgesetzten Enteignungs-

---

52 Vgl. ebd., Bl. 180f., 184f.

53 Siehe vorläufig Hans-Ulrich Wehler, Krisenherde, S. 184–219; Martin Broszat, Zweihundert Jahre deutsche Polenpolitik, Frankfurt a.M. 1972, S. 129–172; Hans-Jürgen Puhle, Agrarische Interessenpolitik und preußischer Konservatismus im wilhelminischen Reich (1893–1914). Ein Beitrag zur Analyse des Nationalismus in Deutschland am Beispiel des Bundes der Landwirte und der Deutsch-Konservativen Partei, 2. Aufl., Bonn 1975, S. 225–261; Gotthold Rhode, Geschichte Polens. Ein Überblick, 3. Aufl., Darmstadt 1980, S. 417–428; Zbigniew Landau/Jerzy Tomaszewski, Wirtschaftsgeschichte Polens im 19. und 20. Jahrhundert (hg. v. Berthold Puchert), Berlin 1986, S. 75–85; Rudolf Jaworski, Handel und Gewerbe im Nationalitätenkampf. Studien zur Wirtschaftsgesinnung der Polen in der Provinz Posen (1871–1914), Göttingen 1986, S. 9–35.

54 Wehler, Krisenherde, S. 190.

politik erkennen lassen. So sind vor dem Ersten Weltkrieg sowohl das französische als auch das polnische Fideikommiß mit einem Male von der ostdeutschen Erde verschwunden.

Aus dem ganzen hier Gesagten sind folgende Schlußfolgerungen zu ziehen:

(1) Je heftiger der deutsche Imperialismus. entsprechend der allgemeinen Natur des klassischen Imperialismus, versuchte, seine Territorien zu erweitern, desto unvermeidlicher zielte dieser Imperialismus nicht nur auf Kolonien außerhalb des Deutschen Reichs, sondern auch auf solche innerhalb des Landes, nämlich auf den dort bestehenden Großgrundbesitz im Besitz anderer Völker als des deutschen. Und dieser Grundbesitz wurde schließlich von der deutsch-preußischen Regierung auch weggenommen. Die deutsche Nation verlangte heiß nach Groß- wie Kleingrundbesitz. Das Interesse an weiterem Grundeigentum, das dem Adel wie den Bauern eigentümlich war, wurde so noch eimal grundlegend verstärkt. Dieser doppelte Bodenhunger hat die Bodenpolitik des deutschen Imperialismus entscheidend geprägt. Die oben gemachten Ausführungen und die Einzelfallanalysen zu den Fideikommissen belegen nachdrücklich diesen unteilbaren Zusammenhang, diese Wechselbeziehungen zwischen Imperialismus und Grundeigentum.

(2) Wie besonders die Untersuchungen zur Provinz Posen gezeigt haben, darf die enge Verbindung zwischen Wirtschaftsfragen und Volksfragen nicht ignoriert werden. Beschränkt man diese Verbindung nur auf die Agrarfrage, so könnte man grob skizzieren, der harte Konkurrenzkampf von Deutschtum und Polentum in den Ostmarken habe objektiv die Entwicklung der dortigen Landwirtschaft bedeutend gefördert. Wie Hans-Ulrich Wehler darstellte, „wurde der Landesausbau in großen Schritten vorangetrieben und die Landwirtschaft nahm einen steilen Aufstieg. In der Hitze des Nationalitätenstreits trat dieses Ergebnis des Kampfs um den Boden ganz in den Schatten, obwohl es den Bewohnern der umstrittenen Gebiete auf Jahrzehnte hinaus materielle Vorteile gebracht hat".[55] Was die Kausalität anlangt, so besteht aber kein Zweifel, daß der nationale Bodenkampf – deutsche Innere Kolonisation versus polnische Gegenparzellierung[56] – die Ursache, während „eine erhebliche Strukturveränderung der Landwirtschaft" oder „die Agrarrevolution", die Martin Broszat beschreibt[57], nichts anderes als deren Ergebnis war. In ihren nationalen Widerstand gegen alles Germanische mischte sich bei den Slawen tief im religiösen und seelischen Grunde ihres Herzens auch der Kampf des sich wehrenden Katholizismus gegen den germanischen Protestantismus. Es ist offensichtlich, daß die Erforschung der Grundbesitz- und Fideikommißfrage in der Provinz Posen auch wichtige Einsichten in den Zusammenhang von Wirtschafts- und Agrarproblemen mit solchen der Volkskunde und der Religion vermitteln kann.

(3) Die eigentümliche Problematik des Fideikommisses, das nicht mehr länger als bloßes „lokal-preußisches und veraltetes" Moment betrachtet werden darf, sollte nicht nur in den wechselseitigen Beziehungen Deutschlands mit Frankreich und Polen, sondern auch unter dem Aspekt der umfangreichen internationalen Beziehungen ganz Europas behan-

55 Ebd., S. 196.
56 Jaworski, Handel und Gewerbe, S. 27.
57 Broszat, Zweihundert Jahre, S. 153f.

delt werden. Außerdem sollte sie, der Erkenntnis Max Webers gemäß, auch unter dem Gesichtspunkt des engen Zusammenhangs mit der Entwicklungsgeschichte des englischen Kapitalismus gesehen werden. Ich bin überzeugt, daß das deutsche Fideikommiß einen wesentlichen Faktor darstellte, der die „neuartigen, international-europäischen" Probleme in nicht geringem Maße kohärent in sich trug. Die tiefgreifende Wichtigkeit des Fideikommisses für den deutschen Kapitalismus ist m.E. evident. Die deutsche Fideikommißfrage kann und wird auch weiterhin der Zusammenarbeit von sozioökonomischer Geschichte und Geschichte der internationalen Beziehungen vielfältige Anregungen vermitteln.

Maria Blömer

Die Organisation des Agrarkredits in Preußen bis zum Ersten Weltkrieg – Die östlichen Provinzen und Westfalen im Vergleich

1. Agrarkreditwirtschaftlicher Wandel als Modernisierungskonzept der deutschen Landwirtschaft im 19. Jahrhundert

Am Ende des 19. Jahrhunderts existierte im Preußischen Staat für die ländliche Bevölkerung ein vielschichtiges organisiertes Kreditwesen. Diese Erkenntnis allein darf aber nicht den Schluß zulassen, daß das ländliche Kreditwesen völlig institutionalisiert organisiert war. In puncto Institutionalisierung gab es nur ganz allmählich einen fortschreitenden Modernisierungsprozeß des ländlichen Geld- und Kapitalverkehrs, wobei der unorganisierte, private Kredit in der Praxis einen großen Stellenwert behielt. vieles war in der täglichen Darlehensaufnahme beim Alten geblieben. Wie zum Beispiel eine Verschuldungsstatistik des Deutschen Reiches aus dem Jahre 1902 lehrt, entfielen von rund 12 Milliarden Mark Schulden, die damals auf dem gesamten privaten ländlichen Grundbesitz in Preußen lasteten, 60,7 % noch wie früher auf die private Geldanleihe und nur 39,3 % auf Kreditinstitute, die dem ländlichen Agrarkredit dienten. Eine völlige Umstellung war also auch nach einem Jahrhundert noch nicht gelungen.[1] Es scheint aber insgesamt schwer zu sein, detaillierte Zahlenangaben über das Verhältnis zwischen organisiertem und unorganisiertem Kredit sowohl für die Zeit um 1900 als auch für das ganze 19. Jahrhundert, in dem wohl noch ein wesentlich höherer Prozentsatz unorganisierter Kredite bestand, zu erstellen.

Die Ursprünge des institutionalisierten Agrarkredits gehen zum einen auf den älteren, unorganisierten Kredit zurück, zum anderen aber auch auf das für die adeligen Großgrundbesitzer in Preußen schon relativ früh vorhandene, vom Staat begünstigte Kreditsystem. da im wesentlichen nur den Gutsbesitzern zur Finanzierung und Erhaltung ihrer Betriebe Kapital in größerem Umfang zugestanden wurde, entwickelte sich hier Ende des 18. Jahrhunderts das Kreditsystem der „Land- und Ritterschaften“, dessen Organisationsform auf ständisch-genossenschaftlicher sowie öffentlich-rechtlicher Basis beruhte. Durch diese Vereinigung des Großgrundbesitzes suchte diese Schicht – auch als Stabilisierungsmaßnahme – ihren nötigen Bodenkredit zu befriedigen. Zur Beschaffung der benötigten Kreditmittel gaben die „Land- und Ritterschaften“ eigene Obligationen, sog. zinstragende „landschaftliche“ Pfandbriefe, aus. Die sich hier ausbildenden Geschäfts- und Darlehens-

1 Walther von Altrock, Art. „Landwirtschaftliches Kreditwesen“, in: Handwörterbuch der Staatswissenschaften, 4. gänzl. umgearb. Aufl., Bd. 6, Jena 1925, S. 189–196.

modalitäten wurden vielfach richtungweisend für die Organisation eines breiten bäuerlichen Kreditsystems im Zuge der Agrarreform.[2]

Der Zusammenhang von Agrarreformen und modernem Agrarkreditsystem ist das entscheidende Kriterium für einen Übergang von der personalen zur institutionellen Geldleihe gewesen. Frauendorfer bestätigt diese Ansicht in seiner Ideengeschichte der Agrarwirtschaft. Erst „mit der Entfesselung des Bodens und des Bauern" habe die Kreditfrage für die Landwirtschaft im 19. Jahrhundert eine viel wichtigere Rolle als vorher eingenommen und erst die Grundentlastung habe sowohl ein gesteigertes Kreditbedürfnis als auch gleichzeitig neue Kreditmöglichkeiten geschaffen.[3] Finckenstein bemerkt daneben in seiner Agrargeschichte, daß die große Masse der bäuerlichen Betriebe sowie entlegenere, rückständigere Gutsbetriebe in den 1820er und 1830er Jahren auf den Privatkredit angewiesen blieben, da sie die Beleihungsbedingungen vorhandener Kreditinstitute, also der Land- und Ritterschaften, nicht erfüllten.[4] Der durch die Agrarreformen, aber auch durch wirtschaftliche Konjunkturen, bedingte Wandel besonders in der Produktionsstruktur und deren Methoden vollzog sich im Preußen des 19. Jahrhunderts von der noch stark naturalwissenschaftlich geprägten zur kapitalistischen bzw. kapitalintensiven Landwirtschaft. Die Rationalisierung und Mechanisierung der Landwirtschaft spielte für den Wandel im ländlichen Kreditwesen neben dem allgemeinen Prozeß der Ausdehnung der Geldwirtschaft im 19. Jahrhundert also eine wesentliche Rolle.[5] Die traditionellen Bewirtschaftungsmethoden wurden auf rationelle, gewinnorientierte Methoden umgestellt. Die Einsicht in die notwendige Modernisierung der Geldleihe ist aber erst langsam auch auf seiten des Staates gewachsen.[6]

Eine für die breiten Schichten des bäuerlichen Grundbesitzes günstige Entwicklung zu einem modernen, institutionalisierten Agrarkreditsystem zeichnete sich in Preußen erst mit der Beendigung der Agrarreform Mitte des 19. Jahrhunderts ab. Als großes Manko der zu Beginn des 19. Jahrhunderts anlaufenden preußischen Reformen ist hervorzuhe-

2 Heinz Haushofer, Die deutsche Landwirtschaft im technischen Zeitalter, 2. verb. Aufl., Stuttgart 1972, S. 71 f.

3 Siegmund Frauendorfer, Ideengeschichte der Agrarwirtschaft und Agrarpolitik im deutschen Sprachgebiet, Bd. 1, Bonn 1957, S. 337.

4 Hans Wolfram Graf Finck von Finckenstein, Die Entwicklung der Landwirtschaft in Preußen und Deutschland 1800–1930, Würzburg 1960, S. 109–111 und 117–120.

5 Friedrich Lütge, Geschichte der deutschen Agrarverfassung vom frühen Mittelalter bis zum 19. Jahrhundert, 2. verb. u. stark erw. Aufl., Stuttgart 1967, S. 288. Vgl. ders., Deutsche Sozial- und Wirtschaftsgeschichte, 2. wes. verm. u. verb. Aufl., Berlin 1960, S. 376f., 386ff., 425ff., 438ff.; Wilhelm Abel, Geschichte der deutschen Landwirtschaft vom frühen Mittelalter bis zum 19. Jahrhundert, 2. Aufl., Stuttgart 1967, S. 314ff.; Wolfgang von Hippel, Die Bauernbefreiung im Königreich Württemberg, Bd. 1, Boppard a. Rh. 1977, S. 518ff.; Reinhart Koselleck, Preußen – Zwischen Reform und Revolution. Allgemeines Landrecht, Verwaltung und soziale Bewegung von 1791 bis 1848, 3. Aufl. Stuttgart 1981, S. 487ff.; Hanna Schissler, Preußische Agrargesellschaft im Wandel. Wirtschaftliche, gesellschaftliche und politische Transformationsprozesse von 1763 bis 1847, Göttingen 1978, S. 13; Finck von Finckenstein, Landwirtschaft 1800–1930, S. 109ff.

6 Haushofer, Landwirtschaft, S. 72.

ben, daß den ablösungswilligen hörigen Bauern im Gegensatz zu den Adeligen zunächst der Weg zu einem organisierten Kreditsystem nicht offenstand.[7] Was der dem Preußischen Staat besonders eng verbundenen ländlichen Aristokratie schon Ende des 18. Jahrhunderts zugestanden wurde, blieb den einfachen Bauern noch einige Zeit verwehrt. Insgesamt muß aber zwischen der kreditwirtschaftlichen Entwicklung in den ostelbischen Teilen Preußens und den westlichen Gebieten stark differenziert werden[8], denn in Westfalen beispielsweise existierte für die Adeligen anfangs keine Land- oder Ritterschaft.

Die Vergabe von Krediten, in erster Linie Betriebskredite an die Bauern, wurde noch in den 1820er Jahren – Gesamtpreußen gesehen – ablehnend behandelt und eventuell erst nach Abschluß der Agrarreform für ratsam gehalten.[9] In den 1830er und 1840er Jahren wandelte sich die Situation. Westfalen wurde mit der Westfälischen Provinzialhilfskasse von 1832 richtungweisend für spätere Gründungen preußischer Provinzialhilfskassen in den 1840er Jahren. Gesamtpreußen betrachtet, folgten die preußischen Provinzialrentenbanken im Jahre 1850 dem in Paderborn gegebenen Vorbild.

Grundsätzlich muß die Ausgestaltung der modernen ländlichen Kreditanstalten aber mit dem sozialen Wandel in der Reformära zusammengesehen werden. Durch die „Bauernbefreiung" änderte sich bekanntlich der soziale Status des Bauern entscheidend: Er wurde vieler alter personalgebundener lehnsrechtlicher Abhängigkeiten ledig und als selbständig wirtschaftender Landwirt in eine freie Wettbewerbswirtschaft einbezogen, sofern er nicht den Hof abgab, auswanderte oder sich als neuer Lohnarbeiter oder Inste verdingte. Als selbständiger Betriebsleiter war der Landwirt erstmals auf sich allein gestellt, was die Schicht der großen Grundbesitzer ihm voraus hatte.[10] In Konkurrenz zu anderen landwirtschaftlichen „Unternehmern" mußte es nunmehr sein Bestreben sein, nicht nur wie früher den Hof zu erhalten, sondern ihn auch gewinnstrebend auszubauen.[11] Ein gewinnorientiertes Wirtschaften war aber ohne rechtzeitige Investitionen und damit ohne Zufuhr von Fremdmitteln vielfach nicht denkbar. Damit sah sich der darlehenssuchende Landwirt vor die neue Situation der einsetzenden Institutionalisierung und Verrechtli-

7 Ebd., S. 71f.

8 Frauendorfer, Agrarwirtschaft, S. 338.

9 Haushofer, Landwirtschaft, S. 72f.

10 Vgl. Koselleck, Preußen, S. 491: Der wirtschaftliche Vorsprung des Rittergutsbesitzers gegenüber seinen ehemaligen Untertanen wurde nicht nur durch die Rente- bzw. Kapitalleistungen der Bauern, die sich im Zuge der Reformen „freikaufen" wollten, und somit den – aufgrund der Reformen „rechtsgleichen" – Grundherren einen Teil der „agrotechnischen" Erneuerungen zahlten, gefördert, sondern auch durch die ständischen Rechte, „die die Ritter – wie im Politischen – auch im Wirtschaftlichen zu wahren und zu erweitern wußten".

11 Albrecht Thaer, Grundsätze der rationalen Landwirtschaft, Bd. 1, Stuttgart 1833. Vgl. Meitzel, Art. „Albrecht Daniel Thaer", in: Handwörterbuch der Staatswissenschaften, Bd. 1, Jena 1928, S. 217. Thaer begründete nicht nur die „rationale Landwirtschaft" und trat für ein freies landwirtschaftliches Gewerbeleben ein, sondern hatte ebenso „Anteil an der Gesetzgebung zur Regulierung der gutsherrlich-bäuerlichen Verhältnisse". Vgl. August Meitzen, Der Boden und die landwirtschaftlichen Verhältnisse des preußischen Staates nach dem Gebietsumfange vor 1866, Bd. 1, Berlin 1868, S. 398.

chung der Geldleihe gestellt. Allerdings blieb dieser Prozeß der zunehmenden Marktorientierung, Rationalisierung und Kommerzialisierung starken regionalen Differenzen unterworfen. Wie sich herausstellte, sollte insbesondere der jeweilige Stand des landwirtschaftlichen Kreditsystems den neuen Status des Bauern begünstigen oder behindern. Die durch die Agrarreform hervorgerufenen Folgen einer wachsenden Distanz zwischen Gläubiger und Schuldner, also der Entpersönlichung der Kreditbeziehungen und damit einer Organisation des Kreditwesens, waren in den preußischen Provinzen recht unterschiedlich. Selbst in den einzelnen Provinzen gab es regional unterschiedliche Entwicklungen.

Bei der Abhandlung und Bearbeitung dieses hauptsächlich bankhistorischen Themenkomplexes sind – neben der Beleuchtung des jeweiligen kredit- und agrarpolitischen Hintergrunds – die zeitgenössischen Einstellungen und Auseinandersetzungen um die bestehenden oder noch zu errichtenden Kreditinstitute von großem Interesse. Sie schlugen sich in Preußen nach Abschluß der Agrarreformen unter anderem in den in den 1860er Jahren lebhaft geführten Debatten über den Kapitalmangel in der Landwirtschaft, der als „Kreditnot auf dem Lande“ hochstilisiert wurde[12], nieder. Diese öffentlichen Diskussionen über einen strukturell anhaltenden Kapitalmangel der deutschen Landwirtschaft mußten die weitere Entwicklung des Agrarkreditsystems in Preußen auf das nachhaltigste beeinflussen. Die Debatten und die Literatur über das Ausmaß und die Ursachen der Verschuldung und der Kreditnot sowie über die optimalen Wege zur Entschuldung der Landwirtschaft wurden dabei von recht unterschiedlichen Standpunkten geführt. Dementsprechend differenziert sahen dann auch die Vorschläge der Zeitgenossen aus, ein der Landwirtschaft adäquates Agrarkreditsystem zu schaffen.

Das Problem der „Kreditnot“ in der preußischen Landwirtschaft im 19. Jahrhundert stellte sich dabei als ein mosaikartiges Gebilde heraus, dessen Definition bis heute nicht ganz eindeutig geklärt zu sein scheint.[13] Was bedeutete für die Zeitgenossen der Begriff der ländlichen Kreditnot“: Kreditnot gleich Kreditmangel? Kreditnot gleich Kapitalüberangebot? Kreditnot gleich zu hohe Verschuldung? Oder Kreditnot gleich Verschuldung mit überhöhten Zinsen besonders bei privaten Geldgebern? Wie und zu welchen Zeiten hat sich die jeweils definierte Kreditnot ausgewirkt, oder stellte sie sich etwa als Kreditnot regionaler Art heraus.[14] Die liberale Verschuldungsfreiheit (Regulierungsedikt vom 14. September 1811) setzte sich erst in den 1840er Jahren durch, als man eingesehen hatte, daß die Verschuldungsbeschränkungen keineswegs vor einer hohen Privatverschuldung schützen konnten. In der Erkenntnis zu hoher, oft verhängnisvoller Überschuldung von Bauerngütern enthielten dann auch die Geschäfts- und Darlehensmodalitäten der im 19. Jahrhundert verbesserten und neuerrichteten Kreditinstitute besondere Bestimmungen über die Höhe der Verschuldung eines zu beleihenden Bauerngutes. Kredittheorien und Spekulationen über die Kreditnot im 19. Jahrhundert hingen auf der anderen Seite sicher-

12 Frauendorfer, Agrarwirtschaft, S. 339.

13 Friedrich-Wilhelm Henning, Landwirtschaft und ländliche Gesellschaft in Deutschland, Bd. 2, 1750–1976, Paderborn 1978, S. 59 und 141–144. Vgl. Frauendorfer, Agrarwirtschaft, S. 339f.

14 Lütge, Sozial- und Wirtschaftsgeschichte, S. 390ff. Vgl. ders., Agrarverfassung, S. 287f.

lich auch mit lokalen sozio-ökonomischen Verhältnissen und persönlichen Einstellungen zusammen. Im Westfalen der damaligen Zeit galt „der Grund und Boden keineswegs als Ware, wie vielfach im Osten (...)[15]. Bei der zeitgenössischen Diskussion in den 1860er Jahren wurde der Begriff des Agrarkredits erstmals überhaupt etwas differenzierter betrachtet. Es wurde beispielsweise herausgearbeitet, was unter einer Realkreditnot überhaupt zu verstehen sei, ob diese Art des Kreditmangels tatsächlich vorliege und auf welchem Wege die ländliche Kreditfrage am besten gelöst werden könne.

Der Begriff des Agrarkredits ist definitorisch also näher zu klären: Die ursprünglichste Art des Agrarkredits war der sog. „Notstandskredit", der nur in Krisensituationen zunächst von der Verwandtschaft und dann von den Nachbarn gegeben wurde. Eine differenzierte Ausbildung bei den Formen und Funktionen konnte es erst geben, nachdem sich die älteren Herrschaftsbindungen gelöst und sich das freie Hypothekenwesen seit dem 18. Jahrhundert herausgebildet hatte. Die Charakteristika des Agrarkredits sind dabei auf die spezifischen Bedingungen des landwirtschaftlichen Produktionsprozesses, aber auch auf subjektive Besonderheiten der Kreditnehmer ausgerichtet. Gegenüber dem nur durch Private gewährten unorganisierten älteren Kredit ist der organisierte Agrarkredit immer dadurch gekennzeichnet, daß es sich hier um eine „entgeltliche, befristete und mit der Verpflichtung zur Rückzahlung verbundene Überlassung von Geld durch Kreditinstitute an den landwirtschaftlichen Betrieb als Kreditnehmer"[16] handelt. Mit dieser Definition grenzt sich der organisierte Geldkredit gegen nicht zurückzahlbare staatliche Zuschüsse, Beihilfen und Subventionen, gegen den Naturalkredit und letztendlich gegen den nichtbankmäßigen, also vor allem den nicht organisierten Agrarkredit, den Händlerkredit, der meistens in Form einer laufenden Lieferantenrechnung gewährt wurde, ab. Auch Darlehen von anderen Privatpersonen, kirchlichen Korporationen und sonstigen Stiftungen und Fonds werden in dieser definitorischen Eingrenzung nicht zum „bankmäßig" organisierten Agrarkredit gerechnet.

Was nun die engeren Formen des Agrarkredits betrifft, so wird im Folgenden in der Hauptsache der unmittelbare Agrarkredit behandelt, also diejenige Geldleihe, die direkt an den landwirtschaftlichen Eigentümer oder Pächter gewährt wurde und nicht über Dritte (z. B. Gemeinden etc.) zugunsten überbetrieblicher, agrarstruktureller Maßnahmen eingesetzt wurde.[17] Der mittelbare Kredit erhält nur insoweit Beachtung, als er beispielshalber bei den Meliorationsverbänden einfließt, etwa in Form der vom Staat geleisteten Subventionen an die Verbände. Die Einteilung der Agrarkredite erfolgt nach verschiede-

15 Zitiert nach Friedrich Wilhelm Henning, Die Verschuldung der Bodeneigentümer in Norddeutschland im ausgehenden 18. und in den ersten zwei Dritteln des 19. Jahrhunderts, in: Wissenschaft und Kodifikation des Privatkredits im 19. Jahrhundert, III. Die rechtliche und wirtschaftliche Entwicklung des Grundeigentums und Grundkredits, Frankfurt a.M. 1976, S. 273–325, hier S. 297. Hermann Joseph Christian von Mallinckrodt (1821–1874), MdA und MdR (1867–1874), war Fraktionsführer seiner Partei sowohl im Abgeordnetenhaus als auch im Reichstag.

16 Gottfried-Wilhelm von Waldthausen, Der bankmäßig organisierte Agrarkredit. Seine Stellung im Anpassungsprozeß landwirtschaftlicher Betriebe, Münster 1970, S. 114.

17 Ebd., S. 115.

nen Kriterien, die sich, was immer zu beachten ist, zum Teil überschneiden. Die folgede Einteilung der Agrarkredite, die dem besseren Verständnis des Begriffes dient, ist eine allgemein gültige.[18]

Nach der Verwendung der Kredite sind fünf Kreditarten zu unterscheiden: Besitzkredit, Betriebskredit, Meliorationskredit, Siedlungskredit und Kredite zur Finanzierung des Umschlags der Agrarprodukte, also des Handels, und ihrer Verarbeitung. Die letzte Art, der sog. „mittelbare Agrarkredit"[19], findet, wie bereits gesagt, im Folgenden keine nähere Berücksichtigung. Der Siedlungskredit, als Sonderform des Agrarkredits, kommt in Anwendung, wenn im Landesinnern, sei es aus Gründen der Landeskultur oder aus bevölkerungs-, wirtschafts- und sozialpolitischen Gründen, eine planmäßige Neuansiedlung der ländlichen Bevölkerung – also von Bauern, kleinen Landwirten und Landarbeitern – stattfindet. Je nach Verwendung des Kredits nimmt er entweder Kennzeichen des Besitz-, Betriebs- oder Meliorationskredits an. Als Untergruppen kennt der Siedlungskredit den Siedlungszwischen- und den Siedlungsdauerkredit. Die großangelegte „Innere Kolonisation" in Preußen ab 1886 basierte von vornherein auf dem Siedlungskredit. Hier fand auch die alte und von Karl Rodbertus propagierte Form des Rentendarlehens eine eingehendere Berücksichtigung. Das Rentengut begann sich als Hauptform des einzelnen Siedlungsprojekts herauszubilden. Die Krediteinrichtungen aus der Zeit der Agrarreform, die provinziellen Rentenbanken, übernahmen seit 1891 die Finanzierung dieser Siedlungsprojekte.

Grundsätzlich bleiben drei wesentliche Kreditarten, die von verschiedenen Standpunkten aus kurz erläutert werden sollen: Der *Besitzkredit* (fixed or permanent credit, crédit foncier) tritt in Erscheinung, wenn landwirtschaftlicher Grundbesitz unter Zuhilfenahme von Fremdkapital entweder durch Kauf oder infolge des Erbgangs erworben wird. Diese wichtigste Kreditform unterscheidet nach Gründen der Verschuldung zunächst den Kaufkredit und damit zum Teil die Restkaufgeldhypothek und dann die Erbgeldhypothek. Beide Unterformen entwickelten sich parallel zur Entwicklung der Agrarverfassung und zu der rechtlichen Entwicklung des Hypothekenwesens. Auch für die Erbgeldhypothek (hypothekarisch eingetragene Erbteile) beim Anerbenrecht (geschlossene Vererbung) ist die Entwicklung des Hypothekenwesens wichtig, sowie das regional unterschiedliche Erbrecht. Der *Betriebskredit* dient dem Ankauf von Betriebsmitteln (Vieh, Maschinen, Saatgut, Düngemittel etc.) und/oder zur Deckung der Betriebsausgaben (Löhne, Steuern, Zinsen, Futtermittel etc.). In einem „naturwirtschaftlichen Landwirtschaftsbetrieb" konnte fast der gesamte Wirtschaftsaufwand im Wege der Eigenproduktion befriedigt werden, und Löhne etc. wurden in Form von Naturalien geleistet. Für den Betriebskredit zur Deckung der Betriebskosten lag lange kein Bedürfnis vor. In den Fällen, in denen

18 Wilhelm Abel, Agrarpolitik, 3. neubearb. u. erw. Aufl., Göttingen 1967, S. 314 (= Grundriss der Sozialwissenschaften, Bd. 11). Ferner: Hermann Mauer, Agrarkredit, in: Grundriss der Sozialökonomik, VII. Abt., Land- und Forstwirtschaftliche Produktion/Versicherungswesen, Tübingen 1922, S. 194–200; Gottfried-Wilhelm von Waldthausen, Der bankmäßig organisierte Agrarkredit, S. 114ff.

19 von Waldthausen, Der bankmäßig organisierte Agrarkredit, S. 115.

Darlehen zu Bewirtschaftungszwecken gesucht wurden, handelte es sich in dieser Wirtschaftsstufe meistens also nur um Notstandskredite. Der *Meliorationskredit* wird für die Durchführung von Bodenverbesserungen oder für die Beseitigung von Kulturschäden aufgenommen. Zu den Meliorationsunternehmungen zählen Entwässerungen, Eindeichungen, Flußregulierungen, Drainagen, Waldpflanzungen, Anlage neuer Feldwege u. v. a. m.[20]

Nach der Beschaffenheit der geliehenen Werte unterscheidet man ferner den Geld- und Naturalkredit. Nach der Dauer der Kredite sind dann drei Arten zu unterscheiden, und zwar die kurz-, mittel- und langfristigen Darlehen. Entsprechend der vom Kreditnehmer gebotenen Sicherheit werden in der Hauptsache drei Kreditarten unterschieden. Der *Hypothekar- oder Immobiliarkredit*, bei dem Grundstücke für die geliehenen Kapitalien haften, wird auch *Realkredit* genannt. Neben dem Realkredit steht dann der *Faustpfand- oder Mobiliarkredit*, bei dem bewegliche Sachen verpfändet werden. Die dritte Art, der *Personalkredit*, wird als „ungedeckter" oder als durch Wechsel, Bürgschaft o. ä. „gedeckter" Kredit gewährt. Die Begriffe Faustpfand-, bzw. Mobiliar- und Personalkredite verwischen sich in der zeitgenössischen Literatur oft.

Nach dem Rückforderungsrecht des Gläubigers sind drei Kreditarten zu nennen, die die Laufzeit bestimmen. Es handelt sich erstens um jederzeit zurückverlangbare, also unbefristete Kredite, zweitens um Kredite mit Kündigungsfrist und drittens um Kredite mit festem Verfalltermin. Weiter bestimmt die Rückzahlungsart dann ebenfalls drei Kreditarten. Hier sind die Kredite mit ratenweiser Rückzahlung, die speziellen Amortisations- bzw. Tilgungskredite und die Kredite, die in der Gesamtsumme fällig werden, aufzuführen. Schließlich ist nach der Art der Kreditgeber der sog. organisierte vom sog. nichtorganisierten Kredit zu unterscheiden. Die nichtorganisierten Kredite sind Kredite von Einzelpersonen und Einzelwirtschaften. Die Palette der Kreditgeber geht, wie bekannt, über Verwandte, Nachbarn, Freunde zu Waren-, Vieh- und Getreidehändlern etc. Ebenso zählen Kredite von privaten oder öffentlichen Stiftungen und Kirchenverwaltungen dazu.

Der organisierte Kredit beinhaltet die Unterscheidung der Kreditinstitute nach ihrer Rechtsform. So kennt man die privatrechtlichen Kreditinstitute (Privatbanken, Aktienbanken und Kreditgenossenschaften), die Körperschaften und Anstalten des öffentlichen Rechts (Sparkassen), ganz- und halbstaatliche Kreditinstitute (Staatskredite, Provinzialbanken, Provinzialkassen, Rentenbanken) und die speziellen Realkreditinstitute. Bei letzteren sind die privat- und öffentlich-rechtlichen Institute als Untergruppen aufzuzeigen. Private Institute sind beispielsweise die Hypothekenbanken. Als privat-öffentlichrechtlich sind ferner die gemischten Hypothekenbanken anzusehen. Die „Land- und Ritterschaften" gelten als öffentlich-rechtliche Organisationen.

Der im 19. Jahrhundert wohl wichtigste Kredit ist der *Besitzkredit* in Form des Hypothekar- und Immobiliarkredits gewesen. In dieser Form auch Real-, Grund-, Boden- und

---

20 Hans-Jürgen Teuteberg, Die deutsche Landwirtschaft beim Eintritt in die Phase der Hochindustrialisierung. Typische Strukturmerkmale ihrer Leistungssteigerung im Spiegel der zeitgenössischen Statistik Georg von Viebahns um 1860, Köln 1977, S. 51 ff. (= Kölner Vorträge und Abhandlungen zur Sozial- und Wirtschaftsgeschichte, H. 28).

Anlagekredit genannt, war er meist langfristiger Natur. Die rechtliche Grundlage des deutschen Realkredits entwickelte sich mit dem Hypothekenwesen. Wichtig waren dabei die Publizität, Spezialität und Priorität. Während ursprünglich diese Kreditart, wie der Begriff Besitzkredit auch aufzeigt, hauptsächlich dem Kauf landwirtschaftlicher Güter diente, verwischten sich später seine Verwendungszwecke vornehmlich dahingehend, daß er für Erbabfindungen (besitzfestigende Maßnahmen) und vor allem zur Vergrößerung von Klein- und Mittelbetrieben herangezogen wurde.

Eine weitere Variante der Verwendung stellt die Aufnahme dieses Kredits zum Zwecke der Finanzierung landwirtschaftlicher Gebäudeneubauten und -renovierungen dar.[21] Eine besondere Form des Bodenkredits finden wir bei den Reallasten (Agrarreformen). Sie werden wie Hypotheken behandelt, werden aber in einer speziellen Abteilung der Grundbücher eingetragen. Als eine typische Sonderform des Bodenkredits kann auch der Meliorationskredit angesehen werden, obwohl zum Teil Aspekte des Personalkredits bei dieser Kreditart mitberücksichtigt werden müssen.

Der *Betriebskredit* oder auch Investitionskredit ist überwiegend kurz- und mittelfristig. Die Laufzeit wird oft durch die jeweilige Produktionsausrichtung und den jeweiligen Produktionsrhythmus sowie durch die Betriebsweise des landwirtschaftlichen Kreditnehmers bestimmt. Dieser Kredit wurde meistens in Form des Personalkredits gewährt.

Der Wandel des ländlichen Kreditsystems im Preußen des 19. Jahrhunderts muß – um es noch einmal deutlich hervorzuheben – grundsätzlich als Folgewirkung der preußischen Agrarrefomen, die sich bis über die Jahrhundertmitte erstreckten, angesehen werden. Erstmals im größeren Rahmen wurde den Wurzeln des modernen Agrarkreditsystems mit der Arbeit von Maria Blömer[22] nachgespürt.

Die Institutionalisierung eines ländlichen Kreditwesens für die breiten bäuerlichen Schichten setzte erst später als Folge der mit den ersten Reformgesetzen entstandenen Kreditnot der bäuerlichen Grundbesitzer ein.[23] Der tatsächliche Gang der Agrarreformgesetzgebung in Preußen und eine unzureichende Umsetzung früherer guter Ideen liberal Denkender deutet darauf hin, daß es den leitenden Staatsmännern des 19. Jahrhunderts im Zuge der Reformen teilweise an der notwendigen Erkenntnis mangelte, daß die Bauern durch die Eigentumsverleihung kreditfähig werden würden und zur Bewirtschaftung ihres Grundbesitzes Geld, in erster Linie Betriebskredite, benötigten, die sie über die bestehenden unorganisierten Kreditgeber und durch den Wegfall des gutsherrlichen Schutzes nicht mehr in der richtigen Form und Höhe erhalten konnten. Gerade, daß die ansonsten hoch

21 von Waldthausen, Der bankmäßig organisierte Agrarkredit, S. 117.

22 Maria Blömer, Die Entwicklung des Agrarkredits in der preußischen Provinz Westfalen im 19. Jahrhundert, (Diss. Münster 1989) Frankfurt a.M. 1990 (= Schriftenreihe des Instituts für bankhistorische Forschung e.V., Bd. 16).

23 Blömer, Agrarkredit, S. 65–80; vgl. dort den Anmerkungsapparat. Vgl. ferner: Arnulf Jürgens, Bäuerliche Rechtsverhältnisse des ausgehenden 18. Jahrhunderts in Westfalen und im östlichen Preußen. Münstersche Eigentumsordnug 1770 und Preußisches Allgemeines Landrecht 1794 im Vergleich, in: Westfälische Zeitschrift, 126/127, 1976/1977, S. 91–139; ders., Die Aufhebung der bäuerlichen Untertänigkeitsverhältnisse. Zur Agrarverfassung in Westfalen im frühen 19. Jahrhundert, in: Westfälische Forschungen, 40, 1990.

zu lobenden preußischen Agrarreformen eine Neuordnung des Kreditwesens auf gesetzgeberischem Wege nicht einschlossen, ist ihnen als erhebliche Schwäche anzulasten. Zur verstärkten Ablösung des älteren, unorganisierten Kreditwesens kam es erst nach Abschluß der Agrarreformen um 1850. Eine völlige Ablösung dieses älteren Agrarkredits hat es jedoch nicht einmal bis zur Jahrhundertwende gegeben; der private Kredit blieb neben einem institutionalisierten Kredit noch lange bestehen.

Neben unterschiedlichen Etappen in der Reformgesetzgebung der einzelnen preußischen Provinzen, die auch den unterschiedlichen Entwicklungsgang des Agrarkredits prägten, muß also folgerichtig auch von einem regional verschieden strukturierten Stand des Agrarkreditwesens in den preußischen Provinzen ausgegangen werden. Eine „Landschaft", die den Großgrundbesitzern in den ostelbischen Provinzen seit Ende des 18. Jahrhunderts für die Geldleihe zur Verfügung stand[24], fehlte zunächst in den westlichen Provinzen Preußens. Konkret bedeutete dies, daß auch die Rittergüter in Westfalen auf den Händler- und Stiftungskredit angewiesen waren[25] oder auf auswärtige Banken ausweichen mußten, bevor sich die ersten bankmäßig organisierten Institute hier niederließen. So gesehen beinhaltete der Wandel des Agrarkreditsystems z. B. im Westfalen des 19. Jahrhunderts nicht nur eine Änderung der Kreditlinien für die neuen, im Zuge der Agrarreformen freigewordenen Bauern, sondern auch für die westfälischen Rittergutsbesitzer. Für diese bedeutete der Wandel aber keineswegs eine abrupte Einführung in das kapitalintensive Wirtschaftssystem, denn mit Geld umzugehen, hatte der katholische Land- und Stiftsadel schon vorher gelernt.

Für den bäuerlichen Besitz wurden – wie bereits gesagt – Kreditinstitute, auch bedingt durch die große Agrarkrise in den 1820er Jahren, nicht nur in Gesamtpreußen, sondern auch in Westfalen noch zu Beginn des 19. Jahrhunderts zunächst als nicht unbedingt erforderlich erachtet.[26] Die preußische Bodenkreditpolitik, konkret die kreditpolitischen

24 Blömer, Agrarkredit, S. 44–65. Vgl. Hermann Mauer, Das landschaftliche Kreditwesen Preußens. Agrargeschichtlich und volkswirtschaftlich betrachtet. Ein Beitrag zur Geschichte der Bodenkreditpolitik des preußischen Staates, Strassburg 1907 (= Abhandlungen aus dem Staatswissenschaftlichen Seminar zu Strassburg, H. 22); Hermann Brämer, Die Grundcredit-Institute in Preussen, in: Zeitschrift des Königlich Preußischen Statistischen Bureaus, 7, 1867, S. 216–231; Fred Hagedorn, Die Landschaften. Eine rechtsgeschichtliche Darstellung der preußischen Agrarkreditinstitute, Freiburg 1978.

25 Maria Blömer, Wucher auf dem Lande, in: Hans-Jürgen Teuteberg (Hg.), Westfalens Wirtschaft am Beginn des „Maschinenzeitalters", Dortmund 1988, S. 23–56 (= Untersuchungen zur Wirtschafts-, Sozial- und Technikgeschichte, Bd. 6). Vgl. dies., Agrarkredit, S. 3–61; Jacob Toury, Soziale und politische Geschichte der Juden in Deutschland 1847–1871. Zwischen Reform, Reaktion und Emanzipation, Düsseldorf 1977, S. 371, Anhang K: „Wucher".

26 Blömer, Agrarkredit, S. 72–76. Vgl. Mauer, Landschaftliches Kreditwesen, S. 109ff.; Ernst von Bülow-Cummerow, Betrachtungen über Metall- und Papiergeld, über Handelsfreiheit, Prohibitiv-System, gegenwärtigen Zustand der ersten Europäischen Reiche, Verschuldung der Grundbesitzer, Pfandbrief-System u.s.w. und Landbanken, Berlin 1824, S. 138–142. Vgl. Ludwig Frhr. von Vincke, Bericht an des Herrn Ministers des Innern Exzellenz über die Zerstückelung der Bauernhöfe und die Zersplitterung der Grundstücke in der Provinz Westfalen, Münster 1824.

Maßnahmen des preußischen Staates, betrafen bis zur Mitte des 19. Jahrhunderts in der Hauptsache denjenigen ritterschaftlichen Gutsbesitz, der über das „landschaftliche" Kreditsystem verfügte. Nach der zeitgenössisch gängigen Ansicht benötigten die Bauern im Gegensatz zu den Grundherren auch gar keinen Kredit. Die Bauern, die nicht kreditfähig schienen, sollten in erster Linie sogar durch Kreditbeschränkungen vor einer zu hohen Verschuldung bewahrt werden. Das Regulierungsedikt vom 14. September 1811 ist als eine der markantesten restriktiven Maßnahmen dieser preußischen Kreditpolitik zu Beginn der Agrarreformen anzusehen.[27] Mit diesem Edikt war in Preußen die durch die bäuerlichen Reformen in Aussicht gestellte Verschuldungsfreiheit dahingehend eingeschränkt worden, daß die Bauerngüter nicht über ein Viertel ihres Wertes mit hypothekarischen Schulden belastet werden durften. Diese Verschuldungsbeschränkung erstreckte sich auf diejenigen Bauerngüter, die aufgrund der Regulierungsgesetze von 1811 und 1816 frei geworden waren bzw. frei werden würden. Die Probleme, die aus dieser Verschuldungsbeschränkung resultierten, z. B. daß die Bauern sich oft nicht einmal mehr die Mittel zur Ablösung der gutsherrlichen Lasten beschaffen oder die Abfindungsgelder unterbringen konnten, bedeuteten besonders in den 1820er und 1830er Jahren für viele Bauern Zwangsversteigerung oder den freiwilligen Verkauf ihres Hofes, wollten sie eine drohende Versteigerung vermeiden.[28]

Diese Tatsachen führten bald zur Ansicht, daß die Verschuldungsgrenze auf die Hälfte des Taxwertes festzusetzen sei. Die Umsetzung dieser Vorstellung scheiterte jedoch daran, daß die Westfälischen Provinzialstände an der alten Verschuldungsgrenze festhielten. Vincke, sicherlich ein Liberaler und Anhänger der Ideen Steins, aber Gegner der Hardenbergschen Ideen, sah die Gefahr, daß die Verschuldungsfreiheit mit der Aufhebung des traditionellen westfälischen Anerbenrechts verknüpft sein würde und damit eine Zerstückelung des Grundbesitzes in unwirtschaftliche Kleineinheiten, Pauperisierung und Unrentabilität als Folgeerscheinungen aufträten. Auch Friedrich List beklagte zur damaligen Zeit die durch die emanzipatorischen Reformen hervorgerufene neue „Zwergwirtschaft" als ökonomischen Unsinn. Erst durch die Kabinettsorder vom 29. Dezember 1843 wurde in Preußen die Verschuldungsbeschränkung von 1811 aufgehoben. Ihr Ziel, die Bauerngüter vor einer hohen hypothekarischen Belastung zu bewahren, hatte die alte Verschuldungsgrenze zwar erreicht, insgesamt jedoch konnte sie eine hohe Verschuldung der Bauerngüter nicht verhindern, da der Bauer auf dem Wege des Personalkredits ohne hypothekarische Sicherheit bei privaten Geldgebern weiterhin Gelder, wenn auch zu überhöhten Zinsen, bekommen konnte.[29]

Die Notwendigkeit eines organisierten Kredits für die ablösungswilligen Bauern wurde damit insgesamt recht spät erkannt.[30] Die Entpersönlichung der Kreditbeziehungen

---

27 Blömer, Agrarkredit, S. 72.

28 Finck von Finckenstein, Landwirtschaft 1800–1930, S. 118f.

29 Hermann Mauer, Die Verschuldungsgrenze für Bauerngüter in Preußen (1811–1843), in: Archiv für Sozialwissenschaft und Sozialpolitik, hg. v. Werner Sombart und Max Weber, Bd. 24, (N.F. Bd. 6), Tübingen 1907, S. 547–557.

30 Blömer, Agrarkredit,S. 81–98.

begann in Westfalen mit der Paderbornischen Tilgungskasse, einer neuen Ablösekasse, die den ablösungswilligen, aber finanziell nicht ablösungsfähigen Bauern das benötigte Ablösungskapital zur Verfügung stellte.[31] Die Geschäftsmodalitäten dieser Ablösungskasse waren für die Bauern so günstig gestaltet, daß eine schnelle Ablösung der gutsherrlichen Lasten bewirkt werden konnte. Dieser Kassentypus mit seinen speziellen Darlehensbedingungen war für die 1850 gegründeten preußischen Provinzialrentenbanken[32] richtungweisend.

Insgesamt gesehen schien die landwirtschaftliche Kreditfrage, in späteren zeitgenössischen Diskussionen auch als Grundkredit- oder Realkreditproblematik definiert, beispielsweise in Westfalen weder vor 1850 noch danach so dramatisch gewesen zu sein wie in den östlichen preußischen Gebieten. So wurden – für Westfalen gesprochen – bis um die Mitte des 19. Jahrhunderts nur dort ländliche Kreditinstitute ins Leben gerufen, wo es galt, akute Not- und Kreditkrisen zu überwinden. Es handelte sich hier also um Kreditkrisen bzw. Kreditnöte regionaler Art. Die dort errichteten Kreditinstitute wurden derart organisiert, daß sie gerade diejenige Kreditform befriedigten, deren die Bauern bedurften. Im Zusammenhang mit dem Wandel der Agrarverfassung stellte sich die Kreditnot zunächst einfach als akuter Kapitalmangel zur Finanzierung der Ablösungen dar. Ein Realkreditbedürfnis im eigentlichen Sinne, daß der sog. Besitzkredit in Form des Hypothekarkredits nachgefragt wurde[33], konnte auch erst nach Abwicklung der Ablösungsgeschäfte, nachdem der Bauer tatsächlich als freier Landwirt seinen Betrieb bewirtschaften konnte, entstehen. Obwohl bei der Ablösung die Reallasten wie Hypotheken behandelt wurden und definitorisch auch als eine besondere Form des Realkredits gelten, diente die Eintragung in die Grundbücher nur der Sicherung der zu zahlenden Geldrente.

Mit dem endgültigen Abschluß der Agrarreformen änderte sich dann das spezifische Kreditbedürfnis der Bauern. Die nachgefragten Kreditarten richteten sich jetzt nach der jeweiligen Verwendung der Kredite, die auf die spezifischen Bedingungen eines veränderten landwirtschaftlichen Produktionsprozesses basierten: nachgefragt wurden jetzt Besitzkredite, Betriebskredite und Meliorationskredite. Wiederum besonders im Paderbornischen (des Regierungsbezirks Minden) wirkten diesem Bedürfnis entsprechend schon vor der Jahrhundertmitte einige Kreissparkassen sowohl für den städtischen als auch besonders für den ländlichen Grundbesitz als Kreditinstitute, die an diesen Personenkreis dringend benötigte Darlehen zur Vergrößerung des Grundbesitzes, zur Abfindung der Kinder und Geschwister und zur Abtragung größerer Kapitalien vergaben (Besitzkredit). Die Darlehensvergabe auf Handschein gegen Bürgschaft sollte auch denjenigen Bauern zugute kommen, die in augenblickliche Geldverlegenheiten geraten waren, also kurzfri-

31 Maria Blömer, Die „Paderbornische Tilgungskasse" von 1836 als Präzedenzfall für die 1850 in Preußen gegründeten Rentenbanken zur Beförderung der Ablösung der Reallasten. Ein Beitrag zur Entwicklung des Agrarkreditwesens im 19. Jahrhundert, in: Bankhistorisches Archiv, Zeitschrift für Bankgeschichte, 12. Jg., H. 1, Frankfurt a.M. 1986, S. 20–38. Vgl. dies., Agrarkredit, S. 2–44 und 98–128; dies., Wucher auf dem Lande, S. 23–56.

32 dies., Agrarkredit, S. 129–148.

33 Ebd., S. XXX-XXXIII: Formen und Funktionen des Agrarkredits.

stig Betriebsmittelkredite benötigten. Diese Kreissparkassen ermöglichten ihren Kreditpartnern die Abtragung der meist als Personalkredite gewährten Gelder in beliebigen Beträgen und zu beliebigen Terminen.

Ein spezielles, auf die Bedürfnisse der neuen bäuerlichen Grundbesitzer abgestimmtes, bankmäßig organisiertes Kreditwesen war mit der Beendigung der „Bauernbefreiung" trotz zahlreicher Projekte und Vorschläge weder in Gesamtpreußen und den übrigen deutschen Landesteilen, noch speziell in Westfalen ausreichend vorhanden. Die bis in die 1840er Jahre hinein in Preußen betriebene konservativ-repressive landwirtschaftliche Kreditpolitik konnte allerdings vor einer hohen privaten Verschuldung und vor häufigem Besitzwechsel des ländlichen Grundbesitzes nicht schützen. Diese Kreditpolitik äußerte sich für den Adel in den einschränkenden Darlehensbestimmungen bei den „landschaftlichen" Kreditinstituten und für die breiten bäuerlichen Schichten in der Blockierung von Kreditinstitutsgründungen durch den Staat, denn Kreditinstitute blieben meistens schon im Projektstadium stecken.[34]

Gegen Ende der 1850er, Anfang der 1860er Jahre ging die Diskussion um die Organisation des Agrarkreditwesens in Preußen nicht mehr in erster Linie von der Kreditbeschaffung und einer Reform des Hypothekenwesens aus, wie etwa noch Anfang des 19. Jahrhunderts, sondern von dem grundlegenden Bedürfnis der Errichtung von Kreditanstalten für den gesamten ländlichen Grundbesitz. Dabei prägten besonders die ersten Erfahrungen mit einem ländlichen, institutionalisierten Kreditsystem in Form der alten „Landschaften" diese Debatten um eine Verbesserung der ländlichen Kreditverhältnisse. Erstmals wurde auch der Begriff des Agrarkredits überhaupt differenzierter betrachtet und man unterschied bewußter die Formen und Funktionen des Real- und Personalkredits. Das nach Abschluß der Agrarreformen akute Kreditbedürfnis der Bauern in Gesamtpreußen schlug sich sowohl in einer umfangreichen Bodenkreditliteratur als auch in den Verhandlungen der parlamentarischen Körperschaften und landwirtschaftlichen Interessenvertretungen, besonders der 1860er Jahre, nieder.[35]

Vorrangig war nun die Frage zu behandeln, ob generell neue landwirtschaftliche Kreditinstitute errichtet oder die alten Kreditinstitute, also die „Landschaften", auf den neuen Zweck hin erweitert, d. h. auf die ständig an Zahl zunehmenden kleinen Grundbesitzer ausgerichtet werden sollten. Die ländlichen Vorschuß- und Kreditvereine nach dem Muster von Friedrich Wilhelm Raiffeisen standen auch schon zur Debatte. Die Sache konzentrierte sich dann aber im wesentlichen darauf, ob „Associationen von Capitalisten" bzw. Gläubigern oder „Associationen der Schuldner" in der Lage seien, das zeitgemäße ländliche Kreditbedürfnis in ausreichendem Maße zu befriedigen. Hier standen sich als gegensätzliche Institute vor allem die Hypothekenbanken und die Pfandbriefinstitute in Form der „Landschaften" gegenüber. Die „Landschaften" wurden vielfach als nicht mehr ausreichend organisiert eingestuft und somit für unfähig angesehen, das neue Kreditbedürfnis einer breiten bäuerlichen Schicht zu befriedigen. Ihren ersten Höhepunkt erreichte die tatsächliche landwirtschaftliche Kreditnachfrage nach den Agrarreformen

34 Ebd., S. 233–243 und 243–253.
35 Ebd., S. 149–170.

Ende der 1860er Jahre nach Einführung der Zinsfreiheit bzw. Aufhebung der Wuchergesetze in Preußen im Jahre 1867.[36]

Die neue Kreditfrage wurde 1868 u. a. auch im Bundesrat des Norddeutschen Bundes vor dem Ausschuß für Handel und Verkehr debattiert.[37] Es wurde grundlegend festgehalten, daß die in Norddeutschland existierende Kreditnot, differenzierter betrachtet eine Realkreditnot, hauptsächlich in den östlichen der preußischen Provinzen anzutreffen sei, während das Problem in Sachsen, im Rheinland und in Westfalen zu dieser Zeit fast unbekannt schien. Die unterschiedlichen kredit- und agrarwirtschaftlichen Strukturen berücksichtigend, sahen auch die Vorschläge zur Neuordnung bzw. zum Aufbau eines Agrarkreditsystems verschieden aus. Festzuhalten bleibt, daß ein landwirtschaftliches Kreditwesen in dieser Zeit so zu organisieren war, daß es den jeweiligen regionalen Verhältnissen gerecht wurde. Dementsprechend hatten bestimmte Kreditinstitute und Kreditmodalitäten in einem Gebiet durchaus ihren Sinn und Zweck, während sie in anderen Gebieten kaum angebracht waren.

Als Anhänger der Ideen des bekannten Nationalökonomen Karl Rodbertus-Jagetzow[38] befürwortete der Westfale Burghardt Freiherr von Schorlemer-Alst[39] insbesondere eine Organisationsstruktur, welche die lokalen Verhältnisse berücksichtigte.[40] Zur Befriedigung des Personalkreditbedürfnisses und Vorbeugung der in Westfalen etwa damals (noch) nicht vorhandenen Realkreditnot befürwortete Schorlemer zu dieser Zeit die Gründung ländlicher Kreditvereine nach dem Raiffeisenschen Modell.[41] Dieses entsprach im Prinzip der gedachten Organisationsstruktur von Karl Rodbertus, allerdings ohne ein von letzterem gedachtes „zwangsgenossenschaftliches Universalinstitut".

In Westfalen nahmen in den drei Jahrzehnten nach Abschluß der Agrarreformen dann ganz besonders die Sparkassen eine bedeutende Stellung als Finanzier der Landwirtschaft ein.[42] Die systematische Förderung des Sparkassenwesens, speziell die Förderung der Kreissparkassen durch das Preußische Landesökonomiekollegium und durch die landwirtschaftlichen Vereine seit 1850, hatte die in Westfalen schon in den 1840er Jahren neu definierte Richtung populär gemacht, die darauf abzielte, daß vor allem die Kreissparkas-

---

36 Ebd., S. 11.

37 Vgl. ebd., S. 168–170.

38 Ebd., S. 159–170. Vgl. Karl Diehl, Art. „Johann Karl Rodbertus", in: Handwörterbuch der Staatswissenschaften, 4., gänzl. umgearb. Aufl., Bd. 7, Jena 1926, S. 103–111.

39 Blömer, Agrarkredit, S. 171–174. Vgl. Arnulf Jürgens, Politischer Konservatismus im ländlichen Bereich. Das bäuerliche Genossenschaftswesen in Westfalen und im Rheinland in der zweiten Hälfte des 19. Jahrhunderts, in: Westfalen im Industriezeitalter, Bd. 2: Von der Reichsgründung bis zur Weimarer Republik, Wuppertal 1984, S. 127–147. Siehe auch: Burghardt Frhr. von Schorlemer-Alst, Die Lage des ländlichen Grundbesitzes in Westfalen, bezüglich Verschuldung und Kreditnoth, wie die Mittel zu deren Abhülfe. Nebst einem Anhang über das Versicherungswesen, Münster 1868.

40 Blömer, Agrarkredit, S. 174ff. Vgl. Burghardt Frhr. von Schorlemer-Alst, Die Lage des ländlichen Grundbesitzes, S. 98–100.

41 Blömer, Agrarkredit, S. 299–311.

42 Ebd., S. 253–299.

sen als ländliche Kreditkassen wirken sollten. Die wichtigsten Gründungswellen markieren in Preußen die 1850er, aber auch noch die 1860er Jahre, in denen über adäquate landwirtschaftliche Kreditorganisationen noch intensiv gestritten wurde und die ländliche „Kreditnot“ – Gesamtpreußen betrachtet – ihren Höhepunkt erreicht hatte.[43]

Mitte der 1860er Jahre lag eine veränderte kreditwirtschaftliche Situation vor: Von der kapitalanbietenden Struktur aus betrachtet, gestaltete sie sich für die Landwirtschaft günstiger als zuvor. Betrachtet man die organisierten und unorganisierten Kreditgeber, so beherrschte weiterhin der private Kreditmarkt das Bild. Fast bis zur Mitte des 19. Jahrhunderts blieb der westfälische Landwirt hauptsächlich auf private Kreditquellen angewiesen bzw. die privaten Kreditquellen deckten den Kreditbedarf. Auch nachdem bereits einige Sparkassen und andere Kreditinstitute gegründet waren, änderte sich daran wenig.[44]

Die gesamte agrarkreditwirtschaftliche Entwicklung verlief in der preußischen Provinz Westfalen im 19. Jahrhundert wie geschildert anders als in den meisten östlichen Provinzen des preußischen Staates.[45] In Westfalen schien es, im Gegensatz zum Osten, keine Kreditnot gegeben zu haben. Bestätigt sich somit die These einer nichtvorhandenen Kreditnot in der Landwirtschaft des 19. Jahrhunderts, eines Überangebotes an Realkrediten und einer erheblichen Verschuldung besonders in den 1860er Jahren?[46]

Bei der Definition der ländlichen Kreditnot ist in jedem Fall eine differenzierte Analyse der Kreditarten, die sich beispielsweise nach Verwendung, nach Beschaffenheit der geliehenen Werte und nach dem Rückforderungsrecht richteten – allerdings auch nur insoweit als der jeweilige Stand der Entwicklung des institutionalisierten Kreditwesens diese Unterscheidungen berücksichtigte – nötig. Die zeitgenössische Kreditnot wurde z. B. als Problem einer unzureichenden Befriedigung eines bestimmten Kreditbedürfnisses verstanden, das sich beispielshalber nach der Beschaffenheit der geliehenen Werte und nach dem Verwendungszweck der nachgefragten Darlehen richtete. So sprach man von Realkreditnot, wenn es an langfristigen Geldern zum Besitzerwerb oder für Erbabfindungen mangelte und von Personalkreditnot, wenn Betriebskredite fehlten. Die bäuerliche Kreditnot kann aber nicht ausschließlich an nur eine Form des Kredits, etwa an die des Realkredits, geknüpft werden. Dieses würde die jeweiligen kreditwirtschaftlichen Realitäten verwischen.

Weiterhin stellte sich die agrarische Kreditnot der damaligen Zeit nicht nur als regiona-

---

43 Adolf Trende, Geschichte der deutschen Sparkassen bis zum Anfang des 20. Jahrhunderts, Stuttgart 1957, S. 101–118 und 129; Staatsarchiv Münster (STAM), Oberpräsidium (OP) – Landwirtschaft, Akte Nr. 1742, Acta, betr. Landwirtschaftliches Kreditwesen 1850–1896; STAM, OP – Landwirtschaft, Akte Nr. 78,6, Acta, Vol. 1, betr. die von den Regierungen einzureichenden Übersichten von dem Zustande der Sparkassen 1855–1865.

44 Blömer, Agrarkredit, S. 299–311 sowie 340–359; STAM, OP – Landwirtschaft, Akte Nr. 6142, Acta, betr. die ländlichen Spar- und Darlehensvereine – Raiffeisensches System – 1874. Vgl. Holger Bonus, Die Genossenschaft als modernes Unternehmenskonzept, Münster 1987 (= Genossenschaftliche Beiträge, Vorträge – H. 10).

45 Blömer, Agrarkredit, S. 311–339, bes. auch S. 327, Tab. 89 und S. 336, Tab. 98; STAM, OP – Landwirtschaft, Akte Nr. 1743, Bd. 1: Landschaft, Vol. 1: 1876/77.

46 Henning, Landwirtschaft und ländliche Gesellschaft, Bd. 2, S. 143.

ler Kapitalmangel an sich heraus, sondern auch als eine Art Not privater Kreditbeziehungen, die durch Privatverschuldung mit überhöhten Zinsen gekennzeichnet und mit sonstigen wucherischen Bestimmungen behaftet war. Die negativen Aspekte privater Kreditbeziehungen als Problem des landwirtschaftlichen Kredits standen dabei nicht nur zu Beginn des 19. Jahrhunderts zur Debatte, sondern auch noch, als sich bereits ein vielschichtiges institutionalisiertes Agrarkreditwesen entwickelt hatte. Letztendlich definierten die Zeitgenossen das Kreditproblem so diffus, daß man keine allgemeingültige Definition des Begriffs Kreditnot aufzeigen kann: diese galt einerseits schlicht als Problem der Ver- und Überschuldung des Grundbesitzes oder in Gegensatz dazu als unzureichende quantitative Kreditbefriedigung. Die bäuerliche Kreditnot beinhaltete aber – Gesamtpreußen vor Augen – nach den Erfahrungen mit den ersten „landschaftlichen" Kreditinstituten auch das Problem spezieller landwirtschaftlicher Krediteinrichtungen und damit zusammenhängend das Problem einer adäquaten landwirtschaftlichen Kreditform. Festzuhalten bleibt, daß die allmähliche, regional auch verschiedenartige Entwicklung und Ausprägung einer Institutionalisierung des ländlichen Kreditwesens durch ein jeweils akutes, spezifisches und regional unterschiedliches Kreditproblem hervorgerufen wurde.

2. Stabilisierungs- und Modernisierungsmaßnahmen der ostdeutschen Landwirtschaft am Beispiel der preußischen Landschaften

Nach der Jahrhundertmitte gab es wesentlich mehr Bestrebungen, aber auch anvisierte Gesetzentwürfe als die bisher erwähnten Bemühungen zur Verbesserung des Realkredits. Die große Anzahl der Projekte in dieser Zeit[47] zeigt, neben der Flut an Literatur zu diesem Thema, welche große Bedeutung der Grundkreditfrage nach den Agrarreformen zugemessen wurde. Vor allem drehte sich alles um die Frage, wie der ländliche Grundkredit am besten zu organisieren sei. Vor den revolutionären Jahren 1848/49 hatte sich die „Ostpreußische Landschaft" Gedanken gemacht, wie man die dortigen Bauern aus ihrer Kreditnot erretten könnte. Man beschloß im Jahre 1849, wie schon zuvor die „Schlesische Landschaft", als direkte Reaktion auf das Revolutionsjahr 1848 den Geschäftsbereich vom Adel auf die Bauern auszuweiten. Der Abschluß der Agrarreformen zeigte dann aber die Notwendigkeit von Neugründungen auf, da das alte „landschaftliche" Kreditwesen zur Befriedigung des neuen ländlichen Kreditbedürfnisses nicht mehr ausreichte. Neben den weithin umstrittenen Hypothekenaktienbanken kam es nach 1850 besonders zu neuen Landschaftsgründungen.

Die nach 1850 neugegründeten „Landschaften" haben aber recht unterschiedlich auf das neue Kreditbedürfnis der Bauern reagiert. Da sich unter den älteren „Landschaften" nur die „Schlesische" und die „Ostpreußische Landschaft" vor 1850 dazu entschließen konnten, dem bisher ausgeschlossenen Grundbesitz durch adäquate Kredithilfen zur Seite

47 Mauer, Landschaftliches Kreditwesen, S. 111–155; vgl. von Poschinger, Bankwesen, S. 181–214.

zu stehen, kam es in anderen Provinzen nach der Jahrhundertmitte zur Gründung neuer „landschaftlicher" Kreditinstitute, die sich von den alten „Landschaften" zum Teil unabhängig machten. Zu unterscheiden sind dabei die sog. „Rustikallandschaften", die die Organisation des bäuerlichen Realkredits im Anschluß an die bereits bestehenden „Landschaften" vollzogen von den total unabhängigen, selbständig wirkenden „Neueren Landschaften".

Als erste der drei nach 1850 gegründeten „Rustikallandschaften" wurde für die Provinz Preußen die „Neue Westpreußische Landschaft" am 3. Mai 1861 „für die Besitzer der vom Verbande der Westpreußischen Landschaft ausgeschlossenen (rusticalen) Grundstücke der Regierungsbezirke Marienwerder und Danzig" ins Leben gerufen. Da gerade Westpreußen bereits um die Mitte des 19. Jahrhunderts an einem enormen Kreditmangel litt, gab es hier schon seit 1849 ernsthafte Bestrebungen, ein bäuerliches Kreditinstitut im Gebiet der alten „Westpreußischen Landschaft zu errichten. Das altbekannte Motiv, den Wucher zu bekämpfen, wurde für eine Institutsgründung auch angeführt. Zwar beriet die alte „Westpreußische Landschaft" anfangs selbst über eine Erweiterung ihres Verbandes, konnte jedoch keinerlei Erfolg verzeichnen. Daraufhin machte sich in den Kreisen der bäuerlichen Grundbesitzer eine Gruppe für die Errichtung eines neuen, von der „Landschaft" unabhängigen, bäuerlichen Kreditinstituts stark. Resultat der Beratungen war dann im Jahre 1861 eine „Rustikallandschaft", die der alten „Westpreußischen Landschaft" verwaltungsmäßig angegliedert wurde, d.h. die sog. „Neuen Westpreußischen Pfandbriefe" wurden von ihr ausgegeben. Voraussetzung für die Beleihung der bäuerlichen Grundstücke war, daß diese in vollem, unbeschränktem Eigentum des Darlehenssuchenden standen und unter der Zugrundelegung der Taxprinzipien des alten Landschaftsverbandes einen Mindestwert von 1500 Talern repräsentierten, was im Vergleich zu dem abgelehnten ersten Vorschlag von 400 Talern viel zu hoch gegriffen war. Daneben durfte das betreffende Grundstück nicht mehr mit gutsherrlichen Lasten behaftet sein, außer die Darlehen wurden speziell zur Reallastenablösung beantragt. Die ausgegebenen „Neuen Westpreußischen Pfandbriefe" galten für den Inhaber als unkündbar, wobei wahlweise 4½- oder 4prozentige Pfandbriefe ausgegeben wurden.[48]

In der Provinz Brandenburg entstand die zweite „Rustikallandschaft", die dem neuen Bedürfnis nach Erweiterung des Realkreditrahmens entsprechen wollte. Das alte „Kur- und Neumärkische ritterschaftliche Kreditinstitut" hatte sich seit 1850 gegen eine Ausdehnung seines Wirkungskreises intensiv gewehrt. Noch 1862 ergab eine Untersuchung dieses Gebiets, daß eine Kreditnot, wie sie in den östlichen Provinzen bestand, in Brandenburg wohl nicht existiere. Erst Ende der 1860er Jahre erkannte auch die alte „Landschaft" die Notwendigkeit, dem Bauern einen „unkündbaren" Kredit zu besorgen. Dies geschah aber erst, nachdem man im Jahre 1860 die Erfahrung gemacht hatte, daß sogar die den bäuerlichen Grundbesitz mit Krediten versorgenden Sparkassen ihre auf ländlichen Grundbesitz ausgegebenen Darlehen gekündigt hatten.

48 Meitzen, Der Boden, Bd. 3, S. 141f.; Mauer, Landschaftliches Kreditwesen, S. 117–120; Brämer, Grundcredit-Institute, S.219; Hagedorn, Landschaften, S. 94f.; von Poschinger, Bankwesen, S. 182; Engel, Grundcredit-Institute, S. 345; von Brünneck, Pfandbriefsysteme, S.67f.

Nach dem Vorbild der „Neuen Westpreußischen Landschaft" sollte ein neues, speziell bäuerliches Kreditinstitut gegründet werden. So wurde am 30 August 1869 das „Neue Brandenburgische Kreditinstitut" errichtet. Dieses Institut wurde dem „Kur- und Neumärkischen ritterschaftlichen Kreditinstitut" wiederum verwaltungsmäßig unterstellt.[49] Es erstreckte seinen Geschäftsbereich im wesentlichen auf diejenigen landwirtschaftlichen Grundstücke, die vom alten Landschaftsverband bisher ausgeschlossen blieben, jedoch zu einem Grundsteuerreinertrag von mindestens 50 Talern veranlagt waren. Bis zu zwei Drittel des Beleihungswertes konnten nun mit Pfandbriefen beliehen werden, wobei der Beleihungswert meistens derart bestimmt wurde[50], daß er den dreißigfachen Betrag des Grundsteuerreinertrags und den zehnfachen Gebäudesteuernutzungswert, abzüglich des zwanzigfachen Steuerbetrages bildete. Obwohl sich der Geschäftsbereich des „Neuen Brandenburgischen Kreditinstituts" geographisch gesehen außer auf Brandenburg auch auf die Beleihung von landwirtschaftlichen Grunstücken der dem Bereich der „landschaftlichen" Verbände Ost- und Westpreußens, Pommerns, der Mark, Posens und Schlesiens angehörenden Güter erstreckte, galt die auf zwei Drittel festgesetzte Beleihung von sog. Rustikalland ausschließlich für den Wirkungskreis Brandenburg.[51]

Die dritte „Rustikallandschaft" wurde in Pommern am 1. August 1871[52] unter dem Namen „Pommerscher Landkreditverband" gegründet. Seit 1896 führte sie den Namen „Neue Pommersche Landschaft". Die Organisation des bäuerlichen Realkredits vollzog sich hier ähnlich wie in Westpreußen. Bereits seit 1847 hatte man – wenn auch halbherzig – die Zulassung der Bauern in die alte „Pommersche Landschaft" erwogen. Jedoch brachten erst die 1860er Jahre, in denen sich der Kreditmangel der Bauern besonders bemerkbar machte, intensivere Beratungen. Im Jahr 1867 wurde schließlich der Beschluß gefaßt, nach dem Vorbild der „Neuen Westpreußischen Landschaft" ein spezielles Kreditinstitut

49 Brandenburgisches Landeshauptarchiv (BLHA) Potsdam – Pr. Br. Rep. 1, Oberpräsidium (OP), Landwirtschaft (La), Akten Nrn. 605, 606, 607, 608, Die Statuten, Reglements usw. des ritterschaftlichen Kreditinstituts der Kur- und Neumark und der mit demselben verbundenen Kur- und Neumärkischen ritterschaftlichen Darlehenskasse; BLHA Potsdam – Pr. Br. Rep. 1, OP, (La), Akten Nrn. 609 (Bd. 1) – 619 (Bd. 11), Die Generalversammlungen des Kur- und Neumärkischen ritterschaftlichen Kreditinstituts 1887–1926; BLHA Potsdam – Pr. Br. Rep. 1, OP, (La), Akte Nr. 620, Die Generalversammlungen des Neuen Brandenburgischen Kreditinstituts 1889–1910.

50 Das Grundsteuerregulierungsgesetz vom 21. Mai 1861 ermöglichte dem Pfandbriefkreditgeschäft die Erleichterung, statt der bisherigen „landschaftlichen" Taxen die Grundsteuerreinertragsschätzungen als Bestimmung des Beleihungswertes heranzuziehen. Teils wurde diese Möglichkeit ganz herangezogen, teils wurde durch Änderung der Regulative sowohl den „Landschaften" als auch den Darlehnsnehmern freigestellt, sich auch noch der alten Taxation zu bedienen. Jedoch spielte gerade für diejenigen Pfandbriefkredite, die auf bäuerliche Grundstücke gegeben wurden, das neue Beleihungsverfahren eine große Rolle, da für die bäuerlichen Betriebe die Heranziehung der alten Taxen sehr schwierig war. Vgl. Meitzen, Der Boden, Bd. 3, S. 143.

51 Meitzen, Der Boden, Bd. 3, S. 147; Mauer, Landschaftliches Kreditwesen, S. 122f.; von Poschinger, Bankwesen, S. 198, 345; von Brünneck, Pfandbriefsysteme, S. 68f.

52 Engel, Grundcredit-Institute, S. 345. Nach den Angaben bei Engel wurde der „Pommersche Landkreditverband" am 9. August 1871 errichtet.

für den bäuerlichen Grundbesitz zu gründen. Diese, nach zähen Verhandlungen dann erst 1871 errichtete „Landschaft“ für den Kleingrundbesitz hatte den Zweck, denjenigen Grundeigentümern, deren Grundstücke in den Regierungsbezirken Stettin, Köslin und Stralsund lagen und die von dem Geschäftsbereich der älteren Landschaft ausgeschlossen waren „einen dauernden und besonders garantierten Realkredit zu verschaffen“.[53] Die Kreise Dramburg und Schievelbein blieben aber zunächst vom Wirkungskreis des neuen Kreditinstituts ausgeschlosssen. Als beleihungsfähig galten diejenigen Grundstücke, die, inklusiv Wirtschaftsgebäuden und Inventar, der Landwirtschaft dienten und deren Mindestgrundsteuerreinertrag nach dem Statut von 1871 bei 80 Talern[54] lag. Dieser Betrag entsprach 240 Mark und bedeutete konkret, daß nur die größeren Bauerngüter beleihungsfähig waren.[55]

Der Abschluß der Agrarreformen um die Mitte des 19. Jahrhunderts gebot dringend, die frei gewordenen Bauern in ihrer neuen Situation nicht alleine zu lassen, ihnen beiseite zu stehen und ihnen durch eine vernünftige Organisation des landwirtschaftlichen Kredits einen zinsgünstigen, möglichst unkündbaren Kredit zu schaffen, der ihnen eine gute wirtschaftliche Basis bieten sollte. So waren der einzige wirklich wichtige Grund für die Gründung der neuen „Landschaften“ nach 1850 die adäquaten Kredite in allen Provinzen, in denen noch keine „Landschaft“ bzw. in denen noch kein speziell bäuerliches Realkreditinstitut bestand. Die neueren „Landschaften“ basierten auch nicht mehr wie die älteren Landschaften auf der ständischen Verfassung.

In Posen wurde 1857 als erste „Neue Landschaft“ der „Neue landschaftliche Kreditverein“ zur „Befriedigung des Creditbedürfnisses der nichtadeligen Grundbesitzer“ gegründet. 1858 wurde er allen anderen „landschaftlichen“ Kreditinstituten gleichgestellt. 1859 berechtigte man den Kreditverein, auch adelige Güter zu beleihen. Damit war dieses Kreditinstitut aber keine reine sog. „Bauernlandschaft“ mehr, sondern stellte, wie die anderen späteren neueren „Landschaften“ eine Mischform dar. Darlehen konnte prinzipiell demjenigen gewährt werden, der die zu beleihenden Grundstücke als Eigentum bezeichnen konnte und dessen Grund- bzw. Gutswert nach den Taxprinzipien des neuen Kreditinstituts bei mindestens 5000 Talern (15000 Mark)[56] lag. Zudem durfte das zu beleihende Objekt nur mit öffentlichen Abgaben, Rentenbankrenten oder Domänenamortisationsrenten oder auch mit derartigen Ansprüchen, die sich „Präsentationen“ nannten und nicht der Ablösung unterlagen, belastet sein.

Die auf ein Objekt auszugebenden Pfandbriefe mußen als erste Hypothek eingetragen werden und waren für den Inhaber unkündbar und nicht depositalfähig. Die Beleihung erfolgte nur bis zur Hälfte des gemäß den Statuten eintaxierten Wertes. Für die vergebenen Darlehen forderte dieser Kreditverein 5 % Zinsen p.a.; 4 % entfielen dabei auf die

53 von Brünneck, Pfandbriefsysteme, S. 70.

54 Ebd., S. 71. Nach dem Statut von 1904 lag dieser bei 60 Reichsmark.

55 Mauer, Landschaftliches Kreditwesen, S. 120ff.; von Brünneck, Pfandbriefsysteme, S. 70f.

56 von Brünneck, Pfandbriefsysteme, S. 50. Nach den Statuten von 1896 wurde dieser Wert auf 3000 Mark reduziert.

Verzinsung der Pfandbriefe, ½ % auf die Verwaltungskosten und ½ % zunächst auf einen Reservefonds.[57]

Diese „Posener Landschaft" blieb unter den neueren „Landschaften" lange hin die einzige dieser Art „Landschaft". Zwar hatte es in der Provinz Sachsen schon seit 1837 Bestrebungen gegeben, ein ritterschaftliches Kreditinstitut, allerdings nach dem Muster der alten „Landschaften" zu errichten, aber nach 1856 war die Bedürfnisfrage immer noch unzureichend geklärt. Die Regierung forderte eine Untersuchung über Verschuldung und Kreditbedarf der ländlichen Grundbesitzer in dieser Provinz. Ergebnis war, daß der adelige Grundbesitz anscheinend keinen, der bäuerliche nur in einzelnen Kreisen Kredit bedurfte. Die Angelegenheit ruhte, bis 1862 eine vom sächsischen Landwirtschaftlichen Zentralverein initiierte Kampagne mit dem Ergebnis aufwartete, daß 484 größere Grundbesitzer einem etwaigen Kreditinstitut beitreten würden. Daraufhin wurde am 30. Mai 1864 der „Landschaftliche Creditverband der Provinz Sachsen" mit Sitz in Halle a. S. gegründet, der später einfach „Landschaft der Provinz Sachsen" genannt wurde. Mitglied in diesem Verband konnte jeder Besitzer eines in der Provinz Sachsen gelegenen, land- oder forstwirtschaftlich genutzten Grundstücks werden, das nach dem Gesetz vom 21. Mai 1861 über die Grundsteuerregulierung, einen Grundsteuerreinertrag von mindestens 50 Talern (bzw. 150 Mark) nachweisen konnte. Nach mehreren Statutenänderungen lag dieser im Vergleich zu den anderen „Landschaften" relativ günstige Aufnahmebetrag 1909/1910 bei 30 Talern (bzw. 90 Mark). Beliehen wurde nach dem ursprünglichen Statut bis zur Hälfte des taxierten Grundstückswertes, aber nur auf erste Hypotheken. Der taxierte Wert wurde nach den Grundsätzen der Grundsteuerveranlagung bestimmt und lag maximal beim dreißigfachen Gundsteuerreinertrag. Im Jahre 1867 wurde die Beleihungsgrenze auf drei Fünftel des Grundstückswertes erhöht. Es wurden 4prozentige unkündbare Pfandbriefe ausgegeben. Der von den Darlehensnehmern zu leistende Tilgungsbeitrag belief sich auf ¾ % p.a. und floß dem Amortisationsfonds zu.[58]

Die dritte neuere „Landschaft" war die „Landschaft der Provinz Westfalen", die am 15. Juli 1877 gegründet wurde. Die Bemühungen zur Gründung eines Realkreditinstituts für den westfälischen ländlichen Grundbesitz verliefen hier ähnlich denjenigen Bemühungen in der Provinz Sachsen, und zwar gingen die entscheidenden Bestrebungen vom Landwirtschaftlichen Provinzialverein aus. Dabei ist kurz zu erwähnen, daß die „Westfälische Landschaft" zwar – begrenzt auf Westfalen gesehen – zunächst ein Realkreditinstitut für der größeren Grundbesitz war, im Vergleich zu den anderen existierenden preußischen „Landschaften" jedoch einen noch geringeren Grundsteuerreinertrag anvisierte. Nach

57 Meitzen, Der Boden, Bd. 3, S. 142f.; Mauer, Landschaftliches Kreditwesen, S. 123f.; Brämer, Grundcredit-Institute, S. 219; Hagedorn, Landschaften, S. 96f.; von Brünneck, Pfandbriefinstitute, S. 47ff.; Engel, Grundcredit-Institute, S. 345; Hecht, Landschaften, Bd. 1, S. XI.

58 Meitzen, Der Boden, Bd. 3, S. 143; Mauer, Landschaftliches Kreditwesen, S. 124f.; von Poschinger, Bankwesen, S. 211f.

dem Statut von 1877 lag dieser bei 100 Mark, nach dem revidierten Statut von 1899 nur noch bei 50 Mark.[59]

Die vierte neuere „Landschaft" wurde am 11. Januar 1882[60] in der Provinz Schleswig-Holstein gegründet. Diese Provinz war bis zum Ende des 19. Jahrhunderts die einzige derjenigen 1866 durch Preußen neu erworbenen Provinzen, in der der Gedanke der Vermittlung eines sicheren und günstigen Realkredits an die Grundeigentümer in Form des „landschaftlichen" Kreditsystems verwirklicht wurde. Dieses Kreditinstitut erhielt den Namen „Landschaftlicher Kreditverband für die Provinz Schleswig-Holstein". Allerdings hatte dieses Institut bis zum Jahre 1899 keinen öffentlich-rechtlichen, sondern nur privatrechtlichen Charakter. In dieser Eigenschaft war ihm genehmigt worden, unter der Bezeichnung Pfandbriefe, Inhaberschuldverschreibungen auszufertigen. Seit dem Jahre 1899 konnte dieser Kreditverband dann als Kreditinstitut, das mit den Rechten einer öffentlichen Korporation versehen war, reguläre „Pfandbriefe des landschaftlichen Kredit-Verbandes für die Provinz Schleswig-Holstein" ausgeben.

Der Geschäftsbereich dieser „Landschaft" erstreckte sich über die Provinz hinaus auf den Kreis bzw. das Herzogtum Lauenburg. In den Verband konnte somit jeder Eigentümer eines in vorgenannten Territorien gelegenen land- oder forstwirtschaftlich genutzten Grundstücks aufgenommen werden, der einen Mindestgrundsteuerreinertrag von 150 Mark nachweisen konnte, ab 1899 dann einen reduzierten von 50 Mark. Die Festsetzung dieses Betrages beruhte auf dem Gesetz vom 11. Februar 1870 über die Ausführung der modifizierten Grundsteuerregelung.[61] Von diesem „landschaftlichen" Kreditverband konnten entsprechend dem Statut von 1899 wahlweise 3-, 3½-, 4- oder 4½prozentige Pfandbriefe ausgefertigt werden. Die Höhe des vom Darlehensnehmer zu leistenden Tilgungsbeitrages belief sich zudem auf 1 % p.a., und zusätzlich mußte $\frac{1}{10}$ % an Verwaltungsgebühren entrichtet werden.[62]

Neben diesem „landschaftlichen" Kreditverband gab es in der Provinz Schleswig-Holstein seit 1895 ein zweites „landschaftliches" Kreditinstitut. Auf Initiative der „Interessenten des gemeinschaftlichen Fonds der schleswig-holsteinischen adeligen Klöster und Güter"[63] wurde die „Schleswig-Holsteinische Landschaft" gegründet. Sie besaß aber dennoch keinen ständischen Charakter. Ebenfalls auf der Grundlage des Gesetzes vom 11. Februar 1870 lag der Mindestbetrag des Grundsteuerreinertrages nach der Satzung aus dem Jahre 1907 bei 50 Mark, also bei der Höhe, den der andere „landschaftliche" Kreditverband bereits 1899 in seinen Geschäftsbedingungen festgelegt hatte. Den einzigen Vorteil, den die adeligen Darlehensnehmer, die am gemeinschaftlichen Fonds der adeligen Interessengemeinschaft beteiligt waren, genossen, war eine Befreiung von dem Beitrag zu

59 von Brünneck, Pfandbriefsysteme, S. 55f.; Hagedorn, Landschaften, S. 97; Mauer, Landschaftliches Kreditwesen, S. 125f., 145f.

60 Hecht, Landschaften, Bd. 1, S. XIf. Eine im Jahre 1811 im Lande Schleswig-Holstein gegründete ältere Landschaft bestand nur sehr kurz und ist ohne Bedeutung gewesen.

61 von Brünneck, Pfandbriefsysteme, S. 56f.; Hagedorn, Landschaften, S. 98.

62 von Brünneck, Pfandbriefsysteme, S. 274–279.

63 Ebd., S. 58.

den Verwaltungskosten, da die adelige Interessengemeinschaft neben der Übernahme der Garantie einen jährlichen Beitrag zur Deckung der Verwaltungskosten leistete. Der Geschäftsbereich dieser „Landschaft" erstreckte sich über das Gebiet, das der andere „Landschaftliche Kreditverband" geographisch gesehen abdeckte, hinaus auf das oldenburgische Fürstentum Lübeck. Für die von der „Schleswig-Holsteinischen Landschaft" ausgefertigten Pfandbriefe mußten wahlweise 3, 3½ oder 4 % Zinsen gezahlt werden.[64]

Als ein landschaftsähnliches Pfandbriefinstitut, das aber keine reine „Landschaft" im beschriebenen Sinne war, ist noch das am 30. Oktober 1865 gegründete „Kreditinstitut für die Ober- und Niederlausitz" zu nennen. Bei seiner Gründung kamen ähnliche Grundsätze wie beim „Landschaftlichen Kreditverband der Provinz Sachsen" zum Tragen.[65] Dieses landschaftsähnliche Kreditinstitut unterschied sich in zwei Punkten von den beschriebenen regulären „Landschaften". Zum einen lag der Unterschied darin, daß dieser Kreditverein nicht aus den Kreisen der kreditbedürftigen Grundbesitzer selbst errichtet wurde, sondern auf Initiative der im Kommunallandtag vertretenen Stände, zum anderen darin, daß dieses Kreditinstitut seinen Geschäftsbereich über die Realkreditversogung ländlicher Grundbesitzer hinaus auf die Beleihung von Häusern und anderen städtischen Liegenschaften ausdehnte. Dementsprechend umfaßte dieses Institut alle Grundstücke, städtisch oder ländlich, die zum „communalständischen Verband der Oberlausitz gehören und innerhalb der 6 landrätlichen Kreise der Niederlausitz liegen oder zum communalständischen Verbande derselben gerechnet werden". Fabriken wurden allerdings von der Beleihung ausgeschlossen. Ländliche Grundstücke waren bis zu 6/10 ihres geschätzten Wertes, der auf der Grundlage des Gesetzes vom 21. Mai 1861 auf den 25fachen Betrag des Grundsteuerreinertrages bestimmt war, beleihungsfähig. Städtische Grundstücke konnten bis zu ⅓ des Feuerversicherungswertes beliehen werden. Die zu beleihenden Grundstücke mußten einen Mindestwert von 100 Talern repräsentieren. Ebenso wie bei der „Landschaft der Provinz Sachsen" erfolgte die Beleihung nur gegen Pfandbriefe, die als erste Hypothek eingetragen wurden. Die ausgegebenen Pfandbriefe waren vom Inhaber ebenfalls nicht kündbar, ihre Verzinsung lag bei 3, 3½ und 4 %.[66]

Der Zentralisationsgedanke, der sowohl in der literarischen als auch öffentlichen Auseinandersetzung um die Verbesserung des bäuerlichen Grundkredits und die Organisation eines landwirtschaftlichen Kreditsystems in den 1860er Jahren mehrfach angeschnitten und von verschiedenen Seiten befürwortet wurde, sollte bei den „Landschaften" in der Gründung eines übergeordneten „landschaftlichen" Dachverbandes realisiert werden.[67] Obwohl das preußische Landesökonomiekollegium in seinen Resolutionen zur Grundkreditfrage aus dem Jahre 1869 den Zentralisationsgedanken zwar als bedeutend, aber zur damaligen Zeit als undurchführbar einstufte, wurde am 21. Mai 1873 die „Zentrallandschaft" für die preußischen Staaten mit Sitz in Berlin gegründet.

---

64 Ebd., S. 58ff. u. 280ff.; Hecht, Landschaften, Bd. 1, S. XI.

65 Meitzen, Der Boden, Bd. 3, S. 143; Hecht, Landschaften, Bd. 1, S. XI.

66 Meitzen, Der Boden, Bd. 3, S. 143; Brämer, Grundcredit-Institute, S. 219.

67 An dieser Stelle sei aber noch zu bemerken, daß schon Bühring in seinem Plan von 1767 zur Beseitigung der Kreditnot eine Generallandschaftskasse für Preußen vorschlug, die zur damaligen Zeit als undurchführbar abgelehnt wurde.

Die Gründung dieses Zentralinstituts erfolgte auf Initiative des „Kur- und Neumärkischen Ritterschaftlichen Kreditinstituts". Einige Provinziallandschaften hatten sich als Mitglieder zu diesem Verband zusammengeschlossen. Der Zentrale traten die ritterschaftlichen bzw. „landschaftlichen" Kreditverbände der Kur- und Neumark, Westpreußens, Pommerns, Sachsens und als Ausnahme das Kreditinstitut der Ober- und Niederlausitz bei. Später kamen die „Landschaft der Provinz Sachsen" und die „Schleswig-Holsteinische Landschaft" hinzu. Die zuerst eingetretenen „Ostpreußische Landschaft" sowie die „Neue Westpreußische Landschaft" nahmen ihr Recht, wieder austreten zu können, aber bald in Anspruch. Die in der Provinz Brandenburg und Pommern errichteten „Rustikallandschaften" schlossen sich dem Verband nicht an, ebenso nicht die „Westfälische Landschaft".

Wesentliches Motiv der Gründung der „Zentrallandschaft" war, daß der Kauf „landschaftlicher" Pfandbriefe durch die Ausdehnung auf den Börsenplatz Berlin über die Provinzgrenzen hinaus einem breiten anlagesuchenden Publikum, nicht zuletzt auch des Auslandes, attraktiv gemacht werden sollte. Zu diesem Zweck fertigte die „Zentrallandschaft" auf den Inhaber lautende unkündbare Schuldverschreibungen aus, die speziellen „Landschaftlichen Zentralpfandbriefe", die mit 3, 3½ und 4% verzinst wurden. Der weitere Vorteil dieser „Landschaftlichen Zentralpfandbriefe", die neben den provinziellen Pfandbriefen ausgegeben wurden, wurde darin gesehen, daß diese Pfandbriefe der Hebung und Stabilisierung des Pfandbriefkurses dienen sollten. Dies sollte dadurch geschehen, daß ein schlechter provinzieller Pfandbriefkurs durch einen guten Kurs der anderen, dem Verbundsystem angehörenden „Landschaften" ausgeglichen wurde. Den darlehenssuchenden Grundstückseigentümern blieb es frei überlassen, ob die Beleihung ihrer Grundstücke mit Pfandbriefen der provinziellen „Landschaften" oder mit denen der „Zentrallandschaft" erfolgte.

Es erfüllte sich jedoch nur teilweise die mit der Gründung der „Zentrallandschaft" einhergehende große Erwartung an dieses Zentralinstitut. Die wenigen Pfandbriefinstitute, die sich zentrallandschaftlicher Pfandbriefe bedienten, zeigten, daß durch die den einzelnen „Landschaften" verbleibende Selbständigkeit die provinziellen „Landschaften" weitgehend ein gutes, d. h. solides Ansehen und somit großes Vertrauen bei ihrem regional fixierten Publikum genossen. Wenn das „Kur- und Neumärkische Ritterschaftliche Kreditinstitut" wesentlich mehr Zentralpfandbriefe ausgab, so lag dies wohl mehr in dem Umstand begründet, daß dieses Kreditinstitut die Verwaltungsgeschäfte der „Zentrallandschaft" übernommen hatte und auf diese Art und Weise eng mit der „Zentrallandschaft" verbunden war.[68]

Die Organisation des bäuerlichen Kreditsystems durch die „Landschaften" kann jedoch nicht ohne Kritik gesehen werden, denn sie blieb oftmals eher gutgemeinte Theorie, als daß eine zufriedenstellende Umsetzung in die Praxis erfolgte. So wußte beispielsweise die „Ostpreußische Landschaft" die Darlehensbedingungen derart weit zu interpretieren, daß die meisten Bauern mit ihren Darlehensanträgen wegen Nichterfüllung der Beleihungsbedingungen abgewiesen wurden. Zudem konnten die „landschaftlichen" Taxen, die ja

68 von Brünneck, Pfandbriefsysteme, S. 72–74 u. 315–324; Hagedorn, Landschaften, S. 99–102.

ursprünglich für die Bewertung größerer Güter bestimmt waren, den besonderen Bedürfnissen des bäuerlichen Grundbesitzes nicht gerecht werden. Von 540 bäuerlichen Grundbesitzern, die zwischen 1849 und 1852 Darlehensanträge bei der „Ostpreußischen Landschaft“ gestellt hatten, wurden 375 Bauern abgewiesen. 1858 kamen von 602 bäuerlichen Darlehensgesuchen nur 129 zum Abschluß. In der Zeit zwischen 1859 und 1865, die Zeit der größten Kreditnot, partizipierten nur fünf Prozent der 1849 aufgenommenen Bauern an den „Landschaftskrediten“.

Erst als im Jahre 1867 die Beleihungsgrenze von ½ auf ⅔ des eintaxierten Wertes erhöht wurde, änderte sich die Lage. In der Periode von 1867 bis 1870 belieh die „Landschaft“ mehr Bauerngüter als in den Jahren zuvor, in denen die Aufnahme der Bauern bereits möglich war. Insgesamt gesehen blieb deren Zahl jedoch gering. 1879 waren noch nicht einmal zwei Prozent der Bauernhöfe, definiert als „bäuerliche Nahrungen“, „landschaftlich“ beliehen, die Köllmergüter hier ausgenommen. Im Jahre 1879 belief sich die Zahl der bäuerlichen Beleihungen inklusiv Köllmergüter in der Größenordnung bis zu 100 ha auf insgesamt knapp 2500, was fünf Prozent aller bäuerlichen Güter dieser Größenordnung ausmachte. Die Umgestaltung des „landschaftlichen“ Taxwesens ab 1879 brachte dann endlich in den 1880er Jahren eine gewisse Steigerung. So konnten 1888 5500 bäuerliche Grundstücke in einer Größenordnung bis zu 100 ha beliehen werden, wobei aber zu bemerken ist, daß insgesamt etwa 60000 Grundstücke dieser Art beleihungsfähig waren.

Erst ab 1892 fanden die kleineren Güter, d. h. Bauernhöfe unter 50 ha dahingehend besondere Berücksichtigung, daß man eine Senkung der Taxkosten beschloß und man in der Zeit von 1859 bis 1899 jährlich die „landschaftlichen“ Darlehensbedingungen in den Kreisblättern veröffentlichte. Zudem sollten ab 1897 abgesandte Landschaftsbeamte in den Kreis- oder anderen größeren Städten denjenigen Grundbesitzern, die ein Landschaftsdarlehen aufzunehmen beabsichtigten, kostenlos Auskunft über die Geschäftsmodalitäten erteilen. Erst die mit dem Generallandtag von 1898 einhergehenden Beschlüsse einer vereinfachten und günstigeren Taxation trugen wesentlich zur Ausbreitung des „Landschaftsdarlehens“ in Ostpreußen bei. 1905 wurden insgesamt 14748 Grundstücke bzw. Güter beliehen, wovon eine Anzahl von 12152, also 80 %, auf Güter unter 100 ha fielen. 63,9 % konzentrierten sich dabei auf eine Größenordnung von 20 bis unter 100 ha, ähnlich den Daten bei der „Neuen Pommerschen Landschaft“ mit 60 % und dem „Landschaftlichen Kreditverband für die Provinz Schleswig-Holstein“ mit 67 % in dieser Größenklasse im Jahre 1905.[69]

Noch schlechter verlief die Entwicklung bei der „Schlesischen Landschaft“ in den ersten 30 Jahren nach der Aufnahme der Bauern in den Verband. Obwohl die „Schlesische Landschaft“ auch seit 1850 bei der absoluten Beleihungshöhe[70] immer die Spitzenreiterrolle im Vergleich zu den anderen „Landschaften“ einnahm, partizipierten die Bauernhöfe, der sog. „Nichtinkorporierte Grundbesitz“ oder auch „Güter ohne Rittergutsqualität“ genannt, kaum am „landschaftlichen“ Kredit. Am Ende der 30jährigen Geschäftstä-

69 Blömer, Agrarkredit, Tab. 53, S. 203 u. Tab. 54, S. 204; Mauer, Landschaftliches Kreditwesen, S. 130–132 u. 148–151.

70 Blömer, Agrarkredit, Tab. 55a, S. 206 u. Tab. 55b, S. 207.

tigkeit im Dienste des bäuerlichen Grundbesitzes konnte nur knapp ein Prozent der zirka 140000 beleihungsfähigen Bauerngüter mit Krediten versorgt werden. In der Hauptsache kam der Landschaftskredit den größeren Grundbesitzern zugute. Eine systematische Förderung des Landschaftskredits in den bäuerlichen Kreisen setzte hier, wie bei der Ostpreußischen und auch den anderen „Landschaften", erst seit Mitte der 1890er Jahre ein. 1895 entfielen von insgesamt 9995 Beleihungen knapp 80 %, also 7901 Beleihungen auf Bauerngüter. 1905 waren es bereits 87 %, das entsprach einer Zahl von 13474 beliehenen bäuerlichen Gütern. Zu diesem Zeitpunkt hatte sich auch eine Zuordnung der Größenklassen zugunsten des kleineren Grundbesitzes verschoben. 1905 lagen knapp 50 % der von der „Schlesischen Landschaft" beliehenen Güter in der Größenklasse von weniger als 20 ha.

Obwohl die Entwicklung der beiden älteren „Landschaften" besonders in den ersten 30 Jahren nach der Jahrhundertmitte zugunsten des bäuerlichen Grundbesitzes zu wünschen übrig ließ, darf ihre Bedeutung für den gesamten ländlichen Grundbesitz im 19. Jahrhundert nicht unterschätzt werden. So dürfen diese beiden „landschaftlichen" Kreditinstitute im Vergleich zu den anderen „Landschaften" sowohl was die Anzahl der Beleihungen als auch was die Beleihungshöhe angeht nicht unterbewertet werden. In diesen Bereichen lagen diese Institute bis 1906 an vorderster Stelle.[71] Sowohl die speziellen „Bauern-„ bzw. „Rustikallandschaften" als auch die neueren „Landschaften" halfen nicht sonderlich, dieses Bild zu verbessern. Mit ihnen war zwar eine bäuerliche Kreditorganisation entstanden, die dem bäuerlichen Grundbesitz dienen wollte, aber ihre Geschäftsergebnisse zeigten oft eine entgegengesetzte Tendenz auf, und zwar als eine Art Stabilisierungsmaßnahme des ländlichen Großgrundbesitzes.

Vergleicht man nun die Anzahl der Beleihungen und die Beleihungshöhe unter den „Landschaften", so hatte die „Neue Westpreußische Landschaft" ein relativ gutes Resultat aufzuweisen. Diese „Rustikallandschaft" belieh zunächst durchschnittlich jährlich doppelt so viele Bauerngüter als die „Schlesische Landschaft", bis sich in den 1880er Jahren ein Gleichstand abzuzeichnen begann. 1884/1885 lag die durchschnittliche Beleihung eines bäuerlichen Gutes bzw. Grundstücks bei der „Schlesischen Landschaft" bei 13946 Mark und im Vergleich dazu bei der „Neuen Westpreußischen" bei 19970 Mark.[72] Die Stückelung der bäuerlichen Darlehen bei der „Neuen Westpreußischen Landschaft" zeigt für das Jahr 1880 auf, daß sich nur 31,3 % der Darlehen auf eine Summe unter 6000 Mark beliefen. Der weitaus größte Teil bestand aus höheren Darlehen und wurde somit von den größeren Grundbesitzern aufgenommen.[73] Die Gründe dafür, daß sich die Geschäftstätigkeit der „Neuen Westpreußischen Landschaft" insbesondere auf den größeren bäuerlichen Besitz konzentrierte, lag zum einen in dem sicherlich zu hoch festgesetzten Mindestwert eines Grundstücks in Höhe von 1500 Talern bzw. 4500 Mark, dem nur ein geringer Teil der Bauerngüter gerecht werden konnte. Hinzu kam, daß die mit der Aufnahme eines Darle-

71 Ebd., Tab. 53, 54, 55, S. 203–207; Mauer, Landschaftliches Kreditwesen, S. 132–134 u. S. 154–156.

72 Die durchschnittliche Beleihung eines Rittergutes bei der „Schlesischen Landschaft" lag 1870 bei 88546 Mark.

73 Blömer, Agrarkredit, Tab. 57, S. 209.

hens verbundenen Kosten für viele Bauern zu hoch angesetzt waren und den Kredit noch verteuerten. Indessen muß festgehalten werden, daß von den Darlehen, die in der Zeit von 1861 bis 1865 beantragt wurden, 90 % der Ablösung von gerade in den 1860er Jahren zur Kündigung anstehenden, „lästigen“ Privathypotheken dienten.

Das Jahr 1895 brachte für alle „Landschaften“ eine positive Veränderung zur Ausweitung des „landschaftlichen“ Darlehens auf den mittleren und kleineren Grundbesitz. Der für eine Beleihung erforderliche Mindestwert wurde nun auf 3000 Mark reduziert. Dagegen wurde eine Erweiterung der Beleihungsgrenze, die 1895 bei allen „Landschaften“ auf ⅔ des Taxwertes fixiert wurde, bei der „Neuen Westpreußischen“ erst im Jahre 1900 wirksam, da ihnen die 1896 festgesetzte Beleihungsgrenze von ⅗ des Taxwertes zunächst als ausreichend erschien. 1895 lag die durchschnittliche Beleihung eines Bauerngutes bei 18867 Mark, war also geringer als etwa zehn Jahre zuvor. Jedoch wurde das alte Maß von 1884 dann im Jahre 1905 mit dem Durchschnittswert von 19636 Mark fast wieder erreicht.[74] Im Jahre 1905 sah eine Differenzierung nach Größenklassen wie folgt aus: Von den 8247 beliehenen Bauerngütern entfiel der größte Teil, genau 55,1 % aller Beleihungen auf eine Größenordnung von 20 bis unter 100 ha. Immerhin lagen aber schon 37,1 % aller Beleihungen in der Größenklasse von weniger als 20 ha und nur 6,6 % der beliehenen Güter war größer als 100 ha.[75]

Auch bei den beiden anderen speziellen „Bauernlandschaften“, dem „Neuen Brandenburgischen Kreditinstitut“ und der „Neuen Pommerschen Landschaft“, konzentrierten sich die Beleihungen nicht auf den Kleingrundbesitz, sondern auf den mittleren und großen bäuerlichen Grundbesitz. Im Jahre 1905 lagen beim „Neuen Brandenburgischen“ 57,3 % aller beliehenen Bauerngüter in der Größenklasse von 20 bis 100 ha, bei der „Neuen Pommerschen“ waren es sogar 60 %, die sich auf diese Größenklasse verteilten.[76] Startschwierigkeiten waren auch bei diesen Instituten in den ersten Jahren, fast Jahrzehnten, angesagt. Nach zehnjähriger Tätigkeit hatte beispielsweise das „Neue Brandenburgische Institut“ erst 46 Grundstücke beliehen. Änderungen bei den Taxvorschriften und eine Erhöhung der Kreditbemessung in den 1880er Jahren ließen dann aber bei diesem Kreditinstitut die Anzahl der Beleihungen schnell auf einige Tausend steigen: 1885 waren es 1377, 1895 6649 und 1905 9931 beliehene Bauerngüter. Das sehr schlechte Bild der „Neuen Pommerschen Landschaft“ stützt sich auf folgende Daten: 1885, nach 13jähriger Tätigkeit waren erst 25 Güter beliehen, 1895 belief sich die Zahl auf 205 Güter und erst im Jahre 1905 konnte eine Anzahl von 1208 Gütern beliehen werden.[77]

Bei den dann nach 1850 gegründeten „Neueren Landschaften“ war es im Vergleich zu den „Rustikallandschaften“ nicht viel besser um den bäuerlichen Kleingrundbesitz bestellt. Es darf aber nicht vergessen werden, daß diese neuen „Landschaften“ keine reinen „Bauernlandschaften“ waren, sondern gemischte „Landschaften“. Ihr Geschäftsbereich erstreckte sich sowohl auf Bauern- als auch auf Rittergüter, da die preußische

74 Ebd., Tab. 58, S. 213.

75 Ebd., Tab. 54, S. 205; Mauer, Landschaftliches Kreditwesen, S. 134–136 u. 146ff.

76 Blömer, Agrarkredit, Tab. 54, S.205.

77 Ebd., Tab. 53, S. 203 u. Tab. 54, S.205; Mauer, Landschaftliches Kreditwesen, S. 140, 147, 151f.

Bodenkreditpolitik dieser Jahre mit diesen Institutsgründungen die Forderung, in denjenigen Provinzen, in denen keine „Landschaften" existierten, neue „Landschaften" zu errichten, erfüllen wollte.

Obwohl die 1857 gegründete „(Neue) Posener Landschaft" zunächst nur eine reine „Bauernlandschaft" sein wollte, entsprach die 1859 erteilte Berechtigung, auch die adeligen Güter zu beleihen, viel eher den Darlehens- und Geschäftsmodalitäten dieser „Landschaft", die alle Güter unter einem Taxwert von 5000 Talern (15000 Mark) von der „landschaftlichen" Beleihung ausschloß. Diesen Bedingungen entsprechend konzentrierte sich die Geschäftstätigkeit der „Posener Landschaft" auch auf die Beleihung des mittleren, aber besonders des größeren Grundbesitzes. Der Versuch, im Jahre 1876 den Minimalwert von 15000 Mark auf 3000 Mark zugunsten einer stärkeren Partizipation des kleinen Grundbesitzes zu reduzieren, scheiterte an der zu starken Lobby der Großgrundbesitzer. Die Herabsetzung auf einen Wert von 6000 Mark im Jahre 1879 galt als ein Kompromiß, der den Geschäftskreis zwar zugunsten der kleineren Grundbesitzer erweiterte, aber noch lange nicht den realen Ansprüchen genügte und für viele in diese Taxklasse fallende Grundbesitzer längst zu spät kam. 1884 wurde der Minimaltaxwert dann auf 4000 Mark reduziert und 1896 schließlich, ebenso wie bei der „Neuen Westpreußischen", auf 3000 Mark.

Bei der „Posener Landschaft" ist leider nicht mehr genau zu differenzieren, wieviele Güter unter einen Taxwert von 6000 bzw. später 3000 Mark fielen.[78] Im Jahre 1885 entfielen 58,5 % aller Beleihungen auf Güter mit einem Taxwert über 15000 Mark, 1895 sank dieser Wert um etwa 11 % auf 47,6 % und 1905 erreichte er 45,6 %. Legt man bei der Einordnung in Größenklassen die Hektarabmessungen zugrunde, so sah das Bild im Jahre 1905 folgendermaßen aus: nur 18,9 % aller beliehenen Güter entfielen auf Güter der Größenklasse mit 100 und mehr ha, 44,5 % auf Güter der mittleren Größenklasse mit 20 bis unter 100 ha und immerhin 36,6 % der Beleihungen lagen in der Größenklasse unter 20 ha, ähnlich wie beim „Neuen Brandenburgischen Kreditinstitut" und bei der „Neuen Westpreußischen Landschaft".[79]

Die Resultate der „Landschaft der Provinz Sachsen" geben ebenfalls kein Bild einer von Modernisierungskonzepten zugunsten der breiten bäuerlichen Schicht geprägten Entwicklung wieder. Auch hier blieb der eigentlich von dieser neugegründeten „Landschaft" erhoffte Erfolg aus. Im Jahre 1885 waren noch nicht einmal die vor der Gründung dieser „Landschaft" anvisierten 484 Güter, die dem neuen Verband beizutreten gewillt waren, beliehen. Die Anzahl von 428 Gütern war gerade erreicht. 78 % aller beliehenen Güter waren dabei „immerhin" sog. Bauerngüter. 1895 entfielen von einer Gesamtzahl von 1227 Beleihungen 82,2 % auf Bauerngüter. Die Anzahl der Beleihungen fiel bis 1905 relativ gering aus. 1905 wuchs die Gesamtzahl dann auf eine Größe von

78 Blömer, Agrarkredit, Tab. 53, S. 203; In der Tabelle 53 sind die beliehenen Güter nur in Ritter- und Bauerngüter mit einem Taxwert über 15000 Mark und in Bauerngüter mit einem Taxwert unter 15000 Mark unterteilt.

79 Ebd., Tab. 53, S. 203 u. Tab. 54, S. 204; Mauer, Landschaftliches Kreditwesen, S. 136ff. u. 145.

2271 an und der prozentuale Anteil der beliehenen bäuerlichen Güter lag nun bei 86%.[80]

Detailliertes zeigt die Größenklassenverteilung bei den beliehenen Gütern.[81] Von den 2271 durch die „Sächsische Landschaft" beliehenen Grundstücken im Jahre 1905 entfielen 998 Grundstücke, das waren 44% aller Beleihungen, in die Größenklasse von weniger als 20 ha. 925 Grundstücke lagen in der Größenklasse von 20 bis unter 100 ha, was 40,7% aller Beleihungen entsprach und 348 Grundstücke bzw. Güter konnten der Größenklasse über 100 ha zugeordnet werden. Wäre die Anzahl der beliehenen Güter nicht so gering ausgefallen, so würde der relativ hohe Anteil der Beleihungen in der Größenklasse mit weniger als 20 ha ein gutes Bild auf das Wirken dieser neuen „Landschaft" zugunsten des Kleingrundbesitzes werfen. Man kann die absolute Zahl der Beleihungen jedoch nicht separat betrachten, sondern muß sie in Beziehung zur Beleihungshöhe setzen. Die errechnete durchschnittliche Beleihung eines Ritter- bzw. Bauerngutes lag 1885 bei 70585 Mark, 1895 sank sie zwar ein wenig, lag aber immer noch bei 62128 Mark. Für 1906 konnte eine Durchschnittsbeleihung von 62290 Mark errechnet werden. Vergleicht man diese Durchschnittswerte mit denen der anderen „Landschaften", so scheinen doch eher größere Güter an den zur Verfügung gestellten Krediten profitiert zu haben[82], denn normalerweise betrug die durchschnittliche Beleihung eines Bauerngutes bei den anderen „Landschaften", selbst bei der Schlesischen, zwischen etwa 13000 und 22000 Mark. Allerdings kann auch angenommen werden, daß die relativ günstige Beleihungsgrenze für die Güter, die ab 1867 wie bekannt bei ⅗ des Grundstückswertes lag, sich hier positiv auswirkte.

Aber selbst die zu den älteren „Landschaften" zählende „Ostpreußische Landschaft", die sich lange schwer tat, den bäuerlichen Kleingrundbesitz zu beleihen, konnte von 1879 bis 1906 eine Durchschnittsbeleihung zwischen etwa 27000 und 34000 Mark aufweisen. Allerdings galt hier noch eine Beleihung bis zur Hälfte des Grundstückswertes. Die älteren „Landschaften" verzeichneten in der Zeit von 1870 bis 1906 bei den Rittergütern eine Durchschnittsbeleihung zwischen etwa 89000 und 195000 Mark. Den durchschnittlichen Beleihungsdaten der „Sächsischen Landschaft" am nächsten kamen die Durchschnittswerte der „Neuen Posener Landschaft", die hauptsächlich größere Güter belieh und in der Zeit von 1879 und 1905 Werte zwischen etwa 62000 und etwa 44000 Mark aufzuweisen hatte.[83]

Bei der „Landschaft der Provinz Westfalen" von 1877 ergab die quantitative Vergleichsanalyse zu den anderen „Landschaften", daß die „Westfälische Landschaft" bis 1906 weit unter dem Quantum der Beleihungen der vor ihrer Zeit gegründeten „Landschaften", mit Ausnahme der „Neuen Pommerschen", blieb.[84] Sieht man sich aber die Verteilung der beliehenen Güter auf Größenklassen[85] an, so fällt im ersten Moment jedoch positiv auf,

80 Blömer, Agrarkredit, Tab. 53, S. 203.
81 Ebd., Tab. 54, S. 204.
82 Mauer, Landschaftliches Kreditwesen, S. 139f. u. 147.
83 Blömer, Agrarkredit, Tab. 58, S. 213.
84 Ebd., Tab. 53, S. 203 u. Tab. 54, S. 204.
85 Ebd., Tab. 54, S. 204.

daß die „Westfälische Landschaft“ im Jahre 1906 41,5 % aller Beleihungen auf Güter unter 20 ha vornahm und damit im Vergleich zu den anderen „Landschaften“ nach der „Schlesischen“ mit 48,9 % und der „Sächsischen“ mit 44 % die dritte Stelle in dieser Größenordnung einnahm.

Die durchschnittliche Beleihungshöhe eines durch die „Westfälische Landschaft“ beliehenen Gutes lag in der Zeit von 1885 bis 1905 nur zwischen etwa 13000 und 18000 Mark, obwohl die Beleihungsgrenze bei ⅔ des Grundstückswertes lag. Dieses Ergebnis unterstreicht die Aussage, daß – im Vergleich mit den Daten der übrigen preußischen „Landschaften“ – die „Landschaft der Provinz Westfalen“ besonders den mittleren bis kleineren Grundbesitz belieh.[86] Die Struktur des ländlichen Grundbesitzes in Westfalen zeigte aber auch, daß insgesamt der mittlere bis kleine Grundbesitz gegenüber dem großen Rittergutsbesitz in Westfalen überwog, so daß von daher schon eine eindeutige Zuordnung zum mittleren Grundbesitz gegeben war. Eine Erweiterung des Geschäftsbereiches auf den mittleren bis kleineren Grundbesitz erfolgte bei der „Landschaft der Provinz Westfalen“ durch die Senkung des Grundsteuerreinertrages aber erst seit den 1880er Jahren. 1882 wurde der ursprünglich festgesetzte Mindestbetrag von 150 Mark auf 100 Mark gesenkt, 1885 dann weiter auf 75 Mark und 1899 schließlich auf 50 Mark.[87]

Der „Landschaftliche Kreditverband für die Provinz Schleswig-Holstein“ von 1883, der, was die absolute Beleihungshöhe betrifft, hinter der „Landschaft der Provinz Westfalen“ rangierte[88], nahm 1906 67 % aller Beleihungen auf Güter der Größenklasse zwischen 20 bis unter 100 ha vor. Die Durchschnittsbeleihung eines Gutes lag in der Zeit von 1885 bis 1905 dementsprechend zwischen etwa 19000 und 23000 Mark.[89] Die zweite „Landschaft“ dieser Provinz, die „Schleswig-Holsteinische Landschaft“ von 1895 hatte im Jahre 1905 gerade 92 Güter beliehen, wovon 74 Rittergüter und 5 Meierhöfe waren.[90] Die Beleihungshöhe pro Gut war, obwohl es sich hauptsächlich um Rittergüter handelte, relativ gering, sie lag bei 20138 Mark im Durchschnitt pro beliehenes Gut.[91]

3. Resümee

Als Resümee der Entwicklung der preußischen „Landschaften“ nach Abschluß der Agrarreformen ab Mitte des 19. Jahrhunderts kann allgemein festgehalten werden, daß im eigentlichen Sinne systematisch erst ab dem Gesetz vom 30 Juni 1894, durch das den Landwirtschaftskammern die Mitwirkung bei der Organisation des ländlichen Kredits übertragen wurde, daran gearbeitet wurde, den „landschaftlichen“ Kredit in den bäuerlichen Kreisen zu fördern. Die Beschlüsse und Bestrebungen in dieser Zeit fielen dann auch

86 Ebd., Tab. 58, S. 213.
87 Mauer, Landschaftliches Kreditwesen, S. 145 u. 147.
88 Blömer, Agrarkredit, Tab. 53, S. 203 u. Tab. 55, S. 206f.
89 Ebd., Tab. 58, S. 213.
90 Ebd., Tab. 53, S. 203.
91 Ebd., Tab. 58, S. 213.

derart aus, daß die bestehenden Kreditorganisationen, aber insbesondere die „Landschaften" zugunsten des bäuerlichen Grundbesitzes noch weiter ausgebaut werden sollten.

Da die „Landschaften" sich nicht, wie beispielsweise die ländlichen Kreditgenossenschaften und Sparkassen[92], wie ein dichtes Netz in den Provinzen lokalisierten, blieb der enge Kontakt zu den Bauern vernachlässigt. Um die breite Schicht der Bauern zu erreichen, reagierte man erst in den 1890er Jahren mit entsprechenden Maßnahmen. Zunächst erweiterte man den Geschäftsbereich zugunsten des Kleingrundbesitzes, indem die Bemessungsgrundlage und die Aufnahmebedingungen in dieser Hinsicht positiv geändert und indem Beleihungsgrenzen erhöht wurden. Daneben wurden regional auch Aktionen eingeleitet, die eine fehlende Lokalisierung in gewisser Weise wettmachen sollten, die allerdings ungenügend wirkten.

Als Beispiel solcher Maßnahmen seien diejenigen der „Landschaft der Provinz Sachsen" angeführt. Seit 1896 liefen in einem Amtsgerichtsbezirk Sachsens versuchsweise Grundbuchbereinigungen, d. h. die Umwandlung hochverzinslicher Privathypotheken in „Landschaftsdarlehen" an. Dann nahm diese „Landschaft" nach 1903, nach der Änderung der Taxgrundsätze, in 14 Amtsgerichtsbezirken systematisch weitere Maßnahmen in Angriff. Sie setzte hauptsächlich Lehrer, Kaufleute und kleine Beamte als Auskunftspersonen ein, um jedem bäuerlichen Grundbesitzer in unmittelbarer Nähe des Wohnortes Informationen über die Darlehensbedingungen der „Landschaft" zu bieten. Daß diese Maßnahmen einen durchgreifenden Erfolg erzielten, muß jedoch bezweifelt werden. Mögliche Kooperationspartner, die ländlichen Kreditgenossenschaften, aber auch die Sparkassen, verstanden sich vielmehr als Konkurrenzunternehmen im Bereich des ländlichen Kredits und hatten kaum Interesse an einer Förderung des Landschaftskredits in den bäuerlichen Kreisen. So lehnten sie nicht selten eine direkte Zusammenarbeit mit den „Landschaften", die darin bestehen sollte, den umschuldungswilligen Bauern „Nachtrags-Darlehen" zu gewähren, da der Landschaftskredit in den meisten Fällen zur Ablösung der Privathypotheken nicht ausreichte, ab.[93]

Die kreditwirtschaftlichen Indikatoren für Modernität, Flexibilität oder andererseits für Stabilität der ostdeutschen Landwirtschaft um die Jahrhundertwende wurden vom jeweiligen Stand des organisierten Agrarkredits her – hier differenzierter am Beispiel der preußischen „Landschaften" – analysiert. Aus der Sicht der Banken konnten Modernisierungstendenzen im Agrarsektor zum Beispiel an der Entwicklung und Verbesserung der Kreditqualität – im Zuge des generellen, allmählichen Übergangs vom unorganisierten zum organisierten Kredit – festgemacht werden. Die Flexibilität oder andererseits die Bestrebungen zur Bewahrung des großagrarischen Status quo (Politischer und wirtschaftlicher Natur) zeigten sich unter anderem an der Kreditquantität, so etwa in der Höhe der Beleihungen zu bestimmten Zeiten, beispielsweise durch die „Landschaften". Festzuhalten bleibt aber noch einmal, daß die Ergebnisse über Verschuldung der landwirtschaftlichen Güter und die These der Kreditnot in der Landwirtschaft eine weitreichende Defini-

92 Ebd., S. 253–311.

93 Mauer, Landschaftliches Kreditwesen, S. 146–156. Vgl. Denkschrift über die zur Förderung der Landwirtschaft in den letzten Jahren ergriffenen Maßnahmen, Berlin 1896.

tionssache ist, die sich nicht nur auf den Übergang vom unorganisierten zum organisierten Agrarkredit beziehen kann, sondern daneben eine differenzierte Analyse der verschiedenen Kreditarten (Verwendung, Beschaffenheit der geliehenen Werte etc.) bedeutet. Eine komplexe Darstellung der tatsächlichen kreditwirtschaftlichen Versorgung der ostdeutschen Landwirtschaft, die das spezifische Kreditbedürfnis der „Bauern" miteinschließt, ist auch nur zu erbringen, wenn der landwirtschaftliche Kreditbedarf anhand aller, zu bestimmten Zeiten vorhandenen Krediteinrichtungen (neben den „Landschaften" z. B. die Sparkassen, ländlichen Kreditgenossenschaften, Meliorationskassen, Hypothekenbanken etc. und die privaten Kreditgeber) untersucht würde. Die kreditwirtschaftliche Versorgung ließe sich dann beispielsweise an den Indikatoren lokale Präsenz der Kreditgeber, Höhe und Anzahl der Beleihungen, Anlage des Vermögens (z. B. das der Sparkassen) auf ländliche Hypotheken etc. darstellen.[94]

Um die Ebenen landwirtschaftlichen Handels in puncto Modernität und Flexibilität aus agrarkreditwirtschaftlicher Sicht noch genauer ermessen zu können, sollten ergänzende wissenschaftliche Studien angestrebt werden, wie etwa die Untersuchung des Haushalts- und Ökonomie-Etats der landwirtschaftlichen Betriebe.[95] Aus dieser Perspektive, die in erster Linie zwar nur die adeligen Haushalte betrifft[96], mit dem sozialen, gesellschaftlichen und familialen Hintergrund, könnte eine quantitative Langzeitanalyse des Haushalts neben der agrarkreditwirtschaftlichen Untersuchung genauere Erkenntnisse über die Gründe der Verschuldung, Wandel in der Güterspekulation, Qualität des Konsumverhaltens oder Sicherung des althergebrachten Sozialprestiges und seines gesellschaftlichen Status ergeben.

94 Das Brandenburgische Landeshauptarchiv in Potsdam (Staatsarchiv Potsdam) bietet diesbezüglich noch zahlreiche Quellen.

95 Susanne Richtering, Der Haushalt des Erbdrosten Clemens Heidenreich Graf Droste zu Vischering nach den Haushalts- und Ökonomie-Etats der Jahre 1860–1920, (Staatsexamensarbeit im Fach Geschichte an der WWU Münster, Prof. H.-J. Teuteberg), Münster 1989.

96 BLHA Potsdam, Pr. Br. Rep. 37, Adelige Herrschaft und Güter.

Ilona Buchsteiner

Besitzkontinuität, Besitzwechsel und Besitzverlust in den Gutswirtschaften Pommerns 1879–1910

Untersuchungen zur Entwicklung von Eigentums- und Besitzverhältnissen im Großgrundbesitz zwischen 1871 und 1914 spielen für die Beantwortung der Fragen nach Verlauf und Ergebnissen der Integration des Adels in die bürgerliche Gesellschaft eine zentrale Rolle. Gerade aber diese Fragen sind bisher wenig untersucht. Eine Ursache liegt sicher darin, daß die Materiallage sehr schwierig ist. Bis 1937 gab es in Deutschland keine offizielle Eigentumsstatistik, und es ist nach anderen aussagefähigen Quellen zu suchen. Auskunft über die Eigentümer größerer Landwirtschaftsbetriebe geben die Hand- bzw. Adreßbücher des Grundbesitzes, deren Aufarbeitung allerdings sehr zeitaufwendig und nicht unkompliziert ist.[1]

Einen ersten Versuch, aus diesen Ende der 70er Jahre des 19. Jahrhunderts erstmals herausgegebenen Hand- bzw. Adreßbüchern die Eigentumsverhältnisse des Großgrundbesitzes zu erfassen, unternahm vor nunmehr gut 100 Jahren Johannes Conrad. Er analysierte die vorliegenden Erstauflagen für die östlichen Provinzen Preußens mit Ausnahme Brandenburgs.[2] Conrad ermittelte einen überraschend hohen bürgerlichen Eigentumsanteil im Großgrundbesitz. Leider blieben seine Untersuchungsergebnisse von der wirtschafts- und politikgeschichtlichen Forschung nahezu unberücksichtigt. In den 20er Jahren unseres Jahrhunderts knüpfte dann Theodor Häbich[3] an die Conradschen Untersuchungen an. Er dehnte zwar seine Analyse auf das gesamte Reichsgebiet aus, erfaßte aber nur die größten Eigentümer der einzelnen deutschen Territorien und blieb damit in der Aufgabenstellung hinter Conrad zurück.

Für eine Untersuchung von Eigentums- und Besitzstrukturen der Gutsbetriebe bietet die Provinz Pommern gute Voraussetzungen.

---

1 Die Güteradreßbücher bzw. die Handbücher des Grundbesitzes, die ab Ende der 70er Jahre des 19. Jahrhunderts für einzelne deutsche Provinzen vom Niekammer-Verlag, vom Parey-Verlag bzw. auch von Regionalverlagen herausgegeben wurden, erfaßten für ein Land oder einen Regierungsbezirk größere Landwirtschaftsbetriebe. Die Betriebsgröße für eine Aufnahme wie auch die Konkreta zu den Betrieben und ihren Eigentümern waren regional sehr unterschiedlich festgelegt.

2 Vgl. Johannes Conrad, Agrarstatistische Untersuchungen, in: Jahrbücher für Nationalökonomie und Statistik, Jena 1889, 1891, 1892, 1893, 1895, und 1898.

3 Vgl. Theodor Häbich, Deutsche Latifundien, Bericht und Mahnung, Stuttgart 1947.

Einerseits gibt es für den Zeitraum von 1871 bis 1914 fünf solcher Hand- bzw. Adreßbücher des pommerschen Grundbesitzes, von denen vier, nämlich die der Jahre 1879, 1893, 1905 und 1910[4], ausgewertet werden konnten. Sie verzeichnen für Pommern nach Kreisen geordnet und in alphabetischer Auflistung landwirtschaftliche Betriebe von mehr als 75 Hektar (ha), ihre Eigentümer, eventuelle Pächter, die Gesamtgröße des Areals und die Flächengröße der einzelnen Nutzungsarten.[5] Eine Summierung der Angaben auf Kreis- bzw. Regierungsbezirksebene gibt es nicht, so daß Tausende von Einzelangaben zu bearbeiten sind.

Andererseits war Pommern zwischen 1871 und 1914 eine ausgesprochen agrarisch, vor allem großagrarisch strukturierte Provinz. Im Jahre 1907 entfielen von der landwirtschaftlichen Nutzfläche (LN) Pommerns 51,3 % auf Betriebe mit einer wirtschaftlichen Einheit von mehr als 100 ha[6], also auf die flächenmäßigen Großbetriebe. Auf diese als wirtschaftliche Einheit geführten Großbetriebe wird im folgenden die Analyse des Großgrundbesitzes beschränkt.

Eine solche Eingrenzung war notwendig, da aus den Handbüchern nicht die Größe der einzelnen Teilflächen des als parzelliert angegebenen Gutes erfaßt bzw. verpachtete Splitterflächen nicht ausgewiesen wurden. Sie war zum anderen möglich, weil in Pommern die Nutzung des Großgrundbesitzes als Großbetrieb bei weitem überwog und die ostdeutsche Gutswirtschaft einen solchen darstellte. So werden in der vorliegenden Untersuchung die Begriffe Großgrundbesitz, Gutswirtschaft und Großbetrieb auch als Synonym verwendet.

1. Größe und Struktur des Großgrundbesitzes

Im Jahre 1879 gab es in Pommern insgesamt 2462 Großbetriebe mit einer Gesamtfläche von ca. 1,6 Millionen ha. Bis zum Jahr 1910 hatte sich die Zahl der Gutswirtschaften um 37 und ihre Fläche um ca. 114 000 ha vergrößert.[7] Dieses Ergebnis steht im Gegensatz zu den von der landwirtschaftlichen Betriebsstatistik widergespiegelten Abnahme von Zahl und Fläche landwirtschaftlicher Großbetriebe von 1882 und 1907.[8]

---

4 Vgl. General-Adreßbuch der Ritterguts- und Gutsbesitzer im Deutschen Reiche, I. Das Königreich Preußen. II. Lieferung: Die Provinz Pommern, Berlin 1879; Handbuch des Grundbesitzes im Deutschen Reiche. Nach amtlichen und authentischen Quellen bearbeitet von Paul Ellerholz, Dr. E. Kirstein, Dr. Traugott Müller und Georg Volger. I. Das Königreich Preußen, II. Lieferung: Provinz Pommern, Berlin 1893; Pommersches Güter-Adreßbuch, Stettin 1905; Handbuch des Grundbesitzes im Deutschen Reiche. Unter Mitwirkung der Königlichen Behörden und nach amtlichen Quellen bearbeitet, Berlin 1910.

5 Vgl. ebd.

6 Vgl. Statistik des Deutschen Reiches (StDR), Bd. 212,2, Übersicht 3, Berlin 1912, S. 18*ff.

7 Alle nicht gesondert ausgewiesenen Zahlenangaben sind entnommen aus: Ilona Buchsteiner, Soziale Struktur, ökonomische Situation und politische Rolle des Großgrundbesitzes 1871 und 1917. Eine Untersuchung für die Provinz Pommern, Habilschrift, Rostock 1988, s. auch Anm. 18.

8 Vgl. StDR, Bd. 221,2, Übersicht 3.

Tabelle 1:
Zahl und Fläche der landwirtschaftlichen Großbetriebe nach dem Handbuch 1910 und der landwirtschaftlichen Betriebsstatistik von 1907

Großbetriebe	Handbuch in GF	Betriebsstatistik in LN
Gesamtzahl (A)	2499	2678
Gesamtfläche in ha (B)	1690168	1021850
davon Betriebe		
100–200 ha (A)	298	735
(B)	45097	114137
200–500 ha (A)	950	1235
(B)	335701	424356
500–1000 ha (A)	837	657
(B)	585598	417636
über 1000 ha (A)	414	51
(B)	723772	56721

Quelle: StDR, Bd. 212,2, Übersicht 3 und Handbuch des Grundbesitzes für die Provinz Pommern 1910 (vgl. Anm. 4)

Die Gründe dieser sich widersprechenden Zahlenwerte liegen offenbar in unterschiedlichen Erhebungsmethoden und -kriterien. Die Betriebsstatistik zählte zum einen die Betriebe auf der Basis der LN und so blieben die großen Waldflächen der pommerschen Gutsbetriebe, vor allem im Regierungsbezirk (RB) Köslin, hier unberücksichtigt. Das wirkte sich, wie der Tabelle 1 zu entnehmen ist, besonders für die Betriebszahl und -fläche in der Größenklasse von über 1000 ha als den flächenmäßig größten Betrieben aus. Ihre erhebliche Differenz bewirkte aber auch, daß Zahl und Fläche der Betriebe zwischen 200 und 1000 ha LN jene nach der Gesamtfläche ermittelten Betriebe übertraf.

Zum anderen wurden die Flächen der Vorwerke, die in den Handbüchern meistens in die Hauptbetriebe integriert wurden, als selbständige Betriebe erfaßt. Größtenteils waren das Betriebe mit einer LN-fläche knapp über 100 ha. Das erklärt die große Differenz in der Größengruppe 100–200 ha und wohl auch die insgesamt um 7,2 % größere Großbetriebszahl nach der landwirtschaftlichen Betriebsstatistik.

Von den 2462 Großbetrieben Pommerns befand sich mit 41,2 % der größte Anteil im RB Köslin, 32,8 % lagen im RB Stettin und 26,0 % im RB Stralsund. Gemessen am Anteil an der gesamten LN des jeweiligen RB wies Stralsund mit 74,9 % die höchste Konzentration von Großbetrieben auf. Im RB Köslin betrug dieser Anteil 47,9 % und im RB Stettin 46,6 %.[9] Die quantitative Erweiterung der Großbetriebszahl und -fläche, die zwischen 1893 und 1905 am größten war, erfolgte jedoch nur, wie der Tabelle 2 zu entnehmen ist, bis 1905.

Nach 1905 ging sowohl die Betriebszahl als auch die Flächengröße zurück, wobei die

9 Vgl. ebd.

Tabelle 2:
Zahl und Fläche der Großbetriebe Pommerns 1879, 1893, 1905 und 1910

Jahr	Zahl	Fläche in ha
1879	2462	1575947
1893	2547	1715129
1905	2720	1815104
1910	2499	1690168

Quelle: Errechnet aus den Einzelangaben der ausgewerteten Handbücher und Güterverzeichnisse (vgl. Anm. 4).

Betriebszahlabnahme mit 8,1 % gegenüber 6,9 % bei der Fläche relativ größer war. Daraus und aus der bis 1905 größeren Zunahme der Fläche gegenüber der Betriebszahl ergab sich eine Erweiterung der statistischen Durchschnittsfläche pro Betrieb um 36 ha auf 676,3 ha 1910. Auffallend war, daß die zwischen 1893 und 1905 erfolgte große Zunahme der Betriebszahl von einer Abnahme der durchschnittlichen Größe der Betriebsfläche begleitet war. Auf mögliche Ursachen wird noch einzugehen sein.

Der Vergleich der drei RB Pommerns zeigte, daß die positive Gesamtentwicklung der Gutsbetriebe Pommerns eigentlich nur durch die Zunahme von Großbetriebszahl und -fläche im RB Stettin bestimmt wurde, jenem RB in dem der Großbetriebsanteil 1879 am geringsten war. Auffallend waren die erheblichen Differenzen in der durchschnittlichen Flächengröße der Großbetriebe in den drei RB. Im RB Köslin war sie 1,6 mal so groß wie im RB Stralsund, wo die Großbetriebe mit 480 ha die geringste Durchschnittsgröße besaßen. Unter den pommerschen Gutswirtschaften dominierten 1879 Betriebe mit einer Gesamtfläche von 200–500 ha, während Betriebe zwischen 100 und 200 ha den geringsten Anteil besaßen. Das traf ebenfalls für 1910 zu, wie auch die 1879 insgesamt bestehenden Relationen zwischen den Größengruppen trotz unterschiedlicher zahlenmäßiger Entwicklungen im wesentlichen konstant blieben.

2. Eigentums- und Besitzverhältnisse

Eigentümer landwirtschaftlicher Großbetriebe waren in Pommern Angehörige des Adels, des Bürgertums und juristische Personen. Letztere waren vor allem der Fiskus, Städte, die Kirche und die Universität Greifswald. Insgesamt wurden für die 2462 Großbetriebe Pommerns 1665 Eigentümer ermittelt. Im statistischen Durchschnitt ergab das pro Eigentümer 1,5 Betriebe und 946,5 ha.

Sowohl 1879 als auch 1910 dominierte unter den Eigentümern das Bürgertum. Dieses Ergebnis war zumindest in seiner Eindeutigkeit für 1879 überraschend und relativiert alle, vor allem von der marxistischen Geschichtsschreibung getroffenen Aussagen einer eindeutigen ökonomischen Stärkung des ostdeutschen Junkertums, sprich des Adels, als

Tabelle 3:
Die Größenklassen der pommerschen Großbetriebe 1879, 1893, 1905 und 1910

Größenklasse		1879	1893	1905	1910
100–200 ha	Zahl (A)	260	272	369	298
	v. H. (B)	10,6	10,6	13,6	11,9
	GF v. H (C)	2,5	2,4	2,9	2,7
200–500 ha	(A)	948	979	1028	950
	(B)	38,5	38,4	37,8	38,0
	(C)	21,2	19,9	19,5	19,9
500–1000 ha	(A)	857	872	874	837
	(B)	34,8	34,2	32,1	33,5
	(C)	38,0	35,9	33,3	34,6
über 1000 ha	(A)	397	424	449	414
	(B)	16,1	16,6	16,5	16,6
	(C)	38,3	41,8	44,3	42,8

Quelle: Errechnet aus den Einzelangaben der ausgewerteten Handbücher und Güterverzeichnisse (vgl. Anm. 4).

Tabelle 4:
Sozialstruktur der Großbetriebseigentümer Pommerns 1879, 1893, 1905 und 1910

Jahr	Adel	v. H.	Bürgertum	v. H.	jur. Pers.	v. H.	Eigentümer
1879	710	42,6	920	55,2	35	2,1	1665
1893	616	38,8	937	59,0	36	2,3	1589
1905	652	37,3	1037	59,7	51	2,9	1746
1910	607	39,4	880	57,1	55	3,6	1542

Folge der kapitalistischen Agrarentwicklung auf preußischem, also auf reformerischen Wege.[10]

Im Jahre 1910 hatte sich die Zahl adliger Eigentümer weiter verringert, aber auch die Zahl bürgerlicher Eigentümer war, wenn auch geringer, zurückgegangen. Die Entwicklung von adliger und bürgerlicher Eigentümerzahl verlief zwischen den einzelnen Erhebungsjahren jedoch nicht nur in unterschiedlicher Höhe, sondern auch in unterschiedliche Richtungen.

Die Zahl adliger Eigentümer reduzierte sich am meisten zwischen 1879 und 1893 bei gleichzeitig stattfindender Zunahme der bürgerlichen Eigentümer. Da die beiden Erhebungsjahre in etwa den Zeitraum der Agrarkrise[11] markieren, liegt der Schluß nahe, daß sie vorrangig im adligen Eigentum zur Aufgabe von Großbetrieben führte.

10 Vgl. zuletzt Deutsche Geschichte, Bd. 4, Berlin 1984, S. 400f.

11 Für die Jahre von 1875 bis Mitte der 90er Jahre wird in der agrargeschichtlichen Literatur gemeinhin von einer Agrarkrise in Deutschland gesprochen. In neueren Untersuchungen wird eine Krise

Zwischen 1893 und 1905 nahm die Zahl nun beider sozialer Eigentümergruppen zu. Vermutlich war das eine Folge der ab Mitte der 90er Jahre ergriffenen agrarpolitischen Maßnahmen zur Förderung der Landwirtschaft[12] und der 1902 für 1906 beschlossenen neuen Zolltarife, die für die landwirtschaftliche Großproduktion eine günstige Kapitalverwertung erwarten ließen. Bemerkenswert ist dann die fast das Dreifache der Abnahme der adligen Eigentümerzahl betragene Reduzierung der bürgerlichen Eigentümerzahl zwischen 1905 und 1910. Damit wurde in starkem Maße bürgerliches Kapital aus der Landwirtschaft herausgezogen.

Auch in den Eigentumsstrukturen und ihren Entwicklungstrends wiesen die drei RB einige Besonderheiten auf. So überwogen im RB Stralsund 1879 noch die adligen Eigentümer und auffallend war hier auch ein größerer Anteil juristischer Personen.

Betrachtet man die Gesamtgröße des Bodeneigentums, dann relativiert sich die bürgerliche Dominanz in der Eigentümerzahl. Im Jahre 1879 verfügten 44,7 % der adligen Eigentümer über ein Gesamtbodeneigentum von mehr als 1000 ha und insgesamt 78,1 % von mehr als 500 ha. Demgegenüber besaßen 55 % der bürgerlichen Eigentümer nur ein Gesamteigentum bis zu 500 ha. Damit war die Masse der adligen Eigentümer ihren bürgerlichen Konkurrenten in der Eigentumsgröße überlegen. Diese Überlegenheit erhöhte sich bis 1910 weiter. Nunmehr verfügten 48,6 % der adligen Eigentümer über mehr als 1000 ha und 58,1 der bürgerlichen bis zu 500 ha.

Im statistischen Durchschnitt nahm die Eigentumsgröße pro adligem Eigentümer um 101 ha auf 1355,6 ha 1910 zu. Im adligen Bodeneigentum erfolgte also eine Erhöhung der Bodenkonzentration in einer Hand, während sie im bürgerlichen Eigentum um 24 ha auf 561,9 ha im Jahre 1910 zurückging.

Die drei Eigentümergruppen verfügten 1879 über folgende Anteile an der Gesamtbetriebszahl: 47,5 % aller Gutsbetriebe befanden sich in adliger Hand, 41,1 % in bürgerlicher und 11,4 % in der Hand juristischer Personen. Mit diesem Anteil des Adels am Betriebseigentum verliert die bürgerliche Überlegenheit in der Eigentümerzahl weiter an Bedeutung und sie wird noch geringer, wenn man die Anteile der drei Eigentümergruppen an der Großbetriebsfläche vergleicht. Im Jahre 1879 entfielen 56,1 % der Fläche auf adlige, 34,2 % auf bürgerliche und 9,7 % auf juristische Eigentümer.

---

bestritten (zuletzt: Klaus Heß, Junker und bürgerliche Großgrundbesitzer im Kaiserreich, Stuttgart 1990; siehe auch den Aufsatz von Heß im vorliegenden Band, S. 157–172.) Die hier vorgelegten Ergebnisse geben Veranlassung, die bisherigen Thesen zu überprüfen, vor allem sie zu konkretisieren und zu differenzieren. Aber die auf Erhebungen ab Mitte der 90er Jahre basierenden Schlußfolgerungen können nicht widerlegen, daß mit der Herausbildung des Getreideweltmarktes und des Weltmarktpreises die deutschen Getreideproduzenten den größten Teil ihrer Absatzmärkte verloren, es zu einem Preisverfall des Getreides kam und für die deutsche Landwirtschaft eine Umstellung bedeutete. In dieser Umstellungsphase, die ungefähr von Mitte der 70er bis Anfang der 90er Jahre währte, sah sich sehr wohl die Masse der Landwirte in eine Strukturkrise gestellt. Von daher wird hier weiterhin von einer Agrarkrise ausgegangen.

12 Diese Maßnahmen beinhalteten u. a. Steuervergünstigungen, indem die Gebäudesteuer außer Hebung gesetzt wurde, und Exportprämien für Getreide. Vgl. dazu: Denkschrift über die zur Förderung der Landwirtschaft in den letzten Jahren ergriffenen Maßnahmen, Berlin 1906.

Tabelle 5:
Die Gesamtgröße des Bodeneigentums adliger und bürgerlicher Großgrundbesitzer

Eigentums-größe in ha	Zahl der adligen Eigentümer mit der betreffenden Eigentumsgröße				Zahl der bürgerlichen Eigentümer mit der betreffenden Eigentumsgröße			
	1879	1893		1905	1879	1893		1905
100–200	16	9	13	15	146	153	203	152
200–500	139	91	102	99	360	384	458	359
500–1000	237	202	231	198	291	281	270	256
über 1000	318	314	306	295	123	119	112	113
gesamt	710	616	652	607	920	937	1043	880

Tabelle 6:
Betriebszahl und Fläche des Adels, des Bürgertums und juristischer Personen 1879, 1893, 1905 und 1910

Jahr	Großbetriebszahl				Großbetriebsfläche in ha			
	Adel	Bürgertum	jurist. Pers.	gesamt	Adel	Bürgertum	jurist. Pers.	gesamt
1879	1168	1013	281	2462	883366	538748	153833	1575947
1893	1172	1046	329	2547	899848	530788	284493	1715129
1905	1141	1123	456	2720	841851	540294	428071	1810216
1910	1084	1000	415	2499	822845	494430	372893	1690158

An dieser Reihenfolge änderte sich bis 1910 grundsätzlich nichts. Es nahmen jedoch die absoluten und die relativen Werte für den Adel wie auch für das Bürgertum ab und dabei wiederum für den Adel in stärkerem Maße, wogegen das Bodeneigentum der juristischen Personen zunahm.

Damit basierte also die Zunahme von Großbetriebszahl und -fläche allein auf einer Erweiterung des Eigentums juristischer Personen.

Nachfolgend wird sich nun im wesentlichen auf die Gegenüberstellung der Entwicklungstrends im adligen und bürgerlichen Großgrundeigentum, als der beiden größten sozialen Gruppen, beschränkt.

Setzt man die Verluste von Eigentümer-, Betriebszahl und -fläche im adligen und bürgerlichen Eigentum ins Verhältnis, so zeigt sich für den Adel die relativ größte Abnahme in der Eigentümerzahl und die geringste in der Flächengröße, während im bürgerlichen Eigentum die Flächenabnahme dominierte und die der Betriebszahl am geringsten war. Aus dieser unterschiedlichen Entwicklung resultieren auch die oben genannten Veränderungen in der Gesamteigentumsgröße adliger und bürgerlicher Eigentümer.

Vergleicht man nun die Veränderungen dieser Relationen in den drei Zeiträumen, dann ergeben sich für das adlige Eigentum folgende Auffälligkeiten: Die größte Reduzierung der adligen Eigentümerzahl zwischen 1879 und 1893 erfolgte bei gleichzeitiger Zunahme von Betriebszahl und -fläche im adligen Eigentum. Das heißt, daß von adligen Eigentümern aufgegebenes Bodeneigentum im Adel verblieb und eine Extensivierung der Produktion vorgenommen wurde. Hierin zeigen sich offensichtlich Versuche, dem durch die Herausbildung des Getreideweltmarktes erfolgten Preisverfall des Getreides zu begegnen, was auch die Ausdehnung der Getreideanbaufläche belegt.[13] Eine Umkehrung dieses Prozesses zeigte sich dann zwischen 1893 und 1905. Eine Zunahme der Eigentümerzahl war von einer Reduzierung der Betriebszahl und -fläche begleitet, wobei die Flächenabnahme eindeutig dominierte. Im statistischen Durchschnitt betrug die Flächengröße für einen aufgegebenen adligen Betrieb 1 870 ha. Diese erhebliche Flächenreduzierung ist nun ein eindeutiger Hinweis für den Übergang zu einer intensiven Produktion, der im bürgerlichen Eigentum bereits zwischen 1879 und 1893 begonnen wurde.[14] Offensichtlich hatte der Zollschutz auch dazu geführt, daß die traditionell von den adligen Großproduzenten betriebene extensive Produktionsweise, die jedoch nicht der zeitgemäßen Forderung des Industriestaates nach einer billigen Massenproduktion von Nahrungsmitteln und Rohstoffen gerecht wurde, ohne größere finanzielle Verluste fortgesetzt werden konnte. Erst die erhebliche Zollreduzierung von 1891 zwang sie dann, wollten sie konkurrenzfähig bleiben, eine Veränderung vorzunehmen. Zwischen 1905 und 1910 verliefen dann auch im adligen Eigentum die Veränderungen von Eigentümerzahl, Betriebszahl und Fläche in die gleiche Richtung, wobei die Reduzierungen von Betriebszahl und -fläche überwogen.

Eine Überlegenheit der adligen Eigentümer in der Bodenausstattung zeigte sich auch in der Zahl von Eigentümern mit mehreren Betrieben. Im Jahre 1879 besaßen 29,3 % aller adligen Eigentümer zwei oder mehr Großbetriebe, während dies nur für 9,1 % der bürgerlichen Eigentümer zutraf. Interessant ist nun, daß die Zahl adliger Eigentümer mit mehreren Betrieben zwischen 1879 und 1910 nicht abnahm, sondern noch etwas größer wurde. Ihr Anteil wuchs auf 35,1 % im Jahre 1910 an. Offensichtlich war diese Gruppe der adligen Bodeneigentümer am widerstandsfähigsten. Im bürgerlichen Eigentum entwickelten sich die absoluten und relativen Werte für die Eigentümer mit mehreren Betrieben negativ.

Für den RB Stralsund fiel eine bedeutend größere Zahl von Eigentümern mit mehreren Betrieben als in den beiden anderen RB auf, und hier wies auch die statistische Durchschnittsgröße des adligen Bodeneigentums deutlich höhere Werte auf. Offensichtlich war in diesem RB der Konzentrationsprozeß im Großgrundbesitz am weitesten voran geschritten.

Untersucht man die Struktur der zum adligen und bürgerlichen Eigentum gehörenden Großbetriebe, so zeigt sich, daß 1879 62,5 % aller adligen Betriebe größer als 500 ha und allein 23,4 % über 1000 ha groß waren. Demgegenüber besaßen mit 53,6 % mehr als die Hälfte der bürgerlichen Betriebe nur eine Größe bis zu 500 ha. Bis 1910 setzte sich diese Konzentration der adligen Betriebe in den flächenmäßig größten und der bürgerlichen

13 Vgl. Buchsteiner, S. 231 ff.

14 Vgl. ebd., S. 131 ff.

Tabelle 7:
Größenklasse der adligen und bürgerlichen Großbetriebe 1879, 1893, 1905 und 1910

Jahr	Betriebszahl in der Größenklasse in ha							
	100–200		200–500		500–1000		über 1000	
	Adel	Bürgert.	Adel	Bürgert.	Adel	Bürgert.	Adel	Bürgert.
1879	65	159	373	432	457	318	273	174
1893	68	169	357	467	464	315	283	447
1905	64	224	350	498	462	305	263	290
1910	63	174	335	447	440	290	246	89

Betriebe in der von der Fläche her kleineren Großbetrieben fort. Es erhöhte sich jedoch im adligen Betriebseigentum der Anteil der Betriebe von 500–1000 ha und im bürgerlichen Eigentum der Betriebe von 200–500 ha.

Verlief also im adligen Eigentum der Trend zu einer Reduzierung der Betriebsfläche, so zeigte sich im bürgerlichen Eigentum der entgegengesetzte Trend. Interessant ist aber, daß im adligen Eigentum bis 1893 noch die Zahl der Betriebe mit mehr als 1000 ha am meisten zugenommen hatte. Das weist erneut auf eine weitere neuerliche Extensivierung der Produktion während der Krise hin. Erst nach 1893 begann die Reduzierung der flächenmäßig sehr großen Betriebe, wodurch erneut der nun stärkere Intensivierungsprozeß belegt wird. Demgegenüber veränderte sich die Größenstruktur der bürgerlichen Betriebe bereits ab 1879 zugunsten einer Erweiterung der Betriebszahl mit 200–500 ha.

Insgesamt tendierte jedoch die Entwicklung der Betriebsflächen für beide Eigentümergruppen zu einer Größe um die 500 ha. Hier liegt die Vermutung nahe, daß unter den damaligen produktionstechnischen Bedingungen eine solche Betriebsgröße eine effektive und rentable Bewirtschaftung ermöglichte.

Nicht alle Großbetriebseigentümer übten nun auch die tatsächliche Verfügungsgewalt über ihr Eigentum aus, sondern eine Reihe von ihnen hatte es bzw. einzelne Teile verpachtet. So ist zwischen Eigentümern und Besitzern zu unterscheiden. Die Kategorie der Besitzer umfaßt die ihr Eigentum selbst bewirtschaftenden Eigentümer und die Pächter.

Im Jahre 1879 wurden in Pommern 721 Großbetriebe, das waren 31,1 % aller Betriebe mit einer Fläche von rund 395 000 ha (25 % der Gesamtfläche), als wirtschaftliche Einheit verpachtet. Hinzu kamen 44 Großbetriebe, die vollständig in Betriebe unter 100 ha aufgeteilt waren. Die Zahl der verpachteten Teilbetriebe und ihre Größe war nicht zu ermitteln. Auch die sogenannte Zupacht konnte nicht erfaßt werden, so daß sich alle Angaben auf die im Großgrundbesitz Pommerns eindeutig überwiegende Hofpacht beziehen. Als Verpächter dominierten mit einem Anteil von 72 % eindeutig adlige Eigentümer, während nur 19,9 % der Verpächter bürgerlicher Herkunft waren. Demgegenüber waren 91,5 % der Pächter Angehörige des Bürgertums. Aus dieser Konstellation von Verpächter- und Pächteranteilen ergab sich eine eindeutige bürgerliche Dominanz im pommerschen Großgrundbesitz. Der bürgerliche Anteil betrug 1879 65,1 % der Betriebe und 54,7 % der Fläche. Das heißt, das Bürgertum war der entscheidende Träger der landwirtschaftlichen Großproduktion.

Tabelle 8:
Der Besitz von Adel und Bürgertum an landwirtschaftlichen Großbetrieben 1879, 1893, 1905 und 1910

Jahr	Betriebszahl		Fläche in ha	
	Adel	Bürgertum	Adel	Bürgertum
1879	827	1603	661663	861953
1893	871	1608	696366	863031
1905	871	1681	683016	818084
1910	877	1471	697056	736381

Tabelle 9:
Verpächteranzahl und die verpachtete Betriebszahl 1879, 1893, 1905 und 1910

Jahr	Verpächter		verpachtete Betriebszahl		verpachtete Fläche in ha	
	Adel	Bürgertum	Adel	Bürgertum	Adel	Bürgertum
1879	188	52	397	70	253731	34366
1893	197	60	355	60	236030	34280
1905	145	46	336	58	195399	24888
1910	137	41	262	41	157637	26632

Die Besitzentwicklung zwischen 1879 und 1910 zeigte nun aber eine Verschiebung zugunsten des adligen Großgrundbesitzes. Der bürgerliche Besitzanteil hatte sich auf 58,9 % verringert, während der adlige Anteil von 33,6 % (1879) auf 35,1 % (1910) angewachsen war.

Dieser Entwicklung lagen Veränderungen in den Pachtverhältnissen zugrunde, vor allem die negative Entwicklung der Zahl adliger Verpächter und der von ihnen verpachteten Betriebe.

Der Anteil der verpachteten Betriebe war im adligen Eigentum von 34,0 % (1879) auf 24,2 % (1910) zurückgegangen. und der Anteil der Verpächter hatte sich vom höchsten Wert 1893 mit 32,0 % auf 22,5 % im Jahre 1910 reduziert. Im bürgerlichen Eigentum verringerte sich der verpachtete Betriebsanteil von 6,9 % (1879) auf 4,1 % (1910) und der Verpächteranteil von 5,7 % (1879) auf 4,6 % (1910). Es zeigte sich also ein zunehmender Trend zur Selbstbewirtschaftung des Bodeneigentums, insbesondere des adligen, nach 1893. Offen bleibt, ob die Neigung der Eigentümer zum Verpachten oder das Interesse an einer Pacht geringer geworden war. Die Zahl der Pächter ging um 156 zurück und diese Abnahme betraf mit 145 Personen vor allem das Bürgertum. So entwickelten sich die Besitzverhältnisse in den pommerschen Gutswirtschaften zugunsten des Adels. Mit einem Flächenanteil von 41,6 % gegenüber 43,6 % der bürgerlichen Besitzer hatten die adligen Großgrundbesitzer rein quantitativ gesehen die 1879 noch dominierende Rolle des Bürgertums in der landwirtschaftlichen Großproduktion nahezu egalisiert.

Tabelle 10:
Die Zusammensetzung des adligen und bürgerlichen Großbetriebsbesitzes 1879, 1893, 1905 und 1910

Jahr	Betriebszahl des Adels		Betriebsfläche (ha) des Adels		Betriebszahl des Bürgertums		Betriebsfläche (ha) des Bürgertums	
	Eigentum	Pacht	Eigentum	Pacht	Eigentum	Pacht	Eigentum	Pacht
1879	771	56	629635	32028	943	660	504382	357571
1893	871	54	663818	32548	986	622	496508	366523
1905	805	66	646452	36564	1065	616	520254	297790
1910	824	53	665208	31848	959	512	467798	269583

Die Abnahme des bürgerlichen Besitzes begann jedoch erst nach 1905. Bis dahin war die nach 1879 einsetzende Abnahme der Pachtbetriebe durch den Erwerb von Eigentumsbetrieben übertroffen worden. Zwischen 1905 und 1910 erfolgte neben der zahlenmäßig größten Abnahme der Pachtbetriebe auch erstmalig eine Abnahme der Eigentumsbetriebe im bürgerlichen Großgrundbesitz. Das relativiert die für den Gesamtzeitraum von 1879 bis 1910 rechnerisch größere Abnahme der Pachtbetriebe gegenüber den Eigentumsbetrieben für die Negativentwicklung des bürgerlichen Besitzes. Die tatsächlich erst nach 1905 einsetzende bürgerliche Besitzabnahme basierte real, also zu annähernd gleichen Teilen auf dem Verlust von Eigentums- und von Pachtbetrieben, wie die Tabelle 10 ausweist.

Hier wird deutlich, daß abgesicherte Aussagen über Entwicklungsvorgänge in längeren Zeiträumen nur zu erhalten sind, wenn sie durch Etappen untersetzt werden können.

Adliger und bürgerlicher Großgrundbesitz unterschieden sich also ganz wesentlich in ihren Eigentums- und Pachtanteilen. Aber auch im bürgerlichen Eigentum änderte sich wie im adligen die Besitzstruktur zwischen 1879 und 1910 zugunsten des Eigentums. Am bedeutendsten war die Besitzzunahme des Adels im RB Stettin, wo 1910 der adlige Flächenbesitz sogar größer als der bürgerliche war. Demgegenüber beherrschte der bürgerliche Großgrundbesitz 1879 wie auch 1910 die landwirtschaftliche Großproduktion im RB Stralsund eindeutig.

Aus den ausgewerteten Quellen ließ sich leider nicht die Zahl der Besitzer ermitteln, da die Identität von Pächtern und Eigentümern gleichen Namens, vor allem der bürgerlichen nicht eindeutig festzustellen war.

Eine für das Jahr 1893 vorgenommene Fallstudie unter Einbeziehung aller in der Quelle vorhandenen Informationen wie Vorname, Wohnort oder Angabe von Titeln oder Ämtern machte es möglich, den größten Teil der Personen gleichen Namens zu idendifizieren. Es wurde erkennbar, daß die Zahl der adligen Besitzer nicht wesentlich größer ist als die Eigentümerzahl, während sich die Zahl der bürgerlichen Besitzer im Prinzip aus der Addition von Eigentümer- und Pächterzahl zusammensetzte.

Damit war die zahlenmäßige Überlegenheit des Bürgertums in der Großgrundbesitzergruppe noch größer als in der der Eigentümer, aber auch hier überragten die adligen

Tabelle 11:
Die Zahl der Eigentümerwechsel zwischen 1879 und 1910 unter Beteiligung von Adel und Bürgertum

Betriebszahl mit Eigentümerwechsel	Adel	Bürgertum
gesamt	754	1434
davon führten:		
zum Betriebserwerb der Eigentümergruppe	184	349
zum Betriebsverlust der Eigentümergruppe	349	235
verliefen innerhalb der Eigentümergruppe	219	850

Großproduzenten nicht nur ihre bürgerlichen Konkurrenten in der Besitzgröße deutlich, sondern sie konnten auch Positionsgewinne in den Besitzanteilen zwischen 1879 und 1910 verzeichnen.

3. Besitzwechsel und Besitzkontinuität

Beim Besitzwechsel wie auch der -kontinuität können wiederum Eigentümer nur hinsichtlich des Betriebseigentümers erfaßt werden, da die Wechsel der Pächter wegen ihrer nicht möglichen eindeutigen Identifikation in den ausgewerteten Quellen nicht zu ermitteln waren.

Zwischen 1879 und 1910 wechselte in insgesamt 1676 Großbetrieben der Eigentümer. Dabei blieben Wechsel in der direkten Erbfolge, wodurch das Bodeneigentum der Familie gewahrt würde, unberücksichtigt. Damit wechselte in 68,1 % der 1879 bewirtschafteten Gutsbetriebe der Eigentümer.

Von den 1676 Betrieben mit einem Eigentümerwechsel gehörten 1085, also 64,5 %, zum bürgerlichen Eigentum. Das bedeutete, da die Zahl der Wechsel die Zahl der bürgerlichen Betriebe von 1879 übertraf, daß in einigen dieser Betriebe die Eigentümer mehrfach wechselten. Im bürgerlichen Großgrundeigentum gab es also eine große Mobilität, während sie im adligen Eigentum geringer war. Hier wechselte in 48,8 % der 1879 existierenden Betriebe der Eigentümer.

Eine zweite interessante Feststellung ist, daß bei 78,3 % der einem Eigentümerwechsel unterliegenden bürgerlichen Betriebe die Wechsel zwischen Angehörigen des Bürgertums erfolgten, so daß die Betriebe im bürgerlichen Eigentum verblieben. Dagegen wechselten mit 57,9 % die meisten der vormals einem adligen Eigentümer gehörenden Betriebe in bürgerliche Hand. Insgesamt war das Bürgertum als Verkäufer und Käufer an 85,6 % aller Eigentümerwechsel beteiligt.

Während durch Eigentümerwechsel die Betriebszahl des Adels verringert wurde, nahm sie im bürgerlichen Eigentum zu. Dem steht aber gegenüber, daß im adligen Eigentum die Gesamtabnahme der Betriebszahl geringer als die Abnahme durch Eigentümerwechsel war, wogegen im bürgerlichen Eigentum durch den Erwerb von vorwiegend adligen Betrieben die negative Gesamtentwicklung der Betriebszahl nicht verhindert wurde.

So blieben die Veränderungen der Betriebszahlen durch Eigentümerwechsel ohne ent-

Tabelle 12:
Die Betriebszahl mit Eigentümerwechsel und die Beteiligung von Adel und Bürgertum in den Jahren zwischen 1879–1893, 1893–1905 und 1905 und 1910

Wechsel erfolgten im Zeitraum von	in Betrieben insgesamt	davon adlige/bürgerliche	innerhalb des Adels	innerhalb des Bürgertums	vom Adel zum Bürgertum	vom Bürgertum zum Adel
1879–1893	539	158/377	76	285	76	82
1893–1905	638	244/387	111	314	125	50
1905–1910	499	168/321	32	251	129	52
1879–1910	1676	570/1085	219	850	330	184

sprechende Auswirkungen auf ihre Gesamtentwicklung, d. h. sie müssen durch entgegengesetzt wirkende Faktoren negiert worden sein.

Im adligen Eigentum wurden beispielsweise flächenmäßig sehr ausgedehnte Betriebe in kleinere Betriebseinheiten aufgeteilt, um die Bewirtschaftung zu intensivieren, wodurch sich dann zwar die Betriebszahl, aber nicht die Gesamteigentumsgröße erhöhte. Für das bürgerliche Eigentum wurden dagegen häufig Parzellierungen von Großbetrieben für eine weitere Verpachtung oder aber ein Verkauf von Flächen als Bauland verzeichnet.[15] Beides verringerte nun die Zahl der bürgerlichen Gutsbetriebe, aber nicht das bürgerliche Bodeneigentum insgesamt.

Die durchschnittlich größte Eigentümerbewegung pro Jahr erfolgte mit 99,8 Wechseln in den Jahren von 1095 bis 1910, während es zwischen 1893 und 1905 mit dem größten absoluten Wert durchschnittlich pro Jahr 53,2 und zwischen 1879 und 1893 38,5 Wechsel waren.

Diese pro Jahr geringsten Eigentümerbewegungen zwischen 1879 und 1893 erfolgten sowohl in den adligen als auch in den bürgerlichen Betrieben. Nicht nur pro Jahr, sondern auch absolut fanden in den Jahren von 1905 bis 1910 die meisten Wechsel von adligen Betrieben an bürgerliche Personen statt. Der Verkauf von 127 adligen Betrieben an Angehörige des Bürgertums in diesem Zeitraum schlug sich jedoch nicht in einer Vergrößerung des bürgerlichen Großbetriebseigentums insgesamt nieder, denn dieses verringerte sich in diesen Jahren um 123 Betriebe. Offensichtlich wurde also nach 1905 in erheblichem Maße Boden durch Angehörige des Bürgertums für eine nichtlandwirtschaftliche Nutzung erworben.

Regional gesehen fanden mit 52 % aller Wechsel die meisten Wechsel im RB Köslin statt. Das betraf 86 % der 1879 hier bestehenden Betriebe. Die wenigsten Wechsel erfolgten im RB Stralsund, wo in 40 % der Betriebe die Eigentümer wechselten. Im RB Stral-

15 Der Kauf und Weiterverkauf landwirtschaftlicher Großbetriebe durch bürgerliche Kaufleute oder Grundstückshändler wurde häufig beklagt, vgl. u. a. Wojewodschaftsarchiv Stettin, rep. 66, Acta generalia des Königlichen Landratsamtes zu Cammin betreffend Förderung der Landwirtschaft, Schreiben des Regierungspräsidenten an die Landräte vom 10.2.1913.

sund gab es eine weitere Besonderheit zu verzeichnen. Hier dominierten unter den Eigentümerwechseln jene, die innerhalb des Adels erfolgten. Im Gegensatz dazu übertrafen die Verkäufe des Adels an Angehörige des Bürgertums im RB Stettin die Werte in den beiden anderen RB deutlich, insbesondere in den Jahren zwischen 1905 und 1910. In diesen Jahren wechselte im RB Stettin mit 44,6 % sogar der größere Teil der Betriebe nicht innerhalb des Bürgertums, sondern vom Adel zum Bürgertum.

Kontinuität wiesen die Eigentumsanteile und die Struktur der 50 größten Eigentümer Pommerns auf. Ihr Anteil an der gesamten Eigentümerzahl betrug ca 3 % und sie verfügten 1879 über 11 % der Gutsbetriebe und 17 % ihrer Fläche. Im Jahre 1910 waren es 11,7 % und 15,8 % der Fläche. Auch hier zeigt sich im unterschiedlichen Anteil von Betriebszahl und Fläche die Tendenz, mehr, aber flächenmäßig kleinere Betriebe in einer Hand zu konzentrieren. Um zur Gruppe der 50 größten Bodeneigentümer Pommerns zu gehören, benötigte man einen mehr als 3000 ha großen Gutsbesitz. Lag die Grenze 1879 bei 3105 ha, so waren es 1910 dann 3318 ha, um noch zu den 50 größten Bodeneigentümern zu zählen.

Von den 50 größten Bodeneigentümern gehörten 1879 45 dem Adel und 5 dem Bürgertum an. In den Jahren 1893, 1905 und 1910 kamen jeweils 47 der größten Eigentümer aus dem Adel und nur drei aus dem Bürgertum. Diese deutliche Dominanz des Adels hier stand im Gegensatz zu einem Anteil an der Gesamtzahl der Großbetriebseigentümer.

Insgesamt fanden sich unter den 1879, 1893, 1905 und 1910 erfaßten 50 größten Bodeneigentümern 77 Familiennamen. Das waren, da ja die Wechsel in der direkten Erbfolge nicht berücksichtigt wurden, nicht zugleich 77 Personen. Bei allen vier Erhebungen fanden sich 28 Familiennamen jeweils in der Gruppe der 50 größten Eigentümer, darunter nur zwei bürgerliche. Bei den 28 auftretenden Familiennamen handelte es sich in acht Fällen um ein und dieselbe Person, in 14 Fällen um die Söhne, zweimal um die Enkel und einmal um die Ehefrau des vorherigen Eigentümers, während im Falle des Fürsten v. Putbus der Name zunächst durch den Enkel aus der Ehe der Tochter und seit 1910 durch den Schwiegersohn von Veltheim, die beide den Namen v. Putbus annahmen, erhalten wurde. In zwei Fällen konnte nicht entschieden werden, ob es sich um ein und dieselbe Person oder bereits um einen Nachfahren in direkter Erbfolge handelte. 12 Familiennamen traten bei drei Erhebungen, 15 bei zwei und 22 bei nur einer Erhebung auf.

Von den zwischen 1879 und 1910 zu den 50 größten Eigentümern gehörenden 77 Gutsbesitzerfamilien trugen fünf den Namen v. Zitzewitz, vier jeweils den Namen v. Puttkamer und v. Bismarck. Dreimal waren die Familie v. d. Osten und je zweimal die Familien v. Knebel-Doeberitz, v. Maltzahn und v. Ziehten-Schwerin vertreten. Damit stellten allein sieben Familien 28,6 % des Personenkreises der 50 größten Eigentümer.

Insgesamt konnten von 1879 bis 1910 35 Familien ihre Position im Kreis der 50 größten Eigentümer direkt, also entweder durch ein und dieselbe Person oder durch den unmittelbaren Erben, erhalten und zwei Familien über Tochter und Enkel, so daß insgesamt 74 % der größten Eigentümerfamilien des Jahres 1879 das für die Zugehörigkeit zum Kreis der 50 größten Eigentümer notwendige Eigentum 1910 behalten hatten. So waren nur 13 Personen wirklich neue Mitglieder im Kreis der 50 größten Bodeneigentümer. Für 7 von ihnen waren Strukturveränderungen im gesamten Familieneigentum, die zu einer Konzentration von mehreren Betrieben in einer Hand führten, ausschlaggebend für ihre nunmehrige Zugehörigkeit zu den 50 größten Eigentümern. Nur sechs Familien, darunter eine bürgerliche, konnten zwischen 1879 und 1910 erstmalig ein über 3000 ha großes Bodeneigentum erwerben und damit als Neuaufsteiger in den Kreis der 50 größten Eigentümer gelangen. Lediglich sieben Familien, zwei adligen und fünf bürgerlichen, gelang es nicht, ihr großes Bodeneigentum zu erhalten.

Im Gegensatz zur Masse der adligen Bodeneigentümer wies also die Gruppe der 50 größten Eigentümer eine wesentlich größere Kontinuität auf.

4. Ergebnisse

Die Änderungen der Eigentums- und Besitzstrukturen der Gutswirtschaften gingen im wesentlichen auf Strukturveränderungen im Adel zurück. Die Verringerung der Gruppe adliger Bodeneigentümer ging einher mit einer Umstrukturierung des familiären Bodeneigentums.

Als Bodeneigentümer schieden vorrangig jene Angehörigen des Adels aus, die ihre Einkünfte, zumindest aber den größten Teil aus ihrer beruflichen Tätigkeit in der Armee, dem Staatsapparat oder dem diplomatischen Dienst erzielten und ihr Eigentum in der Regel verpachtet hatten. Dieses Bodeneigentum ging zu großen Teilen an unmittelbare Familienangehörige oder Mitglieder des Familienzweiges über. So reduzierte sich zum Beispiel die Zahl der Bodeneigentümer derer v. Zitzewitz von 14 im Jahre 1879 auf 9 im Jahre 1910, ohne jedoch an Bodeneigentum zu verlieren. Im Gegenteil, verfügte die Familie von Zitzewitz 1879 über 28 565 ha Land, so waren es 1910 fast 1000 ha mehr, wobei sich die Zahl der Betriebe von 28 (1879) auf 32 (1910) erhöhte. Demgegenüber wurde aber die durchschnittliche Betriebsgröße um 100 ha verkleinert. Daraus ergibt sich eine Zunahme der Bodenkonzentration von 2040 ha pro Eigentümer (1879) auf 3272 ha (1910). So erhöhte sich die Zahl der v. Zitzewitz, die sich unter den größten Bodeneigentümern Pommerns befanden, von drei (1879) auf vier (1910).

In dieser Entwicklung zeigt sich eine Differenzierung des Adels in zwei Richtungen, nämlich in eine sich quantitativ verringernde Gruppe von agrarischen Großproduzenten und eine größer werdende Gruppe von Berufsmilitärs, Beamten und Diplomaten ohne Bodeneigentum. Zugleich widerspiegelt sie aber auch die zunehmende Professionalisierung des Landwirtes und der Staatsbediensteten.

Die Differenzierung im Adel stärkte die ökonomische Position der adligen Agrarproduzenten. Sie bewirtschafteten den größten Teil ihrer Betriebe selbst, intensivierten ab Mitte der 90er Jahre die Bewirtschaftung der flächenmäßig verkleinerten Betriebe und konzentrierten mehrerer solcher Betriebe in einer Hand. Das ermöglichte es ihnen, die sich 1879 zeigenden bedeutenden Positionsverluste gegenüber den bürgerlichen Konkurrenten in der landwirtschaftlichen Großproduktion erheblich zu verringern. Begünstigend wirkte hierbei aber auch, daß gleichzeitig bürgerliches Kapital, das wesentlich den Produktionsschub der deutschen Landwirtschaft zwischen 1871 und 1914 trug, wie Hans Heinrich Müller am Beispiel der Pächter nachgewiesen hat,[16] aus der landwirtschaftlichen Groß-

16 Vgl. Hans-Heinrich Müller, Bauern, Pächter und Adel im alten Preußen, in: Jahrbuch für Wirtschaftsgeschichte, 1966/I und ders., Domänenpächter im 19. Jahrhundert, in: ebenda 1989/1.

produktion herausgezogen wurde. Diese Positionsgewinne des Adels in der landwirtschaftlichen Großproduktion dürfen jedoch nicht darüber hinwegtäuschen, daß die Masse der adligen Großproduzenten nicht den Typ des modernen Unternehmers verkörperte. Sie reagierte wesentlich schwerfälliger auf den Markt, war in der Intensivierung, im Viehbesatz und in der Rentabilität ihrer Betriebe ihrem bürgerlichen Widerpart unterlegen.[17]

So dürften sich dann insgesamt die Veränderungen der Besitzstrukturen im pommerschen Großgrundbesitz hinsichtlich einer weiteren Modernisierung und Effektivität der landwirtschaftlichen Großproduktion nach 1910 weniger günstig ausgewirkt haben.[18]

17 Vgl. Buchsteiner, S. 320ff.

18 Die in der Anm. 7 angeführte Habilitationsschrift erschien inzwischen als Buch unter dem Titel: Ilona Buchsteiner, Großgrundbesitz in Pommern 1871–1914. Ökonomische, soziale und politische Transformation der Großgrundbesitzer, Berlin 1993.

Scott M. Eddie

Großgrundbesitz im ostelbischen Preußen: Datenbasis und methodologische Probleme

Dieses Referat erläutert neue Möglichkeiten, mit denen die ländliche Besitzstruktur Preußens analysiert werden kann. Im allgemeinen bieten sich vier mögliche Einheiten an, auf denen solch eine Analyse gegründet werden kann: der Betrieb, der Besitz, die Herrschaft und das Eigentum. Für die Zwecke dieses Referates sind der Betrieb und die Herrschaft jedoch ungeeignet.

Daten über die Eigentumsverhältnisse sind sowohl in offiziellen als auch inoffizellen Quellen vorhanden. Die offiziellen Quellen bestehen aus den preußischen Landvermessungen privaten Eigentums sowie aus den landwirtschaftlichen Betriebszählungen. Letztere enthalten jedoch keine Angaben über die landwirtschaftlichen Besitzverhältnisse und können deshalb nicht benutzt werden. Die inoffiziellen Quellen bestehen vor allem aus den Adreßbüchern von Parey und Niekammer über den Großgrundbesitz. Trotz gewisser Ungereimtheiten enthalten die Daten dieser Adreßbücher wertvolle Informationen in einer verwendbaren Form.

Nachdem ich die Daten der Ansiedlungskommission für Posen und Westpreußen gründlich auf diese Ungereimtheiten untersucht habe, zeige ich, daß entgegen der häufig vertretenen Meinung, der Bodenpreis Ende des 19. Jahrhunderts zeige keinerlei Beziehung zum Grundsteuerreinertrag mehr, dieser Grundsteuerreinertrag vielmehr eine sehr robuste *proxy variable* für den Marktwert ist. Mit Hilfe dieser Daten können deshalb verschiedene Verteilungen des im Grundbesitz enthaltenen Vermögens berechnet werden.

Am Ende des methodologischen Teils demonstriere ich die Vorteile der statistischen *Klumpenanalyse* (*cluster analysis*), mit deren Hilfe die Verteilungen dieses Vermögens untersucht werden können. Als erklärendes Beispiel werden die Provinzen Sachsen und Pommern in den Jahren 1884 bzw. 1907/10 verglichen. Die Besitze in beiden Provinzen teilten sich in drei Haupt- und zwei Unter-„Klumpen“ auf; zwei weitere Klumpen je Provinz waren zu klein, um sinnvolle Aussagen machen zu können. Diese Klumpenanalyse veranschaulicht die bemerkenswert ähnlichen Profile der Besitzstruktur in beiden Provinzen. Fernerhin kann gezeigt werden, daß die Unterschiede zwischen Kreisen einer Provinz oft größer sind als etwaige Unterschiede zwischen den zwei Provinzen. Somit kann die Klumpenanalyse auch dazu benutzt werden, um geographische Regionen nach Kreisen mit ähnlichen landwirtschaftsökonomischen Merkmalen zu konstruieren. Für die wirtschaftsgeschichtliche Analyse sind solche Gruppierungen der normalerweise angewandten regionalen Gruppierung nach Regierungsbezirken oder Provinzen vorzuziehen.

1. Einleitung

Die Verteilung des Grundbesitzes im ostelbischen Preußen gehörte zu den wichtigsten politisch-ökonomischen Problemen Deutschlands am Vorabend des Ersten Weltkrieges.[1] Vielleicht galt die Herrschaft der Junker unter den Gutsbesitzern als selbstverständlich;[2] vielleicht hat der Mangel an leicht zugänglichen Quellen die Nachfrage nach genaueren, quantifizierenden Daten entmutigt; doch weder offizielle Statistiker noch zeitgenössische Gelehrte oder spätere Historiker haben viel getan, um die quantitativen Ausmaße des Grundbesitzes im ostelbischen Preußen zu schildern. In diesem Beitrag betrachte ich die Probleme der Quellen und der Methodik bezüglich der Verteilung des Grundbesitzes vor 1914. Ich verweise auf Wege zum Überwinden einiger schon lang bestehender Probleme sowie auf bislang unbenutzte, jedoch bedeutende statistische Verfahren zur Analyse vorhandener Daten. Außerdem möchte ich zeigen, daß die derzeitige Forschung auf diesem Gebiet eine Arbeit fortsetzt, die bereits vor mehr als einem Jahrhundert begonnen wurde.

a) Begriffsgrundlagen für die Analyse des Grundbesitzes

Eine Analyse der Struktur des Grundbesitzes kann auf vier verschiedenen Grundeinheiten beruhen: auf dem landwirtschaftlichen Betrieb, auf dem Besitz, auf der Herrschaft oder auf dem Gesamteigentum. Studien zur Besitzstruktur müssen sich jedoch notwendigerweise auf den Besitz oder aber das Gesamteigentum beziehen, weil: (a) nur eine sehr kleine Minderheit der Eigentümer eine Herrschaft besaßen und (b) der Betrieb die *Produktionseinheit* darstellt. Der Besitz, der größer oder kleiner als der Betrieb sein kann, bildet normalerweise die Grundlage dieser Studien, da er die *Eigentumseinheit* darstellt, die Einheit, die getauscht, verkauft, gekauft, verpfändet, vermacht, geerbt, abgesondert, verschenkt oder verspielt werden kann. Sie wird nur selten aufgeteilt oder mit einer anderen Einheit zusammengelegt, bevor eine Transaktion unternommen wird. Da der Besitz in den ursprünglichen Quellen als Dateneinheit verwendet wird, bietet es sich außerdem aus Gründen der Zweckmäßigkeit und der Kosten an, ihn auch der hiesigen Analyse als zu untersuchende Einheit zu Grunde zu legen. Das Gesamteigentum ist dagegen der Mittelpunkt jeder Analyse, die den Einzelbesitz nicht laut sozialer Gesichtspunkte, sondern nach Eigentümern aggregiert.

---

1 Alexander Gerschenkron hat dieses Problem in seinem klassischen Buch: Bread and Democracy in Germany, Berkeley 1943, direkt mit dem Überleben der Demokratie verbunden.

2 Zu derselben Zeit scheint die Bedeutung der adligen Herren in Ungarn ebenso dominierend zu sein, doch bei näherer Betrachtung läßt sich erkennen, daß um 1910 diese Herren nicht mehr als ca. 15 % des land- und forstwirtschaftlichen Grundbesitzes dem Werte nach besessen haben können. Dies mag überraschen, doch ich vermute, daß sich auch für Preußen die Zahl von nur knapp 20 % herausstellen würde. Siehe Scott M. Eddie, The Social Distribution of Landed Wealth in Hungary ca. 1910, in: Research in Economic History, Supplement 5: Agrarian Organization in the Century of Industrialization, hg. v. George Grantham und Carole Leonard, Glenwood, Ill., 1989.

Dabei wird der Forscher mit ernsten Schwierigkeiten konfrontiert: Die örtliche Registrierung des Grundbesitzes war fast überall in Europa üblich; die lokalen Beurkundungsbeamten unterschieden sich jedoch durch ihren Fleiß, ihre Intelligenz und ihre Fähigkeit zu systematischer Arbeit. Teilweise wurden diese Beamten unregelmäßig ersetzt. Daher schwankt die Genauigkeit, mit der zu verschiedenen Zeiten von Ort zu Ort Einzelheiten über Besitzverhältnisse gesammelt wurden. Bei der Aggregation gewisser örtlicher Daten kann man daher oft nicht sicher sein, insbesondere ob zwei gleich beschriebene Besitzer verschiedene Personen darstellen.[3]

2. Quellen

Sowohl offizielle als auch inoffizielle Datenquellen über den preußischen Grundbesitz vor 1914 sind vorhanden. Keine dieser Quellen ist vollständig, aber die inoffiziellen Daten befinden sich in einer für die meisten Zwecke viel nützlicheren Form.

a) Inoffizielle Adreßbücher der Großgrundbesitzer

Ein angemessener Name für diese geschäftlich orientierten Adreßbücher ist „quasi-offiziell“: sie wurden in enger Zusammenarbeit mit dem Ministerium für Landwirtschaft und dem Preußischen Statistischen Amt gesammelt, wie Ausdrücke der Dankbarkeit in ihren Vorworten erkennen lassen. Obwohl einzelne Adreßbücher bereits 1857 erschienen[4], gab es nur zwei Reihen, die versuchten, ganz Preußen (und später ganz Deutschland) zu erfassen: Das Handbuch des Grundbesitzes im Deutschen Reiche[5] erschien in den späten 1870er Jahren, gefolgt in den 1890ern von Niekammers landwirtschaftlichen Güteradressbüchern.[6] Weniger ehrgeizige Reihen haben nur einzelne Provinzen umfaßt: die bekannteste und vollständigste war das Schlesische Güteradreßbuch[7], das bereits 1886 in einer dritten Ausgabe erschien.

---

3 Johannes Conrad weist auf die Größe dieses Problems hin und betont, daß selbst bei zeitgenössischen Quellen die Schwierigkeiten nicht immer überwunden werden können. Siehe Johannes Conrad, Der Großgrundbesitz in Pommern, in: Jahrbücher für Nationalökomie und Statistik, III. Folge, 10, 1895, S. 709.

4 Karl Friedrich Rauer, Alphabetischer Nachweis (Adreßbuch) des in den Preussischen Staaten mit Rittergütern angesessenen Adels, Berlin 1857. Dieses Werk war lediglich ein Adreßbuch; das erste Adreßbuch, das wirtschaftliche Daten von den Besitzen einschloß, scheint Adolf Frantz, General-Register der Herrschaften, Ritter- und anderer Güter der Preussischen Monarchie: mit Angaben über Areal, Ertrag, Grundsteuer, Besitzer, Kauf- und Taxpreise etc., Berlin 1863, zu sein. Dieses Werk über Brandenburg und Sachsen ist unvollständig, da viele Eigentümer sich weigerten, die Daten zur Veröffentlichung herauszugeben.

5 Paul Ellerholz, Generalherausgeber, Handbuch des Grundbesitzes im Deutschen Reiche, Berlin, 1875ff.

6 Von Niekammers Verlag in Stettin (Szczecin) und Leipzig veröffentlicht.

7 In Breslau (Wroclaw) von Wilhelm Gottlob Korn veröffentlicht. Die 15. Ausgabe kam 1937 heraus.

Die Reihe „Handbuch", die diesem Referat zu Grunde liegt, behandelte jede der „Kernprovinzen" Preußens. Neue Auflagen kamen normalerweise alle fünf bis zehn Jahre heraus. Das Handbuch versuchte, jeden Besitz mit mindestens 100 Hektar Gesamtareal und 1000 Mark Grundsteuerreinertrag zu erfassen. Obwohl die Qualität und die Vollständigkeit dieser Bände über Provinzen und Jahre hinweg variiert, haben sie jeden großen Besitz mit Namen und Kreiszugehörigkeit verzeichnet. Sie enthalten ebenfalls Informationen über Gesamtfläche, Areal des Ackers, der Wiese, der Weide, des Waldes usw. sowie über Grundsteuerreinertrag, Name des Besitzers und industrielle Einrichtungen, die sich auf dem Gut befanden (Brauerei, Ziegelei, Sägewerk, Stärkefabrik usw.). Diese Daten sind für viele Zwecke nützlich, doch ihres großen Volumens und einiger Unvereinbarkeiten wegen erfordert ihr Gebrauch viel Mühe und Engagement.[8]

b) Offizielle Quellen

Weitere Daten über den Privatgrundbesitz sind in zwei offiziellen Quellen für den Zeitraum vor 1914 vorhanden: Eine beruht auf der Revision der Gebäudesteuer von 1878 und 1893[9], die andere auf der Schuldenstatistik des Jahres 1902[10] (ältere offizielle Vermessungen sind recht lückenhaft[11]). Diese Quellen enthalten weder Informationen darüber, wer die Eigentümer des Landes sind noch über die Verteilung der Grundbesitze gemäß ihrer Größe. Beide Quellen geben lediglich eine zahlenmäßige Verteilung des Besitzes laut Grundsteuerreinertragsklassen an.

Wegen dieses Mangels an offiziellen Zahlen über den Grundbesitz haben sich einige Forscher irrtümlicherweise den deutschen landwirtschaftlichen Betriebszählungen (1882, 1895, 1907) in dem Versuch zugewandt, Rückschlüsse über Zahlen der Größenverteilung von Besitz zu ziehen. Dies ist ein ernst zu nehmender Fehler, der veranschaulicht wird, vergleicht man die Daten des Adreßbuches mit jenen der landwirtschaftlichen Betriebs-

8 In seiner Besprechung der Handbücher (Jahrbücher für Nationalökomie und Statistik, N. F. 14 [1887]) bemerkt Johannes Conrad, daß die Einschlußkriterien für Besitzeinheiten nicht klar genug dargelegt werden und daß einige einfache aber sehr hilfreiche Angaben, wie z. B. zusammenfassende Statistiken für jeden Kreis und Regierungsbezirk, nicht vorhanden sind. Dennoch lobt er den Fleiß des Unternehmens und schließt damit, daß er dieses Werk „in gutem Gewissen" empfehlen könne (S. 496).

9 Grundeigentum und Gebäude im preußischen Staate: auf Grund der Materialien der Gebäudesteuerrevision vom Jahre 1878, in: Preußische Statistik, Bd. 103, Berlin 1889; und: Grundeigentum und Gebäude im preußischen Staate: auf Grund der Materialien der Gebäudesteuerrevision vom Jahre 1893, in: Preußische Statistik, Bd. 146, Berlin 1898.

10 Grundbesitzverteilung in Preußen: nach den Ergebnissen der ländlichen Verschuldungsstatistik für 1902, in: Zeitschrift des Preußischen Statistischen Landesamtes, Ergänzungsheft 42, Berlin 1921.

11 August Meitzen, Der Boden und die landwirtschaftlichen Verhältnisse des Preußischen Staates nach dem Gebietsumfange vor 1866, Bd. 1, Berlin 1868, S. 4–15.

Tabelle 1:
Vergleich der Daten des Handbuches mit jenen der Betriebszählung und der Privateigentumsvermessung: Pommern, 1893/95

Größe (ha.)	Areal in Hektar (ha.) AB, 1893	BZ, 1895	Quotient AB/BZ	Gesamtzahl der Besitzeinheiten nach Grundsteuerreinertrag GSRE in Thalern	AB, 1893	PB, 1893
Unter 100	--	915950	-	500– 1000	421	707
100– 200	42584	105230	*0.405*	1000– 2500	1011	903
200– 500	347346	417032	*0.833*	2500– 5000	652	506
500–1000	619207	474611	*1.305*	5000–10000	180	134
Über 1000	737437	128603	*5.734*	Über 10000	14	6
Summe > 100	1746574	1125476	*1.552*	Summe > *500*	*2278*	*2256*

AB = Adreßbuch, BZ = Betriebszählung, PB = Privatbesitz, GSRE = Grundsteuerreinertrag

zählung bzw. mit jenen der Vermessung des privaten Grundbesitzes. Als Beispiel sei Pommern in den 1890er Jahren angeführt (Tabelle 1).

Die großen Unterschiede in den Zahlen sind offenkundig: Besitzeinheiten von mindestens 100 Hektar im pommerschen Adreßbuch umfassen mehr als anderthalbmal so viel Grund und Boden wie Betriebe derselben Größe in der landwirtschaftlichen Betriebszählung. Die Daten der Betriebszählung als Besitzdaten zu verwenden bedeutet somit, daß der landwirtschaftliche Betrieb mit dem Besitz gleichgesetzt wird. Laut vorhandener Daten ist diese Annahme äußerst irreführend, vor allem da man normalerweise erwarten kann, daß die Betriebszählung vollständiger als das Adreßbuch ist.

Abschließend fällt auf, wie sehr die Daten der Adreßbücher mit jenen der Privatgrundbesitzvermessung übereinstimmen.[12] Erstere sind jedoch unvollständig, da Eintragungen bezüglich des Grundsteuerreintrags manchen Besitzes fehlen. In beiden Quellen wird allerdings der Besitz als zu Grunde liegende Einheit benutzt. Dies läßt nur eine Schlußfolgerung zu: Obwohl die Adreßbücher keine Daten über kleinere Besitzeinheiten enthalten, sind sie dennoch die einzig wirklich brauchbare Quelle für Daten über den Grundbesitz in Preußen.

Wegweisend in der quantitativen Analyse dieser Daten war Johannes Conrad, der die auf den Grundbesitz verweisenden Teile seiner „Agrarstatistischen Untersuchun-

12 Der Vermessung nach umfaßte der Privatbesitz 92,61 % allen Landbesitzes in Pommern 1893 (Grundeigenthum 1893, S. LXXXIII). Wegen unzureichender Daten im Band Grundeigenthum, kann der Vergleich mit dem Handbuch nur bezüglich der Verteilung des Grundsteuerreinertrags, nicht aber der Gesamtfläche gemacht werden. Die landwirtschaftlichen Betriebszählungen enthalten keine Daten über den Grundsteuerreinertrag.

gen“[13] auf frühere Ausgaben des oben erwähnten Parey'schen Handbuches gründet. Der Ansatz, die Adreßbücher statt der offiziellen Statistiken zu benutzen, wurde von niemand geringerem als August Meitzen anerkannt: „Die Conrad'schen Zahlen sind aber im Ganzen zutreffend und eingehender als die der offiziellen Statistik; sie sind daher hier zu Grunde gelegt.“[14] Obwohl es Conrads Absicht war, alle sieben „Kernprovinzen“ Preußens zu analysieren, endete seine Reihe unerklärterweise, nachdem er nur fünf Provinzen untersucht hatte. Diese Arbeit blieb bis heute unvollendet, obwohl ein paar seiner Schüler in des Meisters Fußstapfen getreten sind.[15] In der Tat verstrich ein halbes Jahrhundert, ohne daß quantitative Untersuchungen die Daten des Handbuches des Grundbesitzes benutzt haben. Erst kürzlich wurde diese Quelle von Frau Dr. Buchsteiner wieder aufgegriffen.[16]

3. Methodologische Probleme und mögliche Lösungen

Ein den Daten eigenes Problem scheint tatsächlich unüberwindbar zu sein: Solange keine Informationen über den kleinen Grundbesitz vorhanden sind und man nicht bereit ist, heldenhafte Annahmen diesbezüglich zu machen, ist man nicht imstande, eine vollständige Verteilung des Grundbesitzes nach gesellschaftlichen Gruppen, nach Größenkategorien oder sonstigen Kriterien zu konstruieren. Andere Probleme können jedoch zum größten Teil überwunden werden, wie die folgenden Seiten zeigen werden.

a) Der Wert des landwirtschaftlichen Bodens

Jeder, der sich mit Landwirtschaft beschäftigt, weiß, daß ein Hektar Sumpf weit weniger wert ist als ein Hektar Weingarten. Analysiert man die Zusammenhänge zwischen Vermögen und Landbesitz, benötigt man daher Daten über den Marktwert des Grund und Bodens. Leider sind solche Daten selten vorhanden, so daß sich ältere Studien mit der Bodenfläche oder in einigen Fällen dem Grundsteuerreinertrag zufriedengeben muß-

13 Diese Artikelreihe (1888–1898) in den Jahrbüchern für Nationalökomie und Statistik behandelt die Struktur der Grundbesitzverteilung in fünf der sieben „Kernprovinzen“ Preußens um ca. 1885.

14 Meitzen, Der Boden, Bd. 6, S. 557.

15 Eduard Müller, dem Conrad einige seiner Daten gegeben hatte, betonte die Conradsche Abstammung seines Buches, Der Grossgrundbesitz in der Provinz Sachsen (siehe Anm. 16), indem er ihm den Untertitel „Eine agrarstatistische Untersuchung“ gab. Joachim Richters Die Entwicklung des Großgrundbesitzes in Schlesien seit 1891, Breslau 1938, bekam denselben Untertitel. Der Verfasser des vorliegenden Beitrags hat die Absicht, Conrads Reihe in der nahen Zukunft zu vollenden.

16 Siehe insbesondere: Ilona Buchsteiner, Großgrundbesitz in Pommern 1871–1914. Ökonomische, soziale und politische Transformation der Großgrundbesitzer, Berlin 1993, oder ihren Beitrag im vorliegenden Band, S. 125–140.

ten.[17] Somit stellt sich die Frage, wie gut der Grundsteuerreinertrag oder aber der einfache Flächeninhalt als *Näherungsvariable* (*proxy variable*) für den Marktwert dienen können, d. h. wie weit steuern diese Näherungsvariablen zu der Konstruktion einer Verteilung des Grundbesitzes bei?

Ich habe diese Frage mit Hilfe von Daten über 716 Güter, die zwischen 1886 und 1913 von der Ansiedlungskommission für Posen und Westpreußen gekauft wurden,[18] getestet. Vergleicht man die Lorenzkurven und den Gini-Koeffizienten der Verteilungen von Marktwert, GSRE und Fläche, denen durch ein Regressionsverfahren errechnete Werte zugrunde liegen, so zeigt sich, daß sowohl der Grundsteuerreinertrag als auch die Gesamtfläche ausgezeichnete Näherungsvariablen für den geschätzten Marktwert von 1913 sind. Dieses Ergebnis gilt für die gesamte Stichprobe sowie für mehrere Teilstichproben (siehe Diagramm 1, worin die Lorenzkurve des GSREs – die dort nicht gezeigt wird – zwischen den Kurven des Marktwertes und des Gesamtareals läge).

Dieses Ergebnis ist bemerkenswert, da die Steuerveranlagung fast 50 Jahre vorher durchgeführt wurde und die zu Grunde liegenden makroökonomischen Zustände tiefgreifende Veränderungen über diesen Zeitraum erfahren haben.[19] Somit können Daten über den Grundsteuerreinertrag[20] und den Flächeninhalt mit beträchtlichem Vertrauen bei der Rekonstruktion der Verteilung des im Landbesitz enthaltenen Vermögens benutzt werden. Dabei ist die Verteilung des Grundsteuerreinertrags im gewissen Sinne eine Art Obergrenze der Ungleichheit in der Verteilung dieses ländlichen Vermögens.[21] Mangels

17 Seit 1871 hat das preußische statistische Amt eifrig Daten über Kaufpreise ländlichen Besitzes gesammelt und hin und wieder auf diesen Sammlungen basierende Statistikhefte veröffentlicht. Da es nicht möglich ist, auf Grund dieser Daten einen bestimmten Preis einem gewissen Besitz zuzuordnen, sind diese Sammlungen für unsere Zwecke nur von begrenztem Nutzen. Bestenfalls können sie als Kontrolle unserer Ergebnisse dienen. Siehe zum Beispiel Die Kaufpreise der ländlichen Besitzungen im Königreich Preußen von 1895 bis 1912, in: Zeitschrift des Königlichen Preußischen Statistischen Landesamtes, Ergänzungsheft 44, Berlin 1917.

18 Scott M. Eddie, In Search of a Proxy for the Market Value of Land: A Methodological Essay Based on Prussian Data, 1886–1913, Journal of Income Distribution (im Druck).

19 Ebd., MS S. 29.

20 Wie ich im oben zitierten Manuskript erläutert habe, darf der Gebrauch des Grundsteuerreinertrags als Näherungsvariable nicht überspannt werden. Dies gilt vor allem geographisch, da diese Näherungsvariable gut zu mittelgroßen Regionen, wie z. B. Regierunsbezirken oder Provinzen, paßt, während sie für kleine, lokale Gebiete oder aber für das ganze Land ungeeignet ist.

21 Die Regressionsergebnisse des oben zitierten Beitrags widerlegen die öfters gehörte Ausführung, daß bis zur Jahrhundertwende die Bodenpreise keinerlei systematische Beziehung zum Grundsteuerreinertrag mehr aufwiesen. Siehe zum Beispiel: Walter Rothkegel, Die Kaufpreise für ländliche Besitzungen im Königreich Preußen von 1895 bis 1906, in: Staats- und Sozialwissenschaftliche Forschungen, Heft 146, Leipzig 1910; oder ders., Die Bewegung der Kaufpreise für ländliche Besitzungen, in: Jahrbuch für Gesetzgebung, Verwaltung und Volkswirtschaft, Bd. XXIV, 1910, Heft 4. Meine Ergebnisse widersprechen auch jenem Argument, daß ein „Kampf ums Land“ zwischen der Ansiedlungskommission und den polnischen Siedlungsgesellschaften den Bodenpreis über alle Maßen in die Höhe getrieben habe, so daß von einer Relation zwischen Preis und Ertragsfähigkeit des Bodens keine Rede mehr sein könne. Meines Wissens ist

Abbildung 1:
Lorenzkurven des Marktwertes und des Gesamtareals

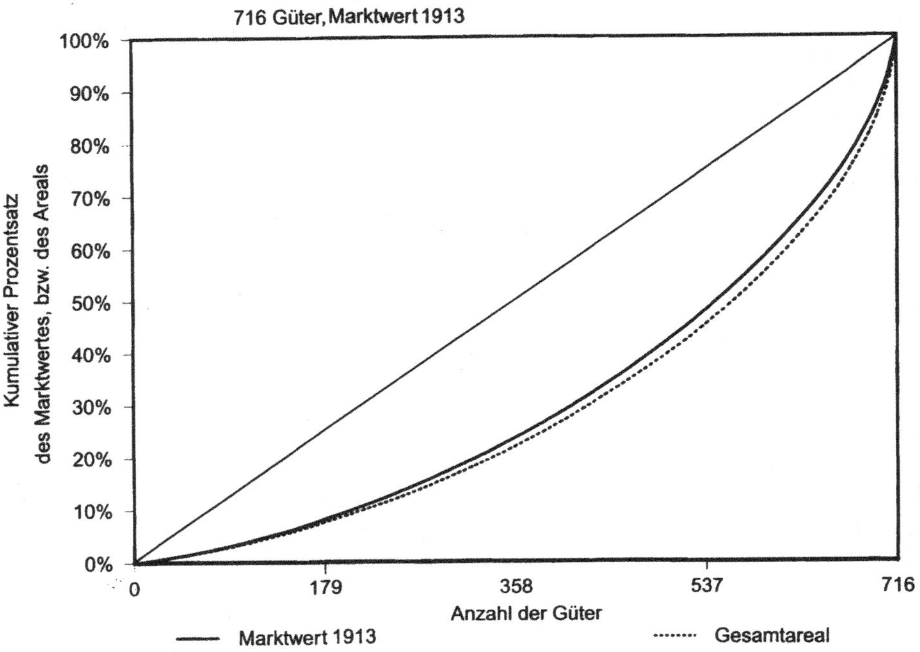

anderer Daten über tatsächliche Marktpreise individuellen Besitzes stellt dieses Verfahren somit den entscheidenen methodologischen Schritt dar.

die umfassendste Studie hierzu jene von Bohdan von Chrzanowski, Die Preisbewegung landwirtschaftlicher Güter in der Provinz Posen in den Jahren 1895–1912 und die Begründung der Preissteigerung, Diss. Posen, 1914, die jedoch den verschiedenen Ursachen des Bodenpreisanstiegs keinerlei relative Bedeutung zuschreibt. Der Autor findet es ungerechtfertigt, die Ansiedlungskommission für den durch andere Faktoren verursachten Anstieg der Bodenpreise verantwortlich zu machen (S. 99). Der zunehmende Umsatz ländlicher Güter in Bezirken, in denen die Ansiedlungskommission tätig war, war lediglich Teil eines in ganz Preußen steigenden Umsatzes. Dieser stand im Zusammenhang mit den rapide ansteigenden Bodenpreisen nach der Einführung des Zolltarifs von 1902 (S. 47–48).

b)Gruppieren oder Klassifizieren der Besitze

Besitzerkategorien spiegeln normalerweise sozial-ökonomische Klassen oder rechtlich konstituierte Stände wider. In historischen Studien sind somit die Gruppen immer im voraus definiert. Dabei können jedoch Probleme auftauchen, bedingt z. B. durch die Änderung internationaler Grenzen, mit der die Historiker Preußens ringen müssen. In solchen Fällen ist es sehr nützlich, die Daten gemäß verschiedener Eigenschaften zu gruppieren, z. B. nach dem Anteil wirtschaftlich unterschiedlich genutzter Flächen am Gesamtareal, anstatt sich auf die Kategorien einzelner Kriterien zu beschränken (z. B. Gesamtgröße unter 100 Hektar, 100–500 Hektar, über 500 Hektar). Bei multivariablen statistischen Verfahren ist somit die Klumpenanalyse[22] (cluster analysis) besonders gut geeignet.

Sachsen und Pommern 1884 bzw. ca. 1910 – ein preußisches Beispiel

Um den Gebrauch der Klumpenanalyse bei der Klassifizierung von Besitz zu veranschaulichen, vergleiche ich die Profile des Großgrundbesitzes in zwei anscheinend sehr unterschiedlichen Provinzen, nämlich Sachsen und Pommern. Ich habe aus den entsprechenden Adreßbüchern jeden Besitz von mindestens 100 Hektar benutzt, für den die Aufteilung des Landes in Ackerland, Wiese, Weide, Wald und „Sonstiges" (meist Ödland und Wasser) angegeben war. Insgesamt waren es 2511 bzw. 2389 Besitzeinheiten in Pommern (1884 und 1910) und 1630 bzw. 1499 in Sachsen (1884 und 1907). Es muß betont werden, daß die sächsischen Daten von 1907 unvollkommen sind. Wegen Anomalien in den Daten mußten mehr als 250 Besitzeinheiten, die im 1907er Adreßbuch aufgeführt waren, außer Betracht gelassen werden. Auffallende „Zeittendenzen" in den sächsischen Daten wären also wahrscheinlich illusorisch.

Für jeden Besitz habe ich den Anteil der fünf Landkategorien am Gesamtareal berechnet. Diese Anteile waren dann die Grundlage, gemäß der die Besitzeinheiten mit Hilfe der „k-Durchschnitt"-Zerlegungstechnik[23] in Klumpen gruppiert wurden.

Von den insgesamt sieben Klumpen je Provinz und Jahr haben sich zwei als sehr klein herausgestellt. Diese Klumpen werden nicht weiter analysiert, obwohl sie der Vollständigkeit halber in den Tabellen mitgeführt werden.

In beiden Provinzen umfassen die drei größten Klumpen, die sehr ähnliche Profile aufweisen, mindestens 80 % aller Großbesitze. Wie aus Tabelle 2 ersichtlich ist, besteht der durchschnittliche Besitz des ersten Klumpens in Pommern zu mehr als 84 % und in Sachsen zu mehr als 93 % aus Ackerland. Der zweite Klumpen umfaßt den Besitz mit mehr gemischter Landwirtschaft, wo zwar der Ackerbau vorherrscht, doch ein wesentlicher Teil

22 Eine ausgezeichnete Einführung in dieses Thema findet man in Leonard Kaufman und Peter J. Rousseeuw, Finding Groups in Data: An Introduction to Cluster Analysis, New York 1990. Siehe auch Maurice Lorr, Cluster Analysis for Social Scientists, London 1983.

23 "FASTCLUS" Verfahren aus dem statistischen Programm SAS.

Tabelle 2:
Durchschnittliche Klumpenwerte nach Anteil der jeweiligen Bodentypen an der Gesamtfläche

Pommern 1884							Pommern 1910						
Zahl der Besitzeinheiten		Anteil an der Gesamtfläche					Zahl der Besitzeinheiten		Anteil an der Gesamtfläche				
Absolut	Relativ	Acker	Weide	Wiese	Wald	Sonst.	Absolut	Relativ	Acker	Weide	Wiese	Wald	Sonst.
961	38.3 %	0.861	0.079	0.033	0.023	0.005	1086	45.5 %	0.839	0.090	0.031	0.027	0.013
762	30.3 %	0.681	0.116	0.073	0.115	0.015	666	27.9 %	0.638	0.106	0.058	0.168	0.029
394	15.7 %	0.471	0.071	0.073	0.369	0.017	315	13.2 %	0.413	0.070	0.048	0.438	0.031
2117	*84.3 %*						*2067*	*86.5 %*					
208	8.3 %	0.507	0.096	0.276	0.107	0.014	135	5.7 %	0.076	0.040	0.020	0.836	0.027
111	4.4 %	0.170	0.060	0.038	0.720	0.011	102	4.3 %	0.447	0.116	0.313	0.102	0.022
44	1.8 %	0.332	0.488	0.110	0.060	0.010	47	2.0 %	0.348	0.443	0.088	0.092	0.028
31	1.2 %	0.365	0.074	0.087	0.051	0.422	38	1.6 %	0.409	0.071	0.074	0.077	0.368
394	*15.7 %*						*322*	*13.5 %*					

Sachsen 1884							Sachsen 1907						
Zahl der Besitzeinheiten		Anteil an der Gesamtfläche					Zahl der Besitzeinheiten		Anteil an der Gesamtfläche				
Absolut	Relativ	Acker	Weide	Wiese	Wald	Sonst.	Absolut	Relativ	Acker	Weide	Wiese	Wald	Sonst.
674	41.3 %	0.930	0.033	0.017	0.010	0.010	659	44.0 %	0.942	0.028	0.012	0.009	0.009
402	24.7 %	0.709	0.109	0.060	0.097	0.025	383	25.6 %	0.727	0.097	0.058	0.097	0.021
238	14.6 %	0.396	0.066	0.050	0.464	0.024	201	13.4 %	0.414	0.068	0.038	0.450	0.030
1314	*80.6 %*						*1243*	*82.9 %*					
146	9.0 %	0.060	0.026	0.010	0.888	0.017	134	8.9 %	0.075	0.028	0.013	0.865	0.018
135	8.3 %	0.452	0.191	0.193	0.123	0.041	56	3.7 %	0.404	0.100	0.311	0.145	0.038
18	1.1 %	0.181	0.056	0.670	0.059	0.034	52	3.5 %	0.462	0.308	0.095	0.070	0.063
17	1.0 %	0.060	0.835	0.011	0.082	0.013	14	0.9 %	0.027	0.951	0.004	0.012	0.006
316	*19.4 %*						*256*	*17.1 %*					

des Bodens aus Wiese und Weide besteht. Der Anteil des Ackerlandes in diesen beiden Klumpen ist in Pommern kleiner als in Sachsen. In Sachsen weisen die ersten beiden Klumpen auf besonders krasse Unterschiede zwischen der bodenmäßigen Zusammensetzung des jeweiligen durchschnittlichen Besitzes hin. Der drittgrößte Klumpen umfaßt Besitz mit gemischter Landwirtschaft, in denen das Verhältnis von Wiese und Weide zu Ackerland am größten ist. Dieser Besitz besteht außerdem zu einem wesentlichen Teil aus Wäldern.

Sieht man von den zwei kleinsten Klumpen ab, so zeigt die Verteilung des Besitzes in Klumpen nach Größenkategorien, wie ähnlich sich die beiden Provinzen sind. Allerdings sind die „Klumpenschwerpunkte" (in Tabelle 3 hervorgehoben) in Pommern eine Größenordnung nach oben verschoben. Dies spiegelt wahrscheinlich die größere Fruchtbarkeit und somit den höheren Wert des Bodens in Sachsen wider. Auch innerhalb jeder Provinz lassen diese Klumpenschwerpunkte auf eine inverse Relation zwischen dem Anteil an Ackerland und der Anzahl größerer Besitzeinheiten schließen.

Die ackerbauintensivsten Besitzungen sind somit die kleinsten, das heißt, daß mit zunehmender Besitzgröße Intensität und Spezialisierungsgrad abnehmen. Merkliche Unterschiede zwischen den zwei Provinzen tauchen jedoch auf, betrachtet man die verschiedenen Eigentümerkategorien. Wie aus Tabelle 4 ersichtlich ist, war die Rolle des Adels[24] in Pommern viel ausgeprägter als in Sachsen. Im Gegensatz zum Adel gehörte Besitz der „Bürgerlichen" (das sind alle nicht-adeligen, physischen Personen) in sehr viel konzentrierterem Maße zum ackerintensiven Klumpen. Anzahlmäßig, jedoch nicht flächenmäßig lag der meiste pommersche Besitz des Staates[25] in dem intensiv kultivierten Klumpen. In Sachsen dagegen gehörte der zahlreichste und größte Staatsbesitz dem Waldklumpen an.

Das auffallendste Ergebnis dieser kurzen Exkursion in die Klassifizierung von Besitzeinheiten ist die große Ähnlichkeit der Besitzstruktur zwischen den zwei so oft als unterschiedlich angenommenen Provinzen. Es bedarf jedoch weiterer Analyse, um diese geringen Unterschiede zwischen den Provinzen zu erklären.

Neben dem unmittelbaren Vergleich zweier Provinzen, kann die Klumpenanalyse auch dazu benutzt werden, die Zusammensetzung Preußens nach regionalen Eigenschaften zu untersuchen. Zum Beispiel kann man Ackerbau-intensivere Kreise von anderen gemäß ihres Anteils an Besitzeinheiten im ersten Klumpen unterscheiden. Definiert man einen Ackerbau-intensiven Kreis als einen, in dem mindestens 60 % aller Besitze zum ersten Klumpen gehören, und einem nicht-ackerbau-intensiven Kreis als einen, in dem höchstens 20 % aller Besitze zu diesem Klumpen gehören, so läßt sich folgende Tabelle für das Jahr 1884 erstellen.

In Pommern hatten insgesamt 28 Kreise Besitzeinheiten von mindestens 100 Hektar, in

24 Definiert als jemand mit königlichem oder adligem Titel sowie jemand, der das Recht hat und übt, das Prädikat „von" in seinem/ihrem Namen zu benutzen. Das Fideikommiß wurde als Besitz der Person betrachtet, der es zugeschrieben wurde.

25 Der Staat ist das Königreich Preußen. Provinzen, Bezirke, Städte usw. gehören der Kategorie „Kommunen" an.

Tabelle 3:
Besitzzahl nach Größenkategorien in Hektar

	Pommern 1884							Pommern 1910					
Klumpen	100-200	200-500	500-1000	1000-2000	2000-5000	Über 5000	Klumpen	100-200	200-500	500-1000	1000-2000	2000-5000	Über 5000
1	179	*517*	239	25	1	0	1	202	*563*	294	27	0	0
2	55	270	*355*	76	6	0	2	45	192	*320*	101	6	0
3	7	67	*163*	*144*	13	0	3	7	50	*116*	*122*	20	0
Teilsumme	241	854	757	245	20	0	Teilsumme	254	805	730	250	26	0
4	14	84	64	39	7	0	4	8	19	27	28	39	14
5	3	17	23	37	25	6	5	6	44	35	14	2	1
6	5	16	18	5	0	0	6	5	21	13	7	1	0
7	0	8	6	15	1	1	7	2	14	8	13	1	0
Teilsumme	22	125	111	96	33	7	Teilsumme	21	98	83	62	43	15

	Sachsen 1884							Sachsen 1907					
Klumpen	100-200	200-500	500-1000	1000-2000	2000-5000	Über 5000	Klumpen	100-200	200-500	500-1000	1000-2000	2000-5000	Über 5000
1	*365*	256	49	4	0	0	1	*342*	258	54	5	0	0
2	142	*200*	51	9	0	0	2	125	*192*	57	9	0	0
3	44	*78*	*75*	39	2	0	3	27	*77*	*60*	35	2	0
Teilsumme	551	534	175	52	2	0	Teilsumme	494	527	171	49	2	0
4	10	26	23	41	36	10	4	8	23	29	37	26	11
5	65	36	28	8	0	0	5	24	20	8	4	0	0
6	9	9	0	0	0	0	6	23	21	6	2	0	0
7	5	9	2	1	0	0	7	8	3	2	1	0	0
Teilsumme	89	80	53	50	36	10	Teilsumme	63	67	45	44	26	11

Tabelle 4:
Besitzzahl nach Eigentümerkategorien

Pommern 1884							Pommern 1910						
Klumpen	Adel	„Bürger“	Kirche	Staat	Kom-munen*	Sonstige	Klumpen	Adel	„Bürger“	Kirche	Staat	Kom-munen*	Sonstige
1	341	453	35	90	0	1	1	380	505	40	106	28	27
2	355	333	5	42	19	17	2	334	277	2	18	14	20
3	246	136	2	1	4	0	3	207	94	3	4	3	4
Teilsumme	942	922	42	133	23	18	Teilsumme	921	876	45	128	45	51
4	108	82	7	6	4	2	4	41	12	2	52	25	2
5	72	14	0	21	3	0	5	46	38	5	7	3	3
6	21	15	0	5	16	7	6	16	18	1	6	2	4
7	18	9	0	3	4	1	7	18	16	0	2	0	2
Teilsumme	219	120	7	35	27	10	Teilsumme	121	84	8	67	30	11
	Anzahl der unbekannten Besitzer: 13							Anzahl der unbekannten Besitzer: 2					

Sachsen 1884							Sachsen 1907						
Klumpen	Adel	„Bürger“	Kirche	Staat	Kom-munen*	Sonstige	Klumpen	Adel	„Bürger“	Kirche	Staat	Kom-munen*	Sonstige
1	151	439	5	56	0	0	1	146	435	10	40	6	22
2	151	183	8	51	2	1	2	137	182	6	47	5	6
3	149	79	1	5	2	0	3	116	73	2	3	2	5
Teilsumme	451	701	14	112	4	1	Teilsumme	399	690	18	90	13	33
4	52	8	0	71	3	0	4	61	7	0	62	1	3
5	45	74	1	12	9	4	5	18	32	0	3	2	0
6	7	8	0	3	10	13	6	19	23	1	7	2	0
7	6	7	0	2	6	1	7	4	10	0	0	0	0
Teilsumme	110	97	1	88	28	18	Teilsumme	102	72	1	72	5	3
	Anzahl der unbekannten Besitzer: 5							Anzahl der unbekannten Besitzer: 1					

* *Gemeinde, Stadt, Provinz usw. und auch kommunale Gruppen.*

Tabelle 5:
Anteil der zum ackerbauintensivsten Klumpen gehörenden Besitzeinheiten an der Gesamtzahl der Besitzeinheiten im jeweiligen Kreis, 1884

	ackerbauintensiv in %		nicht-ackerbauintensiv in %	
Provinz Pommern				
RB Stettin				
	Demmin	65	Usedom-Wollin	16
	Pyritz	66	Ueckermünde	8
RB Köslin				
			Belgard	18
			Bublitz	12
			Rummelsburg	10
			Lauenburg	11
			Bütow	14
RB Stralsund				
	Rügen	67		
	Franzburg	64		
	Grimmen	61		
Provinz Sachsen				
RB Magdeburg				
	Kalbe	70	Salzwedel	3
	Wanzleben	71	Gardelegen	0
	Oschersleben	72	Jerichow I	13
	Aschersleben	74	Jerichow II	0
	Halberstadt	72		
RB Merseburg				
	Saalkreis	79	Liebenwerda	9
	Mansfeld (See)	92	Schweinitz	18
	Querfurt	62	Wittenberg	8
	Weissenfels	71		
RB Erfurt				
	Grf. Hohenstein	60	Heiligenstadt	0
	Weissensee	85	Ziegenrück	0
	Erfurt, Landkr.	62	Schleusingen	0

Sachsen 39. Nimmt man die in der Tabelle aufgezeigten Kreise weg, verbleiben also 16 Kreise in Pommern und 17 in Sachsen, in denen zwischen 20 und 60 % des Besitzes zum ersten Klumpen gehörten.

Die Tabelle veranschaulicht auch, daß die Aggregation auf regionaler Basis, wie der Bezirksebene, unangebracht ist. So wäre es z. B. sinnvoller, nicht-ackerbauintensive Kreise aus dem RB Köslin oder dem RB Stettin mit gewissen Kreisen aus dem RB Merseburg zu gruppieren, als mit den ackerbauintensiven Kreisen aus dem benachbarten RB Stralsund. Demzufolge sollte die Aggregation auf der Bezirks- bzw. Provinzebene vermieden werden.[26]

Der vorliegende Beitrag ist überwiegend beschreibender Natur, doch hoffe ich, daß er neue Wege für die Analyse der Struktur des Grundbesitzes im ostelbischen Preußen eröffnet. Fernerhin hoffe ich gezeigt zu haben, daß das Forschungsgebiet, mit dem sich Johannes Conrad vor mehr als einem Jahrhundert auseinandergesetzt hat und das dann in Vergessenheit geriet, noch viele bis heute ungeklärte Fragen beantworten kann.

26 In einem auf dem Kolloquium zu Ehren Hans-Heinrich Müllers vorgelegten Beitrag über eine auf EDV umgestellte Geschichte der Verwaltungseinheiten Deutschlands (Institut für Wirtschaftsgeschichte, Berlin, März 1991) zeigte Wilfried Strenz, daß auch der Regierungsbezirk ein zu großes Gebiet ist, um solche wirtschaftlichen Gruppierungen zu konstruieren. Für eine Beschreibung des Projektes, siehe Gerhard Narweleit, Probleme bei der Nutzung von Massendaten durch die EDV für die Untersuchungen zur Entwicklung der Territorialstruktur Deutschlands von 1815 bis 1939, in: Hefte zur Wirtschaftsgeschichte, Heft 3, 1990, S. 35–61.

Klaus Hess

Zur wirtschaftlichen Lage der Großagrarier im ostelbischen Preußen 1867/71 bis 1914[1]

Um das Wichtigste gleich vorwegzunehmen: Anstelle der landläufigen Annahme von der Existenz einer tiefgehenden Krise der deutschen Landwirtschaft gegen Ende des letzten Jahrhunderts, insbesondere der großbetrieblichen ostelbischen Landwirtschaft – einer Krise, die in der Historiographie fast übereinstimmend als eine nicht mehr in Frage gestellte Tatsache gehandelt wird[2] – vertrete ich auf der Grundlage einer genaueren

1 Inhaltlich überarbeitete und mit Anmerkungen versehene Fassung des Vortrags in Berlin-Gosen. Die folgenden Ausführungen stützen sich grundlegend auf meine Untersuchung: Junker und bürgerliche Großgrundbesitzer im Kaiserreich. Landwirtschaftlicher Großbetrieb, Großgrundbesitz und Familienfideikommiß in Preußen (1867/71 – 1914), Stuttgart 1990 (Historische Forschungen im Auftrag der Historischen Kommission der Akademie der Wissenschaften und der Literatur, Mainz, Bd. 16).

2 In der agrarwissenschaftlichen Literatur wird die Dauer der Krise auf die 1870er und 1890er Jahre begrenzt. Während Klein eine Agrarkrise der 1870er Jahre konstatiert (Ernst Klein, Geschichte der deutschen Landwirtschaft im Industriezeitalter, Wiesbaden 1973, S. 120–126, 130), sieht Haushofer nur eine Krise in den 1890er Jahren (Heinz Haushofer, Die deutsche Landwirtschaft im technischen Zeitalter, 2. verbesserte Aufl., Stuttgart 1972, S. 238–242). Rolfes räumt sehr viel vorsichtiger nur „eine erhebliche Minderung der Rentabilität" für die 1890er Jahre ein (Max Rolfes, Landwirtschaft 1850–1914, in: Hermann Aubin und Wolfgang Zorn (Hg.), Handbuch der deutschen Wirtschafts- und Sozialgeschichte, Bd. 2 hg. von W. Zorn, Stuttgart 1976, S. 495–526, zit. S. 525). In der sozialwissenschaftlich orientierten Geschichtsschreibung hat es sich seit Hans Rosenberg sogar eingebürgert, vom „Stillstand" als der „zentralen Entwicklungstendenz in der Agrarwirtschaft" zu sprechen. Vgl. Hans Rosenberg, Große Depression und Bismarckzeit. Wirtschaftsablauf, Gesellschaft und Politik in Mitteleuropa, Berlin 1967, S. 38. Während Rosenberg die Krise auf die Zeit der vermeintlichen „großen Depression" (1873–1896) begrenzt, dehnen andere Autoren sie auf das ganze letzte Viertel des 19. Jahrhunderts aus, so etwa Wilhelm Abel, Agrarkrisen und Agrarkonjunktur. Eine Geschichte der Land- und Ernährungswirtschaft Mitteleuropas seit dem hohen Mittelalter, 3. neubearbeitete und erweiterte Aufl., Hamburg 1978, S. 277–281, oder lassen sie sogar erst mit dem Ersten Weltkrieg enden. Beispielsweise spricht Flemming von einer „tendenziellen, gleichsam schleichenden Agrarkrisis", vom Ende der 1870er Jahre bis zum Ersten Weltkrieg (Jens Flemming, Landwirtschaftliche Interessen und Demokratie. Ländliche Gesellschaft, Agrarverbände und Staat 1890–1925, Bonn 1978, S. 18–24, zit. S. 24). Schulz stellt für denselben Zeitraum eine „permanente Krise fest (Gerhard Schulz, Die deutschen Ostgebiete. Zu

Analyse der wirtschaftlichen Strukturen ganz entschieden die gegenteilige Auffassung.[3] Meines Erachtens erlebte die Landwirtschaft im Kaiserreich geradezu eine Blütezeit. Eine Blütezeit, die wohl konjunkturellen Schwankungen unterlag, die aber keinesfalls von einer Krise, geschweige denn einer schweren oder strukturellen Krise beeinträchtigt oder gar unterbrochen wurde. Insbesondere die großbetriebliche ostelbische Landwirtschaft bzw. der Großgrundbesitz steckten alles andere als in einer „strukturellen", „permanenten", „tendenziellen, gleichsam schleichenden" oder wie auch immer sonst titulierten Krise. Vielmehr erlebten gerade Großbetrieb und Großgrundbesitz einen insgesamt gesehen durchgehenden Aufschwung sondergleichen, einen Aufschwung, der um die Jahrhundertwende in einen anhaltenden Boom mit all seinen negativen Begleiterscheinungen mündete.

Eine allgemeine wirtschaftliche Krise der deutschen ebenso wenig wie der ostelbischen Landwirtschaft hat es also vor dem Ersten Weltkrieg nicht gegeben. Was dagegen tatsächlich zu existieren scheint, ist eine anhaltende und weit verbreitete Krise in der historischen Betrachtungsweise dieser Problematik.

Diese pointierte und, wenn man will, provokative Einschätzung soll – jedenfalls zum ersten Punkt – nun näher begründet werden.

1. Rentabilität des landwirtschaftlichen Großbetriebes

Der zentrale Indikator zur Feststellung der wirtschaftlichen Lage ist die Rentabilität, also die Einträglichkeit oder Verzinsungshöhe des im Betrieb eingesetzten Kapitals. Da es für die Zeit vor 1914 nur wenige Untersuchungen gibt, die sich direkt mit der Entwicklung der Einkommen in der Landwirtschaft befassen, und diese zudem wenig aussagefähig sind, erweist es sich als notwendig, Hilfsgrößen zu suchen, die Rückschlüsse auf die Rentabilität erlauben. In erster Linie kommt hierfür eine Analyse der Preis- und Mengenentwicklung der Einsatz- und Ausbringungsgüter in der Landwirtschaft in Frage. Weitere Indikatoren zur Beurteilung der Wirtschaftslage sind die hypothekarische Verschuldung der Landwirte sowie die Zwangsversteigerungen, der Besitzwechsel und die Kaufpreise landwirtschaftlicher Besitzungen. Rückschlüsse auf die wirtschaftliche Lage lassen sich schließlich auch aus eventuellen Veränderungen in der Betriebsgrößenstruktur und der Eigentumsverteilung zielen.

ihrer historisch-politischen Lage, Pfullingen 1967, S. 22). Diese Urteile sind im übrigen jedoch keineswegs neu, sondern sind bereits in den 1920er Jahren ausgesprochen. Vgl. etwa Folkert Wilken, Volkswirtschaftliche Theorie der landwirtschaftlichen Preissteigerungen in Deutschland von 1895–1913, Berlin 1925, der für dieselbe Zeit von einer „dauernden Krisis" und einer „tendenziellen, agrarischen Depression" sprach (ebd. S. 157 und 233).

3 Walter Achilles ist einer der wenigen Historiker, die dieses gängige Urteil ebenfalls eindeutig in Zweifel stellen. Vgl. ders., Die Wechselbeziehungen zwischen Industrie und Landwirtschaft, in: Hans Pohl (Hg.), Sozialgeschichtliche Probleme in der Zeit der Hochindustrialisierung: (1870–1914), Paderborn 1979, S. 57–101, bes. S. 85 und 92.

a) Rentabilitätsberechnungen landwirtschaftlicher Großbetriebe (1890–1914)

Alle in Frage kommenden Untersuchungen[4] weisen so grundlegende methodische Mängel auf, daß sie zur Beantwortung der Frage, wie es um die allgemeine Rentabilität der landwirtschaftlichen Betriebe, besonders der Großbetriebe, bestellt war, kaum etwas aussagen.[5] Denn erstens bemühten sich ihre Autoren darum, „typische" Betriebe auszuwählen – ein aufgrund der Einzigartigkeit eines jeden landwirtschaftlichen Betriebes hoffnungsloses Unterfangen.[6] Zweitens bauten sie auf völlig unzureichendem und ganz unterschiedlichem Quellenmaterial auf, wie Bilanzen, Fragebögen, Schätzungen oder mündlichen Auskünften. Und drittens wurden verschiedene Indikatoren zur Messung des wirtschaftlichen Erfolges verwendet. So nutzte man einmal den Rohertrag oder Reinertrag, ein andermal die Gesamtleistung oder Marktleistung;[7] taugliches Kriterium ist aber nur der Reinertrag. Selbst wenn dieser zugrundegelegt wurde, so wurde er oft allzu unterschiedlich berechnet:[8] Hauptfehlerquelle war hier die unzureichende Trennung der Kosten des Privathaushalts von den Betriebskosten.[9] Die einzig zuverlässige Erhebung vor dem Ersten Weltkrieg wurde von der Deutschen Landwirtschaftsgesellschaft durchgeführt.[10] Hier wurde für etwa 200 Großbetriebe in den Jahren 1906 bis

---

4 Zur Kritik der wichtigsten Untersuchungen vgl. Heß, Junker, S. 215ff.

5 So auch das abschließende Urteil von Willner, der die bis 1906 erschienenen Arbeiten einer eingehenden Kritik unterzog. Vgl. Gotthard Willner, Studien über vergleichende Reinertragsberechnungen typischer Groß-, Mittel- und Kleinbetriebe in der Landwirtschaft, Diss. Breslau 1906, S. 58.

6 Jeder einzelne landwirtschaftliche Betrieb weist eine Summe unterschiedlicher Merkmale und Besonderheiten auf, weshalb es prinzipiell unendlich viele Erscheinungsformen landwirtschaftlicher Betriebe gibt. Jeder einzelne ist geprägt durch den Standort, an den er gebunden ist, durch die Qualität seines wichtigsten Produktionsfaktors, des Bodens, durch seine Abhängigkeit von der Natur, durch die wechselseitige Verknüpfung seiner Produktionszweige und nicht zuletzt durch die für den Betriebscharakter und -erfolg entscheidende Rolle des Betriebsleiters. Zu den Möglichkeiten der Klassifizierung von Betrieben vgl. Heß, Junker, S. 22ff.

7 Unter dem „Rohertrag" eines Betriebes versteht man das Gesamtergebnis der wirtschaftlichen Tätigkeit. Der „Reinertrag" ergibt sich aus dem Rohertrag abzüglich der für seine Gewinnung erforderlichen Kosten, der Wirtschaftskosten. Die „Gesamtleistung" oder Produktivität eines landwirtschaftlichen Betriebes umfaßt die gesamten für Mensch und Vieh erzeugten Produktionsmengen. Derjenige Teil der Gesamtleistung, welcher auf dem freien Markt veräußert wird, heißt „Marktleistung", das ist der Verkauf abzüglich des Zukaufs. Vgl. hierzu Friedrich Aereboe, Allgemeine landwirtschaftliche Betriebslehre, Berlin 1917, S. 65ff. und Willner, Studien über vergleichende Reinertragsberechnungen, S. 5ff.

8 Zu den Schwierigkeiten einer genauen Reinertragsermittlung im landwirtschaftlichen Betrieb vgl. die Ausführungen von Willner, ebd., S. 5–19.

9 Vgl. die Ausführungen auf S. 162f.

10 Buchführungs-Ergebnisse in fünfjährigen Durchschnitten, schließend mit dem Rechnungsjahr 1911/12, im Auftrage des Sonder-Ausschusses für landwirtschaftliche Buchführung hg. von der Betriebsabteilung der Deutschen Landwirtschafts-Gesellschaft, bearb. von Stieger-Berlin, Berlin 1914 (Arbeiten der Deutschen Landwirtschafts-Gesellschaft, Heft 255). Ebenso gerne wie unkritisch wird eine Erhebung des Deutschen Landwirtschaftsrats aus dem Jahr 1898 herangezogen,

1912 eine durchschnittliche Verzinsung des Gesamtvermögens von ca. 4 bis 5 % errechnet.[11]

Von ungleich größerem Wert sind dagegen die Angaben, die in der amtlichen Verschuldungserhebung von 1902 über die Rentabilität gemacht wurden, da hier alle landwirtschaftlichen Betriebe Preußens einbezogen wurden.[12]

b) Rentabilität des landwirtschaftlichen Großbetriebes, beurteilt anhand der Mengen- und Preisentwicklung der Einsatz- und Ausbringungsgüter

In der Literatur werden die angeblichen Agrarkrisen der 1870er und 1890er Jahre hauptsächlich mit einschneidenden Preisrückgängen bei Weizen und Roggen begründet.[13] Das Fundament dieser Beurteilung ist indessen sehr brüchig, da der Blick mehrfach verengt war. Erstens wurde hier die Preisentwicklung nur bei wenigen Produkten verfolgt, zweitens wurde die Mengenentwicklung völlig außer acht gelassen, und schließlich hat man sich auf die Ausgabenseite beschränkt.

Aus einer umfassenderen Analyse der umfangreichen und zuverlässigen amtlichen Erhebungen über die Preis- und Mengenentwicklung landwirtschaftlicher Erzeugnisse ergibt sich vielmehr, daß im gesamten Untersuchungszeitraum, insbesondere nach 1890, eine gewaltige Ertragssteigerung der pflanzlichen und tierischen Produktion sowie ein fortwährender Preisanstieg bei den tierischen und, lediglich mit größeren Schwankungen, auch den pflanzlichen Produkten stattfand.[14] Diesen durchgängigen und starken Anstieg

(vgl. Die Ergebnisse der Erhebungen über die Rentabilität bestimmter Landwirtschaftsbetriebe im Jahr 1898, in: Archiv des Deutschen Landwirtschaftsrats, XXVII. Jg., Bericht über die Verhandlungen der XXXI. Plenarversammlung des Deutschen Landwirtschaftsrats vom 3. bis 6. Februar 1903, im Auftrage des Vorstandes hg. von Generalsekretär Dade, Berlin 1903, S. 481–539. Rolfes übernimmt die Ergebnisse ohne Vorbehalt (Von daher ist seine Argumentation in diesem Punkt nicht stichhaltig. Vgl. Rolfes, Landwirtschaft, S. 525.), welche zur Beurteilung der Wirtschaftslage jedoch nichts beitragen, da sie von „interessierter“ Seite veranstaltet wurden (so erklärte bspw. ein Regierungsvertreter, daß es sehr zu begrüßen sei, wenn der Versuch gemacht würde, die „Notlage der Landwirtschaft“ nachzuweisen, a.a.O. S. 499), und methodisch unzureichend waren. (Man war wiederum bemüht, „typische“ Betriebe auszuwählen, und veranstaltete eine Fragebogenaktion).

11 Buchführungs-Ergebnisse, a.a.O., S. 67.

12 Zur Verschuldungserhebung vgl. unten, S. 163f.

13 Vgl. hierzu etwa Abel, Agrarkrisen und Agrarkonjunktur, S. 277ff.; Haushofer, Deutsche Landwirtschaft, S. 239ff.; Klein, Deutsche Landwirtschaft, S. 123ff.; Rolfes, Landwirtschaft, S. 525.

14 Die wichtigsten Daten der einschlägigen amtlichen statistischen Publikationen sind abgedruckt in: Die Deutsche Landwirtschaft. Hauptergebnisse der Reichsstatistik, bearb. von Dr. Seidt im Kaiserlichen Statistischen Amte, Berlin 1913, bes. S. 107–238. Vgl. außerdem die zusammenfassende Untersuchung von Eberhard Bittermann, Die landwirtschaftliche Produktion in Deutschland 1800–1950, Halle 1956, und die entsprechenden Abschnitte in Walther G. Hoffmann, Das Wachstum der deutschen Wirtschaft seit der Mitte des 19. Jahrhunderts, Berlin 1965, S. 53–58 und 265–324 (Enzyklopädie der Rechts- und Staatswissenschaft, Abt. Staatswissenschaft).

der Produktivität und des Rohertrags konnten auch die spektakulären Preiseinbrüche beim Brotgetreide in den 1890er Jahren[15] nicht ins Gegenteil verkehren. Am bäuerlichen Betrieb ging dieser Preiseinbruch fast spurlos vorüber, beim ostelbischen Großbetrieb, bei dem die Einnahmen aus Getreideverkäufen in der Regel einen höheren Anteil an den Gesamteinnahmen ausmachten,[16] bewirkte der Preisverfall lediglich eine Minderung der Zuwachsrate des Rohertrages.[17] Was die Ausgabenseite anbelangt, so zeigt sich im Untersuchungszeitraum für alle landwirtschaftlichen Betriebsmittel mit Ausnahme der Lohnkosten ein fortwährender Rückgang.[18] Aber gerade gestiegene Lohnkosten konnten die ostelbischen Gutsbetriebe durch vermehrten Einsatz billiger ausländischer Saisonarbeiter großenteils auffangen.[19] Aus all dem folgt zwingend, daß auch die Reinerträge in den meisten Betrieben in den 1890er Jahren weiter ansteigen. Die Hypothese, daß die Preiseinbrüche beim Getreide in den 1890er Jahren eine Agrarkrise verursacht hätten, ist jedenfalls nach dem vorliegenden Quellenmaterial in keiner Weise haltbar.[20]

2. Beurteilung der Rentabilität des landwirtschaftlichen Großbetriebes anhand verschiedener Indikatoren

a) Verschuldung des land- und forstwirtschaftlichen Großgrundbesitzes (1883–1914)

Da ist zunächst einmal die Verschuldungslage zu betrachten, wobei sich der Blick auf die Hypotheken- und Grundbuchschulden[21] konzentriert, da sich die personelle Verschul-

---

15 Der Berliner Roggenpreis lag 1891 bei 211,20 Mark je t, 1894 bei 117,80 M/t, der Weizenpreis ging von 224,20 M/t auf 136,10 M/t 1894 herunter. Vgl. die Preistabellen für Weizen und Roggen bei Manfred Plachetka, Die Getreide-Autarkiepolitik Bismarcks und seiner Nachfolger im Reichskanzleramt (Darstellung Auswirkungen insbesondere während des Ersten Weltkrieges), Diss. Bonn 1969, S. 492–503. Siehe auch das Schaubild in: Die Deutsche Landwirtschaft, nach S. 156.

16 Nach der Erhebung des Deutschen Landwirtschaftsrats von 1898 lag der Anteil der Einkünfte durch Getreideverkauf bei den ostelbischen Großbetrieben zwischen 32 % in der Provinz Sachsen und 22 % in Westpreußen. Vgl. Die Ergebnisse der Erhebungen über die Rentabilität bestimmter Landwirtschaftsbetriebe im Jahr 1898, S. 516.

17 Achilles errechnet selbst noch für einen Großbetrieb, der 60 % seiner Einnahmen aus Getreideverkauf bezieht, den Anstieg des Rohertrags für 1893–97 gegenüber 1888–92 auf 0,25 %. Vgl. Achilles, Wechselbeziehungen zwischen Industrie und Landwirtschaft, S. 91.

18 Vgl. hierzu den Überblick mit Literaturhinweisen bei Rolfes, Landwirtschaft, S. 498–506.

19 Vgl. Johannes Nichtweiss, Die ausländischen Saisonarbeiter in der Landwirtschaft der ostelbischen und mittleren Gebiete des Deutschen Reiches. Ein Beitrag zur Geschichte der preußisch-deutschen Politik von 1890 bis 1914, Berlin 1959, S. 230–236.

20 Dieses Urteil fällte auf Grundlage seiner umsichtigen Darstellung im Prinzip auch Achilles, Wechselbeziehungen zwischen Industrie und Landwirtschaft, S. 92.

21 Neben den im Grundbuch eingetragenen Hypotheken gibt es auch noch andere Kategorien von Grundschulden. Das sind zum Beispiel Renten, die mit dem 20fachen Betrag sowie Vormerkungen, Arreste und Kautionshypotheken, die jeweils nach dem Betrage der zu sichernden Forderung

dung nicht genau ermitteln läßt und zudem nur einen kleinen Teil der Gesamtverschuldung ausmachte.[22] Die Höhe der Verschuldung wird im allgemeinen als entscheidendes Kriterium zur Beurteilung der wirtschaftlichen Lage angesehen. Dabei hat es sich in der wirtschaftshistorischen Literatur weitgehend eingebürgert, bereits mit dem Hinweis auf eine nominelle steigende Hypothekenverschuldung eine Wirtschaftskrise zu begründen. Dieser Versuch ist aber in mehrerer Hinsicht untauglich, da der Indikator „hypothekarische Verschuldung" nur sehr eingeschränkt Rückschlüsse auf die tatsächliche wirtschaftliche Lage erlaubt. Zunächst sagt die Höhe und Entwicklung der nominellen buchmäßigen Hypothekenschuld[23] nichts über die tatsächliche Bodenbelastung aus. Diese kann nur ermittelt werden, wenn den Schuldenwerten die Vermögens- und Einkommenswerte, in erster Linie also die Güterwerte, gegenübergestellt werden. So wäre eine Zunahme der Hypothekenschuld solange unbedenklich, als ihr eine entsprechende Steigerung der Güterwerte gegenüberstünde. Auch stellt es eine unzulässige Vereinfachung dar, von einer hohen Hypothekenverschuldung auf eine geringe Rentabilität zu schließen, da es einen linearen Zusammenhang zwischen diesen Werten nicht gibt. Zur Beurteilung der tatsächlichen Bodenverschuldung ist es vielmehr notwendig, die Ursachen der Verschuldung zu kennen, mit anderen Worten, nach der Verwendung der Kredite zu fragen. Entscheidend ist hier, die Trennung in konsumtiven und investiven Kredit vorzunehmen. Weiter ist Vorsicht bei der Verwendung des Begriffs „Überschuldung" geboten. Von einer Überschuldung im wirtschaftlichen Sinne kann nämlich einzig und allein dann gesprochen werden, wenn der aus dem Betrieb erwirtschaftete Reinertrag zur Bestreitung des Lebensunterhalts und zur Erledigung des Schuldendienstes auf längere Sicht nicht ausreicht.[24] Je nachdem wie die Verhältnisse liegen, kann im Einzel-

---

gerechnet wurden. § 6 der Allgemeinen Erhebungsgrundsätze, in: Verschuldung 1883 bis 1896, S. 96. Vgl. den Art. Hypotheken und Grundbuchwesen, bearb. von Schollmeyer und E. Heymann, in: Handwörterbuch der Staatswissenschaften, 3. Aufl., Bd. 5, Jena 1910, S. 527–558, bes. S. 531.

22 Nach einer verhältnismäßig zuverlässigen Berechnung des Regierungsassessors Sperl, Berlin, belief sich die hypothekarische Verschuldung der deutschen Landwirtschaft vor dem Ersten Weltkrieg auf etwa 14–15 Mrd. Mark, daran war die preußische Landwirtschaft mit etwa 11 Mrd. Mark beteiligt. Die Personalschulden der deutschen Landwirtschaft vor 1914 schätzt Sperl auf mindestens 3 Mrd. Mark. Vgl. Sperl, Die Real- und Personalverschuldung der deutschen Landwirtschaft, in: Berliner Börsen-Zeitung Nr. 610, II. Beilage vom 31. Dezember 1925.

23 Eine Fehlerquelle bei der Ermittlung der Realverschuldung liegt bspw. darin, daß getilgte Hypotheken im Grundbuch oft erst nach Jahren gelöscht werden. Vgl. hierzu unten, S. 165.

24 Zu den in der Literatur gebrauchten verschiedenen Definitionen der Überschuldung in der Landwirtschaft vgl. Helene Bettac, Die gegenwärtige Überschuldung der deutschen Landwirtschaft, Diss. Greifswald 1931, S. 11–31. Bettac definiert die „Überschuldung in der Landwirtschaft" zweckmäßig als den Zustand, „in dem der durchschnittliche Gutsertrag nach Deckung aller Betriebsauslagen und des (angemessenen) Unterhaltes des Besitzers und seiner Familie zur Verzinsung und Tilgung der Schulden nicht mehr ausreicht, so daß neue Schulden gemacht werden müssen, die endlich zur Zwangsversteigerung führen". Ebd., S. 30.

fall also eine Besitzverschuldung von 1 % schon zuviel sein, während im anderen Fall 90 % noch gut verkraftet werden.[25]

Die Verschuldungserhebungen von 1883 und 1896 untersuchen die hypothekarische Belastung des ländlichen Grundbesitzes in einigen Dutzend Amtsgerichtsbezirken Preußens und stellen den Schuldenwerten die Werte der Grundsteuerreinertrags-Veranlagung, 1896 auch der Vermögenssteuerveranlagung gegenüber.[26] Die höchste Verschuldung wies beide Male der kleinbäuerliche Besitz und der Großgrundbesitz im Nordosten auf. Ein bemerkenswertes Ergebnis der Erhebungen liegt darin, daß die Hypothekenverschuldung im Zeitraum 1883 bis 1896 zwar in allen Besitzgrößengruppen zunahm, weit stärker aber beim bäuerlichen Besitz als beim Großgrundbesitz.[27] Die These, daß der ostelbische Großgrundbesitz von einer angeblichen Agrarkrise der 1890er Jahre in besonderem Maße betroffen worden wäre,[28] wird auch von daher widerlegt.

Die einzige und umfassende Erhebung der Vermögens- und Einkommensverhältnisse der Landwirte Preußens, die im Jahre 1902 durchgeführt wurde,[29] zeichnet im großen und ganzen ein günstiges Bild der Wirtschaftslage.[30] Im preußischen Osten war die Verschuldung zwar weit höher als im Westen einschließlich der Provinz Sachsen,[31] dies aber völlig ungeachtet der natürlichen und wirtschaftlichen Rahmenbedingungen.[32] Schon dieser

---

25 Der konservative Politiker von Oldenburg-Januschau stellt ein Musterbeispiel eines in der Schuldenstatistik hochverschuldeten und dennoch überaus erfolgreichen landwirtschaftlichen Unternehmers dar. Seit der Übernahme des Gutes Januschau aus der Hand seines Vaters im Jahr 1883 arbeitete er sich bis 1914 zu einem der größten Grundbesitzer Preußens empor. Vgl. Elard von Oldenburg-Januschau, Erinnerungen, Leipzig 1936 S. 32–41.

26 Die Verschuldung des ländlichen Grundbesitzes in einer Anzahl von Amtsgerichtsbezirken Preußens von 1883 bis 1896, im amtlichen Auftrage bearbeitet von G. Evert, in: Zeitschrift des Königlich Preussischen Statistischen Bureaus, 38, 1898, S. 93–140. Vgl. hierzu und zu den älteren Erhebungen: Heß, Junker, S. 223–231.

27 Die Zunahme betrug 18 % beim Großgrundbesitz, 37 % beim großbäuerlichen und 55 % beim mittelbäuerlichen Besitz.

28 Vgl. Rosenberg, Große Depression, S. 184f.; Klein, Landwirtschaft, S. 126; Puhle, Agrarkrise, S. 18f.

29 Die ländliche Verschuldung in Preußen im Jahr 1902, in: Preußische Statistik, Heft 191, 3 Teile, Berlin 1905–1908. Zur Erhebungsmethode vgl. ebd., Teil I, 1. Hälfte, Berlin 1905, S. 6–21. Das wertvolle Werk fristete allerdings ein Schattendasein und fand nur in einigen Untersuchungen über die landwirtschaftliche Verschuldung Berücksichtigung, jedoch auch hier meist nur partiell und oberflächlich.

30 Zur Bewertung der Statistik und zu den wichtigsten Ergebnissen vgl. Heß, Junker, S. 231–250.

31 Unter den 489 Landkreisen befanden sich 37, in denen die allgemeine Durchschnittsverschuldung der „selbständigen Landwirte" mehr als 50 % des Gesamtvermögens ausmachte. 26 dieser sämtlich in den Ostprovinzen gelegenen Landkreise waren allein in Ost- und Westpreußen. Vgl. Ländliche Verschuldung 1902, Tl. I, 1, S. 69.

32 Zur Verteilung der fruchtbaren und unfruchtbaren Böden in Preußen vgl. G. Evert, Die Abstufung des Ackerwertes in Preußen, in: Zeitschrift des Königlich Preussischen Statistischen Bureaus, 42, 1902, S. 128–133. Beispielsweise waren die Landwirte in traditionellen wirtschaftlichen Notstandsgebieten wie dem Hunsrück und der Eifel oder auf den ertragsarmen Sandböden weiter

Sachverhalt spricht gegen die verallgemeinerte These, daß die Schuldenaufnahme aus einer allgemeinen wirtschaftlichen Notlage heraus erfolgt sei. Mit Abstand am höchsten verschuldet war nun in der Tat der ostelbische Großgrundbesitz und hier insbesondere der in den Nordostprovinzen, wo die Verschuldung bei zwei Drittel aller Großgrundbesitzer bei mehr als der Hälfte ihres Gesamtvermögens lag. Gerade diese hochverschuldeten Güter erzielten jedoch die höchsten Reinerträge.[33] Die These, daß die Rentabilität der großbetrieblichen Landwirtschaft Ostelbiens, besonders im Nordosten, geringer gewesen sei als im übrigen Preußen, ist somit hinfällig. Selbst die wirtschaftliche Situation dieser hochverschuldeten Großgrundbesitzer war günstig. Ihr Nettoeinkommen war zwar durch die Ableistung des Schuldendienstes geringer als das der schuldenfreien und wenig verschuldeten Grundbesitzer, war aber immer noch relativ hoch. Und dies gilt um so mehr, als zu bedenken ist, daß es im landwirtschaftlichen Großbetrieb in besonderem Maße möglich war, die Bilanz zu manipulieren und den Reinertrag zu drücken.[34] Da ein Teil der Großgrundbesitzer von dieser Möglichkeit der Steuerhinterziehung tatsächlich auch umfassenden Gebrauch machte,[35] kann von einem geringen buchmäßigen Reineinkommen keinesfalls auf einen unrentablen Landwirtschaftsbetrieb und noch viel weniger auf einen „notleidenden" Besitzer geschlossen werden.

Da nach 1902 keine Schuldenerhebung mehr erfolgte, kann die weitere Schuldenentwicklung nur anhand einer Ersatzgröße, der Hypothekenbewegung, verfolgt werden.[36]

Teile Niedersachsens wenig verschuldet. Ebenfalls gering verschuldet waren die Grundeigentümer in den fruchtbaren Landschaften des Niederrheins. Andererseits gab es in den gleichfalls fruchtbaren Marschgebieten der Provinzen Hannover und Schleswig-Holstein viele hoch verschuldete Grundbesitzer.

33 Vgl. die Übersichten für die Provinzen und Regierungsbezirke in: Ländliche Verschuldung 1902, Tl. II, S. 2–50. Daß man in verschiedenen Einzeluntersuchungen zu gegenteiligen Ergebnissen kam, ist nicht weiter von Belang. Zum einen ließe sich beim Herausgreifen von Einzelfällen schlichtweg jede These belegen, zum andern waren solche Untersuchungen oft ideologisch motiviert, weil sie durch eine überzeichnete Lagebeurteilung der verschuldeten Grundeigentümer vor zu hoher Verschuldung warnen wollten. Vgl. bspw. die Arbeit von Brase-Linderode, Untersuchungen über den Einfluß der Verschuldung ländlicher Besitztümer auf deren Bewirtschaftung, in: Thiels Landwirtschaftliche Jahrbücher, 28. Bd., Berlin 1899, S. 253–310, der die Verschuldung völlig negativ beurteilt.

34 Vgl. hierzu die kritischen Ausführungen von Friedrich Aeroboe, Agrarpolitik, Berlin 1982, S. 238ff. und S. 391ff. Siehe auch die kurze Zusammenfassung bei Heß, Junker, S. 234f.

35 Vgl. die aus Steuerakten und anderen Regierungsakten schöpfende gut belegte Untersuchung von Peter-Christian Witt, Der preußische Landrat als Steuerbeamter 1891–1918. Bemerkungen zur politischen und sozialen Funktion des deutschen Beamtentums, in: Immanuel Geiß, Berndt Jürgen Wendt (Hg.), Deutschland in der Weltpolitik des 19. und 20. Jahrhunderts, Festschrift für Fritz Fischer zum 65. Geburtstag, Düsseldorf 1973, S. 205–219, bes. S. 215ff.

36 Die Hauptergebnisse wurden alljährlich in der Statistischen Korrespondenz der Zeitschrift des Königlich Preußischen Bureaus und in dem Statistischen Jahrbuch für den Preußischen Staat bekanntgegeben. Ausführlichere Darstellungen sind: Die Hypothekenbewegung im preußischen Staate während des Rechnungsjahres 1886/87, in: Zeitschrift des Königlich Preussischen Statistischen Bureaus, 27, 1887, S. 189–204; Die Hypothekenbewegung im preußischen Staate während

Mit Hinweis auf eine nominelle Zunahme der Hypothekenschuld glaubte man auf eine Überschuldung schließen zu können.[37] Derartige Aussagen läßt die Analyse der Hypothekenbewegungsstatistik aber nicht zu. Zwar steigt die buchmäßige Hypothekenschuld der Grundbesitzer in den ländlichen Bezirken Preußens von 1886 bis 1914 um etwa 11,4 Mrd. Mark gleichmäßig an, sie erreicht aber selbst 1913, dem Jahr mit der absolut und relativ höchsten Neuverschuldung, weder im Verhältnis zum Grundsteuer-Reinertrag noch zum Verkehrswert der Grundstücke ein bedenkliches Ausmaß. Denn sowohl die Grundstückspreise als auch die Produktivität und Rentabilität der Betriebe erfuhren in diesem Zeitraum eine enorme Aufwärtsentwicklung.[38] Hinzu kommen erhebungstechnische Mängel der Statistik, welche die Neuverschuldung viel größer erscheinen ließen als sie tatsächlich war. Zum einen wurden Hypotheken häufig zwar getilgt, aber nicht gelöscht.[39] Das heißt, sie blieben über Jahre oder Jahrzehnte hinweg im Grundbuch stehen und täuschten einen höheren Hypothekenstand vor.[40] Zum anderen, und dieser Umstand ist noch schwerwiegender, war aus der Statistik bis 1913 nicht ersichtlich, wie stark die Berufsgruppen außerhalb der Landwirtschaft am Hypothekenverkehr auf dem flachen Lande beteiligt waren. Die verbesserte Erhebungsmethode im Jahr 1913[41] brachte es dann zutage, daß circa ein Drittel dieser Hypotheken nicht auf das Konto der Landwirte gingen. Dies erklärt auch, daß die Hypothekenzunahme in den stärker gewerblich geprägten Westprovinzen und Schlesien weit höher ausfiel als im preußischen Nordosten.

Die Ergebnisse der Hypothekenbewegungsstatistik bestätigen somit im großen und ganzen die positiven Tendenzen der Verschuldungserhebungen. Sie widersprechen dar-

der Rechnungsjahre 1895 bis 1900. In amtlichem Auftrage bearb. von F. Kühnert, in: ebd., 43, 1903, S. 325–402 und: Die Hypothekenbewegung in Preußen im Zeitraume 1904 bis 1908, von F. Kühnert, in: ebd., 50, 1910, S. 149–186. Zur Bewertung der Erhebung und zu den wichtigsten Ergebnissen vgl. Heß, Junker, S. 250–262.

37 Diesen Irrtum begeht bspw. Flemming, Landwirtschaftliche Interessen, S. 24.

38 Vgl. dazu oben, S. 160f. sowie unten, S. 169f.

39 Dieses Phänomen beschrieb unter anderem der Preußische Justizminister. Vgl. das Votum des Preußischen Justizministers von Friedberg an den Preußischen Finanzminister von Scholz betreffend der Durchführung einer Enquête über die allgemeine Lage des ländlichen Grundbesitzes, Berlin, den 19. Juni 1886, in: ZStA Merseburg, Rep. 87 B, Akten Nr. 10866, Bl. 11–13.

40 Stichproben in einigen Amtsgerichtsbezirken Preußens ergaben, daß der Anteil der abgezahlten, aber nicht gelöschten Hypotheken für ganze Bezirke zwischen 0 und 22 % schwankte. Vgl. Verschuldung des ländlichen Grundbesitzes 1883 bis 1896, S. 139, Anm. 1. Bestätigt wurde dies außerdem gelegentlich der in einigen preußischen Landesteilen durchgeführten Grundbuchbereinigungen. Vgl. Hypothekenbewegung 1904–1908, S. 177f.

41 Eingeteilt wurde nun in die Berufsgruppen Land- und Forstwirtschaft, Handel und Gewerbe und sonstige Berufe. In Anlehnung an die landwirtschaftliche Betriebsstatistik wurde dabei der Begriff Land- und Forstwirtschaft verhältnismäßig weit gefaßt, indem alle Eigentümer, die sich mit der Landwirtschaft, Milchwirtschaft, der Molkerei, dem Wein-, Obst-, Gemüse-, Tabakbau usw., der Kunst- und Handelsgärtnerei, der Tierzucht, der Forstwirtschaft, der Jagd und der Fischerei beschäftigten, miteinbezogen wurden. Vgl. Die Hypothekenbewegung in Preußen nach Berufsgruppen der Hypothekenschuldner, von F. Kühnert, in: Zeitschrift des Königlich Preussischen Landesamts, 55, 1915, S. 23–40, zit. S. 23.

über hinaus der gängigen Periodisierung der landwirtschaftlichen Konjunktur in eine Abschwungphase zwischen 1873 und 1896 und eine Aufschwungphase in den Jahren 1896–1914,[42] da die Schuldenzunahme in der ersteren nur einen Bruchteil der Neuverschuldung in den letzteren Jahren ausmachte.[43]

b) Zwangsversteigerungen land- und forstwirtschaftlichen Großgrundbesitzes

Ein weiterer Indikator zur Beurteilung der Wirtschaftslage ist die Häufigkeit von Zwangsversteigerungen land- und forstwirtschaftlichen Grundbesitzes. Ähnlich wie in der Verschuldungsfrage neigt die wirtschaftshistorische Forschung auch hier dazu, aus der amtlichen Statistik zusammenhanglos einzelne Zahlen zu entnehmen und hieraus ebenso weitreichende wie falsche Schlüsse zu ziehen.[44] Zur grundsätzlichen Bewertung von Zwangsversteigerungen im landwirtschaftlichen Sektor ist zunächst zu bemerken, daß das gängige Urteil, daß Zwangsversteigerungen prinzipiell negativ zu bewerten seien,[45] nicht durchdacht ist.[46] Denn auch für die Landwirtschaft gilt, daß getreu Schumpeters Lehre Bankrotte ebenso wie Existenzgründungen notwendige Erscheinungen einer funktionierenden Marktwirtschaft sind.[47]

Die Diagnose der Wirtschaftslage der Landwirtschaft anhand des Indikators „Zwangsversteigerung landwirtschaftlicher Besitzungen“ ergab ein in jeder Hinsicht vorteilhaftes

---

42 Vgl. Rosenberg, Depression, S. 38–51. Rosenbergs These einer „großen Depression“ zwischen 1873 und 1896 zur Charakterisierung der allgemeinen Wirtschaftsentwicklung im Deutschen Reich hat sich als völlig falsch erwiesen. Vgl. die gründliche Auseinandersetzung und die Zurückweisung dieser These bei Karl-Erich Born, Wirtschafts- und Sozialgeschichte des deutschen Kaiserreichs (1867/71–1904), Stuttgart 1985, S. 106–119, und bei Volker Hentschel, Wirtschaft und Wirtschaftspolitik im wilhelminischen Deutschland. Organisierter Kapitalismus und Interventionsstaat?, Stuttgart 1978, S. 205–209.

43 Vgl. Heß, Junker, S. 254.

44 Die Angaben, die sich gewöhnlich in der Literatur über Zwangsversteigerungen finden, sind nicht nur lückenhaft und bereits deshalb unbrauchbar, sondern zudem meist noch falsch. So verwechselte Flemming (Landwirtschaftliche Interessen S. 23f.) den Anteil, den der größere Besitz mit 50 ha und mehr Gesamtfläche an der zwangsversteigerten Gesamtfläche hatte, mit seinem Anteil an der Gesamtzahl der versteigerten Besitzungen. Die wenigen Angaben, die Klein (Landwirtschaft, S. 125) und Abel (Agrarkrisen, S. 280) verwenden, sind ebenfalls nicht richtig, da Klein sie von Abel und Abel sie von Johannes Conrad (Art. Agrarkrisis, in: Handwörterbuch der Staatswissenschaften, 3. Aufl., Bd. 1, Jena 1909, S. 211f.) falsch übernommen hat.

45 Vgl. hierzu: Georg Evert, Über die wirtschaftliche Bedeutung landwirtschaftlicher Zwangsversteigerungen, in: Zeitschrift des Königlich Preussischen Statistischen Bureaus, 27, 1887, S. 226–230; und Arthur Cohen, Die Statistik der Zwangsversteigerungen landwirtschaftlicher Anwesen, in: Allgemeines Statistisches Archiv, hg. v. Georg Mayr, 2, 1891/92, S. 56–77, bes. S. 71.

46 Zur Kritik vgl. Heß, Junker, S. 262f.

47 Joseph A. Schumpeter, Kapitalismus, Sozialismus und Demokratie, (New York 1942), 2. Aufl., Einleitung von Edgar Salin, Bern 1946, Kap. VII, S. 134–142.

Bild: Anzahl und Fläche der zwangsversteigerten Grundbesitzungen gingen von 1881 bis 1914 kontinuierlich und stark zurück und zwar in allen Besitzgrößen und im gesamten preußischen Staatsgebiet.[48] Damit ist keinerlei Anhaltspunkt für die bislang gängige Konjunkturperiodisierung[49] gegeben. Die Zwangsversteigerungen konzentrierten sich, beim bäuerlichen Besitz ebenso wie bei den Gütern, auf Ostelbien, wobei die Güter etwa doppelt so häufig zwangsversteigert wurden. Das Ost-West-Gefälle in dieser Häufigkeit von zwangsversteigerten Gütern war äußerst kraß. Während beispielsweise im Jahresdurchschnitt 1907–1914 in Ostpreußen jedes 200. Gut zwangsversteigert wurde, war in Hannover rein rechnerisch jedes 10000. Gut davon betroffen. Wie bereits für die Verschuldungslage 1902 festgestellt, zeigt die regionale Verteilung im einzelnen jedoch, daß die natürlichen und wirtschaftlichen Rahmenbedingungen dabei keine Rolle spielten. Genaueren Aufschluß hierüber brachte eine Erhebung der Zwangsversteigerungsursachen für die Jahre 1886 bis 1889.[50] Trotz der grundlegenden Mängel der Erhebungen[51] und trotz des geradezu krampfhaften Bemühens der amtlichen Statistik, ein ungünstiges Ergebnis zu konstruieren,[52] widerlegen die Ergebnisse in geradezu peinlicher Weise die Hypothese von der notleidenden Landwirtschaft. Die Erhebungen boten der Regierung keinerlei Rechtfertigung ihrer agrarierfreundlichen Wirtschaftspolitik und wurden wahrscheinlich deshalb ein für allemal eingestellt. Zutage gefördert wurde, daß fast ausschließlich Fehlspekulation und Mißwirtschaft die Ursachen für Zwangsversteigerungen waren.

Die Tatsache, daß nur in 6% aller Fälle „schlechte Lage der Landwirtschaft" als Zwangsversteigerungsursache überhaupt genannt wurde, ist durchaus ein Argument gegen eine Krisenlage der Landwirtschaft in den 1880er Jahren. Wie die Verschuldungserhebungen ist somit die Zwangsversteigerungsstatistik dazu geeignet, eine günstige

48 Vgl. die eingehenden statistischen Veröffentlichungen: Die Ursachen der Zwangsversteigerungen vorwiegend land- und forstwirtschaftlich benutzter Grundstücke in Preußen während des Rechnungsjahres 1886/87, in: Zeitschrift des Königlich Preussischen Statistischen Bureaus, 27, 1887, S. 205–225; Die Zwangsversteigerungen land- und forstwirtschaftlicher Grundstücke und die Ursachen derselben im Preußischen Staate während der Rechnungsjahre 1886/87, 1887/88 und 1888/89, in: ebd., 29, 1889, S. 139–164; Die Zwangsversteigerungen land- und forstwirtschaftlicher Grundstücke in Preussen während der Rechnungsjahre 1886 bis 1896, in: ebd., 39, 1899, S. 1–6; Die Zwangsversteigerungen land- und forstwirtschaftlicher Grundstücke in Preußen während der Rechnungsjahre 1886–1898, im amtlichen Auftrage bearb. von F. Kühnert, in: ebd., 40, 1900, S. 95–102; Die Zwangsversteigerungen land- und forstwirtschaftlicher Grundstücke im Preussischen Staate in den Rechnungsjahren 1899–1902, von F. Kühnert, in: ebd., 44, 1904, S. 19–37. Kürzere Nachweise wurden im Statistischen Jahrbuch für den Preußischen Staat veröffentlicht. Zu den wichtigsten Ergebnissen vgl. Heß, Junker, S. 264–278. Den fast 3000 zwangsversteigerten Grundbesitzungen mit einer Fläche von etwa 110000 ha des Jahres 1886 standen 1913 noch etwa 700 Besitzungen mit ca. 17000 ha Fläche gegenüber.

49 Vgl. Anm. 41.

50 Vgl. Literaturangaben in Anm. 47.

51 Zur Kritik vgl. Heß, Junker, S. 276f.

52 Sie vertrat beispielsweise den unhaltbaren Standpunkt, daß die Lage in der Landwirtschaft so lange schlecht sei, bis die Nennungen „schlechte Lage der Landwirtschaft" überhaupt nicht mehr auftauchen würden. Vgl. Zwangsversteigerungen 1887–1889, S. 164.

Gesamteinschätzung der landwirtschaftlichen Rentabilität, auch und gerade für den ostelbischen Großbetrieb zu bestätigen.[53]

c) Besitzwechsel land- und forstwirtschaftlichen Großgrundbesitzes

Ein weiterer Indikator, der Aussagen über die wirtschaftliche Lage erlaubt, ist die Art und Häufigkeit des Besitzwechsels. Hierzu liegen ausführliche, wenngleich wenig beachtete amtliche Erhebungen vor.[54] Der Besitzwechsel landwirtschaftlicher Grundstücke verlief in Preußen zwischen 1896 und 1914 insgesamt sehr gleichmäßig und zeigt keinerlei einschneidende Schwankungen, die auf eine krisenhafte Lage hindeuteten.[55] Die weitaus meisten Eigentumsübergänge fanden in Form freiwilliger Verkäufe statt, wohingegen die Sitte, den Grundbesitz als Familiengut zu behandeln und weiterzuvererben,[56] erst an zweiter Stelle stand.[57] Beim Großgrundbesitz häuften sich die Verkaufsfälle im preußischen Osten, während sie im Westen gegenüber den Erbfällen weit weniger ins Gewicht fielen. In den Nordostprovinzen, allen voran in Ostpreußen, erreichte die Gütermobilität durch Verkäufe ein Vielfaches des durch Erbgang bedingten Besitzwechsels und dies bis 1914 mit zunehmender Tendenz.[58] Die kraß unterschiedliche Mobilität der Güter in West- und Ostelbien ist weder durch natürliche, wirtschaftliche noch durch rechtliche

53 Selbst die amtliche Statistik, die prinzipiell geneigt war, die Lage der Landwirtschaft in einem ungünstigen Lichte darzustellen, konnte nicht anders als das „Gesamtbild der Zwangsversteigerungen" bereits für die Jahre 1899–1902 „zweifellos günstig" zu bezeichnen. Zwangsversteigerungen 1899–1902, S. 34.

54 Ausführliche Veröffentlichungen, welche die Ergebnisse zum Teil bis auf Kreisebene hinab darbieten, sind: Der Besitzwechsel land- und forstwirtschaftlicher Grundstücke in Preußen in der Zeit vom 1. April 1896 bis zum 31. März 1897, von Georg Evert, in: Zeitschrift des Königlich Preußischen Statistischen Bureaus, 39, 1899, S. 7–11; Der Besitzwechsel land- und forstwirtschaftlicher Grundstücke in Preußen in der Zeit vom 1. April 1896 bis zum 31. März 1900, im amtlichen Auftrage bearb. v. F. Kühnert, in: ebd., 42, 1902, S. 1–46; Der Besitzwechsel land- und forstwirtschaftlicher Grundstücke in Preußen in der Zeit vom 1. April 1900 bis zum 31. März 1903, ebd., 45, 1905, S. 251–282. Die wichtigsten Ergebnisse wurden im Statistischen Jahrbuch für den Preußischen Staat publiziert. Zu den Erhebungsvorschriften vgl. Besitzwechsel 1896–1897, S. 7 ff. Zu den wichtigsten Ergebnissen vgl. Heß, Junker, S. 278–292.

55 Die durchschnittliche Besitzdauer sämtlicher Grundbesitzungen lag bei etwa 15 Jahren.

56 Es muß hier deutlich unterschieden werden zwischen Erbsitten, das Vermögen allgemein betreffend, und Erbsitten, die das Grundvermögen betreffen. Von einer Vererbung des Grund und Bodens kann nur dann gesprochen werden, wenn dieser – in welcher Form auch immer – in den Besitz eines Erben gelangt. Demgegenüber stellt der Verkauf des Besitzes an Fremde, und sei es auch zum Zweck, den Erlös unter den Erben aufzuteilen, keine Grundvererbung dar. Zu den verschiedenen Erbsitten vgl. Paul Heile, Über Anerbenrecht und Grundverschuldung, Diss. München 1911, S. 13–15. Zum Anerbenrecht vgl. speziell den gleichnamigen Artikel v. Hermes in: Handwörterbuch der Staatswissenschaften, 3. Aufl. Bd. 1, Halle 1907, S. 470–481.

57 Die Besitzwechsel infolge von Kauf waren um etwa 2/3 zahlreicher als diejenigen durch Erbgang.

58 Während im preußischen Nordosten zwischen 1896 und 1914 durchschnittlich jedes Gut einmal

Gegebenheiten und Vererbungssitten erklärbar. Als Ursache wären unterschiedliche Wertvorstellungen denkbar. In Anlehnung an Max Weber bietet es sich an, die Typen des „spekulierenden" und des „bodenständigen" Gutsherrn zu unterscheiden.[59] Demnach überwog in Westelbien der Typus des bodenständigen Gutsbesitzers, der an seiner Scholle zäh festhielt und sie weitervererbte. In Ostelbien hingegen häufte sich der Typus des spekulierenden Großgrundbesitzers, der sein Gut als Ware wie jede andere betrachtete und es je nach Gewinnaussicht veräußerte und sich neu einkaufte. Namentlich der ostpreußische und schlesische Adel trieb mit „Familiengütern" bedenkenlos einen schwungvollen Handel,[60] während sich der pommersche und neumärkische ebenso wie der niedersächsische und westfälische Adel durch Bodenständigkeit auszeichnete.[61] Und wiederum weist der doppelte Sachverhalt, daß in ganz Westelbien Bodenständigkeit bei extrem niedriger Verschuldung überwog, wie daß in Ostelbien Spekulation bei hoher Verschuldung und guter Rentabilität ebenso in großem Ausmaß praktiziert wurde, auf eine insgesamt gute Konjunktur hin.

d) Verkehrswert land- und forstwirtschaftlichen Großgrundbesitzes

Ein letzter Indikator, der zur Beurteilung der Wirtschaftslage herangezogen werden kann, ist die Höhe und Entwicklung des Verkehrswertes von Grund und Boden. Die vorliegenden regionalen Untersuchungen, ebenso wie die umfassende amtliche Kaufpreissammlung für die Jahre 1895 bis 1912 dokumentieren, daß die Bodenpreise in Preußen fortgesetzt gestiegen sind.[62] Am stärksten war mit nahezu einer Verdoppelung der Preisanstieg

---

zum Verkauf kam, war dies in den Provinzen Hannover und Westfalen nur etwa bei jedem 5. der Fall.

59 Max Weber prägte hinsichtlich der Arbeitsverfassung in den Gutsbetrieben die Begriffe von der „patriarchalischen" und der „kapitalistischen desorganisierten" Arbeitsverfassung. Vgl. Weber, Ländliche Arbeitsverfassung, S. 449ff.

60 Für Ostelbien sind seit Ausgang des 18. Jahrhunderts ein reger Güterhandel und Güterspekulation belegt, an denen der Großteil des grundbesitzenden alten Adels beteiligt war. Zur Literatur vgl. Heß, Junker, S. 291.

61 Vgl. Bodentreuer Adel. Eine Statistik mit zwei Landkarten, unter Mitwirkung der Deutschen Adelsgenossenschaft hg. v. von Rohr, Berlin 1936. Im Deutschen Reich in den Grenzen von 1919 waren ganze 2650 Güter seit 1800 im Familienbesitz. Zum Vergleich sei noch einmal gesagt, daß sich allein in den alten preußischen Provinzen ca. 11700 Rittergüter befanden.

62 Die zunächst als halbamtliches Werk erschienenen Zusammenstellungen von Rothkegel für die Jahre 1895 bis 1909 wurden in der amtlichen Statistik fortgeführt. Die folgende Untersuchung kann sich deshalb auf die Auswertung der amtlichen Statistik beschränken, das Rothkegelsche Werk ist aufgrund seiner reichhaltigen Interpretationen dennoch unverzichtbar. Vgl. Walter Rothkegel, Die Kaufpreise für ländliche Besitzungen im Königreich Preußen von 1895 bis 1906, Leipzig 1910 (Staats- und sozialwissenschaftliche Forschungen, Heft 156); ders., Die Bewegung der Kaufpreise für ländliche Besitzungen und die Entwicklung der Getreidepreise im Königreich Preußen von 1895 bis 1909, in: Jahrbuch für Gesetzgebung, Verwaltung und Volkswirtschaft im Deutschen Reich, hg. v. Gustav Schmoller, 34. Jg., 4. Heft, Leipzig 1910, S. 221–279; und: Die

bei den Gütern. In dieser enormen Preissteigerung drückte sich eine Steigerung des Ertragswertes aus, die sowohl durch größere Produktmengen als auch durch höhere Produktpreise verursacht war. Am meisten kletterten die Preise für die geringeren Bodenklassen, weil infolge der günstigen Konjunktur für Getreide sowie der Getreidezölle nach der Erhöhung durch den neuen Tarif 1902[63] auch auf diesen Böden der Anbau lohnend wurde.[64] Auffällig ist weiterhin, daß die Güterpreise in Ostelbien fast durchgängig stärker stiegen als im Westen. Dies erklärt sich nur zum Teil durch handelspolitische Maßnahmen, wie dem Getreide-Einfuhrscheinsystem, welche die ostelbischen Landwirte in besonderem Maß begünstigten.[65] Ein weiterer Grund lag im beschriebenen spekulativen Verhalten vieler ostelbischer Gutsbesitzer, welches bewirkte, daß die Güterpreise aufgrund allzu optimistischer Konjunkturerwartungen weit über den Ertragswert hinaus in die Höhe getrieben wurden.[66]

In den Provinzen Westpreußen und Posen kommt als weiterer Einflußfaktor hinzu, daß ein Teil der Güter im Rahmen der „inneren Kolonisation" dem freien Markt entzogen wurde.[67]

e) Zusammenfassung und Ausblick

Die Ergebnisse der verschiedenen Erhebungen erlauben es nunmehr auch, die wirtschaftliche Situation der vielen hochverschuldeten ostelbischen Gutsbesitzer genauer zu beurteilen. Die Tatsache, daß eine hohe hypothekarische Verschuldung mit einer guten Ertrags-

---

Kaufpreise der ländlichen Besitzungen im Königreich Preußen von 1895 bis 1912, unter besonderer Berücksichtigung der Jahre 1910 bis 1912. Mit einer im amtlichen Auftrage verfaßten Einleitung von Paul Seiler, Berlin 1917 (Zeitschrift des Königlich Preussischen Statistischen Landesamts, Ergänzungsheft 44).

63 Zur Getreidekonjunktur vgl. Plachetka, Getreide-Autarkiepolitik, S. 253 ff. und Rothkegel, Kaufpreise 1895–1909, S. 230–235.

64 Eine Zusammenstellung der Anbauflächen auf Provinzebene für die Jahre 1878 bis 1913 findet sich in: Bodennutzung 1913, S. X-XV. Vgl. auch die Schaubilder zu den Anbauflächen und Plachetka, Getreide-Autarkiepolitik, S. 235, 239, 241. Zum Zusammenhang zwischen Getreidepreis und Grundstückspreisen vgl. Rothkegel, Kaufpreise 1895–1909, S. 235–241.

65 Gesetz vom 14. April 1894, RGBL 1894, S. 335. Vgl. hierzu Friedrich Beckmann, Einfuhrscheinsysteme. Kritische Betrachtung mit besonderer Berücksichtigung der Getreideeinfuhrscheine, Karlsruhe 1911, und Ulrich Teichmann, Die Politik der Agrarpreisstützung. Marktbeeinflussung als Teil des Agrarinterventionismus in Deutschland, Köln 1955, S. 193–212.

66 Zahlreiche Belege und Beispiele für die Güterspekulation finden sich in der Literatur. Vgl. Heß, Junker, S. 291. Auch Rothkegel vertrat die Meinung, daß die ostelbischen Großgrundbesitzer angesichts der hohen Getreidepreise ihre Güter überzahlten. Vgl. Rothkegel, Kaufpreis 1895–1909, S. 241.

67 Allein in den Jahren 1886–1906 hat die Ansiedlungskommission 590 Güter mit einer Gesamtfläche von 305986 ha aufgekauft. Vgl. Zwanzig Jahre deutscher Kulturarbeit, 1886–1906. Tätigkeit und Aufgaben neupreußischer Kolonisation in Westpreußen und Posen, hg. v. der Ansiedlungskommission für Westpreußen und Posen, Berlin 1907, S. 21, 28 ff.

lage einherging und gleichzeitig ein lebhafter Güterhandel zu dauernd steigenden Bodenpreisen betrieben wurde, fügt sich zu einem geschlossenen Bild. Dieses Bild läßt sich am besten, etwas zugespitzt, als „spekulativ angeheizter Güterschacher" bezeichnen.[68] Keine Spur also von einer Notlage oder Krise in der großbetrieblichen ostelbischen Landwirtschaft, sondern ganz im Gegenteil von einem Boom mit den entsprechenden Begleiterscheinungen überzogener Preise. Selbst diejenigen Großgrundbesitzer, die sich beim Gutskauf finanziell übernommen hatten und wieder veräußern mußten, konnten aber aufgrund der ununterbrochen steigenden Bodenpreise ihr Gut meist noch mit Gewinn losschlagen. Darauf deutet auch der stetige Rückgang von Zwangsversteigerungen hin. Und aus dem Umstand, daß einige wenige Großgrundbesitzer aufgrund von völliger Fehlspekulation oder totaler Mißwirtschaft schließlich doch noch ihr Gut zwangsversteigern lassen mußten, kann wahrlich nicht auf eine allgemeine schlechte Wirtschaftslage geschlossen werden.

Diese Beurteilung wird durch die Ergebnisse einer amtlichen Erhebung, die im Regierungsbezirk Bromberg im Jahre 1901 durchgeführt wurde, vollauf bestätigt.[69] Von etwa 600 im Regierungsbezirk überhaupt ansässigen Großagrariern werden nur etwa 40 als wirtschaftlich bedrängt bezeichnet und dies, obwohl nach der Verschuldungserhebung von 1902 allein 221 Großgrundbesitzer mit einer Verschuldung von mehr als 75 % ihres Gesamtvermögens erfaßt wurden.[70] Das heißt, selbst der ganz überwiegende Teil dieser hochverschuldeten Großgrundbesitzer fand zumindest sein Auskommen in der Landwirtschaft. Ebenso aufschlußreich ist die Erklärung für die extrem hohe Verschuldung der als wirtschaftlich bedrängt eingeschätzten 40 Großagrarier: Nicht Ernteausfälle, sinkende Produktpreise, steigende Löhne und anderes mehr hätten sie in erster Linie verursacht, sondern eine beim Gutskauf zu hohe Besitzverschuldung und Mißwirtschaft.

Als Gesamtergebnis der Untersuchung bleibt also festzuhalten: Die allgemeine wirtschaftliche Lage des agrarischen Sektors war über die gesamte Periode des Kaiserreiches hinweg insgesamt betrachtet gut und insbesondere nach der Jahrhundertwende von einem starken konjunkturellen Aufschwung gekennzeichnet. An dieser positiven Entwicklung

68 Zum Zusammenhang, der in Preußen zwischen „Immobiliarkreditverfassung, Dauerverschuldung ohne Tilgung, Immobilienpreisbewegung, Besitzwechsel und gewissen Krisenerscheinungen" bestand. Vgl. M. Weyermann, Zur Geschichte des Immobiliarkreditwesens in Preußen mit besonderer Nutzanwendung auf die Theorie der Bodenverschuldung, Karlsruhe 1910, (Freiburger volkswirtschaftliche Abhandlungen, I. Bd., I. Erg.-H.), S. 224–229.

69 GStA PK, XVI HA, Rep. 30 I, Akten Nr. 1.695: Wirtschaftslage des Großgrundbesitzers 1901. Die Umfrage war auf eine mündliche Weisung des Oberpräsidenten in Posen an den Regierungspräsidenten in Bromberg hin in die Wege geleitet worden. Vgl. den zusammenfassenden Bericht des Regierungspräsidenten in Bromberg an den Oberpräsidenten in Posen betr. die in ihrer Existenz gefährdeten Großgrundbesitzer im hiesigen Regierungsbezirk, Bromberg, den 3. November 1901, S. 15; vgl. außerdem die Berichte der Landräte in Strelno, Bromberg, Filehne, Czarnikau, Gnesen, Inowrazlaw, Kolmar i.P., Mogilno, Schubin, Wittkowo, Wongrowitz, Znin und Wirsitz vom Oktober und November 1901, vgl. ebd.

70 Vgl. Ländliche Verschuldung 1902, Teil II, S. 28.

hatten alle Betriebsgrößen bzw. Besitzgruppen teil,[71] in ganz besonderem Maße aber der Großbetrieb bzw. Großgrundbesitz im ostelbischen Preußen.

Diese positive Entwicklung des Agrarsektors fand bekanntermaßen nicht zu Zeiten einer ansonsten statischen Volkswirtschaft statt, sondern vollzog sich ganz im Gegenteil in einer Periode ungeheuren gesamtwirtschaftlichen Wachstums und dynamischen Wandels, einer Wirtschaftsepoche, die charakterisiert ist durch den Übergang Deutschlands vom vorwiegend agrarisch zum vorwiegend von Industrie und Handel geprägten Land.[72]

Damit ist zugleich die Frage nach der Modernität der ostelbischen Landwirtschaft aus wirtschaftlicher Sicht hinreichend beantwortet. Sich im Wandel der Zeiten erfolgreich zu behaupten und gar noch zu verbessern, heißt doch gewißlich, dem Anspruch der Modernität gerecht zu werden. Mit anderen Worten, das Wirtschaftsverhalten und die Wirtschaftsgesinnung des ganz überwiegenden Teils der Landwirte, und namentlich der ostelbischen Großagrarier, war zweifellos zeitgemäß. Nicht wenige der ostelbischen Großgrundbesitzer waren sogar insofern ihrer Zeit voraus, als sie die traditionellen Bindungen an ihr Familiengut über Bord warfen und ebenso wild wie ungezwungen mit ihren Gütern spekulierten und schacherten.

Wie konnte es angesichts der insgesamt günstigen Lage der Großagrarier bzw. einer landwirtschaftlichen Hochkonjunktur gleichwohl zu einer seit dem Ausgang des 19. Jahrhunderts zunehmend energischeren Interessenpolitik im Bund der Landwirte kommen? Die Antwort darauf ergibt sich wohl aus den folgenden drei Sachverhalten: Zum einen, weil gerade auch in einem Boom bereits leichte Ertragsrückgänge, wie sie zu Beginn der 1890er Jahre auftraten, für hochverschuldete Grundbesitzer als existenzgefährdend angesehen werden mußten. Zum anderen, weil unter modernen Bedingungen das subjektive Krisenempfinden wohl immer ausgeprägter ist als die entsprechende objektive Lage – nicht zuletzt, um seine Interessen wirkungsvoller durchsetzen zu können. Und schließlich dürfte auch die immer offenkundiger werdende Tatsache, als gesamte Gruppe, nicht mehr Repräsentant des wichtigsten Wirtschaftsbereichs im Staate zu sein, sondern die zweite Geige spielen zu müssen, zur Radikalisierung beigetragen haben.

71 Dies belegen nicht nur die skizzierten wirtschaftlichen Indikatoren. Darauf lassen ebenso die hier nicht näher dargelegten, im Untersuchungszeitraum nahezu unveränderten Betriebsgrößen und Eigentumsstrukturen schließen (vgl. Heß, Junker, S. 22–100).

72 Vgl. hierzu Karl Erich Born, Der soziale und wirtschaftliche Strukturwandel Deutschlands am Ende des 19. Jahrhunderts, 2. überarb. Fassung, in: E. W. Böckenförde (Hg.), Moderne deutsche Verfassungsgeschichte (1815–1918), Köln 1972, S. 451–469; außerdem: Hentschel, Wirtschaft und Wirtschaftspolitik, Kap. I: Wirtschaftliche und soziale Strukturbedingungen und Strukturveränderungen, S. 22–98.

Volker Klemm

Die Agrarwissenschaften und die Modernisierung der Gutsbetriebe in Ost- und Mitteldeutschland (Ende des 19./Beginn des 20. Jahrhunderts)

1. Aufschwung der Agrarwissenschaften

Während der letzten Jahrzehnte des 19. Jahrhunderts bis zum Beginn des 20. Jahrhunderts finden innerhalb der Agrarwissenschaften Deutschlands – speziell gilt das für die Landbauwissenschaften – wichtige Veränderungen statt.[1] Von einer Krise oder Stagnation kann keine Rede sein.

Besonders drei Faktoren beeinflussen diesen wissenschaftshistorischen Prozeß: Zum ersten: die sich beschleunigende Intensivierung der landwirtschaftlichen Produktion. Den zweiten fördernden Faktor bildet das wachsende Interesse staatlicher, korporativer und privater Sponsoren an der landwirtschaftlichen Forschung und dem Ausbau entsprechender Bildungs- und Forschungsinstitutionen. Allerdings wirken beide Faktoren in mehrfache Richtungen. Neues landwirtschaftliches Wissen fördert den Intensivierungsprozeß innerhalb der Agrarproduktion, regt zu effektiveren Formen der agrarischen Forschungs- und Bildungsorganisation an. Umgekehrt bedingt die sich seit Mitte der achtziger Jahre forcierende Intensivierung den verstärkten Ausbau von agrarwissenschaftlichen Instituten, Lehrstätten und Vereinen, setzt das Anwenden moderneren, vertieften agrarischen Wissens voraus.

Die wachsende Schubkraft innerwissenschaftlicher Vorgänge charakterisieren den dritten Wirkungskomplex. Zu seinen Schwerpunkten zählen die Forschungsresultate auf dem Gebiete der theoretischen und angewandten Chemie, der Genetik, der Ernährungsphysiologie für Pflanzen und Tiere.

In ihren Forschungslaboratorien entwerfen Chemiker zahlreiche neue Verfahren, um organische und anorganische Stoffe synthetisch industriemäßig herzustellen. Berühmtheit für Deutschland erlangt vor allem die Teerfabrikation, bei der die deutsche Chemieindustrie vor dem ersten Weltkrieg fast eine Monopolposition in der Welt einnimmt. Anfang der neunziger Jahre beginnen die Farbwerke Hoechst, gestützt auf Forschungsverträge mit *Robert Koch* (1843–1910) und *Emil von Behring* (1854–1917), mit der Produktion von Serum.[2] Beide sind äußerst wichtig für die veterinärmedizinischen Wissenschaften

---

1 Vgl. Volker Klemm, Agrarwissenschaften in Deutschland. Geschichte – Tradition (von den Anfängen bis 1945), Berlin 1991, S. 188ff.

2 Produktivkräfte in Deutschland 1870 bis 1917/18. Geschichte der Produktivkräfte in Deutschland von 1800 bis 1945 in drei Bänden, Bd. 2, Berlin 1985, S. 339.

und die Phytopathologie. Zwar produzieren einzelne chemische Fabriken in Deutschland mineralische Düngemittel schon vor 1870. Ein nennenswerter, spezialisierter Industriezweig mit den entsprechenden wissenschaftlichen Instituten entsteht allerdings erst in den letzten Dezennien des 19. Jahrhunderts.[3]

Von den Fortschritten der Zelltheorie und der Vererbungswissenschaft profitieren besonders die landwirtschaftliche Pflanzen- und Tierzüchtung. 1884 vermuten *Eduard Straßburger* (1844–1912) und *Oskar Hertwig* (1849–1922), daß der Zellkern Träger der Vererbung ist. Wenige Jahre darauf verkündet *August Weismann* (1834–1914) seine Vererbungstheorie, und der dänische Botaniker *Wilhelm Johannsen* (1857–1927) definiert Anfang des 20. Jahrhunderts die materiellen Träger der Vererbung in den Chromosomen als Gene.[4] Unabhängig voneinander entdecken 1900 der Holländer *Hugo de Vries* (1848–1935), der Oesterreicher *Emil von Tschermak-Seysenegg* (1871–1962) und der Deutsche *Carl Correns* (1864–1933) erneut die Vererbungsgesetze des *Gregor Mendel* (1822–1884). Ein Jahr darauf trägt *de Vries* seine Mutationstheorie vor, und der englische Biologe *William Bateson* (1861–1926) sowie der französische Zoologe *Lucien Cuenot* (1866–1951) bestätigen 1902 die Gültigkeit der Mendelschen Regeln für die Tierzüchtung.[5] Damit ist die klassische Genetik endgültig entstanden. An die Stelle des fast ausschließlichen Sammelns, Systematisierens und Beschreibens tritt eine experimentelle Grundlagenwissenschaft, deren Resultate neben der Medizin vor allem für die Agrarwissenschaften von hohem Nutzen sind.

Neues Wissen über die Photosynthese, die Pflanzenernährung und den Stofftransport bereichert die Pflanzenphysiologie.[6] Nachdem schon 1858 der so jung verstorbene Botaniker *Johannes Lachmann* (1832–1860) vermutet hatte, daß die von ihm beobachteten Wurzelknöllchen an einigen Leguminosenarten mit der stickstoffsammelnden Eigenschaft dieser Pflanzengruppe zu tun haben könnten, lösen *Hermann Hellriegel* (1831–1895) und *Albert Bernhard Frank* (1839–1900) endgültig dieses wissenschaftliche Rätsel.[7] Der Nachweis, daß das Gesetz von der Erhaltung der Energie auch die lebende Natur, speziell

3 Otto Lemmermann, Die Agrikulturchemie und ihre Bedeutung für die Volksernährung, Braunschweig 1940, S. 36; Produktivkräfte in Deutschland, S. 189.

4 Hans Stubbe, Kurze Geschichte der Genetik bis zur Wiederentdeckung der Vererbungsregeln Gregor Mendels, Jena 1963, S. 169ff.; Werner Plesse/Dieter Rux (Hg.), Biographien bedeutender Biologen, Berlin 1977, S. 286f.; Ilse Jahn/Rolf Löther/Konrad Senglaub, Geschichte der Biologie. Theorien, Methoden, Institutionen, Kurzbiographien, 2. durchgesehene Aufl. Jena 1985, S. 351ff.

5 Jahn/Löther/Senglaub, Geschichte der Biologie., S. 434ff. und 463f.; Stubbe, Geschichte der Genetik, S. 162f.

6 Fritz Honcamp (Hg.), Handbuch der Pflanzenernährung und Düngung, Bd. 1 u. 2, Berlin 1931, Bd. 1, S. 9 u. 20; Martin Möbius, Geschichte der Botanik, 2. Auflage, Stuttgart 1968, S. 246ff., 256, 263f.; W. Plesse/D. Rux, Biografien, S. 263f.

7 Wolfgang Böhm, Die Stickstoff-Frage in der Landbauwissenschaft im 19. Jahrhundert, in: Zeitschrift für Agrargeschichte und Agrarsoziologie (ZAA) 35, 1986, S. 43ff.; Hans Glathe, Hermann Hellriegel, in: Große Landwirte, hg. von Günther Franz/Heinz Haushofer, Frankfurt a. M. 1970, S. 245ff.; Wolfgang Fritsche, Die symbiotische Luftstickstoffbindung – vor 100 Jahren von Hermann Hellriegel entdeckt, in: Wissenschaft und Fortschritt 36, 1986, S. 316ff.

die Tierwelt bestimmt, verleiht der Tierernährungswissenschaft modernes theoretisches Format. Umfangreiche ernährungsphysiologische Forschungsvorhaben über den Stoff- und Energiewechsel bei Menschen und Tieren bahnen den Weg von der chemischen zur energetischen Tierernährungswissenschaft. Den vorläufigen Schlußpunkt dieser Reihe setzt der aus München stammende langjährige Direktor des Berliner Hygiene-Instituts *Max Rubner* (1854–1932) mit seiner 1902 publizierten Arbeit „Gesetze des Energieverbrauchs im Organismus".[8]

Von den eben beschriebenen drei Faktoren,

– der sich beschleunigenden Intensivierung der Agrarproduktion,
– dem wachsenden Interesse verschiedener Sponsoren an der landwirtschaftlichen Forschung und Bildung,
– dem Wissensgewinn naturwissenschaftlicher Grundlagendisziplinen,

profitieren nach 1870 maßgeblich die Landbauwissenschaften. Die wissenschaftliche Durchdringung der Landwirtschaftslehre, ein problemgeschichtlicher Prozeß, der Ende des 18. Jahrhunderts in Deutschland begonnen und die Landbauwissenschaft erst zu einem eigenständigen Fachkomplex gemacht hat, strebt einem neuen Höhepunkt zu. Im einzelnen spiegelt sich dieser Aufschwung in folgenden Merkmalen wider:

– Nachdem *Hellriegel* und *Frank* wissenschaftlich korrekt die Stickstoffernährung der Leguminosen erklärt hatten, entwickelt die Düngerlehre, insbesondere für den Bereich der Stickstoffdüngung zusätzliche wissenschaftliche Qualitäten. Das von *Albert Schultz-Lupitz* (1831–1899) ausgearbeitete und erprobte Fruchtfolgesystem für die trockenen norddeutschen Sandböden kann jetzt endgültig theoretisch belegt werden und seinen Siegeszug in der deutschen Landwirtschaft antreten.[9] 1905 veröffentlichen *Emil Rahmann* (1851–1926) und *Eilhard Alfred Mitscherlich* (1874–1956) ihre „Bodenkunden".[10] Die einige Jahre zuvor fixierten genetisch-geographischen bzw. biologisch-bakteriologischen Forschungsrichtungen werden in den bodenkundlichen Wissenschaftskomplex integriert.[11] Vor allem für die Humusforschung gehen von hier wichtige neue Impulse aus.[12]

---

8 Reinhard Schiemann/Hans Bergner, 100 Jahre Forschungsarbeiten zum Energieumsatz von Mensch und Tier in Berlin, Leipzig, Rostock, in: Festschrift. 100 Jahre Einheit von Lehre und Forschung in den Agrarwissenschaften, Berlin 1981, S. 256f.; Gustav Comberg (Hg.), Die deutsche Tierzucht im 19. und 20. Jahrhundert, Stuttgart 1984, S. 185; Jahn/Löther/Senglaub, Geschichte der Biologie., S. 369f.; Karl Eduard Rotschuh, Geschichte der Physiologie, Berlin 1953, S. 119; Max Rubner, Geschichte des Energieverbrauchs im Organismus, Berlin 1902.

9 Helmut Gäde, Lebenswerk und Vermächtnis des Landwirtes Albert Schultz-Lupitz (1831–1899), Diss. Berlin 1989, S. 123ff.

10 Emil Ramann, Bodenkunde 2. Auflage, Berlin 1905; Eilhard Alfred Mitscherlich, Bodenkunde für Landwirte, Forstwirte, Gärtner, Berlin 1905.

11 Ernst Ehwald, Entwicklungslinien in der Geschichte der Bodenkunde, in: Albrecht-Thaer-Archiv 8, 1964, S. 24f.; Emil Blanck (Hg.), Handbuch der Bodenlehre, Bd. 1 : Die naturwissenschaftlichen Grundlagen der Lehre von der Entstehung des Bodens, Berlin 1929, S. 81ff.

12 Blanck (Hg.), Handbuch der Bodenlehre, Bd. 1, S. 81; F. Löhnis, Bodenbakterien und Bodenfruchtbarkeit, Berlin 1974; Heike Wroblewski, Humusforschung zwischen den beiden Weltkrie-

– Vererbungslehre und praktische Züchtung vereinen sich allmählich. Pflanzen- und Tierzüchtung vollziehen die ersten deutlichen Schritte zu eigenständigen landwirtschaftlichen Fachgebieten, ein wissenschaftsgeschichtlicher Prozeß, der erst nach dem Ersten Weltkrieg seinen Abschluß findet.[13] Erste entsprechende Lehr- und Forschungsinstitutionen werden gegründet. In Deutschland folgt man diesem internationalen Trend nur zögernd. Denn während in Schweden, den USA, in Wien schon etwa ein Jahrzehnt vor dem Ausbruch des Ersten Weltkrieges die ersten selbständigen Forschungseinrichtungen für die Vererbungs- und Züchtungswissenschaften entstehen, erreichen diese Fachgebiete trotz des Drängens von solchen prominenten Forschern wie *Carl Correns, Erwin Baur* (1875–1933), *Kurt von Rümker* (1859–1940) und *Carl Fruwirth* (1862–1930) nur den Status eines Nebenfaches. Erst 1914 konstituiert *Erwin Baur* an der Berliner Landwirtschaftlichen Hochschule die erste deutsche Forschungsstätte für die Genetik und Züchtungswissenschaft; sie bleibt aber bis etliche Jahre nach dem Ende des Krieges nur ein Provisorium.[14]
– Mit dem ausgehenden 19. Jahrhundert deutet sich der Übergang von der chemischen zur energetischen Tierernährungslehre an. Die geschilderten Grundlagenforschungen und die richtungweisenden Ideen der Agrikulturchemiker *Emil von Wolff* (1825–1990) aus Hohenheim und *Wilhelm Henneberg* (1825–1890) aus Göttingen führen 1905 zum Stärkewert von *Oskar Kellner* (1851–1911). *Kellners* Fütterungstabellen schaffen die entscheidenden Voraussetzungen, um das neue Wissen auf die Praxis zu übertragen.[15] Bevor sich jedoch dieser Innovationsvorgang vollendet, vergehen noch mehrere Jahrzehnte.
– In den sechziger und siebziger Jahren veröffentlicht *Emil Perels* (1837–1893) seine fundamentalen Handbücher zur Landmaschinenkunde. Noch dauert es mehr als drei Jahrzehnte, bis ein selbständiger Lehrstuhl für Landtechnik an einer deutschen akademischen Lehranstalt, 1902 an der Berliner Landwirtschaftlichen Hochschule, eingerichtet wird,[16] was einer Kreierung dieses landwirtschaftlichen Fachgebietes in unserem Vaterland gleichkommt. Die von *Gustav Fischer* (1870–1963) bis in die Zeit nach dem zweiten Weltkrieg wahrgenommene Professur gewinnt schnell einen nachhaltigen Einfluß auf die Konstruktionspraxis für Landmaschinen.
– Und letztendlich erreichen auch die agrarökonomischen Disziplinen eine entscheidende neue Entwicklungsstufe. Die Auswirkungen der langfristigen Agrarkrise Ende

---

gen in Deutschland. Diplomarbeit an der Sektion Pflanzenproduktion der HU Berlin 1987, Manuskript S. 12.

13 Jahn/Löther/Senglaub, Geschichte der Biologie., S. 434ff., 463f. u. 473ff.; Klemm, Agrarwissenschaften, S. 224ff. u. 237ff.

14 Klemm, Agrarwissenschaften, S. 201f.

15 Otto Keune (Hg.), Männer, die Nahrung schufen. Hannover 1952, S. 532ff.; Werner Wöhlbier, Oskar Kellner, in: Franz/Haushofer (Hg.), Große Landwirte, S. 282ff.; Hans-Heinrich Müller/ Volker Klemm, Im Dienste der Ceres, Leipzig 1988, S. 110ff.

16 Ernst Joachim Gießmann, Emil Perels (1837–1893), in: Wissenschaftliche Beiträge. Ingenieurhochschule Berlin-Wartenberg 7, 1988, S. 72f.; Herbert Mainz, Von Emil Perels und Heinrich Heyde zur Berliner Ingenieurhochschule – Landtechnische Forschung in Berlin, in: ebd., S. 16f.

des 19. Jahrhunderts steigern das Interesse für diesen Wissenschaftszweig beträchtlich, so daß er jetzt seine jahrelange Stagnation überwindet. Ende des Jahrhunderts gestaltet sich, aufbauend auf den Lehren der „Klassiker" dieses Fachgebietes, *Albrecht Daniel Thaer* (1752–1828), *Johann Gottlieb Koppe* (1782–1863) und *Johann Heinrich von Thünen* (1783–1850), die „moderne Wirtschaftslehre des Landbaues". Eine Reihe von voluminösen betriebsökonomischen Handbüchern und Monographien erscheinen. An mehreren deutschen akademischen landwirtschaftlichen Hochschuleinrichtungen gibt es zu Beginn des 20. Jahrhunderts eigenständige agrarökonomische Lehr- und Forschungsstellen. Zum leuchtenden Stern des Fachgebietes steigt *Friedrich Aereboe* (1865–1942) auf.[17]

Zusammenfassend kann festgestellt werden: In Deutschland vollendet die agrarische Forschung zu Beginn des 20. Jahrhunderts eine gewichtige Entwicklungsetappe und erreicht damit zugleich einen Höhepunkt ihrer bisherigen einhundertjährigen Geschichte. Auch aus internationaler Sicht nimmt sie zur Wende des Jahrhunderts einen Spitzenplatz ein.

2. Möglichkeiten für eine territoriale Zuordnung

Wenn auch die eben getroffene Aussage den allgemeinen historischen Trend der Agrarwissenschaften charakterisiert, so beantwortet sie dennoch nicht die Frage, auf die sich das eigentliche Anliegen unserer Konferenz und dieses Beitrages richten: Inwieweit können die damaligen agrarwissenschaftlichen Prozesse bestimmten deutschen Territorien, im hiesigen Falle ost- oder mitteldeutschen Regionen, zugeordnet werden?

Um sofort eine Teilantwort zu geben, landwirtschaftliche Forschungsresultate können oftmals nicht geographisch gruppiert werden. Schon unser weniges, repräsentativ ausgewähltes Faktenmaterial läßt sich, obwohl die Landbauwissenschaften noch relativ stark von territorialen Bedingungen abhängen, nicht einmal eindeutig auf nationale, auf staatliche Grenzen festschreiben. Noch viel weniger gelingt das für bestimmte Gebiete des Landes. So sind z. B. am endgültigen Entstehen der eigenständigen Pflanzen- und Tierzüchtungswissenschaft in Deutschland ost-, nord- und süddeutsche agrarwissenschaftliche Insitutionen aus Göttingen, Hannover, Weihenstephan, Halle, Berlin, Breslau gleichermaßen beteiligt.[18] Die neue biologische Komponente der Bodenkunde findet ihre Heimstätte in Hohenheim und München ebenso wie in Berlin, Halle oder Königsberg.[19] Nimmt

17 Sigmund von Frauendorfer, Ideengeschichte der Agrarwirtschaft und Agrarpolitik im deutschen Sprachgebiet, Bd. 1, Bonn 1957, S. 470ff.; Karl-Dieter Gussek, Analyse von Wechselbeziehungen zwischen der gesellschaftlichen Produktionsweise und der bürgerlichen landwirtschaftlichen Betriebslehre, Diss. Rostock 1969, Manuskript, S. 138ff.; Stefan Seidel, Der Wandel der theoretischen Auffassungen zur Betriebsorganisation in der Geschichte der Betriebswissenschaft der Landwirtschaft. Diss.-Entw. Berlin 1990, Manuskript, S. 79ff.

18 Klemm, Agrarwissenschaften, S. 224ff. u. 237ff.

19 Ehwald, Entwicklungslinien, S. 13, 17ff., 22ff.; Blanck (Hg.), Handbuch der Bodenlehre, S. 83ff.

auch beim Übergang zur energetischen Tierernährungslehre die landwirtschaftliche Versuchsstation Möckern (b. Leipzig) unter *Gustav Kühn* (1840–1892) und *Oskar Kellner* eine führende Position ein, so liefern entscheidende Beiträge zugleich *Wilhelm Henneberg* (1825–1890) und *Friedrich Stohmann* (1832–1897) aus Göttingen sowie *Emil Wolff* (1818–1896) aus Hohenheim.[20]

Etwas anders ist dagegen die Situation für eine territoriale Zuordnung bei den landwirtschaftlichen Forschungs- und Bildungsinstitutionen zu beurteilen.

Der Zahl und dem Leistungsniveau nach weiten sich die staatlichen, korporativen und privaten deutschen landwirtschaftlichen Forschungs- und Lehranstalten in diesem Zeitabschnitt beträchtlich aus.[21] Typisch ist eine zunehmende staatliche Teilhaberschaft.

Zu Beginn des 20. Jahrhunderts entstehen die ersten mit Reichsmitteln finanzierten hochschulfreien landwirtschaftlichen Forschungsstätten; so die 1905 aus der Biologischen Abteilung des Kaiserlichen Gesundheitsamtes hervorgegangene „Kaiserlich Biologische Anstalt für Land-und Forstwirtschaft“ in Berlin-Dahlem, die spätere Biologische Reichsanstalt und das Kaiser-Wilhelm-Institut für Landwirtschaft, 1906 in der heute zu Polen gehörenden Stadt Bromberg gegründet. Das Bromberger Institut hat mit der 1911 gestifteten Kaiser-Wilhelm-Gesellschaft nur den Namen gemein.[22] Zu den wichtigsten preußischen Landesgründungen gehören die 1877 eröffnete Preußische Moor-Versuchsstation in Bremen mit einer Reihe von Außenstellen in östlichen Gebieten[23] und die 1893 kreierte „Biologische und Fischerei-Versuchsstation“ am Müggelsee in Berlin Friedrichshagen, die ab 1906 den Namen „Königliches Institut für Binnenfischerei“ führt.[24]

Wesentlich an Einfluß gewinnen während dieser Jahre die nach dem Vorbild der Station Möckern (1852 offiziell gegründet) errichteten landwirtschaftlichen Versuchsstationen.

---

20 Kurt Nehring, 100 Jahre landwirtschaftliche Versuchsstation Möckern. 1852 bis 1952. Festschrift anläßlich des 100jährigen Bestehens der Landwirtschaftlichen Versuchsstation Leipzig-Möckern, Teil II, Berlin 1954, S. 17ff.; Comberg (Hg.), Tierzucht, S. 185 und 202; Schiemann/Bergner, 100 Jahre Forschungsarbeiten, S. 256ff.; Wöhlbier, Oskar Kellner, S. 289.

21 Wolfgang Böhm, Geschichte des Landwirtschaftsstudiums in Deutschland, in: Berichte über Landwirtschaft 6, 1988, S. 7ff.; Comberg (Hg.), Tierzucht, S. 460ff.; Christine Papendieck, Die Entwicklung der akademischen landwirtschaftlichen Ausbildung in Berlin von der Gründung der landwirtschftlichen Hochschule bis zur Bildung der agrarwissenschaftlichen Hochschule bis zur Bildung der agrarwissenschaftlichen Sektionen an der Humboldt-Universität, Diss. Berlin 1983, Manuskript, S. 57ff.; Werner Tornow, Die Entwicklungslinien der landwirtschaftlichen Forschung in Deutschland, Hiltrup 1955, S. 57ff. und 73ff.

22 Tornow, Entwicklungslinien, S. 57ff. und 69f.

23 Kurt Illner, Moritz Fleischer, in: Von Thaer bis Mitscherlich. Kurzbiographien bedeutender Berliner Agrarwissenschaftler, in: Beiträge zur Geschichte der Humboldt-Universität zu Berlin, Nr. 16, Berlin 1987, S. 38; W. Baden, Moorforschung in Bremen, in: 24. Jahresheft der Albrecht-Thaer-Gesellschaft, Hannover 1989, S. 155ff.

24 Helmut Wundsch, Festschrift. 25 Jahre Preußische Landesanstalt für Fischerei, Berlin 1931, S. 10f.; Ilko-Sascha Kowalczuk, Professor Dr. Johannes Frenzel (1858–1897) – der Begründer der fischereilichen Forschungsstätte in Berlin-Friedrichshagen, in: Zeitschrift für die Binnenfischerei der DDR 34, 1987, S. 322f.

Möckern selbst avanciert unter der Leitung von *Gustav Kühn* und *Oskar Kellner* zu einem Weltzentrum der Tierernährungswissenschaft, und auch manche andere Station vollbringt bahnbrechende Leistungen. Einige Stationen beginnen sich fachlich zu spezialisieren. Am 22. Januar 1888 entsteht, getragen von 43 Stationen, der „Verband Deutscher Landwirtschaftlicher Versuchsstationen", dessen Mitgliederzahl in den folgenden Jahren weiter ansteigt.[25]

Zusätzlich Auftrieb erhalten in diesen Jahrzehnten die deutschen landwirtschaftlichen Hochschul- bzw. Universitätsinstitute. Zu den bisherigen Instituten bzw. Abteilungen in Jena, Halle, Leipzig, Bonn-Poppelsdorf kommen Neugründungen in Gießen (1870/71), Göttingen (1872/74), Kiel (1872), Königsberg (1876), Heidelberg (1876), Breslau (1881) und an der Technischen Hochschule in München hinzu. Zur wichtigsten Neugründung wird die Königlich Preußische Landwirtschaftliche Hochschule in Berlin, die 1881 ihre Pforten öffnet und an die Stelle eines bis dahin recht unbedeutenden Universitätsinstitutes tritt. Der Landwirtschaftlichen Akademie in Hohenheim wird 1904 der Titel einer Landwirtschaftlichen Hochschule verliehen.[26]

Wachsende wissenschaftliche Potenzen gehen schließlich von den sich rasch vermehrenden landwirtschaftlichen Vereinen und Gesellschaften sowie von den mittleren und niederen agrarischen Bildungsinstituten aus. Für das Jahr 1881 nennt eine Statistik für Preußen 262 landwirtschaftliche Kreis-, 615 Ortsvereine und 125 Tierzuchtgesellschaften.[27] Überragende Autorität genießt schon bald die 1884 entstandene Deutsche Landwirtschafts-Gesellschaft (DLG),[28] über deren besondere Rolle als innovationsförderndes Element *Klaus Herrmann* in diesem Band informiert. Deutlich beschleunigt sich in diesem Zeitabschnitt das Entwicklungstempo der mittleren und niederen landwirtschaftlichen Ausbildungsstätten. Auf dem Territorium des Deutschen Kaiserreiches sollen 1908 26 landwirtschaftliche Mittel-, 45 Ackerbau- und 120 selbständige landwirtschaftliche Spezialschulen bestanden haben. 112000 Schüler besuchen 1913 6675 ländliche Fortbildungsschulen.[29]

Bei der regionalen Verteilung scheint sich im letzten Drittel des 19. und im ersten

---

25 Ursula Schling-Brodersen, Entwicklung und Institutionalisierung der Agrikulturchemie im 19. Jahrhundert. Liebig und die landwirtschaftlichen Versuchsstationen. Braunschweiger Veröffentlichungen zur Geschichte der Pharmazie und Naturwissenschaften, Bd. 31, Braunschweig 1989, S. 172ff.; Forschungsdienst 6, 1938, S. 259ff.; vgl. auch: Susanne Reichrath, Entstehung, Entwicklung und Stand der Agrarwissenschaften in Deutschland und Frankreich, Frankfurt a. M. 1991, S. 116ff. (R. nennt hier für 1911 72 und für 1913 65 Stationen).

26 Heinrich Becker/Günther Schmitt, Die Entwiclung der Agrarwissenschaften an der Georg-August-Universität Göttingen, in: ZAA 38 , 1990, S. 42ff.; Böhm, Geschichte des Landwirtschaftsstudiums, S. 9; Comberg (Hg.), Tierzucht, S. 460ff.; Wilhelm Zorn, Die Geschichte der Landwirtschaftswissenschaft in Schlesien, Würzburg 1964, S. 40 und 85; Papendieck, Entwicklung, S. 57ff.

27 Landwirtschaftliches Vereinswesen, in: Meyers Conversationslexikon, 3. Auflage, Bd. 10, Leipzig 1883, S. 605f.

28 Fritz Lachenmaier, 100 Jahre Deutsche Landwirtschafts-Gesellschaft, Frankfurt a.M. 1985, S. 9ff.

29 Geschichte der Produktivkräfte, Bd. 2, S. 177.

Jahrzehnt des 20. Jahrhunderts das Gewicht teilweise zugunsten der mittel- und ostdeutschen Gebiete zu verlagern.

Eine solche Tendenz demonstrieren z. B. die landwirtschaftlichen Hochschulinstitutionen und Forschungsstätten. Von den zwölf zu Beginn des 20. Jahrhunderts in Deutschland wirkenden akademischen Lehrstätten liegen sechs, Breslau, Berlin, Halle, Jena, Königsberg, Leipzig, in Mittel- und Ostdeutschland. Wird von der Forschungs- und Lehrkapazität dieser zwölf Institute/Abteilungen ausgegangen, dann nehmen die führende Position Berlin, Breslau, Halle, Hohenheim ein. Berlin belegt damals eindeutig den ersten Platz. Von 1881, dem Gründungsjahr, bis 1906 erhöht sich die Zahl der Professoren von 10 auf 18. An 19 Instituten wird gelehrt und geforscht. Hatten sich 1881 zur Eröffnung der Hochschule nur 126 Studenten eingeschrieben, waren es im Wintersemester 1905/06 1247 Immatrikulationen.[30] In Halle und Breslau beträgt diese Zahl um 1900 ca. 300.[31]

Berlin, Breslau, Hohenheim führen zuerst eine moderne Wissenschaftsstruktur ein.[32] Entsprechend der sich immer klarer abzeichnenden Spezialisierung der Landbauwissenschaften werden hier eine Anzahl selbständiger Fachinstitute eingerichtet. Die Vorreiterrolle spielt neben Berlin das Breslauer Universitätsinstitut, dem der gerade berufene *Kurt von Rümker* vorsteht. 1899 arbeiten dort vier eigenständige Teilinstitute, für Pflanzen- und Tierproduktionslehre, für Agrikulturchemie und Technologie. Ein neu geschaffener Lehrstuhl für Wirtschaftslehre folgt 1903. Ihn leitet *Friedrich Aereboe*.[33]

Wie bei den Hochschuleinrichtungen scheint sich auch bei den hochschulfreien staatlichen landwirtschaftlichen Forschungsanstalten damals eine veränderte territoriale Verteilung herauszubilden. Neue, relativ gut ausgestattete Institute werden vorrangig in östlichen Landesteilen angesiedelt. Zu ihnen gehören z. B. die schon genannten Forschungsstätten in Berlin-Dahlem, Berlin-Friedrichshagen und in Bromberg. Letzterer soll offensichtlich die führende Position unter den deutschen hochschulfreien Forschungsinstituten zugemessen werden, denn das Bromberger Kaiser-Wilhelm-Institut wird von Anfang an mit vier größeren spezialisierten Abteilungen, für Agrikulturchemie, Kulturtechnik, Pflanzenkrankheiten und Tierhygiene, ausgerüstet, zu dieser Zeit fast noch eine wissenschaftsorganisatorische Novität in Deutschland. Nach gut einem Jahrzehnt unterbrechen die Folgen des Ersten Weltkrieges abrupt den glänzenden Aufstieg Brombergs. Nach den Bestimmungen des Versailler Vertrages fällt die Stadt an die Repbulik Polen.[34]

Dagegen läßt sich eine solche verstärkte territoriale Konzentration bei den landwirtschaftlichen Versuchsanstalten oder den landwirtschaftlichen Vereinen in den östlichen oder mittleren Landesteilen des kaiserlichen Deutschland nicht erkennen. Verteilungsprinzipien und -proportionen decken sich im wesentlichen mit den Verhältnissen in den vorhergehenden Jahren.

30 Papendieck, Entwicklung, S. 57ff.

31 Zorn, Geschichte der Landwirtschaftswissenschaft, S. 40 und 85.

32 Klemm, Agrarwissenschaften, S. 192ff.; W. Böhm, Geschichte des Landwirtschaftsstudiums, S. 11ff.

33 Zorn, Geschichte der Landwirtschaftswissenschaft, S. 40 und 85.

34 Tornow, Entwicklungslinien, S. 59ff. und 69f.

3. Rezeption des neuen Wissens in Gutsbetrieben

Kenntnisgewinne auf dem Gebiete der Landbauwissenschaften, eine wachsende Zahl von landwirtschaftlichen Forschungs- und Bildungseinrichtungen dokumentieren zwar einen sich forcierenden wissenschaftshistorischen Prozeß, sagen aber kaum etwas über ihre Rezeption in der betrieblichen Praxis aus. Überhaupt konfrontieren Darstellung und Analyse dieses speziellen Innovationsprozesses innerhalb der Landwirtschaft den Historiographen mit prekären Problemen.

Die Eigenarten der agrarischen Produktion, die hochgradig zersplitterte Betriebsstruktur der deutschen Landwirtschaft bedingen eine besondere Langwierigkeit beim Übertragen neuer Forschungsresultate in die betriebliche Sphäre. Der berühmte Hallenser Acker- und Pflanzenbauer *Theodor Roemer* (1883–1951) meint: „Eine bestimmte Erkenntnis der Landbauwissenschaft im weitesten Sinne zur Auswirkung zu bringen, erfordert etwa dreißig Jahre."[35] Eine zeitgenössische Untersuchung aus dem Jahre 1932 schätzt z. B. ein, daß erst fünf Prozent der deutschen Landwirtschaftsbetriebe die von *Oskar Kellner* vor etwa einem Vierteljahrhundert verkündeten Fütterungsprinzipien beachten.[36] Für die agrarökonomischen Disziplinen scheint diese Zeitdifferenz damals sogar noch größer gewesen zu sein.

Zum Anteil der Landbauwissenschaften am Wachsen der Ertragsintensität in der deutschen Feldwirtschaft während des 19. Jahrhunderts existieren unterschiedliche Ansichten. Sinngemäß trifft das auch für den Anteil an Modernisierungsvorgängen zu. *Bittermann* behauptet, daß von den steigenden Naturalerträgen, umgerechnet auf Getreideeinheiten (GE) je Hektar landwirtschaftlicher Nutzfläche, in Deutschland von 1800 bis 1883 19,4 % auf den verstärkten Einsatz von Stalldung und Mineraldünger und 80,4 % auf den sorgfältigeren Kulturaufwand, intensivere Bodenmelioration und Bodenbearbeitung sowie sinnvollere Fruchtfolgen entfallen. Den Anteil der Pflanzenzüchtung an den wachsenden deutschen Nutzpflanzenerträgen zwischen 1878/82 bis 1949/51 schätzt er bei Weizen auf 21,4; bei Roggen auf 17,4; bei Sommergerste auf 28,0; bei Hafer auf 30,7 und bei Kartoffeln auf 41,2 %.[37] Dagegen mißt *Berndt* – Zahlen, die *Krzymowski* übernimmt – 50 % der wachsenden Roherträge des 19. und beginnenden 20. Jahrhunderts der mineralischen Düngung, 25 % der intensiveren Bodenbearbeitung, 15 % dem besseren Saatgut und 10 % den sachgemäßer ausgewählten Fruchtfolgen zu.[38]

Bisher gibt es keine fundierte Untersuchung, wie sich der agrarwissenschaftliche Inno-

35 zitiert nach: Lilly von Nathusius, Theodor Roemer. Lebensabriß und bibliographischer Überblick, Halle/Saale 1955, S. 42.

36 Werner Henkelmann, Fütterung und Tierzucht als Mittel der Produktionskostensenkung, in: Deutsche Agrarpolitik im Rahmen der inneren und äußeren Wirtschaftspolitik, Teil I: Die Lage der deutschen Landwirtschaft und die Gestaltung der agrarpolitischen Einzelmaßnahmen. Veröffentlichungen der Friedrich-List-Gesellschaft, Bd. 6, Berlin 1932, S. 671 und 675.

37 Eberhard Bittermann, Die landwirtschaftliche Produktion Deutschlands 1800–1950, in: Kühn-Archiv, Bd. 70, Halle 1956, S. 120ff.

38 Traugott Berndt, Untersuchungen über die Höhe und die Bewegung der Roherträge im deutschen

vationsprozeß während der hier zu betrachtenden Jahrzehnte in bestimmten Betriebsgrößengruppen, bezogen auf großflächige ost- und mitteldeutsche Territorien, quantitativ und qualitativ niedergeschlagen hat. Beispiele für einzelne ausgewählte Betriebe sind mehr oder weniger Zufallsfunde. Und diese Detaildaten reichen keinesfalls aus, um signifikante allgemeinere statistische Aussagen machen zu können.

Wenn trotz dieser Vorbehalte gewagt wird, einige trend- und thesenartige Aussagen zum Verlauf und zu den Merkmalen dieses Innovations- bzw. Modernisierungsprozesses in der ost- und mitteldeutschen Landwirtschaft zu machen, dann ist das vor allem dem Themenwunsch des Veranstalters dieser Konferenz und der eigenen Absicht geschuldet, sich einem solchen wissenschaftshistorischen Gegenstand zukünftig etwas tiefgreifender zuzuwenden.

Als relativ sicher dürfte es gelten, daß bei einer gründlicheren landwirtschaftlichen Bodennutzung, beim Übergang zu intensiveren Ackerbausystemen seit 1880, wie das z. B. im Rückgang der Ackerbrache und der Zunahme des Hackfruchtbaues zum Ausdruck kommt, neue agrikulturchemische und pflanzenbauliche Erkenntnisse eine Rolle gespielt haben. An der Abnahme der sog. „geringen Weiden" oder der Zunahme des Hackfruchtbaues, typische Zeichen für die voranschreitende Intensivierung, sind eine Anzahl ost- und mitteldeutscher Landesteile stark beteiligt. In den Regierungsbezirken Königsberg, Posen, Magdeburg, in Mecklenburg-Schwerin vermindert sich die Fläche der „geringen Weiden" von 1878 bis 1913 (für Schwerin von 1883 bis 1913) um 52, 43, 71 und 37 %.[39] Im Vergleich dazu wächst die Anbaufläche für Kartoffeln in Stralsund um 76, in Posen um 37, in Magdeburg um 30 und in Mecklenburg-Schwerin um 76 %.[40]

Aus diesen Daten können zwei Schlüsse gezogen werden:

- Ein Teil der ostdeutschen und mitteldeutschen Landwirtschaft hat an dieser pflanzenbaulichen Intensivierung wesentlich partizipiert.
- Da es sich um Territorien mit einem hohen Anteil an Betrieben mit über 100 Hektar landwirtschaftlicher Nutzfläche handelt – in Königsberg werden 1907 47,5; in Posen 45,1; in Oppeln 29,7; in Magdeburg 29,1; in Mecklenburg-Schwerin 59,7 % der landwirtschaftlichen Nutzfläche von dieser Betriebsgrößengruppe bewirtschaftet[41] –, haben die Gutsbetriebe die Modernisierung offensichtlich in hohem Maße mitgetragen. Zusätzlich bestätigt die Betriebsgruppenstatistik für die Nutzung des Ackerlandes im gleichen Jahre[42] obige Vermutungen.

Ähnlich kann auch die Entwicklung der Hektarerträge, d. h. das Wachstum der Naturalmenge je Hektar Anbaufläche für ein bestimmtes pflanzenbauliches Produkt interpretiert

---

Getreidebau und ihre Ursachen seit etwa 50 Jahren, Diss. Berlin 1928, S. 65; Richard Krzymowski, Geschichte der deutschen Landwirtschaft, 3. Aufl., Berlin 1961, S. 290f.

39 Berechnet nach: Statistisches Jahrbuch des Deutschen Reiches 1885, S. 25, und 1914, S. 59.

40 Vgl. dazu: Ilona Ballwanz, Sozialstruktur und Produktionsentwicklung der deutschen Landwirtschaft von 1871 bis 1914, Diss. 1976, Manuskript, Anhang Tab. 84 und 97.

41 Vgl. dazu: Statistik des Deutschen Reiches (StDR), Bd. 212, 2 b, Anhang, Übersicht 3, S. 8ff.

42 Ebd. Bd. 212, 1 b, S. 419ff.

werden. Nach mehreren Autoren, worauf schon hingewiesen wurde[43], hängt der recht schnelle Ertragszuwachs von Getreide und Hackfrüchten während der letzten Jahrzehnte des 19. und des beginnenden 20. Jahrhunderts vor allem vom Einsatz wirkungsvollerer Düngemitel, leistungsfähigeren Saatgutes, von einer gründlicheren Bodenpflege, verbesserten Düngemethoden und einer sachgemäßeren Fruchtfolgegestaltung ab; mit anderen Worten, es wird in verstärktem Maße auf wissenschaftliche Erfahrungen zurückgegriffen. Wieder sind es vorrangig östliche preußische Regierungsbezirke mit einem besonders hohen Anteil an Gutsbetrieben, welche die Reichsdurchschnittszahlen beträchtlich übertreffen.[44] Nach den Berechnungen von *I. Ballwanz* wachsen die Hektarerträge für die vier Hauptgetreidearten in Deutschland von 1878 bis 1914 (Fünfjahresdurchschnitte) um 64,2 %. Für Königsberg beläuft sich dieser Steigerungssatz auf 90,9; für Stralsund auf 77,5; für Posen auf 135,8; für Oppeln auf 112,0; für Magdeburg auf 68,7 und für Mecklenburg-Schwerin auf 38,0 %. Etwas differenzierter präsentiert sich das Bild für die Kartoffelerträge, was jedoch nicht den obengenannten allgemeinen Trend aufhebt. Hier beträgt die Wachstumsrate von 1878 bis 1914 für das gesamte Deutsche Kaiserreich 77,8 %. Die entsprechenden Zahlen für Königsberg, Stralsund, Posen, Oppeln, Magdeburg, Mecklenburg-Schwerin lauten: 147,8; 102,1; 107,3; 105,1; 69,5 und 38,2 %.

Statistisch eindeutig belegbar ist die These, es seien vor allem die großen landwirtschaftlichen Betriebe gewesen, welche sich schon damals der Vorteile des Einsatzes von landwirtschaftlichen Maschinen bei ihren Bestellungs-, Pflege und Erntearbeiten bedienten und damit vorrangig an den Resultaten der aufstrebenden Landtechnikforschung partizipierten. 1907 wenden die deutschen Landwirtschaftsbetriebe mit über 100 Hektar landwirtschaftlicher Nutzfläche in 3,01 Fällen Maschinen (Sä-, Mäh-, Drill-, Dresch- und Dampfdreschmaschinen) an. Der Reichsdurchschnitt für die Anwendungsfälle in allen deutschen landwirtschaftlichen Betrieben beträgt zu diesem Zeitpunkt 0,57 Fälle. Für Regierungsbezirke Königsberg, Stralsund, Posen, Oppeln, Magdeburg und für Mecklenburg-Schwerin werden die Zahlen 3,17; 3,54; 2,83; 2,82; 2,98 und 3,60 angegeben.[45]

Bleibt als letztes für den hier zu analysierenden Modernisierungsprozeß die Frage nach der sich verändernden Produktivität der in der Landwirtschaft bzw. in den Betrieben eingesetzten lebendigen Arbeit; ist es doch anzunehmen, daß steigende Arbeitsproduktivität in erster Linie vom Einsatz theoretischen Wissens bestimmt wird.

Für eine heutigen mathematisch-statistischen Ansprüchen genügende Meßmethode reichen die zeitgenössischen Daten nicht aus. Eine Hilfsgröße ist der Quotient aus der erzeugten Brutto-Naturalmenge und der beteiligten Arbeitskräftezahl, d. h. eine sogenannte indirekte Kennziffer. Natürlich schließt eine so primitive Methode erhebliche Unzulänglichkeiten ein. Trotz solcher berechtigten Vorbehalte vermitteln jedoch die für die Getreideproduktion berechneten Zahlen ein so eindeutiges Resultat, daß sich Trendaussagen einfach aufdrängen.

---

43 Vgl. Anm. 35 und 36.

44 Vgl. Ballwanz, Sozialstruktur, Anhang Tab. 60 und 88; siehe auch: Hans Werner Graf Finck von Finckenstein, Die Entwicklung der Landwirtschaft in Preußen und Deutschland 1800–1930, Würzburg 1960, S. 336 (Tab. 21).

45 StDR, Bd. 212, 2a, S. 76ff. und Bd. 212, 2b, Anhang, Übersicht 3, S. 8ff.

Innerhalb eines Vierteljahrhunderts, von 1882 bis 1907, wächst die pro „landwirtschaftlichen Gewerbstätigen" im Deutschen Reich produzierte Getreidemenge um 0,88 t. Den Spitzenplatz unter den einzelnen Landesteilen belegt der Regierungsbezirk Stralsund mit einem Zuwachs von 2,08 t. Es folgen Königsberg mit 1,68, Posen mit 1,52, Mecklenburg-Schwerin mit 1,19 und Oppeln mit 1,15 t, ausnahmslos ostdeutsche Gebiete mit einem hohen Anteil an Betrieben mit über 100 Hektar landwirtschaftlicher Nutzfläche. Am Ende der Reihe befinden sich vor allem Landschaften, in denen mittel- und kleinbäuerliche Wirtschaften vorherrschen, z. B. die Oberpfalz mit einem Zuwachs von 0,12 oder der Verwaltungsbezirk Karlsruhe mit 0,18 t.[46]

4. Einige Anmerkungen zur Rezeption von Resultaten der Pflanzen- und Tierzüchtungswissenschaften

Von besonderem Interesse für den Wissenschaftshistoriker ist das Problem, inwieweit die Fortschritte der Pflanzen- und Tierzüchtungswissenschaften den damaligen Modernisierungsprozeß der ost- und mitteldeutschen Gutsbetriebe beeinflußt haben, üben diese beiden Wissenschaftsdisziplinen während der letzten Jahrzehnte doch einen ganz besonderen Anreiz auf die Entwicklung der Landwirtschaft aus; und sie haben gerade in dieser Zeitperiode den Rang einer eigenständigen agrarischen Fachdisziplin gewonnen. Daher wird ihnen hier auch ein spezieller Abschnitt gewidmet.

Die These, vor allem ost- und mitteldeutsche landwirtschaftliche Großbetriebe hätten aus dem Aufstieg der landwirtschaftlichen Pflanzenzüchtung besonderen Nutzen gezogen, läßt sich so allgemein anhand von statistischen Daten nicht beweisen. Detailuntersuchungen deuten aber in eine derartige Richtung.[47]

Saatzuchtbetriebe und Vermehrungsstätten für hochwertiges Saat- und Pflanzgut konzentrieren sich im ersten Jahrzehnt des 20. Jahrhunderts in Niederbayern und der preußischen Provinz Sachsen.[48] Aber auch in zahlreichen anderen deutschen Landschaften wirken derartige Betriebe. Während in Süddeutschland vorwiegend Saatbauvereine bzw. -genossenschaften neue Sorten züchten, vermehren und verbreiten, übernehmen diese Aufgabe in der Provinz und dem Königreich Sachsen sowie in den weiter östlich gelegenen Landesteilen meistens Großbetriebe.[49]

Bei den in der Provinz Sachsen als besonders leistungsfähig bezeichneten Saatzuchtbetrieben handelt es sich ausschließlich um Wirtschaften der Größengruppe „über 100 ha landwirtschaftliche Nutzfläche".[50] Darunter befinden sich solche hervorragenden Könner

46 Berechnet nach einer Tabelle von Ballwanz, Sozialstruktur, Anhang, Tab. 103.

47 Landwirtschaftliche Pflanzenzüchtung in Deutschland. Geschichte, Gegenwart, Ausblick vom Bundesverband Deutscher Pflanzenzüchter, Gelsenkirchen-Buer 1987, S. 21 f.

48 Siehe dazu: Paul Hillmann, Die deutsche landwirtschaftliche Pflanzenzucht. Arbeiten der DLG, Heft 168, Berlin 1910, S. 167 ff.

49 Ausgezählt nach: Ebd.

50 Ebd.

wie *Wilhelm Rimpau* (1842–1903), *Mathias Christian Rabbethge* (1804–1902), *Ferdinand Heine* (1840–1920) und *Bestehorn*.

Bestehorn und *Rimpau* machen sich, der eine auf seinem 170 Hektar großen Betrieb Bebitz (b. Cönnern), der andere auf 500 Hektar in Schlanstedt (b. Oschersleben), einen Namen als Züchter und Vermehrer von neuen Getreidesorten. Beide wenden zum ersten Male in Deutschland erfolgreich Kreuzungs- bzw. Kombinationszüchtung an.[51] *Rimpau*, der Getreidearten mit einer züchterischen Meisterschaft bearbeitet, die noch heute frappiert und dem die Universität Halle für seine Forschungen, speziell zur Blütenbiologie des Getreides, die Ehrendoktorwürde verleiht, bringt 1888/89 die Winterweizensorte „Rimpaus früher Bastard" heraus. Über fünfzig Jahre zählt der „Bastard" zu den angesehensten deutschen Weizensorten und dient noch weitere Jahrzehnte als wertvolles genetisches Ausgangsmaterial für viele Züchtungen.

Ferdinand Heine führt auf seinem 276 Hektar großen Betrieb in Hadmersleben von 1883 bis 1914 über zweitausend Prüfungen für Getreide- und Kartoffelsorten durch, die Sachkenner nach mehr als einem halben Jahrhundert immer noch als eine „wertvolle Fundgrube" für den Züchter bewerten.[53] Unter den über fünfzig deutschen Zuchtstationen für Zuckerrüben zu Beginn des 20. Jahrhunderts besitzt die Firma Rabbethge und Giesecke in Kleinwanzleben (b. Magdeburg) fast eine Art Monopolstellung. Sie verfügt über eine landwirtschaftliche Nutzfläche von viertausend Hektar und soll vor dem Ersten Weltkrieg etwa ein Drittel des Weltbedarfs an Zuckerrübensamen geliefert haben.[54]

Für die Provinz Brandenburg werden in einem Bericht der DLG 1911 ausdrücklich 13 Saatzuchtbetriebe erwähnt.[55] Ohne Ausnahme gehören sie zu der Gruppe mit über 100 Hektar landwirtschaftlicher Nutzfläche. Den Spitzenreiter stellt *Ferdinand von Lochow* (1848–1924) auf seinem über 1000 Hektar großen Gut Petkus (b. Luckenwalde). Zu seinem überragenden Züchterergebnis wird der 1890 zum ersten Male auf dem Saatgutmarkt erscheinende „Petkuser Winterroggen", besonders gut für die trockenen, wenig fruchtbaren Sandböden der norddeutschen Tiefebene geeignet. Bis weit in die erste Hälfte des 20. Jahrhunderts genießt diese Sorte den Ruf, die weitaus beste deutsche Roggensorte zu sein. Noch 1952 sollen die Landwirte die Hälfte ihrer Roggenanbaufläche in der Welt mit dem Petkuser Produkt bestellt haben.[56] Zu den namhaften Züchtern Brandenburgs

51 Konrad Meyer, Wilhelm Rimpau, in: Franz/Hausdorfer (Hg.), Große Landwirte, S. 275; Wilhelm Rudorf, Entwicklungstendenzen in der Pflanzenzüchtung, in: Forschungsdienst 4, 1937, S. 153f.; August Reitemeier, Geschichte der Züchtung landwirtschaftlicher Kulturpflanzen, Diss. Breslau 1904, S. 82f. und 90; Getreide (Saatzucht), in: Meyers Conversations-Lexikon, 3. Aufl., Bd. 18, Leipzig 1882, S. 430ff.

53 Keune (Hg.), Männer, S. 172.

54 Krzymowski, Geschichte, S. 323; Heinz Hausdorfer, Die deutsche Landwirtschaft im technischen Zeitalter, Stuttgart 1963, S. 89; Keune (Hg.), Männer, S. 211; Müller/Klemm, Ceres., S. 211f.

55 Hillmann, Pflanzenzucht, S. 494ff.

56 Charlotte Peters, Ferdinand von Lochow – ein bedeutender Pflanzenzüchter und Landwirt – Leben, Werk, Auswirkungen, Diss. Berlin 1986, Manuskript., S. 49ff.; O. Keune (Hg.), Männer, S. 190.

zählt u. a. der Herr *von Arnim* auf seinem 916-Hektar-Betrieb in Criewen (b. Angermünde). Von ihm gezüchtete und vermehrte Futterrüben-, Kartoffel- und Weizensorten behaupten jahrzehntelang eine führende Position auf den Saatgutmärkten und Sortenlisten.[57]

Das Bild in anderen östlichen Provinzen entspricht im wesentlichen der Situation von Sachsen-Anhalt und Brandenburg. Die im DLG-Bericht genannten neun Saatzuchtbetriebe für Schlesien sind ausschließlich Güter, für den Regierungsbezirk Posen werden acht Güter und ein Saatbauverein, für Pommern ein Saatbauverein und vier Güter, für Ostpreußen ein Saatbauverein und sieben Gutsbetriebe beschrieben.[58] Und selbst in den Saatbauvereinen, deren Zahl im Verlauf des ersten Jahrzehnts des 20. Jahrhunderts rasch anzusteigen scheint, geben vielfach wiederum Großbetriebe den Ton an.[59] Ein typisches Beispiel dafür stellt der Saatbauverein „Zucht- und Verkaufsgenossenschaft für Original Pirnaer Saatroggen“ im Königreich Sachsen dar, dessen zehn Mitglieder sich nur aus der Betriebsgrößengruppe „mit über 100 Hektar Nutzfläche“ rekrutieren.[60]

Weitaus schwieriger als für den Anwendungsbereich der Pflanzenzüchtungswissenschaft lassen sich überzeugende Daten für das Anwenden von Resultaten der Tierzuchtforschung in den landwirtschaftlichen Großbetrieben Ost- und Mitteldeutschlands finden. Unbestreitbar machen in den zu untersuchenden Jahrzehnten Zahl und Leistungsfähigkeit der deutschen Viehbestände gewichtige Fortschritte. Die deutschen Rinder- und Schweinezahlen vermehren sich von 1873 bis 1913 um 33,1 bzw. 260,2 %.[61] Bessere und reichhaltigere Futterangebote, rationellere Fütterungsmethoden, züchterische Maßnahmen bewirken höhere Leistungen je Tier. Von 1883 bis 1913 steigen die deutsche Fleischproduktion von 1,641 Millionen auf 3,183 Millionen Tonnen,[62] die durchschnittliche Milchleistung je Kuh im Königreich Preußen von 640 kg im Jahre 1816 auf 2290 kg im Jahre 1912.[63]

Derartige Resultate für den gewünschten Fall im größeren Maße auf umfangreichere Territorien und zugleich auf Betriebsgrößengruppen zu quantifizieren, ist, abgesehen von den Viehbeständen, nicht möglich. Wiederholt monieren zeitgenössische Fachleute sogar, die Tierzüchtungswissenschaft in Deutschland habe noch nicht den Stand der Pflanzenzüchtung erreicht. *Paul Holdefleiß,* Professor für Tierzucht an der Universität Halle, betont 1912 in einem Vortrag, die „Pflanzenzüchtung ... ist ... in ihrer modernen Entwicklung in viel höherem Maße als die Tierzucht von nüchterner Wissenschaftlichkeit getragen ...“[64] Zum Stand der deutschen Schweinezüchtung meint *Georg Wilsdorf,* Haupt-

57 Reitemeier, Kulturpflanzen, S. 82f.; Hillmann, Pflanzenzucht, S. 494ff.

58 Ausgezählt nach: Hillmann, Pflanzenzucht, S. 539ff., 550ff., 555ff., 558ff. und 563ff.

59 Vgl. ebd., S. 364ff., 494, 539, 551, 556, 558, 563 und 577.

60 Ebd., S. 364ff.

61 Berechnet nach: Statistisches Jahrbuch des Deutschen Reiches 59, 1942, S. 142.

62 Ernst Klein, Die Geschichte der deutschen Landwirtschaft im Industriezeitalter, Wiesbaden 1973, S. 132.

63 Finck von Finckenstein, Landwirtschaft 1800–1930, S. 263.

64 Paul Holdefleiß, Die Beziehungen zwischen der Pflanzen- und Tierzüchtung in ihren Arbeitsme-

geschäftsführer der Deutschen Gesellschaft für Züchtungskunde, 1914: „Eine planmäßige Züchtung hat bis vor kurzem überhaupt nur eine Handvoll Schweinezüchter nachzuweisen."[65] Und wenn auch die Rinderzüchtung in seinem Urteil etwas besser abschneidet, schränkt er dennoch ein: „Bisher sind noch nicht viel exakte Feststellungen über die Vererbung der Milchmenge und Fettmenge in Bullenfamilien gemacht worden."[66] Fundierte Aussagen zur Züchtung könnten daher kaum getroffen werden. Teilweise würden die „Zuchtbücher" recht mangelhaft geführt. Es sei zwar „sehr viel Zuchtmaterial eingeführt" worden, aber der erreichte Nutzen wäre infolge der bei der Zucht gemachten Fehler recht gering.[67]

Dennoch ist von Stillstand oder Rückschritt in diesem Wissenschafts- und Produktionsbereich nichts zu spüren. Die deutsche Herdbuchbewegung nimmt einen stetigen Aufschwung. Mit dem Hauptsitz in Berlin arbeitet seit 1880 die „Deutsche Viehzucht- und Herdbuchgesellschaft".[68] Gefördert wird die Herdbucharbeit vor allem auch von zahlreichen neu gegründeten Züchtervereinen, die neben der Bewertung, dem An- und Verkauf von Zuchttieren oftmals auch ein Herdbuch führen. 1914 betätigen sich in Deutschland folgende von der DLG anerkannte Züchtervereinigungen: für Pferde 266, für Rinder 1722, für Schafe 10, für Schweine 188 und für Ziegen 1554.[69]

Als zentrale Institution, um die tierzüchterischen Forschungen zu unterstützen, gründen Vererbungsforscher, Agrarwissenschaftler und praktische Tierzüchter ebenfalls mit dem Sitz in Berlin die „Deutsche Gesellschaft für Züchtungskunde".[70] An sieben Hochschulen bzw. Universitäten sind 1910 selbständige Abteilungen oder Lehrstühle für Tierproduktion bzw. Tierzucht vorhanden, an acht werden Vorlesungen über allgemeine Tierzucht, Rinder- oder Schafzucht gehalten.[71] Darunter befinden sich die akademischen Lehrstätten von Berlin, Halle, Leipzig, Breslau, Königsberg.

Alle diese Aktionen unterstützen das schrittweise Entstehen größerer Zuchtgebiete von standortgerechten Rassen. 1899 legen *August Lydtin* (1834–1917) und *Hugo Werner* (1839–1912) eine im Auftrage der DLG angefertigte neue Einteilung der deutschen Rassengruppen für Rinder vor.[72] Bald folgen die ersten statistischen Angaben.

Auf „Höhenrinder" entfallen 1906 48 Prozent des Bestandes, darunter 28,2 % auf Rinder im „Gepräge des Höhenfleckviehs". Die „Tieflandrinder" stellen 51,4 %, darunter

---

thoden und gemeinsamen Aufgaben im Anschluß an die Vererbungsversuche mit Mais und Hühnern, Berlin 1913, S. 14.

65 Georg Wilsdorf, Die Herdbuchführung im Dienste der Landestierzucht, Berlin 1914, S. 30.

66 Georg Wilsdorf, Die praktische Anwendung der neuen Vererbungslehre, Berlin 1912, S. 21.

67 Wilsdorf, Herdbuchführung, S. 8ff. und 11.

68 Deutsche Viehzucht- und Herdbuchgesellschaft, in: Meyers-Conversations-Lexikon, 3. Aufl., Bd. 16, Leipzig 1881, S. 972.

69 Comberg (Hg.), Tierzucht, S. 399f. und 428.

70 Heike Richter, Die Entwicklung der deutschen Gesellschaft für Züchtungskunde von ihrer Gründung im Jahre 1905 bis 1945. Landwirtschaftl. Diplomarbeit an der HU Berlin 1989, Manuskript, S. 16ff.

71 Comberg (Hg.), Tierzucht, S. 460ff.

72 August Lydtin/Hugo Werner, Das deutsche Rind. Arbeiten der DLG. Berlin 1899.

32,7 % „Schwarzbuntes Tieflandrind“.[73] Bei der Schweinezüchtung setzen sich die sich seit der Mitte des 19. Jahrhunderts ankündigenden Entwicklungslinien weiter fort. Mit Hilfe importierten englischen Yorkshire- und deutschen Landschweinmaterials züchten *Eduard Meyer* auf den von ihm gepachteten Domänen Friedrichswert/Hannover und Neufrankenroda/Gotha sowie *Ernst August Brödermann* (1845–1930) auf seinem Gut im Kreise Güstrow über Verdrängungskreuzung das „Deutsche weiße Edelschwein“. Von der DLG wird es 1904 „als im Zuchtziel gefestigt und von der englischen Zuchtrichtung befreit und unabhängig“ anerkannt.[74] Da jedoch viele Schweinehalter mit der Konstitution und der Fruchtbarkeit des „Edelschweines“ unzufrieden sind, entsteht vor allem auf Initiative des altmärkischen Gutsbesitzers *Felix Hoesch* (1866–1933) zeitlich parallel über Veredlungskreuzung, wobei „Yorkshire-Blut“ nur sehr „dosiert“ verwendet wird, das „Deutsche veredelte Landschwein“. Im ersten Jahrzehnt des 20. Jahrhunderts werden das „veredelte Landschwein“ und das „Edelschwein“ zum „Eckpfeiler der deutschen Schweinezucht“.[75]

Für einen solchen aufstrebenden, vor allem durch neue wissenschaftliche Erfahrungen geförderten Modernisierungstrend in der deutschen Viehwirtschaft sprechen schließlich eine Anzahl weiterer Einzelbeispiele aus ost- und mitteldeutschen Gutsbetrieben. Aus der Provinz Brandenburg berichtet *Georg Wilsdorf* 1914, es sei eine „recht glückliche Verbindung zwischen Herdbuchführung und Leistungsprüfung“ erreicht worden. Seitdem „ist das Interesse für die Rinderzucht ganz erheblich gewachsen“, und die neu gegründeten „Herdbuchkontrollvereine haben eine große Bedeutung für die Zukunft.“[76] Als Beispiel dafür, was durch „jahrelange Auslese im Kuhbestand, angepaßte Leistungsfütterung und Benutzung von Leistungsbullen“ erreicht werden kann, wird die Rinderherde *Ferdinand von Lochows* auf seinem Gute Petkus vorgestellt. Von 1897 bis 1912 ist die durchschnittliche Milchleistung je Kuh in dieser „Tieflandherde..., die aus sehr primitiven Anfängen unter ursprünglicher Verwendung von viel Landvieh herausgezüchtet worden ist,“ um mehr als ein Viertel gestiegen.[77] Ruhm bringt dem märkischen Gutsbesitzer auch seine „weit über die Grenzen Deutschlands bekannte“ Petkuser Schweinezucht und -haltung ein.[78]

Vergleichbares wird aus anderen ostdeutschen Gütern gemeldet. Durch planvolles Einkreuzen von leistungsfähigen ostfriesischen Bullen und die systematische Merzung aller minderwertigen Tiere verdoppelt sich in knapp zwei Jahrzehnten der Wert der in dem Gut Joachimshof/Prignitz gehaltenen Rinderherde so, daß sie 1913 „zweifellos zu den besten in

73 Comberg (Hg.), Tierzucht, S. 560f.

74 Müller/Klemm, Ceres., S. 185ff.; Keune (Hg.), Männer, S. 332; Egbert Schauer, Gustav Frölich – Wissenschaftlicher Werdegang. Landwirtschaftl. Diplomarbeit an der HU Berlin 1990, Manuskript, S. 16f.

75 Comberg (Hg.), Tierzucht, S. 604; Müller/Klemm, Ceres., S. 189f.; Wilsdorf, praktische Anwendung, S. 47f.

76 Wilsdorf, Herdbuchführung, S. 27.

77 Peters, Ferdinand von Lochow, S. 91; Wilsdorf, praktische Anwendung, S. 33f.

78 Peters, Ferdinand von Lochow, S. 139.

ganz Deutschland" gehört.[79] Übergang von der Sommerstallfütterung zum Weidegang, Modernisierung des Stalles, Einsatz von Bullen, die gute Fettvererber sind, lassen den Milchfettgehalt bei der Rinderherde des Gutes Polzow/Uckermark von 1906 bis 1911 um etwa ein Fünftel ansteigen. Die Bruttoeinnahmen je Kuh klettern um 77 %.[80] Die Zahl der Gutsbetriebe, in denen exakte Notizen über den Erbwert der eingesetzten Bullen, insbesondere anhand der Milchleistungen der Nachkommen gesammelt werden, wächst ständig. Als Zentren der Zucht werden vor allem west- und ostpreußische Güter erwähnt.[81]

Im Königreich Sachsen entsteht im größeren Umfang systematisch betriebene Schwarzbuntzucht Ende des 19. zu Beginn des 20. Jahrhunderts. Der Vorstand in den acht Herdbuchvereinigungen, die sich zu diesem Zwecke von 1897 bis 1919 bilden, liegt ausschließlich in den Händen von Gutsbesitzern. Nicht anders ist die Situation in den seit 1905 entstehenden sächsischen Milchkontrollvereinen. Obwohl die Betriebe mit über 100 Hektar landwirtschaftlicher Nutzfläche im Königreich Sachsen Mitte des 19. Jahrhunderts nur über 18 % der Fläche verfügen, entfallen 1912 und 1926 43,4 bzw. 59,5 % der kontrollierten Milchkühe auf diese Größengruppe. Der jährliche Milchertrag wächst innerhalb von sechs Jahren, von 1905 bis 1911, bei annähernd gleichbleibendem Fettanteil, von 3159 auf 3874 kg pro kontrolliertes Tier.[82]

5. Versuch eines Resümees

Der in dem zu analysierenden Zeitabschnitt stattfindende Aufschwung der Agrarwissenschaften findet seine deutliche Resonanz auch in der ost- und mitteldeutschen Landwirtschaft. Einzeldaten lassen vermuten, daß an den dadurch ausgelösten und geförderten Modernisierungsvorgängen die dortigen Gutsbetriebe verhältnismäßig stark beteiligt gewesen sind. Für die Quantität und Qualität der Modernisierung kann allgemeines beweiskräftiges statistisches Material bisher nur in sehr begrenztem Maße vorgelegt werden. Hierfür sind weitere umfangreiche territoriale und betriebliche Detailstudien notwendig; ganz abgesehen von den mit einer Verallgemeinerung der Daten verbundenen statistischen Problemen.

Untersuchungen mit derartigen Zielen sind nicht nur für den Wissenschaftshistoriker, sondern auch für den Landwirtschaftsfachmann von beträchtlichem Interesse, weil die kritische Analyse von geschichtlichen Innovationsprozessen oftmals beim Lösen aktueller landwirtschaftlicher Fragen helfen kann.

Und um es zum Abschluß noch einmal nachdrücklich zu betonen: Es läßt sich zur Zeit nicht exakt beweisen, daß neu gewonnenes agrarisches Wissen und verbesserte Kommunikationsmethoden die Modernisierung des ost- und mitteldeutschen landwirtschaftlichen

79 Wilsdorf, Herdbuchführung, S. 49.

80 Wilsdorf, praktische Anwendung, S. 28 und 32.

81 Wilsdorf, Herdbuchführung, S. 74.

82 Henry Topp, Tradition und Fortschritt in der Rinderzucht des Bezirkes Dresden, in: Mitteilungen über Tierzucht – Reproduktion – Biotechnik. VEB Tierzucht Dresden 31, 1987, Nr. 1/2., S. 17.

Großbetriebes damals entscheidend vorantreiben und einen Ausweg aus der langfristigen Agrarkrise weisen konnten. Detailresultate aus einzelnen Betrieben deuten allerdings in diese Richtung. Unbestritten scheint nur, die Krisenerscheinungen sind durch die Ereignisse nicht zusätzlich verschärft worden.

Walter Achilles

Betriebswirtschaftliche Leitbilder in der ostdeutschen Gutswirtschaft seit dem Ende des 19. Jahrhunderts

1. Modernisierung oder Intensivierung?

Die Erschließung neuer Energiequellen und die wirkungsvollere Gestaltung der Produktionsverfahren haben die zivilisatorischen Verhältnisse, in denen wir leben, mit einer früher ungeahnten Geschwindigkeit verbessert. Diese Verbesserungen kamen, wenn auch in recht unterschiedlichem Maße, allen Mitgliedern der Gesellschaft zugute. Sie verfehlten deshalb nicht weitere Auswirkungen auf wesentliche Bereiche des menschlichen Zusammenlebens: das Recht und die politische Ordnung. Werden wirtschaftliches und politisches System der Gegenwart als glücklich und meist nicht ohne Verdienst erreichter Höhepunkt der bisherigen Entwicklung betrachtet, so gerät der dahin führende Modernisierungsprozeß unter ein positives Vorzeichen. Der wachsende Stolz auf das nunmehr Erreichte beflügelt dann nur zu rasch den missionarischen Eifer, anderen Völkern mit guten Ratschlägen, zuweilen auch materiellen Mitteln, zum gleichen Entwicklungsstand zu verhelfen.

Der angedeutete gesamtgesellschaftliche Prozeß ist hochgradig komplex. Bei näherer Betrachtung fehlt ihm der gleichmäßige Fortschritt in den Teilbereichen und ebenso ist er nicht so zielgerichtet verlaufen, wie es vereinfachende Annahmen wollen. Deshalb ist es schwierig, Entwicklungsschritte zu definieren, und erst recht, ihre stringente Abfolge festzulegen. Beides erschwert den Endzweck nicht unerheblich, die sogenannten treibenden Kräfte herauszuschälen. Ob es überhaupt möglich ist, das komplexe Geschehen hinreichend in einem Kategorienkatalog einzufangen, dürfte zweifelhaft sein. Jedenfalls machten Thomas Nipperdey und Hans-Ulrich Wehler in ihren jüngsten Publikationen davon keinen ausdrücklichen Gebrauch.[1]

Für den Agrarhistoriker fallen von vornherein die Schwierigkeiten bedeutend geringer aus, da es anmaßend wäre, aus seiner Sicht eine gesamtgesellschaftliche Analyse der Entwicklung des hier zu behandelnden Zeitraums zu versuchen. Aber auch er wird sich

---

1 Thomas Nipperdey, Deutsche Geschichte 1800 – 1866, München 1987; ders., Deutsche Geschichte 1866 – 1918, Bd. I: Arbeitswelt und Bürgergeist, München 1990; Hans-Ulrich Wehler, Deutsche Gesellschaftsgeschichte, Bd. I: Vom Feudalismus des Alten Reiches bis zur Defensiven Modernisierung der Reformära 1700 – 1815, München 1987, Bd. II: Von der Reformära bis zur industriellen und politischen „Deutschen Doppelrevolution" 1815 – 1845/49, München 1987; vgl. bes. die Einleitung zu Bd. I.

hüten, sich auf die Erforschung und Darstellung des Wandels der verschiedenen Produktionsverfahren im landwirtschaftlichen Betrieb zu beschränken. Schon seit Jahrhunderten betrieb der Landwirt nicht nur sein Gewerbe, um sein Leben zu fristen oder ein angemessenes Einkommen zu erwirtschaften, sondern er prüfte darüber hinaus durchaus kritisch die Stellung, die ihm innerhalb der Gesamtgesellschaft zugewiesen wurde. Mag auch die Einkommenshöhe als objektives Merkmal für den sozialen Status zunehmend an Bedeutung gewonnen haben, so darf es dennoch selbst für die letzten Jahre vor dem Ersten Weltkrieg nicht verabsolutiert werden. Vielmehr ist nach weiteren Wertvorstellungen der Landwirte zu fahnden, die ihr agrarpolitisches Handeln und Wollen bestimmten.

Solche Vorstellungen mehr emotionaler Art sind in den Kategorienkatalogen der Modernisierungs-Theoretiker höchstens ansatzweise, aber keineswegs zureichend zu entdecken. Eine mehr als knappe Andeutung könnte in der gern zitierten, aber unzutreffenden Floskel liegen, die Agrarreformen hätten es der deutschen Landwirtschaft erlaubt, zu einer Wirtschaftsweise überzugehen, die vom Agrarindividualismus bestimmt wurde. Auf ein geändertes menschliches Verhalten zielt auch Wehlers Formulierung: „Vom preußischen Großlandwirt bis zum sächsischen Zuckerrübenerzeuger, vom ostfriesischen Viehzüchter bis zum westfälischen Meierbauern, vom mittelgroßen bayerischen Hofbesitzer bis zum südwestdeutschen Kleinstelleneigentümer mußten sich alle mehr oder weniger bereitwillig dem Zwang zur agrarkapitalistischen Unternehmungsführung, zum Verzicht auf reine Subsistenzwirtschaft, zur Erhöhung der Marktquote, mithin internationalen und innerdeutschen kapitalistischen Marktbedingungen beugen."[2]

Steckt nicht, um in der Sprache Wehlers zu bleiben, in dem Rückgriff auf die Subsistenzwirtschaft[3] eine jener „tollkühnen Simplifizierungen", die den heuristischen Wert der Dichotomie Subsistenzwirtschaft/kapitalistische Landwirtschaft ganz entscheidend schmälert?[4] Wehler selbst gibt für den ersten Teil eine überzeugende Antwort, indem er im ersten Band seiner Gesellschaftsgeschichte „Die Legende vom ökonomisch autarken 'Ganzen Haus'" zerstört.[5] Diese Autarkie wird jedoch mit dem Begriff Subsistenzwirtschaft unterstellt. Aber der Zweifel zielt noch in eine andere Richtung. Was unter kapitalistischer Landwirtschaft zu verstehen ist, wird oft genug nur angedeutet, aber nicht hinreichend konkretisiert. Sicherlich ist unter einer kapitalistisch werdenden Landwirtschaft jene zu verstehen, die durch einen zunehmenden Einsatz des Faktors Kapital gekennzeichnet ist.[6] Aber gerade diese Beschränkung auf einen Produktionsfaktor vermag in einer sozialgeschichtlichen Betrachtung nicht zu überzeugen. Neben dem unerläßlichen Boden

2 Wehler, Deutsche Gesellschaftsgeschichte, II 33.

3 Der Begriff Subsistenzlandwirtschaft wurde ebenso wie jener der Modernisierung in den Debatten um die Entwicklungshilfe geprägt. Es dürfte bezeichnend sein, wenn die Agrarsoziologen Ulrich Planck und Joachim Ziche (Land- und Agrarsoziologie, Stuttgart 1979, S. 281) als einziges Beispiel für eine Subsistenzlandwirtschaft in der Gegenwart die Papuas auf Neu Guinea anführen.

4 Wehler, Modernisierungstheorie und Geschichte, Göttingen 1975, S. 41.

5 Wehler, Deutsche Gesellschaftsgeschichte, I 81 ff.

6 Nicht vollständig, aber auch so in nahezu vereinzelter Isolierung: Hanna Schissler, Preußische Agrargesellschaft im Wandel, Göttingen 1978, S. 146 ff.

genügt es nicht, lediglich den Faktor Kapital in die Betrachtung einzubeziehen. Seit Adam Smith wird dem Faktor Arbeit die größte Bedeutung zugesprochen. Bei jedem Produktionsprozeß stehen Arbeit und Kapital in einer engen Wechselbeziehung, und es ist deshalb schon von der Sache her unzulässig, die Aufmerksamkeit auf einen Faktor zu beschränken. Weist man – allgemeiner Auffassung folgend – dem Faktor Kapital eine dienende Funktion zu, so wird der Blick wieder frei für eine sozialgeschichtliche Betrachtungsweise, die den Menschen und die Dauer und Schwere seiner Arbeitsleistung in den Vordergrund stellt.

Mit dem vermehrten Einsatz des Faktors Kapital ist allein noch keine kapitalistische Wirtschaftsweise zu begründen. Es muß die entsprechende Wirtschaftsgesinnung hinzukommen. Sie wird mit der gängigen Formel der Gewinnmaximierung jedoch nur unzureichend beschrieben. Der Betriebsleiter stand vor keiner einmaligen Aufgabe, wenn er daranging, die Produktionsfaktoren optimal einander zuzuordnen, um den höchstmöglichen Gewinn zu erzielen. Dieser Tätigkeit, ebenso Anpassung wie Gestaltung, war vielmehr fortlaufend zu genügen, denn die Rahmenbedingungen änderten sich vor allem nach der Reichsgründung und dann wieder in der Phase der Hochindustrialisierung ab 1885/90 ständig. Aber selbst wenn der Landwirt die Organisation seines Betriebes fortlaufend auf die sich ändernden Anforderungen abstimmte, handelte er noch nicht als Kapitalist. Er hatte vom Gewinn einen Teil abzuzweigen und in den Betrieb zu investieren, um die zukünftige Erzeugung noch gewinnträchtiger zu gestalten. Es wird nicht nur ein Theoriegebäude vervollständigt, wenn dieser Prozeßcharakter herausgestellt wird. Er besaß auch eine hinreichende Nähe zur Realität. Hätten sich die Landwirte in ihrem Bereich vom allgemeinen Wirtschaftswachstum isoliert, wären sie von den ständigen Reallohnsteigerungen ausgeschlossen gewesen. Die Furcht vor solch einem Zurückbleiben war nicht nur Ansporn für tüchtige Landwirte, ihren Betrieb optimal zu organisieren; diese Sorge war gleichzeitig das Motiv, agrarpolitische Forderungen an den Staat zu stellen.

In dem angeführten Zitat meinte Wehler, vom preußischen Großlandwirt bis zum südwestdeutschen Kleinstelleneigentümer hätten sich alle Landwirte dem Zwang zu einer kapitalistischen Wirtschaftsweise beugen müssen. Es ist jedoch auch in dieser Hinsicht zu prüfen, ob solch eine allgemeine Aussage sinnvoll ist. Zeitgenossen sahen das jedenfalls anders. Schon 1783 unterschied der letzte Hausvater, der Pastor Germershausen, zwischen den Ansprüchen, die an die Betriebsführung eines Gutsbesitzers und eines Bauern zu stellen seien. Ersterer hatte etliche Bücher zu führen; nicht nur zur Kontrolle und um Unterschleife zu verhindern, sondern auch, um die Schwachstellen seiner Wirtschaftsweise zu erkennen. Für den Bauern dagegen hält er das Einhalten von zwei Grundsätzen für ausreichend: 1. in einem schlechten Erntejahr weniger Geld auszugeben als in einem guten; 2. die von Vater und Mutter ererbten Barschaften niemals anzugreifen.[7] 1904 bestätigte Wilhelm Waltz in seiner profunden Analyse mit anderen Worten die Andersartigkeit des Kleinbetriebes. Dabei konnte er sich auf gleichsinnige Auffassungen Lujo Brentanos und der Verfasser der großherzoglich hessischen Enquêten von 1884/86 stüt-

7 Christian Friedrich Germershausen (anonym), Der Hausvater in systematischer Ordnung, 1. Bd., Leipzig 1783, S. 24ff.

Abbildung 1:
Vereinfachte Darstellung der Einkommensstruktur verschieden großer Betriebe

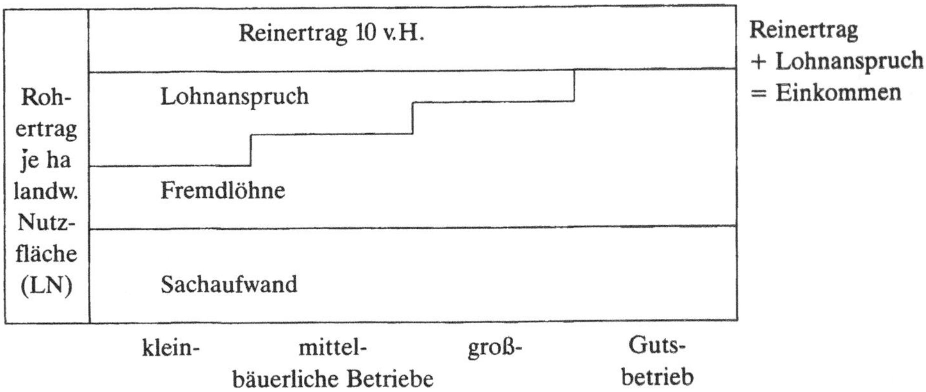

Rohertrag: Alle in Geld ausdrückbaren Leistungen des landwirtschaftlichen Betriebes wie Entgelte für Fuhr- und Arbeitsleistungen, Verkäufe aus der Tier- und Pflanzenproduktion, die Entnahmen an Naturalien für die Besitzerfamilie, Lohnarbeitskräfte und Aushilfskräfte zu Loco-Hof-Preisen, dazu der Mietwert der Wohnung.
Sachaufwand (früher auch Wirtschaftskosten): Ausgaben für Unterhaltung und Abschreibung der Gebäude, Maschinen und Geräte, Viehzukäufe, Futter- und Düngemittelzukäufe, Energiekosten, Schmierstoffe, Maschinenmiete (Dreschmaschine) und Neuanschaffungen.

zen. Die rechnerische Erfassung des Reinertrages, also die nachhaltig erzielte Verzinsung des im Betriebe angelegten Kapitals einschließlich des Bodens, ist für den Kleinbetrieb praktisch ohne Bedeutung. Fehlen Grundrente und Kapitalverzinsung, so ist der Lebensunterhalt der Bauernfamilie dennoch gesichert. Sie findet bereits ihr Auskommen, wenn sie den erwirtschafteten Lohnanspruch verzehrt. Über die grundsätzlichen Unterschiede gegenüber größeren Betrieben, vor allem dem verpachteten oder administrierten Gutsbetrieb, informiert die schematisierte Abbildung 1.

Waltz wendete sich gegen Kautsky, der den Großbetrieb entsprechend der marxistischen Theorie für den rentableren hielt. Wenn dennoch die Zahl der Kleinbetriebe vor dem Ersten Weltkrieg nicht abnahm, so waren es die „Überarbeit und Unterkonsumtion" oder die „Selbstausbeutung", mit der sich die Kleinbetriebe angeblich über Wasser hielten. Waltz verweist dagegen zutreffend auf die großen Schwierigkeiten, den Lohnanspruch zahlenmäßig exakt zu fassen. Er bestand de facto nämlich zu einem nicht unerheblichen Teil aus den naturalen Privatentnahmen, die aus der eigenen Wirtschaft stammten. Wie sollte man diese Produkte bewerten? Theoretisch richtig ist es, die selbstverbrauchten Erzeugnisse mit Loco-Hof-Preisen anzusetzen, da beim Verkauf nur sie realisiert werden konnten. Schlachtete jedoch ein Bauer ein Schwein, rechnete es sich zum Loco-Hof-Preis an und zählte noch den Lohn für den Hausschlachter, die Ausgaben für Gewürze, Dosen, Därme und Feuerung hinzu, so bekam er die Fleischwaren zu einem weit niedrigeren Preis, als sie der Schlachter in der Stadt an die Konsumenten abgeben konnte. Anders ausgedrückt, das Einkommen der Kleinbauern, also die Summe von Reinertrag und Lohnanspruch, wurde in den Enquêten zu gering ermittelt und täuschte eine in dieser Form nicht vorhandene Notlage vor.

Bei dieser Argumentationsweise hätte Waltz Brentano nicht voll zustimmen dürfen, den er abschließend, ihn selbst einleitend, folgendermaßen zitiert: „In Bezug auf die Kleinbetriebe kann also die Reinertragsermittlung nur mit gewissen Modifikationen angewandt werden, wenn sie die tatsächliche wirtschaftliche Lage der Landwirtschaft darstellen soll. Denn 'der kleine Mann rechnet eben nicht kapitalistisch; ihm kommt es nicht an auf die bestmögliche Nutzbarmachung seines Kapitals, das ja so gering ist, daß sein Ertrag für ihn Nebensache ist; für ihn handelt es sich um die bestmögliche Nutzbarmachung seiner Arbeitskraft. Um eine sichere Gelegenheit für deren unabhängige und stetige Betätigung zu erlangen, opfert er einen Teil des Ertrags, den er nach kapitalistischen Prinzipien als Lohn seiner Arbeit anrechnen müßte...'".[8] Wenn nach Waltz' Meinung bislang die Einkommen der Kleinbetriebsinhaber aus den genannten Gründen zu gering errechnet wurden, fehlte es offensichtlich noch an stimmigen Ergebnissen, mit denen der angeblich fehlende oder zu gering ausfallende Reinertrag erst noch bewiesen werden müßte. Unabhängig von dieser methodischen Streitfrage kann eine Feststellung unbedenklich getroffen werden: Wenn um 1900 noch rund 35 % der Erwerbstätigen in der Landwirtschaft beschäftigt waren, so verfügten sie bei dem geringen Zahlenanteil der Großbetriebe und ihrer Mitarbeiter zu mindestens 90 % über einen sicheren Arbeitsplatz und eine ausreichende Existenz.

Aus den vorstehenden Überlegungen ergeben sich die unterschiedlichen Ziele, die Gutsbesitzer und Bauern verfolgten, wenn sie ihre Betriebsorganisation umstellten. Trachteten erstere nach einer höchstmöglichen Verzinsung ihres Betriebskapitals, so erstrebten letztere die bestmögliche Verwertung ihrer Arbeitskraft. Bei der Modernisierung der Landwirtschaft – der Prozeß sei vorerst noch einmal so genannt – ist es deshalb unzulässig, von einem einheitlichen allgemeinen Wandel zu sprechen. Vielmehr ist mindestens die abweichende Betriebsgröße zu berücksichtigen, die nicht übereinstimmende Zielvorstellungen bewirkte. In welchem Umfange sie verwirklicht wurden, wird im nächsten Abschnitt gezeigt.

Die Zweigleisigkeit der Interessen und ihrer Realisierung verwandelt den Begriff „Modernisierung der deutschen Landwirtschaft" bereits in ein Abstraktum. Das scheint in methodischer Hinsicht bedeutungslos zu sein, da ohnehin nur von der Modernisierung der Gutsbetriebe gehandelt werden soll. Der Verlust an Erkenntnismöglichkeiten liegt jedoch auf der Hand. Gerade die verschiedenartige Entwicklung der Betriebsorganisation in Groß- und Kleinbetrieben verweist jeweils auf einen zweiten gangbaren Weg, der übersehen wird, wenn die Betrachtung auf Groß- oder Kleinbetriebe beschränkt wird.

Der Begriff „Modernisierung" läßt sich vom Historiker um so leichter handhaben, je höher die Abstraktionsebene angelegt ist, auf der er angesiedelt wird. Die verführerische Leichtigkeit ist indessen mit einem nicht zu übersehenden Nachteil gekoppelt. Mit zunehmendem Abstraktionsniveau nimmt die Aussagekraft ab. Selbst wenn der gravierende

8 Wilhelm Waltz, Vom Reinertrag in der Landwirtschaft – Eine historisch-kritische Studie, Stuttgart 1904, S. 108f.

Unterschied zwischen kleinen und großen Betrieben vernachlässigt wird, bleibt immer noch die Frage zu beantworten, was unter einer modernen Landwirtschaft zu verstehen ist. Die Antwort fällt keineswegs leicht. Lange Zeit hindurch wurde die Spezialisierung als vorherrschendes Charakteristikum angesehen. Aber wer verteidigt heute noch die reinen Ackerbaubetriebe mit ihrem massiven Einsatz an Handelsdüngern und Pflanzenschutzmitteln? Wer plädiert noch für die Betriebe mit Massentierhaltung, die das Gülleproblem nur unzureichend gelöst haben? Ist der biologisch wirtschaftende Betrieb wieder modern geworden, der sich von den spezialisierten durch die Vielzahl der Betriebszweige unterscheidet, in dem aber gerade diese Vielzahl die bestmögliche Ausnutzung der Maschinen verhindert? Gewiß, die Landwirtschaft hat die Erzeugung enorm gesteigert. Aber wenn die heutigen konventionell wirtschaftenden Betriebe als modern charakterisiert werden oder ihre Betriebsleiter als fortschrittlich, so mangelt es nicht an Kritik. Verfolgt man die Entwicklung der Landwirtschaft bis in die Gegenwart hinein, so ist der positive Grundzug, der dem Wort „modern" im allgemeinen anhaftet, gründlich verloren gegangen.

Vor dem Ersten Weltkrieg spielte dieser Begriff keine Rolle; anders ausgedrückt: die Landbauwissenschaften hatten keine antizipierende Konzeption entwickelt, wie der „moderne Betrieb" aussehen sollte. Das ist durchaus verständlich, da auch der Historiker die „Modernisierung" immer nur aus der Rückschau konstatiert. Eine Jahrzehnte umfassende Vorausschau scheitert dagegen schon an der Unmöglichkeit, die entscheidenden Innovationen und die zu fordernde Rentabilität vorauszusehen. Aber nicht nur die Produktionstechnik ist von Belang. Landwirtschaftliche Erzeugnisse sollten für den Markt produziert werden, und das war bis 1914 wesentlich einfacher als heute.

Die Bevölkerung innerhalb der Reichsgrenzen von 1871 wuchs, und zwar beträchtlich und progressiv. Waren es 1816 noch 23,5 Mio. Einwohner, so erhöhte sich deren Zahl in den 55 Jahren bis 1871 auf 41,1 Mio. oder 174,6%, in dem nur 39 Jahre umfassenden Zeitraum bis 1910 immerhin auf 64,9 Mio. oder 158,1%.[9] Es waren also zunehmend mehr Menschen zu ernähren, so daß sich den deutschen Landwirten die Chance bot, mehr Nahrungsmittel zu erzeugen und abzusetzen. Die seit 1875 einsetzende ausländische Konkurrenz kann hier aus Platzgründen nur genannt werden. Die Nachfrage nach Lebensmitteln nahm aber nicht nur der Menge nach zu. Auch die Kaufkraft je Kopf erhöhte sich ganz beträchtlich. In der eigentlichen Industrialisierungsphase von 1850/54 bis 1910/13 stieg sie auf 173%. Infolgedessen ging der Verbrauch an pflanzlichen Nahrungsmitteln zurück, wobei der Verzehr des Roggenbrotes noch stärker abnahm, weil es teilweise durch Weizenbrot ersetzt wurde. Veredlungsprodukte wie Fleisch, Eier und Milch wurden dagegen stärker nachgefragt. In Preisen von 1913 sanken im genannten Zeitraum die Verbraucherausgaben für pflanzliche Nahrungsmittel von 45,1 auf 38,7%, während jene für tierische Nahrungsmittel umgekehrt von 54,9 auf 61,3% stiegen.[10] Welche Absatzmöglichkeiten sich der Landwirtschaft insgesamt eröffneten, wird erkennbar, wenn auf die absoluten

9 Wolfgang Köllmann, Bevölkerungsgeschichte 1800 – 1970, in: Herrmann Aubin/W. Zorn (Hg.), Handbuch der deutschen Wirtschafts- und Sozialgeschichte, 2 Bde., Stuttgart 1976, Bd. II, S. 10 u. 18.

10 Walther G. Hoffmann, Das Wachstum der deutschen Wirtschaft seit der Mitte des 19. Jahrhun-

Zahlen zurückgegriffen wird. Bevölkerungsvermehrung und steigende Kaufkraft je Kopf bewirkten zusammen eine Vermehrung der Verbraucherausgaben – wiederum in den Preisen von 1913 – bei den pflanzlichen Lebensmitteln auf 272,5 % und bei den tierischen auf 354,6 %.

Mit diesen Zahlen ist das Ziel offenkundig geworden, das allen Landwirten vorgegeben war: nämlich mehr Lebensmittel als bisher zu erzeugen. Das kann nur gelingen, wenn der Produktionsfaktor Boden mit höheren Raten der Produktionsfaktoren Arbeit und Kapital kombiniert wird. Der Mehreinsatz von Arbeit und Kapital wird allgemein als Intensivierung bezeichnet und zweckmäßigerweise auf eine gleichbleibende Fläche wie 1 oder 100 ha Landwirtschaftlicher Nutzfläche (LN) bezogen. Intensiver zu wirtschaften ist nur rentabel, wenn der Geldwert des Mehrertrages den zusätzlichen von Arbeit und Kapital übersteigt. Dabei ist eine nicht unbeträchtliche Schwierigkeit zu beachten, nämlich das Gesetz vom abnehmenden Ertragszuwachs. Mit anderen Worten, die gleichen Zusatzmengen an Arbeit und Kapital bewirken jeweils einen immer geringer werdenden Ertragszuwachs, so daß die Intensivierung nicht beliebig fortgesetzt werden kann, sondern mehr oder weniger rasch an die Rentabilitätsgrenze stößt.

Dieser Zusammenhang war den Ökonomen um 1900 bereits bekannt.[11] Er läßt sich am einfachsten mit dem Prinzip des Grenznutzens erfassen. Wird beispielsweise eine denkbare Stickstoffdüngung zu Weizen in zehn gleichgroße Mengen unterteilt, so ist jene Teilmenge zu ermitteln, deren Geldwert von dem des Zuwachses gerade noch übertroffen wird. Ist es die 7., so würde auf Grund des Gesetzes vom abnehmenden Ertragszuwachs die 8. Teilmenge bereits teurer sein als der in Geld ausgedrückte Mehrertrag, so daß ihr Einsatz – und erst recht jener der 9. und 10. – nicht mehr rentabel ist. Um die 7. Teilmenge zu finden, bedarf es eines gut ausgebauten Versuchssystems. Solche Stickstoffsteigerungsversuche müssen auf verschiedenen Bodenarten und mit verschiedenen Weizensorten durchgeführt werden, da der einzelne Landwirt andernfalls die gewonnenen Ergebnisse nicht auf seinen Betrieb übertragen kann. In dieser Aussage steckt die Crux. Es war nur das Prinzip geläufig, aber es wurde noch nicht mit dem nötigen Zahlenmaterial unterbaut, das den praktischen Landwirt erst handlungsfähig macht.

Was an Ratschlägen den Landwirten angeboten wurde, war mager genug. Bei Weizen wurde eine Stickstoffdüngung in Höhe von 2 dt Chilesalpeter je ha (31 kg N/ha) empfohlen. Auf armen Böden, bei fehlender vorheriger Stallmistdüngung und falls die Vorfrucht kein Stickstoffsammler war, sollten es immerhin 3 bis 4 dt/ha sein.[12] Das ist mehr als vage,

derts, Berlin 1965, S. 121. Die Steigerungsrate je Kopf ergibt sich, wenn aus der Ausgabensteigerung insgesamt die Bevölkerungsvermehrung ausgeschaltet wird.

11 Die Schilderung der betriebswirtschaftlichen Lehrmeinungen in der Zeit vor dem Ersten Weltkriege stützt sich auf folgende Werke: C. von Seelhorst, Das Zusammenwirken von Betriebsorganisation und Betriebsdirektion auf den Betriebserfolg, Berlin 1904; Friedrich Aereboe, Beiträge zur Wirtschaftslehre des Landbaues, Berlin 1905; B. Skalweit, Die ökonomischen Grenzen der Intensivierung der Landwirtschaft, Berlin 1909; Ernst Laur, Grundlagen und Methoden der Bewertung, Buchhaltung und Kalkulation in der Landwirtschaft, Berlin 1911.

12 Statt anderer, fast gleichlautender Angaben: A. Stutzer, Düngerlehre, Leipzig 1906, S. 143, das im genannten Jahr bereits in 15. Auflage erschien und dessen Breitenwirkung damit gesichert ist.

und da eine stärkere N-Düngung bei höheren Niederschlägen zum Lagern des Getreides und damit zu hohen Ertragseinbußen führt, kann man es dem Praktiker nicht verdenken, wenn er nur zurückhaltend düngte. Die Schlußfolgerung liegt auf der Hand: es wurde nicht nur die damals realisierbare maximale Intensität verfehlt, sondern auch der höchstmögliche Gewinn.

Bei der Viehhaltung sah es im Prinzip nicht anders aus. Oskar Kellner gelang 1905 zwar mit seinem Buch „Die Ernährung der landwirtschaftlichen Nutztiere" der Durchbruch auf ernährungsphysiologischem Gebiet, aber Konsequenzen in ökonomischer Hinsicht sucht man bei ihm vergeblich. Kellner betonte mit Nachdruck, eine Kuh, die mehr Milch gebe, müsse auch besser gefüttert werden. Diese Forderung hat aber mit einer Intensivierung nichts zu tun. Bei ihr muß gefragt werden, wieviel Futter verwertet die Kuh und wo liegt ihre Leistungsgrenze? Zu unterscheiden ist nämlich das Erhaltungsfutter vom Leistungsfutter. Jene Menge, die nur zur Erhaltung verabreicht wird, ist zwar notwendig, aber nicht produktiv. Das ist nur das Leistungsfutter, bei dem über weite Strecken eine lineare Produktionsfunktion besteht. Mit 1 kg Kraftfutter lassen sich 2 l Milch erzeugen. Wenn um 1900 1 kg Kraftfutter um 11 Pfge. kostete[13] und die 1 l Milch 9 bis 15 Pfge.[14], so war der Einsatz des Kraftfutters stets rentabel, und es galt das genetisch bedingte Leistungspotential einer Milchkuh voll auszuschöpfen. Gab die Kuh zuvor nur 10 l Milch, so war je Liter bei den Erzeugungskosten 1/10 des Erhaltungsbedarfs einzusetzen, steigerte der Landwirt die Leistung auf 20 l, fiel der Kostenanteil für das Erhaltungsfutter auf 1/20. Das Gesetz von den fallenden Stückkosten wird wirksam, und die Produktion verbilligt sich.

Diese Zusammenhänge sind heute jedem Landwirtschaftsschüler vertraut. In der Literatur vor dem Ersten Weltkrieg fanden sie jedoch noch keine dezidierte Formulierung. Man versuchte sich vielmehr in Gesamtrechnungen der Milchviehhaltung, die häufig nach den Grundsätzen der doppelten Buchführung angelegt wurden. Man verfolgte dabei den richtigen Grundgedanken, über die Abrechnung einzelner Betriebszweige deren relative Vorzüglichkeit zu ermitteln. Aber die innewohnenden Schwierigkeiten wurden niemals überwunden. Im Falle der Milchviehhaltung mußten die im Betrieb erzeugten, nicht marktgängigen Futtermittel wie Gras, Heu und Klee ebenso mit Preisen bewertet werden wie der an den Feldbau abgegebene Stallmist. Der subjektiven Einschätzung waren Tür und Tor geöffnet, und die Ergebnisse konnten nicht befriedigen und auch nicht überzeugen. Wie schwer es ist, diese Mängel zu überwinden, hatte Johann Baptist Lambl bereits 1880 dargelegt, aber er hat seine Fachkollegen nicht davon abhalten können, sich immer wieder in vergeblichen Anläufen zu versuchen.[15]

---

13 E. J. Gläsel, Die Entwicklung der Preise landwirtschaftlicher Produkte und Produktionsmittel während der letzten 50 Jahre, Berlin 1917, S. 19.

14 Skalweit, Grenzen der Intensivierung, S. 54 ff.

15 Johann Baptist Lambl, Die Grundrente als Zweck aller Landwirtschaft und Viehzucht, Prag 1880. Der wohl eifrigste Vertreter der doppelten Buchführung war W. Hermann Howard, Die Produktionskosten der wichtigsten Feldfrüchte, Berlin, dessen Werk kurz vor und nach 1900 in mehreren Auflagen erschien. Skalweit, Grenzen der Intensivierung, S. 48, Anm. 2 verwendet ohne tiefere Begründung, die aber Howard in dem genannten Werk auch nicht liefert, schon wieder andere

Schon bei flüchtiger Betrachtung erwies sich die sogenannte Modernisierung als schillernder Begriff, und die Kritik daran wird noch zu vertiefen sein. Dagegen ist an der Intensivierung der Betriebe, wenn auch in unterschiedlichem Ausmaß, nicht zu zweifeln. Viehhaltung und Mineraldüngung nahmen zu und ebenfalls die Verwendung von Zukaufsfuttermitteln. Wenn die damit verbundenen ökonomischen Probleme zu einem erheblichen Teil noch ungelöst blieben, so offenbart sich gerade darin der damals die Landwirtschaft und ihre wissenschaftlichen Vertreter beherrschende Zeitgeist. So schrieb Julius Kühn 1888 in der Festschrift zum 25jährigen Bestehen des landwirtschaftlichen Instituts der Universität Halle, es wurde als erstes 1863 gegründet, die Landwirtschaftswissenschaft sei „in der Tat eine selbständige Wissensdisziplin, die sich den naturwissenschaftlichen an die Seite stellt und die nach ihrem wesentlichen Inhalte als die Physiologie oder Biologie der Kulturpflanzen bezeichnet werden kann."

Die Schlußfolgerung aus diesem weit verbreiteten Gedankengang führte zu einer bedenklichen Einseitigkeit. Gerade die führenden Landwirte glaubten, mit der Anwendung der Naturgesetze auf die Produktionsprozesse den Anforderungen vollauf zu genügen. Man sah im höchstmöglichen Rohertrag das erstrebenswerte Ziel. So lange die Getreidepreise stiegen, war es auch rentabel, nach dem höchsten Rohertrag zu trachten, da bei ordnungsgemäßer Bewirtschaftung dann auch der höchste Reinertrag erzielt wurde. Als aber ab 1870 die Preise stagnierten, sich die Löhne dagegen erhöhten, fehlten den deutschen Landwirten die betriebswirtschaftlichen Kenntnisse, um der neuen Lage rationell zu begegnen. Theodor v. d. Goltz hatte die Vernachlässigung der wirtschaftlichen Seite der Landwirtschaftslehre schon zuvor beklagt und vorhergesagt, sie würde sich einst rächen.[16]

2. Die Unterschiede zwischen Groß- und Kleinbetrieb

Der Besitzer eines Großbetriebes verfügt von vornherein über eine Landausstattung, die ihm ein ausreichendes Einkommen sichert. Infolgedessen sind der Gebäudebesatz, das tote und lebende sowie das umlaufende Kapital so zu bemessen, das nach den jeweils herrschenden Auffassungen und dem erreichten Kenntnisstand eine ordnungsgemäße Bewirtschaftung gewährleistet ist.

Das Rittergut wird durch seinen Rechtsstatus charakterisiert. Im Berichtszeitraum hatte er keinen Einfluß mehr auf die Art der Bewirtschaftung. Mit den Mitteln der Landbauwissenschaften ist es nicht möglich, eine exakte Scheidelinie zwischen großen Bauernhöfen und Großbetrieben zu ziehen. Deshalb entschieden sich die Statistiker dafür, die Betriebe über 100 ha LN als Großbetriebe zu deklarieren. 1907 wurden 23566 Betriebe dieser Art gezählt, davon lagen 16699 oder 70,86 % in den sechs östlichen preußischen Provinzen und

---

Sätze für den Wert des Stallmistes. Gründlich und die Ablehnung untermauernd, hat sich bereits Waltz, Vom Reinertrag, III. u. IV. Kap. mit der doppelten Buchführung auseinandergesetzt, die bis heute gültigen Argumente zusammengetragen und praktisch Lambl bestätigt.

16 v. Seelhorst, Zusammenwirken, S. 7.

den beiden mecklenburgischen Staaten. 3284 Betriebe oder weitere 13,93 % befanden sich in den preußischen Provinzen Schleswig-Holstein und Sachsen sowie dem Königreich Sachsen. Da insgesamt 84,79 % der Betriebe über 100 ha LN in den bezeichneten Regionen anzutreffen waren, sind die Angaben in der Reichsstatistik für diese Größenklasse geeignet, die Verhältnisse auf ostdeutschen Groß- oder Gutsbetrieben zu kennzeichnen.

Der Kleinbauer steht im Unterschied zum Bewirtschafter eines Großbetriebes vor einer anderen Aufgabe. Legt man die Ergebnisse Abels zugrunde und vergleicht sie mit der kurhannoverschen Enquête von 1760/65, so unterschied sich je 100 ha LN der Arbeitskräftebesatz auf den Gütern und den Großbauernhöfen praktisch nicht. Die Kleinbauern verfügten jedoch über den dreieinhalbfachen Satz.[17] Sollten die Familienarbeitskräfte und das zahlenmäßig geringe Gesinde ihre Zeit nicht unproduktiv vertrödeln, so war nach zusätzlichen Beschäftigungsmöglichkeiten Ausschau zu halten. Sie ergab sich im Ackerbau durch die Ausdehnung der Kartoffelflächen, doch wurde im 19. Jahrhundert bis 1907 nur ein geringer Vorsprung erreicht. Laut Reichsstatistik waren bei den Betrieben über 100 ha LN 11,30 % mit Kartoffeln bepflanzt, während es bei den bäuerlichen Betrieben von 5 bis 20 ha 12,28 % waren. Auf einem Bauernhof mit 100 ha LN wurden also nur 0,1 ha mehr Kartoffeln gebaut. Da der Arbeitsaufwand bei Kartoffeln immerhin den für das Getreide um rund das Dreifache übertraf, gewann also der Kleinbetrieb gegenüber dem Großbetrieb eine rechnerische Zusatzfläche im Umfange von 0,2 ha LN. Die sogenannte innere Aufstockung blieb noch viel zu gering, als daß mit ihr der Überschuß an Arbeitskräften auszulasten gewesen wäre.

Die Lage verändert sich auch dann nur wenig, wenn der weitere Weg der Kartoffel verfolgt wird. In den Betrieben von 5 bis 20 ha wurden 33,58 % des gesamten Schweinebestandes gehalten, während es in denen über 100 ha nur 7,35 % waren. Bezogen auf 100 ha LN erreichten die Bauernhöfe mit 60,8 Schweinen den dreifachen Satz von 19,8, wie er für die Großbetriebe galt. 40 Schweine waren also auf 100 ha LN zusätzlich zu betreuen, wofür rund 1,2 Arbeitskräfte (AK) erforderlich waren.[18] Da jedoch erst 10 Bauernhöfe zusammen 100 ha LN besaßen, blieb der höhere Arbeitsbedarf je Betrieb durch die umfangreichere Schweinehaltung mit 0,12 AK praktisch bedeutungslos.

Höhere Werte wurden erst bei der Rindviehhaltung erreicht. 1907 hielten die Betriebe von 5 bis 20 ha LN auf 100 ha LN 42,5 Stück Rindvieh mehr als die Betriebe über 100 ha LN. Hierfür wurden rund drei AK benötigt[19], so daß der Mehrbedarf je Bauernhof mit 0,3 AK zu beziffern ist. Durch die umfangreichere Viehhaltung war es also möglich, auf 10 ha LN knapp eine halbe Arbeitskraft mehr zu beschäftigen. Ob dieser Satz bereits ausreichte, die Arbeitskapazität der Bauernfamilie voll auszuschöpfen, muß offen bleiben. Anhand der Reichsstatistik läßt sich die aufgeworfene Frage leider nicht verifizieren. Ein weiterer

17 Großbetriebe: Wilhelm Abel, Geschichte der deutschen Landwirtschaft vom frühen Mittelalter bis zum 19. Jahrhundert, Stuttgart 31978, S. 215. Groß-, mittel- und kleinbäuerliche Betriebe: Walter Achilles, Die Lage der hannoverschen Landbevölkerung im späten 18. Jahrhundert, Hildesheim 1982, S. 96.

18 Theodor Frhr. v. d. Goltz, Landwirtschaftliche Taxationslehre, Berlin 21892, S. 111.

19 Ebd.

Tabelle 1:
Entwicklung der Rinder- und Schafbestände von 1882 bis 1907 in verschiedenen Größenklassen in Stück je 100 ha LN

Erhebungsjahr	Größenklasse							
	2–5 ha		5–20 ha		20–100 ha		über 100 ha	
	Ri.	Sch.	Ri.	Sch.	Ri.	Sch.	Ri.	Sch.
1882	81,2	22,8	60,2	29,4	42,1	55,5	19,8	147,1
1895	85,3	14,9	64,1	19,3	47,1	35,5	25,0	78,7
1907	95,4	10,9	75,5	13,9	56,9	25,0	33,0	62,0
Zu-/Abnahme	+ 13,6	– 11,9	+ 15,3	– 15,5	+ 14,8	– 30,5	+ 13,2	– 85,1
Abnahme in Stück Rindvieh (1 : 8,8)		– 1,4		– 1,8		– 3,5		– 9,7
Gesamtzunahme in Stck. Rindv.	+ 12,2		+ 13,5		+ 11,3		+ 3,5	

Quelle: StDR, Bd. 212,2. Berlin 1912.

nicht unwesentlicher Punkt entzieht sich zudem der Kalkulation. Die Bedarfszahlen wurden von Landwirten ermittelt, die Großbetriebe und die dort herrschenden Verhältnisse zugrunde legten. Für die Bauernhöfe ist jedoch zu bezweifeln, ob die Einrichtung der Wirtschaftsgebäude ebenso rationell war und ebensoviel arbeitssparende Einrichtungen zur Verfügung standen. Allein aus diesen beiden Gründen kann der Mehrbedarf erfahrungsgemäß ganz erheblich ansteigen.

Der in diesem Zusammenhang herauszuarbeitende Unterschied zwischen Groß- und Kleinbetrieben darf nicht nur rein statisch betrachtet werden. Erst wenn die Entwicklung dargelegt wird, ergeben sich die entscheidenden Aussagen für die Modernisierung oder besser Intensivierung. Dabei ist es notwendig, neben dem Rindvieh die Schafe in die Betrachtung einzubeziehen. Soweit letztere nicht mit ausgesprochenem Schaffutter ernährt wurden, dessen Umfang stets begrenzt blieb, konnten die übrigen Futtermittel auch dem zweiten Wiederkäuer im Betrieb, dem Rindvieh, zugeführt werden. Ob das sinnvoll ist, entscheidet der Markt. Er ist in den Jahrzehnten vor dem Ersten Weltkrieg durch einen scharfen Rückgang der Wollpreise ebenso gekennzeichnet wie durch den Anstieg der Preise für Rindfleisch, Milch und Milchprodukte. Infolgedessen sind nicht unbedeutende Verschiebungen bei den beiden Tierarten zu erwarten. Über die tatsächlichen Verhältnisse unterrichtet die Tabelle 1.

Offensichtlich stockten die Bauernhöfe zwischen 5 und 20 ha LN die Wiederkäuerbestände am stärksten auf. Die Zuwachsrate war fast viermal so hoch wie auf den Betrieben über 100 ha LN. Der gleiche Vorgang läßt sich in abgeschwächtem Maße bei der Schweinehaltung belegen. Gegenüber 1882 wurden 1907 auf den Bauernhöfen der genannten Klasse auf 100 ha LN 31,9 mehr Schweine gehalten, während die Großbetriebe nur 13,4 zusätzlich einstellten. Sollen die Verhältnisse auf den Rittergütern charakterisiert werden, ist es zweckmäßig, die Größenklasse von 100 bis 200 ha LN zu eliminieren, da in ihr nur relativ wenige Betriebe dieser Art anzutreffen waren. Führt man die gleiche Operation für die Betriebe über 200 ha LN durch, so sinkt die Zunahme in Stück Rindvieh noch einmal von +3,5 auf +3,0 Stück ab. Eindeutig waren es die Betriebe von 200 bis 500 ha LN, die in der Hauptsache für diesen geringen Zuwachs sorgten. In der Klasse von 500 bis 1000 ha LN kann nämlich bei einem Wert von +1,4 Stück Rindvieh fast schon von einer Stagnation gesprochen werden; während er bei den Betrieben über 1000 ha LN mit +1,8 ein wenig höher lag, weil auf ihnen der Rückgang der Schafhaltung bei einem geringeren Ausgangswert nicht ganz so kraß ausfiel. Absolut gesehen wurde aber auf den Latifundien am wenigsten Vieh auf 100 ha LN gehalten.

Wie gefährlich dogmatische Verhärtungen werden können, zeigt die Reichsstatistik. Die Großbetriebe, vor allem jene in Ostelbien, sollen einen starken Getreidebau, bevorzugt Roggenbau, betrieben haben. Hält man sich jedoch an die letzte Erhebung von 1907, wird die Unglaubwürdigkeit dieser Aussage augenscheinlich. Die Bauernhöfe von 5 bis 20 ha LN räumten dem Getreide 64,01 % des Ackers ein, dem Roggen 27,26 %, während die Betriebe über 100 ha LN nur 56,86 % des Ackers mit Getreide und 21,37 % mit Roggen bestellten. Die Erklärung liegt für den Landwirt auf der Hand. Wer viel Vieh hielt, brauchte viel Streustroh, und das konnte damals nur der Roggen liefern. In diesem Falle nützt es auch nichts, die Großbetriebe weiter aufzuschlüsseln, denn auch die Betriebe über 200 ha bebauten nur 56,22 % des Ackers mit Getreide und 21,75 % mit Roggen.

Die tatsächlichen und gravierenden Unterschiede zwischen Bauernhöfen und Großbetrieben sind nicht beim Anbauverhältnis auf dem Acker zu suchen, sondern in der Viehhaltung. Die schon im 18. Jahrhundert zu beobachtende und noch heute gültige Gesetzmäßigkeit konnte auch für die Phase der Hochindustrialisierung bestätigt werden, derzufolge größere Betriebe weniger Vieh halten. Entscheidend aber ist die Beobachtung, die auf die starke Ausdehnung der Viehhaltung in den bäuerlichen – und kleinbäuerlichen – Betrieben verweist, während die Großbetriebe daran nur geringfügig Anteil nahmen.

Die Bauern entsprachen mit der Hinwendung zur Veredlungsproduktion den Ansprüchen des Marktes. Fleisch, Milch-und Milchprodukte wurden zunehmend stärker nachgefragt, und die eigene Erzeugung reichte nicht einmal aus, um den Bedarf zu decken. Rund 7 % des Fleischbedarfs mußten vor dem Ersten Weltkrieg importiert werden.[20] Die Folgen blieben nicht aus. Bei der rasch steigenden Nachfrage kletterten die Preise ebenfalls. Setzt man das Jahrfünft von 1881/85 gleich 100, so stieg bis 1911/12 in Preußen der Preis für Butter und ebenso für Schweinefleisch auf 126 %, während er sich für Rindfleisch sogar auf 146 % erhöhte.[21]

Die Bauern genossen einen doppelten Vorteil. Sie verfügten von vornherein über weit größere Rindviehbestände als die Großbetriebe, so daß sie weit stärker von der Preissteigerung profitierten. Aber selbst der Zuwachs an Rindvieh blieb in absoluten Zahlen noch ein wenig größer, und sie brauchten nicht wie die Großbetriebe den Einnahmeverlust bei der Wolle hinzunehmen, der sich bei gleichem Schurgewicht je Schaf durch Bestandsab-

20 Walter Achilles, Wechselbeziehungen zwischen Industrie und Landwirtschaft, in: Hans Pohl (Hg.), Sozialgeschichtliche Probleme in der Zeit der Hochindustrialisierung (1870 -1914), Paderborn 1979, S. 84.

21 Gläsel, Entwicklung, S. 11.

bau und Wollpreissenkung auf −61 % belief.[22] Die Frage läßt sich nicht länger zurückdrängen. Wer wirtschaftete „moderner"? Die Bauern, die den Anreizen des Marktes weit stärker folgten und davon auch weit stärker profitierten, oder die Großbetriebe, die sich ihnen weit weniger öffneten?

Von 1880 bis zum Ausbruch des Krieges unterschieden sich die Steigerungsraten der Roggenerträge sowie der Fleisch- und Milchleistung je Kuh nur unbedeutend.[23] Während jedoch bei den Milchkühen zusätzlich eine Bestandsvermehrung vom Markt verkraftet wurde, sah das beim Roggen anders aus. Die Erträge eilten zwar nur wenig der Bevölkerungsvermehrung voraus, doch sank der Verzehr je Kopf[24], so daß die Roggenpreise auch ohne die ausländische Konkurrenz unter Druck geraten mußten. Bedeutsam waren in diesem Falle die sogenannten Ausfuhrscheine, die gleich einer Exportprämie wirkten und gleichzeitig den Inlandspreis anhoben. Die praktische Auswirkung blieb jedoch gering, die Roggenpreise gaben dennoch nach und erreichten in Preußen erst 1911/12 wieder das Preismaximum, das schon in den zehn Jahren von 1866 bis 1875 gegolten hatte.[25] Da die Löhne unzweifelhaft, wenn auch schwer quantifizierbar stiegen, litten vor allem die Großbetriebe unter der sogenannten Preiskostenschere.

Vier Möglichkeiten bestanden, der aufgewiesenen Gefahr auszuweichen:

1. Die Viehhaltung, besonders die Rindvieh- und Schweinehaltung hätte stärker ausgedehnt werden können. Dann hätte sich die Einnahmenstruktur der Betriebe gleichfalls verschoben und verbessert, und die Posten für Getreide hätten ihre dominierende Stellung verloren. Wie die Entwicklung lehrt, wurde davon nur in unzureichendem Maße Gebrauch gemacht.

2. Der Getreidebau, überhaupt der Ackerbau, konnte auch ohne Ausdehnung der Viehhaltung intensiviert werden, indem mehr Mineraldünger gestreut wurde. Das vorhandene statistische Material reicht nicht aus, um diese Chance zu erhärten oder zu widerlegen. Auf jeden Fall ist ein Faktum zu bedenken. In Großvieheinheiten ausgedrückt (GV = 500 dt Lebendgewicht) hielten die Bauernhöfe von 5 bis 20 ha LN je 100 ha LN 53,5 GV mehr. Diese zusätzlich gehaltenen GV lieferten je Jahr rund 6 400 dt verrotteten Stallmist. Bei einem Durchschnittsgehalt von 0,5 % an Stickstoff enthält er 3200 kg. Das sind je ha LN 32 kg N, die neben der 1913/14 gegebenen Menge von 6,4 kg N in Form von Mineraldüngern ein ganz erhebliches Gewicht besaßen.[26] Diese Feststellung gilt auch dann, wenn die weit schlechtere Ausnutzung des Stickstoffs im Stallmist berücksichtigt wird[27] und der Stallmistanfall wegen des Weideganges zu reduzieren ist. Falls die Großbetriebe je ha

22 Hans-Georg Warstat, Die Preisentwicklung landwirtschaftlicher Produkte und Produktionsmittel vor dem Kriege und nach der Inflation und ihr Einfluß auf die Betriebsweise der deutschen Landwirtschaft, Diss. agr. 1933, S. 25.

23 Eberhard Bittermann, Die landwirtschaftliche Produktion in Deutschland, Halle 1956, S. 35, 50f. u. 59.

24 Hoffmann, Wachstum, S. 120.

25 Gläsel, Entwicklung, S. 11.

26 Bittermann, landwirtschaftliche Produktion, S. 112.

27 Die schlechtere Ausnutzung bezifferte Paul Wagner (Die Stickstoffdüngung der Kulturpflanzen, in: Neuere Erfahrungen auf dem Gebiete des Düngerwesens; Arbeiten der Deutschen Landwirt-

mehr Mineraldünger als die Bauern verwendet haben sollten, mußten sie zuerst einen ganz erheblichen Vorsprung einholen, ehe gegenüber den Bauernwirtschaften von einer intensiveren Düngung gesprochen werden kann. – Erwähnt sei noch die Verfütterung von Ölkuchen, auf der immerhin 13% der Milcherzeugung vor dem Kriege beruhten.[28] Es wäre erstaunlich, wenn an die 1 Mio. Kühe in den Großbetrieben je Kopf mehr Ölkuchen verfüttert worden wären als an die 4 Mio. in den Bauernbetrieben zwischen 5 und 20ha LN. Die Milchleistung hätte sodann in den Großbetrieben erheblich höher liegen müssen, da sie über etwas mehr Ackerfutter – 11,36% statt 10,89% – und auch mehr Ackerweide – 5,26% statt 2,87% – verfügten. Über größere Unterschiede zwischen Großbetrieben und Bauernhöfen wurde in der Literatur bislang nicht berichtet.

3. Die Großbetriebe konnten weit eher Maschinen rentabel einsetzen als die Bauernbetriebe, da sich bei ihnen die Kosten auf eine größere Einsatzfläche verteilten. Auch diesmal gilt das Gesetz von den fallenden Stückkosten. So lohnte es unter durchschnittlichen Verhältnissen für einen 15ha großen Bauernhof nicht, eine Mähmaschine zu verwenden.[29] Auf den Betrieben über 100ha LN sah es dagegen anders aus. Während 1907 nur 12,9% aller Betriebe zwischen 5 und 20ha LN eine Mähmaschine benutzten, waren es bei denen über 100ha LN immerhin 82,4%. Der Einsatz war nur dann rentabel, wenn mehr Lohn für Aushilfskräfte eingespart wurde, als die Verwendung dieser Maschine kostete. Waren jedoch wegen anderer Erfordernisse, beispielsweise für den Flegeldrusch im Winter, genügend ständige Arbeitskräfte vorhanden, mit denen die Mäharbeiten erledigt werden konnten, so verursachte die Benutzung einer Mähmaschine nur Kosten, sparte aber keine Ausgaben ein. Da jedoch 94,3% aller Großbetriebe eine Dreschmaschine verwendeten, gelang ein Austausch. Sie entließen die teuren ständigen deutschen Arbeitskräfte in einer Größenordnung von 600000 Personen und ersetzten sie durch ebensoviel Wanderarbeiter. Diese verließen das Reich vor Beginn der Hauptdreschzeit im Winter, doch reichten die verbliebenen deutschen Kräfte aus, um mit Hilfe der Dreschmaschinen den Ausdrusch zu bewältigen. Schon Max Weber rügte die sozialen Implikationen dieses Vorgehens und kennzeichnete die so vorgehenden Gutsbesitzer als Polonisatoren. Ihre Handlungsweise lief auf jeden Fall der Nationalitätenpolitik, vor allem der preußischen Regierung, direkt zuwider.

4. Statt die ersten beiden Möglichkeiten, bedingt auch die dritte, zur Umorganisation des Betriebes und damit zur Erhöhung seiner Rentabilität zu nutzen, gab es noch eine weit einfachere, um zu diesem Ziel zu gelangen: Die Gutsbesitzer betonten ihre staatspolitische Notwendigkeit, bezeichneten sich als Stützen von Thron und Altar und forderten zur Erhaltung ihrer wirtschaftlichen Existenz höhere Agrarpreise. In den Augen der Gutsbesitzer war der Staat verpflichtet, mit Hilfe der Schutzzölle diese Erhöhung zu verwirklichen.

---

schaftsgesellschaft, Heft 17, Berlin 1896, S. 73ff.) mit 50% jener des Stallmistes, doch fehlt bei dieser Aussage die Nachwirkung des Stallmistes im zweiten Jahr.

28 Achilles, Wechselbeziehungen, S. 84.

29 Ebd., S. 76f.

3. Reinerträge als Pseudobeweis für die Notlage der Landwirtschaft

Erfuhr auch die Landwirtschaft, besonders die Klasse der Rittergutsbesitzer, vor dem Ersten Weltkrieg zum Teil herbe Kritik, so war doch die Mehrheit der Wissenschaftler und der Bevölkerung an ihrer Erhaltung interessiert. Da die Großgrundbesitzer trotz ihres geringen Anteils an der Gesamtzahl aller Vollerwerbslandwirte die führenden Positionen in den Bauernverbänden, besonders im lautstarken Bund der Landwirte, besetzt hielten, waren sie auch verpflichtet, die Notlage der Landwirtschaft zu beweisen. Was lag näher, als daß sie jenes Mittel einsetzten, über das sie allein verfügten, nämlich die Buchführung und den daraus resultierenden Reinertrag. Rechnerische Verfahren sind zudem einer subjektiven Behauptung von vornherein überlegen, so daß zumindest die Großgrundbesitzer wähnten, mit der Bekanntgabe unzureichender Reinerträge unumstößliche Beweise für die Notlage der Landwirtschaft zu liefern.

Der Begriff des Reinertrages ist bereits von Thaer nahezu korrekt definiert, doch ist es zweckmäßiger, von der heute gebräuchlichen Formulierung auszugehen. Dieser Ertrag stellt die nachhaltig erzielte Verzinsung des im Betriebe angelegten Kapitals einschließlich des Bodens dar. Die Höhe der Verzinsung wird als Ausdruck der Tüchtigkeit des Betriebsleiters gewertet. Da mit ihr Zupachtungen und die hierfür zu zahlende Pacht ebensowenig zu tun haben wie von den Vorgängern übernommene Schulden oder für Erbabfindungen aufgenommene Kredite oder die Lasten eines Altenteils, werden die bei einem Vergleich herangezogenen Betriebe pacht- und schuldenfrei gedacht. Außerdem werden sie nur von fremden oder (fiktiv) entlohnten Arbeitskräften bewirtschaftet.

Kapital, an diese volkswirtschaftliche Binsenwahrheit sei erinnert, ist ein Produktionsfaktor. Es kann daher, für den Boden gilt genau das gleiche, nur den Wert besitzen, der durch die Erzeugung von Gütern gegeben ist, für die eine Nachfrage zu einem bestimmten Preis besteht. Hat unter dieser Voraussetzung ein Administrator einen jährlichen Reinertrag von 8000 M erwirtschaftet und der Eigner des Gutes ist wegen der sicheren Kapitalanlage mit einer Verzinsung von 4 % zufrieden, so beläuft sich der Wert des Gutes auf das Fünfundzwanzigfache oder auf 200000 M. Mit diesem Ertragswert braucht jedoch der Verkaufspreis nicht übereinzustimmen, wie v. d. Goltz keineswegs als erster bemerkte.

Weit wichtiger ist indessen der erste Teil seiner Aussage: „Die Kenntnis von dem Ertrags- und Kapitalwerte des Grund und Bodens hat aber noch eine andere, *allgemeinere Bedeutung*. Erst die Veranstaltung zahlreicher, auf richtigen Prinzipien beruhender Wertstaxen von Gütern würde die Möglichkeit verschaffen, einen genauen Aufschluß über den Ertragswert des landwirtschaftlichen Bodens überhaupt zu gewinnen.“[30] Der Konjunktiv zwingt zu der Schlußfolgerung, zutreffende Ertragswerte müßten erst noch in repräsentativer Anzahl ermittelt werden. Das Datum der Aussage ist nicht ohne Belang. Von der Goltz machte sie 1892, also exakt zu Beginn der sogenannten Caprivi-Krise. 1903 entdeckte derselbe Autor seinen Lesern, was die Landwirte an Stelle des fehlenden Ertrags-

30 v. d. Goltz, Landwirtschaftliche Taxationslehre, S. 610.

wertes setzten. Für die immobile Substanz legten sie „einen Wert zu Grunde, den man nach irgendwelchem, in den einzelnen Fällen sehr verschiedenen Maßstab mehr oder minder willkürlich sich konstruiert hat".[31]

Bei aller Willkür gingen sie jedoch zielstrebig vor. Sie schraubten die Güterpreise systematisch hinauf. Dadurch gewannen sie mehrere Vorteile. Verkauften sie das Gut, und solche Verkäufe waren an der Tagesordnung, so war die Einnahme entsprechend größer. Bei Erbteilungen konnten sie höhere Beträge ausloben, und das erhöhte das Ansehen. Vor allem aber konnten sie bei einem übersteigerten Gutswert auch höhere Kredite aufnehmen, die überwiegend konsumiert wurden. Um sie abzudecken, hoffte man auf weiterhin steigende Reinerträge oder einen günstigen Verkauf des Gutes.[32] Die beschriebene Entwicklung hatte längst vor Ausbruch der Caprivi-Krise eingesetzt, doch hielten es die Landwirte nicht für zweckmäßig, die übermäßige Verschuldung der Güter öffentlich zu diskutieren.[33]

Die Konsequenz ist leicht zu ziehen. Würde in dem oben gebrachten Beispiel der Gutswert aus den vorgenannten Gründen von 200 000 M auch nur auf 240 000 M angehoben, so hat das natürlich auf den erwirtschafteten jährlichen Reinertrag in Höhe von 8000 M keinen Einfluß. Der Zinssatz sinkt jedoch von 4 % auf 3,3 % – und die Notlage der Landwirtschaft war „bewiesen".

Von den Wissenschaftlern war kein Einspruch gegen diese Manipulation zu erwarten. Ihnen fehlte die repräsentative Anzahl von Wertstaxen, die einen genauen Aufschluß über den Ertragswert der Güter hätte geben können. Die Kreditinstitute sahen auch keinen Anlaß, das Verfahren zu bemängeln. Solange die Verkehrswerte stiegen, waren ihre Kredite hoch gesichert. Da die seriösen Institute die Güter nur zu zwei Dritteln dieser Werte beliehen, gingen sie auch bei einem deutlichen Rückgang der Preise kein Risiko ein. Entscheidend aber ist bei diesem Verfahren folgendes: Zuerst wurden die Preise mit allen zur Verfügung stehenden Möglichkeiten nach oben getrieben, und anschließend wurde ein prozentual zu geringer Reinertrag vorgewiesen, der nicht nur die Notlage der Landwirtschaft beweisen sollte, sondern gleichzeitig als Aufforderung an den Staat gedacht war, die Rahmenbedingungen für die Landwirtschaft günstiger zu gestalten. Diese Vorgehensweise offenbart ein nicht geringes Anspruchsdenken. Das Verfahren hatte zudem einen nicht zu unterschätzenden Vorteil. Es konnte nur schwer „nachgerechnet" werden und entzog sich so weitgehend der Kritik.

Nicht geringe Vorwürfe mußte dagegen die Gutsbesitzerklasse wegen der Verschuldung ihrer Güter einstecken. In den Zeiten steigender Roh- und Reinerträge war selbst eine relativ hohe Schuldenlast leicht zu verkraften. Darlehenshöhe, Verzinsung und Tilgung waren weitgehend fixiert, so daß auch der jährlich für die Schulden abzuführende Betrag ziemlich konstant blieb. Bei steigenden Reinerträgen machten Zinsen und Amortisation einen immer kleiner werdenden Anteil aus, und das Gut hätte leicht saniert werden

---

31 Theodor Frhr. v. d. Goltz, Geschichte der deutschen Landwirtschaft, 2. Bd., Stuttgart 1903 (Neudruck Aalen 1963), S. 396.

32 Ebd., S. 354f. die Fakten, nicht die Wertung.

33 Ebd., S. 407.

können. Diese Möglichkeit war aber mehr theoretischer Natur. Die Verschuldung der Güter – nicht der Latifundien und Fideikommisse – erreichte schon Anfang der siebziger Jahre zumindest in Ostpreußen eine beunruhigende Höhe.[34] 1882 wurde die preußische Regierung aufgefordert, eine größere Erhebung über den Schuldenstand durchzuführen. Sie legte zwei Jahre später das Ergebnis vor. Danach waren die Güter zum 28fachen, die Bauernhöfe zum 18fachen und die bäuerlichen Stellen zum 12fachen des Grundsteuerreinertrages verschuldet. Von den gefundenen Durchschnittssätzen urteilte sie, daß sie „nur einen glücklicherweise *verhältnismäßig kleinen Theil* des durchschnittlichen Kauf- oder Belegungswerthes in Anspruch nehmen. Dieses Verhältnis gestaltet sich noch günstiger, da ein Teil der erfaßten hypothekarischen Verschuldung bereits getilgt oder löschungsfähig ist". Dann aber räumt die Regierung ein, die Durchschnittswerte würden in einigen Gegenden deutlich unterboten, so daß sie in anderen ebenso deutlich überboten werden müßten. Abschließend stellt sie beruhigend fest: „Aber der Durchschnitt ergibt doch, dass soweit die zum Verfahren gezogenen Amtsgerichtsbezirke in Betracht kommen, die *beunruhigenden Zustände des bäuerlichen Grundbesitzes nur Einzelheiten und Ausnahmen* sein können".[35] Nimmt man die preußische Regierung beim Wort, so zielt das vorstehende Urteil auf die Verschuldung des bäuerlichen Grundbesitzes in Höhe des 18fachen Grundsteuerreinertrages. Darüber, wie die Verschuldung zum 28fachen dieses Betrages bei den Gütern zu werten ist, schweigt sie sich dagegen aus.

Dreizehn Jahre später ist im Hinblick auf die Güter der Optimismus gründlich verflogen. Der Erhebung von 1883 folgte jene von 1896, über die 1898 berichtet wurde. Von den 2289 Betrieben mit über 1500 M Grundsteuerreinertrag waren nur 379 Grundstücke oder 16,6 % schuldenfrei, und der Bearbeiter betonte ausdrücklich, allein 231 Grundstücke entfielen davon auf die Provinzen Rheinland und Hannover. 569 Besitzungen wurden mit dem bis 20fachen des Grundsteuerreinertrages als gering verschuldet ausgewiesen. Die 742 Besitzungen mit einer Verschuldung vom 20- bis 40fachen des Grundsteuerreinertrages wurden als beträchtlich verschuldet angesehen und auf 599 Besitzungen wurde diese Verschuldung noch übertoffen. Immerhin 1141 Grundstücke oder 58,6 % der Gesamtzahl waren also nunmehr beträchtlich oder gar hoch verschuldet. Auch diesmal sah das Königlich Preußische Statistische Bureau die Erforschung der Ursachen für die Verschuldung nicht als seine Aufgabe an, meinte aber doch von einem Teil der beträchtlich oder hoch verschuldeten Güter, daß sie „nicht hinreichend kräftig gegenüber den wechselnden Einflüssen der 'Konjunktur' erscheinen"[36].

Wie aus der vorstehenden schematischen Abbildung[1] (S. 194) zu ersehen ist, spielt der Reinertrag als Einkommensbestandteil bei verschieden großen Betrieben eine sehr unterschiedliche Rolle. Enthält sich der Gutsbesitzer der Verwaltung, so bleibt sein Anspruch gegenüber der Volkswirtschaft auf den Zinsanspruch oder den Reinertrag für das Kapital

---

34 Ebd.

35 Beiträge zur landwirthschaftlichen Statistik von Preußen für das Jahr 1883. Erster Theil, Berlin 1884, S. 81.

36 Zeitschrift des Königlich Preußischen statistischen Bureaus (Hg. E. Blenck), 38, Berlin 1898, S. 137ff.

beschränkt, das er ihr in Form eines landwirtschaftlichen Betriebes zur Verfügung gestellt hat. Belastet er den Betrieb mit Hypotheken oder sonstigen Schulden, so kann sich die finanzielle Lage rasch zuspitzen, wie anhand einer Überschlagsrechnung zu zeigen ist. Auf Grund der genannten statistischen Erhebungen ist eine Verschuldung in Höhe von zwei Dritteln des Verkehrswertes keineswegs als Ausnahmefall anzusehen. Bei 100000 M wären bei 66667 M Schulden zu 6 % rund 4000 M an Sollzinsen zu bezahlen. Sollte jetzt der Verkehrswert auf Grund der ungünstigen Konjunktur auf den Ertragswert herabgesunken sein und unterstellt man einen „normalen" Reinertrag in Höhe von 4000 M oder 4 %, so blieb der Gutsbesitzer bereits ohne Einkommen. Zusätzlich mußte er überlegen, woher er die Tilgungsraten nehmen sollte. Grundsätzlich ist es die Differenz zwischen Soll- und Habenzinsen, die rasch zu einer Verengung des finanziellen Spielraums treibt. Zwei Auswege sind gegeben. Der Verkehrswert kann übertrieben werden, doch überzeugt dieses Vorgehen um so weniger, je länger eine Agrarbaisse anhält. Man müßte überdies das Gut zu dem überhöhten Preis umgehend verkaufen. Die Gutsbesitzer könnten schließlich auch eine Verzinsung ihres Kapitals in Höhe der Sollzinsen fordern, doch dürfte dieses Verfahren auf heftigen Widerspruch nichtlandwirtschaftlicher Unternehmer stoßen.

In der Realität kamen die Großagrarier auf beiden Wegen in recht unterschiedlicher Weise voran. Die größten Fortschritte erzielten sie zweifellos bei der Anhebung der Verkehrswerte. Die Großagrarier drangen zwar ursprünglich nicht auf eine Einführung der Schutzzölle auf Getreide, wohl aber auf deren Erhöhung, nachdem sie Anfang der achtziger Jahre zunehmend eine Notlage der Landwirtschaft auf Grund der ausländischen Konkurrenz konstatiert hatten. Die Steigerungen der Zollsätze signalisierten das Interesse des Staates an der Erhaltung der Landwirtschaft, förderten zudem deren Rentabilität, so daß Kaufwillige im landwirtschaftlichen Betrieb nach wie vor eine sichere Kapitalanlage sahen, die im Falle eines Rittergutes außerdem einen Gewinn an Sozialprestige verhieß. Es war damals ein allgemein anerkannter Grundsatz, die Einführung der Schutzzölle habe die Preise für landwirtschaftlich genutzten Boden erhöht.[37] Es entspannte sich also die Finanzlage, die Verschuldungsgrenze sank und Umschuldungen konnten getätigt und der Gesamtzinssatz gesenkt werden. Zwei Vermutungen lassen sich jedoch nicht unterdrükken. Eine günstige Agrarkonjunktur fördert den Güterhandel und die Güterspekulation, und sie verleitet – wie die Geschichte lehrt – zum leichtsinnigen Schuldenmachen.[38]

Die hohe Verschuldung der Großgrundbesitzer war der Öffentlichkeit ebensowenig verborgen geblieben wie der Anlaß der Kreditaufnahme. Eindeutig überwogen die konsumtiven Zwecke und in nicht wenigen Fällen kam eine wenig sachgerechte oder nachlässige Wirtschaftsführung hinzu. Von der Goltz drückte diesen Sachverhalt elegant aus, als er schrieb: „Auch an solchen fehlte es nicht, die einen grösseren Wert auf ihre Eigenschaft als Guts*besitzer* wie als *landwirtschaftlicher Unternehmer* legten und danach ihre Lebens-

37 Als Beispiel aus der tagespolitischen Streitliteratur: Max Wirth, Die Krisis in der Landwirthschaft und Mittel zu ihrer Abhilfe, Berlin 1881, S. 6.

38 Als Beispiel aus der tagespolitischen Streitliteratur: Carl Jentsch, Die Agrarkrisis. Besteht eine solche und worin besteht sie?, Leipzig 1899, S. 17ff. u. 46.

weise einrichteten."[39] Sollten jetzt wirklich die Schutzzölle und die damit verbundene Werterhöhung landwirtschaftlicher Grundstücke den Großagrariern erlauben, ihren leichtsinnigen, ökonomisch nicht zu rechtfertigenden Lebenswandel fortzusetzen?

Der Einspruch erreichte ein beträchtliches Ausmaß, denn die sozialen Implikationen lagen auf der Hand. Zölle verteuern, wenn auch nicht in voller Höhe, so doch in einem gewissen, schwer vorhersagbaren Umfang den Brotpreis. Damit wurde offenbar, wer für die Sanierung des Großgrundbesitzes aufkommen sollte: es waren die Verbraucher, von denen die Niedrigverdiener am schwersten betroffen wurden, weil sie mehr Brot aßen und hierfür einen größeren Teil ihres Budgets ausgeben mußten. Das Schlagwort vom „Brotwucher" wurde allgemein, und selbst der Kaiser scheint es gekannt zu haben.[40]

Neben der direkten Wirkung des Schutzzolls war der Öffentlichkeit auch die indirekte bewußt. Erhöhte er den Wert der landwirtschaftlich genutzten Grundstücke, so wuchs auch der Zinsanspruch für den Boden, der als Teil der Produktionskosten anzusehen ist. Bei einem Vergleich mit jenen Ländern, die durch Billig-Exporte den deutschen Getreidepreis drückten, hob man hervor, wie niedrig dort die Bodenpreise stünden. Deshalb sah man – jedenfalls in den entsprechenden politischen Gruppierungen – eine große Agrarkrisis als das einzige wirksame Heilmittel an, die zu einem umfangreichen Besitzwechsel zu stark ermäßigten Preisen führen sollte. Adolph Wagner prophezeite, dann würde ein erheblicher Teil des Bodens in die Hände der städtischen Bourgeoisie gelangen; es käme zur Latifundienwirtschaft, „verbunden mit *Pachtproletariat* und *Tagelöhnerproletariat*"[41] – eine immerhin plausible Annahme. Auf jeden Fall handelt es sich bei dieser Überlegung, die ebenfalls auf eine Beseitigung des „Brotwuchers" zielte, um eine Simplifizierung. Die Grundrente macht an den Gestehungskosten des Brotes – nicht des Getreides – nur einen unbedeutenden Anteil aus.

Abschließend sei auf eine Verfahrensweise eingegangen, mit der die Gutsbesitzer ebenfalls versuchten, den Reinertrag zu drücken. Sie war jedoch nur in den Fällen anwendbar, in denen der Besitzer auf dem Gut wohnte. Graf zur Lippe publizierte die Art des Vorgehens sogar in dem angesehenen Fachverlag Paul Parey in Berlin. Aus seiner Darstellung muß auf eine mangelnde Vertrautheit mit dem Begriff des Reinertrages geschlossen werden, den er dessen ungeachtet seinen Berufskollegen nahebringen will. Zuerst ermittelt auch der Graf den Gesamtreinertrag. Davon zieht er den Zinsanspruch für das Boden-und Betriebskapital ab. „Der Rest entfällt auf die *Arbeitsrente*; diese *sollte* mindestens so hoch sein, als man einen Beamten besolden müßte, ... der ... in *jeder Weise* ... *Disponent* der Wirtschaftsführung sein würde ..."[42] Dem Maßstab kann man zustimmen. Führt der Eigner selbst die Wirtschaft, kann er dafür ein herkömmliches Administratorengehalt fordern, da bei der Reinertragsberechnung von einem Betrieb ausgegangen wird, der nur mit fremden Arbeitskräften bewirtschaftet wird. Dieses fiktive Gehalt oder hier die Arbeits-

39 v. d. Goltz, Geschichte, S. 404.
40 Georg Gothein, Agrarpolitisches Handbuch, Berlin 1910/11, S. 196.
41 Adolph Wagner, Agrar- und Industriestaat, Jena 1902, S. 91 u. 116.
42 A. Graf zur Lippe, Ermittelung von Produktionskosten und Reinertrag landwirtschaftlicher Betriebe, Berlin 1896, S. 59.

rente ist aber kein „Mindestsatz". Übersteigt die errechnete Arbeitsrente die übliche Gehaltshöhe, ist das Mehr eindeutig als Kapitalverzinsung oder Reinertrag zu betrachten.

Prüft man in der Publikation das Haus(haltungs)-Konto nach, ist man nur noch über den Freimut – oder die Unwissenheit? – des Grafen überrascht, mit dem er sich selber dekuvriert. Für die „Herrschaft incl. Dienerschaft" enthält es 426 M für Fleisch, 98 M für Gebäck und 338 M für „Materialwaren".[43] Insgesamt waren das 862 M. Dieser Betrag hätte aus dem fiktiven Administratorengehalt bestritten werden müssen. Statt dessen zählt der Graf ihn jedoch zu den Wirtschaftskosten und drückt um diese Spanne sein Einkommen. Die Korrektur könnte (1.) darin bestehen, das Administratorengehalt – und damit das Einkommen – um 862 M aufzustocken. Dann wäre jedoch zu fragen, ob es in der nunmehrigen Höhe noch als angemessen bezeichnet werden kann. Es ist deshalb zweckmäßiger, (2.) das Gehalt konstant zu halten und die 862 M dem Reinertrag zuzuschlagen. Da das Einkommen die Summe aus fiktivem Gehalt und Reinertrag darstellt, erhöht es sich auch in diesem Falle um 862 M. Der Graf hat also auf jeden Fall sein Einkommen um diese Spanne zu niedrig angegeben.

Bei Kenntnis weiterer Fälle kann man das Vorgehen des Grafen noch als geradezu harmlos abtun. Andere Gutsbesitzer beanspruchten für die Wirtschaftsführung nicht ein Administratorengehalt, sondern den standesgemäßen Unterhalt. Die Berichterstatter akzeptierten anläßlich verschiedener Enquêten diese Ansprüche. Korrekterweise strich E. Stumpfe solche Posten bei der Auswertung der Betriebsabschlüsse. Sie betrafen beispielsweise bei einem Gut 27600 M für Repräsentationskosten oder bei zwei anderen 1100 und 2245 M an Kosten für auswärts zur Schule gehende Kinder, und schließlich ermäßigte er ein sogenanntes Administratorengehalt von 10000 M auf 4000 M.[44] Wie hilflos man im Grunde bei der Bemessung jenes Anspruchs war, der berechtigterweise für die Verwaltung eines Gutes gestellt werden kann, zeigen auch die Ausführungen von Leo Huschke.[45]

War diese Verschleierungstaktik auch erst zu durchschauen, wenn man die Buchführung einsah oder den Jahresabschluß, falls er detailliert genug war, in den Händen hielt, so blieb sie dennoch der Öffentlichkeit nicht verborgen. So zählte Carl Jentsch praktisch alle denkbaren Möglichkeiten auf, mit denen die Haushaltskosten unangemessen gesteigert und der Reinertrag gedrückt werden konnte. Sein Fazit lautet kurz und knapp: „Ich gehe einen Schritt weiter und behaupte, alle Reinertragsberechnungen selbstwirtschaftender Gutsbesitzer sind Humbug oder Illusion, und die hohen Ziffern, die dabei herauskommen, sind so wenig wert wie die niedrigen."[46]

Das Übel jener Zeit war offensichtlich nicht nur eine Definitionsfrage des Reinertrages. So hatte Friedrich Aereboe 1898 und 1901 Anleitungen zur Buchführung für den prakti-

43 Ebd., S. 26f.

44 E. Stumpfe, Der landwirtschaftliche Groß-, Mittel- und Kleinbetrieb, Berlin 1902, S. 27, 148f.

45 Leo Huschke, Landwirtschaftliche Reinertragsberechnungen bei Klein-, Mittel- und Großbetrieb, dargelegt an typischen Beispielen Mittelthüringens, Jena 1902, S. 19ff.

46 Jentsch, Die Agrarkrise, S. 71f. Die vom Autor vorgenommene Gleichsetzung von Reinertrag und Pacht ist abzulehnen. Bei aller berechtigten Kritik wäre auch Jentsch nicht zu konstruktiven Lösungen gekommen.

schen Landwirt im Auftrage des Direktoriums der Deutschen Landwirtschafts-Gesellschaft (D.L.G.) herausgegeben. Hierzu bemerkte der Autor 1905, die Ausmünzung der entwickelten Grundsätze befände sich in beiden Publikationen nur teilweise, da er dem Ausschuß der D.L.G. für Buchführung Konzessionen machen mußte, sofern er die Veröffentlichung nicht gänzlich hindern wollte.[47] Der preußische Finanzminister, der Frhr. v. Rheinbaben, hatte sich mit Entschiedenheit gegen die Art der Buchabschlüsse gesträubt, wie sie die Buchstelle der D.L.G. fertigte. Später verwies er in einem Rundschreiben auf die unzulässige Vorgehensweise. In ihm führte er jene Manipulationen auf, die hier bereits anhand anderer Beispiele vorgestellt wurden. Die fragwürdige Verhaltensweise der Buchstelle wird verständlich, wenn man sich der damaligen Mitgliederstruktur der D.L.G. erinnert. Fast die Hälfte der 1800 Mitglieder wohnte in Ostelbien, und es waren überwiegend Großgrundbesitzer, die der Gesellschaft beigetreten waren. Rheinbaben und sein Nachfolger scheiterten indessen. Zwar stimmte sogar das preußische Finanzministerium dem Vorwurf Hans Delbrücks zu, die Landräte unterstützten die Großgrundbesitzer bei ihren Steuerhinterziehungen, aber Bülow und Bethmann Hollweg wollten sich die Gunst der Konservativen Partei nicht verscherzen.[48]

Zwar verwendeten Waltz, Huschke und Stumpfe den Reinertragsbegriff streng in der heute üblichen Weise, doch darf man diese Beispiele, wie der vorstehend geschilderte Fall beweist, nicht verallgemeinern. Von der Goltz klärte seine Leser bereits darüber auf, wie willkürlich man den Reinertrag definierte. Manche verstanden darunter nur die Verzinsung des Boden- und Gebäudekapitals, andere zogen die Zinsen für beide Posten ab und bezeichneten die Zinsen für das lebende, tote und umlaufende Kapital als Reinertrag, eine dritte Gruppe setzte schließlich den Reinertrag mit dem Unternehmergewinn gleich.[49] Die heillose Verwirrung erlaubte es, sich im agrarpolitischen Tageskampf jener Definition zu bedienen, die den jeweiligen Absichten am besten entsprach.

Wichtiger als der Streit um die zutreffende Definition des Reinertrages ist eine andere Auffassung, die sich sehr schön bei v. d. Goltz selbst nachweisen läßt, dem damals bedeutendsten Betriebswirtschaftler. Zustimmen wird der heutige Leser seiner Aussage: „Man darf niemals vergessen, daß der Kapitalwert von Grund und Boden erst aus seinem durchschnittlichen Reinertrag abgeleitet werden kann.“ Nicht aus dem Kaufpreis oder Verkaufswert folgt die Höhe des Reinertrages. „Der Landwirt hat vielmehr in umgekehrter Weise zu rechnen: 'wenn der Reinertrag meines Gutes sich auf durchschnittlich 4000 Mk. beläuft, dann darf ich den Kapitalwert meines Gutes zu 100000 Mk. veranschlagen'“.[50] Mit dieser Feststellung könnte die Diskussion abgeschlossen sein. Aber nun kommt der Schwenk. Von der Goltz möchte nicht nur über den (Gesamt-)Reinertrag informiert sein,

47 Aereboe, Beiträge zur Wirtschaftslehre, S. 138.

48 Gothein, Agrarpolitisches Handbuch, S. 495 u. 222; Peter-Christian Witt, Der preußische Landrat als Steuerbeamter 1891–1918. Bemerkungen zur politischen und sozialen Funktion des deutschen Beamtentums, in: Imanuel Geiss u. Bernd Jürgen Wendt (Hg.), Deutschland in der Weltpolitik des 19. und 20. Jahrhunderts, Düsseldorf 1973, S. 210ff.

49 v. d. Goltz, Landwirtschaftliche Taxationslehre, S. 278f.

50 Ebd., S. 299.

sondern er will zusätzlich wissen, wie sich die einzelnen Kapitalbestandteile verzinsen. Die Weiterung zeigt indessen Folgen, die nicht mehr akzeptiert werden können. Zuerst referiert v. d. Goltz die Ansichten früherer Betriebswirtschaftler, wie sich das Boden- und Gebäudekapital zu verzinsen habe. Durchgängig werden beide als die sicherste Kapitalanlage betrachtet, und deshalb setzte jeder der Vorgänger den niedrigsten Zinssatz dafür an. Warum für das tote und lebende Inventar bereits ein höherer Satz angenommen wird, scheint für v. d. Goltz nicht allzu sicher zu sein. Geradezu haltlos aber wird das Verfahren, wenn ausgerechnet für das umlaufende Kapital wie Düngemittel und Saatgut Zinssätze bis zu 12 % gefordert werden.

Entscheidend ist bei v. d. Goltz folgender Satz: „Für das umlaufende Betriebskapital können wegen seiner geringeren Sicherheit ein bis drei Prozent an Zinsen mehr gefordert ... werden, so daß dieselben im ganzen 7 bis 9 % betragen.“[51] In dem Verb „fordern“ liegt der entscheidende Umbruch. Anfangs waren es noch die Zinsen, die zusammen mit dem Kapitalisierungsfaktor über die Höhe des Kapitals entschieden. Aber dann geht auch v. d. Goltz von einem Kapital aus, das gar nicht wissenschaftlich exakt bestimmt worden ist, und fordert dafür Zinsen. Deren Höhe wird ebenfalls von den verschiedenen Autoren abweichend und damit subjektiv festgesetzt, und es ändert sich im Grundsatz nichts, wenn v. d. Goltz offensichtlich eine mittlere Linie vertritt. Indem er Zinsen „fordert“, schwenkte er, ob gewollt oder nicht, auf jene Linie ein, die der Bund der Landwirte gegenüber dem Staat und der Öffentlichkeit vertrat. Der Schluß ist unvermeidlich: die wissenschaftliche Betriebslehre hielt vor dem Ersten Weltkrieg kein Korrektiv bereit, mit dem das Anspruchsdenken der Großagrarier und die daraus fließenden Forderungen auf ein vertretbares Maß zurückgeführt werden konnten. Nicht die Tüchtigkeit des Unternehmers entschied über die Höhe der Verzinsung des im landwirtschaftlichen Betrieb angelegten Kapitals; vielmehr hatte der Staat durch entsprechende Rahmenbedingungen dafür zu sorgen, daß sich die von den Landwirten subjektiv eingeschätzten Kapitalwerte angemessen rentierten.

51 Ebd., S. 303.

Klaus Herrmann

Die Deutsche Landwirtschafts-Gesellschaft (DLG) und die Modernisierung der ostelbischen Gutswirtschaft

Der im Jahre 1885 gegründeten Deutschen Landwirtschafts-Gesellschaft (DLG) wurde als zentrales Anliegen die Modernisierung der deutschen Landwirtschaft mit auf den Weg gegeben. Dafür bürgte insbesondere der Initiator und Gründer der DLG, Max Eyth, der während seines rund 20jährigen Aufenhalts in Großbritannien als Chefingenieur der Firma John Fowler, Dampfpflughersteller in Leeds, sowohl die überlegene Leistungsfähigkeit der britischen Landwirtschaft im allgemeinen als auch das fortschrittliche Wirken der „Royal Agricultural Society" (RASE) im einzelen kennengelernt hatte.[1] Nach ihrem Vorbild sollte auch die DLG ein parteifreier, d. h. von den politischen Interessen unabhängiger „Verein von Landwirten und Freunden des Landbaues" sein, dessen Zweck sich in Paragraph 2 des „Grundgesetzes der DLG" fixiert findet.[2]

Aufgabe der DLG war danach:

„1. Das Sammeln und Verbreiten erprobter praktischer Erfahrungen auf sämtlichen Gebieten der Landwirtschaft;
2. Mitteilung der neuesten wissenschaftlichen Forschungsresultate mit besonderer Beziehung auf ihre praktische Anwendung, in kurzer, gemeinverständlicher Form;
3. Anregung zu praktischen Versuchen und wissenschaftlichen Untersuchungen sowie Durchführung derselben, wo immer tunlich mit Hilfe der Mitglieder, zur Feststellung des Wertes neuer Verfahren;
4. Förderung aller Zweige des Landwirtschaftlichen in Bezug auf
   a) Landbau,
   b) Viehzucht,
   c) Geräte- und Maschinenwesen,
   d) landwirtschaftliche Nebengewerbe;
5. Belebung des Handels mit deutschen landwirtschaftlichen Erzeugnissen und Hilfsmitteln im In- und Auslande."

---

1 Zu Leben und Wirken von Max Eyth vgl. u. a. Theodor Heuss, Deutsche Gestalten, Tübingen 1951, S. 238–246; A. Reitz, Max Eyth. Ein Ingenieur reist durch die Welt. Pioniertaten eines Landtechnikers, Heidelberg 1956, 328 S.; Klaus Herrmann, Das Leben von Max Eyth, in: Max Eyth 1836–1906. Mein Leben in Skizzen, Ulm 1986, S. 11–30.

2 Grundgesetz der Deutschen Landwirtschafts-Gesellschaft, in: Jahrbuch der DLG, Bd. 1, Berlin 1886, S. 10–13.

Der Blick der DLG ging also eindeutig nach vorn. Er wurde getragen von der Erkenntnis, daß

1. die zuvor eingesetzten Mittel der Förderung der Landwirtschaft weitgehend unwirksam geblieben waren,
2. die deutsche Landwirtschaft in technischer Beziehung, von Ausnahmen abgesehen, weit hinter der Technik der Industrie und des Handels zurückstand,
3. die Entwicklungsmöglichkeiten der Landwirtschaft dessenungeachtet gewaltig waren, wurden sie nur bewußt in Angriff genommen.

Um diese Chancen zu nutzen, nannte die DLG sogleich auch die Mittel, die sie zukünftig einzusetzen gedachte:

1. Durchführung jährlicher Wanderversammlungen in Verbindung mit einer Ausstellung von Tieren, landwirtschaftlichen Erzeugnissen und Hilfsmitteln,
2. Prüfung von Proben, Maschinen, Geräten usw. mit anschließender Preisverleihung,
3. Veranlassung von wissenschaftlichen Untersuchungen zu landwirtschaftlichen Fragen, Bildung von Ausschüssen zur Erörterung derselben und Einrichtung eines Auskunftsbüros sowie Veröffentlichung der Ergebnisse.

Dieses Instrumentarium war, vergleich man es mit anderen auf dem Gebiete der Förderung der Landwirtschaft tätigen Organisationen des ausgehenden 19. Jahrhunderts, ungewöhnlich.[3]

Hier sollte auf breiter Front unabhängig von den politischen Instanzen aufklärend zum Wohle der Landwirtschaft gewirkt werden, was aber nur möglich war, wenn auch bei der Finanzierung der DLG-Arbeit neue Wege beschritten wurden.[4]

Der hohe Mitgliedsbeitrag schreckte aber nicht nur interessierte Landwirte ab, er brachte es mit sich, daß sich die Mitglieder der DLG rasch als Elite unter den deutschen Bauern verstanden. Dies aber war durchaus im Sinne von Max Eyth, der sich mehrfach zur „Aristokratie der Leistung und des Geistes“ bekannte.[5]

„Wissen und Können“ lautete denn auch eine der von Eyth der DLG mit auf den Weg gegebenen Losungen, die für das ganze Spektrum der Landwirtschaft von der Maschinen- und Gerätetechnik über Pflanzenbau und Tierzucht bis hin zur landwirtschaftlichen Betriebsführung Gültigkeit besitzen sollte. Vorbildcharakter im Sinne der DLG besaß demnach stets der leistungsfähige, fortschrittliche und zudem wirtschaftliche ertragreiche landwirtschaftliche Betrieb, der sich am Markt behaupten konnte.

---

3 Am 18.12.1882 schrieb Max Eyth unter anderem in sein Tagebuch: „Das ganze Deutsche Reich ist überzogen von einem Netz landwirtschaftlicher Vereine wie kein anderes Land der Erde“. Er zählte 1650 solcher Vereine, von denen die einen in vollständiger Abhängikeit zur jeweiligen Regierung standen, andere durch „gänzliche Mittellosigkeit zur bescheidensten Tätigkeit verurteilt“ waren und dritte wiederum ihre Haupttätigkeit darin erkannten, „Resolutionen zu fassen“ (Max Eyth, Im Strom unserer Zeit. Meisterjahre, Frankfurt a. M. 1969, S. 40–44).

4 Man schlug Eyth für die DLG einen Jahresbeitrag von drei oder besser noch zwei Mark vor. Doch Eyth beharrte auf 20 Mark, „da er nicht beabsichtige, einen neuen Bettelorden zu gründen“ (C. Weihe, Max Eyth – Ein Lebensbild, 3., erw. Aufl., Frankfurt a. M. o. J., S. 84f.).

5 Vgl. Heinz Haushofer, Die Furche der DLG. 1885–1960, Frankfurt a.M. 1960, S. 49.

1. Die Mitglieder der DLG

Gibt es also im Hinblick auf den im Thema zuerst genannten Bezug „DLG und Modernisierung" keinen Zweifel, so scheint der zweite Teil des Themas, die vorgegebene Begrenzung auf die ostelbischen Gutswirtschaften, einige Probleme zu besitzen. Tatsächlich verstand sich die DLG von ihrer Gründung an „als nationale Gesellschaft". Diese Vorgabe stammte wiederum von Max Eyth, der, als er sich die Gründung der DLG vornahm, notierte: „Das ganze Deutschland soll es sein, oder ich rühre die Geschichte nicht an."[6] Mehr noch, Eyth fürchtete den Partikularismus, „die Zerrissenheit der deutschen Stämme, die auch vor Fragen der Rindviehzucht und des Zuckerrübenbaus nicht halt macht", über die Maßen. 1893 stellte er dazu in München definitiv fest: „Landesgrenzen darf es für uns nicht geben ...", was eine spezifisch auf Ostelbien ausgerichtete Bewertung des Wirkens der DLG erschweren sollte. Doch die Prüfung der Unterlagen und der Arbeit der DLG bis zur Gleichschaltung der DLG durch die Nationalsozialisten im Jahre 1934 weist auf Aktivitäten hin, die in besonderer Weise auf die ostelbischen Gutswirtschaften abzielten.[7]

Damit entsprach die DLG der Mitgliederstruktur, in der die Ostelbier eine starke Position innehatten. Laut DLG-Mitgliederverzeichnis des Jahres 1886 gehörten von den damals aufgeführten 2725 Mitgliedern nicht weniger als 1347 Personen zu den drei großen ostelbischen Gauen Ost- und Westpreußen, Posen und Schlesien sowie Brandenburg mit Berlin und Pommern.[8] Addiert man nun noch die Mitglieder aus Mecklenburg und Strelitz hinzu (164), dann ergibt sich eine Zahl von 1511 Mitgliedern, was einem Anteil von über 55 % aller DLG-Mitglieder entsprach. Einen weiteren Aufschluß bietet die Unterteilung der Mitglieder nach Länder und Provinzen. Die stärkste einzelne Gruppe kam danach aus Pommern (415 = 15,2 %), während Brandenburg (ohne Berlin!) auf dem dritten Rang lag (309 = 11,9 %). Die zweitstärkste Gruppe kam übrigens aus der Provinz Sachsen, während die Zahl der Mitglieder aus West- und Süddeutschland bescheiden geblieben war. Natürlich traten im Laufe der Jahre einige Verschiebungen ein, ohne allerdings die Dominanz der aus Ostelbien stammenden Mitglieder in der DLG aufheben zu können. Prüft man beispielsweise die Mitgliederliste des Jahres 1892, so stammten aus den drei ostelbischen Gauen nebst den beiden Mecklenburg 3981 Mitglieder, was immer noch einem Anteil von 49,5 % entsprach, während zur gleichen Zeit der Anteil der bayerischen Mitglieder von gerade man 1,8 % auf 3,5 % angestiegen war.[9]

6 Zit. nach ebd., S. 43.

7 Zur Gleichschaltung der DLG vgl. u. a. F. Lachenmaier, 100 Jahre Deutsche Landwirtschaftsgesellschaft. Ein Rückblick in Wort und Bild, Frankfurt a.M. 1985, S. 81–83.

8 Mitgliederliste der DLG, abgeschlossen am 1.10.1986, in: Jahrbuch der DLG, Bd. 1, Berlin 1886, S. 316–381.

9 Mitgliederliste der DLG. Nach dem Stande am 27.9.1892, in: Jahrbuch der DLG, Bd. 7, Berlin 1892, Anhang VII, S. 1–123.

2. Die Arbeit der DLG

Doch nun zur Arbeit der DLG im einzelnen. Sie erfolgte im wesentlichen in Abteilungen, Ausschüssen und Sonderausschüssen, d. h. in Mitgliedergruppen, die für die Wahrnehmung bestimmter Aufgaben gegründet wurden. Dazu trafen sich die jeweiligen Mitglieder, erörterten die Probleme, holten gelegentlich auch Sachverständigengutachten ein und brachten die Ergebnisse an die Öffentlichkeit. Nicht alle diese Einrichtungen existierten lange. Hatte sich ein Anliegen erschöpft, so konnte der entsprechende Ausschuß wieder aufgelöst werden. Insgesamt hat es bis zum Jahre 1934 13 Abteilungen und 73 Ausschüsse bzw. Sonderausschüsse der DLG gegeben, von denen einige besondere Aktivitäten gerade im Hinblick auf die Modernisierung der ostelbischen Gutswirtschaften entfaltet haben.[10]

Dies trifft beispielsweise auf die erste Abteilung, auch Dünger-Abteilung genannt, zu.[11] Unter dem Vorsitz des aus der Altmark stammenden Gutsbesitzers Albert Schultz-Lupitz brachte sie nicht nur für die Landwirtschaft insgesamt günstige Verträge mit der Kali-Industrie zustande, sie öffnete vielmehr das Auge vieler Landwirte für die Notwendigkeit sachgerechen Düngens überhaupt. Albert Schultz erbrachte dafür mit seinem Gut Lupitz einen eindrucksvollen Beleg. 1855 hatte er das heruntergekommene Gut mit sandigen Böden der 8. Bodenklasse erworben. Durch qualifizierte Fruchtfolge und entsprechender Düngung galt der rund 250 ha große Betrieb zu Beginn der DLG-Aktivitäten bereits als Beispielsbetrieb weit über die Altmark hinaus. Dabei redete Schultz-Lupitz in der Dünger-Abteilung keineswegs nur den Handelsdüngern das Wort. Er brachte den Landwirten mit Betrieben auf sandigen Böden, wie sie gerade in Ostelbien anzutreffen waren, die Bedeutung der Gründüngung nahe. Schaut man sich in der landwirtschaftlichen Fachliteratur zur Zeit der Jahrhundertwende um, dann wurde gerade in Ostelbien vielerorts vom „Lupitzer System" gesprochen, worunter eine Landwirtschaft verstanden wurde, die den planmäßigen Anbau von Leguminosen und Raps in die Fruchfolge mit einbezog.[12]

Es ist ein Verdienst der Dünger-Abteilung der DLG, daß die Landwirte auf leichten Böden seit den ausgehenden achtziger Jahren des vorigen Jahrhunderts fest davon überzeugt waren, bei einer entsprechenden Landwirtschaft ordentliche Erträge erzielen zu können.

Wie sich die Tätigkeit der einzelnen DLG-Abteilung folgerichtig neuen Fragestellungen zuwandte, läßt sich am Wirken der Dünger-Abteilung zeigen. Nach dem Ersten Weltkrieg wurde aus ihr heraus der Sonderausschuß für Bodenbakteriologie geschaffen, der sich mit Fragen der Bodenimpfung sowie der Wirkung von Humus- und Bakteriendüngern beschäftigte. Die Versuche führten zwangsläufig auch zu Fragen der Bodengare und der biologischen Wirkung der Bodenbearbeitung. Heinz Haushofer notierte später dazu, daß

10 Vgl. J. Hansen u. G. Fischer, Geschichte der Deutschen Landwirtschafts-Gesellschaft, Berlin 1936, S. 166–168.

11 Vgl. Haushofer, Die Furche, S. 58–67.

12 Vgl. H. Rieckmann, Albert Schultz-Lupitz (1831–1899), in: Günther Franz/Heinz Haushofer (Hg.) Große Landwirte, Frankfurt a.M. 1970, S. 231–244.

ein wesentliches Ergebnis dieser DLG-Versuche einem „Todesurteil über die Brache" gleichkam, die bis in die 1920er Jahre hinein gerade in Ostelbien (Ostpreußen 6,2 %, Mecklenburg-Schwerin 5,1 % und Pommern 2,7 %) noch immer einen beträchtlichen Anteil am Ackerland hatte.[13]

Die Wirkung der DLG-Saatgut und ab 1899 Saatzucht-Abteilung für die Modernisierung der ostelbischen Gutswirtschaften darf gleichfalls nicht unterschätzt werden. Nicht nur, daß mit Wilhelm Rimpau und Ferdinand von Lochow zwei der damals bekanntesten deutschen Pflanzenzüchter in der Abteilung mitarbeiteten,[14] wichtiger ist, daß sie ab 1888 vergleichbare Anbauversuche in verschiedenen Gegenden Deutschlands, darunter auch in Ostelbien, durchführte. Die Veröffentlichung der Versuchsergebnisse ebnete unter anderem dem Petkuser Roggen den Weg, von dem es zeitweise hieß, daß er auf über 90 % der Roggen-Anbaufläche Deutschlands zur Aussaat gelangte.[15]

Aber nicht nur um die systematisch veranstalteten Sortenversuche hat sich die DLG große Verdienste erworben. Auch die Saatenanerkennung geht auf die DLG-Saatgut-Abteilung zurück. Im Jahre 1897 erstmals durchgeführt, bot sie den Landwirten die Gewähr, sortenechtes und reines Saatgut einzusetzen. Den zuvor allerorten anzutreffenden Betrügereien unlauterer Samenhändler wurde damit ein ernsthafter Riegel vorgeschoben. Doch der pflanzenzüchterische Fortschritt kannte keinen Stillstand. Die DLG entsprach ihm 1905 durch die Einführung des Hochzuchtregisters, wobei unter Hochzucht „eine durch planmäßige Zuchtarbeit gewonnene Sorte einer landwirtschaftlichen Kulturpflanzenart verstanden (wurde), deren Abstammung, charakteristische Eigenschaften, ausreichende Konstanz und besondere Leistung nachgewiesen waren".[16]

Die Eintragung der Sorte ins DLG-Hochzuchtregister war einerseits von den Züchtern begehrt, hatte doch die Kennzeichnung als „Eingetragene DLG-Hochzucht" einen außerordentlichen Werbewert. Andererseits boten die strengen DLG-Kontrollen dem Bauern Sicherheit, nur bestes Saatgut einzusetzen und damit die Voraussetzung für höhere Erträge geschaffen zu haben.

Ursprünglich nur für Getreidesaaten eingerichtet, erweiterte die Saatzucht-Abteilung ihr Programm nach und nach auf sämtliche in Deutschland angebauten Feldfrüchte. Für Kartoffeln etwa, die in Brandenburg so intensiv wie sonst nirgends in Deutschland angebaut wurden, pachtete man eigens 1912 in Berlin-Mahlow ein DLG-Kartoffel-Versuchsfeld.[17] Herkunftsprüfung stand ebenso auf dem Programm dieser Einrichtung wie Sortenversuche und Vermehrung, worüber sämtlich in den DLG-Publikationen berichtet wurde.[18]

Das für die Entwicklung der ostelbischen Landwirtschaft nutzbringende Wirken der

13 Haushofer, Die Furche, S.66.

14 Vgl. Hans-Heinrich Müller/Volker Klemm, Im Dienste der Ceres. Streiflichter zu Leben und Werk bedeutender deutscher Landwirte und Wissenschaftler, Leipzig 1988, S. 218.

15 Haushofer, Die Furche, S. 70.

16 Hansen/Fischer, Geschichte der DLG, S. 196.

17 Haushofer, Die Furche, S. 73.

18 Lachenmaier, 100 Jahre DLG, S. 48f.

DLG-Abteilungen, Ausschüsse und Sonderausschüsse dürfte, wie an diesen beiden Beispielen gezeigt wurde, unbestreibar sein, zumal sich ähnliche bis in die Gegenwart anhaltende Inititativen auch für Bereiche Ackerbau, Tierzucht, Pflanzenschutz oder Milchwirtschaft nachweisen lassen. Eine Sonderrolle in der Arbeit der DLG hatte stets das Geräte-, Maschinen- und Bauwesen inne. Nicht zuletzt deshalb übernahm Max Eyth 1886 selbst den Vorsitz der DLG-Geräte-Abteilung, deren wesentlich Aufgabe darin bestand, den Landwirten zu zeigen, wie unproduktive Handarbeit durch sinnvolle Maschinenarbeit ersetzt werden konnte. Dazu wurden zunächst einmal Prüfbestimmungen erlassen (bis 1889), ehe Prüfungen von Einzelgeräten erfolgten. Standen Obstdörr- und Obstschälmaschinen am Anfang der DLG-Geräte-Prüfungen, so schreckte man bald schon nicht mehr vor Drehmaschinen, Spiritus-Lokomobilen oder auch Motorpflügen zurück. Insgesamt hat die DLG zwischen 1887 und 1934 etwa 5400 verschiedene Geräte und Maschinen in Vor-, Einzel- und Hauptprüfungen einer wissenschaftlichen Ansprüchen standhaltenden Untersuchung unterzogen, die in ihrer Gesamtheit einen repräsentativen Querschnitt durch die deutsche Landtechnik-Entwicklung bieten.[19] Als Prämien wurden entweder die Bezeichnung „neu und beachtenswert“ oder aber die „DLG-Preismünze“ verliehen, begehrte Anerkennungen, die oft die Grundlage für die Verbreitung einer Maschine wurden.

Zielten die DLG-Maschinenprüfungen stets auf die Hebung des technischen Standards der deutschen Landwirtschaft insgesamt ab, so finden sich gelegentlich doch Hinweise, daß regionalen Bezügen gesondert Rechnung getragen wurde. Dies trifft beispielsweise für die Drillmaschinen-Prüfung des Jahres 1892 zu, die eigens in der Nähe von Königsberg durchgeführt wurde, eine Gegend, in der „noch ganz überwiegend Breitsaat üblich war.[20] Die DLG versprach sich von der Veranstaltung und der anschließenden Publizierung der Ergebnisse eine verstärkte Hinwendung der ostdeutschen Landwirte zur wirtschaftlichen Reihensaat. Und nicht anders verhielt es sich auch mit der 1923 vorgenommenen Prüfung von Kartoffel-Erntemaschinen. Sie fand in Pommern rings um die Stadt Schwedt statt, mit dem erklärten Ziel, um „in dieser maschinenarmen Gegend zur verstärkten Benützung anzuregen“.[21]

Grundsatz der DLG-Geräteabteilung war die Eyth'sche Vorgabe, daß „nur das Besserwerdende lebt...“[22] Entsprechend unvoreingenommen setzte man sich für den landtechnischen Fortschritt in seiner ganzen Breite ein. Obwohl Eyth einer der eifrigsten Förderer der Dampfpflügerei war, sprach sich die DLG ebenso nachhaltig für die Verbreitung von Verbrennungsmotoren (DLG-Elektrogehöft von 1899) aus. Zahlreiche ostelbische Gutsbesitzer aber nahmen diese Aktivitäten geflissentlich zur Kenntnis, wobei einige von ihnen sich die DLG-Vorschläge so nachhaltig zu eigen machten, daß sie zeitweise mit dem Vorwurf leben mußten, „maschinenbesessen zu sein“.

19 Ebd., S. 24.

20 Hansen/Fischer, Geschichte der DLG, S. 451.

21 Ebd.

22 Haushofer, Die Furche, S. 107.

3. Die DLG-Wanderausstellungen

Neben der Arbeit in den Abteilungen und der Publizierung der dort erzielten Ergebnisse wurde die DLG vor allem über alljährlich stattfindende Wanderausstellungen aktiv. Vorbild waren die großen Schauen der Royal Agricultural Society, die erfolgreich Stadt und Land, Produkt und Produktionsmittel, Produzent und Konsument zusammenführten. In einem Vortrag aus dem Jahre 1896 hielt Max Eyth nochmals fünf Grundsätze dieser DLG-Ausstellungstätigkeit fest, die bis zur Gleichschaltung Gültigkeit behielten.[23] Die wichtigsten drei dieser Ausstellungsmaximen lauteten:

1. Ausschluß von allem, was der Landwirtschaft nicht dient.
2. Die Ausstellungen sollen wandern, d. h. abwechselnd in 12 verschiedenen Gauen des Reiches stattfinden.
3. Die Ausstellungen sollen nicht bloß eine Schau, d. h. ein Bild fertiger Leistungen bieten, sondern ein Arbeitsfeld für den Bauern darstellen.

Für Ostelbien bedeutete dies, daß man von Anfang an angemessen in das Ausstellungsprogramm der DLG eingebunden war. Allerdings kamen als Ausstellungsorte nur Städte in Betracht, die über die nötigen Ausstellungsflächen und Infrastruktur verfügten. Untersucht man die zwischen 1887 und 1933 durchgeführten 39 DLG-Wanderausstellungen, dann fanden 11 davon in Ostelbien statt.[24] Je dreimal wurden Berlin und Hamburg als Ausstellungsstädte ausgewählt. In Breslau war die DLG zweimal präsent und in Königsberg, Posen und Danzig je einmal. Der Publikumszuspruch, den die 11 ostelbischen DLG-Wanderschauen fanden, war außerordentlich. 2,4 Millionen Menschen informierten sich auf ihnen über die Fortschritte der Landwirtschaft, die über die Jahre hinweg stets in drei großen Abteilungen präsentiert wurden:[25]

1. Tiere,
2. Erzeugnisse und Hilfsmittel,
3. Geräte und Maschinen.

Für die Königsberger DLG-Ausstellung von 1892, die aufgrund ihrer exponierten Lage im Osten des Reiches zu den kleineren Veranstaltungen zählte, sah dies so aus, daß dort 339 Pferde, 810 Rinder und nicht weniger als 2305 verschiedene Geräte und Maschinen gezeigt wurden. Das präsentierte Spektrum war eindrucksvoll, und so bemerkte der Berliner Berichterstatter, Freiherr von Canstein, daß „wohl keine irgend bedeutende Firma fehlte, auch aus Ost- und Westpreußen hatten eine achtbare Menge kleinerer Fabriken höchst anerkennenswert ausgestellt".[26] Und was für Königsberg 1892 zutraf, gilt auch für

---

23 Max Eyth, Vergangenheit und Zukunft der Wanderausstellungen der DLG. Vortrag gehalten vor der Hauptversammlung am 20.2.1896, in: Arbeiten der DLG, H. 15, Berlin 1896, S. 1–19; hier S. 1f.

24 Hansen/Fischer, Geschichte der DLG, S. 50.

25 Vorstand der Deutschen Landwirtschafts-Gesellschft (Hg.). 50 DLG-Ausstellungen im Wandel der Zeit 1887–1968, Frankfurt a.M. 1968, S. 174f.

26 Freiherr von Canstein, Allgemeiner Bericht über die 6. Wanderausstellung zu Königsberg, in: Jahrbuch der DLG, Bd. 7, Berlin 1892, S. 389ff. (1–18; hier 10).

die anderen ostelbischen Ausstellungen. Das dort den Bauern Gebotene war reichhaltig wie sonst nicht in der Zeit zwischen 1890 und 1930. Es gab den Landwirten die Möglichkeit, sich ein eigenständiges Urteil zu bilden, das die beste Voraussetzung für die Modernisierung der Betriebe bot.

4. Resümee und Ausblick

Damit aber soll es mit der historischen Bestandsaufnahme im Hinblick auf das Thema sein Bewenden haben. Das Resümee ist eindeutig und lautet: Die DLG hat von ihrer Gründung an bis zu ihrer Gleichschaltung in starkem Maße auf die Modernisierung der ostelbischen landwirtschaftlichen Betriebe hingewirkt und dabei beachtliche Erfolge erzielt. Für die Zukunft ergibt sich daraus die Frage: Kann die DLG auch zukünftig positiv zur Entwicklung der ostelbischen Landwirtschaft beitragen? Nun, die DLG hat nach ihrer Neugründung in Hohenheim im Jahre 1947 ihre Arbeit wieder aufgenommen. Sie hat sich den Forderungen der Zeit angepaßt. So wurden Abteilungen zusammengefaßt, neu benannt, und neuen Themenstellungen, wie etwa dem alternativen Landbau, eigenständige Formen geschaffen. Über alle Ergebnisse wurde in den DLG-Publikationen sowie in der landwirtschaftlichen Fachpresse berichtet. Und die DLG wirkt weiter. Sie versteht sich nach wie vor als, mit Theodor Heuss gesprochen, „Generalstab für landwirtschaftliches Denken" und legt Wert auf parteipolitische Unabhängigkeit.[27] Dabei hat sie die ostelbische Landwirtschaft nicht vergessen. Wie sonst hätte sie die traditionelle Wintertagung des Jahres 1992 erstmals wieder in Berlin abgehalten? Auch laufen ihre Programme längst wieder unter Einbeziehung der neuen Bundesländer, wenngleich anzumerken bleibt, daß die DLG in ihrer Arbeit nach wie vor entscheidend von ihren Mitgliedern getragen wird. Je mehr Mitglieder aus Ostelbien zukünftig bei der DLG mitarbeiten werden oder, wie es in altem DLG-Sprachgebrauch heißt: „Hand an den Pflug legen", desto stärker können zukünftig die spezifisch ostelbischen Belange in der DLG-Arbeit Berücksichtigung finden. Vorbei allerdings ist die Zeit der großen DLG-Wanderausstellungen. Seit 1985 hat man sich für Frankfurt/Main als festen Standort für die alle zwei Jahre stattfindende Agritechnica entschieden, ehe ab 1995 Hannover zur Stätte der großen DLG-Landwirtschaftsmesse werden wird.[28]

Doch besagt diese Bindung an einen festen Ort wenig. Die Landwirte der Gegenwart und Zukunft sind mobiler als ihre Vorfahren am Ende des 19. Jahrhunderts. Ihnen ist die breit angelegte Schau zu einem festen Termin an dafür geeignetem Platz wichtiger als die Wanderausstellung, die zu der ohnehin kleiner gewordenen Schar der Landwirte in ihre jeweilige Region kommt. Die Zeit hat sich gewandelt, die Forderung der DLG aber, den technischen Fortschritt und damit die Modernisierung zu fördern, ist geblieben.

27 Lachenmaier, 100 Jahre DLG, S. 190.

28 „Agritechnica ab 1995 in Hannover", in: Landtechnik. Fachzeitschrift für Agrartechnik und ländliches Bauen, 47, 1992, S. 578.

Wolfgang Jacobeit

Das „Reichskuratorium für Technik in der Landwirtschaft" (RKTL) und die Bauern

Einem seit jeher wirtschafts- und sozialhistorisch orientierten Volkskundler[1] schien es auf dieser Tagung wichtig, die Belange und die Einstellungen der Bauern zur Technisierung, ja Rationalisierung der Landwirtschaft zu erörtern, d. h. über ihre Positionen zwischen Fortschritt und Tradition, aber auch über deren Konsequenzen zu reflektieren, damit ebenso über den Wandel in den bis dahin gängigen Formen bäuerlicher Lebensweise nachzudenken, kurzum sich über die Rolle vor allem der mittleren und kleinen Bauern bei der Suche nach „Wegen und Auswegen aus der Krise" nach der Jahrhundertwende zu äußern.

Es ist dies eine Fragestellung, die Geistes- bzw. Gesellschaftswissenschaften für das 19. Jahrhundert schon seit langem beschäftigt[2], nämlich die Bedingungen und den Anteil derjenigen an der agrarischen Entwicklung in den Blick zu nehmen, die sich mit den ökonomischen, organistorischen, arbeitsmäßigen und technischen Novationen bzw. deren Folgeerscheinungen in existentiellerer Weise auseinanderzusetzen hatten als Großbauern, Gutsbesitzer und Pächter mit ganz anderen Ausgangspositionen. Ich erinnere nur an die Fowlerschen Dampfpflugaggregate, die sowohl aus Kostengründen als auch nach dem Vorhandensein entsprechender LN-Größen fast ausschließlich nur in großen Betrieben eingesetzt werden konnten. Mittlere und kleine Bauern vermochten sich solcher Errungenschaften noch kaum zu bedienen.

Für viele von ihnen war Landwirtschaft bis zur zweiten Hälfte des 20. Jahrhunderts weitgehend Handarbeit, und das galt ebenso für Angehörige der Familie, für Knechte und Mägde wie für zeitweilig eingestellte fremde Arbeitskräfte (z. B. Saisonarbeiter und

---

1 Vgl. Wolfgang Jacobeit, Bäuerliche Arbeit und Wirtschaft. Ein Beitrag zur Wissenschaftsgeschichte der deutschen Volkskunde, Berlin 1965; Ders., Dorf und dörfliche Bevölkerung Deutschlands im bürgerlichen 19. Jahrhundert, in: Bürgertum im 19. Jahrhundert. Deutschland im europäischen Vergleich, hg. v. Jürgen Kocka, Bd. 2, München 1988, S. 35 ff.

2 Vgl. neuerdings Wolfgang Jacobeit, Josef Mooser, Bo Strath (Hg.), Idylle oder Aufbruch? Das Dorf im bürgerlichen 19. Jahrhundert. Ein europäischer Vergleich, Berlin 1990; Volker Klemm, Agrarwissenschaften in Deutschland. Geschichte – Tradition. Von den Anfängen bis 1945, Berlin 1991; Produktivkräfte in Deutschland von 1800 bis 1945, Bd. 3, Berlin 1988, S. 224 ff.; Zeitschrift für Agrargeschichte und Agrarsoziologie (ZAA), sämtliche seit 1952 erschienenen Jahrgänge.

-arbeiterinnen). Sehen wir davon ab, daß angesichts der rasanten Steigerung rationalisierter Industrieproduktion seit der Jahrhundertwende mit neuen Formen von Lebensweise und sich verändernden gesellschaftlichen Strukturen ein krasser Unterschied zur dörflich-bäuerlichen Existenz unübersehbar war, blieben die gängigen Vorstellungen vom Leben auf dem Lande bei der Stadtbevölkerung im allgemeinen und beim Bürgertum im besonderen die hergebrachten: Bauer und Dorf, ein Hort der Tradition, ein Heile-Welt Refugium, der Mutterboden der Nation, ein schier unerschöpflicher Quell deutsch-völkischer Wesensart mit entsprechender populistischer Verbrämung u. a.m. Schlagworte von „Heimat und Scholle", „Blut und Boden" entstanden in einem solchen Umfeld, Losungen vom „Volk ohne Raum" gehörten zum nationalsozialistischen Propagandarepertoire genauso wie rassistische, antisemitische und fremdenfeindliche Parolen in großer Zahl.

In diesen ideologisierten Auffassungen befangen, war auch das Bild des von früh bis spät sich mühenden Bauern ein verklärtes, idyllisiert romantisches. Kaum jemand nahm wahr, unter welchen Beschwernissen der Acker mit Pferden oder Kühen gepflügt, die Saaten und Pflanzen gehegt, Getreide-, Kartoffel- und Zuckerrübenernte so verlustlos wie möglich eingebracht und dann aufbereitet werden mußten, welch schweres Tagewerk die Bauersfrau mit den zusätzlichen Verpflichtungen vom Besorgen des Haushalts und Betreuung/Erziehung der Kinder zu verrichten hatte[3], wie groß oft die Entfernungen zu Markt und Stadt waren etc. Die Realität des harten bäuerlichen Arbeitsalltags über ein Leben lang war für den Außenstehenden, den Reisenden, den Jugendbewegten, den Populisten und Folkloristen idyllenhafte Tradition, die hochgehalten werden mußte und die doch nur und immer wieder das verfälschte Vorstellungsbild von traditionsbeflissenen, vaterlands- und herrschertreuen Bauern reproduzierte, wie es beispielsweise Wilhelm Heinrich Riehl um die Mitte des 19. Jahrhunderts entworfen hatte.[4]

Und doch war der „Fortschritt" im Rahmen des für ihn Möglichen am Klein- und Mittelbauern nicht unbemerkt vorübergegangen und begann seine Arbeitswelt mit zu formen. So partizipierten die Dörfler u. a. vom Einsatz der modernen, dampfgetriebenen Dreschkästen, indem sie sich z. B., den Formen tradtionellen dörflichen Zusammenlebens und der Nachbarschaftshilfe angepaßt, zu Druschgemeinschaften vereinigten und daraus entsprechenden Nutzen zogen. Das ging nicht von heute auf morgen, denn der Bauer war und ist seit jeher ein klug abwägender homo oeconomicus, der sich erst dann zu Neuerungen und grundsätzlichen Umstellungen entschließt, wenn er sich von deren Nutzen durch eigenes Experimentieren und Kalkulieren überzeugt hat. Ulrich Bentzien hat das einmal sehr einprägsam und im Prinzip sicher verallgemeinerbar so dargestellt: Wenn in Mecklenburg mit dem Einsatz der Dampf-Dreschmaschine auf Gütern Zehntausende von Landarbeitern auswanderten, weil das für sie auskömmlichere Flegeldreschen aufhörte, bezeichnet eine spätere Generation diese „Döschdam-

3 Sigrid Jacobeit, Zum Alltag der Bäuerinnen in Klein- und Mittelbetrieben während der Zeit des deutschen Faschismus 1933 bis 1939, in: Jahrbuch für Wirtschaftsgeschichte 1982/I, S. 7ff.

4 Vgl. Jacobeit, Bäuerliche Arbeit, mit weiterführender Literatur.

per“ als „Gottesgav“, denn sie erleichterten die schweren physischen Anstrengungen beim Getreidedrusch und die Arbeiter sparten Zeit für anderes, d. h. auch für sich selbst.[5]

Angehörige eines realitätsfernen Bildungsbürgertums vermerkten das freilich anders: „Wenn wir in den Oktobertagen durch ein Gebirgsdorf gehen, so hören wir immer seltener jenes anheimelnde helldumpfe Gehämmer [der Dreschflegel]; jenen 'süßen Melodientakt der Tennen' ... Statt dessen martert unser Ohr das eintönige Gepolter der Dreschmaschinen ...“[6]

Doch gab es auch andere, mit Land und Leuten vertraute Zeitgenossen, die sich sehr wohl für neue Elemente in der landwirtschaftlichen Arbeit interessierten und die bestrebt waren, Veränderungen zu registrieren, nach deren Ursachen und Folgen zu fragen, um daraus für Ökonomie und menschliches Umfeld zu lernen. Einer von ihnen, den Rudolf Kötzschke einmal den Bahnbrecher der deutschen Siedlungsgeschichte genannt hat, war Karl Meitzen. In seinem Beitrag für die „Anleitung zur Deutschen Landes- und Volksforschung“[7] vermittelte er Anregungen zur Beobachtung von Erscheinungen in der ländlichen Arbeitswelt, wie sie um die Jahrhundertwende immer deutlicher wurden, und er schlug u. a. in sehr geschickter, didaktischer Weise vor, daß „weibliche Exploratoren“ sich bei den Bauersfrauen aufhalten und sie nach der Beschaffenheit von Hausrat und Kleidung fragen sollten. Die Männer aber „mögen vor allem auf den Hof gehen und für ein gutes Stück Vieh und für Wagenfahrt, Geschirr und Ackergerät Auge gewinnen ... Wie das alte Ackergeräte ausgesehen, und wie lange es noch gebraucht worden, wer zuerst so klug gewesen, die Kosten für das bessere nicht zu scheuen, und wie viel vorteilhafter sich auf dem Boden des Ortes damit arbeitet, das wird jeder Wirt ganz gern sagen, namentlich wenn er besseres Gerät hat als seine Nachbarn. Auf den kleinen Fortschritten aber ruht bei der bäuerlichen Wirtschaft das Hauptgewicht. Schon diese nützlichen Vorgänge, eben weil sie unscheinbar und unbeobachtet sind, nur zu erfragen, zu bemerken und zu beloben, ist ein Gewinn. Und wie volkswirtschaftlich interessant ist es dabei, festzustellen, wo und wann auf wessen Veranlassung und mit welchem Erfolge sich in einer Gegend zuerst gewisse Verbesserungen verbreitet haben: andere Furchtfolge und Bestellungsweise, eiserne, wohlgeformte Geräte verschiedener Art, Pflüge, Eggen, Walzen, Gabeln, Schaufeln, Baumsägen, Beile u. dergl.; wie sich Tieferpflügen, Kalk, künstlicher Dünger, Drillen und Behäufeln, Auspflanzen eingeführt; wo die Bauern zuerst Dreschmaschinen benutzten, liehen oder genossenschaftlich anschafften; wie sie Drainage eingeführt, sich darüber vereinigt und dafür Geld beschafft haben? Ob Verbände für Rübenbau, Flachsbereitung, Obstbau, Obstdarren bestehen? Wie man zum Zuchtvieh gelangt? Ob viel oder

5 Ulrich Bentzien, Landbevölkerung und agrartechnischer Fortschritt in Mecklenburg vom Ende des 18. bis zum Beginn des 20. Jahrhunderts. Eine volkskundliche Untersuchung, Berlin 1983 (= Studien zur Geschichte, Bd. 1).

6 Wolf-Dieter Könenkamp (Hg.), Das Bild vom Bauern. Vorstellungen und Wirklichkeit vom 16. Jahrhundert bis zur Gegenwart, Berlin 1978, S. 120 (= Schriften des Museums für Deutsche Volkskunde, Bd. 3).

7 Alfred Kirchhoff, Anleitung zur Deutschen Landes- und Volksforschung, Stuttgart 1889, S. 569ff.

wenig Jungvieh aufgezogen, Schweine, Ochsen gemästet, Fleischschafe gezüchtet werden? Wie die Viehhaltung ist, ob das Futter geschrotet, gebrüht wird? Ob Milch, Butter, Käse zweckmäßig behandelt und angemessen verwertet werden? Wie die Preise aller wichtigen Produkte im Verhältnis zum nächsten Hauptmarkt stehen? Wie hoch der Acker guten und mittleren Landes, wie Wiese und Weide verkauft, wie verpachtet werden? Was große, was kleine Höfe und Häuser und Grundstücke im Verhältnis gelten u. dergl. mehr."[8] Nicht zuletzt versprach sich Meitzen aus diesen Befragungen auch ein Einwirken der Exploratoren – fachkundigen Männern und Frauen – auf rückständige Bauern, sich neuer Arbeitsmethoden und Maschinen zu bedienen.

Von den Belangen bäuerlich betriebener Landwirtschaft her gesehen, dominierte Handarbeit weiterhin, blieb der Grad der Technisierung selbst in den agrarischen Großbetrieben Ostelbiens noch relativ niedrig, war da die zehntausendfache Arbeitskraft von osteuropäischen Saisonarbeiterinnen und -arbeitern billiger als Ankauf und Einsatz von Landmaschinen. Mit diesem Stand der agrotechnischen Entwicklung zog das deutsche Kaiserreich in den Ersten Weltkrieg, und der Zusammenbruch des Ernährungswesens war auch damit so gut wie vorprogrammiert. Es ist deshalb – denkt man an die von Hartmut Harnisch auf dieser Tagung behandelten Auseinandersetzungen zwischen den Auffassungen über die Präponderanz vom deutschen Agrarstaat oder Industriestaat – letztlich konsequent gewesen, daß am 19. Oktober 1920 im Ministerium für Ernährung und Landwirtschaft der Weimarer Republik der „Reichsausschuß für Technik und Landwirtschaft" gegründet wurde, um die deutsche Landwirtschaft so zu technisieren und zu rationalisieren, daß bzgl. des menschlichen Arbeitskräfteeinsatzes ein verläßlicherer Agrarbereich nicht zuletzt für den Fall eines weiteren, irgendwie bereits vorgedachten Krieges bestünde.

Um die vorgesehene Wirkungsweise des „Reichsausschusses" zu charakterisieren, sei beispielsweise erwähnt, daß ein um die Landarbeitslehre so verdienter Wissenschaftler wie der s. Z. in Göttingen lehrende Wilhelm Seedorf schon 1919 eine Schrift mit dem Titel verfaßt hatte „Die Vervollkommnung der Landarbeit und die besondere Ausbildung der Landarbeiter unter besonderer Berücksichtigung des Taylorsystems".[9] Rationalisierung der Landwirtschaft bei weiterhin abnehmender Zahl menschlicher Arbeitskraft – nicht zuletzt durch Verminderung der Saisonarbeiterinnen und -arbeiter – war also angezeigt, und Wilhelm Seedorf hielt sich später (1930) ein ganzes Jahr in den USA zum Studium des Taylorismus auf. Die Ergebnisse seiner Reise kamen insbesondere der „Versuchsanstalt für Landarbeitslehre" im sächsischen Pommritz zugute, die sich seit 1919 unter Leitung von Georg Derlitzki weltweiten Ruf erworben hatte. Als Parenthese und in Anlehnung an eingangs bereits Ausgeführtes sei bemerkt, daß Wilhelm Seedorf 1935 im „Handbuch der Deutschen Volkskunde" einen Grundsatzartikel „Arbeitsbräuche in der Landwirtschaft" geschrieben hat. Darin breitete er zahlreiche Belege seiner arbeitswissenschaftlichen Forschungen, auch tayloristische Bezüge, aus, vermengte sie aber mit damaligen Vorstellungen von Raum, Zeit und „Volkstum", so daß außer den Arbeits- und Gerätebeschreibungen samt zahlreicher Abbildungen manches mit einem Fragezeichen versehen werden

8 Ebd.
9 Erschienen in der Deutschen Landbuchhandlung, Berlin 1919.

muß. Die Freundschaft Wilhelm Seedorfs mit Heinrich Sohnrey, dem führenden Kopf der reaktionären „Landvolkbewegung“, mag hierfür mit eine Ursache gewesen sein. Zum gleichen Kreis gehörte auch der Herausgeber des „Handbuchs“, Wilhelm Peßler, und die Gründe für Seedorfs Autorschaft werden um so eindeutiger, als es unter den Volkskundlern von damals niemand gegeben hat, der einen solchen Überblick zum Thema „Arbeiten in der Landwirtschaft“ hätte schreiben können.[10]

Vom 29. August 1927 ist sodann die vom Reichsminister für Ernährung und Landwirtschaft, Schiele, unterzeichnete Satzung für das „Reichskuratorium für Technik in der Landwirtschaft e.V.“ datiert. Sie ist die bis 1947 gültige Gründungsurkunde des RKTL. Wenn sich der „Reichsausschuß“ in einem vielleicht mehr allgemeinen, zeitgemäßeren, aus der Notlage nach 1918 resultierenden Sinn (darunter auch Aufhebung der Gesindeordnung, Koalitionserleichterungen für die Landarbeiter etc.) mit *“Technik und Landwirtschaft“* beschäftigte, dürfte das Aufgabenspektrum mit *“Technik in der Landwirtschaft“* eingeschränkter, aber auch gezielter auf die Bedeutung des Technischen für die konkrete landwirtschaftliche Tätigkeit gerichtet gewesen sein. Daraus ergibt sich sogleich die Frage nach dem Stellenwert des „Bäuerlichen“ im RKTL. Der zeigt sich zunächst weder in der Zusammensetzung des Vorstands, noch in der Liste der 289 Gründungsmitglieder. Auch die im Satzungsparagraphen 2 formulierte Zielstetzung ist da zu allgemein gehalten mit Förderung der „Ausgestaltung, Verbreitung und Nutzbarmachung aller technischen Einrichtungen, Verfahren und Hilfsmittel zur Steigerung der wirtschaftlichen Erzeugung in Land- und Forstwirtschaft, wie im Garten-, Obst- und Weinbau“ und der Bereitschaft, dem Reichsministerium für Ernährung und Landwirtschaft“ jederzeit in allen technischen Fragen beratend zur Verfügung zu stehen und auf Erfordern Gutachen zu erstellen“. Dementsprechend nahm das RKTL den Rang einer „zentralen Stelle“ ein, die lt. Paragraph 8 der unmittelbaren „Reichsaufsicht“ unterstand.[11] Von einer besonderen Berücksichtigung des Verhältnisses zum Technikeinsatz in bäuerlichen Wirtschaften ist da kaum die Rede und auch eine Titelanalyse der Schriften des RKTL bis 1938 ergibt, daß hinsichtlich der Technisierung und Rationalisierung landwirtschaftlicher Arbeit vor allem die Großbetriebe im Vordergrund des Interesses standen; denn Gebläseförderanlagen, Obstsortiermaschinen, Feldberegnung, Kannenwaschmaschinen, Motorisierung der Zugkraft, Verwendung von Elektrowärme u. a. m. war für klein- und mittelbäuerliche Wirtschaften noch so etwas wie Zukunftsmusik.

Zu konstatieren ist vielmehr eine Reihe von Hinweisen, Vorschlägen und konkreten Untersuchungsergebnissen zur Verbesserung der landwirtschaftlichen Tätigkeit in bäuerlichen Betrieben, die sich unmittelbar mit der *Erleichterung* der nach wie vor schweren *Handarbeit* durch neue und bereits erprobte Geräte beschäftigten. Das betraf beispielsweise „Hackgeräte und ihre Verwendung im Gartenbau“, „Handgeräte zur Bodenbearbeitung und ihre wirtschaftlichen Formen“, „Zäune, Hecken, Tore, Schutzhütten und Tränkanlagen auf Dauerweiden“ u. a. m.

---

10 Wilhelm Seedorf, Arbeitsbräuche in der Landwirtschaft, in: Handbuch der Deutschen Volkskunde, Bd. 2, Potsdam 1935, S. 1ff.

11 Die Satzung wurde 1929 im Selbstverlag des RKTL publiziert.

Zur Bedeutung solcher verbesserter, ja teilweise neuer Handarbeitsverfahren sei die in Pommritz entwickelte „Zuckerrübenköpfschippe" hervorgehoben, der Agrotechniker noch heute das anerkennende Adjektiv „legendär" zuordnen und von der einmal aus berufenem Munde gesagt wurde, wenn in Pommritz nur das Rübenernteverfahren mit eben dieser Köpfschippe erarbeitet worden wäre, hätte Georg Derlitzki, jener schon einmal genannte Leiter der Pommritzer Versuchsanstalt, genug für die deutsche Landwirtschaft geleistet. Eingebürgert hatte sich überall das Tätigkeitswort „pommritzen" für jenes Ernteverfahren, weil die Anwendung der Köpfschippe die Arbeit ungemein erleichterte, Zeit sparte und die Effizienz des körperlichen Arbeitseinsatzes steigerte, so daß „pommritzen" nur noch maschinell umgesetzt werden mußte, um eine Zuckerrübenvollerntemaschine zu entwickeln. Das „Revolutionäre" der Köpfschippe war die eigentlich ganz simple Umkehr der sonst üblichen Zuckerrübenernte per Hand. Wenn bis dahin die Gewohnheit bestand, die an Gewicht nicht ganz leichte Rübe aus dem oft genug verschlammten Boden mit einer besonderen, kniehohen Gabel herauszuhebeln, dann das Rübenkraut mit Sichel oder Haumesser abzuschlagen, es auf Schwad zu legen und die Rüben mit Holztragen auf Haufen zum Abfahren zu schütten, wurde nunmehr als erster Arbeitsgang – fast ohne Bücken – mit der angewinkelten, scharfen Köpfschippe an langer Stange das Blatt abgestoßen und mit dem gleichen Schwung auf Schwad gelegt. Die im Boden noch verbliebenen Rüben konnten dann je nach Witterung und den Bodenverhältnissen relativ leicht und schnell durch einen Gespannroder herausgepflügt werden.[12] Die ehedem schwere körperliche Anstrengung wurde also durch die Köpfschippe geradezu minimiert, und das hatte u. a. arbeitssoziale Folgen, über die Wilhelm Seedorf schrieb, daß nun auch deutsche Landarbeiter, die es häufig abgelehnt hätten, die bis dahin so schwere und gesundheitsschädliche Zuckerrübenernte durchzuführen und diese lieber den polnischen Saisonarbeiterinnen überließen, nunmehr unter Benutzung der Köpfschippe die jetzt wesentlich leichter gewordene Arbeit wieder übernähmen. Die für ihn typische Folgerung war: „So weit hatte sich also der Rübenbau vom deutschen Volke entfernt. Inzwischen hat sich nun aber herausgestellt, daß auch die deutschen Arbeiter durchaus fähig und willig sind, diese Arbeit zu übernehmen, zumal die Not inzwischen manche beten gelehrt hat. Die Arbeitswissenschaft ist bestrebt, nach Möglichkeit für Arbeitserleichterung zu sorgen."[13]

In der Tat gehörten Untersuchungen, Erprobungen und Vorschläge für zweckmäßigere und normierte Gerätschaften zur Erleichterung, Zeiteinsparung und zum Gesundheitsschutz bei landwirtschaftlicher Handarbeit zum ständigen Programm des RKTL und anderer Organisationen der DLG oder solcher Institutionen wie der Pommritzer Versuchsanstalt. Die übergroße Zahl von überall noch verhandenen und benutzten, landschaftlich determinierten alten Gerätevarianten hatte in den Augen der Agrarrationalisatoren ohnehin nur folkloristische Bedeutung. Deren Anwendung entsprach nach ihren Auffassungen selbst bei einer noch traditionell mit Handarbeit betriebenen bäuerlichen Landwirtschaft

12 Wolfgang Jacobeit, Rudolf Quietzsch, Bäuerliches Arbeitsgerät im Museum für Volkskunde zu Berlin, in: 75 Jahre Museum für Volkskunde 1889–1964. Festschrift, Berlin 1964, S. 65ff.

13 Seedorf, Arbeitsbräuche, S. 1ff.

nicht mehr dem „Zeitgeist".[14] Wilhelm Seedorf, Georg Derlitzki u.v. a. hatten nicht ohne Grund den Taylorismus im Agrarbereich studiert und propagiert, denn eine Arbeitstechnik, die nur auf Gewohnheiten zurückgreifen konnte, dies aber, wenn man z. B. an Darrésche Bestrebungen und Haltungen im „Reichsnährstand" denkt, auch wollte, hatte sich, wie es kein Geringerer als Friedrich Aereboe zum Ausdruck gebracht hatte, „zu einseitig den Betriebsmitteln und Stoffen gewidmet, aber den Menschen und seine Ausbildung vernachlässigt".[15]

„Landarbeitsforschung, wie sie für Pommritz [und andere Versuchsanstalten sowie für übergeordnete Institutionen] als Aufgabe gestellt war, [galt] als ein umfassendes Gebiet [auch] mit sozialen ... Komponenten..."[16] Die Initiatoren der Landarbeitsforschung zeichnete neben ihren fachlichen Interessen also auch ein humanistisches Anliegen aus, daß sie selbst gegen den faschistischen „Reichsnährstand" verteidigten, als sich deren Vertreter nach einer Tagung des „Rheinischen Bauernstands" über das Thema „Bauer, Maschine und Arbeitslosigkeit" geradezu bilderstürmerisch verhielten und anfingen, Kartoffelroder und Dreschmaschinen zu plombieren.[17] Ludwig Wilhelm Ries, Schüler von Friedrich Aereboe und seit 1927 Leiter der neu gegründeten „Preußischen Lehr- und Versuchsanstalt für Landarbeit" in Potsdam – Bornim wandte sich offen gegen „die jetzt aufkommende Neigung, den Bauern mit der Gloriole der Romantik zu umgeben, die schließlich dahin führe, daß man im Bauern einen Mann sehe, der sich hauptsächlich damit beschäftige, in sehr bunten Trachten mit sehr alten Volkstänzen Erntefest zu feiern".[18] Auch der in Berlin tätige Gelehrte Carl-Heinrich Dencker warnte im gleichen Zusammenhang öffentlich vor einer „deutlichen Tendenz zur Maschinenfeindlichkeit und zur Abschließung des Bauernhofs von der übrigen Wirtschaft" (1934). Weiter argumentierte er: „Wenn man fürchtet, daß die Maschine und die Technik mit ihrer nüchternen Prosa den Sinn für Bauerntum und Volkstum zerstören, so halte ich dem entgegen, daß umgekehrt nichts sicherer und endgültiger den Sinn für diese Kulturgüter zerstören kann als die Überbürdung des Bauern und vor allem der Bäuerin, und daß in diesem Sinne die Technik nicht Feind, sondern Helfer der bäuerlichen Kultur sein wird."[19] In diesem Zusammenhang sollte nicht unerwähnt bleiben, daß Georg Derlitzki 1934 von den Nazis entlassen wurde, aber weiterhin für das RKTL tätig blieb.[20]

Anfeindungen der eben geschilderten Art richteten sich, wie schon aus dem 19. Jahrhundert bekannt, gegen die Initiatoren technisierter Landwirtschaft vor allem deshalb, weil diese genügend Einblick in den Gang künftiger Entwicklungen besaßen und ebenso

14 Vgl. Fritz Lachenmaier, Klaus Hermann, Walter R. Blum (Hg.), Miterlebte Landtechnik, 2. Aufl., Darmstadt 1985.

15 Ebd.

16 Ebd.

17 Fritz Lachenmaier, 50 Jahre KTBL. 50 Jahre Fortschritt in der Agrartechnik, Darmstadt 1973, S. 26.

18 Ebd.

19 Ebd., S. 27.

20 Fritz Lachenmaier, 100 Jahre Deutsche Landwirtschafts-Gesellschaft. Ein Rückblick in Wort und Bild, Frankfurt a.M. 1985.

die Folgen rezessiv-traditionaler, vehement vertretener Vorstellungen einzuschätzen wußten. Konsequenzen jedoch, die zu ziehen waren, betrafen nicht zuletzt Möglichkeiten und Maßnahmen, die Bauern selbst in die Realisierung einer technisch sowie sozioökonomisch neu zu gestaltenden Landwirtschaft einzubeziehen. Es war also Aufklärungsarbeit zu leisten. Das spiegeln die RKTL-Schriften deutlich wider, in denen der Einsatz technischer Hilfsmittel zu unterschiedlichen Zwecken behandelt, die Wirtschaftlichkeit von gemeinschaftlichen Maschinenringen erörtert, aber z. B. auch „Bedeutung und Aussichten des Kleinschleppers in der bäuerlichen Familienwirtschaft“[21] u. a. m. thematisiert wurden. Sie sollten besonders einen beratenden Erfahrungsaustausch bewirken und sind so, den für Bauern und Bäuerinnen gedachten „Versuchsringen“ an die Seite zu stellen. „Versuchsringe zur Verbreitung des Fortschritts“ sind sie in der Literatur genannt worden, und das trifft wohl am ehesten das Anliegen jener – Theodor Roemer in Halle ist hier in erster Linie zu nennen –, die eine „neue, lebendige Brücke zwischen Wissenschaft und Praxis“ schlagen wollten. „Ein Netz von Versuchsringen sollten die Arbeiten aus Labors, Versuchsfeldern und Versuchsställen der Hochschulen hinausprojizieren aufs Land, für jedermann sichtbar machen, wenn auch in vereinfachter Form. Die Ringe sollten als freiwillige Zusammenschlüsse Sache der Landwirte [der Bauern] selbst sein mit einem von ihnen angestellten Ringleiter. Selbsthilfe also in einer kleinen, überschaubaren Gemeinschaft.“[22] Das aber entsprach dem Wesen bäuerlichen Wahrnehmens, Beobachtens, Abwägens. 1930 gab es bereits achthundert solcher Ringe. Da diese jedoch meist getrennt von einander fungierten und so der notwendige gegenseitige Gedanken- und Erfahrungsaustausch kaum stattfand, hatte die DLG schon ab 1923 eine „Arbeitsgemeinschaft der Versuchsringe“ organisiert und bemühte sich damit, Arbeitsweise und -ergebnisse der Versuchsringe einem möglichst großen Kreis von bäuerlichen Interessenten reichsweit nahezubringen.[23] Die Versuchsringe wurden so ein geeignetes Transfermittel, Errungenschaften in der Landarbeit und geeigneter Landtechnik, aber auch von negativen Beispielen usw. relativ schnell und unmittelbar bekannt zu machen und die anzusprechenden Bauern und Bäuerinnen selbst mit entscheiden zu lassen. Der Weg der „Aufklärung“ über die Landwirtschaftsschulen, deren Zahl zwar ständig anstieg, hatte sich als zu langsam erwiesen. Wichtige Novationen mußten sich unter den zeitbedingten, drängenden Umständen schneller in die Praxis umsetzen lassen. Diese Art der Wissenschafts- und Erfahrungsvermittlung entsprach dem traditionalem Schema mündlicher Überlieferung, wie sie der ländlichen Bevölkerung aus präkapitalistischer Zeit überkommen und ihr oft noch eigen war.

Es soll hier auch erwähnt werden, daß auf Betreiben des „Reichsverbands landwirtschaftlicher Hausfrauenvereine“ 1926 der Pommritzer Versuchsanstalt eine hauswirtschaftliche Abteilung angegliedert wurde, die bis in das RKTL, die DLG, den Deutschen Normenausschuß usw. hinein eine rege Tätigkeit entfaltete, sich um allseitige Aufklärung

21 So der Titel der RKTL-Schrift Nr. 42.

22 Verzeichnis der Versuchsringe Deutschlands, Berlin 1926 (= Arbeiten der DLG, H. 335).

23 H. Zörner, Versuchsringleitertätigkeit und Wirtschaftsberatung, Berlin 1926 (= Arbeiten der DLG, H. 374).

über Erleichterung und Rationalisierung der Landfrauenarbeit auch kleiner Betriebe bemühte, nach dem Schema der Taylorschen Zeit- und Bewegungsstudien konkrete Vorschläge zur Verbesserung des Bäuerinnenhaushalts in Texten und Ausstellungen unterbreitete usw. Aber auch hier gilt, daß wirkliche Erleicherungen für die Landfrau erst mit den 1950er Jahren tatsächlich einsetzten.[24]

Indikator agrotechnischen Fortschritts und wesentliche Voraussetzung für wirkliche Rationalisierungsmaßnahmen in der Landwirtschaft war jedoch der *Traktor* als Zug- bzw. Transportmittel und als stationäre Antriebskraft für alle möglichen Arbeitsmaschinen im Feld, auf dem Hof, im Haushalt und im Stall.

Wenn sich – wiederum – die agrarischen Großbetriebe die Anschaffung von Traktoren je nach Angebot aus Deutschland, England oder den USA leisten konnten, waren bäuerliche Betriebe dazu kaum in der Lage. Trotz erfolgreicher Versuche in ausgewählten Betrieben[25] und trotz ausgedehnter Werbemaßnahmen entsprachen die Offerten nicht der bedrängten Lage der Bauern in der Zeit der Weltwirtschaftskrise, war schließlich auch die Landmaschinenindustrie durch die Aufrüstung in Hitlerdeutschland durch „andere“ Aufträge ausgelastet. Die bäuerlichen Wirtschaften blieben im wesentlichen weiterhin auf den von Pferden oder Kühen in Gang gesetzten Göpelantrieb einschließlich der „innerbetrieblichen“ Transportfahrten angewiesen. Lediglich in Süd- bzw. Südwestdeutschland war für den bäuerlichen Kleingrundbesitz mit hohem Grünlandanteil ein sogar schon gummibereifter Kleinschlepper entwickelt worden, mit dem die Arbeitsspitzen der Heuernte schneller und zeitsparender bewältigt werden konnten, als es mit den gerade dort sonst üblichen Kuhgespannen geschah. Schlepper und Mähvorrichtungen bildeten da eine funktionale Einheit, und das war im Prinzip für den klein- und mittelbäuerlichen Betrieb eine ausbaufähige, fast ideale Lösung.[26] Der später von Ferdinand Porsche entworfene Bauern- oder Volksschlepper mit Benzin-, Diesel- oder Holzgasmotoren kam in sechs Exemplaren erst 1940 heraus, ging aber kriegsbedingt nicht mehr in Serie.[27]

Für die deutschen Klein- und Mittelbauern war also der im allgemeinen mit dem Jahr 1917 datierte Beginn des sog. Schlepperzeitalters noch nicht angebrochen.[28] Doch bestand bei ihnen große Bereitschaft, sich dieser Zugmaschinen gleichfalls zu bedienen. Besonders der Bulldog-Trecker der Firma Lanz in Mannheim hatte es ihnen angetan. Abgesehen von einem zunächst relativ niedrigen Anschaffungspreis der 12 PS-Maschine lag der Vorteil besonders in einer gewissen „Kraftstoffgleichgültigkeit“ des Glühkopfmotors vom Benzin bis zum Steinkohleteeröl, vom Spiritus bis zum Generatorgas, ferner in einer schier abso-

24 Christina Schwarz, Die Landfrauenbewegung in Deutschland. Zur Geschichte einer Frauenorganisation unter besonderer Berücksichtigung der Jahre 1898 bis 1933, Mainz 1990, S. 186ff. (= Studien zur Volkskultur in Rheinland-Pfalz, Bd. 9); vgl. dies., in: ZAA 40, 1992, S. 28ff.

25 Vgl. u. a. Georg Derlitzki, Betriebs- und arbeitswissenschaftliche Betrachtungen über die Verwendung des Schleppers in der Landwirtschaft (Auf Grund von Erfahrungen aus der Praxis mit dem Lanz-Bulldog), Berlin 1933 (= RKTL-Schriften, H. 46).

26 Vgl. Heinrich v. Sydow, Untersuchungen über den Einsatz des Einscharschleppers im bäuerlichen Betrieb, Berlin 1938 (= RKTL-Schriften, H. 79).

27 Vgl. Lachenmaier/Hermann/Blum (Hg.), Miterlebte Landtechnik.

28 Günther Franz (Hg.), Die Geschichte der Landtechnik im XX. Jahrhundert, Frankfurt a.M. 1969.

luten Unempflindlichkeit bezüglich der Wartung und Leistungsanforderung. Es kam aber noch ein mentales Moment hinzu, das dem Bauern den Lanzbulldog geradezu sympathisch machte. „Das Vorwärmen des Glühkopfs mit der Lötlampe und der Vorgang des Anwerfens", so wird berichtet, „waren eine Zeremonie, die den Bulldog ebenso als lebendiges Wesens, als Arbeitstier erscheinen ließen wie der ruppige, boxende Lauf der Maschine."[29] Lanz mußte jedoch die Produktion dieses Traktors einstellen und baute für einen zahlungskräftigeren Kundenkreis den „Groß-Bulldog" mit einer Leistung von 22 bis 28 PS.

Zusammenfassend sei bemerkt: Die Bemühungen um den Wiederaufbau einer ertragsfähigen deutschen Landwirtschaft nach 1918 mit dem mehr oder weniger deutlich ausgespochenen Ziel einer erstrebenswerten Autarkie war ohne die Mitwirkung der klein- und mittelbäuerlichen Familienbetriebe nicht denkbar. Wenn jedoch agrotechnische Voraussetzungen für deren größere Effizienz nicht in ausreichendem Maße geschaffen werden konnten, so kam der Erhaltung und Erleichterung der physischen Arbeitskraft besondere Bedeutung zu. Die Verbesserung von Handarbeitsgeräten im Zuge einer gewissen, ersten Rationalisierungsstufe gehörte dazu. Es waren aber unter den gegebenen sozioökonomischen und politischen Bedingungen der zwanziger und dreißiger Jahre und trotz aller Bemühungen des RKTL, der DLG und sonstiger Organisationen bzw. Einrichtungen, unter denen die Deula-Schulen, die Elektro-Versuchsdörfer u. a. zumindest einmal genannt werden sollen, letztlich Notbehelfe, die dann in der NS-Zeit verfälscht, sogar als Errungenschaften bäuerlicher Kreativität deklariert wurden.

Im Grunde aber hatte das scheinbare Festhalten an bisherigen Arbeitsverfahren bei einem entsprechenden Gebrauch von Handarbeitsgeräten nichts mit dem vermeintlich so tradtionsbewußten Bauern zu tun. Vielmehr galt prinzipiell für sie und ihr Verhalten gegenüber Neuerungen das, was Hoffmann von Fallersleben schon 1871 „in Gestalt einer poetischen Klage" unter dem Titel „Die Verkoppelung" folgendermaßen zum Ausdruck gebracht hat: „Wo seid ihr, meiner Heimat Wälder? ach!/ Ein Opfer der Gewinnsucht fielt ihr/ Von der Kultur erbarmungsloser Axt./ Wie war so manches Wäldchen hie und da/ Von fern und nah so lieblich anzuschaun! . . . / Und jetzt, wie ist doch alles anders jetzt!/ Es kam vor Jahr und Tag wie ein Gespenst/ In jegliche Gemeinde der Befehl:/ Verkoppelung. Der Bauer stutzte sehr./ Doch als er einsah, daß ja alles nur/ Sein Vorteil sollte sein und wirklich war,/ Nahm die Gemeinheitsteilung ihren Gang./ Es blieb kein Baum, kein Wäldchen unverschont./ Man maß und teilte, was Gemeingut war./ Und als vollbracht war dies Geschäft, da ward/ Urbar gemacht nach allen Seiten hin./ Das ist der Bauern einzige Kultur,/ Die frei von Schatten fortbesteht!/ Der Vorteil kennet keine Poesie,/ Nimmt keine Rücksicht, alles ist ihm feil . . ."[30]

Wehmutsvolle Klage über eine sich verändernde, um so mehr idyllisiert betrachtete agrarisch genutzte Landschaft, aber ebenso eine Reflexion über den auf seine Vorteile

29 Räder, Autos und Traktoren. Erfindungen aus Mannheim. Wegbereiter der mobilen Gesellschaft, Mannheim 1986, S. 169 (= Technik und Arbeit. Schriften des Landesmuseums für Technik und Arbeit in Mannheim, Bd. 1).

30 Rolf Peter Sieferle, Fortschrittfeinde? Opposition gegen Technik und Industrie von der Romantik bis zur Gegenwart, München 1984, S. 182f.

bedachten „Landmann“, dem es keineswegs auf den Verlust von Gemütswerten anzukommen schien; zwei miteinander unvereinbar scheinende Phänomene, deren letztlich gemeinsame Ursachen nicht erkannt, gar verstanden wurden, darum auch verfälscht und mißbraucht werden konnten. Übersehen wurde geflissentlich, wenn auch weniger von den Agrarreformern des späten 19. und des 20. Jahrhunderts, daß der Bauer „zum Landwirt, zum Agrarproduzenten“ wurde. Das Bauerntum „alter Art“ war seit der Jahrhundertwende zum Anachronismus geworden, seine zunächst noch vereinsmäßig, dann verordnete, befohlen-organisierte „Pflege“ stellte ein im Grunde vergebliches Bemühen bestenfalls um ein soziokulturelles Relikt dar. „Die Modernisierung ergriff mit leichter Verzögerung auch das Land“.[31]

31 Ebd., S. 184.

Hans-Joachim Rook

Maschineneinsatz und Elektrifizierung in der Landwirtschaft Brandenburgs (1870–1930)

1. Einleitende Bemerkungen

Für die Untersuchungszeit waren zwei grundlegende technische Entwicklungen innerhalb der Volkswirtschaft bestimmend: deren beginnende Elektrifizierung und Motorisierung. Und die Landwirtschaft *partizipierte* an diesen beiden technischen Innovationen in gleicher Weise wie andere volkswirtschaftliche Bereiche. Als dritte Grundtendenz kamen Weiter- und Neuentwicklungen im Umfeld bisher genutzter Kraft- und Arbeitsmaschinen hinzu.

Mit dem Begriff des Partizipierens soll eine entscheidende Besonderheit der Mechanisierung der Landwirtschaft deutlich gemacht werden: Die Landwirtschaft verfügt in ihrem produktionstechnischen Fortschritt – bei aller Eigendynamik – dennoch über nur begrenzte Eigengesetzlichkeiten. Sie ist letztlich von den durch Industrie und Wissenschaft angebotenen technischen Neuerungen abhängig.[1] Das galt auch für eine Mechanisierung der ostelbischen Landwirtschaft als potentielle Basis strategischer Modernisierungs- und Stabilisierungskonzepte. Blieb deshalb der sich im Spannungsfeld zwischen Produzent (Maschinenbau) und Konsument (Landwirtschaft) herausbildende Interaktionsprozeß geprägt von permanenter Anpassung oder schließlich doch von einer zunächst notwendigen Anpassung zu einer sich etablierenden Strategie?

Als eine weitere Besonderheit – gegenüber einem kontinuierlichen maschinellen Produktionsablauf in Fabriken – kam der für die Landwirtschaft typische diskontinuierliche Produktionsablauf hinzu. Tägliche Arbeitsspitzen bei der morgend- und abendlichen Stallwirtschaft waren genauso signifikant wie die jahreszeitlichen Arbeitsspitzen bei der Frühjahrsbestellung und der Ernte im Spätsommer und im Herbst. Handelte es sich jedoch bei den die Stallwirtschaft unterstützenden Maschinen weitgehend um stets gleiche Maschinen, so benötigte man für die Feldwirtschaft – trotz der mit stetiger Regelmäßigkeit wiederkehrenden Arbeiten – jedesmal andere Maschinenarten. Doch wer konnte es sich leisten, Maschinen für eine nur kurzzeitige Nutzung zu kaufen? Obendrein mußten dann noch Unterstellmöglichkeiten geschaffen werden, damit die relativ teuren Investitionen nicht bei Wind und Wetter verrotteten.

---

1 Vgl. Handwörterbuch der Sozialwissenschaften, 6. Band, Stuttgart 1959, S. 472. Zur Gesamtproblematik außerdem: Günther Franz, Die Geschichte der Landtechnik im 20. Jahrhundert, Frankfurt a.M. 1969.

Bei allen Besonderheiten und Abhängigkeiten des Produktionsablaufs innerhalb der Landwirtschaft war jedoch zugleich die Industrie gegenüber dem potentiellen Markt Landwirtschaft wieder bestrebt, ihren Absatz durch eine bedarfsgerechte Produktion von Maschinenarten und -typen zu steigern, wodurch der allgemeine Prozeß der Mechanisierung der Landwirtschaft stetig vorangetrieben wurde. Die anhaltende Nachfrage nach landwirtschaftlichen Maschinen resultierte nicht zuletzt aus zwei den gesamtvolkswirtschaftlichen Umwandlungsprozeß von einem Agrar- zu einem Industriestaat begleitenden Strukturkrisen: die Flucht der Menschen vom Lande sowie der Getreideimport aus Übersee und Osteuropa.

In der Landwirtschaft blieb bei aller fortschreitenden Mechanisierung vorerst die Handarbeit dominant. Selbst ein Maschineneinsatz war ohne Menschen – einschließlich zusätzlicher Hilfskräfte – nicht möglich. So wurde es auch erklärlich, warum ein mit der Intensivierung der Landwirtschaft verbundener höherer Arbeitskräftebedarf die Gesamtzahl der in der deutschen Landwirtschaft Tätigen noch bis ins 20. Jahrhundert hinein absolut ansteigen ließ. Zur gleichen Zeit verließ jedoch die so wichtige Arbeitskraft Mensch in verstärktem Maße das agrarstrukturierte platte Land und drängte in die Industriezentren der Städte. Die massenhafte Flucht von potentiellen Landarbeitern seit der Mitte der zweiten Hälfte des 19. Jahrhunderts erwies sich als die „größte Kalamität" der gesamten Landwirtschaft.[2] So fehlten im Jahre 1905 in der Provinz Brandenburg 20 % landwirtschaftlicher Arbeitskräfte. Davon war der Reg.Bez. Frankfurt/Oder stärker betroffen als der Reg.Bez. Potsdam, „weil durch die in den westlichen Kreisen gezahlten höheren Barlöhne die Arbeiter aus den östlichen Kreisen herausgelockt wurden".[3]

Hinzu kam für die heimische Landwirtschaft der zunehmende Konkurrenzdruck durch die steigenden Einfuhren ausländischer Agrarprodukte, die selbst über mehrere tausend Kilometer Transport billiger angeboten werden konnten als heimische Erzeugnisse. In dieser Situation muß – neben Einfuhrzöllen, Exportprämien und Steuernachlässen – als „strategisch" zu wertende Gegenmaßnahme die Propagierung einer Substitution verloren gegangener Arbeitskräfte durch den Einsatz von Maschinen angesehen werden.[4] Die Erzeugung von Agrarprodukten sollte mit Hilfe der Technik effizienter und damit konkur-

2 Klaus Saul, Um die konservative Struktur Ostelbiens: Agrarische Interessen, Staatsverwaltung und ländliche „Arbeiternot", in: Dirk Stegmann, Bernd-Jürgen Wendt, Peter-Christian Witt, Deutscher Konservatismus im 19. und 20. Jahrhundert, Bonn 1983, S. 130f.

3 Heinrich Szagunn, Die landwirtschaftlichen Arbeiterverhältnisse in der Provinz Brandenburg 1905, Berlin 1910, S. 19 und S. 10.

4 Vgl. Oberamtmann Säuberlich, Der Ersatz der Handarbeit durch die Maschine, in: Jahrbuch der Deutschen Landwirtschafts-Gesellschaft, Bd. 13, Berlin 1898, S. 1f.; Franz Bensing, Der Einfluß der landwirtschaftlichen Maschinen auf Volks- und Privatwirtschaft, Breslau 1898; Gustav Fischer, Die Maschinen im landwirtschaftlichen Betriebe und ihre steigende Bedeutung für denselben, in: Stenographischer Bericht der 10. Hauptversammlung der Landwirtschaftskammer für die Provinz Brandenburg am 29. und 30. Januar 1904, S. 85f., in: Brandenburgisches Landeshauptarchiv (BLHA), Rep. 2A Regierung Potsdam I LW 70; Gustav Fischer u. a., Die Entwicklung des landwirtschaftlichen Maschinenwesens in Deutschland, Festschrift zum 25jährigen Bestehen der Deutschen Landwirtschafts-Gesellschaft, Berlin 1910.

renzfähiger gestaltet werden. Das Vorbild waren die USA. Das galt sowohl für den Bau konstruktiv ausgereifter Maschinen als auch für deren rationelle Anwendung.[5]

Mit fortschreitender Landflucht waren die als „Familienbetriebe" geführten kleineren und mittleren Wirtschaften in doppelter Hinsicht benachteiligt. Bei geringerer Kapitalausstattung vermochten sie seltener die für sie relativ teuer bleibenden Maschinen zu kaufen. Auch war ihnen der Einsatz von ausländischen Wanderarbeitern versperrt.[6] Anders dagegen die großbäuerlichen Betriebe (20–100 ha) und landwirtschaftlichen Großbetriebe (100 ha und darüber). Auch sie hatten als weitgehend auf Lohnarbeit gegründete Unternehmen unter der „Arbeiternot" zu leiden, vermochten aber ob ihrer Kapitalkraft eher Maschinen zu kaufen, die auf den großen, mehr zusammenhängenderen Flächen zugleich effektiver eingesetzt werden konnten. Somit ergab sich im Maschineneinsatz – zumindest vorerst – ein rein objektiver Zwang zu größeren Betriebseinheiten bzw. der Maschineneinsatz erfolgte vorerst vorrangig in den Großbetrieben. Erst leistungsfähigere und preisgünstigere „Kleinmaschinen" begünstigten bei einer sich ausweitenden genossenschaftlichen Nutzung (Raiffeisen/Maschinenringe) eine fortschreitende Mechanisierung auch in kleineren und mittleren landwirtschaftlichen Betrieben.[7]

Als signifikantes Beispiel sei während der Untersuchungszeit auf den Dampfpflug verwiesen, der nur auf Großflächen rentabel arbeitete. Mit der Alternative Verbrennungsmotor wurde die maschinelle Bearbeitung auch kleiner Felder durch den Traktor möglich, wodurch die Mechanisierung auch in Landwirtschaftsbetrieben mittlerer Größe voranschritt.

2. Maschinenentwicklung in Brandenburg bis zum 1. Weltkrieg

Ausgangsbasis einer Betrachtung der Entwicklung des Maschineneinsatzes im Land Brandenburg sollen die Ergebnisse der landwirtschaftlichen Betriebsstatistik im Deutschen Reich aus dem Jahre 1882 sein.[8] Danach wurden von den insgesamt 261101 landwirtschaftlichen Betrieben 15694 Maschinen genutzt.[9] Legt man eine statistisch „bereinigte" Struktur zugrunde,[10] so ergab sich bei 12099 Betrieben mit Maschinennutzung gegenüber einer

5 In Reiseeindrücken aus Kalifornien wurde mitgeteilt, „daß das Getreide von derselben Maschine sofort gemäht, gedroschen und gesackt wird". Veröffentlicht bereits 1890 im Jahrbuch der Deutschen Landwirtschafts-Gesellschaft, Bd. 5, S. 149; ebenda, in Bd. 17, S. 9f.; Fritz Brutschke, Welche amerikanischen Geräte sind geeignet, dem deutschen Landwirt Arbeitskräfte zu ersparen?

6 Vgl. Saul, konservative Struktur, S. 130.

7 Franz Bussen, Landwirtschaftliche Maschinengenossenschaften, Darmstadt 1905.

8 Vgl. StDR, N. F. Bd. 5, 1885. Erfaßt wurden von der Statistik die in Tab. 1, Anhang, ausgewiesenen Maschinen. Wenngleich dieser Terminus nicht immer zutreffend ist, so wird er dennoch für alle in der Statistik unter dem Begriff Maschine erfaßten mechanischen Hilfskräfte beibehalten. Was Gerät und was Maschine ist, ist nicht Gegenstand dieses Beitrages.

9 Vgl. Tab. 1, Anhang.

10 "Bereinigte" Struktur: ohne Lokomobile und Dampfkessel sowie ohne Kleinbetriebe (weniger als 5 ha). Vgl. dazu Tab. 1, Anhang.

Gesamtzahl von 63982 Betrieben, daß nur jeder 5. Betrieb eine Maschine anwendete. Und diese war bei einem Anteil von 74,1 % weitestgehend nur die Göpel-Dreschmaschine.[11]

Analysiert man diese Maschinennutzung nach der Betriebsgrößendifferenzierung, so dominierten mit einem Anteil von 80 % innerhalb ihrer Gruppe eindeutig die Großbetriebe (100 ha und mehr). Mit deutlichem Abstand (35 %) folgten die großbäuerlichen Betriebe. Geradezu unbedeutend waren die Anteile innerhalb der Klein- und Kleinstbetriebe (7,6 % bzw. 0,05 %). Auch beim Verhältnis der genutzten Maschinen zu den Betrieben mit Maschinennutzung lagen die Großbetriebe vorn, hatten sie doch mit einem Anteil von 2,1 mindestens zwei Maschinen im Einsatz. In der Regel waren es die Sämaschine und die Göpeldreschmaschine.[12]

Diese führende Position der Großbetriebe in Brandenburg wurde gegen Ende des 19. Jahrhunderts noch dadurch unterstrichen, daß diejenigen Maschinen, die das in der Landwirtschaft beginnende Maschinenzeitalter rein äußerlich am augenscheinlichsten repräsentierten – der Dampfpflug und die Dampfdreschmaschine –, mit einem Anteil von mehr als 80 % fast ausschließlich in den landwirtschaftlichen Großbetrieben genutzt wurden. Auch die gegen Ende des 19. Jahrhunderts zunehmend zum Einsatz kommende Mähmaschine fand – bei einem Anteil von 72 % – vorerst hauptsächlich Verwendung in den Großbetrieben. Der kapitalkräftige landwirtschaftliche Großbetrieb mit einer mehr großflächigen Anbaustruktur war zunächst im Land Brandenburg der entscheidende Wegbereiter einer fortschreitenden Mechanisierung der landwirtschaftlichen Produktion.

Die seit der Jahrhundertwende im Maschineneinsatz der Landwirtschaft Brandenburgs vollzogenen Veränderungen wurden am deutlichsten bei einer Analyse der statistischen Erhebung im Jahre 1907.[13] Gegenüber 1882 zeigte sich dies sowohl in quantitativer als auch in qualitativer Hinsicht. Die qualitativen Veränderungen kamen darin zum Ausdruck, daß zu den bisherigen Maschinen mit neuen Typen (von Mähmaschine über Ableger zum Selbstbinder) zusätzlich von der Statistik solche für die Pflege (Hackmaschine) und den Hackfruchtanbau (Kartoffelpflanz- und -rodemaschine) sowie für die Stallwirtschaft (Schrotmühlen und Separatoren) erfaßt wurden. Insgesamt wurden 1907 in der brandenburgischen Landwirtschaft 103419 Maschinen gezählt. Gegenüber 1882 bedeutete das eine Zunahme um das 5- bis 6fache. Dominierend in den Anteilen blieben die Göpel-Dreschmaschinen mit 47,7 %, gefolgt von den Milchzentrifugen mit 18,4 %. Beide machten damit auch zwei Drittel aller 1907 erfaßten Maschinen aus. Dieser hohe Anteil resultierte daraus, daß vor allem für viele Klein- und Kleinstbetriebe eine derartige Maschinennutzung charakteristisch wurde.

So wichtig diese Mechanisierung innerhalb der Kleinbetriebe war, so muß doch für die eigentliche maschinelle Entwicklung in der Landwirtschaft Brandenburgs ein anderer Trend angesehen werden: die generelle Zunahme der Maschinen bei den Guts- und großbäuerlichen Betrieben verbunden mit einer sich gleichzeitig ausweitenden Mehrfachmaschinennutzung. So hatten die maschinennutzenden Großbetriebe bereits 3,9 Maschinen

11 Berechnet nach Tab. 1, Anhang.

12 Ebd.

13 Für Quelle, nachfolgende Zahlen und Berechnungen vgl. Tab. 1, Anhang.

Tabelle 1:
Betriebe mit 5–1000 ha, die nachstehende Maschinen nutzen

	Maschinen insgesamt		Betriebe, die diese Maschinen nutzten	
	1882	1907	1882	1907
Sämaschine	2549	12428	1187	9840
Mähmaschine	661	15049	184	13340
Dampfdreschm.	703	4602	99	2595

Quelle: Nach Tab. 1, Anhang

Tabelle 2:
Anteile der Betriebe mit Maschinennutzung an den Gesamtbetrieben

Zeit	Betriebsgrößenstruktur			
	unter 5 ha	5–20 ha	20–100 ha	100 ha u. mehr
1882	0,05 %	7,0 %	35,0 %	80,0 %
1907	3,1 %	65,5 %	90,1 %	98,1 %

Quelle: Nach Tab. 1, Anhang

im Einsatz. Bei den großbäuerlichen Betrieben waren es bei einer Quote von 2,25 schon mehr als zwei Maschinen.

Diese Entwicklung einer anhaltenden Konzentration der Maschinennutzung in den landwirtschaftlichen Großbetrieben von Brandenburg wurde durch den forcierten Einsatz der Mähmaschine, eine Ausweitung der Sämaschine sowie durch eine Zunahme des Dampfdreschmaschineneinsatzes infolge einer Ausdehnung des Lohndruschs bestimmt. Am auffälligsten zeigten sich diese Veränderungen in den mittel- und großbäuerlichen Betrieben.

Zugleich wurde ein weiterer Trend sichtbar: Neue Maschinen wurden nicht mehr vorwiegend in den Großbetrieben, sondern auch vermehrt in großbäuerlichen Betrieben eingesetzt. So waren in diesen Betrieben mit Maschinennutzung 47,7 % aller Hackmaschinen und sogar 62,0 % aller Kartoffelpflanz- und -rodemaschinen im Einsatz. Auch die großbäuerlichen Betriebe wurden in Kompensierung fehlender Arbeitskräfte, hoher Lohnkosten und einer unausweichlichen Intensivierung ihrer Produktion zu einem verstärkten Maschineneinsatz gezwungen.

Deshalb erreichten die großbäuerlichen und landwirtschaftlichen Großbetriebe vor dem Ersten Weltkrieg den höchsten Grad einer Mechanisierung, nutzten doch nach der Erhebung von 1907 90 % bzw. ganz und gar 98 % dieser Betriebe eine der statistisch ausgewiesenen Maschinen.

Mit dem wachsenden Umfang und der zunehmenden Vielfalt landwirtschaftlicher Maschinen wurden die Bauern, Pächter und Gutsbesitzer im objektiven Zwang zur Mechanisierung der landwirtschaftlichen Produktion vor zunehmend differenzierter und komplizierter werdende Fragen gestellt. Ökonomisch war es die Rentabilität der Maschine gegenüber der herkömmlichen Produktion einschließlich deren Finanzierbarkeit. Technisch war es deren Bedienung, Pflege und Wartung.

Was den Nutzen des Maschineneinsatzes betraf, so standen sich nicht selten die Meinungen – objektiv, aber auch subjektiv – diametral gegenüber. Prognosen renommierter Zeitgenossen sollten sich schon recht bald als Fehleinschätzungen erweisen. Wissenschaftliche Untersuchungen mit ihren Detailergebnissen konnten hilfreich wie gleichermaßen verwirrend sein angesichts des allgemeinen Ausbildungs- und Wissensstandes der Landwirte. Deshalb begannen schon Ende des vergangenen Jahrhunderts landwirtschaftliche Vereinigungen und Verbände die Funktion von Entscheidungshilfen in Fragen der Wirtschaftlichkeit eines Maschineneinsatzes, der Wahl der Typen und deren Finanzierung einschließlich Hinweise für deren Bedienung und Wartung zu übernehmen. Neben der Deutschen Landwirtschafts-Gesellschaft mit ihrem Publikationsorgan, dem seit den 80er Jahren des 19. Jahrhunderts erscheinenden Jahrbuch, agierte als Propaganda- und Informationsinstrument speziell für die Provinz Brandenburg die 1895 gegründete Landwirtschaftskammer.[14] Zur zielgerichteten Unterstützung der Mechanisierung wurde von der Kammer durch eine Beihilfe von 3000 Mark bei der Brandenburgischen landwirtschaftlichen Zentral-Bezugs- und Absatzgenossenschaft eine Maschinenstelle errichtet, die die Besorgung aller landwirtschaftlichen Maschinen ausführte.[15] Sodann wurde innerhalb der Brandenburgischen Landwirtschaftskammer ein Sonderausschuß für Maschinenwesen gegründet. Dieser sah „seine Aufgabe in der Förderung der landwirtschaftlichen Maschinentechnik, um den Landwirten die Anwendung guter Maschinen zur Bekämpfung der Arbeiternot und zur Erleichterung des Betriebes zu ermöglichen".[16] Die Ausführung seiner Beschlüsse, so die praktische Erprobung von Maschinen, die Erarbeitung von Gutachten, erfolgte durch die im Herbst 1905 eröffnete Maschinenprüfungsanstalt. Auf den Jahresversammlungen der Landwirtschaftskammer und in deren Jahresberichten sowie in der Zeitschrift „Der Landbote" berichteten Praktiker und Theoretiker über die Erfolge und Mißerfolge eines Maschineneinsatzes.[17]

14 Im Gesetz der Landwirtschaftskammern vom 30. Juni 1894 hieß es u. a.: Die Landwirtschaftskammern haben außerdem den technischen Fortschritt der Landwirtschaft durch zweckentsprechende Einrichtungen zu fördern.

15 Fischer, Maschinen, S. 91 f.

16 Vgl. Niederschrift der 2. Vollversammlung der Landwirtschaftskammer für die Provinz Brandenburg vom 29. und 30. 1. 1897, in: BLHA Rep. 2 A Regierung Potsdam I LW 75.

17 Vgl. dazu die im Bestand des BLHA Rep. 2 A Regierung Potsdam I LW 75 enthaltenen Berichte und Stellungnahmen sowie die Veröffentlichungen in den Jahresberichten der Landwirtschaftskammer für die Provinz Brandenburg. So wurden nach dem Jahresbericht 1907, S. 94 Maschinenkurse für landwirtschaftliche Arbeiter durchgeführt, die „der Herr Minister mit Beihilfen von 1000 Mark unterstützte". Laut Bericht von 1908, S. 84 wurden Maschinenkurse für Landwirte, landwirtschaftliche Handwerker und Arbeiter in Berlin, Rathenow und Vetschau durchgeführt. Im Bericht von 1910, S. 128 heißt es: „Besonders lebhaft habe die gutachterliche Bearbeitung von Projekten und Kostenanschlägen aus dem Gebiete der Elektrotechnik, speziell der elektrischen Überlandzentralen eingesetzt." Im Bericht 1912, S. 133 wird festgestellt, daß der 5. Maschinen-

In die Aktivitäten des Maschinenausschusses – und das ist besonders hervorhebenswert – wurden im Berlin-Brandenburger Raum ansässige wissenschaftliche Einrichtungen miteinbezogen. Dazu gehörte neben der seit 1881 existierenden landwirtschaftlichen Hochschule auch die technische Hochschule Berlin-Charlottenburg mit einem 1902 eingerichteten Lehrstuhl für Landtechnik. Im Jahre 1928 wurde dann im Zusammenhang mit der zunehmenden Motorisierung der Landwirtschaft eigens ein Schlepper-Prüffeld in Potsdam-Bornim geschaffen. Hinzu kamen für die Landwirte in speziellen Schulen praxisbezogene Aus- und Weiterbildungslehrgänge an Maschinen.

3. Elektrifizierung der Landwirtschaft in Brandenburg

Auch in Brandenburg vollzog sich die Elektrifizierung der Landwirtschaft in den für die Energiegewinnung typischen drei Etappen[18]: Stadtversorgung bzw. Eigenversorgung durch Kleinkraftwerke – Überlandzentralen – Großkraftwerke. Dadurch kam es von einer lokalen über eine regionale zu einer flächendeckenden Stromanwendung. Stimulierend und marktbeherrschend zugleich waren für die Entwicklung im Brandenburger Raum die in Berlin angesiedelten führenden deutschen Elektrounternehmen AEG und Siemens.

Die Errichtung von Kleinkraftwerken zur betrieblichen Eigenversorgung in der Landwirtschaft bewies angesichts der enormen Investitionen und der nicht gerade geringen Betriebskosten einschließlich einer Fremdwartung Mut, Entschlossenheit und Risikobereitschaft.[19] Zwei grundsätzliche Probleme galt es zu lösen: die Energiebereitstellung (Holz, Torf oder Kohle) für die Primärstation zur Stromerzeugung sowie die Überbrükkung des diskontinuierlichen Stromverbrauchs (Installierung einer teuren Batterieanlage). So sehr dann hellerleuchtete Wohn- und Arbeitsräume beeindruckten und der per Knopfdruck angestellte Elektromotor viel einfacher zu bedienen war als die feuergefährliche Lokomobile, so konnten sich derartige Anlagen nur die kapitalkräftigsten landwirtschaftlichen Großbetriebe leisten. Eine Elektrifizierung der Landwirtschaft war damit nicht möglich. Nach dem 1914 veröffentlichten Güteradreßbuch für die Provinz Brandenburg gab es erst rd. 40 elektrische Anlagen für Licht- bzw. Licht- und Kraftstrom.[20]

Die vorerst nur punktuelle Stromversorgung auf dem Lande erfuhr mit dem Aufbau von Überlandzentralen eine räumliche Ausdehnung. Ausgelöst durch diesen Entwicklungsprozeß, über den „weder die Landwirte noch die Werkleiter ausreichende Erfahrungen hatten", war von der DLG 1910 ein Sonderausschuß für Elektrizität gegründet worden.[21] Bei den

kurs für praktische Landwirte, landwirtschaftliche Arbeiter und Gutshandwerker mit 37 Teilnehmern in den Räumen der landwirtschaftlichen Hochschule Berlin stattgefunden hat.

18 Vgl. Max Hupfauer, Elektrifizierung der Landwirtschaft, in: Franz, Landtechnik.

19 Beredtes Zeugnis legen die Archivalien zum Bau einer Licht- und Kraftstromanlage im Schloß und Gut Boitzenburg/Uckermark 1900 – 1904 ab: Vgl. BLHA Pr. Br. Rep. 37 Boitzenburg, Nr. 416 sowie Nr. 2114 und 2115.

20 Vgl. Niethammers Güteradreßbücher, Bd. VII, 2. Aufl., Leipzig 1914.

21 Vgl. Hupfauer, Elektrifizierung, S. 107.

Überlandzentralen hatten sich mehrere Orte oder auch Landkreise zur gemeinsamen Stromerzeugung und Verteilung zusammengeschlossen. Zwei Tendenzen beschleunigten diese Veränderungen. Zum einen suchte die Elektroindustrie – nachdem um die Jahrhundertwende bereits die meisten großen Städte „elektrifiziert" waren – nach neuen Absatzmöglichkeiten ihrer Erzeugnisse. Zum anderen drängte auch das platte Land auf eine Nutzung der Vorteile der Elektrizität für Beleuchtung und Antrieb. Gerade in der Mechanisierung der Stallwirtschaft schien sich eine entscheidende Wende abzuzeichnen. Der mit der Dampfmaschine durchaus mögliche, aber komplizierte Gruppenantrieb von Arbeitsmaschinen per Transmission konnte jetzt durch den Einzelantrieb mit dem Elektromotor abgelöst werden. Außerdem ließen sich – einfach per Knopfdruck – Schrotmühle, Rübenschnitzler, Kartoffelquetsche, Häckselmaschine, Separator ect. ein- oder ausschalten.

Deshalb wurde der Elektromotor als der „Idealmotor" für die Landwirtschaft apostrophiert, „denn er besitzt all die vielseitigen Eigenschaften, welche der Landwirt von einer vollkommenen Kraftmaschine für seine Betriebe verlangen muß, das sind: Einfachheit, leichte Beweglichkeit, stete Betriebsbereitschaft, Feuersicherheit, Gleichförmigkeit der Tourenzahl und Sparsamkeit im Stromverbrauch".[22] Dabei war aber der Elektromotor vorerst nicht in die Arbeitsmaschine integriert, sondern mit dieser per Riemen verbunden.

Mit gezielten Werbekampagnen offerierte die Elektroindustrie der Landwirtschaft aber noch ganz andere Nutzungsmöglichkeiten: elektrisch betriebene Elevatoren, Greifer, Laufkatzen, Futterbahnen, Wasser- und Jauchepumpen bis hin zu elektrisch betriebenen Feldbahnen und Pflugsystemen. Die Stall-, Hof- und Hauswirtschaft des landwirtschaftlichen Betriebes bot den Energieproduzenten gute Chancen einer Steigerung des Stromabsatzes und auch Möglichkeiten zum Ausgleich der Netzbelastung, so durch die Verwendung von Nachtstrom für den Futterdämpfer. Für die Hauswirtschaft kamen zur Modernisierung und Arbeitserleichterung hinzu: elektrische Kochherde, Kochtöpfe, Bügeleisen und Waschmaschinen.

Vorerst waren aber viele Landwirte aus finanziellen Gründen nicht in der Lage, ihren Betrieb „zu elektrifizieren". Überdies offenbarten die Elektrokonzerne Siemens und AEG ein zwiespältiges Geschäftsgebaren, indem sie sich bei der Gründung von Überlandzentralen das Installationsmonopol auf mehrere Jahre und Jahrzehnte zu sichern versuchten.[23] Und die Überlandzentralen selber gerieten wieder in Mißkredit ob hoher Strompreise, um so die nicht unerheblichen Investitionen relativ schnell amortisieren zu können. Die Reaktion der Verbraucher darauf war wieder äußerste Sparsamkeit im Stromverbrauch, so daß nicht wenige Überlandzentralen gerade in den ausgesprochenen Agrargebieten mit schwacher Wirtschaftskraft in finanzielle Bedrängnisse gerieten und die Elektrifizierung nur schleppend vorankam. Deshalb erwies sich auch die Elektrifizierung des „platten Landes" – im Gegensatz zu den „Elektrifizierungs-Apologeten" – nicht von vornherein und überall den bisherigen Antriebskräften überlegen.[24] Gewisse Schwierigkeiten gab es auch in den Ortsnetzbelastungen während der Dreschkampagne. Nach dem

22 A. Vietze, Die Elektrizität in der Landwirtschaft, Halle 1911, S. 13f.

23 Jean Charbonnier, Elektrische Überlandwerke und Landwirtschaft, Berlin 1914, S. 8f.

24 Ebd.

Güteradreßbuch der Provinz Brandenburg von 1923 waren von den dort ausgewiesenen 2903 landwirtschaftlichen Betrieben erst 706 (20,9 %) mit Anschluß an eine Überlandzentrale ausgewiesen.[25]

In der Zwischenzeit hatte die dritte Etappe, die einer flächendeckenden Elektrifizierung, begonnen. Unter Führung der AEG wurden 1909 die Märkischen Elektrizitätswerke (MEW) gegründet und das Großkraftwerk Heegermühle bei Eberswalde gebaut. Damit sollten „die verhältnismäßig mit Industrie besiedelten Landkreise Ober- und Niederbarnim, Templin und Angermünde und der Stadtkreis Eberswalde mit Strom beliefert werden".[26] Durch Gewerbe und Industrie erhoffte man sich mehr Kontinuität im Verbrauch als Voraussetzung für eine stabile Produktion. Energiebasis für das Kraftwerk war per Schiff herantransportierte Steinkohle.

Die MEW weiteten sich nach Osten und Südosten aus. Im Westen befanden sich die von Siemens beherrschten Überlandzentralen, zusammengefaßt zu den Brandenburgischen Kreis-Elektrizitätswerken. Nachdem die Provinz Brandenburg 1916 Hauptaktionär der MEW geworden war, wurden bis 1923 auch die Überlandzentralen im östlichen und westlichen Havelland sowie in der Prignitz übernommen. Im gleichen Jahr hatte man die erste Ausbaustufe eines neuen Großkraftwerkes auf Braunkohlenbasis bei Finkenheerd in Betrieb genommen. Anfang der 30er Jahre reichte das flächendeckende Stromnetz der MEW von der Mark Brandenburg bis nach Mecklenburg und Pommern.

1925 ergab die Berufs- und Gewerbezählung für die Provinz Brandenburg eine Nutzung von 39030 Elektromotoren in 30939 landwirtschaftlichen Betrieben.[27] Dabei war eine Zunahme der durchschnittlichen Nennleistung mit wachsender Betriebsgröße aufgrund einer Mehrfachnutzung in den großbäuerlichen und Großbetrieben feststellbar. Letztere verfügten über 3,8 Motore pro Betrieb.

Die weiteren Möglichkeiten, die sich für die Mechanisierung der Innenarbeiten mit Hilfe der Elektrizität boten, zeigten sich während der 20er Jahre in konstruktiv verbesserten Melkmaschinen. Eingedenk des vorübergehenden Rückschlages durch Eutererkrankungen nutzten zu Beginn der 30er Jahre in der Provinz Brandenburg 793 Betriebe 830 Melkmaschinen.[28] Davon entfielen jedoch allein 77,9 % auf die großbäuerlichen Betriebe, die 76,5 % aller Maschinen nutzten. Damit lag Brandenburg im allgemeinen Trend, erwies sich doch die Melkmaschine für die mithelfende Frau in den bäuerlichen Betrieben – im Gegensatz zu den Gutswirtschaften – als eine echte Arbeitsentlastung.

Mit der Berufs- und Gewerbezählung 1933 gab es in der Landwirtschaft der Provinz Brandenburg 59160 Betriebe, die insgesamt 73700 Elektromotore nutzten.[29] Gegenüber 1925 hatte sich damit die Zahl der Betriebe mit Elektromotor fast verdoppelt. Dennoch nutzten erst 37,6 % aller Betriebe mit mehr als 0,5 ha einen Elektromotor. Hinsichtlich der

---

25 Vgl. Handbuch für den Grundbesitz im Deutschen Reich, Provinz Brandenburg, 7. Aufl., Berlin 1923.

26 Vgl. o. V., Das Märkische Elektrizitäts-Werk, Berlin (1934), S. 17f.

27 Vgl. Tab. 2, Anhang.

28 Vgl. StDR, Bd. 461,2, Berlin 1937, S. 65.

29 Vgl. Tab. 2, Anhang.

Betriebsgrößenstruktur nahmen die großbäuerlichen Betriebe und Großbetriebe mit Anteilen von 82,9 % bzw. 75,1 % eine führende Position im Gebrauch von Elektromotoren ein.

4. Motorisierung der Landwirtschaft in Brandenburg

Mit der Installierung erster Kleinkraftwerke seit der Jahrhundertwende hielt zugleich der Verbrennungsmotor Einzug in die brandenburgische Landwirtschaft. Neben dem vereinzelten Kauf von Automobilen versuchte man den stationären Verbrennungsmotor als Kraftmaschine bei der Innenmechanisierung zu nutzen. Robust in der Konstruktion und einfach in der Bedienung blieb er auch dort längere Zeit eine Alternative, wo Einzelgehöfte, Einzelgüter oder Vorwerke ob zu hoher Investitionen vorerst nicht ans Stromnetz angeschlossen wurden.

Äußerlich sichtbaren Einzug hielt die Motorisierung in der Landwirtschaft Brandenburgs durch Nutzung des Motors als zunächst reine „Pflugmaschine". Bei diesem ersten Typ von Motorpflügen, die ab 1910 eingesetzt wurden, war die Antriebsmaschine (Verbrennungsmotor) mit dem teilweise mehrscharigen Pflug zu einem einzigen Arbeitsgerät, dem starren Tragpflug, vereinigt worden. Jedoch bei Preisen ab 10000 Mark einschließlich nicht unbeträchtlicher Betriebs- und Reparaturkosten blieben derartige Motorpflüge vorerst auf Großbetriebe beschränkt. Im Güteradreßbuch von 1914 wurden nur für den Reg.Bez. Frankfurt/Oder ganze vier Motorpflüge ausgewiesen.[30]

Mit Ausbruch des Ersten Weltkrieges, bei dem die brandenburgische Landwirtschaft empfindlicher getroffen wurde durch die Aushebung der Pferde als durch einen Mangel an menschlichen Arbeitskräften, wurden mit Hilfe der Landwirtschaftskammer der Brandenburgischen Motorpflug-Gesellschaft insgesamt 10 Motorpflüge auf Kreditbasis zur Verfügung gestellt. Jedoch konnten aus Mangel an geeigneten Pflugführern nicht alle eingesetzt werden.[31] Deshalb wurde auch beim Maschinenprüfamt Berlin „ein neuer Zweig der Beratungstätigkeit" ins Leben gerufen.

Durch die Auswirkungen des Ersten Weltkrieges auf die Landwirtschaft hofften nach Beendigung des Krieges zahlreiche Maschinenbauunternehmen auf einen steigenden Absatz ihrer motorbetriebenen Pflüge, der jedoch mit der Inflation weiterhin gering blieb. Erst die Währungsstabilisierung sowie der Import von 1000 Ford-Schleppern und ein 15-Millionen-Mark-Reichskredit zum Motorpfluganfkauf ließen dann ab 1924 die Verkaufszahlen auch in Brandenburg sprunghaft anschnellen. Nach einer Erhebung für die Zeit von 1921–1926 gab es 975 Motorpflüge.[32] Davon entfielen allein 76 % auf die Großbetriebe (mehr als 100 ha). Hinsichtlich der Systeme war der Tragpflug mit einem Anteil

30 Vgl. Niethammers Güter-Adreßbuch Bd. VII, A. a. O.

31 Vgl. Geschäftsbericht der Landwirtschaftskammer für die Provinz Brandenburg für das Kalenderjahr 1914, S. 40, in: BLHA Rep. 2A Regierung Potsdam I LW 75.

32 Vgl. Fritz Brutschke, Die Motorpflüge im Freistaate Preußen, Berlin 1927, S. 13 sowie S. 10, Tab. 1 und S. 11, Tab. 2; vgl. außerdem Tab. 3, Anhang.

von 26 % bereits vom Vierradschlepper (mit Kraftantrieb auf zwei Rädern) bei einem Anteil von 58 % auf die zweite Stelle verdrängt worden. Alle anderen Systeme blieben mit weniger als 5 % bedeutungslos.

Der Nutzen eines Motorpfluges war jedoch über Jahre hin sehr zwiespältig. Die Ursachen lagen sowohl im technisch-konstruktiven als auch im betriebswirtschaftlich-ökonomischen Bereich. In der Provinz Brandenburg standen einer Befragung den 415 Antworten mit „zufrieden und notwendig" zugleich 266 Antworten mit „unwirtschaftlich und unbrauchbar" gegenüber.[33] Zugleich wurde festgestellt, daß die Motorpflüge die Pferde nicht ersetzen können, weil ihr Betrieb zu teuer ist. Sie hätten nur eine Berechtigung als Spitzenbrecher. Die bisherigen Leistungen in der Tiefkultur seien ohne erkennbaren Einfluß auf die Steigerung der Erträge geblieben.

Mit der Berufs- und Gewerbezählung 1925[34] wurden erstmals auch Lastkraftwagen ausgewiesen, die nach dem Ersten Weltkrieg vermehrte Nutzung in der Landwirtschaft fanden. In Brandenburg wurden von den 181 LKW mit Verbrennungsmotor allein 84,5 % in Großbetrieben eingesetzt.

Entscheidende Veränderungen vollzogen sich bei den motorischen Kräften in der Landwirtschaft gegen Ende der 20er Jahre.[35] Die Eisen- und Vollgummiräder wurden durch die Luftbereifung ersetzt. Dadurch war es möglich, den Traktor (Motorschlepper) nicht nur ausschließlich zur Feldarbeit, sondern zusätzlich auch als Zugkraft für Transporte auf der Straße zu nutzen. Hinzu kamen eine allgemeine Zugkrafterhöhung und ein differenzierteres Leistungsangebot. Dennoch – und das hatten nicht zuletzt Untersuchungen auf dem Schlepperprüffeld in Potsdam-Bornim ergeben – empfahl man bei aller Vielseitigkeit eine Beschränkung auf bestimmte Größen. Die gesamte Funktionsfähigkeit des Traktors wurde ständig verbessert. Mit der Entwicklung des Dreipunktgestänges zum unmittelbaren Anbau von Arbeitsgeräten sowie der Zapfwellen wurde der Traktor in seiner Nutzung immer vielseitiger. Zu diesen technisch-konstruktiven Veränderungen kamen noch betriebswirtschaftliche Gesichtspunkte hinzu: Neben dem Einsatz des Dieselmotors war es vor allem der kostengünstige – und obendrein einfach zu bedienende – Schwerölmotor, der zunehmende Anwendung fand. Dabei kann als Sinnbild der Motorisierung der deutschen Landwirtschaft seit den 20er Jahren der mit dem Glühkopfmotor ausgestattete „Acker-Bulldog" der Firma Lanz in Mannheim angesehen werden.

Unterstützt wurde die Motorisierung der Landwirtschaft durch das 1927 geschaffene „Reichskuratorium für die Technik in der Landwirtschaft (RKTL)", das aus dem 1920 gebildeten „Reichsausschuß für Technik in der Landwirtschaft" hervorgegangen war.[36] Die Aktivitäten einzelner Kommissionen und Ausschüsse führten nicht nur zur Gründung

33 F. Brutschke, Motorpflüge, S. 28 und 29 sowie S. 51 und 52.

34 Vgl. Tab. 3, Anhang.

35 Rudolf Franke, Motorisierung der Feldarbeit, Schlepper, in: Franz, Landtechnik, S. 16f.; Ludwig-Wilhelm Ries, Schlepper und Gummiwagen im Bauernbetriebe, Arbeiten des Reichsnährstandes, Bd. 47; Ulrich Troitzsch/Wolfhard Weber, Die Technik von den Anfängen bis zur Gegenwart, Stuttgart 1987, S. 372f.

36 Vgl. Franke, Motorisierung, S. 30.

der Deutschen Landkraftführerschulen, so in Zeesen bei Königs Wusterhausen, und zur Gründung der „Deula-Schulen" für eine landtechnische Ausbildung, sondern auch zur Schaffung einer Finanzierungsgesellschaft für Landmaschinen (FIGELAG), um Landwirten durch zinsverbilligte Kredite die Anschaffung von Landmaschinen und Schleppern zu erleichtern bzw. überhaupt erst möglich zu machen.

Nach der Berufs- und Gewerbezählung 1933[37] gab es in der Provinz Brandenburg 2465 Motorschlepper und -pflüge einschließlich Kleinschlepper. Letztere mit weniger als 16 PS machten jedoch nur einen Anteil von 16,4 % aus. Von den leistungsstarken Großschleppern mit mehr als 16 PS entfielen mit 76,5 % mehr als drei Viertel allein auf die landwirtschaftlichen Großbetriebe. Bei den Kleinschleppern blieb der relativ hohe Anteil mit 24 % in den Kleinstbetrieben auffällig. Dies war Ausdruck einer verstärkten Mechanisierung des Gemüse- und Obstanbaus im Berliner Umland (Potsdam-Werder) sowie im Oderbruch.

Der Absatzmarkt Berlin und eine damit zusammenhängende besondere Wirtschaftsstruktur einzelner Gebiete (Gemüse- und Obstanbau) sowie die Frischmilchwirtschaft machte sich durch eine zunehmende Motorisierung mit Lastkraftwagen bemerkbar. Insgesamt gab es 817 LKW. Dabei hatten aber Betriebe mit einer Größe von weniger als 5 ha bereits einen LKW-Anteil von 39,6 %, der sich mit den Betrieben bis 20 ha auf 69,5 % erhöhte. Diese Möglichkeit der Mobilität, mit dem eigenen LKW die Ware schnell und frisch zu den Abnehmern zu bringen, ließ den Lastwagentransport weiter ansteigen.

5. Entwicklungstendenzen und Stand der Mechanisierung der Landwirtschaft Brandenburgs zu Beginn der 30er Jahre des 20. Jahrhunderts

Die beträchtlichen Veränderungen, die sich in der Mechanisierung der Landwirtschaft Brandenburgs während der Untersuchungszeit vollzogen haben, dokumentiert allein schon ein Vergleich der von der Reichsstatistik 1882 und 1933 unter dem Begriff der „Maschinenverwendung in land- und forstwirtschaftlichen Betrieben" ausgewiesenen Maschinenarten. Wurden 1882 nur sieben Maschinenarten mit der Landwirtschaft in Verbindung gebracht, so hatte sich diese Zahl bis 1933 auf rund 25 erhöht. Obendrein stand dabei hinter solchen Begriffen wie „Elektromotoren" oder „Motorschlepper" eine ganz neue Qualität der Entwicklung. Angesichts dieser unterschiedlichen Ausgangsposition muß auch auf einen direkten Zahlenvergleich verzichtet werden. Hier kann nur der allgemeine Trend aufgezeigt werden:

- enorme Ausweitung in der Nutzung der „klassischen" Sä- und Mähmaschinen sowie der Dreschmaschine,
- Zunahme bei Pflege- und Kartoffelanbaumaschinen,
- Zurückdrängung der Dampfkraft,

37 Vgl. Tab. 4, Anhang.

- Ausweitung in der Nutzung der elektrischen und motorischen Antriebskräfte,
- Zunahme der Innenmechanisierung, ohne dabei ausschließlich auf mechanische Antriebskräfte basierend.

Hinsichtlich der Betriebsgrößenstruktur bei der Nutzung landwirtschaftlicher Maschinen nahm in Brandenburg eine gewisse Differenzierung zu, ohne daß jedoch die dominierende Position der Großbetriebe während der gesamten Untersuchungszeit grundsätzlich verändert wurde. Dies wurde im besonderen Maße daran deutlich, daß die Großbetriebe, die bereits bei den für das „Dampfmaschinenzeitalter" typischen landwirtschaftlichen Maschinen eine führende Stelle einnahmen, auch bei den für die Elektrifizierung und Motorisierung charakteristischen Maschinen neuerlich an der Spitze lagen, wie die Zahl der genutzten Elektromotoren und Motorschlepper dokumentierte. Hinzu kamen noch andere technische Einrichtungen, so maschinelle Tiefkühlanlagen, Höhenförderer und Gebläse einschließlich solcher Neuentwicklungen wie die Stahl-Lanz-Dreschmaschine. Die landwirtschaftlichen Großbetriebe, allen voran die brandenburgischen Güter, die bereits zu Beginn der Untersuchungszeit in der Mechanisierung der Landwirtschaft eine als Pionierrolle zu charakterisierende Stellung eingenommen hatten, behielten diese Funktion auch bis zum Ende der Untersuchungszeit inne.

So gesehen widerspiegelte der sich innerhalb der landwirtschaftlichen Großbetriebe Brandenburgs verstärkende Einsatz von Maschinen, verbunden mit der frühzeitigen Nutzung der Basisinnovationen Elektrizität und Verbrennungsmotor die generelle Konzeption einer Stabilisierung und Modernisierung durch eine fortschreitende Mechanisierung der Arbeitsprozesse. Dabei blieb aber im „Dampfmaschinenzeitalter" auch innerhalb der brandenburgischen Landwirtschaft die „Industrialisierung" als Prozeß einer vollausgebildeten maschinellen Produktion im wesentlichen nur auf das Dreschen mit der Lokomobile beschränkt. Denn nur beim Dampf-Dresch-Satz war das für die industrielle Produktion charakteristische dreiteilige Maschinensystem voll ausgebildet (Antrieb – Transmission – Arbeitsmaschine). Für alle anderen Arbeitsmaschinen, die in die landwirtschaftlichen Arbeitsprozesse mit einbezogen wurden, blieb die Muskelkraft (Tier und/oder Mensch) die ausschließliche Antriebsenergie. Bis zum Ersten Weltkrieg war für die großbäuerlichen und Großbetriebe der verstärkte Kauf von Dampfdreschmaschinen und Selbstbindern signifikant.

Die erste große Veränderung begann sich bei den Innenarbeiten durch die Elektrifizierung abzuzeichnen, als sich mit dem Elektromotor die Möglichkeiten einer vollausgebildeten maschinellen Nutzung bei der Stall-, Hof- und Hauswirtschaft ergaben. Deshalb gehörten die landwirtschaftlichen Großbetriebe in Brandenburg nicht nur mit zu den ersten bei der Errichtung von Kleinkraftwerken, sondern sie unterstützten und förderten auch den Bau von Überlandzentralen, wie zahlreiche Dokumente aus den Gutsarchiven der Provinz Brandenburg belegen.[38]

Die Großbetriebe gehörten aber auch mit zu den ersten Betrieben, die mit dem Einsatz von Motorpflügen die Möglichkeit der Nutzung des Verbrennungsmotors bei landwirt-

38 Vgl. BLHA Pr. Br. Rep. 37 Boitzenburg Nr. 416, 2114 und 2115 sowie 4517/1; Zichow Nr. 91 und 92; Neuhardenberg Nr. 1017 und 1018; Friedersdorf Nr. 187; Schönfließ Nr. 314 und 315.

schaftlichen Arbeiten demonstrierten. Zunächst nur als Arbeitsspitzenbrecher eingesetzt, begannen die großbäuerlichen Betriebe die Motorisierung in dem Maße entschlossen fortzusetzen, wie mit dem Motorschlepper mit Dreipunktaufhängung und Gummirädern – gleich dem Elektromotor in der Stallwirtschaft – eine „universelle" Antriebsmaschine auch für die Feldarbeiten einschließlich Transport zur Verfügung stand.

Diese von den Großbetrieben zunehmend aus einer Vorreiterrolle heraus bewußt initiierten Aktivitäten einer Mechanisierung ihrer Betriebe fand seit der Jahrhundertwende Unterstützung durch überregionale und regionale Standes- und Interessenvereinigungen mit Maschinenämtern, Elektrizitätsausschüssen sowie Prüf-, Berater- und Ausbildungsstellen, denen in den 20er Jahren vom Staat eingerichtete Institutionen für die technische Entwicklung innerhalb der Landwirtschaft folgten. Damit wurde die von privater Initiative ausgehende Mechanisierung entsprechend den industriellen Angeboten und den eigenen ökonomischen Möglichkeiten zunehmend eingebunden in ein sich verstärkendes Engagement des Staates bei der Schaffung institutioneller Rahmenbedingungen für eine Stabilisierung und Modernisierung der landwirtschaftlichen Produktion. Diese durchaus als eine neue Qualität zu bezeichnenden Veränderungen traten zeitlich in dem Augenblick stärker in den Vordergrund, als sich auch für die Landwirtschaft mit den neuen „universellen" Antriebskräften Elektromotor und Verbrennungsmotor sowohl für die Stallarbeiten als auch für die Feldarbeiten Möglichkeiten des Einsatzes vollausgebildeter Maschinensysteme für eine umfassendere und durchgängigere Mechanisierung der Produktion – analog dem dreiteiligen Maschinensystem in der Industrie – abzuzeichnen begannen. Damit dürfte sich dann auch der Prozeß einer zunächst mehr notwendigen Anpassung an die neue Qualität Mechanisierung einer sich etablierenden Strategie des zielgerichteten Maschineneinsatzes auch in der Landwirtschaft Brandenburgs durchgesetzt haben.

Diese Entwicklung dokumentiert nicht zuletzt eine umfangreiche vertrauliche Studie aus dem Jahre 1939, die vom Arbeitswissenschaftlichen Institut der Deutschen Arbeitsfront über den „Landmaschineneinsatz und landwirtschaftliche Erzeugnissteigerung" erarbeitet worden ist.[39] Detailliert wurden die enormen Fortschritte, aber auch die „Lükken aufgezeigt, die in bestimmten Gegenden, in gewissen Betriebsgrößen, Betriebsarten und bei den meisten Maschinen bestehen". Diese auf das gesamte Reichsgebiet bezogenen Differenzierungen ergaben sich auch innerhalb der Provinz Brandenburg. Angesichts des allgemein höheren Maschinenbesatzes bei den landwirtschaftlichen Großbetrieben – wie die Entwicklung auch in der Provinz Brandenburg gezeigt hat – nannte die Studie als „Stoßrichtung", „den Hunger der kleinen Betriebe an Landmaschinen zu befriedigen".[40] Deshalb wurde nachdrücklich gefordert, „sowohl mehr Maschinen als auch bessere und vor allem auch billigere Maschinen in der Landwirtschaft einzusetzen".[41]

39 Vgl. o. V., Landmaschineneinsatz und landwirtschaftliche Erzeugnissteigerung, Herausgeber: Arbeitswissenschaftliches Institut der deutschen Arbeitsfront, Berlin 1939.

40 Ebd., S. 134.

41 Ebd., S. 138.

Anhang

Tabelle 1:
Zahl der landwirtschaftlichen Betriebe, die nachstehende Maschinen nutzten – 1882 und 1907

1882	unter 5 ha	5–20 ha	20–100 ha	100 ha u. mehr	insgesamt
Betriebe insgesamt	1197119	4031	21349	2202	261101
Betriebe, die Maschinen nutzten	100	2839	7479	1781	12199
Dampfpflüge	–	–	2	26	28
Sämaschinen	54	449	738	1308	2549
Mähmaschinen	3	9	175	474	661
Dampfdreschmasch.	3	18	81	601	703
and. Dreschmasch.	46	2638	7249	1333	11266
Lokomobile, nicht zum Dreschen	–	2	15	134	151
Dampfkessel, mit u. o. Triebwerk	–	7	16	313	336
Summe genutzter Maschinen	106	3123	8276	4189	15694
1907					
Betriebe insgesamt	188292	48237	20543	1994	259066
Betriebe, die Maschinen nutzten	5756	31574	18499	1956	57785
Dampfpflüge	1	2	7	185	195
Sämaschinen	298	2997	6843	2290	12428
Mähmaschinen	165	4379	9001	1504	15049
Hackmaschinen	25	138	327	196	686
Dampfdreschmasch.	539	1242	1353	1468	4602
and. Dreschmasch.	2879	28168	17558	719	49324
Kartoffelpflanzmasch.	5	25	231	227	488
Kartoffelerntemasch.	4	83	437	65	589
Schrotmühlen	20	276	362	347	1005
Milchzentrifugen	2703	10149	5496	705	19053
Summe genutzter Maschinen	6639	47459	41615	7706	103419

1882: StDR, N.F., Bd. 5, 1885; 1907: StDR, N.F., Bd. 212, 1912.

Tabelle 2:
Land- und forstwirtschaftliche Betriebe mit Verwendung von Elektromotoren 1925 und 1933

Betriebs-größe	Zahl der Betriebe	Zahl der E-Motoren	Nenn-leistung in Kilo-watt	Anzahl pro Betrieb	Nenn-leistung pro Betrieb	Zahl der Betriebe überhaupt
1925						
0– 5 ha	3302	3373	10426	1.02	3.16	210374
5– 20 ha	15537	16315	63228	1.05	4.07	52574
20–100 ha	10568	13514	71195	1.28	6.74	15730
100 ha u. mehr	1532	5828	31743	3.80	20.72	2025
Summe	30939	39030	176312	1.26	5.70	280703
1933						
0,51–5 ha	5876	5433	nicht ausge-wiesen	0.92	nicht ausge-wiesen	72347
5– 20 ha	29854	31068	"	1.04	"	56456
20–100 ha	21298	29056	"	1.36	"	25677
100 ha u. mehr	2132	8143	"	3.82	"	2839
Summe	59160	73700	"	1.25	"	157319

Quelle: 1925: StDR, Bd. 410, Berlin 1929; 1933: StDR, Bd. 461, Berlin 1937.

Tabelle 3:
Die Verwendung von Motorpflügen und Kraftschleppern 1925

Betriebs-größe	Motorpflüge (Traktoren) Zahl der Betriebe überhaupt	eigene Betriebe	eigene Motorpflüge	Kraftschlepper Zahl der Betriebe	Kraftschlepper Zahl der Fahrzeuge	Lastkraftwagen Gesamt-leistung PS	Lastkraftwagen Explosionsmotor Zahl der Betriebe	Lastkraftwagen Explosionsmotor Zahl der Fahrzeuge
0– 5 ha	6	6	7	2	2	31	5	5
5– 20 ha	27	23	31	19	20	193	8	9
20–100 ha	118	112	117	61	63	1421	13	14
über 100 ha	639	607	693	270	312	9322	143	153
Summe	790	748	848	352	397	10967	163	181

Quelle: StDR, Bd. 410, 1929. Was die Zählung 1925 betrifft, so wird in der Zählung 1933 (StDR, Bd. 461,2, S. 21) darauf hingewiesen, daß Traktoren, die auch zum Pflügen genutzt wurden, offensichtlich mit den Motorpflügen doppelt gezählt worden sind.

Tabelle 4:
Die Verwendung von Motorschleppern und -pflügen sowie Lastkraftwagen 1933

Betriebs-größe	Motorschlepper über 16 PS Zahl der Betriebe	eigene Zahl der Betriebe	Klein-schlepper Zahl der Maschinen	Lastkraft-schlepper bis 16 PS Zahl der Betriebe	Zahl der eigenen Maschinen	Leicht- und Schwerölmotore Zahl der Betriebe	Zahl der eigenen LKW	Zahl der Betriebe	Zahl der eigenen Maschinen
0,51– 5 ha	7	5	5	106	97	318	324	428	379
5 – 20 ha	59	44	46	80	78	216	244	1905	1793
20 –100 ha	444	424	433	82	81	112	128	1106	1104
über 100 ha	1274	1254	1576	131	149	115	121	315	386
Summe	1784	1727	2060	399	405	761	817	3754	3662

Quelle: StDR, Bd. 461, 1937.

Jürgen Laubner

Zwischen Industrie und Landwirtschaft Die oberschlesischen Magnaten – aristokratische Anpassungsfähigkeit und „Krisenbewältigung"

„Sie sehen, meine Herren, in Schlesien also sind Landwirthschaft, Industrie und Handel einig, und die Politik der Sammlung, nämlich der wirthschaftlichen Sammlung, hat sich dort bereits vollzogen (...)"
Franz Graf von Ballestrem, 16. August 1899[1]

Daß die oberschlesischen Magnaten eine im kaiserlichen Deutschland von 1871 herausragende Rolle gespielt haben, ist unbezweifelt und längst in groben Umrissen bekannt. Ist dabei ihr industrielles Engagement relativ breit erforscht, bleiben bis heute wichtige Fragen des politischen, sozialen und mentalen Wirkens zu beantworten. Und auch deren Landwirtschaftsinteresse – im weitesten Sinne des Wortes – darf bis jetzt wohl als allenfalls partiell behandelt gelten. So sind sie, obwohl schon vor Jahren zurecht von anderen adligen Gruppen Deutschlands abgehoben und deren Spezifik benannt – Hans Rosenberg spricht sogar von einem „Sonderfall"[2] –, ein insgesamt unzureichend und wenig untersuchtes historisches Feld.

1. Zur Ausgangslage

Gegenüber anderen östlichen Provinzen Preußens ragte Schlesien durch seine – vor allem in Oberschlesien – stark ausgebaute Montanindustrie hervor. Die industrielle Entwicklung begann dort bereits um die Wende vom 18. zum 19. Jahrhundert unter maßgeblicher Beteiligung des großgrundbesitzenden Adels, mehr noch: Die oberschlesischen Magnaten waren die vorrangigen Träger des Wirtschaftslebens und sie wuchsen so „in jene unternehmerische Dimension hinein, die zum Maßstab für ihre Beurteilung als Wirtschaftspioniere und Wirtschaftsführer werden sollte."[3] Erst um die Jahrhundertmitte stiegen Unternehmer bürgerlicher Herkunft nach und nach in den Kreis der wirtschaftlichen Führungskräfte auf; der Adel räumte zunehmend das Feld.

---

1 Franz Graf von Ballestrem am 16.8.1899 im preußischen Abgeordnetenhaus, in: Stenographische Berichte über die Verhandlungen der durch die Allerhöchste Verordnung vom 16. Dezember 1898 einberufenen beiden Häuser des Landtages. Haus der Abgeordneten, 4. Bd. (7.6.1899–29.8.1899), Berlin 1899, S. 2812.

2 Hans Rosenberg, Probleme der deutschen Sozialgeschichte, Frankfurt a.M. 1969, S. 23.

3 Konrad Fuchs, Zur Bedeutung des schlesischen Magnatentums für die wirtschaftliche Entwicklung Oberschlesiens, in: ders., Beiträge zur Wirtschafts- und Sozialgeschichte Schlesiens (= Veröffent-

„Das Magnatentum mit seinem großen Grundbesitz und seinen Vorrechten war hier von vornherein der berufene Unternehmer. Gab der Grundbesitz die Mittel, so waren die Vorrechte die treibende Kraft.“[4] Jene Vorrechte ergaben sich insbesondere aus dem Schlußparagraph des Allgemeinen Berggesetzes für die preußischen Staaten vom 24.6.1865, jener Paragraph 250, der an „den Rechten der früher reichsunmittelbaren Standesherren, sowie derjenigen, welchen auf Grund besonderer Rechtstitel das Bergregal in gewissen Bezirken allgemein oder für einzelne Mineralien zusteht“[5], nichts änderte. Zu diesen Standesherren mit „Privatregal“ gehörten neben den zahlreichen Fürsten und Grafen im Westen der Monarchie vor allem die schlesischen Magnaten des Ostens. So wurde die industrielle und teilweise finanzielle Betätigung zur Hauptquelle ihres Einkommens, und gleichzeitig ermöglichten diese Einnahmen auch die fortwährende Erweiterung ihres Grundbesitzes. Insgesamt führte diese Entwicklung zu einem hohen Konzentrationsgrad ihrer Unternehmen.

Die Magnaten Oberschlesiens waren sowohl Großindustrielle wie Großgrundbesitzer, verbanden also in persona die tragenden Säulen des deutschen Wirtschaftsgefüges. Aber: Ihre Rolle im landwirtschaftlichen Bereich ist schwer nachzuvollziehen; schon zu Lebzeiten wurde meist deren industrielle Tätigkeit hervorgehoben und gewürdigt. Dennoch gewähren die Landwirtschaftsstatistiken[6] sowie die Güter-Adreß- und Handbücher[7] und nicht zuletzt die überaus beachtenswerten wie verdienstvollen agrarstatistischen Untersuchungen[8] des halleschen Professors für Nationalökonomie, Johannes Conrad (1839–1915), einen Einblick. Weniger gut überliefert sind Gutsarchive, die vielfach durch Kriegseinfluß vernichtet wurden, und dort, wo reichhaltigeres Material vorhanden scheint (etwa in den Staatsarchiven Wroclaw und Katowice, Abteilung Pszczyna)[9], steht eine umfassende Auswertung noch aus. Doch zunächst, wen meinen wir, wenn im folgenden

lichungen der Forschungsstelle Ostmitteleuropa an der Universität Dortmund, hg. v. Johannes Hoffmann, Reihe A, Nr. 44), Dortmund 1985, S. 127.

4 Bruno Knochenhauer, Die oberschlesische Montanindustrie. Die deutsche Wirtschaft und ihre Führer, hg. v. Kurt Wiedenfeld, Bd. 9, Gotha 1927, S. 147.

5 Allgemeines Berggesetz für die Preußischen Staaten. Vom 24. Juni 1865, in: Gesetz-Sammlung für die Königlichen Preußischen Staaten, Nr. 30 (= Gesetz-Sammlung für die Königlichen Preußischen Staaten, 1865), S. 758.

6 Vgl. Statistik des Deutschen Reichs, hg. vom Kaiserlichen Statistischen Amt. Neue Folge, Bd. 5, Berlin 1885; Neue Folge, Bd. 112, Berlin 1898; Bde. 212/1 und 212/2, Berlin 1909/1912.

7 Vgl. Handbuch des Großgrundbesitzes im Deutschen Reiche. Nach amtlichen und authentischen Quellen bearb. durch P. Ellerholz. I. Das Königreich Preussen. VI. Lieferung. Die Provinz Schlesien, Berlin 1880; Schlesisches Güter-Adreßbuch, 8. Ausgabe, Breslau 1905; 11. Ausgabe, Breslau 1917.

8 Vgl. Johannes Conrad, Agrarstatistische Untersuchungen. V. Die Latifundien im preußischen Osten, in: Jahrbücher für Nationalökonomie und Statistik. Neue Folge, Bd. XVI (L), Jena 1888, S. 121–170; ders., Agrarstatistische Untersuchungen. V. Der Großgrundbesitz in Schlesien, in: Ebd., Dritte Folge, Bd. XV (LXX), Jena 1898, S. 705–729.

9 Vgl. u. a. Archiwum Schaffgotschów. Archiwum Panstwowe w Wroclawiu; Archiwum Ksiazat Pszczynskich. Archiwum Panstwowe w Katowicach. Oddzial w Pszczynie.

Tabelle 1:
Latifundienbesitzer (mehr als 5000 Hektar) unter den Magnaten um 1887

Name	Besitz-teile	Acker- und Wiesen-fläche in ha	Waldfläche in ha	Gesamt-fläche in ha
Guido Graf Henckel v. Donnersmarck	34	8620	15290	25189
Hugo Graf Henckel v. Donnersmarck	21	3913	9866	14414
Hans Heinrich XI., Fürst v. Pleß	75	15614	33133	51112
Viktor Herzog v. Ratibor	54	7775	23362	33096
Ludwig Graf Schaffgotsch	27	1971	28576	31242
Hugo Herzog v. Ujest, Fürst zu Hohenlohe-Oehringen	52	10981	27390	39742
Hubert v. Tiele-Winckler	25	5787	7096	13839
insgesamt	288	54661	144713	208634

Quelle: Johannes Conrad, Agrarstatistische Untersuchungen. V. Der Großgrundbesitz in Schlesien, in: Jahrbücher für Nationalökonomie und Statistik. Dritte Folge, Bd. XV (LXX), Jena 1898, S. 713.

von den oberschlesischen Magnaten gesprochen wird? – Bei ihnen handelt es sich um eine kleine, aber sehr einflußreiche Personengruppe des 19. und beginnenden 20. Jahrhunderts, repräsentiert durch die Familien der von Ballestrem, der Beuthen-Siemianowitzer und Tarnowitz-Neudecker Linie der Henckel von Donnersmarck, von Hohenlohe-Oehringen, von Pleß, von Ratibor, von Schaffgotsch und von Tiele-Winckler. Aufgrund ihrer Besonderheiten bleiben die Renards und das Familienunternehmen Georg von Giesches Erben unberücksichtigt.

Um eine Vorstellung von Größe und Bedeutung der Magnaten zu vermitteln, seien einige statistische Angaben vorangestellt. Beginnen wir beim Grundbesitz. Tabelle 1 nennt die Latifundienbesitzer (mehr als 5000 Hektar Gesamtfläche) unter ihnen um 1887.

Franz Graf von Ballestrem, der 1910 über eine Gesamtfläche von 11353 Hektar verfügte[10], wird hier noch nicht genannt.

Schlesien, ohnehin als die Provinz der Latifundien bekannt, verfügte um 1887 insgesamt über 46 solche Besitzer mit einer Gesamtfläche von 671649 Hektar. Eine detaillierte Übersicht gibt Tabelle 2.

Lediglich 0,36 % aller Besitzer der Provinz gehörten zur Gruppe der Magnaten, die damit aber über nahezu 8 % der Besitzungen mit einer Gesamtfläche von rund 12 % verfügten. Und: Der größte Teil ihres Besitzes (69,36 %) bestand aus Forsten, der so der unmittelbaren landwirtschaftlichen Produktion entzogen war; gerade 26,2 % der Fläche wurden für Ackerbau und Viehzucht (Acker und Wiesen) genutzt.

Das Problem der fideikommissarischen Bindung soll hier nicht näher gekennzeichnet

10 Vgl. Rudolf Martin, Jahrbuch des Vermögens und Einkommens der Millionäre in Preußen, Berlin 1912, (2. Teil), S. 56.

Tabelle 2:

	gesamt	5000 und mehr ha		Magnaten	
		absolut	in Prozent	absolut	in Prozent
Besitzer	1966	46	2,34	7	0,36
Besitzungen	3687	843	22,86	288	7,81
Acker, Wiesen (in ha)	867706	192443	22,18	54661	6,30
Wald (in ha)	785448	443996	56,53	144713	18,42
Totalfläche (in ha)	1750702	671649	38,36	208634	11,92

Quelle: Johannes Conrad, Agrarstatistische Untersuchungen. V. Der Großgrundbesitz in Schlesien, in: Jahrbücher für Nationalökonomie und Statistik. Dritte Folge, Bd. XV (LXX)? Jena 1898, S. 710f.

werden. Nur soviel: Keine Provinz Preußens hatte einen so hohen Anteil an Fideikommissen aufzuweisen wie Schlesien. 1888 waren es 144 in der Hand von 138 Besitzern, 1895 waren es dann 159 mit einer Fläche von 553169 Hektar, und auch hier überwogen jene, die zu den Latifundien gerechnet werden können. Von den oben genannten 46 Latifundienbesitzern hatten 28 ihren Besitz teilweise oder völlig dieser besonderen Form unterworfen. Insgesamt waren 97,53 % der Besitzungen mit 99,16 % der Gesamtfläche der Fideikommisse in adliger Hand.[11] Mit einem Wort: Die schlesischen „Junker", besser der großgrundbesitzende Teil des Adels, verfügten über eine beträchtliche wirtschaftliche Grundlage. Vor allem auch im Zusammenhang mit dem landwirtschaftlichen Nebengewerbe und ihrer Teilnahme am wirtschaftlichen Aufschwung konnten sie diese Basis zwischen 1871 und 1918 nicht nur erhalten, sondern vielfach ausbauen. Das Gerede von der „schlechten wirtschaftlichen Lage des Großgrundbesitzes" und einer „andauernden Strukturkrise" erweist sich als ideologisch verbrämtes Klagelied der Agrarier, das zum Teil vorbehaltlos über viele Jahre hinweg als Erklärungsmuster übernommen wurde.[12]

Unterstrichen wird diese Feststellung besonders durch jene, die über das Maß herkömmlichen landwirtschaftlichen Nebengewerbes hinaus eigenständige Industrieanlagen betrieben, als „junkerliche Industrieunternehmer" auftraten. Die Provinz Schlesien, insbesondere Oberschlesien, trat dabei vor allem durch die dort ansässige Berg- und Hüttenindustrie hervor. Ohne die entsprechenden statistischen Angaben hier zu nennen, sei in unserem Zusammenhang lediglich vermerkt, daß Oberschlesien von jeher als der „schwarze Diamant" in der Krone Preußens galt. Der dominierende Anteil der oberschlesischen Magnaten ist unverkennbar und in der einschlägigen Literatur immer wieder hervorgehoben worden. Sie „rangierten unter den Paladinen des Königs von Preußen und Deutschen Kaisers" und verkörperten „die mächtigste östliche Stütze des Thrones". Aller-

11 Vgl. Jürgen Laubner, Die Stellung der schlesischen Junker im deutschen Kaiserreich 1871 bis 1917/18, Diss. Halle 1982, S. 24f.

12 Vgl. ebenda, S. 31 sowie Klaus Heß, Junker und bürgerlicher Großgrundbesitz im Kaiserreich. Landwirtschaftlicher Großbetrieb, Großgrundbesitz und Familienfideikommiß in Preußen (1867/71–1914), Stuttgart 1990, S. 315f.

Tabelle 3:

Name	Stelle der Rangfolge	Vermögen in Mio. M	Einkommen in Mio. M pro Jahr
Guido Graf Henckel Fürst v. Donnersmarck	2	117	12
Christian Kraft Fürst zu Hohenlohe-Oehringen, Herzog von Ujest	3	151	7
Hans-Heinrich XV., Fürst v. Pleß	5	84	1,9
Hans-Ulrich Graf v. Schaffgotsch	6	79	4–5
Franz-Hubert Graf v. Tiele-Winckler	8	74	3–4
Franz Graf v. Ballestrem	10	56	2–3
(Friedrich Reichsgraf v. Schaffgotsch)		20–21	1,5
Lazarus Graf Henckel v. Donnersmarck		20–21	1,5
Viktor, Herzog v. Ratibor		20–21	0,78
Arthur Graf Henckel v. Donnersmarck		17–18	1,1
Edgar Graf Henckel v. Donnersmarck		13–14	0,8
Hugo Graf Henckel v. Donnersmarck		10–11	0,51

Quelle: Rudolf Martin, Jahrbuch des Vermögens und Einkommens der Millionäre in Preußen, Berlin 1912, (2. Teil), S. 1ff.

dings waren sie nicht vom „gleichen Schlage(s) wie die 'Ostelbier'. Blickten diese verächtlich auf Banken und Börse, so suchten jene den Anschluß und versuchten sich selbst in Aktientransaktionen“ und Konzernbildungen. „Die Börse war ihnen nicht der Baalstempel, der seine Jünger diskreditierte oder diffamierte, sie war ihnen ein Hebel, um ruhendes Kapital zum Wirken zu erwecken.“ Die oberschlesischen Magnaten „standen dem Börsengeschehen nicht verständnislos gegenüber, sie wurden selbst Experten für Hausse und Baisse.“[13] „Es wäre daher nichts falscher, als das oberschlesische Magnatentum mit dem Junkertum gleichzusetzen.“[14]

Das „Jahrbuch des Vermögens und Einkommens der Millionäre in Preußen“ (1912) vermittelt einen Eindruck davon, wie erfolgreich die Magnaten in der Wirtschaft Preußen-Deutschlands sich zu behaupten verstanden. Schon die ersten Seiten dieses Verzeichnisses lesen sich wie ein genealogisches Adreßbuch Oberschlesiens: (s. Tabelle 3)

Halten wir fest: Auf der Grundlage der vorgefundenen Voraussetzungen im 18. und 19. Jahrhundert waren die Magnaten die berufenen Unternehmer, die sich in der Folge aller gebotenen Mittel und Möglichkeiten bedienten, um aktiv Anteil am Industrialisierungsprozeß zu nehmen. Ihre dabei gezeigte Flexibilität im unternehmerischen Bereich ist beeindruckend. Auch wenn dabei sowohl hinsichtlich des persönlichen Engagements wie

13 Erich Achterberg, Berliner Hochfinanz. Kaiser, Fürsten, Millionäre um 1900, Frankfurt a.M. 1965, S. 9.

14 Fuchs, Bedeutung, S. 140.

des letztendlichen Erfolges und des beschrittenen Weges Unterschiede zu machen sind, bleiben die Magnaten wohl eine der erfolgreichsten aristokratischen Gruppe, die im 19. und beginnenden 20. Jahrhundert zwischen Industrie und Landwirtschaft operierend gleichzeitig zu ihrer mächtigsten und einflußreichsten in der deutschen Geschichte wurde. Sie hatten sich den modernen Bedingungen nicht nur angepaßt, sondern sie vermochten diese zu beeinflussen, waren vielfach dominierend und zeitprägend.

2. Die Personen und ihre Zeit, die Gruppe und ihre Vertreter

Nach dem Grundsätzlichen soll nun ein Exkurs über einzelne Potentaten folgen. Dabei geht es zunächst um Unterschiede in der Gruppe selbst und im Anschluß daran um die Charakterisierung der Einzelpersonen – mithin eine stark verknappte Gruppenbiographie. Der Wirtschaftsjournalist Günter Ogger sprach einmal mit Bezug auf die oberschlesischen Magnaten von der „nach heutigen Vorstellungen wohl exotischsten Gruppe der Industriegründer". Und in der Tat, ihre Geschichte wie die des oberschlesischen Bergbaus „besteht aus Storys von abenteuerlichen Karrieren, von seltsamen Adoptionen und Zweckheiraten, von Pleiten und Skandalen, von sozialer Not und Klassenhaß, aber auch von schillernden Persönlichkeiten, vom Glanz und Reichtum einer Gruppe privilegierter Herrenmenschen."[15] Schauen wir uns daher ihre führenden Vertreter in der Zeit zwischen der Revolution von 1848 und dem Ersten Weltkrieg genauer an.

Franz Graf von Ballestrem (1834–1910), dem wir unser Eingangszitat verdanken, baute nach seiner Besitzübernahme 1879 das Familienunternehmen zu einer imponierenden Größe aus. Dabei war von Anfang an dem Wirken seiner Generalbevollmächtigten (Godulla, Klausa, Vüllers, Pieler sen. und jun.) ein Großteil des Aufstiegs zu verdanken. „Es kann kein Zweifel daran bestehen, daß die Ballestrems durch die Praktizierung einer quasi Hausmeierpolitik, d. h. daß sie die Leitung ihrer Unternehmen anerkannten Fachleuten überließen (...) während sie sich selbst einer klugen Zurückhaltung befleißigten, entscheidend zur gedeihlichen Entwicklung ihres Konzerns beigetragen haben"[16] – ohne daß damit deren letztendliche Entscheidungsbefugnis berührt wurde. Den Ballestrems gelang es, ihren Montanbesitz in eigener Hand zu behalten, d. h. ihn nicht in einer Aktiengesellschaft aufgehen zu lassen. Vielleicht lag es an dieser „Zurückhaltung", daß sich der Graf vor allem als Zentrumspolitiker einen Namen machte und damit zu einer der bekanntesten Persönlichkeiten des öffentlichen Lebens im deutschen Kaiserreich wurde. Er, der 1874 zur Zeit des „Kulturkampfes" mit seinem „Pfui!" wider Bismarck im Reichstag für Aufsehen sorgte, sollte 1898 zu dessen Präsidenten werden; über viele Jahre war er ein katholisch geprägter Vollblutpolitiker, Mitglied verschiedener Institutionen und Gremien, der die politische Geschichte des Deutschen Reiches mitgeschrieben hat und dabei auch seine wirtschaftlichen Interessen verwirklichen konnte.

---

15 Günter Ogger, Die Gründerjahre. Als der Kapitalismus jung und verwegen war, München 1982, S. 52f.

16 Fuchs, Bedeutung, S. 129.

Außer den Ballestrems gelang es nur noch den *Fürsten von Pleß*, ihren Besitz selbständig zu führen und nicht in eine Aktiengesellschaft einzubringen. Unter Hans-Heinrich XI. (1833–1907) und seinem ältesten Sohn Hans-Heinrich XV. (1861–1938) gelang in rund sechzig Jahren der Aufbau des Industrieunternehmens. Auch sie bedienten sich bis in ihre Chefetagen hinein des Wissens anerkannter Fachkräfte. Als größter Grundbesitzer Schlesiens wäre Hans-Heinrich XV. (oder später einer seiner Söhne) im Jahre 1916 beinahe polnischer König geworden, wenn es nach dem Willen des deutschen Kaisers gegangen wäre.[17] Und, obwohl er bei Wilhelm II. ein- und ausging, jener häufig als Jagdgast, später auch im Großen Hauptquartier in Pleß weilte, erwuchsen der fürstlichen Familie immer wieder Probleme um Daisy, denn die Fürstin machte als geborene Engländerin aus ihrer Herkunft kein Geheimnis und engagierte sich im Ersten Weltkrieg als Krankenpflegerin offen für ihre Landsleute.

Eine zweite Gruppe der Magnaten bildeten die *Schaffgotsch* und *Tiele-Winckler*, die ihren Besitz und Reichtum insbesondere durch glückliche Heiraten mit geadelten Angehörigen des Bürgertums begründeten. So begann der wirtschaftliche Aufschwung der Grafen Schaffgotsch, als 1858 Hans Ulrich (1831–1915) die damals gerade sechzehnjährige Johanna Gryczik, Adoptivtochter und Universalerbin des oberschlesischen Zinkkönigs Karl Godulla, heiratete. Um die Ebenbürdigkeit herzustellen, wurde Johanna kurz vor der Trauung der erbliche preußische Adelstitel verliehen. In der Tat war dies die „Partie des Jahrhunderts"; edles Blut verband sich mit viel Geld! Und doch: Godullas Erbe blieb auch nach der Eheschließung als „Gräfin Schaffgotsche Verwaltung" bestehen und wurde dem Gemahl nicht übertragen. Erst 1904 ging die Verwaltung dann in die „Gräflich Schaffgotschen Werke GmbH" ein. Die Schaffgotsch übrigens machten sich auch einen Namen als Kunstmäzen; so erlangte die Majoratsbibliothek Warmbrunn mit ihren Sammlungen schon lange vor dem letzten Schloßherren, dem Reichsgrafen Friedrich von Schaffgotsch (1908–1947), Bedeutung. Allerdings bilden die Reichsgrafen zu Warmbrunn eine andere Linie der Familie und sind nicht identisch mit denen auf Koppitz.

Fast ebensolches Eheglück war dem damaligen Leutnant Hubert von Tiele (1823–1893) beschieden, als er 1854 Valeska von Winckler (1829–1880), die Tochter des oberschlesischen Großindustriellen Franz Winckler – 1840 nobilitiert –, heiratete. Der Montanbesitz der von Tiele-Winckler ging 1889 in die „Kattowitzer AG für Bergbau und Eisenhüttenbetrieb" ein; dennoch verblieb dem Sohn, Franz Hubert Graf von Tiele-Winckler (1857–1922), ein bedeutender Besitz mit einem beachtlichen Vermögen, wie der Eintrag im „Jahrbuch der Millionäre" erkennen läßt. Nicht unerwähnt soll bleiben, daß sich der Graf politisch stark betätigte: 1887–1892 war er Landrat in Neustadt und galt als besonders konservativ, die Deutschkonservative Partei wurde von ihm finanziell unterstützt.

Mit *Hugo Fürst zu Hohenlohe-Oehringen* (1816–1897), seit 1861 Herzog von Ujest, einem Nichtschlesier, kommen wir auf einen weiteren bedeutenden Industriellen im Deutschen Reich zu sprechen. Er, wie auch sein Sohn Christian Kraft (1848–1926) waren politisch aktiv (Reichs- und Freikonservative Partei, Wechsel zur Deutschkonservativen

17 Vgl. Fürstin Daisy von Pleß, Tanz auf dem Vulkan. Erinnerungen an Deutschlands und Englands Schicksalswende, 2 Bd., 2., durchgesehene Aufl., Dresden 1930, S. 263ff.

Partei, Reichstag). Doch in die Schlagzeilen ging Christian Kraft ein, als er nach der Jahrhundertwende gemeinsam mit Fürst Max Egon zu Fürstenberg den sogenannten „Fürstentrust“ bildete. Mit geradezu atemberaubender Geschäftigkeit hatte er bald überall seine Hand im Spiel; doch die Geschäfte erwiesen sich zu oft als spekulativ, und als 1913 das Geld ausging, brach der Trust unter Verlusten in Millionenhöhe zusammen. Solch zweifelhafte Praktiken ließen den Fürsten zu Hohenlohe-Oehringen im Kreise der sonst so erfolgreich operierenden oberschlesischen Magnaten als skandalumwittert erscheinen.

Und damit zu den *Henckel-Donnersmarck*: Die Beuthen-Siemianowitzer Linie erreichte bereits 1869 unter Graf Hugo (1811–1890) ihren Höhepunkt. Obwohl es ihm gelungen war, innerhalb weniger Jahre ein Industrieimperium aufzubauen, war er in der Folge jedoch außerstande, mit der Entwicklung im oberschlesischen Revier Schritt zu halten. 1871 erfolgten die ersten Verkäufe. Trotz solcher Einbußen konnte er den verbleibenden, immer noch beträchtlichen Besitz sanieren; mit anderen Worten: Es war ihm „mithin gelungen, sich gesund zu schrumpfen“[18]. Seine Söhne Hugo (1832–1908), Lazarus [Lazy] (1835–1914) und Arthur (1836–1921) – das „gräfliche Dreigestirn“ – erbten ein immer noch gewaltiges Vermögen. Damit ist auch die dritte Gruppe umschrieben, die ihren Besitz größtenteils in Aktiengesellschaften einbrachte. Insgesamt erwiesen sich die oberschlesischen Magnaten „in ihrer überwiegenden Mehrzahl (als – J. L.) eine spekulations- und risikobereite Gemeinschaft von Adligen, die Millionäre waren und sich auf wirtschaftspolitischem Feld (...) mehr oder weniger erfolgreich betätigten, vereinzelt aber auch tonangebend waren (... sie – J. L.) gehörten zu jener Gruppe von Aristokraten, die ihrer eigenen Sachkunde, doch ebensosehr der der Praktiker im Berg- und Hüttenwesen sowie im Bank- und Börsenwesen vertrauten.“[19]

Guido Graf Henckel Fürst von Donnersmarck (1830–1916) trat relativ jung und aus einer weniger günstigen Ausgangssituation an die Spitze eines – zunächst noch aufzubauenden – Imperiums und galt bald als einer der imposantesten Wirtschaftsführer Deutschlands überhaupt. Verglichen mit den anderen oberschlesischen Magnaten brachte er es zweifellos am weitesten; mit insgesamt 27496 Hektar Grundbesitz und einem Vermögen von 177 Millionen Mark (1908) war er nach Bertha Krupp von Bohlen der Zweitreichste in Preußen. Auch er nutzte seine Privilegien und sicherte sich so u. a. das Recht auf den Zwanzigsten von dem Blei- und Silbererzbergbau, den Kohlezehnt sowie das Vorzugs- und Ausschließungsrecht für Galmeierze und Steinkohle in Teilen seines Besitzes. Nicht nur in seiner oberschlesischen Heimat waren seine Werke angesiedelt, sondern vorübergehend auch in Rußland, Ungarn, Kärnten, Südfrankreich, Sardinien und Schweden. Bereits 1853 gründete er die Schlesische Aktiengesellschaft für Bergbau und Zinkhüttenbetrieb, deren Aufsichtsratsvorsitzender er bis zu seinem Tode blieb. Aber auch kleinere Zinkhütten und vor allem Eisenhüttenwerke wurden von ihm betrieben. Insbesondere widmete er sich der Kohleindustrie, wobei es gerade die Bergwerke waren, die er für die Eisen- und Stahlproduktion nutzte. Im Anschluß an den Montanbereich entwickelte er auch Aktivitäten innerhalb der Chemieindustrie und nutzte so alle Möglichkeiten zur

18 Fuchs, Bedeutung, S. 133.
19 Ebd., S. 131.

Weiterverarbeitung anfallender Nebenprodukte. In der Nähe seiner ausgedehnten Forsten errichtete er schließlich eine Zellulosefabrik, später kam eine Papierfabrik hinzu. Nebenher begann er mit der Herstellung künstlicher Seide. Seinem stets wachsenden Konkurrenzvermögen verlieh er durch den Erwerb der Rheinischen Bergbau- und Hüttenwesen Aktiengesellschaft einen sichtbaren Ausdruck. Selbst im städtischen Immobiliengeschäft, an der Börse und anderen gewinnverheißenden Geschäften versuchte er sich erfolgreich. Und nicht zuletzt nahm der Freie Standesherr auf Beuthen, Fideikommißherr auf Tarnowitz-Neudeck, Stifter und Herr weiterer Fideikommisse und Herrschaften auch Anteil an dem konventionell landwirtschaftlichen Nebengewerbe und nutzte überdies Teile seines Einkommens zur Arrondierung und Vergrößerung seines Besitzes. Bei all seinen Unternehmungen war er stets und ständig auf die Erlangung größtmöglicher Unabhängigkeit bedacht. Systematisch baute er ganze Produktionsketten auf und erreichte mit seinen vielfach weitverzweigten Einzelbetrieben eine marktbeherrschende Stellung. Große Bedeutung erlangte Henckel von Donnersmarck insbesondere auch auf politischem Gebiet; seine Aktivitäten führten ihn in die Nähe zu Bismarck und Wilhelm II. – sein Einfluß auf die Reichspolitik ist weit größer, als allgemein angenommen wurde.[20]

Und damit abschließend ein Wort zur Sozialpolitik: Insgesamt haben die oberschlesischen Magnaten trotz anerkennenswerter und für die Zeit zum Teil herausragender Initiativen versagt, ihr Engagement blieb Stückwerk. „Das Bestreben der Unternehmer, die Arbeiter auch außerhalb der Betriebsarbeit in Abhängigkeit zu halten, war dort [gemeint ist Oberschlesien – J.L.] besonders stark, noch ganz unverhohlen und ungebrochen von patriarchalischer Mentalität geprägt."[21] Die oberschlesischen Bergleute arbeiteten im Akkord und verdienten am schlechtesten; mit durchschnittlich vier Mark pro zehn- bis zwölfstündiger Schicht lagen sie weit unter den Verdienstmöglichkeiten im Westen. Frauen- und Kinderarbeit soll hier gar nicht erst weiter untersucht werden. Für geringe Vergehen wurde mit Strafe gedroht – die Arbeits- und Fabrikordnungen waren voll entsprechender Paragraphen.[22] Besonders verhaßt war das sogenannte „Wagennullen". Niedriger Lohn, rückständige Technologie und gesundheitsschädigende Arbeitsbedingungen prägten das Bild. In ihrem patriarchalischen Verständnis suchten die Magnaten dem mit „großzügigen" Schenkungen wie Krankenhäuser, Kinderheime, Arbeiterwohnungen u. a. m. zu begegnen; sie richteten Unterstützungskassen und Konsumvereine, Schlafhäuser, Schulen usw. ein, stifteten Fonds und verliehen Prämien, ja sogar Kurse und Arbeiterfeste wurden von ihnen finanziert. Die Mittel waren sehr vielschichtig, dienten aber letztlich der Seßhaftmachung auch und vor allem ihrer Landarbeiter. Schenkt man den offiziellen Dokumenten Glauben, so dankten die Untertanen ihren Herren dafür

---

20 Vgl. Jürgen Laubner, Guido Henckel von Donnersmarck. Ein oberschlesischer Magnat und die Reichspolitik, in: Mitteilungen des Beuthener Geschichts- und Museumsvereins, Bd. 50, hg. v. Hans-Ludwig Abmeier, Forschungsstelle Ostmitteleuropa an der Universität Dortmund, Dortmund 1992, S. 1–24.

21 Ernst Engelberg, Bismarck. Das Reich in der Mitte Europas, Berlin 1990, S. 434.

22 Vgl. u. a. Archiwum Panstwowe w Katowicach, Generaldirektion Fürst von Donnersmarck Schwientochlowitz, DS 296a.

Tabelle 4:
Betriebe mit 1000 Hektar und darüber landwirtschaftlich genutzter Fläche

	1882	1895	1907
Deutsches Reich			
Zahl der Betriebe	515	572	369
Gesamtfläche in ha	1024884	1159674	693656
landwirtschaftliche Nutzfläche in ha	708101	802115	497973
Preußen			
Zahl der Betriebe	483	533	340
Gesamtfläche in ha	967505	1094744	644910
landwirtschaftliche Nutzfläche in ha	670840	755269	462096
Schlesien			
Zahl der Betriebe	44	42	27
Gesamtfläche in ha	96058	104235	60543
landwirtschaftliche Nutzfläche in ha	65666	62464	39750

Quelle: Statistik des Deutschen Reichs (StDR), hg. vom Kaiserlichen Statistischen Amt, Bd. 212/2, Berlin 1912, S. 24.

huldvoll, immer wieder auch riefen sie ihren Gerechtigkeitssinn an und baten demutsvoll um Unterstützung in ihrer mitunter unbeschreiblichen Not.[23] Spätformen des Paternalismus erlangten neue Blüte, ja viele waren den Herren Grafen und Fürsten wirklich ergeben. Andere aber – und es wurden jährlich mehr – zog es fort aus diesem „Jammertal"[24]; ihre Stellen nahmen dann ausländische Arbeitskräfte ein, denen es noch schlechter erging, waren sie doch wesentlich schutz- und rechtloser.

3. Die Modernisierungsbestrebungen auf den Magnatengütern

In den Jahren 1882, 1895 und 1907 wurden im Deutschen Reich landwirtschaftliche Betriebsstatistiken erstellt, die neben anderen Daten auch solche über Maschinennutzung enthalten. Doch zunächst zur Entwicklung der Betriebe mit 1000 und mehr Hektar landwirtschaftlicher Nutzfläche im allgemeinen (Tabelle 4).

Betont werden soll zunächst noch einmal, daß hier nur die Betriebe mit 1000 und mehr Hektar landwirtschaftlich genutzter Fläche aufgenommen sind, d. h. die tatsächliche Anzahl wie auch die eingenommene Gesamtfläche lag bei den Großgütern entsprechend höher. Insofern also widerspiegeln diese Angaben nur einen Teil der von den Magnaten repräsentierten landwirtschaftlichen Betriebe, insbesondere auch deshalb, weil alle klei-

23 Vgl. u. a. ebd., DS 6, 19.
24 Hans Marchwitza, Meine Jugend. Roman. 1. Teil: Oberschlesische Bergleute, Berlin 1951, S. 164.

neren Größenklassen – die durchaus zu einer wirtschaftlichen Einheit zusammengeschlossen sein konnten – hier vernachlässigt worden sind. Dennoch vermitteln die Zahlen einen durchaus zutreffenden Trend, der es in der Folge auch ermöglicht, Aussagen zur Technisierung zu treffen.

Nun zur Nutzung und Anwendung von Maschinen (Tabellen 5–7). In allen landwirtschaftlichen Betriebszählungen wurde diesem Moment besondere Bedeutung beigemessen. In den Jahren 1882 und 1895 wurde lediglich nach der Benutzung bestimmter Maschinen gefragt, 1907 allerdings ging es um sämtliche landwirtschaftlichen Maschinen, die dann allerdings auch nur ausgewählt in der Statistik erscheinen. Aber, und dies scheint besonders wichtig, die Zählung von 1907 unterscheidet bei der Angabe der Betriebe nicht nur die Maschinennutzung, sondern nennt auch das Eigentum von Maschinen.

In keinem Betrieb der Größenklassen unter 1000 Hektar landwirtschaftlicher Nutzfläche wird in der Provinz Schlesien ein solcher Technisierungsgrad (in der Gesamtheit) erreicht; freilich mit Ausnahmen. So war zum Beispiel der Besatz von anderen Dreschmaschinen in den Zähljahren 1882, 1895 und 1907 in den unteren Größenklassen (Parzellenbetriebe bis Großgrundbesitz über 100 Hektar – zum Teil bis 500 Hektar – landwirtschaftlicher Nutzfläche) stets höher ebenso wie der von Milchzentrifugen. Mähmaschinen wurden 1882 in den Größenkategorien 200–500 und 500–1000 Hektar, 1895 und 1907 nur in der zwischen 500–1000 Hektar in einem höheren Grad benutzt. Überhaupt fanden vereinzelt auch andere Maschinentypen (insbesondere breitwürfige Sämaschinen, Drill- und Dibbelmaschinen, Hackmaschinen, Schrotmühlen) in den Betrieben mit 100 und mehr Hektar Nutzfläche verbreitete Anwendung; andere (wie stehende Dampfkessel ohne Triebwerk [1882] und Düngerstreumaschinen [1895]) haben dort nur in den Großbetrieben von 500–1000 Hektar teilweise eine größere Rolle gespielt. So kann anhand der vorliegenden Zahlen darauf geschlossen werden, daß der Maschineneinsatz auf den oberschlesischen Magnatengütern und damit der Grad der Technisierung prinzipiell sehr hoch gewesen sein muß, ein Tatbestand, der angesichts der Kapitalkraft und der Industrienähe der Magnaten wohl auch nicht verwundert. Direkte Vergleichsmöglichkeiten fehlen bislang leider, und so kann hier nur der Trend reflektiert werden.[25] Der oben angedeutete sehr hohe Anteil an Waldungen steht allerdings auch für eine besondere Form landwirtschaftlicher Nutzung und hier dann in Verbindung mit dem Nebengewerbe. In vielen Fällen finden sich entsprechende Hinweise auf Sägewerke und Brettmühlen, wie überhaupt Brennerei- und Ziegeleianlagen sowie Stärkefabriken u. a. m. eine erhebliche Bedeutung zukommt.[26] Auch dieses Engagement entsprach voll und ganz der wirtschaftlichen Interessenlage.

Es ist hier nicht möglich und würde den gesteckten Rahmen des Beitrages sprengen, alle Magnatengüter im Detail darzustellen; der Bezug auf einige Beispiele allerdings erlaubt die Gewinnung eines Eindrucks von der „Binnenstruktur", die durchaus repräsentativen Charakter hat. Exemplarisch behandelt werden im folgenden die Familien Henckel von

25 Vgl. dazu die Ausführungen unter Pkt. 1. Zur Ausgangslage.

26 Vgl. Laubner, Die Stellung der schlesischen Junker, S. 32–35.

Donnersmarck sowie von Pleß; erstere haben aufgrund ihrer industriellen Aktivitäten eine herausragende Position in Schlesien und Deutschland eingenommen, letztere zählten mit insgesamt 70100 Hektar Gesamtfläche (nach der Jahrhundertwende stehen sie damit an erster Stelle in Schlesien) zu den größten Grundbesitzern der preußischen Monarchie.

a) Freie Standesherrschaft Beuthen/Oberschlesien[27]

Besitzer der Freien Standesherrschaft Beuthen sind die Grafen Hugo, Lazy und Arthur Henckel von Donnersmarck auf Polnisch-Krawarn, Naklo bzw. Wolfsberg (Kärnten); die hier vereinigten 20 Güter haben eine Gesamtfläche von 14916 Hektar. Genannt werden folgende Industrieanlagen bzw. Anlagen des landwirtschaftlichen Nebengewerbes:

1 Anhydritanlage	2 Hochöfen	4 Steinbrüche
1 Beleuchtungs-/ Kraftanlage	4 Kalkbrennereien (-öfen)	1 Tongrube
2 Bleierzgruben	3 Kohlegruben	1 Zellulose-u. Papierfabrik
2 Dampfbäckereien	1 Molkerei	2 Zinkgruben
1 Dampfsägemühle	1 Pulverfabrik	7 Zinkhütten
4 Dampfziegeleien	1 Schamottefabrik	1 Zinkwalzwerk
7 Eisenerzgruben	1 Schmiedewerkstatt	1 Zinkweißfabrik
2 Galmeigruben	1 Schwefelsäurefabrik	

Auf drei weiteren Gütern der Grafen werden außerdem noch eine Dampfbrennerei, eine Flachsbereitungsanlage, eine Tongrube sowie eine Ziegelei genannt.

b) Guido Fürst von Donnersmarck'scher Grundbesitz[28]

Bestehend aus der Freien Standesherrschaft Tarnowitz-Neudeck, der Fideikommißherrschaft Klein-Zyglin, der Fideikommißherrschaft Repten, der Allodialherrschaft Zabrze-Mokoschau sowie den Allodialgütern Chropaczow, Bismarckhütte, Schwientochlowitz und Boguschowitz verfügte Guido Graf Henckel Fürst von Donnersmarck damit über einen Besitz von 21942 Hektar Gesamtfläche. Der Besitz umfaßt insgesamt 33 Güter, bei deren Erfassung genannt werden:

3 Brennereien	2 Sägewerke (Brett- und Mahlmühlen)	5 Stein-/Dolomit-brüche
2 Eisenerzgruben	1 Eisen- und Stahlwerk	1 Sandgrube
6 Ziegeleien	2 Kohlegruben	1 Schamottefabrik
1 Zinkhütte	1 Papier- und Zellulosefabrik	1 Schwefelsäurefabrik

27 Vgl. Schlesisches Güter-Adreßbuch, 8. Ausgabe.

28 Vgl. ebd.

c) Majoratsherrschaft Fürstentum Pleß[29]

Besitzer war Hans Heinrich XI., Fürst (später Herzog) von Pleß. Seine Majoratsherrschaft bestand aus 61 Gütern mit einer Gesamtfläche von 40029 Hektar und aufgeführt werden hier:

1 Bäckerei	1 Kellerei	1 Teerschwelerei
2 Brennereien	3 Kohlegruben	1 Windmühle
4 Brettmühlen	1 Molkerei	2 Ziegeleien
2 Gruben		

d) Freie Standesherrschaft Fürstenstein[30]

Die Freie Standesherrschaft, ebenfalls im Besitz Hans Heinrich XI., besteht aus 22 Gütern (davon drei im Kreis Schweidnitz) mit einer Gesamtfläche von 10294 Hektar und es werden genannt:

2 Brauereien	1 Steinbruch
1 Kohlengrube	2 Ziegeleien

Nicht aufgeführt wurden in jedem Falle die mitunter genannte Pflanzen- und Tierspezialisierungen (Baumschulen, Flachsanbau, Fisch-, Pferde-, Rinder- und Schweinezucht).

Sicher: Die Landwirtschaft und mit ihr das landwirtschaftliche Nebengewerbe hatten bei den oberschlesischen Magnaten nie die dominierende wirtschaftliche Bedeutung; ihren Ausweg aus der „Krise“ suchten und fanden sie im industriellen Engagement und der Beteiligung am Finanzgeschäft; dies prägte auch das Bild ihrer Güter. Ihre Maxime brachte Guido Henckel-Donnersmarck wohl auf den Punkt, indem er bemerkte: „(...) je mehr Dampf und Elektrizität Traumwelt und ideale Gedanken verdrängen, desto mehr gelangen wir zur Erkenntnis, daß das Individuum im modernen Staat nur die Existenzberechtigung hat, welche es sich durch Arbeit und Leistung zu erwerben und zu erhalten weiß.“[31] Urteilt man nach diesem Leitsatz und dem tatsächlichen wirtschaftlichen Vermögen der oberschlesischen Magnaten, dann dürften diese mit ihrer „Zwitterstellung“ zwischen Industrie und Landwirtschaft, als Großindustrielle und Großgrundbesitzer, hinsichtlich ihrer Modernisierungsstrategien wohl als die Modernsten anzusehen sein.

29 Vgl. ebd.

30 Vgl. ebd.

31 Zit. nach: Joseph Bitta, Guido Graf Henckel Fürst von Donnersmarck, in: Schlesische Lebensbilder, hg. v. der Historischen Kommission für Schlesien, Bd. 1, Breslau 1922, S. 125f.

Tabelle 5:
Die Benutzung von Maschinen in den landwirtschaftlichen Betrieben mit 1000 und mehr Hektar landwirtschaftlicher Nutzfläche nach der Aufnahme vom 5. Juni 1882

	Deutsches Reich		Schlesien	
	absolut	in Prozent	absolut	in Prozent
Anzahl der Landwirtschaftsbetriebe	515	100	44	100
Anzahl der Betriebe, die Maschinen nutzen	462	89,71	42	95,45
Dampfpflüge	51	9,90	10	22,73
Sämaschinen	403	78,25	18	84,09
Mähmaschinen	181	35,15	18	40,91
Dampfdreschmaschinen	309	60,00	36	81,82
andere Dreschmaschinen	280	54,37	22	50,00
Lokomobile	107	20,78	7	15,91
stehende Dampfkessel mit Triebwerk	132	25,63	11	25,00
stehende Dampfkessel ohne Triebwerk	27	5,24	2	4,54

Quelle: StDR, N. F., Bd. 5, Berlin 1885.

Tabelle 6:
Die Benutzung von Maschinen in den landwirtschaftlichen Betrieben mit 1000 und mehr Hektar landwirtschaftlicher Nutzfläche nach der Aufnahme vom 14. Juni 1895

	Deutsches Reich		Schlesien	
	absolut	in Prozent	absolut	in Prozent
Anzahl der Landwirtschaftsbetriebe	572	100	42	100
Anzahl der Betriebe, die Maschinen nutzten	555	97,03	41	97,62
Dampfpflüge	81	14,16	6	14,29
breitwürfige Sämaschinen	448	78,32	32	76,19
Drillmaschinen	444	77,62	39	92,86
Düngerstreumaschinen	356	62,24	27	64,29
Mähmaschinen	211	36,89	22	52,38
Dampfdreschmaschinen	500	87,41	41	97,62
andere Dreschmaschinen	297	51,92	19	45,24
Hackmaschinen	251	43,88	30	71,43
Milchzentrifugen mit Handbetrieb	72	12,59	4	9,52
Milchzentrifugen mit Kraftbetrieb	140	24,47	7	16,67

Quelle: StDR, N. F., Bd. 112, Berlin 1898.

Tabelle 7:
Die Benutzung und das Eigentum von Maschinen in den landwirtschaftlichen Betrieben mit 1000 und mehr Hektar landwirtschaftlicher Nutzfläche der Aufnahme vom 12. Juni 1907

	Deutsches Reich		Schlesien	
	absolut	in Prozent	absolut	in Prozent
Anzahl der Landwirtschaftsbetriebe	369	100	27	100
Anzahl der Betriebe, die Maschinen nutzen	365	98,92	27	100
Dampfpflüge				
Betriebe überhaupt	120	32,52	11	40,74
Betriebe mit eigenen D.	41	11,11	5	18,52
Zahl der eigenen D.	48		6	
breitwürfige Sämaschinen				
Betriebe überhaupt	284	76,96	17	62,96
Betriebe mit eigenen S.	284	76,96	17	62,96
Zahl der eigenen S.	1286		121	
Mähmaschinen				
Betriebe überhaupt	328	88,89	24	88,89
Betriebe mit eigenen M.	328	88,89	24	88,89
Zahl der eigenen M.	1944		137	
Drill- und Dibbelmaschinen				
Betriebe überhaupt	185	50,13	11	40,74
Betriebe mit eigenen D.	185	50,13	11	40,74
Zahl der eigenen D.	698		55	
Hackmaschinen				
Betriebe überhaupt	63	17,07	3	11,11
Betriebe mit eigenen H.	63	17,07	3	11,11
Zahl der eigenen H.	328		37	
Dampfmaschinen				
Betriebe überhaupt	337	91,33	27	100
Betriebe mit eigenen D.	327	88,62	26	96,30
Zahl der eigenen D.	521		49	
andere Dreschmaschinen				
Betriebe überhaupt	97	26,29	5	18,52
Betriebe mit eigenen D.	94	25,47	5	18,52
Zahl der eigenen D.	230		21	

Fortsetzung nächste Seite

Tabelle 7:
Fortsetzung

	Deutsches Reich		Schlesien	
	absolut	in Prozent	absolut	in Prozent
Kartoffelpflanzmaschinen				
Betriebe überhaupt	42	11,38	5	18,52
Betriebe mit eigenen K.	42	11,38	5	18,52
Zahl der eigenen K.	75		7	
Kartoffelerntemaschinen				
Betriebe überhaupt	31	8,40	7	25,93
Betriebe mit eigenen K.	31	8,40	7	25,93
Zahl der eigenen K.	92		39	
Schrotmühlen				
Betriebe überhaupt	79	21,41	2	7,41
Betriebe mit eigenen S.	79	21,41	2	7,41
Zahl der eigenen S.	100		2	
Milchzentrifugen (Separatoren)				
Betriebe überhaupt	137	37,13	5	18,52
Betriebe mit eigenen M.	137	36,58	5	18,52
Zahl der eigenen M.	168		9	

Quelle: StDR, Bd. 212/2, Berlin 1912.

Hans-Heinrich Müller

Pächter und Güterdirektoren
Zur Rolle agrarwissenschaftlicher Intelligenzgruppen in der ostelbischen Landwirtschaft im Kaiserreich

Deutschland war zu Beginn des 20. Jahrhunderts gewiß kein klassisches Land der Pacht wie England. Während in England 85,5 % der gesamten landwirtschaftlichen Nutzfläche Pachtland waren, betrug sein Anteil in Deutschland nur 9,18 %.[1] Dennoch spielte die Pacht in Deutschland keine unbedeutende Rolle. Insbesondere in den östlichen Provinzen Preußens und in Mecklenburg verzeichnen wir eine größere Anzahl von Pachtbetrieben. Die größte Bedeutung hatte die Pachtlandbewirtschaftung zweifellos für die Zwerg- und Parzellenwirtschaften – und für die Großbetriebe über 100 ha. Es sind die letzteren und deren Bewirtschafter, die Gutswirtschaften und Gutspächter vor allem im östlichen Preußen, die im Mittelpunkt unserer Betrachtungen stehen.

Die Verteilung der Großbetriebe in Deutschland und in Preußen ergibt folgendes Bild: 1882 gab es in Deutschland 24991 Betriebe über 100 ha, davon entfielen auf Preußen allein 20439 Betriebe (81,8 %).[2] Noch größer war der Anteil Preußens bei den Betrieben über 200 ha. Zählte Deutschland 13958 Betriebe von 200 ha und darüber, so entfielen davon 11902 Betriebe auf Preußen (85,3 %). Von diesen 11902 Betrieben lagen allein 10326 Betriebe (86,8 %) in den sechs östlichen Provinzen Preußens (Ost- und Westpreußen, Brandenburg, Posen, Schlesien), schließen wir die Provinz Sachsen mit ein, dann erhöht sich die Zahl auf 11169 (93 %)[3], also 80 % aller Betriebe über 100 ha befanden sich im Kaiserreich in den östlichen Provinzen Preußens. In den beiden Mecklenburg gab es 1275 Betriebe über 200 ha, während Bayern nur 90, Württemberg 31, Sachsen 232, Hannover 181, Westfalen 79, Hessen-Nassau 71 und die Rheinprovinz 21 Betriebe über 200 ha aufwiesen.[4] Und im vom Großbetrieb geprägten Ostelbien war die Pacht von Großbetrieben verhältnismäßig stark verbreitet. Etwa ein Viertel der Betriebe über 100 ha war hier verpachtet.

Je größer der Grundbesitz, desto größer die Zahl der verpachteten Betriebe, wie die Tabelle 1 ausweist. Dabei verpachtete der Adel seine Güter weit mehr als die bürgerlichen Gutsbesitzer. 32 % der adligen Güter, und zwar 2290 von 7165 Gütern, waren verpachtet,

---

1 Karl Brandt, Die Lehre von der landwirtschaftlichen Pacht, in: Handbuch der Landwirtschaft, Bd. 1, Berlin 1930, S. 536.
2 Statistik des Deutschen Reiches (StDR), Bd. 212 b, Berlin 1912, S. 12.
3 Otto Rabe, Die volkswirtschaftliche Bedeutung der Pacht, Berlin 1891, S. 22.
4 Ebd.

Tabelle 1:
Verpachtete Gutsbetriebe über 100 ha in den sieben östlichen Provinzen Preußens 1882

Betriebsgröße in ha	Zahl der Betriebe	davon verpachtet	in Prozent
100– 200	2443	211	8,6
200– 300	1764	168	9,2
300– 400	1399	169	12,8
400– 500	1135	130	11,5
500– 1000	3211	477	14,8
1000– 1500	1360	274	20,5
1500– 2000	789	201	25,5
2000– 3000	889	256	28,8
3000– 4000	452	151	33,4
4000– 5000	362	175	48,3
5000–10000	803	399	49,6
über 10000	1799	1349	75,0
Summe:	16406	3960	∅24,14

Quelle: Zusammengestellt und berechnet nach: J. Conrad, Agrarstatistische Untersuchungen, in: Jahrbücher für Nationalökonomie und Statistik, hg. v. J. Conrad, N. F., Bd. 16, Jena 1888, S. 148.

während nur 7,11 % der bürgerlichen Gutsbetriebe (556 von 7165 Gütern) von Pächtern bewirtschaftet wurden.[5] Auch je höher die adlige Rangfolge, desto stärker die Verpachtung. Von 349 Gütern der Souveräne und ihren Angehörigen waren 68,2 %, von 2160 Gütern des hohen Adels 46,6 % und von 4418 Gütern des Landadels lediglich 22 % verpachtet. Zu den adligen und bürgerlichen Pachtbetrieben gesellten sich noch Güter von Universitäten, Schulen, Kirchen, Stiftungen und städtische Kommunalgüter, die sich in Händen von Pächtern befanden. So hatte z. B. die Universität Greifswald allein 20 (9153 ha), die Stadt Greifswald 13 Güter mit 6219 ha Fläche, Görlitz 7 Güter mit ca. 30000 ha oder die Stadt Stralsund 9 Güter mit zusammen 6007 ha im Besitz. In den sieben östlichen Provinzen Preußens waren von 219 Großbetrieben der Kirchen, Schulen und Stiftungen 175 oder 79,9 % verpachtet, von den 199 Kommunalgütern 128 oder 64,3 %.[6]

Die Gutspacht war besonders in Schlesien und im Regierungsbezirk Stralsund (ferner in den Regierungsbezirken Schleswig und Hildesheim) weit verbreitet; sie stellte in diesen Regionen ein entscheidendes Merkmal der Agrarverfassung dar. Im Regierungsbezirk Stralsund waren 1895 über die Hälfte aller Großbetriebe, und zwar 56,3 %, Pachtbetriebe.[7]

5 Johannes Conrad, Agrarstatistische Untersuchungen, in: Jahrbücher für Nationalökonomie und Statistik, N. F., Bd. 16, Jena 1888, S. 134.

6 Ebd., S. 136, 144 u. 161; Rabe, Bedeutung der Pacht, S. 27.

7 Constantin von Dietze, C. A. Heuschert, Die Gutspacht in Vorpommern, in: Berichte über Landwirtschaft, N. F., 17. Sonderheft, Berlin 1930, S. 93; K. Brandt, 1930, S. 535.

Die Verpachtungszahlen lassen zugleich erkennen, daß der größte Teil der adligen Güter entweder von den Besitzern selbst bewirtschaftet oder administriert wurde. Dabei gilt festzuhalten, daß Großgrundbesitzer oder Standesherrschaften sowohl Selbstverwaltung als auch Verpachtung gleichzeitig bevorzugten. Fürst Hatzfeld, Hermann zu Trachenberg z. B., der in Schlesien 30 Güter mit zusammen 18538 ha sein eigen nannte, bewirtschaftete 8 Rittergüter der Herrschaft Trachenberg (7250 ha Nutzfläche) in eigener Regie, während 11 Rittergüter verpachtet waren, wie auch ein Teil seines Besitzes in Parzellenwirtschaften an landarme Kleinbesitzer verpachtet worden ist.[8] Von den in der Tabelle ausgewiesenen 16406 Gütern wurden 8432 (51,5 %) selbst bewirtschaftet und 4014 Güter (24,5 %) administriert. Ohne Selbstverwaltung blieben die Güter der Souveräne; 14,5 % der Güter des hohen Adels und 45,5 % der Güter des Landadels wurden von ihren Besitzern selbst bewirtschaftet, jedoch in allen drei Klassen etwa ein Drittel der Güter administriert.[9]

Administratoren, auch Güterdirektoren, Gutsvorsteher, Rentmeister, Rechnungsführer oder Amtsvorsteher genannt, waren Verwalter in der kapitalistischen Landwirtschaft, die gegen ein Entgelt (Geld und Deputat), mitunter auch gegen Beteiligung am erzielten Gewinn einen landwirtschaftlichen Großbetrieb für Rechnung des Eigentümers bewirtschafteten, wobei die Grenze zwischen Eigenbewirtschaftung und Administration oft fließend war.

Die Stellung eines Güterdirektors, seine Dispositionsfähigkeit und Handlungsfreiheit waren eine Frage seiner Persönlichkeit, seiner Bildung und Ausbildung, seiner Erfahrung und seines Organisationstalents, seiner kaufmännischen Fähigkeit und weitblickenden Geschäftstüchtigkeit, andererseits von seinem Verhältnis zum Gutsbesitzer stark bestimmt, von dessen Vertrauen zu seinem leitenden Wirtschaftsbeamten, von der Kurz- oder Weitsicht, dem landwirtschaftlichen und ökonomischen Kenntnisstand, der Einsicht in die Wirtschaftsentwicklung des Eigentümers. Da wo der Großgrundbesitzer sich gegenüber dem Güterdirektor aller kleinlichen Intrigen und Bevormundungen enthielt, ihm weitgehende betriebswirtschaftliche Freiheit und ein genügend großes Betriebskapital gewährte und am Reinertrag beteiligte, erleben wir oft innovationsfreudige und unternehmende Administratoren und gute gewinnabwerfende, rentable Gutsbetriebe.

Administrator Xaver Hapig z. B., Güterdirektor der 512 ha großen Gutswirtschaft Hohenthurm (Max v. Wuthenau) im Saalkreis, hatte freie Hand z. B. beim Ankauf moderner Maschinen; er kaufte 1910 eine englische „Riesendampf-Dreschmaschine", Lokomobile und „Riesenstrohpresse" für 22580 Mark, die eine wesentliche Arbeitserleichterung und Produktivitätssteigerung bewirkte; er verhandelte mit der Niemberger Malzfabrik über die Lieferung von 999 Zentnern Gerste (7971 Mark); er schloß Verträge mit der Delitzscher Rübensamenzucht GmbH ab, in denen sich Hohenthurm verpflichtete, für die Delitzscher Gesellschaft in den Jahren 1903 bis 1907 bis zu 50 Morgen Zuckerrübensamen zu bauen und während dieser Zeit auf den Anbau für andere Personen und Firmen und auf

8 Die Deutsche Landwirtschaft unter Kaiser Wilhelm II., hg. v. Heinrich Gerd Dade, Bd. 1, Berlin 1913, S. 249.

9 Conrad, Agrarstatistische Untersuchungen, S. 148; Rabe, Bedeutung der Pacht, S. 28f.

den Anbau von Futterrübensamen zu verzichten, wie sich auch in der Entfernung von 500 m „keine anderen mit Zucker- oder Futterrübensamen bestellte Felder befinden" dürfen. Unter der Leitung Hapigs erwirtschafteten die Hohenthurmer Güter 1898: 333470,56 Mark Einnahmen, denen 274976,74 Mark Ausgaben gegenüberstanden, von denen 67000 Mark Gehälter und Löhne, 47000 Mark mineralische Düngemittel und 45000 Mark Futtermittel die größten Posten ausmachten. Der Reinertrag betrug 58493,82 Mark, er stieg 1901 auf 63641 Mark.[10]

Mancher Administrator entwickelte beachtliche unternehmerische Qualitäten und bekleidete wichtige Positionen. Z.B. war der Administrator der Herrschaft Gluski im Regierungsbezirk Posen gleichzeitig Geschäftsführer der dortigen Kleinbahn, des Milchviehkontrollvereins und Verwalter der Polizeibehörde,[11] was ihm wohl zusätzlichen materiellen und persönlichen Gewinn eingetragen haben dürfte.

Großes Entgegenkommen der Gutsbesitzer gegenüber den Güterdirektoren, denen sie weitgehende Selbständigkeit bei der Verwaltung ihrer Güter gewährten und damit zum Vorteil des Eigentümers optimale Kombinationen der Produktionsfaktoren ermöglichten, war jedoch meistens mit der Hinterlegung einer Kaution (z. B. 3000 Mark) seitens der Güterdirektoren verbunden, wodurch sich die Gutsbesitzer die Erfüllung der vertraglich eingegangenen Verpflichtungen sicherten. Doch in der Regel waren die Güterdirektoren vielfachen Kontrollen unterworfen und an Weisungen gebunden. So übertrug z. B. Baron von Veltheim 1906 die Administration seiner Güter Klein-Santersleben und Nordgermersleben (Krs. Neuhaldensleben) dem Ökonomie-Inspektor Fritz Behl, ermächtigte ihn, die Ertragfähigkeit der Böden und Güter zu erhöhen, „erprobte Neuerungen" in „geeigneter Form" anzuwenden, doch bedurften alle Ein- und Verkäufe, Verminderung oder Vergrößerung des Inventars, Verleihung von Vieh und Geräten der Genehmigung des Barons, wie er auch laufend über alle Wirtschaftsangelegenheiten unterrichtet zu werden wünschte.[12]

Güterdirektoren besaßen Ende des 19. Jahrhunderts eine relativ gute Fachschul-, teils Hochschulbildung, denn „die Zeiten", um Johannes Conrad zu zitieren, „sind vorbei, wo man auch ohne spezielle Vorbildung Landwirtschaft mit Erfolg zu betreiben vermag", eine Feststellung, die genauso für die Pächter und selbstwirtschaftenden Gutsbesitzer zutraf, da „der Husarensattel oder die Gerichtsstube" keine „angemessene Vorschule für den Landwirt zu bieten vermochte".[13]

Unter den Güterdirektoren gab es ausgezeichnete Ökonomen, die für die Entwicklung der Betriebswirtschaft Hervorragendes geleistet haben. Zu nennen ist vor allem Friedrich Aereboe, der von 1899 bis 1904 die Standesherrschaft Forst und Pförten des Grafen Brühl in der Niederlausitz (5500 ha Nutzfläche und 16500 ha Wald) leitete. Der studierte Aere-

---

10 Landeshauptarchiv Sachsen-Anhalt (LHASA), Rep. H Hohenthurm, Nr. 859, 997 und 1041; Handbuch des Großgrundbesitzes im Deutschen Reich, Bd. 5: Provinz Sachsen, 4. Aufl., Berlin 1907, S. 651 f.

11 Die Deutsche Landwirtschaft, S. 187.

12 LHASA, Rep. H Alvensleben, Nr. 513.

13 Conrad, Agrarstatistische Untersuchungen, S. 168.

boe betrieb in Forst und Pförten nicht nur eine erfolgreiche, ertragssteigernde Intensivierung der Produktion, sondern er sammelte auch wertvolle Erfahrungen und Erkenntnisse der Betriebswirtschaft, die er literarisch verarbeitete. Die Veröffentlichungen brachten ihm 1904 den Ruf an die Universität Breslau auf den Lehrstuhl der landwirtschaftlichen Betriebslehre. Mit Aereboe erreichte die landwirtschaftliche Betriebsökonomik um die Jahrhundertwende einen bedeutenden Höhepunkt. Aereboe wies mit seinen Lehren den Landwirten Wege zur Überwindung der Agrarkrise und Verbesserung der betrieblichen Rentabilität, die er von 1907 bis 1913 auch bei der Hauptritterschaftsdirektion in Berlin den Gutsbesitzern, Pächtern und Betriebsleitern zu vermitteln suchte und in Form von Wirtschaftsberatung auch an den Landwirt brachte.[14]

Der Güterdirektor und Betriebswirtschaftler Aereboe widmete sich auch der Pacht und ihren Formen. Er stellte fest, daß die Bedeutung der Pacht, d. h. die zeitweilige, entgeltliche Vergabe von Grundstücken oder ganzer Güter durch Grundeigentümer an Pächter, darin liegt, „daß Grundbesitzer, die von der Landwirtschaft nichts oder wenig verstehen, sich das Wissen und Können des durchweg tüchtigen Pächterstandes zu Nutzen machen", um hinzuzufügen: „Zugleich trägt aber auch nichts so dazu bei, die großen Latifundien zu konservieren, wie die Pacht und die Tüchtigkeit des Pächterstandes."[15]

Die Pacht von Großgütern ist eine landwirtschaftliche Unternehmungsform, die Pächter sind also Unternehmer. „An ihrer durchschnittlichen Befähigung und ihren beruflichen Leistungen gemessen, haben sie großenteils die selbstwirtschaftenden Eigentümer beim Großbetrieb überflügelt."[16] Die Pacht bot in Preußen tüchtigen, strebsamen Landwirten, die über ein gutes praktisches und theoretisches Wissen und Willensstärke, aber verhältnismäßig wenig Kapital verfügten, unter Umgehung des Grunderwerbs einen großen Betrieb selbständig zu übernehmen. Durch die Pacht wurde der Landwirtschaft mehr Kapital, und zwar Betriebskapital, zugeführt. „Verhältnismäßig wenig Kapital" hieß dennoch, daß bei der Großpachtung durchaus bedeutende Kapitalien sowie Intelligenz und umfangreiche Kenntnisse erforderlich waren und deshalb der Kreis der Bieter schon von vornherein eingegrenzt war. Der Verpächter wiederum erhielt während der Pachtperiode eine relativ sichere, gleichbleibende Einnahme, mit der er im voraus disponieren konnte, ja die Verpachtung konnte man gewissermaßen als Versicherung des Grundeigentümers gegen jedes Wirtschaftsrisiko auffassen. Sie sicherte ihm auf eine bestimmte Reihe von Jahren ohne eigene Arbeitsleistung und Kapitalaufwendung einen bestimmten Ertrag seines Bodens und wälzte das gesamte Risiko der Bewirtschaftung auf den Pächter ab.

Die Bedingungen der Pacht wurden im Pachtvertrag fixiert. Der beste Vertrag war immer derjenige, der nach seinem Abschluß nie wieder hervorgeholt oder nach geringfügi-

---

14 Johannes Hansen, Gustav Fischer, Geschichte der Deutschen Landwirtschafts-Gesellschaft, Berlin 1936, S. 330ff.; Männer, die Nahrung schufen, hg. v. Otto Keune, Hannover 1952, S. 44; Joosep Nou, Studies in the Development of Agricultural Economics in Europe, Uppsala 1967, S. 322ff.

15 Friedrich Aereboe, Agrarpolitik, Berlin 1928, S. 206.

16 Karl Brandt, Untersuchungen über Entwicklung, Wesen und Formen der landwirtschaftlichen Pacht, Diss. Berlin 1927, S. 555.

gen Korrekturen (Erhöhung oder Verminderung der Pachtsumme) anstandslos verlängert wurde, weil sich Verpächter und Pächter auf eine Jahrzehnte dauernde „Zusammenarbeit“ geeinigt und verstanden hatten.

Die Pächter von Großbetrieben unterschieden sich in Domänenpächter, Pächter adliger oder bürgerlicher Rittergüter, Aktien- und andere Kapitalgesellschaften, Fabriken und, wenn auch nur sehr vereinzelt, Pachtgesellschaften.

Aktien- und andere Kapitalgesellschaften (GmbH, OHG, KG), die in der Statistik als Pächter landwirtschaftlicher Betriebe aufgeführt sind, waren zumeist Zuckerfabriken, die allein aus ökonomischen Gründen Land in ihren Händen konzentrierten, um die Versorgung der Zuckerfabriken mit zuckerreichen, qualitätsgerechten Rüben zu sichern und die Leistungsfähigkeit der Fabriken und der gepachteten Ländereien zu steigern. Es bildeten sich in Zuckerrübengegenden, wie z. B. in der Provinz Sachsen, in Anhalt, Schlesien, Posen und Westpreußen, regelrechte Latifundien, Betriebe, die oft mehrere tausend Hektar umfaßten, sogenannte „Fabrikwirtschaften“, deren klassische Ausprägung vor allem in der Provinz Sachsen stattfand. 1882 besaßen 49 Zuckerfabriken nur Pachtland, zum großen Teil Domänen, bei denen mehrere Vorwerke zur gemeinsamen Bewirtschaftung zusammengepachtet wurden, das außerdem noch durch die Zupacht benachbarter Güter eine Ergänzung erfuhr. Bei 37 Zuckerfabriken bestand der Landbesitz über die Hälfte aus Pachtland, 70 Fabriken enthielten weniger als die Hälfte,[17] bei denen aber das Pachtland gleichfalls eine beachtliche Rolle spielte, denn mindestens ein Drittel dieser Betriebe pachtete nach 1882 ständig hinzu.

Die weltbekannte Zuckerfabrik Klein Wanzleben in der Magdeburger Börde besaß 1920 5863 ha, davon 2163 ha als Eigentum, 2558 ha gepachtete Domänen und Rittergüter und 955 ha gepachtetes Bauernland. 1922 kam das Rittergut Marienborn mit 614 ha hinzu. Daneben bewirtschaftete sie noch die pommerschen Güter Muhlendorf und Karolinenhof, insgesamt über 7000 ha Mitte der 20er Jahre.[18] Die Fabrik zahlte namhafte Pachtsummen. Die Pachtsumme von 14750 Mark, die Richard v. Nathusius im Jahre 1902 für sein Gut Meyendorf erhielt, war vergleichsweise gering gegenüber der Summe von 73434 Mark, die Wanzleben für die gepachtete Domäne Dreileben (696 ha) entrichtete.[19] Baron H. H. v. Veltheim, Besitzer der Rittergüter Ostrau (Krs. Bitterfeld) und Weißandt (Anhalt) stellte am 4. Februar 1931 fest, daß die Zuckerfabrik Glauzig AG, gelegen bei Köthen, seit mehr als 60 Jahren seine Güter gepachtet und „daran schwer verdient“ habe. Glauzig zahlte 1910 an Veltheim für 4450 Morgen 160447 Mark und 1918 178300 Mark, pro Morgen 36 bzw. 40 Mark.[20]

Zahlreiche adlige Rittergüter in der Provinz Sachsen gelangten auf dem Weg über die Pacht in die Hände gutzahlender Zuckerfabriken bzw. rübenverarbeitender Kapitalgesell-

17 Conrad, Agrarstatistische Untersuchungen, S. 137.

18 Hertwig Mosel, Die Entwicklung der Zuckerfabrik, Klein-Wanzleben vorm. Rabbethge & Giesecke AG, Diss. Würzburg 1925, S. 18f. u. 24.

19 LHASA, Rep. H Meyendorf, Nr. 94, Bl. 64; H. Oelrichs, Die Domänenverwaltung des Preußischen Staates, Breslau 1883, S. 217ff.

20 LHASA, Rep. H Ostrau, II, Nr. 1331, Bl. 150 u. 159; Nr. 1332, Bl. 30; Nr. 1502–1507.

schaften.[21] Wie in der Provinz Sachsen erleben wir auch im östlichen Preußen die Verpachtung von Rittergütern an Zuckerfabriken. In Schlesien, das vor dem ersten Weltkrieg 49 Zuckerfabriken, davon 42 Kapitalgesellschaften, besaß, pachtete z. B. die bekannte Zuckerfabrik Koberwitz (Krs. Breslau) die Rittergüter Zaumgarten (203,9 ha), Schönbankwitz (444 ha) und Magnitz (413 ha) und erweiterte damit ihren Besitz auf rund 13000 Morgen, der sich nach der Fusion mit der Zuckerfabrik Klettendorf fast verdoppelte.[22]

Die an die kapitalkräftigen Zuckerfabriken verpachteten Rittergüter, zumeist von Güterdirektoren geleitet, wurden nun von industriellen Grundeigentümern bewirtschaftet. Sie stellten ziemlich rasch eine Verbindung von Fabrikbetrieb und Feldbau her. Die Bewirtschaftung erfolgte streng nach rationellen Gesichtspunkten. Wirtschaftliche Rechnungsführung, ausgerichtet auf Gewinnmaximierung, wissenschaftliche Erkenntnisse und technische Neuerungen fanden zunehmend Anwendung und Eingang. Wenn dem Rübenbau auf den gepachteten Gütern auch eine bevorzugte Stellung eingeräumt wurde, so profitierte auch die übrige Landwirtschaft von dem modernen Know-how und Management der Fabriken. Der bekannte Agrarwissenschaftler Kurt v. Rümker bezeichnete 1911 den Zuckerrübenanbau als „die hohe Schule des intensiven Landwirtschaftsbetriebes, er ist gewissermaßen die Landwirtschaft in Form einer Industrie und die Grundlage und wichtigste Stütze für die Hochkultur schwerer Böden“.[23]

Ein Pächter, Landwirt und industrieller Grundeigentümer von Format war Carl Wentzel, Besitzer des Gutes Oberteutschentahl an der Saale im Halleschen Becken (1071,81 ha) und Pächter des Rittergutes Höhnstedt (220,84 ha) und der Domänen Brachwitz (413 ha) und Langenbogen (577,08 ha). Für die beiden Domänen entrichtete Wentzel in den Jahren von 1908 bis 1926 an den Fiskus jährlich eine Pacht von 22700 bzw. 40660 Mark. In Langenbogen existierte seit 1850 eine von seinem Großvater errichtete Zuckerfabrik, die 1882 erweitert und modernisiert wurde. Unter Wentzels Leitung entwickelten sich die Güter zu vielbewunderten und bestaunten Wirtschaften. Im Laufe der Zeit, vor allem nach dem Kriege, entstand durch Kauf, Pacht und „Erbschaft“ einer der größten Güterkomplexe in Deutschland. Wentzel bewirtschaftete 21 Güter und Domänen in einem Umfang von etwa 100 km^2; er hatte nach Ansicht von Experten die größte Ackerfläche in Deutschland unter dem Pflug. Er galt als „Krupp der Landwirtschaft“, als „Zuckerkönig“ und bedeutender Saatzüchter Europas. Er verband Landwirtschaft und industrielle Verarbeitung in großem Maßstab und verwirklichte die „vertikale Verflechtung“ zu einer Zeit, als die Wissenschaft diesen Begriff noch nicht kannte. Sein Unternehmen umfaßte außer Feldbau, Viehzucht und Saatzucht Zuckerfabriken, Brennereien, Kartoffelflockenfabrik, Mälzereien, Malzkaffeefabrik, Mühlen, Getreidesilos und Molkereien, die er durch Rückkopplung in die Futterwirtschaft integriert hatte. Ferner zählten ein Sägewerk und drei

21 Vgl. Handbuch des Grundbesitzes, Bd. 5: Provinz Sachsen, S. 250f., 567f., 579f., 645f. u. 741f.

22 Georg Webersinn, Die schlesische Zuckerindustrie, Berlin 1973, S. 186 (= Jahrbuch der Schlesischen Friedrich-Wilhelms-Universität zu Breslau, Bd. 18); Geheimes Staatsarchiv Preußischer Kulturbesitz (GStA), Abt. Merseburg, Rep. 87 B, Ministerium für Landwirtschaft, Domänen und Forsten, Nr. 10527, Bl. 265.

23 GStA Merseburg, Rep. 151, Finanzministerium, III, Nr. 10497, S. 6ff.

Braunkohlengruben zu seinem Unternehmen, wie er auch maßgeblich an den für die Rüstungsproduktion wichtigen „Deutschen Molybdaen-Werken" beteiligt war. Die Zuckerfabrik Langenbogen verband Wentzel 1925/26 durch eine 6,7 km lange Saftleitung mit der Saftstation der Zuckerfabrik Salzmünde, die erste Anlage dieser Art in Deutschland. Er setzte Beregnungsanlagen ein, tätigte hohe Investitionen in mineralische Dünger und Stallmist und erreichte dadurch Spitzenerträge im Feldbau, die weit über dem damaligen Durchschnitt in Deutschland lagen. Wentzel war ferner Gründer und Vorsitzender der „Vereinigung mitteldeutscher Rohzuckerfabriken", zu der 3 Zuckerraffinerien und 34 Rübenzuckerfabriken gehörten, deren Absatz bei der Zuckervertriebsgesellschaft Halle AG lag, der Carl Wentzel als Vorsitzender des Aufsichtsrates vorstand. Er gründete die „Deutsche Zuckerkredit Bank" in Berlin (1923), die den Fabriken der Vereinigung Kredite zur Überwindung der Inflation und Währungsreform verschaffte. Schließlich vertrat Wentzel die Interessen der deutschen Zuckerwirtschaft auf der Brüssler Zuckerkonvention (1930) sowie im International Sugar Council in London. Dieser Großunternehmer, einer der bedeutendsten und erfolgreichsten Landwirte in Europa, wurde als Opfer des 20. Juli 1944 hingerichtet.[24]

Zuckerfabriken und die ihr angegliederten Güter überstanden und überwanden auch recht erfolgreich Krisen. Infolge Ausdehnung der Rübenanbaufläche von 176000 ha (1878) auf 550000 ha (1913), insbesondere nach den östlichen Provinzen (Pommern, Posen, Schlesien, Ost- und Westpreußen), die vor 1914 etwa 40 % des deutschen Zuckers produzierten und die Vormachtstellung der Provinz Sachsen brachen, und der gewaltigen Steigerung der verarbeiteten Rübenmenge von 3051000 t (1870) auf 12892000 t (1910) sowie durch internationale Konkurrenz entstand eine Überproduktionskrise, die große Preiseinbrüche zur Folge hatte. Die Zuckerfabriken reagierten auf diese Krise mit Fusionen und Zentralisation der Produktion, Modernisierung der Technik und des Transportwesens, die die Produktionskosten wesentlich verbilligten, und Züchtung ertragreicherer Rübensorten. Die Rübenwirtschaften dagegen glichen die Verluste durch steigende Erträge im Getreide- und Kartoffelbau und in der Viehhaltung aus, die sie der intensiven Rübenkultur zu verdanken hatten. Wenn auch Organisationen der Landwirtschaft, wie der „Bund der Landwirte", sich in Klagen über die „trübe Lage" der Landwirtschaft ergingen, so wurde doch auf einer Tagung des landwirtschaftlichen Hauptvereins zu Lissa (Posen) 1894 offen zugegeben, daß der Zuckerrübenbau immer noch der Zweig der Landwirtschaft sei, „der noch die Kosten der Produktion deckt und einen mäßigen Überschuß für uns gewährt".[25]

An den angeführten Beispielen aus der Zuckerindustrie konnten wir ersehen, daß die Zuckerfabriken bzw. die rübenverarbeitenden Kapitalgesellschaften auch Pächter von Domänen waren. In Preußen gab es 1883 813 Domänen (1072 Vorwerke) mit 339758 ha Land, ferner 2,3 Millionen ha Forsten, die sich bis 1914 um 21 Vorwerke verminderten,

---

24 Hubert Olbricht, Carl Wentzel-Teutschenthal (1876–1944). Zum Schicksal eines großen Lebenswerkes im Wandel der spezifisch deutschen Geschichte, Berlin 1981 (= Schriften aus dem Zuckermuseum, Technische Universität Berlin, H. 14).

25 Webersinn, Zuckerindustrie, S. 192.

während der Landbesitz leicht zugenommen hat. Die Domänen waren auf die einzelnen preußischen Regierungsbezirke ungleich verteilt, wie auch die Pachtpreise, abhängig von Verkehrslage und Bodengüte, unterschiedlich ausfielen.[26] Mit den Domänen gewann der Staat ein unmittelbares Verhältnis zur Landwirtschaft, sie waren zugleich ein Mittel, mit dem der Staat die Entwicklung und Verhältnisse der Landwirtschaft in seinem Interesse beeinflussen konnte und sich in der Geschichte auch seiner bediente.

Die Domänen galten als vortrefflich geleitete, auf der Höhe des landwirtschaftlichen Fortschritts stehende Musterbetriebe, die, ausgerüstet mit allen Hilfsmitteln der Wissenschaft, der Intelligenz und des Kapitals, anregend, fördernd, bahnbrechend auf alle Kreise der Landwirtschaft einwirkten. Die Domänenpächter zählten zur „Elite der Landwirtschaft", sie genossen allgemein hohes gesellschaftliches Ansehen (darunter auch Frauen, die unter Hinzuziehung von Verwaltern die Domänen leiteten), sie wurden als Pioniere der heimischen intensiven Bodenkultur geschätzt. Der preußische Landwirtschaftsminister Lucius befand am 3. Dezember 1882, daß die „Domänenpächter das landwirtschaftliche Gewerbe in seiner prosperierenden Lage" repräsentieren, und er sich daher gegen eine Veräußerung und Parzellierung der Domänengüter wandte mit der Begründung, „dem Lande diese Beispiele guter Bewirtschaftung zu erhalten",[27] obgleich seine Nachfolger, je nach politischer Konstellation, Domänen für Ansiedlungszwecke veräußerten. Auch der Agrarhistoriker und Betriebswissenschaftler von der Goltz, der selbst große Güter administriert hatte und sich in der preußischen Landwirtschaft gut auskannte, war der Auffassung, „daß das hohe Niveau der deutschen Landwirtschaft", das Ende des 19. Jahrhunderts erreicht worden war, kaum denkbar gewesen wäre, „wenn wir keine Domänenpächter gehabt hätten".[28] Domänenpächter zu werden und dem Domänenpächterstand anzugehören war ein begehrenswertes Ziel intelligenter und kapitalkräftiger Landwirte.

Schon eine Domäne zu übernehmen erforderte größere Kapitalien. Im Durchschnitt betrugen sie um 1880 im Regierungsbezirk Königsberg 14000 Mark, Potsdam 19000 Mark, Frankfurt/Oder 21000 Mark, Stralsund 12000 Mark oder Breslau 24000 Mark. Doch eine Vielzahl von Domänen erforderte weit höhere Summen, mehr als 30000 bis 60000 Mark, am höchsten im Regierungsbezirk Magdeburg, die Pachtsummen stiegen hier auf 70030 Mark für die Domäne Alvensleben (406 ha), 66573 Mark für Calbe (923 ha), 101027 Mark für Schlanstedt (877 ha) oder 101887 Mark für Wanzleben (1043 ha).[29] Die Pachtpreise schwankten zwischen 8 und 200 Mark je Hektar. Der Gesamtjahrespachtzins der preußischen Domänen belief sich laut Nachweisung vom 1. Juli 1913 auf 17256937,14 Mark bei einer verpachteten Gesamtfläche von 443192,75 ha. Das entsprach einem Durchschnitt von 34,48 Mark/ha.[30]

---

26 Vgl. Brandt, Lehre, S. 576.

27 Franz Berghoff-Ising, Die Entwicklung des landwirtschaftlichen Pachtwesens in Preußen, Leipzig 1887, S. 69.

28 Theodor Freiherr von der Goltz, Agrarwesen und Agrarpolitik, Jena 1904, S. 73.

29 Oelrichs, Domänenverwaltung, S. 217 ff.

30 Brandt, Untersuchungen, S. 610.

Zu den Pachtsummen gesellte sich die als Sicherheit zu hinterlegende Kautionssumme, die gewöhnlich ein Viertel bis ein Drittel der Pachtsumme betrug und entweder in bar bei 4% Verzinsung oder in Staats- bzw. Wertpapieren bei der zuständigen Finanzverwaltung deponiert werden mußte. Die hohen Pacht- und Kautionssummen und das aus eigenen Mitteln aufzubringende Inventar oder selbst zu finanzierende Investitionen grenzten zwangsläufig den Bewerberkreis von vornherein ein und führten zu einer Auslese unter den Pächtern.

Die Pachtdauer betrug in der Regel 18 Jahre, die einen starken Anreiz für eine ordnungsgemäße und ertragssteigernde Bewirtschaftung bot. Verpflichteten sich Pächter zu kapitalaufwendigen Neubauten (Wirtschaftsgebäude), so wurde die Pachtperiode sogar auf 30 bis 50 Jahre ausgedehnt. Hemmungen in der Bewirtschaftung kamen daher bei Domänenpächtern nur selten vor, was auch durch die weitgehende Ausschaltung der „freien Konkurrenz" bei der Ausbietung der Pachten gefördert wurde. Denn die Domänenverwaltung folgte im Interesse wirtschaftlicher Stabilität ihres Grundbesitzes und mitunter zum Nachteil des Verpächters einem ungeschriebenen Gesetz, wonach sie eine Art „Familienwirtschaft" pflegte, so daß generationenlang viele Pächter auf den Domänen saßen. Zahlreich sind die Beispiele, wo sich Domänen vom letzten Drittel des 18. Jahrhunderts bis 1945 in den Händen einer Familie befanden, wie auch viele Domänen bzw. Domänenpächter untereinander verschwägert und versippt waren und auf diese Weise bis zu 20 Domänen von einem „Familienclan" beherrscht wurden.

Zugleich zeichnete sich ein Großteil der Domänenpächter durch gute Bildung aus, sie hatten Hochschulen und Universitäten besucht, und im Verein mit „scharfer Arbeit und Intelligenz", denn „ohne dieselbe pflegt heutigen Tages", um uns wieder auf Johannes Conrad zu berufen, „die Landwirtschaft keinen Reinertrag mehr abzuwerfen",[31] und gefördert durch die von der Regierung bevorzugte und bewährte „Familienpolitik", die dem Domänenpächter einen enormen Vorteil vor anderen Pächtern und Landwirten gewährte, erzielten die Pächter von Domänen beachtliche Leistungen. Sie betrieben nicht nur einen scharf kalkulierten intensiven Feldbau und eine marktwirtschaftlich orientierte Viehhaltung, sie betrieben nicht nur eine ertragssteigernde und produktivitätsfördernde Technisierung, Meliorationen und Drainage und wandten neuere wissenschaftliche Erkenntnisse an, sondern sie widmeten sich auch dem Aufbau und Ausbau der landwirtschaftlichen Verarbeitungsindustrie. Kaum eine Domäne ohne Brennerei. Zuckerfabriken, Stärkefabriken, Ziegeleien, Kalk- und Steinbrüche, sogar die Ausbeutung von Mineralwasserquellen gehörten vielfach zum Bestand der Domänen.

Oberamtmann Albert Schröder z. B., Pächter der Domänen Alvensleben, Klein Rottmersleben und Tundersleben (Krs. Neuhaldensleben), einer der „intelligentesten Rübenbauer", wie aus dem Landwirtschaftsministerium zu hören war, der eine der höchsten Pachtsätze in Preußen, und zwar 192 Mark/ha, insgesamt 1607191 Mark (Kaution 30000 Mark) bezahlte, verausgabte je Hektar allein 99,40 Mark für Dünger und erzielte einen

31 Conrad, Agrarstatistische Untersuchungen, S. 129; vgl. auch Paul Berger, Die Verpachtung der preußischen Staatsdomänen nebst Vorschlägen zur Reform der Allgemeinen Pachtbedingungen, in: Finanz-Archiv, hg. v. Georg Schanz, Jg. 9, Stuttgart 1892, S. 77f.

Reinertrag von 137,64 Mark/ha. Er bestellte um 1890 von 32133 Morgen Ackerland 1264 Morgen mit Zuckerrüben (39 %). Schröder bezog ferner Einnahmen aus der Zuckerproduktion. Er war an der Zuckerfabrik Nordgermersleben GmbH mit 122 500 Mark beteiligt, in gleicher Höhe ebenfalls seine Schwägerin Ida Schröder, beide zusammen besaßen 49 % der Anteile am Stammkapital, während der benachbarte Graf v. Alvensleben, Erxleben, nur 40000 Mark eingebracht hatte. 1899 erhielt Schröder eine Dividende von 6 %, gleich 5625 Mark.[32]

Der Pächter der anhaltinischen Domäne Gerlebogk (5 Vorwerke = 1042 ha), seit 1771 in Händen der Familie Säuberlich, steigerte von 1870 bis 1910 die Getreideerträge, und zwar Winterweizen um 35,5 %, Sommerweizen 36 %, Roggen 22,12 %, Hafer 47 % und Erbsen 18 %, während die Gerstenerträge gleichblieben. Ebenso stiegen die Erträge der Kartoffeln und Zuckerrüben, die Leistungen der Viehzucht, in der Brennerei und Rübenverarbeitung. An Pacht waren seit 1884 90000 Mark zu zahlen. Die jährlichen Einnahmen aus dem Ackerbau beliefen sich in den Jahren 1901 bis 1911 im Durchschnitt auf 416585 Mark, aus der Viehzucht auf 104200 Mark. Auf der Ausgabenseite standen 38429 Mark für Kunstdünger, 61159 Mark für Futtermittel und 214156 Mark für Löhne und Gehälter, so daß nach dieser Rechnung ein Gewinn von ca. 121000 Mark erzielt worden wäre; unberücksichtigt bleiben hier die Gewinne aus der Brennerei und Zuckerfabrik. Daneben hatte Adolf Säuberlich noch die Domäne Gröbzig (669 ha) in Pacht, die ebenfalls entsprechende Überschüsse abwarf.[33]

Domänen waren nicht selten „Experimentalwirtschaften", Orte für einzuführende Neuerungen, bekannte Saatzucht- und Viehzuchtbetriebe, Anstalten für Pflanzenzüchtung und Prüffelder für Landtechnik; Domänenpächter waren aufgeschlossen für wissenschaftlichen und technischen Fortschritt, vorwärtstreibende Elemente der Landwirtschaft. Wilhelm Rimpau z. B. züchtete auf der Domäne Schlanstedt (877 ha) neue Getreidesorten, die hohe Erträge lieferten. „Schlanstedter Roggen" und „Rimpaus früher Bastard" gehörten 50 Jahre lang zu den führenden deutschen Zuchtsorten. Rimpau war auch ein Vorkämpfer der Landtechnik. Auf Schlanstedt wurde unter Aufsicht von Max Eyth einer der ersten Dampfpflüge in Deutschland eingeführt.[34] Ebenso wie Rimpau haben die Domänenpächter Adolf Dieckmann (Heimburg im Harzvorland), Rudolf Thilo (Ballin in Mecklenburg), H. Schrewe (Klein-Tapiau in Ostpreußen), Georg Friederici (Georgenhof in Posen), um nur einige Namen zu nennen, auf dem Gebiet der Saat-, Schaf- und Rinderzucht und in der Milchwirtschaft Bedeutendes geleistet. Auf den Domänen Dahlwitz, Marschwitz, Rodenberg und Sillium wurden in den 90er Jahren Versuche mit Drehstrom und die Ausprobierung elektrisch angetriebener Pflüge vorgenommen.[35]

32 GStA Merseburg, Rep. 87 B, Nr. 6775, S. 12, 26 u. 33; LHASA, Da Schraplau, Nr. 743.

33 Die Deutsche Landwirtschaft, Bd. 2, S. 435, 441 f.

34 Konrad Meyer, Wilhelm Rimpau, in: Große Landwirte, hg. v. Günther Franz, Heinz Haushofer, Frankfurt a. M. 1970, S. 271.

35 Die Deutsche Landwirtschaft, Bd. 2, S. 329 ff., 380 ff. u. Bd. 1, S. 45 ff.; Die Entwicklung des landwirtschaftlichen Maschinenwesens in Deutschland, bearb. v. Gustav Fischer, Berlin 1913, S. 375 ff.

Unter der Leitung der kapitalkräftigen, wagemutigen und unternehmensfreudigen Pächter sind seit 1870 die Pachteinnahmen der Domänen im östlichen Preußen ziemlich regelmäßig gestiegen und waren in den Jahren 1890 bis 1895 am höchsten. Nur in den Jahren 1903 bis 1907 trat ein stärkerer Rückgang ein. Pro Hektar wurden erzielt (in Mark): 1870: 27; 1875: 30,21; 1880: 34,65; 1885: 38,29; 1890: 38,94; 1895: 38,50; 1900: 36,27; 1901: 35,52; 1902: 34,77; 1903: 34,27 1904: 34,00; 1905: 33,43; 1906 33,36; 1907: 33,81; 1908: 34,11 und 1909: 34,79, wobei die Pachtpreisentwicklung in den einzelnen Regierungsbezirken unterschiedlich verlief und gegenüber den Domänen im westlichen Preußen um 50 bis 80 % niedriger lagen. Krisenerscheinungen der 70er und 80er Jahre haben sich demnach auf die Domänen nicht ausgewirkt, erst nach 1900 schlagen sie sich nieder. Dennoch erhöhten sich die Pachtpreise von 1898 bis 1909 insgesamt um etwa 47 %.[36]

Die Pachtsteigerungen waren im wesentlichen dem Zuckerrübenbau zu verdanken, in den Regierungsbezirken Potsdam und Frankfurt der intensiven Milchwirtschaft und Viehhaltung, die in Berlin und Umgebung günstige Absatzmärkte vorfanden. Domänen, auf denen Zuckerrübenbau betrieben wurde oder betrieben werden konnte, waren außerordentlich begehrt. An der Ausdehnung der Zuckerrübenanbaufläche waren die Domänen ganz stark beteiligt. „Zuckerrübendomänen" in den Regierungsbezirken Potsdam, Frankfurt, Marienwerder, Bromberg, Posen, Breslau und Oppeln haben selbst in „Krisenjahren" günstige Abschlüsse nachweisen können, ebenso Domänen in den Provinzen Sachsen und Hannover, wie überhaupt die Domänenpächter die Rentabilität „ihrer" Betriebe durch Intensivierung der Bodenkultur und der landwirtschaftlichen Verarbeitungsindustrie verbessert haben.

Sinkende Pachteinnahmen, verursacht durch Preiseinbrüche und daraus resultierende Pachtnachlässe, Stundungen oder zeitweilige Pachtlosigkeit, mußten jedoch keineswegs finanzielle Einbußen oder Schwierigkeiten für die Domänenpächter nach sich ziehen. Viele von ihnen bewirtschafteten neben der oder den gepachteten Domänen noch bereits früher erworbene Rittergüter und tätigten darauf Investitionen oder kauften im Kaiserreich Rittergüter, wie sie auch ihren Vermögensstand durch erwirtschaftete Gewinne oder finanzielle Transaktionen aufstockten.

Der schon erwähnte Albert Schröder in Alvensleben und Tudersleben erwarb 1883 das Rittergut Etzdorf (731,89 ha), dessen einstiger Besitzer A. v. Waldenburg dem neuen Eigentümer zum Kauf gratulierte, denn er sei damit um 450000 Mark reicher geworden. Mit diesem Kauf gingen zugleich 19 Anteile an der Zuckerfabrik Teutschenthal in seine Hände über. Er besaß, wie der Landrat des Mansfelder Seekreises bestätigte, ein Vermögen von 350000 Mark, ferner ungarische, österreichische, mexikanische, rumänische und preußische Anleihen und Wertpapiere im Gesamtwert von 54645 Mark. Schröder trat später die Pacht an seine Schwägerin Ida Schröder ab, die am 8. November 1900 der

36 Johannes Conrad, Die Domänenvorwerke in der Provinz Preußen, in: Jahrbücher für Nationalökonomie und Statistik, 3. F., Bd. 6, Jena 1893, S. 37ff.; Friedrich Großmann, Die Ergebnisse der Domänenverpachtungen in Preußen, in: ebenda, S. 687ff.; Hellmuth Riemann, Preußens Domänenpolitik von 1808 bis 1909, Diss. Erlangen 1910, S. 25ff. u. Anlage II u. IV.

Domänenkammer ein Angebot von 1479292 Mark zur Übernahme der Domänen Alvensleben und Klein Rottmersleben unterbreitete.[38]

In Brandenburg begegnet uns die „Pächterdynastie" Karbe, die bis 1945 für längere oder kürzere Zeit 18 Domänen und 17 sonstige Güter gepachtet sowie 26 Rittergüter oder andere Güter gekauft hatte.[39]

Wenn erfolgreiche Domänenpächter, die wirtschaftliche und sozialpsychologische Dividenden einfuhren, schon selbst keine Rittergüter kauften, so versorgten sie aber in vielen Fällen ihre Söhne mit Rittergütern und hatten damit ein rentensicheres Erbe geregelt. Andererseits heirateten Töchter von Domänenpächtern in „höhere" Gesellschaftskreise, die gute Geschäftsverbindungen verhießen.

Helene Honig z. B., Tochter des Pächters der Domäne Egeln (Krs. Wanzleben), Zukkerfabrikinhaber und Hausbesitzer im Berliner Tiergarten, schloß 1869 die Ehe mit Paul Jonas, Eisenbahndirektionspräsident, Mitglied (1881–1886) und Vorstand des Aufsichtsrates (1887–1910) der Deutschen Bank und Geschäftsführer der Kurfürstendamm-Gesellschaft.[40]

Geschäftstüchtigkeit und Unternehmersinn bewies Adolf Schmelzer, genannt wegen der Größe der Fläche und der vorbildlichen Bewirtschaftung der „König des Oderbruches". Nach Lehrzeit und Verwaltertätigkeit in verschiedenen Betrieben wechselte er 1865 als Amtsassistent nach der Domäne Sachsendorf im Oderbruch über, heiratete ein Jahr später die verwitwete Frau Oberamtmann Anna Helene Baath, geborene von Gansauge, wurde Mitpächter der Domäne Sachsendorf (897 ha) und Mitbesitzer des Rittergutes Hackenow, erwarb 1866 das Lehngut Hathenow, 1879 und 1899 die Rittergüter Rathstock und Tucheband, daneben eine große Anzahl Bauernwirtschaften und kaufte 1908 endlich die Domäne Sachsendorf und hatte damit seinen Besitz zu einer stattlichen Herrschaft abgerundet. Auf all diesen Gütern errichtete er neue Wirtschaftsbauten, ließ 25 bis 30 km Wege pflastern, um eine bessere Verbindung der Güter und Anfuhr zur Sachsendorfer Zuckerfabrik herzustellen, modernisierte die Zuckerfabrik, führte umfangreiche Drainagearbeiten durch, beschäftigte billige Wanderarbeiter aus dem Warthebruch, aus Westpreußen, Oberschlesien und Galizien. Um die großen Vorhaben finanzieren zu können, hatte Schmelzer mit dem bekannten Berliner Bankhaus Gebr. Schickler Verhandlungen wegen eines „ausgiebigen" Kredits aufgenommen und diesen erhalten. Sachsendorf übte große Vorbildwirkungen auf die umliegenden Güter und Bauernwirtschaften aus.[41]

Pächter von Domänen waren gleichzeitig Pächter von Rittergütern.

Artur Schurig z. B., dessen Vater Anfang der 70er Jahre die havelländische Domäne Paretz in Pacht übernommen hatte, pachtete 1908 die Domäne Hertefeld bei Nauen (262 ha) gegen eine jährliche Summe von 4900 Mark. Die vernachlässigte Domäne wurde entwässert und in einen Feldbaugemüsebetrieb umgewandelt. Mooriger Boden wurde

38 LHASA, Da Schraplau, Nr. 738 u. 743.

39 Deutsches Geschlechterbuch, Bd. 150, Limburg (Lahn) 1969, S. 11, 25 ff. u. 32 ff.

40 Ebd., Bd. 160, 1972, S. 362.

41 Ebd., Bd. 150, S. 441 ff.; vgl. auch Archiv für Sippenforschung und allen verwandten Gebieten ..., Jg. 32, H. 22, 1960, S. 504 ff.

durch Hanfkultur verbessert, sie wurde so weit ausgedehnt, daß Schurig zeitweise zu den größten Hanfanbauern gehörte. 1917 pachtete er schließlich die Herrschaft der Fürstin Lynar mit den Gütern Markee, Markau, Röthehof und Schwanebeck und fügte alles zu einem intensiv bewirtschafteten Großbetrieb von rund 3500 ha zusammen, der zu seiner Zeit als Gipfel fortschrittlicher Unternehmungsleistung angesehen werden mußte. Schurig stieg zu einem bekannten Gemüsebau-Großproduzenten auf, der sich geschickt Konjunkturen anzupassen wußte und auf dem Berliner Gemüsemarkt zum Nachteil der Gemüsebauern die Preise in verschiedenen Gemüsearten bestimmte. Durch die enge Verbindung von Landwirtschaft, Gemüsebau und Verarbeitungsindustrie, durch den weitgehenden Einsatz von Technik, die Anlage von 50 km Feldbahn, Produktion eigens für den Gemüsebau konstruierter Geräte und Maschinen in eigenen Werkstätten sowie Wasserregulierung (Pumpstationen) erreichte Schurig eine hohe Ausnutzuung der Arbeitskräfte. Als viehschwacher Betrieb nutzte Schurig ferner kostenlos aus Berlin angelieferten Stadtmüll (1921 täglich 3 Waggons), der in kompostierter Form ein billiges Düngemittel war; nach dem Unterpflügen gediehen Zuckerrüben, Weizen und Feldgemüse. Schurig war ein kapitalistischer, rechnender und berechnender Unternehmer und erfahrener Landwirt, dessen Unternehmung sich durch auf Gewinnmaximierung ausgerichtete Betriebsführung, hohe Disponibilität, rasches Aufgreifen neuer Erkenntnisse von Wissenschaft und Technik und eigene Versuchstätigkeit auszeichnete.[42]

Wie Domänenpächter auch Rittergüter pachteten, um ihren Besitz optimal und wirtschaftlich abzurunden, so gab es auch zahlreiche Landwirte aus Domänenpächterkreisen, die infolge günstiger Umstände oder Aussichten nur Rittergüter pachteten oder sie als Sprungbrett für einträglichere Domänenpachten oder Rittergutskauf benutzten. Manche wiederum betrachteten Pachten, ganz gleich ob von Domänen oder Rittergütern, nur als Unternehmungsform oder nützlichen „Broterwerb“, so daß sie oft von einer Domänen- zur Rittergutspacht und umgekehrt und auch in ansehnliche Verwalterstellen wechselten.

Bernhard August Julius Karbe z. B., Sohn des Pächters der Domäne Gramzow (Krs. Angermünde), war Rittergutspächter zu Buckow (Krs. Eberswalde), später Gutsverwalter zu Kammerwaldau in Schlesien; er war mit der Tochter des mecklenburgischen Domänenpächters Walter zu Alt Bauhof (Krs. Malchin) verheiratet und verbrachte seinen Lebensabend in Putbus auf Rügen. Ein anderer Karbe, Adolf Gottlieb Nathanel, war von 1871 bis 1880 Pächter der Rittergüter Charlottenthal und Briesen, von 1880 bis 1882 Pächter des Gutes Himmelpfort (alle Krs. Templin), um dann von 1882 bis 1892 als Oberinspektor bei seinem Vetter Hans Karbe, Besitzer des Rittergutes Lichterfelde, tätig zu sein; schließlich bekleidete er von 1892 bis 1896 die Stellung eines Verwalters bei der Ansiedlungsbank zu Sokolnik bei Wreschen in der Provinz Posen.[43]

Bei Rittergütern waren Pachtwechsel und kürzere Pachtdauer häufiger als bei Domänen, ohne daß wir die Gründe dieser Erscheinungen genauer kennen. Eine Ursache war der Tod des Pächters vor Ablauf des Pachtvertrages und fehlende „Vererbung“. Auch die

42 Keune, (Hg.), Männer, S. 112–124, 549 ff.; Ute Puls, Zur Entwicklung der Gemüseproduktion in Deutschland (1878 bis 1933/34), Diss. Berlin 1981, S. 71 f.

43 Deutsches Geschlechterbuch, Bd. 150, S. 45.

öffentliche Ausbietung der Pacht war stärker ausgeprägt als bei den Domänen. Als nach zwanzigjähriger Verpachtung 1869 das Rittergut Uhrsleben (Krs. Neuhaldensleben) von Graf v. Alvensleben-Schönborn zur „meistbietenden Verpachtung" ausgeschrieben wurde, bewarben sich 13 „Pachtreflektanten", darunter der schon erwähnte Albert Schröder, der bereits das Rittergut Groppendorf (1440 Morgen) des Grafen Alvensleben für 8580 Taler gepachtet und dem sein Vater Friedrich Schröder, Pächter der Domänen Alvensleben und Tundersleben, 30000 Taler als „eigenes Vermögen" für Uhrsleben zur Verfügung gestellt hatte. Unter den Pachtbewerbern befanden sich ferner ein adliger Rittergutsbesitzer (v. Arnstedt), zwei Domänenpächter, ein Administrator aus dem sächsischen Borna, zwei Dorfbürgermeister und mehrere Mittel- und Großbauern, die sich „Ökonom" nannten. Das Rennen machte der promovierte „Ortsvorsteher" von Sülldorf, Heinrich Mittag, der 10500 Taler für 1492 Morgen geboten hatte. Der Pachtvertrag wurde auf 24 Jahre abgeschlossen (1871–1905), doch schon 1896 waltete Dr. Mittag als Pächter der Domäne Ummendorf (743,10 ha).[44]

Mancher Pächter betrachtete Pachten vermutlich nur als Spekulationsobjekt, um nach Übernahme einer adligen Herrschaft die Güter an „Unterpächter" weiterzuverpachten, weil er damit einen Überschuß über die mit dem Besitzer vereinbarte Pachtsumme erzielen konnte.

Der Rittergutsbesitzer und Landrat a. D. Heinrich v. Nathusius (Althaldensleben) z. B. pachtete 1872 bis 1896 die Herrschaft Sommereschenburg, die Graf Hugo Neidhardt v. Gneisenau gehörte, für jährlich 60000 Mark. Vier Jahre später „substituierte" Nathusius seinen Sohn Johannes mittelst Pachtzession als Pächter, und dieser verpachtete einen größeren Teil der Ländereien an die Zuckerfabrik in Hötensleben als „Afterpächter" weiter. Die Zuckerfabrik zahlte an Nathusius eine höhere Pacht als er selbst an Gneisenau abführte, „Rübengelder" und auch noch eine Entschädigung von 100000 Mark. Nathusius erhielt also Mehreinnahmen durch die Weiterverpachtung, die bis 1914 verlängert wurde, und Gneisenau konnte sich, wie ein Bekannter namens Heinrich Redlieb aus Gramzow 1894 an ihn schrieb, durch die Generalverpachtung „einer freien und sicheren Stellung" erfreuen und „wissen ganz genau, was Sie jedes Jahr einnehmen, haben sichere Zahler zu Pächtern und auch nur mit ein oder zwei Menschen zu tun, was alles anders werden wird, wenn Sie 1000 Morgen selbst bewirtschaften lassen oder gar einzeln verpachten".[45]

Kenntnisreiche und einsichtsvolle Besitzer größerer adliger Gutswirtschaften verpachteten ihre Güter nach den bewährten Bedingungen, „die bei der Verpachtung der königlichen Domänen zu Grunde liegen", d. h. 18 bis 24 Jahre mit Aussicht auf Verlängerung, und sie gewährten den Pächtern weitgehende Freiheit bei der Bewirtschaftung der „Ökonomie", was jedoch bestimmte Gebote und Verbote nicht ausschloß. So heißt es bei der Verpachtung des Rittergutes Sülldorf (v. Angern) im Kreise Wanzleben: „Pächter ist an die bisherige Bewirtschaftungsart nicht gebunden, vielmehr steht ihm frei, solche dergestalt zu benutzen, wie es den Grundsätzen einer richtigen rationellen Landwirtschaft

44 LHASA, Rep. H Erxleben, II, Nr. 1286, Bl. 3f.; 28ff., 33ff.; Nr. 1288, Bl. 1ff., 66 u. 75.

45 Ebd., Rep. H Sommereschenburg, Nr. 293, Vl. 1ff., 33ff., 43ff., 56ff., 67, 104, 158 u. 199ff; Nr. 294 u. 297.

entspricht".[46] Pächter waren aber verpflichtet, wie es im Pachtvertrag des Rittergutes Tannenhagen im Kreise Thorn festgelegt wurde, z. B. „alljährlich hundert laufende Meter Wegstrecke in einer Breite von 3m zu pflastern", es war ihm jedoch untersagt, das Gutsinventar zu verpfänden, aber er hatte „150 Morgen Zuckerrüben statutenmäßig an die Zuckerfabrik Unislaw zu liefern".[47]

Zur Geschichte der Pacht gehört, daß verwandtschaftliche Rücksichten und Beziehungen auch in adligen Kreisen Faktoren waren. Adlige Rittergutsbesitzer verpachteten ihre Güter an ihre Söhne und auch an Töchter oder an Standesgenossen. Ferner vermittelten Generalagenten Pachtungen, wie auch Verpächter und fiskalische Behörden sich Auskünfte über pachtwillige Landwirte, Administratoren und Verwalter einholten. Der Besitzer des Rittergutes Vollenschier in der Altmark (Krs. Gardelegen) bemühte sogar die bekannte Auskunftei Schimmelpfennig, um sich z. B. über fachliche Fähigkeiten und Vermögenslage zu erkundigen.[48]

Pächter von Domänen und Rittergütern, überwiegend bürgerlicher, teils auch bäuerlicher Herkunft, kapitalkräftig, tüchtig, unternehmend, erfahrene Landwirte, wagemutig und risikobereit, die Gewinne aus der landwirtschaftlichen Produktion und aus der Verarbeitung und dem Absatz der Erzeugnisse erwirtschafteten und größere Vermögen und sogar Reichtümer anhäuften, was Versagen und Vermögensfall keinesfalls ausschloß, waren in ihrer politischen Haltung in der Regel konservativ. Viele von ihnen gehörten konservativen Parteien an, wenige nur fühlten sich zu liberalen Parteien hingezogen. Manche Verpächter legten sogar im Pachtvertrag fest, daß der Pächter keine „politische Agitation gegen die konservative Partei betreiben" dürfe.[49]

Es verwundert daher nicht, wenn Domänenpächter „Solidarität" mit konkursbedrohten Adligen übten.

Als 1891 Thilo v. Trotha, Besitzer der anhaltinischen Rittergüter Gaensefurth, Thurmhof und Pachthof Hecklingen, in „äußerst mißliche Verhältnisse" geriet, war eine „Zahl wohlhabender Personen zusammengetreten", um „für die Familie Trotha den Besitz zu erhalten" und den „Genannten mit größeren Geldbeträgen zur Hebung der Position zu unterstützen". „Freiwillige Helfer" gründeten eine „Wirtschaftsgemeinschaft"; 38 Geldgeber, vom Herzog Anhalt-Dessau und Fürst Stolberg-Wernigerode über Grafen und adlige Rittergutsbesitzer bis zu bürgerlichen Landwirten, brachten 522830 Mark auf, um damit die Sanierung des Besitzes einzuleiten. Unter den Geldgebern befanden sich mindestens 5 Domänenpächter und einige Rittergutspächter, die je 10000 bis 30000 Mark in die Gesellschaft eingezahlt hatten. Drei bürgerliche Gutsbesitzer und Pächter wurden zu Bevollmächtigten der Gesellschaft gewählt. Sie veranlaßten eine Bestandsaufnahme und Kassensturz, setzten Administratoren ein und legten wirtschaftliche Maßnahmen fest. Trotz Erfolgen in einzelnen Teilbereichen blieb aber das Gesamtergebnis nach 20 Jahren unbefriedigend. Es fand keine Verzinsung des eingezahlten Kapitals statt und das Besitz-

46 Ebd., Rep. H Erxleben, II, Nr. 4043, Bl. 13ff.

47 Ebd., Nr. 4017, Bl. 15ff.

48 Ebd., Nr. 4044, Bl. 13.

49 Ebd., Nr. 4017, Bl. 15ff.

tum konnte der Familie Trotha nicht erhalten werden. Der Domänenpächter Amtsrat Braune in Winningen bot 1913 schließlich 2700000 Mark für die Übernahme des gesamten Gutskomplexes.[50]

Domänen- und Rittergutspächter waren auch Mitglieder des berühmt-berüchtigten „Bundes der Landwirte". Es war bekanntlich der schlesische „Generalpächter" des Rittergutes und der Schäferei Ransern bei Breslau (858 ha), Alfred Ruprecht, der den radikalen Aufruf verfaßte, in dem er die „Notlage der Landwirtschaft" begründete, gegen die Regierung opponierte und eine „große agrarische Partei" forderte, um die „Existenz der heutigen Landwirtschaft zu retten", er galt allgemein als der große Weckruf zur Organisation einer politischen Agrariervereinigung.[51] Wirtschaftlich liberal und politisch meist konservativ – diese Orientierung und Ausdrucksform der Domänen-und Rittergutspächter war eine Erscheinung, die sich aus der sozialreaktionären Entwicklung Preußens im 19. Jahrhundert erklärt. Es war eine Anpassung, die von der herrschenden Klasse gewünscht und gefördert wurde.

Schließlich haben wir noch eine Pachtgesellschaft zu erwähnen, zwar ein Einzelfall in Preußen, doch eine interessante Erscheinung. Auf Initiative des Besitzers der pommerschen Herrschaft Gramenz, Ernst Senfft v. Pilsach, wurde 1870 eine kapitalistische Pachtgesellschaft in Form einer Aktiengesellschaft ins Leben gerufen. Vorausgegangen waren Verhandlungen und Briefwechsel mit Bankiers, Kaufleuten und führenden Vertretern der Öffentlichkeit in Köln und der Rheinprovinz. Senfft v. Pilsach versuchte ihnen eindringlich klarzumachen, daß „die industrielle Intelligenz der westlichen Provinzen" berufen sei, „Pommerns reiche Naturkräfte" zu entfalten und auszubeuten und es daher wünschenswert sei, „bedeutende Kapitalien zur Pachtung von größeren Gütern zusammenzubringen und durch eine intelligente, von jenen Kapitalien getragene Bewirtschaftung eine höhere Verwertung des Grund und Bodens daselbst herbeizuführen". Bismarck unterstützte dieses Anliegen ebenso wie der preußische Landwirtschaftsminister v. Selchow. Am 4. April 1870 wurde mit königlich-kaiserlicher Billigung die „Rheinisch-pommersche Ackerbau-Aktiengesellschaft" offiziell verkündet. Die Aktiengesellschaft war als nachahmenswertes Muster für künftige Pachtgesellschaften gedacht, um auf diese Weise Kapital in die ostelbische Landwirtschaft zu pumpen und das Produktionsniveau zu heben, und deshalb war es für den preußischen Landwirtschaftsminister eine „volkswirtschaftlich höchst wichtige" Angelegenheit.

Das Gründungskapital betrug 200000 Taler, das bis zu einer Million Taler aufgestockt werden konnte. Ausgegeben wurden anfangs 400 Aktien à 500 Taler, die Pachtdauer auf 50 Jahre angenommen. Zu den Gründungsmitgliedern und Aktieninhabern gehörten u. a. der Kölner Polizeipräsident Friedrich Leopold Devens, ein Kaufmann und ein Fabrikbesitzer aus Köln, vier Gutsbesitzer aus der Kölner Umgebung und natürlich Senfft v.

50 Ebd., Rep. H Schkopau, Nr. 149, 150, 152 u. 153; Rep. H Erxleben, II, Nr. 3806.

51 Vgl. Hans-Jürgen Puhle, Agrarische Interessenpolitik im wilhelminischen Reich (1893–1914), Bonn 1975, S. 33ff. u. 313; Francis L. Carsten, Geschichte der preußischen Junker, Frankfurt a.M. 1988, S. 138ff.; Fünfundzwanzig Jahre wirtschaftspolitischen Kampfes. Geschichtliche Darstellung des Bundes der Landwirte. Zum 18. Februar 1918, hg. v. O. v. Kiesenwetter, Berlin 1918.

Pilsach, ferner waren beteiligt der Industrielle Karl v. Stumm, Neunkirchen, der Domänenpächter Moritz Koppe aus Wollup, die Gewerbebank Schuster und Comp. aus Berlin und Graf Kleist zu Zuchow.

Die Gesellschaft pachtete die Gramenzer Herrschaft und Senfft v. Pilsach erhielt jährlich eine Pacht von 50000 Taler, die später auf 66000 Taler erhöht wurde.

Wenn auch Gutachter und Beobachter dieser Pachtgesellschaft günstige Aussichten einräumten und, wie der bekannte Kultur-Ingenieur Dünkelberg, in ihr ein Mittel erblickten, einen „gebildeten und potenten Pächterstand, vornehmlich aus dem Rheinland" heranzuziehen und als Gewähr, den „Aufschwung der Landwirtschaft im Osten" zu befördern und „einen heilsamen Wetteifer anzuregen", so erfüllten sich aber die Erwartungen der „Kapitalisten" in Gramenz nicht; sie mußten zur Kenntnis nehmen, daß die Verzinsung des Kapitals in der Landwirtschaft, wenn überhaupt, langsamer erfolgt als in der Industrie. Der bekannte Domänenpächter und Pflanzenzüchter Wilhelm Rimpau, zeitweilig Mitglied des Aufsichtsrates der „Rheinisch-pommerschen Ackerbau-Aktiengesellschaft", der zwar die „großartigen Meliorationen" des Senfft v. Pilsach und die Tüchtigkeit des Güterdirektors anerkannte, gab nämlich zu bedenken, daß Neuländereien, zumal gerodete Waldflächen, „wesentlich schwieriger zu angemessenen Reinerträgen zu bringen" sind, wie er auch dem Verwaltungsrat vorwarf, „unrentable Rentabilitätspläne" zu entwickeln, denn Zuckerrüben und Klee kann man nicht unabhängig von der Bodenqualität ausdehnen, so daß die Reinerträge eben keine glänzenden Erfolge aufweisen. Er forderte darüber hinaus eine bedeutende Erhöhung des Kapitals, um einen „energischen Betrieb" zu gewährleisten.

Das Pachtunternehmen hat sich immerhin 17 Jahre behauptet. Am 28. September 1886 wurde lediglich in der „Vossischen Zeitung" mitgeteilt, daß sich die „Rheinisch-pommersche Ackerbau-Aktiengesellschaft" in Liquidation befinde. Die Bilanz vom 3. Juli schließt bei einem Aktienkapital von 846000 Mark mit einem Verlust von 840425 Mark ab, wobei die Liquidation weniger im Versagen der Pachtgesellschaft als vielmehr in den Schuldenverhältnissen des einstigen Oberpräsidenten Senfft v. Pilsach lag, die auch die Aktionäre nicht aus der Welt schaffen konnten. Bereits 1880 stand Senfft v. Pilsach vor einem drohenden finanziellen Zusammenbruch. Die Rückzahlung eines Darlehens von 612000 Mark an seine Schwägerin bzw. an ihre Erben, zu der Senfft v. Pilsach nicht fähig war, bedeutete Zwangsverkauf. Die Aktiengesellschaft, die seit Gründung Eigentümer des Gramenzer Gutsinventars war (Senfft v. Pilsach hatte 1870 dafür 80000 Taler Aktien erhalten), bot 2200001 Mark, doch persönliche und junkerliche Interessen verlangten eine andere Lösung. Im Verein mit der Aktiengesellschaft gelang es Kleist-Retzow, Freund von Senfft v. Pilsach, zusammen mit Graf Otto zu Stolberg-Wernigerode, die preußische Krone zu bewegen, die Gramenzer Güter für 2400000 Mark in ihren Besitz zu übernehmen und die Familie Senfft v. Pilsach von finanziellen Schwierigkeiten zu befreien, was der Initiator der Pachtgesellschaft nicht mehr erlebte, da er bereits 1882 starb.[52]

---

52 Vgl. dazu GStA Merseburg, 2.2.1., Geheimes Zivilkabinett, Abt. XXIV, Nr. 21a, Bl. 10; Rep. 120, Ministerium für Handel und Gewerbe, A, XII, 7, Nr. 214, Bl. 3; Rep. 92, Nachlaß Frh. Senfft v. Pilsach, A Nr. 15, Bl. 15 v.; LHASA, Rep. H Langenstein, Nr. 189; Allgemeine Deutsche

Eine ausführlichere Darstellung dieser interessanten Aktiengesellschaft hofft der Verfasser in Kürze vorlegen zu können. Ansonsten bleibt festzuhalten, daß die Geschichte der Domänen- und Rittergutspächter noch nicht geschrieben wurde, doch hoffe ich, mit meinem Beitrag wichtige Anregungen vermittelt zu haben.

Biographie, Bd. 54, Leipzig 1908, S. 328; Annalen der Landwirtschaft in den Königlich Preußischen Staaten. Wochenblatt, X. Jg., Nr. 48, Berlin v. 30. 11. 1870, S. 419ff.

Stephan Merl

Das Agrargenossenschaftswesen Ostdeutschlands 1878–1928
Die Organisation des landwirtschaftlichen Fortschritts und ihre Grenzen

Welchen Nutzen brachten Genossenschaften ihren Mitgliedern, in welcher Weise konnten sie die Modernisierung der Landwirtschaft fördern? Lassen sich Unterschiede zwischen der Genossenschaftsbewegung im Westen und im Osten Deutschlands feststellen? Welche Haltung nahm der Großgrundbesitz den Genossenschaften gegenüber ein? Konnte das Genossenschaftsprinzip der Selbsthilfe neben der Forderung nach staatlicher Unterstützung aus „beamtenmäßigem Anspruchsdenken" (Achilles) bestehen?

Der bisherige Forschungsstand zu diesen Fragen ist ausgesprochen unbefriedigend. Das erscheint um so bedauerlicher, als die Fragestellung, ob Genossenschaften den Transformationsprozeß der Landwirtschaft zur Marktwirtschaft erleichtern können, von großer Aktualität ist. Die bisherige Genossenschaftsforschung ist entweder stark ideengeschichtlich geprägt, indem die Gründungsväter der Genossenschaftsbewegung und ihre Vorstellungen in den Vordergrund gestellt werden, oder es handelt sich um – zumeist zeitgenössisch entstandene – Darstellungen, die den wirtschaftlichen Ergebnissen der Genossenschaften oder der Verbandsgeschichte gewidmet sind. Weder die eine noch die andere Richtung untersucht an empirischem Material, welchen Nutzen die Mitglieder aus der genossenschaftlichen Organisation zogen und wie sich der Beitritt auf die Führung ihrer Betriebe auswirkte. Eine seltene Ausnahme von dieser Regel ist die materialreiche Studie von Kretzschmar zum Königreich Sachsen, die zumindest diese Fragen streift.[1] So finden sich in den vielen Arbeiten über Kreditgenossenschaften keine Angaben darüber, wie die Genossen die erhaltenen Kredite verwendeten. Neuere Arbeiten zur Genossenschaftsgeschichte – sieht man von Festschriften[2] ab – sind ausgesprochen rar und konzentrieren sich weiterhin auf die traditionellen Untersuchungsbereiche.[3] Das dürfte nicht zuletzt

1 Herbert Kretzschmar, Das ländliche Genossenschaftswesen im Königreich Sachsen, Berlin 1914.

2 Vgl. u. a. Rudolf Maxeiner u. a., Raiffeisen. Der Mann, die Idee und das Werk, Bonn 1988.

3 Zu nennen sind insbesondere die Monographien von Beate Finis, Wirtschaftliche und außerwirtschaftliche Beweggründe mittelständischer Genossenschaftspioniere des landwirtschaftlichen Bereichs am Beispiel von F.W. Raiffeisen und W. Haas. Zur Integration der Beweggründe in eine empirische Genossenschaftstheorie und in Theorien der Sozial- und Wirtschaftspolitik, Berlin 1980; Arnd Holger Kluge, Geschichte der deutschen Bankgenossenschaften. Zur Entwicklung mitgliederorientierter Unternehmen, Frankfurt a.M. 1991 (= Schriftenreihe des Instituts für bank-

darauf zurückzuführen sein, daß sich seit der Zwischenkriegszeit ein erheblicher Funktionswandel der landwirtschaftlichen Genossenschaften ergeben hat, wobei die historischen Aufgaben, die die Genossenschaften im Anpassungsprozeß der Landwirtschaft an die Marktwirtschaft erfüllten, aus dem Blickfeld gerieten. Der durch den Konkurrenzdruck ausgelöste Konzentrationsprozeß ging auf Kosten des direkten Kontakts zu den Mitgliedern. Heute ist der besondere Charakter der Genossenschaften im Vergleich zum Privathandel nur noch mühsam auszumachen.

Das Interesse an der vorliegenden Studie, die sich als Vorarbeit für eine umfassendere Aufarbeitung der Fragestellung versteht, geht von aktuellen Problemstellungen Osteuropas aus. Der Übergang von einer Zentralverwaltungs- zu einer Marktwirtschaft soll sich hier auch im Bereich der Landwirtschaft vollziehen. Könnten genossenschaftliche Formen die enormen sozialen Kosten dieses Übergangsprozesses mildern, könnten sie erzieherische Wirkungen in Richtung auf marktwirtschaftliches Verhalten ausüben, die Methoden der Betriebsführung verbessern helfen oder die Anpassung an den technischen Fortschritt erleichtern? Für die heutige Politikberatung kommt gesicherten Daten über die historischen Leistungen der Genossenschaften in dieser Beziehung zentrale Bedeutung zu.

Die nachfolgenden Ausführungen beruhen auf einer vorläufigen Auswertung des Materials. Bereits die Suche nach Genossenschaftsmaterial erwies sich als schwierig, weil dies nur in wenigen Bibliotheken gesammelt wurde.[4] Ausgewertet wurden insbesondere die Genossenschaftsstatistik[5] sowie die Rechenschaftsberichte und zum Teil die Zeitschriften der beiden miteinander konkurrierenden Systeme landwirtschaftlicher Genossenschaften, des Reichsverbands und des Generalverbands.[6] Außerdem standen Beschreibungen der

historische Forschung e.V., Bd. 17). Den traditionellen Rahmen verlassen nur einzelne Studien, die den Staatseinfluß auf das Genossenschaftswesen untersuchen: Manfred Busche, Öffentliche Förderung deutscher Genossenschaften vor 1914. Ein Beitrag zum Ausbau einer Genossenschaftspolitik, Berlin 1961; Herbert Pruns, Staat und Agrarwirtschaft 1800–1865. Subjekte und Mittel der Agrarverfassung und Agrarverwaltung im Frühindustrialismus, 2 Bde., Hamburg 1979.

4 Die besten Bestände an Literatur über landwirtschaftliche Genossenschaften einschließlich der Genossenschaftszeitschriften und der Rechenschaftsberichte der Verbände befinden sich beim Deutschen Raiffeisenverband e.V. in Bonn, in der Bibliothek der ehemaligen Akademie der Landwirtschaften in Berlin (hier wurden nach Gründung der Akademie 1952 die meisten der in Ostberlin vorhandenen Bestände der Reichsdienststellen, die den Krieg überstanden hatten, zusammengezogen) und in der Zentralbibliothek der Landbauwissenschaft in Bonn. Die einschlägigen Zeitschriften sind außerdem im Institut für Weltwirtschaft, Kiel, vorhanden.

5 Mitteilungen zur deutschen Genossenschaftsstatistik für 1903 (erschienen bis: für 1915 und 1916), in: Zeitschrift des Königlich Preußischen Statistischen Landesamts. Ergänzungshefte Nr. 22, 25–27, 29, 33, 36, 38, 40, 41, 45, 46, Berlin 1905–1919. Für die 1920er Jahre gibt es keine vergleichsweise detaillierte Genossenschaftsstatistik. Auch in den Rechenschaftsberichten des Reichsverbands und des Generalverbands finden sich für diese Jahre deutlich weniger Angaben.

6 Jahrbuch des Reichsverbands der deutschen landwirtschaftlichen Genossenschaften, Jg. 10–35 (Titel zuvor: Jahrbuch des Allgemeinen Vereins der deutschen landwirtschaftlichen Genossenschaften), Darmstadt 1903–1930; Jahresbericht des Generalverbandes der deutschen Raiffeisen-Genossenschaften e.V. für 1913–1928 mit Statistik der Raiffeisenschen Genossenschaften für 1912–1927, Berlin 1914–1929 (Titel zuvor: Jahresbericht 1900–1912 des Generalverbandes länd-

Genossenschaftsgeschichte in den einzelnen Ländern und preußischen Provinzen, vorwiegend Dissertationen aus den 1920er Jahren, zur Verfügung. Auch dieses Quellenmaterial erwies sich für die vorliegende Fragestellung als wenig ergiebig. So erlaubt insbesondere die systematische Auswertung des statistischen Materials zwar, Aussagen zu den Besonderheiten der Genossenschaftsbewegung in Ostdeutschland[7] im Vergleich mit Südwestdeutschland[8] und zum Verhalten der Gutsbesitzer gegenüber den Genossenschaften zu machen. Empirische Daten über den Nutzen, den die Mitglieder aus den Genossenschaften gezogen haben, wurden aber nicht gefunden. Zu diesem Punkt mußten deshalb Ableitungen aus allgemeinen Überlegungen über den Nutzen der genossenschaftlichen Organisation vorgenommen werden.

Archivmaterial wurde bisher nur in geringem Umfang entdeckt. Der Raiffeisenverband in Bonn verfügt über einen begrenzten Archivbestand.[9] Von Interesse für die Fragestellung sind hier aber im wesentlichen nur das Material über die Beteiligung von Lehrern und Pfarrern an den Genossenschaften[10] sowie die Anhörungsprotokolle und statistischen Erhebungen, die im Zusammenhang mit der Arbeit des Ausschußes zur Untersuchung der Erzeugungs- und Absatzbedingungen der deutschen Wirtschaft (Enquête-Ausschuß) in der zweiten Hälfte der 1920er Jahre erstellt wurden und bei denen speziell nach dem Nutzen der Genossenschaften für die Förderung der Landwirtschaft gefragt wurde.[11] Bei regionalen Genossenschaftsverbänden konnte bisher kein Material gefunden werden. Soweit Primärgenossenschaften Materialien aufbewahrten, handelt es sich vorwiegend um Prüfberichte. Für die Weiterarbeit soll versucht werden, über die Landwirtschaftskammern Material zu den Genossenschaften bezüglich ihrer Wirkung auf die Bauernschaft zu erschließen.

---

licher Genossenschaften für Deutschland e.V., Neuwied 1901–1913); Deutsche landwirtschaftliche Genossenschaftspresse. Fachzeitschrift für das landwirtschaftliche Genossenschaftswesen. Organ des Reichsverbandes der deutschen landwirtschaftlichen Genossenschaften, Jg. 18–57, Darmstadt 1891–1930; Landwirtschaftliches Genossenschaftsblatt. Verbandsorgan für die ländlichen Genossenschaften Raiffeisenscher Organisation, Jg. 1–52, Neuwied 1879–1930; Genossenschaftsblatt des Reichs-Landbundes (Titel zuvor: Genossenschaftsblatt des Bundes der Landwirte), Jg. 1–21, Berlin 1910–1928.

7 Unter Ostdeutschland (bzw. Ostelbien) werden in der vorliegenden Studie folgende Gebiete mit Dominanz des Großgrundbesitzes gefaßt: Ostpreußen, Westpreußen, Brandenburg, Pommern, Posen, Schlesien, Provinz Sachsen, Mecklenburg-Schwerin, Mecklenburg-Strelitz.

8 Hierunter werden die Gebiete mit Dominanz der Kleinbetriebe in Südwest- und Süddeutschland gefaßt.

9 Dieser Archivbestand wurde in den 1960er Jahren verfilmt. Die Filme sind im Bundesarchiv Koblenz zugänglich. Der Fonds R 99F (Reichsverband der deutschen landwirtschaftlichen Genossenschaften – Raiffeisen) umfaßt 367 Akten auf 43 Mikrofilmen. Es handelt sich vorwiegend um Schriftwechsel der Zentrale mit staatlichen Organen und regionalen Verbänden im Zeitraum 1872 bis 1930. Außerdem verfügt die Außenstelle des Bundesarchivs in Potsdam über geringe Schriftgutreste.

10 Bundesarchiv, Bestand R 99F, Akten-Nr. 43 und 169.

11 Ebd., Akten-Nr. 137 und 138.

Bevor auf die Besonderheiten der Genossenschaftsbewegung in Ostdeutschland eingegangen werden kann, müssen zunächst die unterschiedlichen Typen der Agrargenossenschaften charakterisiert werden. Ein weiterer Abschnitt untersucht dann die Haupttypen der ostelbischen Agrargenossenschaften in Hinsicht auf ihre Förderwirkung auf die Bauern. Abschließend wird das Verhältnis zwischen dem Bund der Landwirte bzw. dem Reichslandbund und den beiden Genossenschaftsverbänden betrachtet.

1. Unterschiedliche Typen der Agrargenossenschaften

Je nach ihrem Tätigkeitsbereich erfüllen Genossenschaften unterschiedliche Funktionen und sprechen verschiedene Kreise der Landbevölkerung an. Ihre Aufgabenstellung kann u. a. bestehen in einer sozialpolitisch motivierten Linderung der Not, in der durch den Zusammenschluß erreichten Verstärkung der Marktposition der Mitgliedsbetriebe oder in dem Versuch, auf die Agrartechnik und die Betriebsführung einzuwirken. Der Gedanke, zur Verbesserung der Lage der Bauern auf Genossenschaften als Form des bürgerlichen Vereinswesens zurückzugreifen, wurde von außen in die Landwirtschaft hineingetragen, wie die starke Vertretung von Nichtlandwirten in Leitungsorganen der ersten Genossenschaften zeigt.[12] Das Engagement von Lehrern und Pfarrern war dabei stärker sozialpolitisch motiviert, während für Beamte und Gutsbesitzer eher die Wirtschaftsförderung im Vordergrund stand. Den auf dem Prinzip der Selbsthilfe basierenden Genossenschaften wurde später die berufsständische Interessenvertretung, der Bund der Landwirte, gegenübergestellt, der vor allem Hilfe vom Staat verlangte: „Wir müssen aufhören zu klagen – wir müssen schreien! Wir müssen schreien, daß es das ganze Volk hört; wir müssen schreien, daß es in die Parlamentssäle und Ministerien dringt; wir müssen schreien, daß es bis an die Stufen des Thrones vernommen wird."[13]

Die Systematisierung der Genossenschaften kann nach unterschiedlichen Gesichtspunkten erfolgen. Die in der zeitgenössischen Statistik verwendete Einteilung ist hinsichtlich der Ausrichtung der Genossenschaften ungenau und wird heute nicht mehr benutzt. Da eine Umrechnung der Daten auf die heute benutzten Kategorien nicht möglich ist, muß in dem vorliegenden Beitrag dennoch mit den zeitgenössischen Begriffen gearbeitet werden. Sie unterscheiden ländliche Kreditgenossenschaften (Darlehnskassenvereine); Verwertungsgenossenschaften der Typen Magazingenossenschaft,[14] Rohstoff- und Magazin-

12 Klaus Tenfelde, Die Entfaltung des Vereinswesens während der industriellen Revolution in Deutschland (1850–1873), in: Otto Dann (Hg.), Vereinswesen und bürgerliche Gesellschaft in Deutschland, München 1984, S. 55–114.

13 Aufruf des schlesischen Gutspächters Ruprecht zur Gründung des Bundes der Landwirte 1892, zitiert nach Arthur Dix, Der Bund der Landwirte. Entstehung, Wesen und politische Tätigkeit, Berlin 1909, S. 3.

14 Genossenschaften zur gemeinsamen Viehverwertung, zur Geflügelzucht und zum Eierverkauf, zum Getreideabsatz sowie – mit jeweils erheblich weniger als 1000 Mitgliedsbetrieben – Genossenschaften zur Verwertung von Spiritus, Hopfen, Tabak, Kleie, Honig, Heu, Melasse etc.

genossenschaft und Produktivgenossenschaft;[15] sowie Bezugsgenossenschaften der Typen Rohstoffgenossenschaft, Werkgenossenschaft,[16] Genossenschaft zur Beschaffung von Maschinen und Geräten, sowie Zuchtvieh- und Weidegenossenschaft. Alle genannten Formen der Agrargenossenschaften werden heute als hilfs- und ergänzungswirtschaftliche Einrichtungen dem Typ der Förderungsgenossenschaft zugeordnet. Verwirrend ist dabei, daß die Produktivgenossenschaft nach damaliger Terminologie heute als Produktionsgenossenschaft bezeichnet wird. Unter Produktivgenossenschaft wird dagegen heute eine ganz andere, nicht zum Typ der Förderungsgenossenschaft zählende Form verstanden, bei der die Mitgliedswirtschaften vollständig integriert sind und die Mitglieder ebenso als Kapitaleigner wie auch als Arbeitnehmer in Erscheinung treten. Produktivgenossenschaften in diesem Sinne spielten in Deutschland im Betrachtungszeitraum keine Rolle, so daß auf sie im folgenden nicht eingegangen wird.

Funktional werden die Fördergenossenschaften heute in Beschaffungs- und Verwertungsgenossenschaften eingeteilt, wobei die weitere Untergliederung nach den zu beschaffenden oder zu verwertenden Objekten erfolgt. *Beschaffungsgenossenschaften:* a) Kreditgenossenschaften (zur Kreditbeschaffung), b) Bezugsgenossenschaften (Einkaufsgenossenschaften), c) Nutzungsgenossenschaften (u. a. Elektrizitäts-, Maschinen-, Dresch-, Zucht-, Trocknungsgenossenschaften), d) Dienstleistungsgenossenschaften (z. B. Buchführungsgenossenschaften). *Verwertungsgenossenschaften:* a) Kreditgenossenschaften (Einlagenverwertung), b) reine Absatzgenossenschaften (z. B. Getreide-, Kartoffel-, Gemüseabsatzgenossenschaften), c) Produktionsgenossenschaften mit Absatzfunktionen (z. B. Molkerei-, Winzergenossenschaften).

2. Unterschiede der Genossenschaftsbewegung zwischen Südwest- und Ostdeutschland und zwischen den einzelnen ostdeutschen Ländern und Landesteilen

Im Vergleich mit Südwestdeutschland fällt insbesondere die unterschiedliche Betriebsgrößenstruktur in Ostelbien ins Auge. Tabelle 1 führt die Verteilung der Landwirtschaftsbetriebe nach Betriebsgrößenklassen in den preußischen Provinzen im Jahre 1907 an. Da zum einen die Verteilung der Betriebe auf die Betriebsgrößenklassen wie auch die Gesamtzahl der Landwirtschaftsbetriebe verhältnismäßig konstant war und zum anderen entsprechende Erhebungen nur in großen Abständen vorgenommen wurden, werden diese Daten für die Bewertung der Genossenschaftsstatistik im gesamten Untersuchungszeitraum zugrunde gelegt.

Die Tabelle zeigt deutlich, daß drei unterschiedlich strukturierte Agrarregionen in

15 Molkerei-, Winzer- und Brennereigenossenschaften, Genossenschaften für den Bau und Vertrieb von Gartenfrüchten, außerdem (unbedeutend) Schlacht-, Fischerei- und Forstgenossenschaften.

16 Dresch- bzw. Dampfpfluggenossenschaften, landw. Maschinen- u. landw. Betriebsgenossenschaften, Elektrizitätsgenossenschaften, Gaswerke und Wasserleitungsgenossenschaften.

Tabelle 1:
Landwirtschaftsbetriebe in Preußen 1907 nach Betriebsgrößenklassen (in Prozent)*

Provinz	Betriebe	darunter Betriebe nach Hektar LN**					Anteil der LN nach Betriebsgrößenklassen				
		unter 2	2–5	5–20	20–100	über 100	unter 2	2–5	5–20	20–100	über 100
Ostpreußen	219245	52,3	14,8	20,1	11,3	1,5	2,2	4,3	17,6	38,3	37,1
Schleswig-Holstein	159010	61,1	9,4	15,7	13,2	0,6	1,9	3,4	19,8	59,5	15,4
Pommern	177879	59,0	11,1	21,5	6,9	1,5	2,6	3,2	19,7	23,4	51,1
Westpreußen	158437	54,3	13,3	22,6	8,5	1,3	2,7	4,3	23,6	32,9	36,5
Brandenburg	259066	58,1	14,6	18,6	7,9	0,8	3,6	5,6	22,8	35,1	32,9
Posen	204952	55,1	12,7	24,9	6,2	1,1	2,7	4,2	27,5	21,5	44,1
Sachsen	318678	69,5	10,9	14,3	4,8	0,5	6,5	6,7	26,7	34,1	26,0
Schlesien	366849	50,1	22,0	23,1	4,0	0,8	4,5	10,8	31,4	20,6	32,7
Hannover	370505	59,2	18,1	17,4	5,1	0,2	6,6	12,5	36,6	37,6	6,7
Westfalen	384074	74,5	12,4	10,3	2,7	0,1	9,7	14,2	37,7	34,4	4,0
Rheinprovinz	538453	70,9	15,4	12,3	1,3	0,1	11,9	20,0	44,6	20,3	3,2
Hessen-Nassau	230270	59,9	22,5	15,9	1,6	0,1	11,3	22,6	43,7	16,5	5,9
Hohenzoll. Lande	12364	34,8	35,9	26,9	2,3	0,1	5,3	24,2	49,6	19,5	1,4

* Zusammengestellt unter Rundung der Zahlen nach Mitteilungen zur deutschen Genossenschaftsstatistik für 1910, S. 48. Die Provinzen wurden nach dem Anteil der landwirtschaftlichen Nutzfläche bei Großbauern und Gütern (über 20 ha) gereiht.

** Landwirtschaftliche Nutzfläche.

Deutschland anzutreffen waren: Südwestdeutschland mit einer Dominanz von Klein- und Mittelbetrieben, Norddeutschland mit einem hohen Anteil großbäuerlicher Betriebe (hier vertreten durch die Provinzen Schleswig-Holstein und Hannover) und Ostdeutschland, wo bei einer Dominanz des Gutsbesitzes ebenfalls der Anteil großbäuerlicher Betriebe überdurchschnittlich hoch war. Gegenüber Südwestdeutschland weist die Genossenschaftsentwicklung in den ostdeutschen Ländern und Landesteilen eine Reihe von Gemeinsamkeiten auf, wobei Norddeutschland entweder eine Zwischenstellung einnimmt oder aber mehr mit dem ostdeutschen Modell übereinstimmt. Trotz gemeinsamer Züge im Vergleich mit der südwestdeutschen Entwicklung lassen sich aber zwischen den ostelbischen Ländern und Landesteilen zugleich eine Reihe wichtiger Unterschiede in der Ausprägung der Genossenschaftsentwicklung festhalten.

a) Späterer Beginn der Genossenschaftsentwicklung

Die Organisation von Bauern in Genossenschaften setzte in Ostelbien durchweg später als in Südwestdeutschland ein. So kam es zwar auch in allen ostdeutschen Ländern und Landesteilen Ende der 1850er und Anfang der 1860er Jahre zu den ersten Gründungen von Vorschußvereinen in Städten.[17] Doch auch dort, wo wie in Ostpreußen von den Städten aus das Schulze-Delitzsche Genossenschaftsprinzip schon früh aufs Land übergriff,[18] blieb es zunächst bei einzelnen Gründungen. Daran änderte sich auch nichts, als in den 1870er Jahren in allen Gebieten Nord- und Ostdeutschlands die ersten Molkereigenossenschaften entstanden. Erst in den 1890er Jahren, mehrere Jahrzehnte später als in Südwestdeutschland, erlangten Genossenschaften auch in Ostelbien eine größere Verbreitung.

Zu einer wirklichen Massenbewegung wurden Genossenschaftsgründungen allerdings überall erst in den 1890er Jahre unter dem Einfluß der Agrarkrise, nachdem das Genossenschaftsgesetz von 1889[19] die rechtlichen Voraussetzungen für eine größere Stetigkeit der Genossenschaftsgründungen geschaffen hatte. Der Zeitverzug in den meisten Provinzen Ostdeutschlands war dabei verhältnismäßig gering und betrug nur wenige Jahre.

Hinsichtlich des Einsetzens der Genossenschaftsbewegung in Ostelbien ist zwischen ausgesprochenen „Frühstartern" wie Ostpreußen und „Spätstartern" wie Pommern, Brandenburg und den beiden Mecklenburg zu unterscheiden (Tabelle 2). Im Vergleich mit Südwestdeutschland ist dabei zu beachten, daß – mit der Ausnahme Ostpreußens – in Ost- und Norddeutschland vorwiegend Genossenschaften mit geringer Mitgliederzahl anzutreffen waren, so daß die Betrachtung allein der Zahl der Genossenschaften den Rückstand in diesen Gebieten sogar noch untertreibt.

Während in Südwestdeutschland in den 1890er Jahren durchweg ein geradezu stürmischer Anstieg der Genossenschaftszahl zu beobachten war, gilt das in Nord- bzw. Ostdeutschland nur für Hannover und Schlesien. Bezogen auf das niedrige Ausgangsniveau war aber auch in Ostdeutschland die Gründungswelle beachtlich. Auffällig ist die relative Stagnation der Genossenschaftszahl in Schleswig-Holstein und in Mecklenburg-Schwerin – für Mecklenburg-Strelitz kann im Betrachtungszeitraum von einem Einsetzen der Genossenschaftsbewegung überhaupt nicht die Rede sein – und der relativ schwache Anstieg der Genossenschaftszahl in Ostpreußen im Vergleich mit den anderen ostelbischen Landesteilen.

Erst für die Zeit nach der Jahrhundertwende ist es möglich, den Organisationsgrad der

---

17 Genossenschaftskataster für das Deutsche Reich. Die eingetragenen Erwerbs- und Wirtschaftsgenossenschaften zum 1.1.1903, Berlin 1904. Hier werden alle Genossenschaften nach Regionen u. a. mit dem Jahr der Gründung aufgelistet.

18 Fünfzig Jahre Raiffeisen 1877–1927, Neuwied 1927, S. 117; Alfred Mischke, Die Entwicklung des modernen Genossenschaftswesens in Ostpreußen von seinen ersten Anfängen bis zur Gegenwart, Königsberg 1933, S. 13–33.

19 Gesetz betreffend die Erwerbs- und Wirtschaftsgenossenschaften vom 1. Mai 1889, Reichsgesetzblatt 1889, Nr. 11, S. 55ff.

Tabelle 2:
Entwicklung der Zahl der Agrargenossenschaften in Ost- und Norddeutschland im Vergleich mit ausgewählten Ländern in Südwestdeutschland*

Länder und Landesteile	1890	1896	1899
a) Ostdeutschland			
Ostpreußen	88	267	362
Westpreußen	40	187	252
Brandenburg	34	270	444
Pommern	42	235	315
Posen	40	279	470
Schlesien	58	565	913
Sachsen	70	267	466
Mecklenburg-Schwerin	53	111	162
Mecklenburg-Strelitz	16	22	
b) Norddeutschland			
Schleswig-Holstein	178	256	291
Hannover	209	500	664
c) Südwestdeutschland			
Hessen-Nassau	213	582	777
Rheinprovinz	277	794	1249
Westfalen	167	325	479
Bayern	370	1825	2557
Württemberg	322	801	987
Hessen	263	589	643
Deutsches Reich insgesamt	3006	8986	12736

* Friedrich Müller, Die geschichtliche Entwicklung des landwirtschaftlichen Genossenschaftswesens in Deutschland von 1848/49 bis zur Gegenwart, Leipzig 1901, S. 300.

regionalen Bauernwirtschaften in Genossenschaften zu berechnen. Die in Tabelle 3 angeführten Werte können aber nur grobe Anhaltspunkte liefern, weil Doppelzählungen durch die Mitgliedschaft von Betrieben in mehreren Genossenschaften, wie sie gerade für Großbauern und den Großgrundbesitz anzunehmen ist, nicht zu vermeiden sind. Das Hauptproblem entsteht aber bei der Bestimmung des in Kreditgenossenschaften organisierten Teils der Betriebe. Hier wurde von der Gesamtmitgliederzahl der ländlichen Darlehnskassen ausgegangen, obwohl bekannt ist, daß nur 60 % dieser Mitglieder tatsächlich Bauern waren. Doch dieser Fehler dürfte weitgehend dadurch ausgeglichen werden, daß ein Teil der Bauern städtischen Kreditgenossenschaften angehörte.

Die Tabelle zeigt, daß bis zum Ersten Weltkrieg nur Pommern und Schlesien mit über 40 % Genossenschaften angehörender Bauernbetriebe zu dem höher liegenden Organisationsgrad in Südwestdeutschland aufschließen konnten. Alle übrigen Gebiete Ostdeutsch-

Tabelle 3:
Anteil der in Genossenschaften organisierten Bauernwirtschaften nach Genossenschaftsarten in Preußen 1903–1912 im Vergleich mit den beiden Mecklenburg

	Pommern		Ostpreußen		Schlesien		Westpreußen		Sachsen		Brandenburg		Posen	
	1903	1912	1903	1912	1903	1912	1903	1912	1903	1912	1903	1912	1903	1912
Kreditgenossenschaften	7,0	19,2	18,0	32,4	23,3	39,5	10,1	18,8	6,7	13,8	7,4	15,4	14,3	23,7
Molkereigenossenschaften	2,5	9,2	1,3	1,4	0,4	2,6	2,7	5,2	5,6	8,7	4,8	4,8	1,5	3,3
Rohstoffgenossenschaften	5,5	6,7	0,6	1,2	0,1	1,8	0,7	1,1	0,8	1,1	0,2	0,3	1,4	5,1
Magazingenossenschaften	0,3	4,9	0,4	1,6	0,1	0,1	2,2	3,5	0,5	1,2	0,1	0,2	0,5	2,8
Werkgenossenschaften	0,0	1,1	0,0	0,0	0,0	0,3	0,0	1,1	0,0	3,6	0,0	0,4	0,1	0,2
sonstige Genossenschaften	0,5	0,8	0,3	0,4	0,3	1,0	0,4	0,7	0,7	1,2	1,3	1,4	1,1	1,4
Genossenschaften insgesamt	15,8	41,9	20,6	37,0	24,1	45,3	16,1	30,4	14,3	29,6	13,8	22,5	18,9	36,5

Daten für die preußischen Provinzen vom Autor berechnet nach: Mitteilungen zur deutschen Genossenschaftsstatistik für 1903 und für 1912, jeweils Tabellenteil S. 1–12 (Rohstoff- und Magazingenossenschaften werden unter Magazingenossenschaften gezählt. Unter sonstige Genossenschaften fallen Genossenschaften zur gemeinsamen Beschaffung von Maschinen und Geräten, Genossenschaften zur Beschaffung von Zuchtvieh und Produktionsgenossenschaften außer Molkereigenossenschaften. Für die regionale Gesamtzahl der Betriebe wurde die Zahl der Bauernwirtschaften 1907 [vgl. Tabelle 1 im Text] verwendet); für beide Mecklenburg und das Deutsche Reich übernommen von Karl Ulrich Oldach, Die Entstehung und Entwicklung des landwirtschaftlichen Genossenschaftswesens in Mecklenburg, Berlin 1926, S. 37. Zwischen 1903 und 1912 betrug der Zuwachs im Organisationsgrad in Pommern 26,1, in Schlesien 21,2, in Hannover 20,5, in Posen 17,6, in Schleswig-Holstein 16,5, in Ostpreußen 16,4, in Sachsen 15,3, in Westpreußen 14,3, in der Rheinprovinz 14,1, in Hessen-Nassau 10,5, in Westfalen 9,8 und in Brandenburg 8,7 Prozentpunkte.

Fortsetzung von Tabelle 3:

	Schleswig-Holstein		Westfalen		Hannover		Rhein-provinz		Hessen-Nassau		Mecklenburg-Schwerin		Mecklenburg-Strelitz		Deutsches Reich	
	1903	1912	1903	1912	1903	1912	1903	1912	1903	1912	1903	1914	1903	1914	1903	1914
Kredit-genossenschaften	4,8	14,2	15,3	20,8	7,8	13,7	20,0	31,7	30,7	40,3						
Molkerei-genossenschaften	5,6	9,6	2,9	3,4	9,0	14,2	4,6	5,2	1,9	2,3						
Rohstoff-genossenschaften	1,5	3,3	2,8	5,7	3,2	5,3	1,7	3,0	1,1	1,5						
Magazin-genossenschaften	0,0	0,1	0,1	0,9	1,5	7,4	0,0	0,2	0,2	0,2						
Werk-genossenschaften	0,0	1,4	0,0	0,1	0,1	1,2	0,0	0,4	0,0	0,3						
sonstige Genossenschaften	1,1	0,9	0,5	0,5	0,4	0,7	1,0	0,9	1,0	0,8						
Genossenschaften insgesamt	13,0	29,5	21,6	31,4	22,0	42,5	27,3	41,4	34,9	45,4	5,0	18,0	3,0	10,0	24,0	45,0

lands wie auch Schleswig-Holstein weisen einen unterdurchschnittlichen Organisationsgrad auf, wobei Brandenburg mit 23 % und die beiden Mecklenburg mit 10–18 % die mit Abstand niedrigsten Werte verzeichnen.

b) Vorherrschende Genossenschaftstypen

Die Ursachen für das zunächst zu beobachtende Zurückbleiben Ostdeutschlands beim genossenschaftlichen Zusammenschluß sind offenbar auf Unterschiede der Agrarstruktur und die daraus abgeleiteten anders gearteten Anforderungen an Genossenschaften zurückzuführen. In Südwestdeutschland sollten die Genossenschaften vor allem die Klein- und Mittelbetriebe vor den schädlichen Folgen des Wuchers schützen, der als schlimmstes Übel empfunden wurde. Bei den frühen ländlichen Genossenschaftsgründungen handelte es sich hier deshalb zunächst vorwiegend um Kreditgenossenschaften. Klagen über Wucher finden sich in Ostdeutschland dagegen viel seltener.[20] Das Problem der größeren Betriebe Nord- und Ostdeutschlands lag vielmehr in der geringen Aufnahmefähigkeit des lokalen Marktes für Agrarprodukte und in den hohen Transport- und Handelskosten beim Bezug von Betriebsmitteln. Bei den ersten Genossenschaftsgründungen stand hier deshalb ein stärker nach außen gerichtetes Motiv im Vordergrund: Der Kampf um überregionale Absatzmärkte. Während Kreditgenossenschaften und mit ihnen auch die auf diese Genossenschaftssparte orientierte Raiffeisen-Organisation – abgesehen von Ostpreußen – erst sehr spät Fuß fassen konnten, breiteten sich Molkereigenossenschaften von Schleswig-Holstein her ausgesprochen früh aus und blieben sowohl in Nord-als auch in Ostdeutschland über lange Zeit der dominierende Genossenschaftstyp (vgl. Tabelle 4).

Obwohl Molkereigenossenschaften in der Regel weniger Mitglieder als Kreditgenossenschaften aufwiesen, zeigt sich die besondere Struktur Ost- und Norddeutschlands hinsichtlich der Genossenschaftstypen auch bei Betrachtung des regionalen Organisationsgrades der Bauern deutlich (Tabelle 3). Allerdings wird ersichtlich, daß der hohe Anteil von Molkereigenossenschaften unter allen Genossenschaften zum Teil auf die geringe regionale Gesamtzahl der Genossenschaften zurückzuführen ist. Nur in Pommern und der Provinz Sachsen war vor 1914 der regionale Organisationsgrad der Bauernwirtschaften in Molkereigenossenschaften neben den norddeutschen Gebieten Schleswig-Holstein und Hannover höher als im Reichsdurchschnitt. In Ostpreußen, wo die Milchwirtschaft eine verhältnismäßig untergeordnete Rolle spielte, erreichte er sogar nur 1,4 % der Betriebe. Während in Südwestdeutschland die früh gegründeten Kreditgenossenschaften vielfach andere Genossenschaftsfunktionen im Nebengeschäft abwickelten, wurden in Nord- und Ostdeutschland dafür häufig Spezialgenossenschaften eingerichtet. Am auffälligsten ist dies in Pommern und in Hannover, wo alle Genossenschaftsformen einen hohen Verbreitungsgrad aufwiesen.

20 Vgl. die entsprechende Untersuchung des Vereins für Socialpolitik: Der Wucher auf dem Lande. Berichte und Gutachten, Berlin 1887 (= Verein für Socialpolitik, Schriften, Bd. 35); sowie Johann-Leopold Pogge, Das ländliche Genossenschaftswesen in Mecklenburg, Rostock 1926, S. 11.

Tabelle 4:
Anteil der Molkereigenossenschaften an allen Genossenschaften (in Prozent) in ausgewählten Regionen*

Land/Landesteil	Molkereigenossenschaften		Mitglieder in Molkereigenossenschaften	
	1903	1912	1903	1912
Deutsches Reich	14,8	10,4	5,8	5,4
darunter:				
Mecklenburg-Strelitz	48,4	34,6	12,6	11,8
Mecklenburg-Schwerin	40,7	33,9	16,6	22,5
Schleswig-Holstein	33,2	25,4	13,5	12,3
Braunschweig	27,4	20,5	13,3	10,5
Brandenburg	27,2	6,8	10,6	6,5
Hannover	24,0	18,3	19,5	17,2
Westpreußen	21,5	18,7	7,1	7,4
Pommern	20,7	18,9	6,5	13,6
Provinz Sachsen	18,3	15,4	10,1	10,1
Ostpreußen	14,8	10,3	2,9	2,1
Oldenburg	17,3	15,2	18,7	19,0
Württemberg	12,4	18,0	6,8	8,6
Rheinprovinz	10,7	7,0	9,3	4,2
Bayern	6,6	9,5	3,0	4,3

* Zusammengestellt unter Rundung der Zahlen nach Mitteilungen zur deutschen Genossenschaftsstatistik für 1912, S. 67. Die Statistik bezieht dabei den Anteil der Molkereigenossenschaften auf alle Genossenschaften (einschl. städtischer Kredit- und Gewerbegenossenschaften sowie Konsumvereine). Der Anteil der Molkereigenossenschaften nur bezogen auf die landwirtschaftlichen Genossenschaften der jeweiligen Region würde höher liegen. Die Gesamtzahl der Molkereigenossenschaften stieg zwischen 1903 und 1912 von 2445 auf 3307 an, die Mitgliederzahl von 181325 auf 304278. Von den Molkereigenossenschaften waren 80,8 % in Verbänden (darunter 1840 im Reichsverband und 306 im Raiffeisenverband) zusammengeschlossen, 19,2 % gehörten keinem Revisionsverband an. Neben Molkereigenossenschaften im eigentlichen Sinne, die Milch zu Butter, Käse oder anderen Erzeugnissen verarbeiteten, zählt die damalige Statistik auch Milch-, Milchhandels- oder Milchverkaufsgenossenschaften mit, die lediglich die Milch sammelten, kühlten, reinigten und dann an größere Händler in der Stadt abgaben, sowie Milchmagazine, Milchzentralen oder Milchverwertungsgenossenschaften der Städte, die hauptsächlich den Absatz von Frischmilch, Rahm und Magermilch betrieben.

c) Großgrundbesitz und Genossenschaften

Eine dritte Besonderheit der Genossenschaften Ostdeutschlands ist bezüglich der Mitgliederstruktur festzustellen. Erfaßten die Kreditgenossenschaften Südwestdeutschlands in starkem Maße Klein- und Mittelbauern, finden wir unter den Genossen in Ostdeutschland einen nicht unerheblichen Teil von Guts- oder Rittergutsbesitzern. Besonders in Molkereigenossenschaften, Viehverwertungsgenossenschaften (Pommern und Ostpreußen) und Getreideverkaufsgenossenschaften (Pommern) befanden sich viele Großbauern und Großgrundbesitzer, Brennereigenossenschaften waren häufig Einrichtungen der Gutsbesitzer.[21] Gerade die ersten Gründungen orientierten sich an den Bedürfnissen dieser Gruppe. Die geringe Massenwirkung der Genossenschaftsbewegung in der Anfangsphase ist darauf zurückzuführen.

Das Verhalten der Gutsbesitzer gegenüber den Genossenschaften war keineswegs einheitlich. In Ostpreußen interessierte sich der Großgrundbesitz schon früh für die Organisationsform der Genossenschaft. Vor allem Rittergutsbesitzer sind hier unter den Mitgliedern zu finden. Man bediente sich der Genossenschaften als Selbsthilfeform vor allem für den eigenen Bedarf. Das Bestreben, die übrigen Bauern in Genossenschaften zu organisieren, war hier nicht ausgeprägt.[22] In Pommern setzten Genossenschaftsgründungen dagegen erst spät ein. Auch hier war der Großgrundbesitz unter den Gründungsmitgliedern stark vertreten. Sie nutzten die Genossenschaften aber nicht nur für eigene Zwecke, sondern bemühten sich, die übrigen Landwirte anzuwerben. Dank eines starken Engagements von Rittergutsbesitzern, Bauern vom Vorteil des Genossenschaftsbeitritts zu überzeugen, setzte Mitte der 1890er Jahre ein schneller Aufholprozeß ein. Auch in der Provinz Sachsen bemühte sich der Großgrundbesitz darum, die Bauern in Genossenschaften zu organisieren.[23] Ein wiederum völlig anderes Bild bietet das angrenzende Mecklenburg, mit zudem sehr starken Unterschieden zwischen dem von der Ritterschaft geprägten Mecklenburg-Strelitz und Mecklenburg-Schwerin.[24] In Mecklenburg-Schwerin nutzte der Großgrundbesitz zwar die Form der Molkereigenossenschaft für die eigenen Bedürfnisse, entwickelte ansonsten aber – wie überhaupt in Mecklenburg-Strelitz – kein Engagement für Genossenschaften. In Brandenburg war der Großgrundbesitz weder selbst sonderlich am Genossenschaftsbeitritt interessiert noch engagierte er sich für die genossenschaftliche Organisation der übrigen Landwirte. Das offenbar in den einzelnen Regionen sehr unterschiedliche Eintreten der Guts- und Rittergutsbesitzer für die Ausbreitung der Genossenschaftsbewegung[25] kann hier nur konstatiert, nicht aber erklärt werden.

Der geringere Erfassungsgrad von Klein- und Mittelbetrieben ist zum Teil auf das weitgefächerte Netz zurückzuführen. Diese Betriebe konnten sich in der Regel nur organisieren, wenn in ihrer unmittelbaren Nähe der betreffende Genossenschaftstyp existierte. Daß das Genossenschaftsnetz in Ostdeutschland erheblich dünner war, geht aus den für das Jahr 1911 vorliegenden Daten über die Verbreitung von Kreditgenossenschaften in

21 Vgl. Max Grabein, Wirtschaftliche und soziale Bedeutung der ländlichen Genossenschaften in Deutschland, Tübingen 1908, S. 153–155.

22 Vgl. Mischke, Entwicklung, und unten, Abschnitt 3 d), über Bezugs- und Absatzgenossenschaften.

23 Grabein, Wirtschaftliche und soziale Bedeutung, S. 153 und 156 (für Pommern und Provinz Sachsen).

24 Vgl. dazu Pogge, Genossenschaftswesen, S. 7 ff.

25 Vgl. dazu auch Hans Horst, Die genossenschaftliche Viehverwertung in Deutschland, in: Landwirtschaftliche Jahrbücher Bd. 48 (1915), S. 98–101.

Preußen hervor. In diesem Jahr verfügten im Landesdurchschnitt 21 % der Gemeinden über eine Kreditgenossenschaft. Von den ostdeutschen Provinzen stand Schlesien mit 29 % an der Spitze, gefolgt von Brandenburg mit 24 % und Pommern mit 21 %. Ein sehr grobmaschiges Netz wiesen Posen (12,6 %), Westpreußen (12 %) und Ostpreußen (5 % der Gemeinden) auf.[26] Tabelle 3 unterstreicht allerdings, daß die Dichte des Genossenschaftsnetzes nicht das alleinige Kriterium darstellte. So lag der Erfassungsgrad der Bauernbetriebe durch Kreditgenossenschaften in Ostpreußen verhältnismäßig hoch, in Brandenburg dagegen niedrig. Offenbar müssen auch die regionale Aktivität der Genossenschaftsverbände und die Popularität ihrer Führungskräfte als weitere Einflußfaktoren berücksichtigt werden. Der hohe Organisationsgrad in Ostpreußen ist wohl auf das Wirken des Raiffeisenverbandes zurückzuführen, der in Brandenburg nur schwach vertreten war.

In Ostelbien waren erheblich kräftigere Betriebe in den Molkereigenossenschaften organisiert als in Südwestdeutschland. Dies wird ersichtlich, wenn man die durchschnittlich im Jahr abgelieferte Milchmenge je Mitgliedswirtschaft betrachtet (Tabelle 5).

Tabelle 5 belegt, daß die Ansicht, die Genossenschaften seien vor allem eine Organisationsform bäuerlicher Kleinbetriebe gewesen, auf Schleswig-Holstein und die meisten Gebiete Ostdeutschlands nicht zutrifft. Vieles deutet darauf, daß Klein- und Mittelbetriebe in Ostdeutschland schwächer, Großbetriebe und der Großgrundbesitz dagegen stärker in Genossenschaften organisiert waren als in Südwestdeutschland.

d) Promotoren der Genossenschaftsbewegung

Auch hinsichtlich der Trägergruppen, die den Genossenschaftsgedanken regional propagierten, weist Ostdeutschland gegenüber Südwestdeutschland Besonderheiten auf. Guts- und Rittergutsbesitzer nahmen in Ostdeutschland erheblichen Anteil an der Genossenschaftsbewegung, was in ihrer starken Präsenz in den genossenschaftlichen Leitungsfunktionen nicht nur auf der Verbandsebene, sondern selbst noch in den Primärgenossenschaften zum Ausdruck kommt. Ob das bedeutet, daß sich der ostdeutsche Großgrundbesitz stärker für die Genossenschaften engagierte als der westdeutsche, läßt sich nicht eindeutig sagen. In Südwestdeutschland traten in der Anfangsphase ja ebenfalls Großgrundbesitzer in den landwirtschaftlichen Vereinen für Genossenschaftsgründungen ein, nur dominierten von Beginn an Personen bürgerlicher Herkunft. Das könnte aber auch darauf zurückzuführen sein, daß hier der Bevölkerungsanteil des Großgrundbesitzes erheblich niedriger als in Ostdeutschland lag. Zumindest erscheint die Annahme unzutreffend, der ostdeutsche Großgrundbesitz sei an den Genossenschaften wenig interessiert gewesen, weil er selbst der Genossenschaften nur in geringem Maße bedurfte.[27]

---

26 Mitteilungen zur deutschen Genossenschaftsstatistik für 1911, S. 45.

27 Hans-Jürgen Puhle, Agrarische Interessenpolitik und preußischer Konservatismus im wilhelminischen Reich (1893–1914). Ein Beitrag zur Analyse des Nationalismus in Deutschland am Beispiel des Bundes der Landwirte und der Deutsch-Konservativen Partei, Hannover 1966, S. 53f.

Tabelle 5:
Abgelieferte Milchmenge im Durchschnitt je Mitgliedswirtschaft 1911 in ausgewählten Regionen*

	Berichtende Mitglieder Genossenschaften	Abgelieferte Milchmenge	je Mitglied
Deutsches Reich	2930	284144	10900
darunter:			
Mecklenburg-Strelitz	11	390	59400
Ostpreußen	49	2267	42200
Mecklenburg-Schwerin	130	8441	24800
Westpreußen	90	6607	20300
Schleswig-Holstein	227	12422	18500
Pommern	181	18302	17600
Schlesien	97	9254	17400
Posen	64	5941	15600
Oldenburg	43	11110	11800
Brandenburg	73	11612	11300
Provinz Sachsen	242	26633	10900
Provinz Hannover	307	47555	9700
Rheinprovinz	170	21437	7700
Bayern	464	24416	5700
Württemberg	361	32221	3000

* Berechnet nach Mitteilungen zur deutschen Genossenschaftsstatistik für 1912, S. 68. Die Zahlen wurden gerundet.

In Ostdeutschland dominierten in Leitungsfunktionen der Genossenschaftsverbände zunächst Guts- und Rittergutsbesitzer. So waren 1901 im Raiffeisenverband jeweils etwa 40 % der Unterverbandsvorsitzenden in West- und Ostpreußen Gutsbesitzer, 30–40 % Pfarrer.[28] Im Verband Pommerscher landwirtschaftlicher Genossenschaften befanden sich unter den 10 Mitgliedern des Verbandsausschusses 4 Großgrundbesitzer.[29] Der hohe Anteil von Pfarrern ist eine Besonderheit der Raiffeisenorganisation, die viel enger als der

28 Jahresbericht 1901 des Generalverbandes. Dem Verbandsausschuß für Westpreußen gehörten an: 16 Gutsbesitzer, 10 Rittergutsbesitzer bzw. -pächter, 1 Domänenpächter, 1 Mühlengutsbesitzer, 2 Gutsverwalter, 12 Pfarrer, 1 Propst, 1 Kantor, 2 Ökonomieräte, außerdem jeweils ein Amtsgerichtsrat, Hauptmann a.D., Hausbesitzer, Amtspächter, Deichhauptmann und Dekan (ausgezählt nach Bericht für Westpreußen, S. 7–9). In Ostpreußen waren unter den 23 Unterverbandsdirektoren 9 Rittergutsbesitzer, 7 Pfarrer, 2 Oberamtmänner, jeweils ein Rektor, Lehrer, „Doktor", Bürgermeister und Rentier (Bericht für Ostpreußen, S. 3–5). Vgl. auch Grabein, Wirtschaftliche und soziale Bedeutung, S. 157f.

29 Grabein, Wirtschaftliche und soziale Bedeutung, S. 157f.

Reichsverband mit der Kirche verknüpft war.[30] Dennoch war lediglich der Raiffeisenverbandsausschuß für Brandenburg, Pommern und beide Mecklenburg – der im Verbandsgebiet eine eher untergeordnete Rolle spielte und nur einen geringen Teil der regionalen Genossenschaften organisierte – mit einem Anteil von 70 % Pfarrern unter den Unterverbandsvorsitzenden eindeutig religiös geprägt.[31] Die politische Einstellung und die Handlungsmotive der in der Genossenschaftsorganisation aktiven Gutsbesitzer müßten ebenso wie die Zielsetzungen der landwirtschaftlichen Vereine, Landesökonomiekollegien und Landwirtschaftskammern näher untersucht werden.

Auch in Ostdeutschland ging der Anteil der Gutsbesitzer langsam zurück, wobei sich in den Verbandsgremien ebenso wie in Südwestdeutschland die Gruppe der Staatsbeamten verstärkte. Die Zusammensetzung des Gesamtausschusses des Reichsverbandes auf Reichsebene 1913 spiegelt diese Entwicklung wider. Unter den 33 Mitgliedern befanden sich 3 Rittergutsbesitzer, 1 Majoratsbesitzer, 4 Gutsbesitzer, lediglich 1 Pfarrer, aber 10 Ökonomieräte (zwei von ihnen als Gutsbesitzer bereits dort angeführt), 2 Landräte, 2 Geheime Regierungsräte und jeweils 1 Kommerzien- und Ministerialrat.[32]

Selbst in den Primärgenossenschaften besetzten die Großgrundbesitzer zunächst einen erheblichen Anteil der Posten. So betätigten sich 1905 in Pommern bei 305 Pommerschen Spar- und Darlehnskassen 109 Großgrundbesitzer und Domänenpächter als Vorsitzende des Aufsichtsrates, immerhin 50 bekleideten das Amt des Vorstandsvorsitzenden. In Schlesien waren 1903 bei 619 Spar- und Darlehnskassen 308 Großgrundbesitzer als Direktoren, 98 als Rechnungsführer und 273 als Vorsitzende des Aufsichtsrats tätig. Unter den Aufsichtsratsvorsitzenden befanden sich 1902 allein 48 Rittergutsbesitzer, darunter Mitglieder des schlesischen Hochadels, 11 Rittergutsbesitzer betätigten sich als Vorstandsvorsitzende.[33]

Daß Personen, die nicht zu den Betroffenen zählten, an leitender Stelle mitwirkten,

---

30 "Der Reichsverband der deutschen landwirtschaftlichen Genossenschaften läßt das religiöse Moment zu Gunsten eines mehr kaufmännischen etwas zurücktreten. Das zeigt sich deutlich in der Zusammensetzung seiner Funktionäre, doch ist auch hier eine nicht unerhebliche Teilnahme der Lehrer und Pfarrer festzustellen." (Alfred Oppenheimer, Die Funktionäre des deutschen Genossenschaftswesens, Halberstadt 1924, S. 54).

31 1901 waren hier von den 29 Unterverbandsvorsitzenden und Beiratsmitgliedern 20 Pastoren, 3 Ritterguts- bzw. Gutsbesitzer, 2 Förster und jeweils 1 Erbpächter, Amtsvorsteher, Hauptlehrer und Bauer (Jahresbericht 1901 des Generalverbandes, Bericht für Brandenburg, Pommern und beide Mecklenburg, S. 6f.). An dieser Zusammensetzung änderte sich bis zum Ersten Weltkrieg wenig. So gehörten 1912 dem Verbandsausschuß (50 Mitglieder) an: 30 Pfarrer, 5 Ritterguts- bzw. Gutsbesitzer, 4 Lehrer, 2 Rentiers, jeweils 1 Generaldirektor, Hofbesitzer, Schmiedemeister, Gemeindevorsteher, Kantor, Rechtsanwalt, Molkereibesitzer, Präposius, „Doktor" (Jahresbericht des Verbandes ländlicher Genossenschaften Raiffeisenscher Organisation für Brandenburg, Pommern, beide Mecklenburg e.V. für 1912, Neuwied [1913]). Vgl. auch Oppenheimer, Funktionäre, S. 53f.

32 Jahrbuch des Reichsverbandes für 1913, S. 7f.

33 Grabein, Wirtschaftliche und soziale Bedeutung, S. 157. Vgl. auch Oppenheimer, Funktionäre, S. 54.

Tabelle 6:
Rechnungsführer in ländlichen Kreditgenossenschaften nach Berufsgruppenzugehörigkeit (1916–1925)*

	Pommern 443 Kreditgen. 1916		Provinz Sachsen 729 Kreditgen. 1916		Provinz Sachsen 890 Kreditgen. 1925		Hessen 350 Kreditgen. 1919	
Lehrer	140	31,6 %	123	17,1 %	205	23,0 %	49	14 %
Beamte u. Angestellte	12	2,7 %	36	5,0 %	199	22,4 %		
Handwerker u. Gewerbebetr.	48	10,8 %	193	26,8 %	62	7,0 %	31	9 %
Pastoren	30	6,8 %	17	2,3 %	–	–	–	–
Bauern	79	17,8 %	264	36,7 %	189	21,2 %	164	47 %
Großgrundbesitzer	3	0,7 %	2	0,3 %	29	3,3 %	–	–
sonstige	131	29,6 %	85	11,8 %	206	23,1 %	106	30 %

* Zusammengestellt nach: Deutsche Landwirtschaftliche Genossenschaftspresse 44, 1917, S. 316; Oppenheimer, Funktionäre, S. 55; Kurt Bretschneider, Die soziale Struktur der Kreditgenossenschaften im „Verband der landwirtschaftlichen Genossenschaften der Provinz Sachsen und den angrenzenden Staaten e.V.", Diss. Halle-Wittenberg 1926, S. 76.

stellte eine Besonderheit der Agrargenossenschaften gegenüber den Konsumvereinen der Arbeiter und den Genossenschaften der Handwerker dar. Oppenheimer stellt dazu fest: „Dadurch, daß die Lehrer und Pfarrer den Bauern an allgemeiner Bildung, geschäftlichen Kenntnissen, Rednergabe und Gewandtheit im schriftlichen Verkehr überlegen sind, bilden sie gewissermaßen die Elite in den landwirtschaftlichen Genossenschaften und erscheinen so besonders als deren Leiter geeignet."[34] Der Anteil von Nichtbauern auf Genossenschaftsposten war naturgemäß in den ländlichen Kreditgenossenschaften am höchsten, zumal sich deren soziales Einzugsfeld nicht auf den bäuerlichen Bevölkerungsteil beschränkte, sondern alle Landbewohner einbezog. Insbesondere der Posten des Rechnungsführers blieb lange Zeit eine Domäne der Lehrer (vgl. Tabelle 6), während unter den Genossenschaftsvorsitzenden allmählich der Anteil der Landwirte wuchs. Von den Vorstandsvorsitzenden der Kreditgenossenschaften waren in der Provinz Sachsen 1916 aber immerhin 73 %, in Hessen 1919 54 % Bauern. Geistliche und Lehrer spielten in der Provinz Sachsen mit 7,6 % und in Hessen mit 6,6 % eine untergeordnete Rolle.[35]

Die starke Abhängigkeit der landwirtschaftlichen Genossenschaften in der Gründungsphase von nichtbäuerlichen Förderern ist zwar keine nur in Ostelbien zu beobachtende Erscheinung, dennoch scheint die Abhängigkeit hier stärker gewesen sein. Eine denkbare Erklärung wäre in dem niedrigeren landwirtschaftlichen und eventuell allgemeinen Bil-

34 Oppenheimer, Funktionäre, S. 51.
35 Ebd., S. 55.

dungsstand der Bauern dieser Gebiete zu suchen, zumindest legen die Ergebnisse der Enquête-Kommission, die sich auch mit dem landwirtschaftlichen Ausbildungsstand befaßte, dies nahe.[36] Das Netz an Landwirtschaftsschulen bezogen auf die Gesamtzahl der Betriebe war in Ostelbien mit Abstand am geringsten.[37]

Gegen die aktive Mitwirkung von Pfarrern und Lehrern an den Genossenschaften setzte sich seit der Jahrhundertwende der private Handel zur Wehr. In Eingaben an Behörden und kirchliche Stellen beklagte er die dadurch hervorgerufene Wettbewerbsverzerrung. Eine 1906 zur Lage in Posen und Westpreußen verfaßte Schrift, der eine Befragung der Händler in diesem Gebiet vorherging, stellte fest: „In den Genossenschaften sind außer Landwirten vielmehr in der Hauptsache Pastoren und Lehrer in leitender Stellung tätig, die ja auf dem Lande auch oft allein die Intelligenz repräsentieren und durch Bewirtschaftung eines Gartens oder Ackers auch materiell an landwirtschaftlichen Einrichtungen interessiert sind. In 110 beantworteten Fragebogen unserer Umfrage wurden uns in den beiden Provinzen 97 Lehrer, 72 Geistliche, 30 Amts- und Gemeindevorsteher, 8 höhere, 6 subalterne Verwaltungsbeamte und 7 andere Personen in leitender Stellung in landwirtschaftlichen Genossenschaften genannt. Ohne diese Unterstützung der genannten Beamtenkategorien, besonders aber der Pastoren und Lehrer, wäre eine große Zahl von Genossenschaften gar nicht entstanden und könnte gar nicht bestehen.“[38] Die Studie enthält den Vorwurf, daß die Tätigkeit zum Teil (in 22 % der Fälle) nicht ehrenamtlich, sondern gegen Entschädigung ausgeübt werde, was besonders für die nicht gerade glänzend besoldeten Dorfschullehrer von Bedeutung sei. Betont wird, daß geschäftlicher Mißerfolg der Genossenschaft, an der sie mitwirkten, das Ansehen der Pastoren und Lehrer senken und ihre amtliche Tätigkeit erschweren mußte.

Die Abhängigkeit der Genossenschaften von Pastoren und Lehrern war in der Tat stark. So vermerkte der Jahresbericht des Generalverbands für 1912, daß in Brandenburg, Pommern und den beiden Mecklenburg Kreditgenossenschaften allein deshalb aufgelöst werden mußten, weil keine geeignete Person zur Übernahme des Rechnungsführeramtes gefunden wurde.[39]

Obwohl der Handel mit seinen Eingaben ein Verbot der genossenschaftlichen Betätigung von Pfarrern und Lehrern nicht erwirken konnte, machten die Behörden doch die Übernahme eines Genossenschaftsamtes genehmigungspflichtig, besonders restriktiv ver-

36 Das landwirtschaftliche Bildungs- und Beratungswesen in Deutschland, Berlin 1930, S. 19f. (= Ausschuß zur Untersuchung der Erzeugungs- und Absatzbedingungen der deutschen Wirtschaft. Verhandlungen und Berichte des Unterausschusses für Landwirtschaft, Bd. 14). Während in den mittel- und großbäuerlichen Gegenden Nordwestdeutschlands etwa die Hälfte der Betriebsleiter mit über 5 ha LN eine theoretische Schulung aufwiesen, im Rheinland mit seinem seit langer Zeit stark entwickelten Schulwesen sogar etwa 70 %, besuchten in Pommern 1926/27 aus Betrieben mit 5–20 ha nur 19 %, aus Betrieben mit 20–50 ha 65 % der möglichen Schüler die Landwirtschaftsschule.

37 Bildungs- u. Beratungswesen, S. 22. Nur Bayern wies einen noch ungünstigeren Wert auf.

38 Karl Hampke, Die Schädigung des Handels in den Provinzen Posen und Westpreußen durch die staatliche Unterstützung der landwirtschaftlichen Genossenschaften, Posen 1906, Zitat S. 18.

39 Jahresbericht 1912 für Brandenburg, Pommern und beide Mecklenburg, S. 10.

hielt sich das Reichspostministerium.[40] Immer wieder mußten die Verbände in Eingaben und Gesprächen in Ministerien versuchen, ein Verbot abzuwenden. Ein Erlaß des Preußischen Bildungsministeriums von 1913 gestattete zwar die weitere Tätigkeit von Lehrern in Genossenschaften, er machte aber zugleich deutlich, daß dies nur für eine Übergangszeit „mit Rücksicht auf die volkswirtschaftliche Bedeutung des Genossenschaftswesens" geduldet werden könne, da sonst keine geeigneten Personen zur Verfügung stünden.[41] In einem erneuten Anlauf gegen die genossenschaftliche Tätigkeit von Lehrern vom September 1927 knüpfte der Reichsverband des Deutschen Groß- und Überseehandels hier an: Die Genossenschaften seien nunmehr imstande, die Kassenverwaltung mit genügend vorgebildeten eigenen Kräften zu bestreiten. Dies um so mehr als sich die Tätigkeit der Lehrer vielfach nicht auf Kassen- und Buchführung beschränke, sondern auch das Sammeln von Aufträgen und Bestellungen, die Abnahme und Verteilung von Waren sowie Werbung für die Genossenschaften einbeziehe. „Die autoritative Stellung der Lehrer auf dem Land und in den kleineren Landstädten ist eine derartige, daß die freie wirtschaftliche Konkurrenz der landwirtschaftlichen Genossenschaften gegenüber den Handelsbetrieben bei einer Beteiligung der Lehrer am Wirtschaftsleben gestört wird. Es liegt auf der Hand, daß sich z. B. Landwirte, deren Kinder von den in den landwirtschaftlichen Genossenschaften angestellten Lehrern unterrichtet werden, zu einer Auftragserteilung an diese Genossenschaften veranlaßt sehen aus Gründen, die durchaus nicht rein geschäftlicher Natur sind. Wie uns von sachkundiger Seite mitgeteilt wird, werden zum Teil auch größere Schulkinder von den Lehrern zur Sammlung von Aufträgen usw. herangezogen, ein Verfahren, das zweifellos nicht im Sinne des Ministeriums liegen kann."[42] Am 7. März 1928 kam es daraufhin zu einer Besprechung mit Vertretern der Genossenschaftsverbände beim Preußischen Ministerium für Wissenschaft, Kunst und Volksbildung, auf der die Genossenschaften genaue Zahlen über das Ausmaß der Tätigkeit von Lehrern im Genossenschaftssystem vorlegen mußten. Auch 1928 gelang es allerdings, ein Beschäftigungsverbot für Lehrer abzuwenden.[43] Trotzdem ist ein allmählicher Rückgang der Lehrerbeschäftigung anzunehmen. Das bewirkte einen Trend zur Bürokratisierung des Genossenschaftsapparats, denn nunmehr mußten kaufmännisch ausgebildete Personen beschäftigt werden, die nicht unbedingt mehr ideell mit der Genossenschaftsbewegung verknüpft waren.

Die Unterstützung der Genossenschaftsgründung durch Personen mit großer örtlicher Autorität wie Pfarrer und Lehrer, aber auch Gutsbesitzer war ohne Zweifel geeignet, den Genossenschaftsgedanken schnell zu verbreiten. Überhaupt scheint für die regionale Ver-

---

40 Bundesarchiv Koblenz, R 99 F, Akte Nr. 43 (Geistliche, Lehrer und andere Beamte als Amtsträger bei der Genossenschaft 1894–1930). So wurde bereits 1901 ein Verbot jedweder gewinnbringenden Beteiligung der Geistlichen, Lehrer und Beamten an Genossenschaften erwogen und sogar zur Untersuchung der Frage aufgefordert, welche Nachteile es haben würde, wenn diesen Personengruppen jegliche Tätigkeit in Genossenschaften untersagt würde (Blatt 8f.).

41 Ebd., Blatt 72.

42 Ebd., Blatt 72f., Eingabe des Deutschen Groß- u. Überseehandels e.V. an das Ministerium für Wissenschaft, Kunst und Volksbildung vom 26. September 1927.

43 Bundesarchiv Koblenz, R 99 F, Akte 43, Blatt 92.

breitung der Genossenschaften, die Persönlichkeit und Überzeugungskraft des jeweiligen Verbandsvorsitzenden eine entscheidende Rolle gespielt zu haben.[44]

3. Verbreitung spezieller Genossenschaftsformen und ihre Bedeutung für die Bauern

a) Molkereigenossenschaften

Bereits in den 1870er Jahren kam es zu ersten Gründungen von Molkereigenossenschaften zunächst in Schleswig-Holstein und dann durch den Großgrundbesitz in Ostdeutschland (insbesondere in Mecklenburg-Schwerin, Pommern, Brandenburg und Posen). Die Zahl der Molkereigenossenschaften nahm im folgenden Jahrzehnt schnell zu. Bis in die 1890er Jahre stellten sie hier die wichtigste und häufig auch einzige Form der Genossenschaft dar.[45] Ihre Bedeutung für die regionale Entwicklung der Landwirtschaft war sehr hoch, denn gerade in abgelegenen Gebieten, in denen ein Absatz von Frischmilch nicht in Frage kam, konnte erst nach der Erfindung der Zentrifuge die Milchwirtschaft[46] entwickelt und damit den Bauern ein neuer Einkommenszweig erschlossen werden.[47] Die Genossenschaftsmolkereien waren daher von Beginn an sehr stark auf die Butterherstellung orientiert. So wurden in Pommern 1914 fast 80 % der angelieferten Milch zu Butter verarbeitet.[48] Nach der Jahrhundertwende, insbesondere in den letzten Jahren vor dem Ersten Weltkrieg, gerieten die Molkereigenossenschaften in eine Krise. Mit dem starken Wachstum der Städte dehnte sich das Einzugsgebiet für den Frischmilchabsatz immer weiter aus. Außerdem breiteten sich jetzt Handseparatoren schnell aus, mit denen auch Kleinbetriebe selbst „buttern" konnten und deshalb glaubten, auf die Dienste der Genossenschaft nicht mehr angewiesen zu sein.

44 Vgl. u. a. Ernst Seer, 55 Jahre Raiffeisenarbeit in Pommern. Hekt. Manuskript, Habitzheim 1958, S. 4f., 30 u. a. zur Rolle von Führungspersönlichkeiten im Aufbau der Pommerschen Genossenschaften.

45 Müller, Entwicklung des Genossenschaftswesens, S. 189–191 und 296f. Vgl. auch für Pommern: Hans-Hermann Wolter, Die Entwicklung des Molkereiwesens in Pommern, Stettin 1923, S. 54ff.; für Mecklenburg: Pogge, Genossenschaftswesen, S. 12.

46 Vgl. Fritz Müller, Die geschichtliche Entwicklung des rheinischen Molkereigenossenschaftswesens von seinen Anfängen bis zum Kriege, in: Landwirtschaftliche Jahrbücher Bd. 68, 1928, S. 153ff.

47 Vgl. so für Pommern: Wolter, Entwicklung des Molkereiwesens, S. 53. 1914 bestanden in Pommern 457 Molkereien, davon 227 Genossenschaftsmolkereien (mit deutlich ansteigender Tendenz), auf die aber 1913 fast 80 % der in Molkereien verarbeiteten Milch entfiel. Die 160 Privatmolkereien (Zahl rückläufig) und die 70 Gutsmolkereien waren also im Durchschnitt erheblich kleiner (ebd., S. 59). Von den Molkereigenossenschaften gehörten 15 dem Reichslandbund, 28 dem Raiffeisenverband und 147 dem Molkereiverband Pommern an, 29 dem Revisionsverband Prenzlau, 6 gehörten zu keinem Verband (ebd., S. 228).

48 Wolter, Entwicklung des Molkereiwesens, S. 154.

Obwohl es nur vereinzelt zur Auflösung von Molkereigenossenschaften kam – die jährliche Liquidationsrate zwischen 1903 und 1913 liegt mit 1–3 % vergleichsweise niedrig –, schwächte sich der Mitgliederzuwachs stark ab. Während sich die Mitgliederzahl zwischen 1903 und 1907 noch jährlich um 7–8 % erhöhte, war zwischen 1910 und 1912 nur noch ein jährlicher Anstieg von etwa 2 % festzustellen.[49] Im Gegensatz zu den anderen Genossenschaftstypen, bei denen vor allem erst seit kurzem bestehende Genossenschaften liquidiert wurden, traf es bei den Milchgenossenschaften in 10 bis 20 % der Fälle Betriebe, die auf eine 20jährige Tätigkeit zurückblicken konnten, mehr als die Hälfte der aufgelösten Genossenschaften hatte über 10 Jahre bestanden.[50] Die Krise erfaßte auch einige ostdeutsche Gebiete wie Ostpreußen, wo die Mitgliederzahl der Molkereigenossenschaften vor dem Ersten Weltkrieg stagnierte, andere dagegen, insbesondere Pommern, blieben zunächst von der Krise verschont.

Aufgrund der für die wirtschaftliche Existenz der Molkereigenossenschaften verhängnisvollen Neigung der Bauern, ihre Milch bei günstigen Absatzmöglichkeiten an Dritte zu verkaufen und nur zum Zeitpunkt des Hauptmilchanfalls an die Genossenschaft abzuliefern, kam es in den meisten Gebieten zur Einführung des Ablieferungszwangs an die Genossenschaft unter Androhung von Geldstrafen oder Ausschluß.

Die Förderwirkung der Molkereigenossenschaften läßt sich recht eindeutig festmachen. Kontrollen erzwangen die Einhaltung bestimmter Qualitätsnormen durch die Bauern. Steigende Einkommen erhöhten das Interesse an diesem Wirtschaftszweig. Die Genossenschaftsmitglieder schenkten den Leistungen des Viehs mehr Aufmerksamkeit und verbesserten Zucht, Pflege und Fütterung. Häufig stieg auch die Zahl der gehaltenen Tiere.[51] Die Förderwirkung der Molkereigenossenschaften stand dabei in engem Zusammenhang mit Bemühungen der landwirtschaftlichen Vereine und der Landwirtschaftskammern. Entscheidende Bedeutung für die Verbesserung der Viehhaltung und die Erhöhung der Milchleistung kam den Rindviehkontrollvereinen zu, die sich nach der Jahrhundertwende schnell ausbreiteten. Die Kontrollvereine übernahmen es, die Milchleistung der Kühe, den Fettgehalt der Milch und die Lebendgewichtzunahme beim Jungvieh unter gleichzeitiger Ermittlung des verbrauchten Futters festzustellen. Die regelmäßigen Kontrollen erlaubten es den Landwirten, die leistungsstärksten Tiere auszuwählen, schlechte Kühe auszumerzen, die Fütterung zu verbessern und sie vor allen Dingen der Leistung anzupassen. Kontrollvereinskühe erzielten daher im Durchschnitt eine etwa um ein Drittel höhere Milchleistung als die nicht kontrollierten Kühe.[52] 1928 bestanden in Deutschland 2773

49 Mitteilungen zur deutschen Genossenschaftsstatistik 1913–1914, S. 84 und 91.

50 Ebd., S. 79.

51 Vgl. u. a. Wolter, Entwicklung des Molkereiwesens, S. 89–95; Pogge, Genossenschaftswesen, S. 36 f.; Grabein, Wirtschaftliche und Soziale Bedeutung, S. 82–86; Müller, Entwicklung des Molkereigenossenschaftswesens, S. 143–209; Taschenbuch für landwirtschaftliche Genossenschaften, hg. v. Reichsverband der deutschen landwirtschaftlichen Genossenschaften in Berlin, Berlin 1923, S. 401–407.

52 Die Lage der deutschen Milchwirtschaft, Berlin 1931, S. 14–18 (= Ausschuß zur Untersuchung der Erzeugungs- und Absatzbedingungen der deutschen Wirtschaft [Enquête-Ausschuß], Ver-

Kontrollvereine, die etwa 1 Million Kühe (10,6 % des Gesamtbestandes) in 55000 Betrieben kontrollierten. In besonders starkem Maße wurden die Kühe in Ostdeutschland erfaßt. An der Spitze stand Ostpreußen mit 26,3 % aller Kühe. Dem Insterburger Verband gelang es, die durchschnittliche Milchleistung der 40000 Kühe im Verlauf der 1920er Jahre von 2650 auf 3770 kg zu erhöhen.[53] In Oldenburg, Schleswig-Holstein, Pommern und Anhalt erfaßten die Kontrollvereine 21–22 % der Kühe, es folgten Brandenburg, Hannover, beide Mecklenburg und die Provinz Sachsen mit 17 %.[54] Offenbar erlangten die Kontrollvereine dort die stärkste Verbreitung, wo sich in Molkereigenossenschaften vor allem kräftigere Betriebe organisierten. Das zeigt sich deutlich an der Verteilung der kontrollierten Kühe nach Betriebsgrößenklassen in Preußen 1925. In der Betriebsgrößenklasse über 100 ha wurden 72 % der vorhandenen Kühe von den Kontrollvereinen erfaßt, in Betrieben mit 50–100 ha waren es immerhin noch 40 %, Betriebe mit 20–50 ha erreichten dagegen nur den preußischen Landesdurchschnitt von knapp 14 %. In der Betriebsgrößenklasse 5–20 ha wurden weniger als 2 %, in Betrieben unter 5 ha weniger als 0,3 % der hier gehaltenen Kühe erfaßt.[55] Die Zahlen belegen, daß nur die zur Marktproduktion gehaltenen Kühe der Leistungskontrolle unterzogen wurden. Klein- und Mittelbetriebe scheuten die mit der Kontrolle verbundenen Kosten von jährlich 3–6 RM, obwohl diese im Verhältnis zur dadurch erzielbaren Steigerung des Milchertrags gering waren.

Die starke Ausrichtung der Genossenschaftsmolkereien auf die Buttererzeugung tritt selbst aus den Gesamtzahlen für 1929 noch deutlich hervor. Genossenschaftsmolkereien hatten zu diesem Zeitpunkt knapp 49 % Anteil an der Gesamtzahl der Molkereien, erfaßten aber nahezu zwei Drittel der an Molkereien abgelieferten Milchmenge und lieferten 78 % der Gesamterzeugung von Butter in Molkereien. Demgegenüber spielte die Erzeugung von Käse und Quark (knapp die Hälfte der jeweiligen Gesamterzeugung) in den Genossenschaftsmolkereien eine geringere Rolle.[56]

Die Förderwirkung der genossenschaftlichen Viehverwertung entsprach weitgehend derjenigen von Molkereigenossenschaften. Das Interesse an dem Produktionszweig wurde gehoben und mehr auf die Qualität der Tiere geachtet. Auch hier mußte zum Lieferzwang übergegangen werden. Dabei erreichten Gründungen von Viehverwertungsgenossenschaften erst nach der Jahrhundertwende ein größeres Ausmaß, ihr Schwerpunkt lag im Norden und Osten Deutschlands, wo der Bedarf an Schlachtvieh hinter die Produktion zurückfiel.[57] In den meisten Regionen blieb die Viehverwertungsgenossenschaft eine

handlungen und Berichte des Unterausschusses für Landwirtschaft, Bd. 15); Müller, Entwicklung des Molkereigenossenschaftswesens, S. 151.

53 Das landwirtschaftliche Bildungs- und Beratungswesen, S. 91.

54 Lage der Milchwirtschaft, S. 16.

55 Lage der Milchwirtschaft, S. 17.

56 Lage der Milchwirtschaft, S. 23. Regional sind Unterschiede festzuhalten. So dominierten Genossenschaftsmolkereien insbesondere in Pommern in allen Bereichen: An sie gingen hier 87 % der an Molkereien abgelieferten Milch, sie dominierten mit 85 % im Frischmilchverkauf, mit 88 % in der Buttererzeugung, mit fast 100 % bei der Hart- und mit 89 % bei der Weichkäseerzeugung (ebd., S. 24 f.).

57 Jahresbericht des Generalverbandes für 1913, S. 41 f.; Horst, Viehverwertung, S. 1–136. Bis 1915

Organisation von Klein- und Mittelbauern. Eine Ausnahme bildeten lediglich Pommern und Ostpreußen sowie der Regierungsbezirk Lüneburg. Hier organisierte sich auch der größere Besitz in dieser Genossenschaftsform.[58]

b) Maschinengenossenschaften

Unter den Maschinengenossenschaften muß zwischen Genossenschaften, die die Bauernwirtschaften durch den Handel mit Maschinen förderten, und solchen, die eine gemeinsame Nutzung der Maschinen anstrebten, unterschieden werden. Beide Operationen wurden sowohl durch spezialisierte Genossenschaften ausgeübt als auch durch Genossenschaften, die diese Tätigkeiten als Nebengeschäft betrieben: den Bezug von Maschinen neben dem Bezug von anderen Betriebsmitteln oder die Bereitstellung einer Maschine zur gemeinsamen Nutzung gewissermaßen als „Wohlfahrtseinrichtung", wie dies insbesondere Kreditgenossenschaften des Raiffeisenverbandes praktizierten.[59]

Bei der Gründung von speziellen Genossenschaften zum Bezug von Maschinen und landwirtschaftlichen Geräten ging die Initiative häufig von Gutsbesitzern aus, die bereits einen Maschinenpark besaßen und selbst einen großen Maschinenbedarf hatten. Solche Maschinengenossenschaften fanden sich deshalb ausschließlich in Gegenden mit Großgrundbesitz. Zumeist wurde mit dem Bau einer gemeinsamen Reparaturwerkstatt für die bei den Genossen vorhandenen Maschinen begonnen, an die sich dann der gemeinsame Bezug von neuen Landmaschinen in großen Mengen direkt vom Fabrikanten anschloß. Der Verkauf erfolgte auch an Nichtmitglieder.[60] Die bedeutendste Maschinengenossenschaft dieses Typs wurde 1899 auf Anregung der Landwirtschaftskammer in Ostpreußen gegründet. Diese Maschinengenossenschaft Königsberg verfügte über verschiedene Filialen und nahm schließlich auch die Eigenproduktion von Landmaschinen auf.[61]

Der Maschinenbezug über nichtspezialisierte Genossenschaften bereitete in der Regel Schwierigkeiten, weil das Maschinengeschäft Kapitalanlagen für den Unterhalt eines Ersatzteillagers und einer Reparaturwerkstatt verlangte, diese aber aufgrund des zu geringen Umsatzvolumens nicht vorgenommen werden konnten. Der Maschinenhandel erfolgte deshalb in der Regel direkt durch Haupt- oder Zentralgenossenschaften. Der Anteil der Genossenschaften an der Gesamtversorgung der Bauernbetriebe mit Landmaschinen war in Ostpreußen und in Pommern mit 23–27 % am höchsten, in den meisten

---

wurde der Lieferzwang mit Ausnahme Bayerns und Teilen von Westfalens überall eingeführt (S. 33–35).

58 Horst, Viehverwertung, S. 40f., 97–101.

59 Kurt Richter, Die Genossenschaften in der deutschen Landmaschinenwirtschaft, Halberstadt 1928, S. 78–81. Vgl. auch Pogge, Genossenschaftswesen, S. 42f. und S. 97–101, der die bei den Genossenschaften als Wohlfahrtseinrichtung vorhandenen Maschinen in beiden Mecklenburg zwischen 1903 und 1908 auflistet.

60 Richter, Genossenschaften, S. 20f.

61 Richter, Genossenschaften, S. 21–24. Auch die meisten anderen spezialisierten Maschinengenossenschaften produzierten in mehr oder minder großem Umfang selbst Landmaschinen.

anderen Provinzen und deutschen Ländern lag er dagegen unter 6%.[62] Der Anteil des genossenschaftlichen Maschinenabsatzes korrelierte lediglich mit der regionalen Bedeutung des Warenbezugs über die Genossenschaften, so daß Richter feststellt: „Ehe das Maschinengeschäft sich entwickelt, müssen die Landwirte sich erst durch den übrigen genossenschaftlichen Warenverkehr an die Genossenschaft gewöhnen; dazu ist der genossenschaftliche Bezug der übrigen Waren auch notwendiger, bringt mehr Vorteil gegenüber dem Kauf beim Händler, besonders durch den Bezug ganzer Wagenladungen und die Möglichkeit der Nachuntersuchung auf Gehalt bei Düngemitteln."[63]

Genossenschaften zur gemeinsamen Nutzung von Maschinen zielten vor allem auf den rationelleren Maschineneinsatz. Verschiedene deutsche Staaten unterstützten die Beschaffung von Maschinen zur gemeinsamen Nutzung durch Beihilfen. So wurden in Preußen zunächst den landwirtschaftlichen Zentralvereinen, dann den Landwirtschaftskammern spezielle Fonds dafür zur Verfügung gestellt.[64] Während in der Regel nur Betriebe mit mehr als 80 ha eine Landmaschine voll ausnutzen konnten, lag die Untergrenze, bei der Hand- und Spannarbeit wirtschaftlicher als der Maschineneinsatz waren, beträchtlich niedriger: bei einem Heuwender bei 2 ha, bei einer Drillmaschine bei 7 ha und bei einer Getreidemähmaschine bei 14 ha.[65] In diesen Fällen erschien die gemeinsame Nutzung einer Maschine durch mehrere Betriebe als rationeller Weg, um eine möglichst gute Auslastung der knappen Maschinen zu gewährleisten. Neben dieser Hauptzielsetzung spielten bei der gemeinsamen Maschinennutzung zwei weitere Überlegungen eine Rolle. Zum einen die Wohlfahrtszielsetzung, wenn z. B. Raiffeisensche Darlehnskassen aus ihren Überschüssen Maschinen anschafften und sie den armen Mitgliedern billig zur Verfügung stellten, zum anderen die Zielsetzung, die Anwendung neuer Maschinen zu propagieren. Die genossenschaftliche Anschaffung galt dabei als bestes Mittel, die Bauern mit der Maschine vertraut zu machen und sie anschließend zum individuellen Erwerb zu bewegen.[66]

Die verbreitetste Form der Maschinenwerkgenossenschaften waren Dresch- und Dampfdreschgenossenschaften sowie – als Besonderheit der ostdeutschen Tiefebene – Dampfpfluggenossenschaften.[67] Dabei gehörten Dampfdreschgenossenschaften vorwiegend größere Bauernbetriebe, Dampfpfluggenossenschaften Gutsbesitzer an. Auffällig ist, daß in Ostelbien viel häufiger als in Westdeutschland nur eine Maschine in gemeinsamem Besitz war.[68] Die meisten der insgesamt 52 Dampfpfluggenossenschaften befanden sich 1919 in Schlesien, Brandenburg verzeichnete 8, Ostpreußen 4, Pommern 3, Westpreußen 2 und Mecklenburg keine. Dampfdreschgenossenschaften und insbesondere Dresch-

62 Ebd., S. 60f.

63 Ebd., S. 64.

64 Ebd., S. 75; Franz Bussen, Die genossenschaftliche Benutzung landwirtschaftlicher Maschinen und Geräte, Berlin 1919, S. 73.

65 Richter, Genossenschaften, S. 77.

66 Ebd., S. 77–81.

67 Bussen, Benutzung, S. 11, 18.

68 Ebd., S. 23.

genossenschaften wiesen dagegen in Ostdeutschland keine hohe Verbreitung auf.[69] Allerdings untertreiben diese Zahlen die gemeinsame Maschinennutzung, weil nur die eingetragenen Genossenschaften mit mindestens 7 Mitgliedern hier gezählt werden. Gerade Genossenschaften zur gemeinsamen Nutzung von Maschinen unterschritten häufig diese nach dem Gesetz von 1889 vorgeschriebene Mindestmitgliederzahl, so daß keine Registrierung erfolgte.[70] Die auffällig geringe Verbreitung von Dreschgenossenschaften in Ostdeutschland dürfte darauf zurückzuführen sein, daß hier eine Dreschmaschine im Einzelbesitz bereits für einen Großbauern, eine Dampfdreschmaschine für einen Großgrundbesitzer rentabel war. Seer bezeichnet die geringe Verbreitung von Dreschmaschinengenossenschaften in Pommern allerdings als unverständlich: „Da war der pommersche Bauer gerne sein eigener Herr und neigte zur Eigenbrötelei. 'Kumpanie ist Lumperie.'“[71]

Die für Preußen erhobenen Daten, die zwischen Maschinenbesitz und Maschinennutzung unterscheiden, belegen, daß 1907 die gemeinsame Maschinennutzung bei Dampfpflügen und Dreschmaschinen mit Abstand die größte Bedeutung hatte. So besaßen nur 378 Betriebe einen eigenen Dampfpflug, aber 2635 Betriebe setzten Dampfpflüge ein. Den 206012 Betrieben, die Dreschmaschinen benutzten, standen nur 13737 gegenüber, die eine eigene Dreschmaschine besaßen.[72] Neben der Maschinennutzung in Form von eingetragenen oder nichteingetragenen Genossenschaften ist dabei aber auch die Verwendung von Maschinen der Lohnunternehmer und Gutsnachbarn eingerechnet. Zwischen 1895 und 1907 erhöhte sich insbesondere der Anteil von Betrieben der unteren Betriebsgrößenklassen, die überhaupt Maschinen (insbesondere Dresch-, Mäh- und Drillmaschinen) benutzten, sehr stark: in der Betriebsgrößenklasse von 2–5 ha landwirtschaftlicher Nutzfläche (LN) von 14 auf 31 %, in der Betriebsgrößenklasse von 5–20 ha von 46 auf 71 %, in der Betriebsgrößenklasse von 20–100 ha LN von 79 auf 92 %, während Großbetriebe auch zuvor schon fast durchgängig Maschinen einsetzten.[73]

Die Bedeutung der Genossenschaften für die schnelle Verbreitung des Maschineneinsatzes ist offensichtlich. Sie vermittelten den Landwirten die Vorteile der schnelleren und zeitgerechteren Durchführung der Feldarbeiten unabhängig von den Witterungs- und

69 Ebd., S. 60–76. Richter (S. 83f.) führt Zahlen für 1926 auf. Zu diesem Zeitpunkt gab es 57 Dampfdreschgenossenschaften, von denen sich 29 in Schlesien, jeweils 7 in Pommern und in der Provinz Sachsen und 6 in Brandenburg befanden. Die 807 Dreschgenossenschaften befanden sich weiterhin vorwiegend in Süd- und Südwestdeutschland: Bayern (252), Hessen und Hessen-Nassau (143), Provinz Sachsen (51), Schleswig-Holstein (40) und Mecklenburg-Schwerin (37), dagegen keine in Pommern, nur jeweils 2 in Ostpreußen und der Grenzmark Posen-Westpreußen, 10 in Brandenburg.

70 Richter, Genossenschaften, S. 84f. Insbesondere nimmt Richter eine erhebliche Zahl nicht eingetragener Dampfpfluggenossenschaften an, weil die Zahl von 7 Genossen in den Gegenden mit Großgrundbesitz für einen Pflugsatz schon zu groß ist.

71 Seer, 55 Jahre Raiffeisenarbeit, S. 75.

72 Bussen, Benutzung, S. 10f.

73 Ebd., S. 12.

Arbeitsverhältnissen und trugen zur Senkung der Produktionskosten bei.[74] Das ökonomische Druckmittel, die Notwendigkeit, Kosten für die knappe und teure Arbeitskraft einzusparen, darf dabei allerdings nicht übersehen werden.[75] Hieraus erklärt sich die schnelle Verbreitung von Dampfdreschmaschinengenossenschaften vor allem in Gebieten mit vorherrschenden Klein -und Mittelbetrieben, wobei Bayern eine Vorreiterrolle spielte. Hier waren 1887 bereits 282 Dreschmaschinengenossenschaften mit 4913 Mitgliedern registriert, 1896 431 mit 8799 Mitgliedern und 1902 683 mit 16052 Mitgliedern.[76]

So einsichtig die Vorteile der rationalen Nutzung der Maschinen durch gemeinsamen Besitz auch in der Theorie waren, so schwierig erwies sich die rentable Betriebsführung in der Praxis. Verbreitet traten Verluste auf, sei es, weil die Maschine an einem Orte nicht hinreichend ausgelastet wurde, die Leihgebühren nicht die Kosten deckten oder das Interesse der Maschinennutzer an der Wartung und Erhaltung der in Gemeinbesitz befindlichen Maschine zu gering ausgeprägt war und dadurch hohe Reparaturkosten anfielen.[77] „Der Landmann steht ... gerne auf dem Standpunkt, daß Eisen sich nicht erkältet, Maschinen dauernd im Freien stehen können und keiner Wartung bedürfen. Wenn nicht eine Stelle dauernd sorgfältig aufpaßt, gehen die Maschinen ungepflegt von Hand zu Hand, bis sie sehr schnell nicht mehr funktionieren."[78] Auch kam es zu Streit unter den Mitgliedern über den Zeitpunkt der Inanspruchnahme, schließlich trat der Bedarf an dem jeweiligen Arbeitsgang in allen Betrieben gleichzeitig auf, und ein zu später Erhalt der Maschine konnte das Verpassen des optimalen Einsatzzeitpunktes bedeuten. „Bei keiner anderen Genossenschaftsart ist eine so weitgehende Rücksicht auf die Interessen der Mitgenossen nötig, bei keiner bedarf es daher so vielen 'Gemeinsinnes' wie bei ihr: dieser 'Gemeinsinn' ist aber nicht vorhanden. Wo eine Dreschgenossenschaft im Dorf ist, da ist immer Zank und Streit."[79]

Die Genossenschaftsform kann insofern für die Maschinennutzung nicht als übermäßig geeignet angesehen werden. In der Regel erwiesen sich die Gründungen als kurzlebig, weil die organisatorischen Schwierigkeiten nicht überwunden werden konnten. Nur wenn versucht wurde, die Maschinenausleihe nach dem Vorbild eines Lohnunternehmers zu organisieren und die Verantwortung einer Person zu übergeben, besserte sich das Bild. So fungierte z. B. in diesem Fall ein Schmied als Maschinenmeister, der die Maschinen auf eigene Rechnung auch bei Nichtmitgliedern einsetzen durfte und die Reparaturkosten selbst zu tragen hatte, mithin an der Erhaltung der Maschine und ihrer reichlichen Inan-

---

74 Ebd., S. 14f.

75 Der Maschineneinsatz erlaubte eine beträchtliche Verringerung des Arbeitskräftebedarfs, vgl. dazu die Berechnungen des Enquête-Ausschusses (Die Arbeitsleistung in landwirtschaftlichen Betrieben und ihre Abhängigkeit von Arbeitszeit, Arbeitslohn und anderen Faktoren, Berlin 1930, S. 19–23 [Verhandlungen und Berichte des Unterausschusses für Arbeitsleistung, Bd. 8]).

76 Bussen, Benutzung, S. 19f.

77 Vgl. u. a. Jahresbericht des Generalverbandes für 1913, S. 43f. So schloß fast die Hälfte der berichtenden Dreschgenossenschaften das Geschäftsjahr 1911 mit Verlust ab, vorwiegend wegen der völlig ungenügenden Ausnutzung der Maschinen.

78 Seer, 55 Jahre Raiffeisenarbeit, S. 76.

79 Richter, Genossenschaften, S. 86.

spruchnahme persönlich interessiert war.[80] Der Übergang von Maschinenwerkgenossenschaften zu Lohndreschunternehmen war also fließend.

Auch wenn die Maschinengenossenschaft eher als flüchtige Form anzusehen ist, darf ihre Bedeutung für die Verbreitung fortschrittlicher Methoden in der Landwirtschaft nicht unterschätzt werden. So stellt Richter fest: „Daneben aber dürfte hier und auch bei größeren Maschinen bis herauf zum Motorpflug die Propagandawirkung durchaus im Vordergrund stehen: Der Landwirt gewöhnt sich durch die Genossenschaft an die Maschine und schafft sich später eine eigene an.“[81] Mit einer jährlichen Auflösungsrate von 4–5 % vor 1913 weisen Maschinenwerkgenossenschaften eine überdurchschnittliche Zerfallsrate auf. Noch höher, nämlich um 10 % im Jahr, war diese allerdings bei den Genossenschaften zur Beschaffung von Maschinen und Geräten.[82]

c) Elektrizitätsgenossenschaften

Die Möglichkeit, durch den Einsatz von Elektrizität eine preisgünstige Kraftquelle, den Elektromotor, zu gewinnen, war für die Landwirtschaft sehr verlockend. Auf der Jahresversammlung des Reichsverbands 1909 wurde die Vielzahl der günstigen Anwendungsmöglichkeiten der Elektrizität in der Landwirtschaft hervorgehoben und in Musterrechnungen die beträchtliche Reduzierung der Produktionskosten gegenüber herkömmlichen Verfahren demonstriert.[83] Gerade mittlere Betriebe hatten Schwierigkeiten, Arbeitskräfte zu gewinnen, und wurden zunehmend durch steigende Löhne belastet. Die Möglichkeit, Arbeitskräfte einzusparen, wurde so zum entscheidenden Antrieb für die schnelle Ausbreitung von Elektrizitätsgenossenschaften: „Träger dieser Elektrizitätsbewegungen ist in erster Linie die Landwirtschaft, welche durch die stetig wachsende Leutenot auf dem Lande gezwungen wird, sich nach einer billigen und zweckmäßigen Hilfskraft umzusehen. Es besteht wohl kein Zweifel darüber, daß der Elektromotor infolge der Vielseitigkeit seiner Anwendungsarten, sowie seines einzigartigen Anpassungsvermögens den Anforderungen und Bedürfnissen landwirtschaftlicher Betriebe am besten von allen vorhandenen Maschinenarten entspricht. Die Praxis hat auch schon den Beweis dafür erbracht, daß in Gegenden mit Elektrizitätsversorgung die Leuteknappheit auf dem Lande bedeutend gemildert ist, weil Knechte und Mägde in Bauernhöfen mit bequemen maschinellen Betrieben seßhafter sind; dies gilt ganz besonders von kleinen und mittleren Wirtschaften, welche auf heimisches Personal angewiesen sind.“[84]

Der „Bazillus electricus“ verbreitete sich schnell. Auch hier war Ostdeutschland

80 Ebd., S. 85–88.

81 Ebd., S. 92.

82 Mitteilungen zur deutschen Genossenschaftsstatistik für 1913 und 1914, S. 83.

83 Jahrbuch des Reichsverbands für 1909, S. 110–120. Der Berichterstatter, Rittergutsbesitzer von Hertzberg, demonstrierte die vielseitigen Einsatzmöglichkeiten der neuen Kraftquelle im ländlichen Raum mit Lichtbildern.

84 Mitteilungen zur deutschen Genossenschaftsstatistik für 1909, S. 62. Vgl. auch: Jahrbuch des

zunächst benachteiligt. Für die Einführung der Elektrizität fehlten örtliche Kohlevorkommen, Wasserkraft konnte nur an wenigen Punkten mit verhältnismäßig hohen Kosten nutzbar gemacht werden. Wurden in Nähe der westdeutschen Industriezentren früh Kraftwerke gebaut und Leitungsnetze verlegt, die auch die Dörfer erreichten, so blieb den abgelegenen Regionen Ostelbiens diese Chance verwehrt. Die Gemeinden hatten zunächst häufig noch nicht genug Interesse an der Einführung der Elektrizität, auch erschien ihnen das Risiko als zu groß. Eine entsprechend starke Verbreitung fand deshalb in Ostdeutschland die Idee, über die Gründung von Elektrizitätsgenossenschaften an Strom zu gelangen. In den letzten Jahren vor dem Ersten Weltkrieg vollzog sich besonders in Pommern ein geradezu stürmischer Zuwachs an Elektrizitätsgenossenschaften.[85] Die 1910 vorhandenen Elektrizitätsgenossenschaften konzentrierten sich auf Preußen und hier auf die Provinzen Hannover, Sachsen, Schlesien, Pommern und Brandenburg.[86]

Das hohe Risiko zwang allerdings die Genossenschaftsverbände dazu, bremsend einzugreifen. Der landwirtschaftliche Strombedarf verteilte sich höchst ungleich über das Jahr und konzentrierte sich auf die Zeit des Dreschens.[87] Der Bau von kleinen Elektrizitätswerken durch die Genossenschaften war deshalb äußerst risikoreich. Der Jahresbericht des Generalverbandes für 1913 stellte fest, daß sich hierbei „die auch bei anderen genossenschaftlichen Unternehmungen gemachte Erfahrung bewahrheitet, daß für räumlich ausgedehnte, mit großem Anlagekapital arbeitende Betriebe die genossenschaftliche Rechtsform nicht paßt; daher sind hier nicht selten Mißerfolge zu verzeichnen."[88] Von den Verbänden wurde deshalb die Einrichtung von Elektrizitätsgenossenschaften in Form von Leitungsgenossenschaften propagiert, die den Strom von einem Elektrizitätswerk (Überlandzentrale) bezogen. Auch wurde dringend angeraten, möglichst Kommunen an solchen Projekten zu beteiligen, um eine gleichmäßigere Verteilung des Strombedarfs über das Jahr zu sichern. Um die Wirtschaftlichkeit der einzelnen Projekte rechtzeitig zu prüfen, richteten die Verbände Beratungsstellen ein.[89]

Reichsverbands für 1910, S. 114–124; Jahrbuch des Reichsverbands für 1909, S. 110 und 116–117; Taschenbuch, S. 422–424.

85 Vgl. Seer, 55 Jahre Raiffeisenarbeit, S. 117f.

86 Mitteilungen zur deutschen Genossenschaftsstatistik für 1909, S. 65.

87 Ebd., S. 62f.

88 Jahresbericht des Generalverbandes für 1913, S. 44. Vgl. auch Jahrbuch des Reichsverbands für 1909, S. 116–119.

89 Jahrbuch des Reichsverbands für 1910, S. 114–124 („Besonders die Provinzialverwaltungen in Preußen, die heute Träger wichtiger sozialer und wirtschaftlicher Funktionen im Staatswesen sind, eignen sich für die Förderung der Stromversorgung", S. 120). Vgl. auch Jahrbuch des Reichsverbands für 1909, S. 116, 120; Taschenbuch, S. 423–425.

d) Bezugs- und Absatzgenossenschaften

Bezugs- und Absatzgenossenschaften versuchten, die Benachteiligung der Bauernwirtschaften auf dem Markt durch ihre kleinbetriebliche Struktur und ihre Entfernung von den städtischen Handelszentren auszugleichen. Ein ausgedehntes Zwischenhandelsnetz verteuerte die Zufuhr von Waren ins Dorf und schmälerte die Erlöse beim Verkauf von Agrarerzeugnissen. Durch die Genossenschaft sollte die Marktposition der Bauern verbessert werden. Die in Genossenschaften zusammengeschlossenen Bauern konnten in Verhandlungen mit den Lieferbetrieben eintreten und Preissenkungen u. a. über Mengenrabatte erzielen, die für den einzelnen Abnehmer unerreichbar gewesen wären. In gleicher Weise konnten beim Verkauf durch das Angebot größerer Mengen und die Auswahl günstiger Verkaufszeitpunkte höhere Absatzpreise erzielt werden.[90] Richter stellt fest: „Die Genossenschaften haben überall da erfolgreich sich ausgebreitet, wo sie einen rückständig wirtschaftenden kleinen Krämer verdrängen und an seine Stelle einen rationalen Großbetrieb setzen konnten. Großbetriebliche Gestaltung, Rationalisierung, Versachlichung, das ist das Wesen der modernen Genossenschaftsbewegung. Wo der so gestaltete, etwas bürokratische, genossenschaftliche Betrieb wirtschaftlicher arbeitet als der vor und neben ihm bestehende Kleinbetrieb, da setzt er sich durch."[91] Primärgenossenschaften waren aber in der Regel nicht lange in der Lage, diese Voraussetzung zu erfüllen. Gerade auf dem Sektor des Wareneinkaufs und -absatzes zeigte sich deshalb auch bei den Genossenschaften früh der Trend zur Konzentration und Spezialisierung.[92] Eine günstige Verhandlungsposition gegenüber dem Hersteller konnte die Genossenschaftsbewegung nur bei entsprechend großem Geschäftsvolumen und zentralem Einkauf über die Haupt- und Zentralgenossenschaften erreichen.[93]

Indem die Genossenschaften Einfluß auf die Produktionskosten und die Erlöse beim Absatz ausübten, veränderten sie die Rentabilität der einzelnen Erzeugnisse untereinander und veranlaßten dadurch den Bauern, seine Produktionspalette zu verändern. Günstige Absatzpreise konnten nur erzielt werden, wenn große Warenmengen einheitlicher Qualität angeboten wurden. Dazu mußten die Genossenschaften auf die Haltbarkeit und die Standardisierung der Waren einwirken und von den Produzenten verlangen, bestimmtes Saatgut und bestimmte Rassen zu verwenden. Andere Standardisierungsaufgaben konnte die Genossenschaft selbst übernehmen, insbesondere das Sortieren, Reinigen und Verpacken. Auch durch Aufklärung über die Marktlage konnten die Genossenschaften Art und Zusammensetzung des Warenangebots der Betriebe beeinflussen.[94]

---

90 Vgl. ausführlicher zu diesem Punkt Hannfried Franck, Die Wechselbeziehungen zwischen landwirtschaftlicher Genossenschaft und angeschlossenem landwirtschaftlichen Betrieb. Versuch der Anwendung der Grundgedanken der theoretischen Nationalökonomie auf dem Gebiete der Landwirtschaft, Plieningen-Stuttgart 1932.

91 Richter, Genossenschaften, S. 93.

92 Kretschmar, Genossenschaftswesen, S. 336f.

93 Grabein, Wirtschaftliche und Soziale Bedeutung, S. 129f.; Richter, Genossenschaften, S. 95.

94 Franck, Wechselbeziehungen, S. 61–86.

Während für kleine Mengen und bei Marktnähe der Direktabsatz am attraktivsten erschien, begünstigten die Marktferne der Agrarbetriebe in Ostdeutschland und die verhältnismäßig großen Mengen eines Produktes, die sie zum Verkauf anbieten konnten, das Interesse am genossenschaftlichen Absatz.[95] In den marktfernen Gebieten bestanden deshalb bessere Chancen, Standardisierungsbestrebungen durchzusetzen. Pommern und Schleswig-Holstein erzielten auf diesem Gebiet besonders große Erfolge. Der genossenschaftliche Zusammenschluß wirkte sich auch auf die Sortenvereinheitlichung und -verbesserung positiv aus.[96]

Das große Interesse der Gutsbesitzer am genossenschaftlichen Warenbezug kommt in der frühen Gründung von Absatz- und Bezugsgenossenschaften in Ostpreußen zum Ausdruck. 1870 entstand hier die erste ländliche Genossenschaft als landwirtschaftliche Magazingenossenschaft, als nächstes gründeten 96 Gutsbesitzer in Insterburg 1871 einen landwirtschaftlichen Konsumverein, der bald darauf als erste Zentralgenossenschaft in Deutschland fungierte. 1872 gründeten fünf landwirtschaftliche Genossenschaften den „Verband ost- und westpreußischer landwirtschaftlicher Magazin- und Wirtschaftsgenossenschaften" mit Sitz in Königsberg, den ersten Verband landwirtschaftlicher Genossenschaften in Deutschland.[97]

Die großen Bezugs- und Absatzmengen, die der Großgrundbesitz garantierte, waren für die Ausbreitung der Genossenschaften aber nicht in jedem Fall förderlich. Während es in Pommern gelang, die Interessen der Gutsbesitzer und der Bauern zu vereinen, kam es in Ostpreußen zur Spaltung der Genossenschaften. Der große Bezug und Absatz der wirtschaftlich starken Gutsbesitzer führte dazu, daß die An- und Verkaufsgenossenschaften zu großen erwerbswirtschaftlichen Unternehmen ausgestaltet wurden, die jede Konkurrenz – auch die genossenschaftliche – auszuschalten suchten. „Das trug Spannungen und Konkurrenzkämpfe in das ostpreußische Genossenschaftswesen, die viel unnütze Parallelarbeit schufen und besonders in den letzten Vorkriegsjahren zu mehr oder minder unschönen Auseinandersetzungen führten."[98] Die Zusammensetzung der Mitglieder der Bezugs- und Absatzgenossenschaften in Ostpreußen unterstreicht diese Aussagen. 47 % gehörten zur Betriebsgrößenklasse über 100 ha, weitere 37,5 % waren als Großbauern anzusehen und verfügten über Betriebe mit 20 bis 100 ha, die über 67 % Betriebe mit weniger als 20 ha in Ostpreußen stellten dagegen nur 10,5 % der Mitglieder.[99]

95 Franck, Wechselbeziehungen, S. 61–86; Seer, 55 Jahre Raiffeisenarbeit, S. 10f.

96 Franck, Wechselbeziehungen, S. 92f.

97 Mischke, Entwicklung, S. 22–24; Fünfzig Jahre Raiffeisen, S. 117; Handwörterbuch des Genossenschaftswesens, Wiesbaden 1980, Spalte 766.

98 Mischke, Entwicklung, S. 2 und 42–44. So wurde 1903 in Königsberg die „Ostpreußische An- und Verkaufsgenossenschaft e.G.m.b.H." von 29 Großgrundbesitzern gegründet. Sie entwickelte sich bis 1913 zur kapitalkräftigsten ihrer Art in Deutschland, wobei sie ihren Geschäftsbereich immer weiter ausdehnte und zu einer unternehmungsähnlichen, expansionsfreudigen Handelsgesellschaft wurde, die nicht nur den Bezug und Absatz von Dünge- und Futtermitteln sowie Agrarprodukten betrieb, sondern auch mit Brenn- und Baumaterialien und allen Arten von hauswirtschaftlichen Verbrauchsgegenständen handelte.

99 Mischke, Entwicklung, S. 53.

Auch an der in Preußen schließlich 1896–97 gesetzlich geförderten Errichtung von Kornhäusern, die den Vermarktungsdruck für die Getreideproduzenten vermindern sollten, um günstige Preise für den Getreideabsatz abzuwarten, nahm der Gutsbesitz lebhaften Anteil. Das Netz der Kornhäuser war in Pommern am dichtesten. Die Kornhäuser bewirkten die technische Verbesserung des Getreideanbaus u. a. durch bessere Sortenwahl, Pflege und Getreidereinigung.[100]

Indem die Genossenschaften bei Futter- und Düngemitteln eine Qualitätskontrolle vornahmen, trugen sie dazu bei, die Landwirte vor der Zufuhr von durch den Fabrikanten oder den Händler verfälschter oder minderwertig angelieferter Ware zu schützen.[101]

Die Rolle der Genossenschaften bei der Verbreitung des Einsatzes von Kunstdünger und Konzentratfutter läßt sich nur schwer bestimmen. Der Anteil der Genossenschaften am Bezug von Düngemitteln durch landwirtschaftliche Betriebe lag 1907 im Reichsgebiet bei 25 %, am Bezug von Futtermitteln bei 12 %.[102] Dennoch könnte die Bedeutung der Genossenschaften noch größer gewesen sein: Möglicherweise kam ihnen eine wichtige Erschließungsfunktion zu. Gerade in abgelegenen Gebieten konnte nur durch den gemeinsamen Bezug und eine waggonweise Abnahme der Preis für Betriebsmittel auf ein erschwingliches Niveau gesenkt werden. Bei verstärkter Nachfrage in der Region konnte auch der private Handel dann Futtermittel und Dünger preisgünstiger anbieten.

e) Kreditgenossenschaften

Auch in Ostelbien entwickelten sich Kreditgenossenschaften schnell zur mitgliederstärksten Genossenschaftsform. Die Einrichtung der Preußischen Zentralgenossenschaftskasse 1895 und die damit verbundene Bereitstellung von Kreditmitteln durch den Staat erleichterte ihre Verbreitung, während Kreditgenossenschaften in Südwestdeutschland ohne vergleichbare staatliche Unterstützung entstanden waren. Allerdings handelte es sich bei der Preußischen Zentralgenossenschaftskasse um keine von den bestehenden Genossenschaftsverbänden geforderte Einrichtung. Vielmehr nutzte der Staat eher die Genossenschaftsform, um Landwirten und Handwerkern aus ihrer Kreditnot zu helfen, und setzte sich dabei über die Eigeninteressen der Genossenschaftsverbände hinweg.[103] Das mit der Gründung unterstrichene staatliche Interesse an der Ausbreitung des genossenschaftlichen Kleinkredits zielte vor allem auf die Förderung des ländlichen Mittelstandes. Alle Daten für Ostdeutschland belegen aber, daß hier viele Großbauern und Großgrundbesit-

---

100 Grabein, Wirtschaftliche und Soziale Bedeutung, S. 82–99 und 154. Vgl. auch Mischke, Entwicklung, S. 42; Taschenbuch, S. 395.

101 Edmund Söchting, Das landwirtschaftliche Genossenschaftswesen in der Provinz Sachsen, Halle 1906, S. 72–85; Jahrbuch des Reichsverbands für 1907, S. 102–107.

102 Grabein, Wirtschaftliche und Soziale Bedeutung, S. 25–27.

103 Busche, Öffentliche Förderung, S. 86–103.

Tabelle 7:
Landwirtschaft treibende Mitglieder ländlicher Kreditgenossenschaften nach Betriebsgrößen (in Prozent)*

Betriebsgröße Provinz	Sachsen 1925	Pommern 1916	Brandenburg 1926	Ostpreußen 1926
über 100 ha	2,0 %	5,4 %	2,3 %	16,5 %
20–100 ha	19,1 %		30,9 %	38,0 %
5– 20 ha	53,8 %	94,6 %	39,6 %	32,0 %
unter 5 ha	25,1 %		27,2 %	8,5 %

* Zusammengestellt und berechnet nach Bretschneider, S. 60 (Die Zahlen für die Provinz Sachsen beziehend sich abweichend von den übrigen Regionen auf Betriebe mit 5–25 ha [statt 5–20 ha] und auf Betriebe mit 25–100 ha [statt 20–100 ha]); Deutsche landwirtschaftliche Genossenschaftspresse 44 (1917), S. 316; Karl Sparr, Das landwirtschaftliche Genossenschaftswesen in der Provinz Pommern, Stettin 1919, S. 88; Werner Düring, Die Entwicklung des ländlichen Personalkredits in der Provinz Brandenburg nach der Stabilisierung unter besonderer Berücksichtigung der Kreditgenossenschaften, Berlin 1928, S. 23f.; Mischke, Entwicklung, S. 53.

zer Kreditgenossenschaften angehörten, obwohl sie eigentlich die Satzungform der unbeschränkten Haftung, die mit der Ausnahme von Pommern und der Provinz Sachsen unter den Kreditgenossenschaften fast ausschließlich verbreitet war, sonst mieden.[104]

Läßt man die etwa 40 % der Mitglieder ländlicher Kreditgenossenschaften, die zur Gruppe der Nichtlandwirte (vornehmlich Handwerker, Beamte, Angestellte, Arbeiter und Angehörige freier Berufe) gehörten, außer acht, zeigt sich, daß unter den Landwirten kräftigere Betriebe deutlich überrepräsentiert waren (Tabelle 7), wie der Vergleich mit den Angaben über die prozentuale Verteilung aller Betriebe auf die Betriebsgrößenklassen von 1907 (Tabelle 1) zeigt. So hatte der Großgrundbesitz in Ostpreußen nur einen Anteil von 1,5 % an allen Betrieben, stellte aber 16,5 % der Mitglieder von ländlichen Kreditgenossenschaften. In der Provinz Sachsen und in Pommern waren die Großgrundbesitzer unter den Mitgliedern der ländlichen Kreditgenossenschaften jeweils etwa viermal stärker vertreten als unter allen Landwirtschaftsbetrieben, in Brandenburg etwa dreimal so stark.

Konkrete Aussagen über die Bedeutung der Kreditgenossenschaften für die Verbreitung des landwirtschaftlichen Fortschritts lassen sich im Moment nicht machen, weil keine Angaben über die Verwendung der Kredite vorliegen. Dennoch muß die Verfügbarkeit von Krediten als entscheidende Voraussetzung angesehen werden, größere Vorhaben zur

104 Mitteilungen zur deutschen Genossenschaftsstatistik für 1912, Tabellenteil, S. 1–12. Nur in Pommern mit 75 % und in der Provinz Sachsen mit 74 % der Mitglieder der Darlehnskassenvereine dominierten Genossenschaften mit beschränkter Haftpflicht. Ansonsten hatte dieser Satzungstyp lediglich in Posen (11 %) und im Königreich Sachsen (14 %) noch Bedeutung, in allen anderen Gebieten gehörten dagegen kaum 1 % der Mitglieder der Darlehnskassenvereine dem Genossenschaftstyp mit beschränkter Haftung an.

Verbesserung der Wirtschaft zu finanzieren. Die stärkere Vertretung von Mittel- und Großbetrieben unter den Mitgliedern der ostelbischen ländlichen Kreditgenossenschaften läßt vermuten, daß hier in stärkerem Maße Kredite tatsächlich für die Verbesserung der Betriebsführung eingesetzt wurden. Über die Kreditvergabe hinaus betätigten sich Kreditgenossenschaften häufig im Warenverkehr.[105]

4. Reichslandbund und Genossenschaften

Seit 1896 unterhielt der Bund der Landwirte, der Vorläufer des 1920 gegründeten Reichslandbundes, eigene Genossenschaften. Dabei orientierten sich die Tätigkeitsbereiche an den wirtschaftlichen Interessen der vorwiegend über Großbetriebe verfügenden Mitglieder. So wurde u. a. seit 1896 der genossenschaftliche Maschinenbezug organisiert.[106] Die Zahl der Landbundgenossenschaften stieg bis 1901 schnell an, stagnierte dann aber bis zum Ersten Weltkrieg, so daß ihr Anteil an allen Agrargenossenschaften von 3 auf 1 % zurückfiel.[107]

Der Schwerpunkt der genossenschaftlichen Tätigkeit des Bundes der Landwirte lag in Brandenburg.[108] Vor dem Ersten Weltkrieg ging es dem Bund vor allem um den genossenschaftlichen Zusammenschluß von Landwirten, die ohnehin Mitglieder waren und durch die Befriedigung ihrer wirtschaftlichen Interessen zusätzlich gebunden werden sollten. Eine Unterordnung der Genossenschaftsbewegung unter den Bund der Landwirte scheint noch nicht bezweckt gewesen zu sein.[109] Vermutlich bestand ein Zusammenhang zwischen dem ausgesprochen niedrigen genossenschaftlichen Organisationsgrad der Landwirte in Brandenburg und dem Versuch des Bundes, seine Mitglieder in einem eigenständigen Genossenschaftssystem zu organisieren. Der Nachweis läßt sich aber mit den vorliegenden Quellen nicht führen. Da der Großgrundbesitz in Ostdeutschland eine Vorbildrolle ausübte, mußte sich seine Entscheidung gegen den Beitritt zu Genossenschaften der bestehenden Verbände negativ auf den Organisationsgrad der übrigen Bauern auswirken, zumal die Landbundgenossenschaften nur Mitgliedern offenstanden und somit die große Masse der nicht organisierten Bauern ausschlossen.

Im Verlauf des Ersten Weltkriegs rückten in Verbindung mit dem Kriegsausschuß der deutschen Landwirtschaft Bestrebungen, die landwirtschaftliche Interessenvertretung zu zentralisieren, in den Vordergrund. Der Bund der Landwirte wollte nunmehr die Landwirtschaft zu einer einzigen „großen Organisation mit drei Unterabteilungen" zusammenfassen und die wirtschaftspolitische Vertretung für sich allein beanspruchen, während sich

---

105 So für Mecklenburg: Pogge, Genossenschaftswesen, S. 14f.

106 Richter, Genossenschaften, S. 16f.

107 Puhle, Agrarische Interessenpolitik, S. 53f. Vgl. auch Düring, Entwicklung des Personalkredits, S. 77.

108 Düring, Entwicklung des Personalkredits, S. 77; Puhle, Agrarische Interessenpolitik, S. 54.

109 Puhle, Agrarische Interessenpolitik, S. 53f.

die Genossenschaften auf den geschäftlichen Bereich beschränken sollten.[110] Diese Politik wurde nach Beendigung des Weltkriegs mit großer Aggressivität gegen die beiden bestehenden Genossenschaftsorganisationen und nicht ganz ohne Erfolg fortgesetzt. Nach 1918 erhielt der Bund der Landwirte vor allem Zulauf von der Landjugend und dem Großgrundbesitz.[111] Besonders der Raiffeisenverband widersetzte sich den Bestrebungen zur Vereinheitlichung des landwirtschaftlichen Genossenschaftswesens unter Führung des Bundes der Landwirte.[112] Es kam zu gegenseitigen Abwerbungsversuchen. „Es wurde dadurch in die Reihen des bis dahin einheitlichen Genossenschaftswesens Brandenburgs Zwietracht hineingetragen, daß sich Landbundmitglieder, die Genossenschaften der beiden alten Verbände angehörten, den neuerrichteten Landbundgenossenschaften zuwandten oder daß der Landbund versuchte, Genossenschaften anderer Verbände zu sich herüberzuziehen."[113]

Trotz des hohen Anteils von Gutsbesitzern in Leitungsfunktionen des Genossenschaftswesens in West- und Ostpreußen sowie in Pommern war der Erfolg des Reichslandbundes in den 1920er Jahren in diesen Gebieten bescheiden. Lediglich in Brandenburg schnellte die Zahl der Reichslandbundgenossenschaften hoch. Doch auch hier gelang es weder, die Kontrolle über das gesamte Genossenschaftswesen zu gewinnen, noch die relativ starke Position über längere Zeit zu halten. Die Ursachen müssen in der mangelnden Erfahrung des Reichslandbundes in der Genossenschaftsarbeit, vor allem aber in der Vorrangstellung des politischen Kampfes, die zu Lasten der wirtschaftlichen Absicherung der Genossenschaften durchgesetzt wurde, gesehen werden. Trotz unzureichenden Grundkapitals waren die Genossenschaften zu schnell zu Großunternehmen ausgebaut worden. Der gelegentlich zweckentfremdete Einsatz ihrer Mittel und das Fehlen erfahrener Führungskräfte taten ein übriges.[114] Viele Reichslandbundgenossenschaften fielen daher der Kreditkrise 1925 zum Opfer.[115] Die Politik, die Bezugs- und Absatzgenossenschaften bauernfern auf Kreisebene zu organisieren, um einen direkten Bezug zu den Kreislandbünden herzustellen, rächte sich.[116] Vergeblich protestierte der Reichslandbund 1926 dagegen, daß die Enquête-Kommission des Reichstags zur Untersuchung der Genossenschaften die Reichslandbundgenossenschaften mangels Bedeutung nicht einbezog.[117]

---

110 Jens Flemming, Landwirtschaftliche Interessen und Demokratie. Ländliche Gesellschaft, Agrarverbände und Staat 1890–1924, Bonn 1978, S. 139.

111 Seer, 55 Jahre Raiffeisenarbeit, S. 123f.

112 Düring, Entwicklung des Personalkredits, S. 78. Zur Kritik an der Einmischung in die Arbeit der Genossenschaften vgl. auch Deutsche landwirtschaftliche Genossenschaftspresse 47, 1920, S. 182.

113 Düring, Entwicklung des Personalkredits, S. 79.

114 Ebd., S. 82.

115 Ebd., S. 79–83.

116 Pogge, Genossenschaftswesen, S. 77f.; Düring, Entwicklung des Personalkredits, S. 78.

117 Deutsche landwirtschaftliche Genossenschaftspresse 53, 1926, S. 269, vgl. auch 54, 1927, S. 316–318.

5. Zusammenfassung und Ausblick

Das Agrargenossenschaftswesen in Ostdeutschland weist gegenüber demjenigen Südwestdeutschlands deutlich abweichende Züge auf. Nicht nur, daß hier die Gründung von Genossenschaften später begann. In Ostdeutschland spielten vielmehr andere Typen der Genossenschaften eine Rolle, die den speziellen Bedürfnissen der Region und ihrer Marktferne Rechnung trugen. Kreditgenossenschaften erlangten deshalb hier geringere, verschiedene Formen der Absatz- und Bezugsgenossenschaften und insbesondere Produktionsgenossenschaften eine stärkere Verbreitung als in Südwestdeutschland. Auch die Zusammensetzung der Mitglieder nach Sozialgruppen unterschied sich. Während in Südwestdeutschland Agrargenossenschaften die Organisation der Klein- und Mittelbauern waren, dominierten in Ostdeutschland Mittel- und Großbauern einschließlich des Großgrundbesitzes. Gutsbesitzern kam auch unter den Förderern und Leitungsmitgliedern ein erhebliches Gewicht zu. Obwohl damit in Ostdeutschland auch das Genossenschaftswesen ähnlich wie die berufsständische Organisation der Landwirte, der Bund der Landwirte und später der Reichslandbund, von dem Großgrundbesitz dominiert wurden, herrschte keine Eintracht zwischen der mehr politisch und der mehr wirtschaftlich ausgerichteten Interessenvertretung der Landwirte. Neben der Gruppe von Großgrundbesitzern, die über den Bund der Landwirte vor allem nach staatlicher Hilfe riefen, gab es eine beachtenswerte Gruppe, die – zumindest gleichwertig – auf Selbsthilfe über die Genossenschaften setzte und gegen die Versuche der berufsständischen Interessenvertretung, sich das Genossenschaftswesen unterzuordnen, entschiedenen Widerstand leistete. Erst die Gründung des Reichsnährstandes beendete 1933 die Eigenständigkeit der Genossenschaften.

Der Frage, in welchem Maße es Interessengegensätze innerhalb des ostelbischen Großgrundbesitzes gegeben hat, muß in weiteren Studien nachgegangen werden. Die hier vorgenommene Analyse der Genossenschaftsstatistik kann nur Anhaltspunkte dafür liefern. Sie zeigt, daß nicht nur in der Gewichtung von Selbst- und Staatshilfe Unterschiede bestanden, sondern auch regional erhebliche Abweichungen in der Einstellung des Großgrundbesitzes zu den Genossenschaften zu erkennen sind. Während der Großgrundbesitz mit Erfolg in Pommern alle Gruppen der Landwirte in Genossenschaften zusammenzuschließen versuchte, nutzte er in Ostpreußen die Form der Genossenschaft auch auf Kosten der Einbeziehung der anderen Landwirte vor allem für seine eigenen wirtschaftlichen Interessen. In Brandenburg und – als Extremfall – in Mecklenburg-Strelitz entwickelte der Großgrundbesitz dagegen kaum Interesse an der Genossenschaftsform, die deshalb hier nur geringe Verbreitung fand.

Die Frage nach der Organisation des landwirtschaftlichen Fortschritts und ihren Grenzen läßt sich im Rahmen des vorliegenden Beitrags nicht quantifizierend beantworten. Daß die einzelnen Genossenschaftstypen zur Verbesserung der Betriebsführung beitrugen und auch dem Großgrundbesitz Vorteile brachten, ist aus den angeführten Daten ersichtlich. Doch um die Bedeutung der Genossenschaftsform zur Organisation des landwirtschaftlichen Fortschritts feststellen zu können, müßte ein Vergleich der Produktionsentwicklung und der Verbesserung der Betriebsführung zwischen den Regionen vorgenommen werden. Gab die starke Orientierung auf eine breite Palette von Genossenschaftstypen in Pommern besondere Entwicklungsanstöße im Vergleich mit den beiden Mecklenburg und Brandenburg, wo die Genossenschaften eher vor sich hin kümmerten? Oder ist die starke Orientierung auf Genossenschaften in Pommern auf eine Benachteiligung hinsichtlich der Marktlage zurückzuführen? Wäre die Entwicklung anders verlaufen, wenn es nicht zur Organisation von Genossenschaften gekommen wäre? Auch diesen Fragen muß in Form von speziellen Studien weiter nachgegangen werden. Aus den hier angeführten Daten wird nur die starke Abhängigkeit von Führungspersonen in der regionalen Entwicklung bestimmter Genossenschaftstypen ersichtlich.

Zur Frage, ob die Genossenschaften durch die Stützung von Klein- und Mittelbetrieben dazu beigetragen haben, die sozialen Kosten der Modernisierung zu reduzieren, indem sie den Prozeß der Modernisierung verlangsamten und dadurch halfen, ihn insgesamt zu stabilisieren und zu verstetigen (Schremmer), läßt das vorliegende Material keine Aussage zu. Aus der geringen Organisation von Kleinbauern in den ostdeutschen Genossenschaften ist eher zu schließen, daß dieser Aspekt hier keine Rolle spielte.

Leszek Wiatrowski

Die Forschungen an der Universität Breslau zur Agrargeschichte Schlesiens im Zeitalter des Spätfeudalismus und des Kapitalismus

Ziel dieses kurzen Beitrages ist es, Untersuchungen zur Geschichte der schlesischen Landwirtschaft vorzustellen, die in den letzten Jahrzehnten von Historikern und Juristen der Universität Wrocław (Breslau) erarbeitet worden sind. Es veranlaßt mich dazu die Tatsache, daß unsere wissenschaftlichen Arbeiten in der deutschen Literatur oft nicht berücksichtigt und wenig zitiert werden, so daß sie im Westen wenig bekannt sind. Gleichzeitig möchte ich einige Forschungsvorschläge anbieten.

An der Universität Wrocław forschte unter der Leitung des bedeutenden Wirtschaftshistorikers Stefan Inglot ein großer wissenschaftlicher Arbeitskreis, der sich mit der Dorf- und Agrargeschichte Schlesiens befaßte. Prof. Inglot, der im März 1992 seinen 90. Geburtstag feierte, veröffentlichte unter anderem das im 16. Jahrhundert[1] erschienene Handbuch der Landwirtschaft von Martin Grosser. In zahlreichen Aufsätzen befaßte er sich mit der Pflanzenproduktion und Tierzucht, der Organisation von Administration und Arbeit in der schlesischen Landwirtschaft, aber auch mit der älteren landwirtschaftlichen Literatur. Im Rahmen einer umfassenden Geschichte Schlesiens bearbeitete Inglot die schlesische Landwirtschaft vom 16. bis zur ersten Hälfte des 18. Jahrhunderts. Unter seiner Leitung und Mitarbeit entstand schließlich eine Geschichte der schlesischen Bauern.[2]

---

1 Martin Grosser, Krótkie i bardze proste wprowadzenie do gospodarstwa wiejskiego (Kurtze und gar einfeltige anleytung zu der Landtwirtschaft: beides im Ackerbau und in der Viehezucht: Nach arth und gelegenheit dieser Land und Orth Schlesien ...), Opracował i wstępem zaopatrzył Stefan Inglot, Wrocław 1954.

2 Stefan Inglot, Produkcja roślinna i zwierzęca na Dolnym Śląsku w drugiej połowie XVI wieku (Pflanzen- und Tierproduktion in Niederschlesien in der zweiten Hälfte des 16. Jahrhunderts), in: Śląski Kwartalnik Historyczny Sobótka, 8, 1953; ders., Śląska literatura rolnicza i czasopisma od XVI do XVIII wieku jako źródło do dziejów wsi i rolnictwa (Schlesische Literatur über die Landwirtschaft und Zeitschriften vom 16. bis 18. Jahrhundert als Quellen für die Dorf- und Landwirtschaftsgeschichte), in: Lud, 46, 1960; ders., Z dziejów organizacji folwarku na Dolnym Śląska na podstawie instruktarza ekonomicznego z początków XVIII wieku (Aus der Geschichte der Vorwerksorganisation in Niederschlesien auf Grund einer ökonomischen Instruktion aus dem Anfang des 18. Jahrhunderts), in: Śląski Kwartalnik Historyczny Sobótka, 11, 1956; ders., Wieś i rolnictwo na Śląsku od końca XVI wieku do 1763 roku (Das Dorf und die Landwirtschaft in Schlesien vom

Die Schüler von Stefan Inglot veröffentlichten zahlreiche Monographien und viele Artikel zur schlesischen Agrargeschichte im Zeitalter des Spätfeudalismus und des Kapitalismus. Auf der Grundlage reicher Gutsarchivalien entstanden mehrere Monographien über Magnatengüter im 17. und 18. Jahrhundert. Von L. Wiatrowski stammt eine Geschichte der Landwirtschaft der plessischen Güter von der zweiten Hälfte des 17. bis zum Anfang des 19. Jahrhunderts.[3] Zygmunt Szkurłatowski befaßte sich mit Gütern der Familie v. Nostitz in Lobris; und Stanisław Michalkiewicz schrieb über die Güter der Familie Hochberg in Fürstenstein. Julian Janczak untersuchte die Pflanzenproduktion und Tierzucht in Schlesien Ende des 18. und Anfang des 19. Jahrhunderts, aber auch in den Ostprovinzen Preußens in der ersten Hälfte des 19. Jahrhunderts.[4] Aleksander Nyrek befaßte sich mit der Teich- und Waldwirtschaft in Oberschlesien vom 16. bis zum 19. Jahrhundert.[5] Und L. Wiatrowski erforschte die Veränderungen in der Guts- und Bauernwirtschaft Schlesiens zur Zeit der Agrarreformen des 19. Jahrhunderts.[6]

Zum Thema der heutigen Konferenz besitzen besonderen Wert die Dissertationen von Stanisław Żyga und Eugeniusz Kobzdaj. Sie befassen sich mit der Geschichte des Genossenschaftswesens in Schlesien. Die Arbeit von E. Kobzdaj widmet sich den sogenannten „Rolniki"; das waren Einkaufs- und Verkaufsgenossenschaften.[7] Von S. Żyga besitzen wir eine Monographie über die Kreditgenossenschaften (Volksbanken) in Oberschlesien.[8]

Ende des 16. Jahrhunderts bis zum Jahre 1763), in: Historia Śląska (Geschichte Schlesiens), Wrocław 1963, Bd. I, Teil 3; ders., Historia chłopów śląskich, Warszawa 1979.

3 Leszek Wiatrowski, Gospodarstwo wiejskie w dobrach pszczyńskich od połowy XVII do początku XIX wieku (Die Landwirtschaft auf den Gütern von Pszczyna / Pless von der Mitte des 17. bis zum Anfang des 19. Jahrhunderts), Wrocław 1965.

4 Zygmunt Szkurłatowski, Stosunki społeczno-ekonomiczne w rolnictwie śląskim w latach 1750–1806 na przykładzie dóbr Luboradz, Wrocław 1974; Stanisław Michalkiewicz, Gospodarka magnacka na Śląsku w drugiej połowie XVIII wieku / na przykładzie majątku Książ (L'exploitation et l'économie des magnats en Silésie dans la seconde moitié du XVIIIe siècle / d'après le domaine de Ksiaz / Fürstenstein), Wrocław 1969; Julian Janczak, Rozmieszczenie produkcij roślinnej i zwierzęcej na Śląsku na przełomie XVIII i XIX wieku (Distribution of crop and livestock production in Silesia at the turn of the 19th century), Wrocław 1964; ders., Okręgi rolnicze Polski Zachodniej i Północnej w pierwszej połowie XIX wieku (Les régions agricoles de la Pologne occidentale et septentrionale dans la première moitié du XIXe siècle), Wrocław 1969.

5 Aleksander Nyrek, Gospodarka rybna na Górnym Slązku od połowy XVI do połowy XIX wieku (La pisciculture en Haut Silésie de la moitié du XVIe siècle a la moitié du XVIe siècle), Wrocław 1966; ders., Gospodarka leśna na Górnym Śląsku od połowy XVII do połowy XIX wieku (Die Waldwirtschaft in Oberschlesien von der Mitte des 17. bis zur Mitte des 19. Jahrhunderts), Wrocław 1975.

6 Leszek Wiatrowski, Przemiany gospodarki folwarcznej i chłopskiej na Śląsku w okresie reform agrarnych w XIX w., Wrocław 1974.

7 Eugeniusz Kobzdaj, Rolniki na Górnym Śląsku 1909–1939 (Rolniki – Einkaufs- und Absatzgenossenschaften in Oberschlesien in den Jahren 1909–1939), Warszawa 1987.

8 Stanisław Żyga, Polskie banki ludowe na Górnym Śląsku pod panowaniem niemieckim w latach 1895–1939 (Polnische Volksbanken in Oberschlesien in der Zeit der deutschen Herrschaft in den Jahren 1895–1939), Warszawa 1967.

S. Żyga veröffentlichte darüber hinaus eine Anzahl von Artikeln, die sich mit verschiedenen Aspekten der Landwirtschaftsgeschichte Schlesiens im Zeitalter des Kapitalismus befaßten. Besonders wichtig ist seine Darstellung der Mechanisierung und Chemisierung in Landwirtschaft und Pflanzenproduktion vor dem Ersten Weltkrieg und in den Jahren 1914–1918, aber auch seine Untersuchung der Strukturveränderung des Dorfes in den Jahren 1918–1939.[9]

Im Historischen Institut der Universität Wrocław arbeiteten vor allem Józef Leszczyński und Roman Heck über schlesische Agrargeschichte. Heck veröffentlichte u. a. eine Monographie zur wirtschaftlichen Lage der Bauern in Schlesien während des 16. Jahrhunderts; und Leszczyński untersuchte in zwei Monographien die Bauernbewegungen in Niederschlesien in der zweiten Hälfte des 17. Jahrhunderts sowie die Bauernbewegung in der Oberlausitz in den Jahren 1635–1720.[10]

Neben Stefan Inglot und seinem wissenschaftlichen Arbeitskreis zur schlesischen Dorf- und Landschaftsgeschichte führten auch einige Historiker der Juristischen Fakultät der Universität Wrocław agrargeschichtliche Studien durch. Seweryn Wysłouch gab in seiner Arbeit „Studien über die Konzentration in der schlesischen Landwirtschaft in den Jahren 1850–1914" eine marxistische Interpretation der Entwicklung der schlesischen Landwirtschaft im Zeitalter des Kapitalismus.[11] Er teilte Schlesien nach Bodenart und Verkehrsferne in neun sozio-ökonomische Regionen ein. Seine Meinung: In der mittelschlesischen Region, wo es den besten Boden gab und die kapitalistischen Verhältnisse sich schnell entwickelten, wurden die kleinen Landwirte durch die größeren Gutsbesitzer aus ihrem Eigentum verdrängt. Der Prozeß einer Proletarisierung der kleinen Landwirte beschleunigte sich. In den Regionen mit einem Übergewicht an schlechten Böden und einer rückständigen Landwirtschaft wuchs dagegen ständig die Zahl der kleinen Wirtschaften.

---

9 ders., Mechanizacja i chemizacja w rolnictwie Śląska w latach 1880–1913 (La Méchanisation et la chemisation dans l'agriculture de la Silésie dans les années 1880–1913), Acta Universitatis Wratislaviensis, Historia XXVIII, 1977; ders., Produkcja roślinna na Śląsku w latach 1880–1913 w Świetle statystyki (Die Pflanzenproduktion in Schlesien in den Jahren 1880–1913 im Lichte der Statistik), Ididem, Historia LXXIV, 1990; ders., Produkcja rolna na Śląsku w latach 1914–1918 (Agricultural production in Silesia during the years 1914–1918), in: Studia i materiały z dziejów Śląska, 10, 1970; ders., Wrocław jako centrum nauki i oświaty rolniczej na przełomie XIX i XX wieku (Breslau als Zentrum der landwirtschaftlichen Wissenschaft und Aufklärung an der Jahrhundertwende vom 19. zum 20. Jahrhundert), Acta Universitatis Wratislaviensis, Historia XLVI, 1985; ders., Struktura klasowa chłopów śląskich w latach 1919–1939 (Structure de classe des paysans Silésiens en 1919–1939), Ibidem, Historia XXII, 1972.

10 Roman Heck, Studia nad położeniem ekonomicznym ludności wiejskiej na Śląsku w XVI w. (Studien über die ökonomische Lage der Dorfbevölkerung Schlesiens im 16. Jahrhundert), Wrocław 1959; Jósef Leszczyński, Ruchy chłopskie na Pogórzu Sudeckim w drugiej połowie XVII wieku (Peasant movement in the Pogorze Sudeckie region in the second half of the 17th century), Wrocław 1961; ders., Der Klassenkampf der Oberlausitzer Bauern in den Jahren 1635–1720, Bautzen 1964.

11 Seweryn Wysłouch, Studia nad koncentracją w rolnictwie śląskím w latach 1850–1914. Struktura agrarna i jej przemiany, Wrocław 1956.

Abstrahiert man aber von dieser Gliederung Schlesiens in verschiedene sozio-ökonomische Regionen, so kommt man auf der Grundlage der Statistiken der Jahre 1882, 1895 und 1907 zu dem Schluß, daß es in den Jahren 1882–1907 zu einer Verringerung der Anzahl von Großbauernhöfen und Landgütern kam sowie des Prozentsatzes an Produktionsmitteln, die sich in deren Besitz befanden.[12]

Zu berichten ist ferner von den Arbeiten des bedeutenden Wrocławer Historikers Kasimierz Orzechowski, eines Schülers von S. Wysłouch. Orzechowski veröffentlichte unter anderem eine Abhandlung über die Lassiten in Oberschlesien und schrieb mehrere Studien über die Bauernbefreiung und den Prozeß der Zerstückelung des Bauernbesitzes in Schlesien in der ersten Hälfte des 19. Jahrhunderts.[13] Zusammen mit J. Janczak und S. Żyga verfaßte er in der mehrbändigen Geschichte Schlesiens diejenigen Kapitel, die sich mit der Landwirtschaft und den Agrarproblemen des 19. und des frühen 20. Jahrhunderts (bis 1918) befassen.[14]

Es ist festzustellen, daß alle polnischen Historiker, die sich nach dem Zweiten Weltkrieg mit der Agrargeschichte Schlesiens in der zweiten Hälfte des 19. Jahrhunderts und im 20. Jahrhundert beschäftigten, in ihren Forschungen auf die reichen preußischen Statistiken zurückgriffen und dort ihre Grundlage fanden. Die archivalischen Quellen aus den Beständen der ehemaligen Landesgüter wurden dagegen ebensowenig genutzt wie die Dokumente der Staatsadministration und derjenigen Institutionen und Organisationen, die sich mit Agrarproblemen befaßten. Gründliche Quellenforschung, die auch diese Quellenbestände einbezieht, haben nur die Autoren der Geschichte des Genossenschaftswesens betrieben. Es ist wichtig, daß dieser Arbeitsansatz fortgeführt wird.

Für meine Forschungen über die schlesische Landwirtschaft habe ich als Quellenmaterial vor allem die Gutsrechnungen benutzt, die unmittelbar über den Umfang verschiedener Arten der Pflanzen- und Tierproduktion, über Ergiebigkeit und Rentabilität der Gutswirtschaften informieren. Unser bisheriges Wissen über die schlesische Landwirtschaft an der Wende des 19. zum 20. Jahrhundert gründet vorwiegend auf amtlichen Quellen,

12 Leszek Wiatrowski, Rozwarstwienie chłopów na Śląsku w latach 1882–1907 (Die Schichtung der Bauern in Schlesien in den Jahren 1882–1907), in: Studia Śląskie, neue Serie, XXXIV, 1978.

13 Kazimierz Orzechowski, Chłopskie posiadanie ziemi na Górnym Śląsku u schyłku epoki feudalnej / Posiadanie lassyckie (Bäuerlicher Besitz in Oberschlesien am Ausgang der feudalen Epoche / Lassitischer Besitz), Opole 1959; ders., Uwagi o przebiegu i rezultatach uwłaszczenia w powiecie kozielskim na Górnym Śląsku (Anmerkungen über die Verfahren und Erfolge der Bauernbefreiung im Kreis Kosel – Oberschlesien), in: Przegląd Zachodni, 8, 1952, Studia Śląskie; ders., Uwagi o przebiegu pruskiej reformy agrarnej na Dolym Śląsku w XIX wieku (Anmerkungen über den Prozeß der preussischen Agrarreform in Niederschlesien im 19. Jahrhundert) in: Śląski Kwartalnik Historyczny Sobótka, 14, 1959; ders., Ze studiów nad rozdrobnieniem gruntów chłopskich na Górnym Śląsku (Aus den Studien über die Zerstückelung der Bauernhöfe in Oberschlesien), in: Studia i materiały z dziejów Śląska, Bd. 1, 1957; ders., Podlesie, Przedborowice i Wielmierzyce. Z badań nad rodzrobnieniem gruntów chłopskich na Górnym Śląska (Aus den Forschungen über die Zerstückelung der Bauernhöfe in Oberschlesien), in: Ibidem, Bd. 3, 1960.

14 Historia Śląska (Geschichte Schlesiens), Bd. 2, Teil 2, Wrocław 1970; Bd. 3, Teil 1, Wrocław 1976; Bd. 3, Teil 2, Wrocław 1989.

insbesondere auf den großen statistischen Erhebungen, welche aber oft Schätzwerte enthalten, z. B. über die Fläche (und die Ergiebigkeit) der Aussaat. Es ist bekannt, daß die Richtigkeit solcher Schätzungen bisweilen in Frage gestellt wird. Für die Agrargeschichte der zweiten Hälfte des 19. und des 20. Jahrhunderts sind dringend die Archivalien der ehemaligen Gutsherrschaft, soweit sie vorhanden sind, auszuwerten, um die offiziellen statistischen Daten zu überprüfen. Dies gilt nicht zuletzt für die zentrale Frage dieser wichtigen agrargeschichtlichen Phase, die Frage nach der Verbreitung des technischen Fortschritts in der Landwirtschaft.

Ein weiteres kontrovers diskutiertes Problem betrifft die Ergiebigkeit der Tier- und Pflanzenproduktion der Bauern im Vergleich zur Gutswirtschaft. Aus den statistischen Angaben für das Jahr 1880 geht hervor, daß im Regierungsbezirk Breslau die Ergiebigkeit der Pflanzenproduktion auf den Gütern viel höher gewesen ist als bei den Bauern. Ob dieser Vorsprung sich auch weiter, bis zur Wende des 19. und 20. Jahrhunderts, behauptete, ist noch zu erforschen. Manche Anzeichen deuten darauf hin, daß die Überlegenheit der Gutswirtschaften weiter andauerte. Diese gingen am häufigsten und am frühesten zur Mechanisierung, zur Chemisierung über; sie wandten zuerst das neue agrarwissenschaftliche Wissen an. In den Bauernwirtschaften gab es dagegen z. B. einen höheren Viehbesatz (pro 100 ha) und deswegen auch mehr natürlichen Dünger. Die geringere Maschinenausstattung und -nutzung wurde durch einen höheren Arbeitskräftebesatz der Bauerngüter kompensiert. Die Gutswirtschaften erlitten während der Agrarkrise auch mehr Schaden als die Bauern. Es wäre interessant festzustellen, ob und welche Rentabilitätsunterschiede zwischen Guts- und Bauernhöfen bestanden.

Manche Historiker vertreten die Auffassung, daß die schlesische Landwirtschaft in den Jahren 1870 bis 1890 eine Krise erlebte. Die Statistiken aber zeigen, daß in den Jahren von 1879 bis 1913 die Ernten der vier Getreidearten um mehr als einhundert Prozent wuchsen. Die Frage ist noch zu klären: Gab es in dieser Zeit eine Krise oder geben uns diese Statistiken ein treffenderes Bild, und: Sind die Statistiken hinreichend genau?

WLODZIMIERZ STĘPINSKI

Siedlungsbewegung und landwirtschaftlicher Kredit Die polnische Forschung zum Verlauf und zu den Folgen der Germanisierungspolitik für die agrarische Modernisierung im preußischen Teilungsgebiet Polens vor 1914

I.

In der polnischen Geschichtsschreibung hat ein kritisches Verhältnis zur brandenburgischen und preußischen Geschichte den vorrangigen Platz eingenommen. Dieses Verhältnis findet seine Begründung in der Rolle Preußens bei den Teilungen Polens, in der Minderheitenpolitik des 19. und 20. Jahrhunderts, in den Erfahrungen des Zweiten Weltkrieges und darüber hinaus in der Notwendigkeit, sich den tendenziösen Auffassungen preußischer und deutscher Historiographie entgegenzustellen. In dieser entschieden kritischen Einstellung sind jedoch gewisse Einseitigkeiten der Forschungsoptik enthalten. Nicht immer berücksichtigt die polnische Historiographie den breiten Kontext der Geschichte des ganzen Preußen, Deutschland und Europa. Diese Unzulänglichkeiten begrenzen, trotz unbestreitbarer Errungenschaften, den Einfluß der polnischen Geschichtsschreibung auf die Darstellung der Geschichte von Brandenburg und Preußen in ausländischen Historiographien.[1]

Solche Grenzen der Forschungspolitik lassen sich auch in den Studien zur wirtschaftlichen und gesellschaftlichen Geschichte des preußischen Teilungsgebietes aufweisen. Die erdrückende Mehrheit der Untersuchungen erfaßt nahezu ausschließlich die polnische Bevölkerung. In der Analyse der politischen Tätigkeit der Deutschen wird den machtpolitischen Bestrebungen des Staates Vorrang eingeräumt, dazu den Organisationen, und nicht zuletzt der deutschen Gesellschaft insgesamt, die diesen Zielen folgten. An diesem Bild sind, z. B. hinsichtlich der Teilnahme der deutschen Bevölkerung am berüchtigten Ostmarkenverein, inzwischen allerdings beachtenswerte Korrekturen vorgenommen worden.[2] Im Mittelpunkt der wirtschafts- und sozialgeschichtlichen Forschungen stehen

1 Bogdan Wachowiak, Geschichte des brandenburgisch-preußischen Staates in der polnischen Historiographie, in: Polnische Weststudien 5, 1986, S. 62; Stanisław Salmonowicz, Stand und Bedürfnisse der Forschungen zur Geschichte des preußischen Staates 1701–1871, in: Polnische Weststudien 5, 1986, S. 134.

2 Lech Trzeciakowski, Połacy i Niemcy w drugiej połowie XIX wieku. Miedzy dawnymi a nowymi postawami (Polen und Deutsche in der zweiten Hälfte des 19. Jahrhunderts. Zwischen alten und neuen Einstellungen), in: Antoni Czubinski und Ryszard Wryk, Z badań nad dziejami stosunkow polsko-niemieckich (Aus den Forschungen zu den polnisch-deutschen Beziehungen), Poznań 1991, S. 101 f.; Bolesław Grześ, Jerzy Kosłowski, Aleksander Kramski, Niemcy w Poznańskim wobec

gleichwohl Tätigkeit und Interessen der polnischen Gesellschaft. Für viele Bereiche ökonomischen Handelns wird dabei unterstellt, daß die patriotische Motivation eine der wichtigsten oder gar die wichtigste Voraussetzung des Fortschritts und innovativen Engagements war.[3]

Die ungenügende Trennung zwischen Ökonomie und Politik hat dort, wo die Prozesse einen objektiven Charakter hatten, den Eindruck aufkommen lassen, die wesentlichen Modernisierungsprozesse seien in völlig getrennten nationalen Bahnen und innerhalb einander feindselig gegenüberstehenden Welten verlaufen. Zwischen 1815 und 1914 entstand in Preußen die moderne polnische Teilnation, die von den Landsleuten der übrigen Teilungsgebiete wegen ihres ökonomischen Potentials und Vermögensniveaus bewundert wurde. Neuere Ergebnisse der Geschichtsschreibung über Polen und Deutsche in Posen und Westpreußen und eine neue methodologische Betrachtungsweise erlauben die Feststellung, daß dieser Fortschritt sich im Rahmen der ökonomischen Entwicklung Preußen-Deutschlands und allumfassender Tendenzen des überregionalen wie internationalen Wandels vollzog, dessen Vorteile sowohl Polen wie Deutschen zuteil wurden. Der Erfolg einer Nation wirkte segensreich auf die Entwicklungschancen der anderen Nation, deren Berufsschichten sich die konkreten Errungenschaften des Gegners und der übrigen Nationen zum Vorbild nahmen, um sie den eigenen Bedürfnissen und Zwecken anzupassen. Die Verzahnung zwischen Deutschen und Polen im Bereich der Ökonomie war unbestreitbar und viel tiefer, als es bisher betont wurde. Forschungen zum Genossenschafts- und Kreditwesen lassen darüber keinen Zweifel entstehen. Diese Verzahnungsprozesse verliefen merkwürdigerweise recht reibungslos und parallel zur national-politischen Rivalität und zum Kampf um die Bewahrung der eigenen Identität des Polentums. Die Geschichtsschreibung der jüngeren Generation sollte diesen Gedanken nicht außer acht lassen: Gerade die Ökonomie und die Intensität der überregionalen wirtschaftlichen und gesellschaftlichen Kontakte setzte dem Absinken des deutsch-polnischen Verhältnisses in die Hölle der Feindseligkeit und Unversöhnlichkeit klare Grenzen.

II.

Nach der Reichsgründung entwickelte die preußische Polenpolitik im preußischen Teilungsgebiet zwei Stoßrichtungen. Sie strebte eine zahlenmäßige Überlegenheit der Deutschen an und zielte auf die Verringerung des polnischen Besitzstandes. Die Historiker legen die Anfänge dieser Regierungspolitik in die erste Hälfte des 19. Jahrhunderts. Doch erst das vom Preußischen Landtag am 7. April 1886 verabschiedete Ansiedlungsgesetz und die Einrichtung einer Ansiedlungskommission für Westpreußen und Posen mit der Bildung eines zunächst mit 100 Millionen Reichsmark (RM) ausgestatteten Landkauffonds

polityki germanizacyjnej 1815–1920 (Die Deutschen in Posen angesichts der Germanisierungspolitik 1815–1920), Poznań 1976, S. 277f., 284f.

3 Czesław Łuczak, Przemysł Wielkopolski w latach 1871–1914 (Die Industrie von Großpolen-Posen in den Jahren 1871–1914), Poznań 1960, S. 55.

für die Ansiedlung von Deutschen lösten die lange Kette der bis 1913 erlassenen antipolnischen Gesetzesmaßnahmen aus, die dem Nationalitätenkampf eine bislang kaum gekannte Dynamik verliehen.[4] Das Jahr 1886 wird in der polnischen Historiographie allgemein als ein Meilenstein und Wendepunkt in der Geschichte der deutsch-polnischen Beziehungen angesehen. Die polnische Öffentlichkeit aller Teilungsgebiete beobachtete die Germanisierungspolitik in Posen, Westpreußen und Oberschlesien mit größter Aufmerksamkeit. Aus dieser konzentrierten Wahrnehmung erklärt sich die erstaunliche Tatsache, daß der Löwenanteil der der preußischen Bodenpolitik in den östlichen Provinzen gewidmeten Studien vor 1914 entstand, und zwar nicht nur in Posen, sondern auch in Lemberg, Krakau und Warschau. Diese Untersuchungen haben die Auffassungen der modernen Geschichtsschreibung zu vielen Schlüsselproblemen des damaligen Geschehens nachhaltig beeinflußt.

Schon die zeitgenössische historiographische Analyse verstand die Genesis der preußischen Siedlungsbewegung als ein komplexes Ursachengeflecht. Namhafte Staatsmänner wie Flottwell und von Schön hatten die Konzeption des zivilisatorischen Fortschritts des Polentums mit dem Gedanken der Assimilierung verbunden. Diese überwiegend unter ökonomischen Gesichtspunkten konzipierte Polenpolitik mußte nach 1886 ihren Platz räumen. Politisch-nationale Beweggründe traten nun in den Vordergrund, und diese haben die preußische Ansiedlungspolitik bis 1918 dominiert.[5] Durch das Gesetz von 1886 trat zum ersten Mal der Staat als Parzellenvermittler auf, der auf eigene Faust Parzellierungen durchführte, die ausschließlich Kolonialisierungscharakter trugen. Der rein politische Beweggrund, das Motiv des nationalen Chauvinismus, rief die mächtige ökonomische Organisationsdynamik ins Leben, die das wirtschaftliche Antlitz des Landes tief beeinflußte.[6]

In der älteren Historiographie gewann das chronologische Zusammentreffen von sozialen und außenpolitischen Faktoren und Entwicklungen entscheidende Bedeutung für die Untersuchung der Regierungsmotive. Die flächenmäßige Überlegenheit des deutschen Großgrundbesitzes[7] und der sichtbare Rückgang der deutschen Bevölkerung im preußischen Teilungsgebiet fielen zeitlich mit der Auflösung des Dreikaiserbündnisses zusam-

---

4 Witold Jakobczyk, Pruska Komisja Osadnicza 1886–1919 (Die Preußische Ansiedlungskommission 1886–1919), Poznań 1976, S. 11f.; Czesław Łuczak, Od Bismarcka do Hitlera. Polsko-niemieckie stosunki gospodarcze (Von Bismarck zu Hitler. Die polnisch-deutschen Wirtschaftsbeziehungen), Poznań 1988, S. 88f.

5 Marie von Zawadzka, Der Kampf um den Boden in Posen und Westpreußen, Warszawa (1909?), S. 7f.; Wiktor Sukiennicki, Pruska polityka kolonizacyjna na ziemiach polskich 1886–1919 (Die preußische Ansiedlungspolitik in den polnischen Gebieten 1886–1919), Warszawa 1931, S. 39f.

6 Jan Rozwadowski, Parcelacja wielkiej własnosci w świetle postępowania pruskich instytucji pośredniczących (Die Parzellierung des Großgrundbesitzes im Spiegel der Tätigkeit der preußischen Vermittlungsinstitutionen), Lwów 1903, S. 21.

7 Im Jahre 1885 umfaßte der polnische Großgrundbesitz in Posen 653433 ha (649 Güter), wobei der Rückgang der Fläche im Vergleich zum Jahr 1860 etwa 23 % betrug. Der deutsche Großgrundbesitz in Posen betrug 723899 ha (1010 Güter). Im Jahre 1880 umfaßte der polnische Großgrundbesitz in Westpreußen 104422 ha (= 30 % im Vergleich mit 1860), dagegen der deutsche 725222 ha.

men. Dies gab der polnischen Frage eine dringende Aktualität und begründete den Kurs einer mehr oder weniger brutalen Germanisierung. Es galt, dieses Gebiet ein für allemal den polnischen Bestrebungen nach Unabhängigkeit zu entreißen. Konsequent betonte die Historiographie dabei die besondere Position Bismarcks, dem das Nationalitätenprinzip in der Polenpolitik fernlag. Bismarck sprach sich gegen eine breite Ansiedlungstätigkeit aus. Ihm ging es allein um den weiteren Auskauf des polnischen Großgrundbesitzes im Sinne der preußischen Staatsraison.[8]

Die Nachkriegsgeschichtsschreibung stellte statt der außenpolitischen die klassengesellschaftlichen Motive der preußischen Bodenpolitik nach 1886 in den Vordergrund. Einrichtung und Praxis der Ansiedlungskommission wurde nun im Zusammenhang mit dem Programm der Inneren Kolonisation gesehen. Die Regierung habe die Entschärfung der sozialen Konflikte und die Verhinderung der Landflucht aus den östlichen Gebieten im Blick gehabt. Die Bodenkolonisation sei ein Produkt der Auseinandersetzung zwischen Anhängern des Agrarstaats und des Industriestaats, zwischen konservativer und nationalliberaler Innenpolitik gewesen.[9] Auffallenderweise spielte in der Diskussion um die Ursachen der deutschen Bodenpolitik der nationale Faktor (Deutschenressentiments, Deutschlandhaß und negatives Deutschlandbild oder die Problematik des „Drangs nach Osten") nur eine recht untergeordnete Rolle.[10]

Die Historiographie brachte vor 1914 durchaus Verständnis für die gesellschaftlich-ökonomischen Zielsetzungen der deutschen bäuerlichen Kolonisation und der Parzellierungsbewegung auf. Aber allmählich wurden die theoretisch gesehen positiven Grundsätze dieser Politik – die Bildung einer mittelbäuerlichen Schicht unter Vermeidung von Konflikten mit dem Großgrundbesitz wie mit dem Landproletariat – von Kampfgrundsätzen überlagert.[11] Die bemerkenswerte Befürwortung einiger der wichtigsten Prinzipien der preußischen Bodenpolitik durch die polnische Historiographie von 1914 erklärt sich aus deren Stellung zur zeitgenössischen Diskussion über das Verhältnis zwischen Betriebsgröße und Krisenfestigkeit der Landwirtschaft. In dieser Frage nahmen die polnischen Forscher die Position der bürgerlichen Nationalökonomen ein und plädierten für die Überlegenheit der bäuerlichen Betriebe gegenüber dem Großgrundbesitz.[12]

8 Henryk Wereszycki, Historia polityczna Polski 1864–1918 (Die politische Geschichte Polens 1864–1918), Wrocław 1990, S. 165f.; Adam Galos, Hakata w pierwszych latach istnienia 1894–1900 (Der Ostmarkenverein in den ersten Jahren seines Bestehens 1894–1900), in: Dzieje Hakaty (Die Geschichte des Ostmarkenvereins), hg. v. Janusz Pajewski, Poznań 1966, S. 40f. In der älteren Literatur: Sukiennicki, Pruska, S. 42.

9 Tadeusz Cieslak, Przeciw pruskiej przemocy (Gegen die preußische Gewalt), Warszawa 1959, S. 66f.; Alfred Wielopolski, Gospodarka Pomorza Zachodniego w latach 1800–1918 (Die Wirtschaft von Pommern), Szczecin 1959, S. 166f.; Kazimierz Wajda, Wieś pomorska na przelomie XIX i XX wieku. Kwestia rolna na Pomorzu Gdańskim (Das Land Weichselpommern an der Wende vom 19. zum 20. Jahrhundert. Die Agrarfrage in Weichselpommern), Poznań 1964, S. 151f.

10 Witold Jakóbczyk, Z dziejów walki o ziemie na pograniczu (Aus der Geschichte des Kampfes um den Boden im Grenzland), in: Przeglad Zachodni 3, 1961, S. 27f.

11 Rozwadowski, Parcelacja, S. 20f. und 353.

12 Ebd., S. 352f.

III.

Die Historiographie unterscheidet in der preußischen und polnischen Siedlungsbewegung – und zwar nach der Intensität der Ansiedlungstätigkeit, der Form der Parzellierung und ihrer Verknüpfung mit dem Kreditwesen – zwei deutlich abgegrenzte Etappen.

a. Im Zeitraum zwischen 1886 und 1897/98 hat die Parzellierung des polnischen Großgrundbesitzes unter dem Druck der Ansiedlungskommission (künftig: AK) einen gewaltigen Umfang angenommen. Bis Ende 1890 erwarb die AK aus freier Hand 48663 Hektar (davon 90 % von Polen) und zwischen 1891 und 1894 31620 Hektar (davon 80 % von Polen), was 9,2 % des polnischen Großgrundbesitzes in Posen (653433 Hektar, künftig: ha) und in Westpreußen (96346 ha) entsprach. Das Jahr 1900 markierte die Wende im deutsch-polnischen Bodenkampf; seitdem wurde immer stärker deutscher Großgrundbesitz parzelliert und unter die deutschen Ansiedler verteilt. Erwarb die AK bis zum 1.1.1899 über 62 % ihres Bodens von den Polen, so sank dieser Anteil zwei Jahre danach auf 56,4 %, und am 1.1.1902 boten die Polen nur noch 53,4 % des Bodens an.[13]

Die zeitgenössische Historiographie würdigte den positiven Einfluß des Rentengesetzes vom 7. Juli 1891 auf die polnische Ansiedlungsbewegung, da aufgrund dieses Gesetzes die Einrichtung von Parzellierungsgenossenschaften ohne Rücksicht auf die Nationalität der Parzellanten zugelassen wurde. Das Gesetz schuf die Grundlagen für die seit 1892 aufgenommene Zusammenarbeit zwischen der Bromberger Generalkommission (für Posen und Westpreußen, künftig: GK) und der „Bank Ziemski" (Landesbank) sowie ihrer Tochterinstitute in Posen und Thorn, die ihrerseits versuchten, möglichst zahlreiche Bauernstellen mit Hilfe der GK zu schaffen. Die Bromberger GK machte zwischen Polen und Deutschen als Rentenbauern fast keinen Unterschied. Zwischen 1891 und 1897 siedelte sie auf ihren Rentengütern 2292 polnische Bauern an, wodurch sie die „nationalen" Erfolge der AK jener Jahre zunichte machte. Die Bromberger GK wies den Polen den rationellsten Weg der Parzellierung. Die Historiographie betont ferner, daß 1895/96 zwar die Zusammenarbeit zwischen der GK und den Polen unter dem Druck der Regierung unterbrochen wurde; doch auch danach arbeitete die GK den Polen „in die Hände". Bis zum 1.1.1899 machten die polnischen Rentenbauern immerhin über 55 % der von der GK seit 1891 angesiedelten Besitzer aus. Die GK hat damit Arbeit und Erfolge der polnischen Einrichtungen wesentlich verstärkt.[14]

Der radikale Charakter der AK-Praxis zeigte sich sowohl in der Tatsache, daß von der

13 Ebd.„ S. 311; Jakobczyk, Z dziejów, S. 30.

14 Zum Gesetz von 1891: Josef Buzek, Historya polityki narodowościowej rzadu pruskiego wobec Polakow. Od traktatow wiedeńskich do ustaw wyjątkowych z 1908 roku (Die Geschichte der Nationalitätenpolitik der preußischen Regierung gegen die Polen. Von den Wiener Verträgen zu den Ausnahmegesetzen vom Jahre 1908), Lwów 1908, S. 224 und 307. Positiv über das Zusammengehen der GK mit der „Bank Ziemski": Rozwadowski, Parcelacja, S. 32 und 36; Buzek, Historya, S. 224; Andrzej Wojtkowski, Działalność Pruskiej Komisji Kolonizacyjnej (Die Tätigkeit der preußischen Ansiedlungskommission), in: Stan posiadania ziemi na Pomorzu (Der Stand des Bodeneigentums in Weichselpommern), Protokollband des 3. Kongresses der Pommernhisto-

statistisch erfaßten parzellierten Fläche von 140656 ha auf die AK bis zum 1.1.1900 44,7 % entfielen (während die polnischen Banken, die „Bank Ziemski" und die „Spolka rolnikow parcelacyjna", lediglich knapp 17 % parzellierten), als auch im sehr hohen Anteil der neu geschaffenen Ansiedlungen: 97,8 % (bis zum 1.1.1900) gegenüber 77 % bei der „Bank Ziemski" (bis 1893). Der Anteil der polnischen Parzellierung müßte allerdings höher geschätzt werden; denn schon am Ausgang der 1880er Jahre wurden die polnischen Parzellierungsunternhmer zu gefährlichen Herausforderern der AK und anderer deutscher Institute. Diejenigen Institute, die vor allem den finanziellen Vorteil im Auge hatten, machten von der Adjazentenparzellierung (der Abtretung von Grundstücksteilen an benachbarte Besitzer) am meisten Gebrauch, während die Institute „der nationalen Vermittlung" diese Form der Parzellierung auf ein Minimum beschränkten. Die Analyse der bis zum 1.1.1900 im Verlauf der Parzellierungen durch die großen Institute erreichten durchschnittlichen Betriebsgröße brachte die ältere Historiographie zu der Feststellung, gerade die AK habe „die Politik der gesellschaftlichen Parzellierung am meisten konsequent und fast ideal"[15] ausgeführt, da sie fast keine Restgüter geschaffen und die höchste durchschnittliche Betriebsgröße – 16 ha Fläche gegenüber 12,8 ha bei der „Bank Ziemski" und 11,15 ha bei der GK – erzielt habe. Konsequent steuerte die AK einen Kurs zwischen den großen und kleinsten Bauernbetrieben (der Anteil der Zwergwirtschaften war niedrig), um leistungsfähige und von der Nachfrage nach polnischer Lohnarbeit unabhängige Stellen zu schaffen.

b. Die Fortschritte des landwirtschaftlichen Bildungswesens, Spareinlagen der polnischen Arbeiter in Westfalen und im Rheinland, und die Stärkung der bäuerlichen Kreditinstitute trugen dazu bei, daß seit etwa 1896/98 die Tätigkeit der AK ihren offensiven Charakter einbüßte. Schon 1897 übertraf die Parzellierungsbilanz der polnischen Institute die der AK um 1858 ha, 1898 schon um 7998 ha. Seit 1898 haben die Polen so gut wie aufgehört, der AK ihre Güter anzubieten. Stand in den Jahren 1886–1894 noch das Flächenverhältnis der Güter, welche die AK von Polen und Deutschen erworben hatte, auf 3,5 : 1, so erfuhr der Trend schon 1895–1897 eine Wende; das Verhältnis fiel auf 1 : 1,8, 1898–1901 fiel es weiter auf 1 : 3,8; und in den Jahren 1902–1906 betrug es nur noch 1 : 10,5, was das Ausmaß der Niederlage der Regierungspolitik mehr als deutlich machte. Der Trend des Verlustes von Großgrundbesitz gestaltete sich also im Zeitraum 1886–1906 für die beiden Nationen umgekehrt proportional. Zwischen 1886 und 1894 verloren die Polen 67,3 % der an die AK bis 1906 verkauften Fläche und 61,1 % aller Güter, während die deutschen Gutsbesitzer erst von 1902–1906 ihre Angebote verstärkten. In diesem Zeitraum gewann die AK 61,7 % der Fläche und 69,6 % der Güter aus deutschem Großgrundbesitz. Insgesamt erwarb die AK zwischen 1886 und 1906 305986 ha, darunter nur 96224 ha von den Polen (31,4 %), während die Deutschen 209762 ha (68,6 % der Gesamtfläche) und 70,3 % aller Güter (415 von insgesamt 570) verkauften.

Bis 1900 zeigte die AK nur wenig Interesse am Erwerb von bäuerlichem Grundbesitz. Doch auch in diesen Betriebsgrößenklassen hatte sie keine Erfolge zu verzeichnen; denn im

riker vom 31. Oktober 1932 in Posen, Torun 1933, S. 11 f. Eher zurückhaltend: von Zawadzka, Der Kampf, S. 111 f.

15 Rozwadowski, Parcelacja, S. 115 und 117.

Zeitraum 1886–1906 erwarb die AK von den Polen 6833 ha, von den Deutschen dagegen 13174 ha und 57,5 % aller Betriebe (224 von insgesamt 389). Für das Jahr 1907 lauteten die entsprechenden Daten: 1280 ha und 8110 ha (das waren 11,9 % bzw. 88,1 % der Jahresankäufe der AK von den Bauern). Insgesamt erwarb die AK also bis Ende 1907 in allen Betriebsgrößenklassen 335383 ha; davon verkauften die Polen nur 104337 ha (31,1 %), während 231046 ha (68,9 %) von den deutschen Anbietern angekauft werden mußten.[16]

Bis Ende 1912 erwarb die AK nur 29 % ihrer gesamten Fläche (407000 ha) von den Polen, 71 % dagegen von den Deutschen. Im Ergebnis war das eine Verminderung des polnischen Bodenbesitzes in beiden Provinzen um 6,9 % (die durch die bäuerliche Parzellierung kompensiert wurde), des deutschen Bodenbesitzes dagegen um 8 %.

Besorgt konstatierten die zeitgenössischen polnischen Historiker den seit 1860 anhaltenden Verlust an polnischem Großgrundbesitz, der bis zur Mitte der 1890er Jahre andauerte. Sie hielten die Struktur des Bodenbesitzes in Posen für postfeudal, sozial zurückgeblieben und politisch unfähig, der preußischen Bodenpolitik standzuhalten. Sie unterstützten mit ihren Federn in allen Teilungsgebieten den Gesichtspunkt der bürgerlichnationalen Elite. Unter dem Banner der nationalen Sache und im Interesse des sozialen Fortschritts müsse die Parzellierung und die Bildung eines zahlenmäßig ausreichenden, selbständigen Bauernstandes in Angriff genommen werden. Die Gedanken Max Serings und seines Konzepts der Inneren Kolonisation wurden teilweise durch die nationalen Führer des Polentums (Teodor Kalkstein) übernommen und als Waffe gegen die preußische Regierung genutzt. Die Vertreter der nationalen Elite betrachteten die Stärkung des Bauerntums als Hauptvoraussetzung einer wirksamen Abwehr.[17] Trotz ihrer unvergleichbar bescheideneren Mittel erreichten die Polen beachtenswerte Erfolge. Zwischen 1886 und 1904 betrug der „Reingewinn" aller polnischen Institute zwischen 59177 und 62642 ha; und bis Ende 1906 sogar 75427 ha.[18]

Auf die wachsende Aktivität der polnischen Institute antwortete die preußische Regierung mit einer Verschärfung der Bodengesetzgebung. Der Trend zugunsten der Polen verlangsamte sich in den Jahren 1905–1913, in denen der „Reingewinn" polnischer Parzellierungsinstitute nur noch 40200 ha betrug. Die Literatur verknüpft diese Tatsache sowohl mit der Novelle vom 10. März 1904 als auch mit der Einwirkung ökonomischer Faktoren: Erstens mit der ökonomischen Stärkung des Großgrundbesitzes und zweitens mit einem starken Anstieg der Bodenpreise in den Betriebsgrößenklassen über 20 ha, insbesondere aber in den Betrieben über 100 ha Fläche.[19]

---

16 Buzek, Historya, S. 314f., Tabelle; Rozwadowski, Parcelacja, S. 311. Die Analyse der Bodenankäufe auch bei: Wiktor Schramm, Targ ziemią w województwach poznańskim i pomorskim w latach 1920–1925 (Der Bodenhandel in den Wojewodschaften Posen und Weichselpommern in den Jahren 1920–1925), Poznań 1927, S. 136f.

17 Teodor Kalkstein, Położenie nasze a ustawa o kolonizacij niemieckiej z dn. 26.IV.1886 (Unsere Lage und das deutsche Ansiedlungsgesetz vom 26. April 1886), Torun 1887, S. 11; von Zawadzka, Der Kampf, S. 109f.

18 Buzek, Historya, S. 307f.

19 Wajda, Wieś, S. 205f.; ders., Die Industrialisierung und die polnische und die deutsche Gesellschaft in den preußischen Ostprovinzen 1848–1914, in: Industrialisierung, sozialer Wandel und

Schon zeitgenössisch hat man die Ursachen der hohen Güterpreise im breiten Spektrum der hier geschilderten, eng voneinander abhängigen, einander gegenseitig vorantreibenden Prozesse der Bodenkonkurrenz gesehen. Außer der AK traten polnische Parzellierungsinstitute (Banken, Genossenschaften) und Privatleute als Käufer auf. Wenn man den Gesamtkaufpreis in den ersten 20 Jahren des Bestehens der AK ins Auge faßt, zeigt er eine beträchtlich steigende Tendenz. Dies hing zum einen mit den höheren Bodenpreisen, vor allem aber mit einem zunehmend umfangreicheren Güterankauf zusammen. Man schätzte die gezahlten Preise allgemein als über dem gemeinen Wert liegend ein. Zur Konkurrenz auf dem Grundstücksmarkt kam noch der Umstand hinzu, daß die polnischen Parzellierungsinstitute oft höhere Preise zahlten als diejenigen, die von der AK geboten wurden, was zum großen Teil auf die vermehrte Nachfrage der Polen an Boden zurückging. Als eine entscheidende Ursache der Bodenpreissteigerung wird aber ganz allgemein auch der große Fortschritt in der Landeskultur angesehen. Das Steigen der Bodenpreise stand in direktem Zusammenhang mit der Rentabilität der Landgüter. Ebenso große Bedeutung wird aber den politischen Beweggründen beigemessen. Der Kampf zwischen Deutschen und Polen schraubte die Preise in die Höhe, und die Ankaufstätigkeit der AK hatte daran einen nachhaltigen Anteil.[20]

Die Größe der von den polnischen Instituten und Privatleuten parzellierten Fläche kann nach wie vor lediglich schätzungsweise benannt werden, wobei die bisher veröffentlichten Ziffern deutlich voneinander abweichen. Das Quellenmaterial zu den einzelnen Banken ist lückenhaft; die Tätigkeit der privaten „Güterschlächter" läßt sich statistisch nur schwer nachweisen. Nach Wladyslaw Tomaszewski haben 12 Institute bis Ende 1905 genau 58658 ha parzelliert. Dagegen gibt Marie von Zawadzkas Ergebnis von 17 Instituten mit 66645 ha an. Im Unterschied zu Tomaszewski erhöht sie diese Ziffern noch um die Resultate des bekannten Privatunternehmers Marcin Biedermann (26828 ha) und kommt damit bis Ende 1907 schließlich auf eine Fläche von 94953 ha. Demgegenüber stellt Witold Jakobczyk unter Bezugnahme auf die zeitgenössischen deutschen Archivquellen fest, daß in den Jahren 1896 bis 1904 die Polen 150000 ha parzelliert und diese Fläche auf 35536 neue Betriebe aufgeteilt hätten, während der deutsche Erwerb 124076 ha betrug und 24969 neue Betriebe entstehen ließ.[21]

Arbeiterbewegung in Deutschland und Polen bis 1914, XVI. deutsch-polnische Schulbuchkonferenz der Historiker vom 24. bis 29. Mai 1983 in Warschau, hg. v. Wolfgang Jacobmayer, Braunschweig 1983, S. 82f.

20 Sigismund (Zygmunt) von Chłapowski, Ein Beitrag zur Agrarfrage in den Ansiedlungsprovinzen, Posen 1907, S. 8f.; Władysław Tomaszewski, Polskie spółki parcelacyjne w Wielkim Księstwie Poznańskim, Prusach Zachodnich i na Górnym Śląsku (Die polnischen Parzellierungsgenossenschaften im Großherzogtum Posen, in Westpreußen und in Oberschlesien), Poznań 1906, S. 3f., Tabelle; Schramm, Targ, S. 138f.; Buzek, Historya, S. 317f.

21 Tomaszewski, Polskie, Tabelle; von Zawadzka, Der Kampf, S. 134; Jakobczyk, Z dziejow, S. 32.

IV.

Die ältere Historiographie pflegte die Tätigkeit der AK durchaus differenziert einzuschätzen. Einige Autoren würdigten den Einfluß der AK auf die Steigerung des Kulturzustandes durch Meliorierung des Bodens, durch Viehbeschaffung und den Ankauf des Inventars. Die Ansiedlungen wurden zumeist mit massiven Gebäuden ausgestattet. Der Anlage neuer Bauernstellen folgten moderne Verkehrsanlagen und wirtschaftliche Organisationen auf genossenschaftlicher Grundlage. Neue Verwaltungs- und Bildungsstrukturen stabilisierten die Ansiedlungsgemeinden.[22]

Auf der anderen Seite konnte nicht in Abrede gestellt werden, daß das Rentensystem nicht ein Mittel zur Durchführung sozialer Reformen war, sondern politische Ziele verfolgte. Die charakteristischsten Merkmale der Tätigkeit der AK – die Form der Parzellierung, die geographische Ausrichtung der Ansiedlungstätigkeit, die eindeutige Bevorzugung der Protestanten und die Bindung der Ansiedler an den Staat – signalisierten deutlich den Vorrang der nationalpolitischen und strategisch-militärischen Zielsetzungen der Regierung.[23]

Einige Vertreter der Nachkriegsgeschichtsschreibung gehen von der Überzeugung aus, der große Grundbesitz sei dem bäuerlichen hinsichtlich der Rentabilität und Qualität der landwirtschaftlichen Produktion eindeutig überlegen gewesen. Sie richten ihre Kritik gegen ältere Auffassungen, die das Gegenteil behaupteten und die die zeitgenössischen Auseinandersetzungen im Deutschen Reich und die falsche Interpretation der lückenhaften deutschen Statistiken widerspiegelten, welche ein übertrieben positives Bild der bäuerlichen Wirtschaft darstellten und z. B. die wahren Produktionskosten der Betriebe unter 100 ha verschleierten.[24] Die AK habe auf das Tempo der agrarwirtschaftlichen Entwicklung in ihrem Wirkungsbereich auch einen negativen Einfluß ausgeübt. Ihre Politik, überwiegend kleinere und mittlere Betriebe zu schaffen und der geringe Anteil der von ihr gebildeten Betriebe in der Größenkategorie von 100 und mehr ha, habe faktisch zur Zerstückelung des Bodens geführt und sei ein Versuch gewesen, steuernd in objektive wirtschaftliche Prozesse einzugreifen. Dieses Eingreifen habe die Besitzkonzentration und die Intensivierung der Produktion in den Betrieben von 100 und mehr ha gehemmt. Die hohen Bodenpreise hätten zu einer starken Mobilisierung des deutschen Grundbesitzes geführt und in der Folge zur restlosen Parzellierung der Großbetriebe sogar dort beigetragen, wo diese auf guten Böden (z. B. im Kulmer Land) hohe Rentabilität aufwiesen.[25]

Die Literatur ist sich im klaren, daß die AK, und zwar mit riesigem finanziellem Auf-

---

22 Rozwandowski, Pruska, S. 140; Wojtkowski, Działalność, S. 158; Jakobczyk, Pruska, S. 125f.; Luczak, Od Bismarcka, S. 58f.

23 von Chłapowski, Ein Beitrag, S. 15: „Nach den bisherigen Erfahrungen ist ein Fortführen der Ansiedlungspolitik nur unter den denkbar größten Opfern seitens des Staates möglich."; Wojtkowski, Działalność, S. 153; Grześ/Kozłowski/Kramski, Niemcy, S. 265f.; Łuczak, Od Bismarcka, S. 55f.; Rozwadowski, Parcelacja, S. 308.

24 Wajda, Wieś, S. 152.

25 Ebd., S. 205f.

wand, ihre Ziele im Grunde nur auf demographischem Gebiet erreichte. Die Ansiedlungspolitik vermochte die aus der Ost-West-Wanderung resultierenden Bevölkerungsverluste auszugleichen und die Anzahl der deutschen Einwohner in beiden Provinzen um 0,5 % zu erhöhen.

V.

Der im Jahre 1886 für die AK geschaffene Landkauffonds wurde in Berlin als ausreichend angesehen, den polnischen Großgrundbesitz auszukaufen. Mit größeren Schwierigkeiten wurde nicht gerechnet. Daß sich trotz des Ausmaßes eines solchen Vorhabens in dieser Idee ein Irrtum verbarg, daß man auf diesem Wege zur Mobilisierung der Kräfte des polnischen Volkes beitrug, eine solche Mobilisierung sogar verursachte, dies wurde in den regierenden Kreisen erst Mitte der 1890er Jahre begriffen, als parallel zum „Kampf um den Boden" nun „der Kampf um den Handel" ausbrach, als sich die breite Masse der polnischen Bevölkerung unter der Führung der Oberschicht gegen die preußische Regierung wandte. Das preußische Eingreifen hat bewirkt, daß der polnische Adel sich dem Gedanken der partiellen Parzellierung zuwandte und schließlich zustimmte; es hat zudem dem Aufbau des polnischen Genossenschaftswesens in der Stadt wie auf dem Land neue, mächtige Impulse verliehen. Angesichts des Drucks der Regierung erkannten die politischen und gesellschaftlichen Eliten des Polentums, daß das Überleben der ganzen Teilnation in Preußen aufs engste mit der Schaffung eines starken, zahlreichen bäuerlichen Mittelstandes in Posen und Westpreußen verbunden war.[26]

Neue Erfahrungen mußten erst gemacht werden. Besondere Aufmerksamkeit und Anstrengung wurde den landwirtschaftlichen Vereinen zugewandt. Vor 1886 besaßen die Polen keine einzige Parzellierungsinstitution; denn der überwiegende Teil des Adels stand der Idee der Vermehrung von Bauernstellen noch ablehend gegenüber und hatte zudem am Rückgang des bäuerlichen Besitzes seit 1823 einen riesigen Anteil. Nun rief jede gesellschaftliche Schicht ein oder mehrere Parzellierungsinstitute ins Leben und appellierte an die nationale Solidarität. Das Ausmaß und die Methoden der polnischen Gegenaktion unterschieden sich je nach finanziellen Möglichkeiten und sozialem Milieu, das dieses Engagement trug. Durchweg bewegte man sich dabei auf dem Boden des Gesetzes.

Die im Dezember 1886 in Posen mit Unterstützung des galizischen Großgrundbesitzes gegründete „Bank Ziemski" (Landbank) als die erste polnische Institution dieser Art wurde erst 1888 von Teodor Kalkstein auf das neue Gleis gebracht. Bis dahin beschränkte sich die „Bank Ziemski" auf die Vermittlung und Regulierung von Hypotheken, während

26 Thaddäus (Tadeusz) von Jackowski, Der Bauernbesitz in der Provinz Posen im 19. Jahrhundert, Leipzig 1914, S. 64f.; Witold Jakóbczyk, Patron Jackowski (Der Patron Jackowski), Poznań 1938, S. 92, 246 und 307f.; von Zawadzka, Der Kampf, S. 107f.; Szczepan Wierzchosławski, Polski ruch narodowy w Prusach Zachodnich w latach 1860–1914 (Die polnische nationale Bewegung in Westpreußen in den Jahren 1860–1914), Wrocław 1980, S. 133f.; Lech Trzeciakowski, Pod pruskim zaborem 1850–1914 (Unter preußischer Herrschaft 1850–1914), Warszawa 1973, S. 114f.

die AK schon zügig den Ankauf fast ausschließlich polnischer Güter betrieb. Die Evolution des polnischen Handelns vollzog sich in engem Zusammenhang mit den Fortschritten der AK in beiden Provinzen. Der Direktor der „Bank Ziemski“ bewies in den ersten Jahren, daß unter polnischen Bauern geeignete Ansiedler leicht zu finden waren. Um einem Mangel an polnischem Kapital vorzubeugen, bemühte sich Kalkstein, deutsche Hypothekenbanken zu finden, die – bei höherem Gewinn – die Hypothekenschulden während und nach der Parzellierung übernahmen. Zur Durchführung dieses Planes organisierte er ein ganzes System von Parzellierungsgenossenschaften. Unter der Ägide der „Bank Ziemski“ gründete er zwei Parzellierungsgenossenschaften: in Posen (1890) und in Thorn (1891). Kalkstein propagierte also die Idee einer systematischen Parzellierung mit Hilfe spezieller lokaler Parzellierungsgenossenschaften. Alle Neuerwerber sollten eine Genossenschaft mit solidarischer Haftpflicht gründen und auf gemeinsame Rechnung das Parzellierungsobjekt kaufen. Als um 1895 die Wege der „Bank Ziemski“ und der Bromberger GK auseinandergingen und die Novelle vom 10. März 1904 sich der polnischen Parzellierungstätigkeit folgenschwer in den Weg legte, verlagerte die „Bank Ziemski“ die Schwerpunkte ihrer Tätigkeit auf die Sanierung der Hypotheken und die Beleihung der Landgüter.[27]

Die Zielsetzung der „Bank Ziemski“ von 1886 wurde ergänzt durch ein anderes polnisches Institut, den 1900 in Posen gegründeten „Związek Ziemian“ (Verband der Großgrundbesitzer). Während die „Bank Ziemski“ durch Parzellierung eines größeren Landgutes in einem Dorf den bisherigen Zustand veränderte, setzte sich „Związek Ziemian“ das Ziel, sowohl die Güter zu erhalten als auch Bauern den Erwerb von Stellen zu ermöglichen. Mittels aristokratischer Konnexionen und moderner Finanzierungsmittel führte der als adliger Familienverband organisierte „Związek Ziemian“ die Regulierung der Hypotheken bedrohter Güter durch, lieferte einen Zwischenkredit; und im schlimmsten Fall ordnete er die Verpachtung oder die Parzellierung eines Teils des Betriebes an. Auch die von Versteigerung oder Subhastation bedrohten Güter übernahm der Verband in eigene Verwaltung, mit welcher jeweils der Vertrauensmann eines Kreises beauftragt wurde.[28]

Eine neue Etappe in der polnischen Parzellierungspraxis begann mit der Gründung von zwei Genossenschaften, der „Spółka rolników parcelacyjny“ (Bäuerliche Parzellierungsgenossenschaft, 1894) und der „Bank Parcelacyjny“ (Parzellierungsbank, 1897). An ihrer Spitze standen nun bürgerlich-bäuerliche Führungsgremien; und dies deutete die Radikalisierung des „Kampfes um den Boden“ an. Beide Genossenschaften verbanden das Gewinnprinzip mit offener Bodenspekulation und einem zum Teil politisch gezielten, offensiven Bemühen um Ankauf von Grund und Boden aus dem Besitz von Deutschen.

27 Marcelli Scheffs, Ziemstwa kreditowe (Landschafty) i kredyt rolniczy w dzielnicy prukiej (Die Landschaften und der landwirtschaftliche Kredit im preußischen Teilungsgebiet), Posen 1918, S. 138f.; Stanisław Ochocinski, Społdzielczosc polska w zaborze pruskim do 1918 roku. Spoldzielczosc w walce o polskosc ziem zachodnich (Das polnische Genossenschaftswesen im preußischen Teilungsgebiet bis 1918. Das Genossenschaftswesen im Kampf um den polnischen Charakter der Westgebiete), Warszawa 1967, S. 32.

28 Buzek, Historya, S. 316f.; Tomaszewski, Polskie, S. 7; von Zawadzka, Der Kampf, S. 132f.

Auch in gesellschaftlicher Hinsicht kam ihrer Tätigkeit eine bahnbrechende Bedeutung zu, weil sie auf die Interessen der unteren Bevölkerungsschichten ausgerichtet waren. Beide Institute entstanden unter dem Eindruck einer Wende in der Tätigkeit der Bromberger GK, die um 1895 unter dem Druck Berlins die Politik einer weitgehenden Berücksichtigung polnischer Interessenten preisgab. Diese defensive Praxis zeigt klar die engen Handlungsgrenzen, die den adligen Instituten durch die preußische Ablehnung gesetzt worden waren.

Im Oktober 1896 trat Ignacy Sikorski, eine der Gallionsfiguren der polnischen Ansiedlungsbewegung, aus dem Vorstand der „Spółka rolników parcelacyjny" aus; und Anfang 1897 gründete er eine neue GmbH, die „Bank Parcelacyjny". Bis zum Jahre 1896 parzellierten die polnischen Institute ganz überwiegend polnische Güter. Nun begann Sikorski mit Inseraten in polnischen und deutschen Zeitungen zum Verkauf von Gütern anzuregen. Bisher arbeiteten die polnischen Parzellierungsinstitutionen nur mit eigenen Kapitalien. Nun eröffnete Sikorski eine neue Geldquelle, indem er mit dem Parzellierungsinstitut eine Sparkasse verband. Seinem Plan kamen die Aufschwungtendenzen in der Agrarwirtschaft und die immer größer werdende Nachfrage der polnischen Arbeiter in Rheinland-Westfalen und der Kleinbauern in Posen und Westpreußen entgegen. Die Kapitalien der „Bank Parcelacyjny" wuchsen rasch, da Sikorski den Industriearbeitern und „Sachsengängern" polnischer Nationalität dringend anriet, alle Lohnersparnisse an seine Bank zu senden. Diese Politik erwies sich als wirksam auch gegenüber den deutschen Hypothekenbanken.

Durch geschickte Interpretation des Gesetzes vom 25. August 1876, das sehr scharf die Begriffe „Ansiedlung" und „Kolonie" unterschied, zeigte Sikorski einen Weg auf, die schwierige und sehr kostspielige Ordnung der Gemeinde-, Kirchen- und Schulverhältnisse in der polnischen Parzellierungstätigkeit zu vermeiden. Sikorski parzellierte nämlich an Adjazenten, d. h. er teilte die Güterstücke für benachbarte Bauern ab. Was man an Adjazenten nicht parzellieren konnte, verkaufte man als Restgut, das nach einigen Jahren meistens weiter parzelliert wurde, sobald die Bauern wieder einige Ersparnisse gesammelt hatten. Die Adjazentenparzellierung blieb immer die rentabelste Form der Güteraufteilung; denn der Erwerber brauchte keine erheblichen Summen für Neubauten auszugeben. Diese Parzellierungstätigkeit wurde auch dadurch erleichtert, daß die polnischen Zwergbesitzungen kreisförmig um die deutschen Güter herum lagen. Dieses Sikorskische System wurde schon bald durch alle Parzellierungsgenossenschaften und privaten Unternehmer nachgeahmt.[29]

Parallel zu einigen zehn Parzellierungsinstituten wirkten die privaten Unternehmer, unter denen der Bankeigentümer Marcin Biedermann, nach Ludwig Bernhard „eine romantische Figur", durch geschickte Verhandlungen mit überwiegend deutschen Gutsbesitzern zur Endbilanz der Ansiedlungsbewegung erheblich beitrug. Biedermann fügte dem „Kampf um dem Boden" ein wichtiges Element hinzu; er mobilisierte die wohlhabenden Polen, welche er zu kostspieligen Ankäufen von Gütern aus deutscher Hand anregte.

29 von Zawadzka, Der Kampf, S. 117f.; Buzek, Historya, S. 353f.; Kazimierz Wajda (Wieś, S. 167f.) verweist zugleich auf die spekulativen Tendenzen in der Tätigkeit einiger polnischer Genossenschaften und privater Unternehmer.

Ferner nutzte er, wie die anderen Privatleute, einen Trend, den Ludwig Bernhard als „stürmische Verkaufslust der deutschen Grundbesitzer, der sich mehr und mehr in rücksichtsloser Form“[30] äußere, charakterisierte. Und zudem kam ihm die Tätigkeit der deutschen Unternehmer und Banken zugute, welche überwiegend unter den Polen parzellierten, weil sie bei ihnen Bodenhöchstpreise erzielen konnten.[31]

Die Novelle vom 10. März 1904 beschränkte die polnischen Institute auf die Regulierung der bäuerlichen Hypotheken und die Adjazentenparzellierung, bis die „Bank Ziemski“ und nach ihrem Vorbild die alten und neuen Parzellierungsgenossenschaften bäuerlicher Provenienz neben der Adjazenten- auch die sog. Ausbauparzellierung in Gang setzten.[32]

Diese Institute erhielten eine starke ökonomische und gesellschaftliche Grundlage im Genossenschaftswesen. Als Dachorganisation fungierte der 1871 in Posen gegründete „Związke Spółek Zarobkowych i Gospodarczych“ (Verband der Erwerbs- und Wirtschaftsgenossenschaften), der 1885 eine Aktienbank, eine Verbandsbank ins Leben rief, deren Aktien bis zu 3/4 den Erwerbsgenossenschaften (Volksbanken) gehörten. Bei der Gründung dieser Genossenschaften haben sich Propst Augustyn Szamarzewski und Prälat Piotr Wawrzyniak, die als Patrone an der Spitze des Verbandes standen, große Verdienste erworben. Beide stehen für den großen Beitrag, den der polnische Klerus zur Entstehung und zum Fortbestehen des polnischen Genossenschaftswesens im preußischen Teilungsgebiet geleistet hat.[33]

Die Ansiedlungstätigkeit wurde auf polnischer Seite zum ausschlaggebenden Impuls der neuen Besitzverteilung. Seit Mitte der 1880er Jahre hat sie den Rückgang des bäuerlichen Besitzes gebremst und dessen allmähliches Wachstum (sowohl hinsichtlich der Bodenfläche wie auch der Zahl), insbesondere bei den mittleren und kleineren Betrieben begründet. Die deutschen Siedlerstellen, die sich der allseitigen Unterstützung des Staates erfreuten und auf beachtlichem agrarwirtschaftlichem Standard eingerichtet wurden, wirkten positiv auf das technische Niveau und die Rentabilität auch der polnischen Bauernbe-

30 Ludwig Bernhard, Das polnische Gemeinwesen im preußischen Staat. Die Polenfrage, Leipzig 1907, S. 525.

31 von Zawadzka, Der Kampf, S. 122f.; Wajda, Wieś, S. 189.

32 Kazimierz Wajda, Działanie pruskiej ustawy o osadach z 1904 r. na Pomorzu Gdanskim i w Wielkopolsce w latach 1904–1914 (Die Auswirkungen des preußischen Siedlungsgesetzes vom Jahre 1904 in Posen und Weichselpommern in den Jahren 1904–1914), in: Zapiski Histryczne 29, 1964, S. 46f.; Die preußischen Verwaltungsbehörden führten die Vorschriften des Gesetzes von 1904 mit aller Genauigkeit aus; dazu: Jakobczyk, Pruska, S. 129f.

33 Władysław Tomaszewski, Bank Zwiazku Spółek Zarobkowych 1886–1910. Pamietnik za pierwsze 25 lat istnienia (Die Verbandsbank der Erwerbs- und Wirtschaftsgenossenschaften 1886–1910. Festschrift zu ihrem 25jährigen Bestehen), Poznań 1911, S. 15; Henryk Sitarek, Rola kredytu w rozwoju gospodarki Wielkopolski na przelomie XIX i XX wieku. Bank Związku Spółek Zarobkowych w Poznańiu 1885–1918 (Die Rolle des Kredits in der Entwicklung der Wirtschaft Großpolens um die Wende vom 19. zum 20. Jahrhundert. Die Verbandsbank der Erwerbs- und Wirtschaftsgenossenschaften in Posen 1885–1918), Warszawa 1977, S. 64f.; Scheffs, Ziemstwa, S. 117f.; von Jackowski, Der Bauernbesitz, S. 71f.

triebe, die sich ausschließlich auf die polnische Selbsthilfe-Wirtschaftsorganisation, den Genossenschaftsverband, stützen konnten, der allein und mit Hilfe der Volksbanken die Parzellierungsgenossenschaften finanziell unterstützte und enge Kontakte mit den polnischen Organisationen in Oberschlesien pflegte. Die Vermehrung des polnischen Bodenbesitzes ist z.T. auf grundlegende gesellschaftliche und wirtschaftliche Entwicklungen zurückzuführen. Aber durch die Mobilisierung eines Staatsapparates haben die Deutschen unter den Polen moralische Kräfte wachgerufen, die die deutsche Psyche weder vorauszusehen noch richtig einzuschätzen vermochte. Der deutsche Druck erweckte den nationalen Stolz in den breiten Volksmassen. Die Maßnahmen, die die Polen im preußischen Teilungsgebiet anwenden mußten, haben einen neuen, moderneren Menschentypus gebildet. Am Anfang des ökonomischen Kampfes hatten die Deutschen einen Gegner, der auf einer niedrigeren Stufe der ökonomischen Kultur stand. Am Vorabend des Ersten Weltkrieges standen dagegen die Polen in Posen und Westpreußen ihren deutschen Nachbarn an ökonomischer Aktivität und ökonomischen Tugenden kaum mehr nach.[34]

VI.

Einen wesentlichen Punkt in der Diskussion über die wirtschaftliche und gesellschaftliche Entwicklung der polnischen (und deutschen) Bevölkerung in Posen und Westpreußen bildete die Frage nach der Selbständigkeit des polnischen Fortschritts. Der gegenwärtige Forschungsstand läßt die These zu, daß es zwischen Polen und Deutschen parallel auf der einen Ebene den national-politischen Gegensatz und auf der anderen die Zusammenarbeit, zumindest aber die festen, gewollten oder zum Teil – durch das immer höhere Niveau der kapitalistischen Wirtschaft – erzwungenen Beziehungen im technisch-organisatorischen, marktorientierten Bereich gegeben hat. Von einem „Alleingang" der jeweiligen, vor allem der polnischen Gesellschaft, der es an dem grundsätzlichen Vorteil eines eigenen Staates gemangelt hat, kann nicht die Rede sein.

Einige Forscher werfen den deutschen Kreditorganisationen in Posen vor, sie hätten ihre Darlehenstätigkeit in erster Linie an nationalen Kriterien ausgerichtet, so daß die polnische Handwerker und Bauern auf die Unterstützung der polnischen Kreditanstalten angewiesen waren.[35]

---

34 Wereszycki, Historia, S. 194f.; Zu den Selbsthilfe-Organisationen auch: Bronislaw Załuski, Spółki zarobkowe i gospodarcze w Poznańskiem i w Prusach Zachodnich ze szczególnym uwzględnieniem „Rolnikow" (Die Erwerbs- und Wirtschaftsgenossenschaften in Posen und Westpreußen unter besonderer Berücksichtigung von „Rolniki"), Warszawa 1921, S. 87f.; Zdzisław Niklewski, Rolnik. Landwirtschaftliche Einkaufs- und Absatzvereine im Verbande „Związek Spółek Zarobkowych" für Posen und Westpreußen in ihrem Wesen und ihrer Entwicklung, Merseburg 1915; Jakobczyk, Pruska, S. 198f.; Sitarek, Rola, S. 178f.

35 Czesław Łuczak, Rola kredytu, ubezpieczén i gospodarki komunalnej w walce narodowosciowej (Die Rolle des Kredits, der Versicherungen und der Kommunalwirtschaft im nationalen Kampf), in: Witold Jakobczyk, Dzieje Wielkopolski (Die Geschichte von Großpolen), Bd. 2, Poznań 1973, S. 421f.; Stanisław Ochocinski, Podstawy i zasady wielkopolskiej spoldzielczosci kredytowej do

Andere Historiker widersprechen dieser These von der ausschlaggebenden Bedeutung des polnischen Kreditwesens für die heimische Wirtschaft und würdigen den entscheidenden Einfluß des Genossenschaftswesens von Schulze-Delitzsch auf die Entstehung der polnischen Genossenschaften in Posen und Westpreußen. Die Übernahme der Verfassung und der Erfahrungen Schulze-Delitzscher Genossenschaften gab der Entwicklung polnischer Organisationen sichere Grundlagen und bahnte den Weg zum Gedeihen des Genossenschaftsprinzips in mannigfaltigen Branchen. Schon die Wegbereiter der polnischen Genossenschaftsbewegung am Ende des 19. Jahrhunderts würdigten den für die Polen vorbildhaften Charakter der deutschen Institutionen und unterstrichen die Tatsache, daß die deutschen Genossenschaften in ihrer Beziehung zu den Polen (bis auf wenige Ausnahmen) das nationale Prinzip ablehnten und sich aus diesem Grunde den Angriffen des Ostmarkenvereins sowie anderer nationalistischer Verbände ausgesetzt sahen. Ebenso orientierten sich die deutschen Banken grundsätzlich am Prinzip des Profits und warben unter den Bedingungen scharfer Konkurrenz auf dem Kreditmarkt auch um die polnische Kundschaft. Es sollte ferner die These korrigiert werden, der polnische Großgrundbesitz habe die Abhängigkeit von deutschen privaten wie staatlichen Darlehen vermieden. Auch die Behauptung, die polnischen Kreditorganisationen hätten eine entscheidende Rolle in der Befriedigung der finanziellen Nachfrage der polnischen Gesellschaft gespielt, kann vor dem genauen Blick auf die konkreten zeitgenössischen Verhältnisse nicht bestehen. In Wirklichkeit haben die eigenen Kreditquellen lediglich ungefähr ein Viertel dieser Kreditbedürfnisse gedeckt. Und letztlich ist auch daran zu erinnern, daß die polnischen Genossenschaften Bestandteil eines europäischen, von den Gedanken Schulze-Delitzsch' geprägten Genossenschaftssystems waren. Dieser Faktor bestimmte ihre Leistungsfähigkeit und ihre Stärke ebenso wie der eigene nationale Beitrag.[36]

---

roku 1918 (Die Grundlagen und die Prinzipien der Kreditgenossenschaft in Großpolen bis 1918), Poznan 1965, S. 10.

36 Sitarek, Rola, S. 182f.; Adam Galos, Zarys historii polskiego ruchu spółdzielczego (Grundriß der Geschichte der polnischen Genossenschaftsbewegung), Teil 1 (bis 1918), Warszawa 1966, S. 62; Załuski, Społki, S. 17f., 60f.

Jens Flemming

Fremdheit und Ausbeutung. Großgrundbesitz, „Leutenot" und Wanderarbeiter im Wilhelminischen Deutschland

Eine Karikatur im „Simplicissimus" kurz vor dem Ersten Weltkrieg. Unter der Überschrift „Der deutsche Ostelbier" ist ein Herr zu sehen: hoch zu Roß in tadelloser Haltung, elegant und zweckmäßig das Äußere, das Monokel klemmt im Auge, die Zigarette klebt lässig im Mundwinkel. Rechts neben ihm schreitet ein vierschrötiger Mann, einfach gekleidet, devot nach oben schauend, die Mütze in der Hand. Im Hintergrund Kühe, Heustiegen, ein, zwei Tagelöhner. Der Bildlegende entnehmen wir, daß der Reiter dem Begleiter, offenbar der Gutsinspektor, eine Anweisung erteilt: „Sie engagieren einfach billige Polen! Für mich ist jeder Arbeiter fremde Nation!"[1] Die Pointe, die der Zeichner setzt, spießt den Standesdünkel auf, den Habitus und den interessenpolitischen Zynismus einer befehlsgewohnten Klasse von Großgrundbesitzern, der die Bedürfnisse und Nöte der von ihnen beschäftigten „Leute" Hekuba sind. Dem Betrachter, der die ausgedehnten Debatten um die Lage der Landwirtschaft in den Kernprovinzen der preußischen Monarchie verfolgt hat, drängt sich die Assoziation auf: der typische Repräsentant des ostelbischen Junkertums handelt nach der Devise „Schutz der nationalen Arbeit" – ja, sofern damit Getreidezölle, Privilegien und allerlei Liebesgaben auf Kosten der Steuerzahler gemeint sind, aber Schutz der heimischen Arbeitskräfte – nein, sofern diese es wagen, Ansprüche anzumelden, höhere Löhne und bessere Existenzbedingungen einzufordern.

Unser Beispiel gehorcht den üblichen Mustern satirischer Zuspitzung, gewiß. Den Horizont einer bürgerlich freisinnigen Leserschaft dürfte es jedoch ziemlich genau getroffen haben. Denn die Überzeugungen, die es auf den Punkt brachte, gehörten damals zum Gemeingut der liberalen Kritik. Zur Diskussion standen die Prätentionen und Praktiken der agrarischen Führungseliten, deren Rolle und künftige Chancen in einer sich beschleunigt industrialisierenden Welt. Was die Gemüter erregte, waren nicht allein sektorale Phänomene, sondern die gesamtgesellschaftlichen Konsequenzen, die der Übergang vom Agrar- zum Industriestaat aufwarf. Dabei gewann die Arbeiterfrage eine Bedeutung, die über die Bewältigung von Detailproblemen weit hinausreichte. Zumal in den Güterdistrikten östlich der Elbe war sie aufs engste verflochten mit tradierten, zäh verteidigten Herrenrechten und paternalistischen Strukturen. Insofern mußten hier Reformversuche, die etwa auf die Abschaffung der Gesindeordnungen und die Gewährung des uneinge-

1 Simplicissimus 1896–1914. Hg. und eingeleitet von Richard Christ, Berlin (DDR) 1972, S. 323.

schränkten Koalitions- und Streikrechts zielten, macht- und verfassungspolitische Implikationen von beträchtlichem Gewicht nach sich ziehen. Nicht zuletzt dies erklärt die Heftigkeit und den polemischen Ton der Kontroversen, die darüber ausgefochten wurden, auch die breite Resonanz, die sie in der Öffentlichkeit fanden.

Ohne Zweifel verlangten die ökonomischen Umschichtungsprozesse von den Landwirten ein hohes Maß an Flexibilität und Anpassungsbereitschaft. Auf dem Arbeitsmarkt gerieten sie infolge der seit den 1890er Jahren anschwellenden Binnenwanderung zusehends in die Defensive. Daß daraus Kalamitäten erwuchsen, denen es zu begegnen galt, war relativ unstrittig. Aber an der Art und Weise, wie die agrarischen Verbände und Körperschaften darauf reagierten, an den Strategien, die sie propagierten, entzündeten sich Auseinandersetzungen, in denen sich einmal mehr die Schwierigkeiten offenbarten, im System des wilhelminischen Deutschland zu konsensfähigen Lösungen vorzustoßen. Gewohnt, den Verwaltungsapparat für ihre Belange einzuspannen, riefen die ländlichen Arbeitgeber nach Reglementierung und Repression. Weniger eigene Anstrengungen als administrative Interventionen sollten das nötige Potential an Arbeitskräften sichern. Entsprechend fielen die Rezepte aus, mit denen sie glaubten, die Mobilität und den „Selbständigkeitsdrang der besitzlosen Massen“ in den Dörfern und Gutsbezirken eindämmen zu können: „Man hebt die Freizügigkeit und die geltenden Bestimmungen über den Unterstützungswohnsitz auf, erschwert den Eisenbahnverkehr für einheimische Arbeiter, erleichtert ihn für Polen, Galizier und Russen, Italiener, Kulis, erwirkt schärfere Strafen für den Kontraktbruch, verbietet jede Arbeiterkoalition auf dem Lande, stellt die Gesindevermieter und Agenten unter schärfere Kontrolle, unterbindet in der Nähe der großen Grundbesitzungen nach Möglichkeit jede industrielle und öffentliche Arbeit und stellt aus den Garnisonen Mannschaften für die Erntearbeiten zur Verfügung.“

Hinter solchen Postulaten verbarg sich die, wie der Nationalliberale Hugo Böttger meinte, „irrtümliche“ Auffassung, „daß der ländliche Arbeitgeber ein unveräußerliches“, von der Obrigkeit zu garantierendes Naturrecht „auf die zum Betriebe seines Gewerbes erforderlichen Arbeitskräfte“ hätte. Den „freien Arbeitsvertrag zu Gunsten der Grundbesitzer“ auszuhebeln, schien demnach nicht nur erwägenswert, sondern geradezu das zwingende Gebot der Stunde. Daß dies einer Kriegserklärung an liberale Anschauungen und Interessen gleichkam, lag auf der Hand: „Wir bekämpfen“, so nicht minder entschieden die Gegenposition, „die Hereinlassung von ausländischen Arbeitern, Polen usw., weil sie unsere Ostmark national verseuchen und weil die polnische Flut alle vom Staate und vom Bürgertum aufgewendeten Mühen illusorisch macht. Aber auch aus wirtschaftlichen Gründen, weil nämlich die Zulassung schlechter bezahlter und minderwertiger Landarbeiter eine der Industrie parallel laufende Lohnentwicklung verhindert und damit immer mehr die Konkurrenzfähigkeit des Landes auf dem Arbeitsmarkte herabdrückt.“[2]

In diesen Sätzen mischte sich Programmatik mit Ressentiment. Verseuchung und „pol-

2 Hugo Böttger, Die Sozialdemokratie auf dem Lande. Ein Beitrag zur deutschen Agrarpolitik, Leipzig 1900, S. 127ff. Zu Böttgers Position in der Nationalliberalen Partei vgl. die Hinweise bei Dirk Stegmann, Die Erben Bismarcks. Parteien und Verbände in der Spätphase des wilhelminischen Deutschlands, Köln 1980, S. 229f.

nische Flut“: das klingt, als sei es dem Wörterbuch des Unmenschen entliehen. Aber wer um 1900 so sprach, war nicht unbedingt ein Außenseiter, der den Phantasmagorien eines völkischen Radikalismus huldigte. Vielmehr wiederholte er nur das, was auch im Lager des Liberalismus zu den gängigen Klischees und Besorgnissen zählte, sich zudem auf die Analysen prominenter Sozialwissenschaftlicher stützen konnte. Den kräftigsten Grundakkord hatte hier Max Weber angeschlagen, als er 1893 vor dem Verein für Sozialpolitik über die Ergebnisse der Landarbeiterenquête referierte. Betraut mit der Auswertung der Berichte aus dem östlichen Deutschland, verdichtete er die Fülle der Einzelbeobachtungen zu perspektivischen Aussagen, skizzierte sektorale Entwicklungstendenzen und diskutierte deren volkswirtschaftliche und staatspolitische Wirkungen.[3] Vor allem drei ineinandergreifende Phänomene waren es, auf die Weber das Augenmerk lenkte: zum einen auf den Strukturwandel des Agrarsektors und der agrarischen Betriebsführung; parallel dazu auf die Herausbildung einer Klasse rational kalkulierender, an Marktexpansion und Gewinnchancen orientierter landwirtschaftlicher Großproduzenten, die zwar eine Reihe feudaler Privilegien behaupten konnten und rechenhaftes Geschäftsgebaren zuweilen ostentativ verachten mochten, sich jedoch in Wirtschaftsgesinnung und beruflichem Charakter dem Typ des industriell-gewerblichen Unternehmers anpaßten[4]; und schließlich drittens auf die Aushöhlung der in den ostelbischen Regionen dominierenden 'Instenverfassung' durch die allmähliche Zersetzung der 'Interessengemeinschaft' zwischen Gutsherren und gutsansässigen Tagelöhnern. In das überlieferte Geflecht patriarchalischer Bindungen schoben sich dadurch unpersönliche, 'objektivierte' und im Prinzip den Verkehrsformen in Industrie und Handel angenäherte Arbeitgeber-Arbeitnehmer-Beziehungen. Der traditionelle Paternalismus verlor damit seine materielle Basis, so daß die Normen des Gesinde- und Arbeitsrechts gewissermaßen in der Luft hingen und zu ideologischen Derivaten verkümmerten, wiewohl nicht zu bestreiten ist, daß sie im Alltag der davon betroffenen Arbeiter bis 1918 eine wichtige Rolle spielten.[5]

Als entscheidende Katalysatoren fungierten Intensivierung und Mechanisierung. Dreschmaschine und Zückerrübe, um es metaphorisch auszudrücken, erschütterten eine

---

3 Max Weber, Die Verhältnisse der Landarbeiter im ostelbischen Deutschland, Leipzig 1892; Die ländliche Arbeitsverfassung (Referat auf der Tagung des Vereins für Sozialpolitik 1893), in: Gesammelte Aufsätze zur Sozial- und Wirtschaftsgeschichte, Tübingen 1924, S. 444–469; Entwikkelungstendenzen in der Lage der ostelbischen Landarbeiter, in: Preußische Jahrbücher 77, 1894, S. 437–473.

4 Weitergeführt und ihre politischen Implikationen diskutiert, hat die Webersche Analyse in diesem Punkt Hans Rosenberg, Die Pseudodemokratisierung der Rittergutsbesitzerklasse, in: ders., Probleme der deutschen Sozialgeschichte, Frankfurt 1969, S. 7–49. Vgl. daneben auch den knappen Abriß bei Emil Lederer und Jakob Marschak, Die Klassen auf dem Arbeitsmarkt und ihre Organisation, in: Grundriß der Sozialökonomik, Bd. IX/2, Tübingen 1927, S. 224–229, sowie Ottoheinz von der Gablentz und Carl Mennicke, Deutsche Berufskunde. Ein Querschnitt durch die Berufe und Arbeitskreise der Gegenwart, Leipzig 1930, S. 46ff.

5 Zusammenfassend dazu Jens Flemming, Die vergessene Klasse: Literatur zur Geschichte der Landarbeiter in Deutschland, in: Klaus Tenfelde, Hg., Arbeiter und Arbeiterbewegung im Vergleich. Berichte zur internationalen historischen Forschung, München 1986, S. 389–418.

Arbeitsordnung, in der die Tagelöhnerfamilien über den – prozentual zur Menge des ausgedroschenen Getreides gewährten – Lohnscheffel und die Zuweisung von Land direkt an den Erträgen der Betriebe partizipiert hatten. In dem Maße jedoch, wie die Bodenpreise anzogen und die Wirtschaftsabläufe rationalisiert wurden, wandten sich die Gutsverwaltungen von diesem als unprofitabel und lästig empfundenen System ab. Regional im Tempo und in den Modalitäten variierend, brachten sie das Lohnland ganz oder teilweise an sich und lösten die Anteilslöhne durch feste, vertraglich fixierte Lohnsätze ab. Dabei war unerheblich, ob diese überwiegend in Geld oder überwiegend in Naturalien, als „Deputat" gezahlt wurden. Um die Jahrhundertwende waren sie so gut wie verschwunden. Das mochte hier und da das beschwerliche Dasein der Tagelöhnerfamilien erleichtert haben und insofern durchaus auf Zustimmung gestoßen sein, zumal sich mit der relativen Erhöhung der Barlöhne auch die Möglichkeiten zu unabhängigerer Lebensgestaltung vermehrt haben dürften.[6] Aber mit der Reduzierung der Eigenwirtschaften wurde aus dem Instmann alter Art, dem noch die Schalen des hörigen Bauerntums anhafteten, ein „Instmann ohne Anteil am Erdrusch"[7], der seiner Vorrechte verlustig gegangen war und seine Spitzenposition in der Hierarchie der ländlichen Arbeiterschaft eingebüßt hatte. Aus einem Tagelöhner, der nebenher 'Kleinlandwirt' war, wurde mit der Zeit ein Deputatist, im Grunde ein reiner Lohnarbeiter, von den Produktionsmitteln ebenso getrennt wie von den Fortschritten der Produktivität.

Hinzu kam, daß durch Technisierung und Kommerzialisierung die Landwirtschaft zum Saisongewerbe wurde. Wegen der Verlagerung der Arbeitsschwerpunkte auf wenige Spitzenzeiten weitete sich eine kontinuierliche Differenz zwischen dem Kräftebedarf im Frühjahr, Sommer und Winter. Wohl verlangten die Pflege der Hackfruchtkulturen und die Bergung der Ernte kurzfristig eine größere Zahl von Arbeitern, deren Beschäftigung und Versorgung das ganze Jahr hindurch war indes unrentabel. Kontraktlich gebundene Arbeiter wurden deshalb nicht mehr im selben Umfang wie früher benötigt und je nach Bedürfnis durch billigeres, nur noch saisonal gemietetes Personal ersetzt. Lebenshaltung und Status der Gutstagelöhner sanken deutlich ab bei gleichzeitig wachsender existentieller Unsicherheit – ein Prozeß, den Weber als Angleichung nach unten, als Proletarisierung beschrieb: „Die Unterschiede in der Stellung der einzelnen Kategorien von Arbeitern nivellieren sich, und die Person des Unternehmers wird für die ländlichen Arbeiter in ähnlicher Art 'fungibel', wie sie es für die gewerblichen regelmäßig schon ist. Mit anderen Worten, die Entwicklung führt zur stetigen Annäherung der ländlichen Arbeiterschaft an den Charakter einer in ihren wesentlichen Lebensbedingungen einheitlichen Klasse mit proletarischem Typus, wie die Industriearbeiterschaft sie bereits darstellt."[8]

---

6 Vgl. Wolfgang Hucho, Die Naturalentlohnung in der deutschen Landwirtschaft, Berlin 1925, sowie die Erörterung bei Klaus Saul, Um die konservative Struktur Ostelbiens: Agrarische Interessen, Staatsverwaltung und ländliche „Arbeiternot", in: Dirk Stegmann u. a., Hg., Deutscher Konservatismus im 19. und 20. Jahrhundert, Bonn 1983, S. 141 ff.

7 Formulierung nach Paul Schütze, Studien über die Entwicklung der Lohnverhältnisse ländlicher Arbeiter in Norddeutschland seit 1870, Phil. Diss. Königsberg 1914, S. 44.

8 Entwickelungstendenzen, S. 455 f.

Seine Beobachtungen und Prognosen würzte Weber mit scharfer Polemik gegen den Großgrundbesitz. Dessen Position erschien ihm außerordentlich prekär. Wegen der schwindenden Konkurrenzfähigkeit und der strukturellen Anfälligkeit ihrer Betriebe drohten die Gutsherren gegenüber den kapitalkräftigeren und innovationstüchtigeren Schichten des industriell gewerblichen Bürgertums sozial ins Hintertreffen zu geraten. Um die bröckelnde Basis des gewohnten Lebensstils zu sichern, tatsächliche oder befürchtete Niveauverluste zu kompensieren, stellten sie die politische Macht, die ihnen die preußische Verfassung auf lokaler und gesamtstaatlicher Ebene einräumte, ganz in den Dienst ihrer materiellen Interessen: auch und nicht zuletzt deshalb, weil ihnen die heimische Arbeiterschaft in Scharen davonlief. Daß ein Mensch da endete, wo er begonnen hatte, wurde jedenfalls immer seltener. Dabei war das Motiv abzuwandern weniger 'Landflucht' als Flucht aus den in der Landwirtschaft obwaltenden Verhältnissen. Weber glaubte darin Formen eines „latenten Streiks“[9] zu erkennen, nach Lage der Dinge die einzige Möglichkeit, der „patriarchalischen Disposition des Herrn“ über das eigene „Schicksal“ zu entrinnen.[10] Auf die Stadt richteten sich Sehnsüchte, Erwartungen und Wünsche. Dort hoffte man individuelle Freiheiten, Teilhabe an den Leistungen der Sozialversicherung, bessere medizinische Versorgung und bessere Schulbildung für die Kinder zu finden; dort könne sich, so eine vierzigjährige Tagelöhnerin auf die Fragen einer Pfarrfrau, „der Geist ab und zu zerstreuen“, gäbe es „mehr Ansehen der Person“, seien die Existenzbedingungen „bequemer“ und die Aussichten auf Vorwärtskommen günstiger.[11] Offenkundig waren hier nicht nur ökonomische, sondern auch „psychologische Momente von übermächtiger Gewalt“[12] am Werk, die durchaus Anflüge von „Massensuggestion“[13] haben mochten, sich aber weder mit simpler Schuldzuweisung und moralischer Verdammung noch mit schöngefärbter Dorfidyllik und kulturpessimistischen Kassandrarufen einfach beiseite schieben ließen.[14]

Was die agrarische Publizistik in beredten Worten beklagte, war den drückenden Lasten und herrschaftlichen Zwängen einer Arbeitsverfassung geschuldet, die sich den Ansprüchen und dem Lebensgefühl einer mobilisierten Gesellschaft nicht länger gewachsen zeigte. Ihr den Rücken zu kehren, verriet nicht Defätismus oder leichtfertige Abenteuerlust, sondern aufbegehrendes Selbstbewußtsein. Dagegen immer größere Kontingente ausländischer Saisonarbeiter anzuheuern, war ein Mittel, das neue Probleme schuf, die alten indes nicht löste. Vorteile zogen daraus allein die Arbeitgeber: „Die Wanderarbeiterkaserne ist in ihrer Funktion das geldwirtschaftliche Analogon der antiken Sklavenka-

9 Ebd., S. 496.

10 Weber, Arbeitsverfassung, S. 450.

11 Mitgeteilt von Elly zu Putlitz, Arbeits- und Lebensverhältnisse der Frauen in der Landwirtschaft in Brandenburg. Auf Grund einer vom ständigen Ausschuß zur Förderung der Arbeiterinnen-Interessen veranstalteten Erhebung, Jena 1914, S. 29.

12 Weber, Arbeitsverfassung, S. 450.

13 So der auch in der agrarischen Presse und Pamphletliteratur anzutreffende Begriff bei Oskar Mulert, 24 ostpreußische Arbeiter und Arbeiterfamilien. Ein Vergleich ihrer ländlichen und städtischen Lebensverhältnisse, Jena 1908, S. 186.

14 Zur konservativen Agitation gegen die Abwanderung vgl. Saul, Konservative Struktur, S. 145ff.

serne. Der Gutsbesitzer spart Arbeiterwohnungen, denn die Unterbringung der Wanderarbeiter macht wenig oder keine Kosten. Er spart ferner die Landanweisung, endlich aber und vor allem jegliche verwaltungs- und armenrechtliche Verantwortung."[15] Sozialpolitisch hatte dies den Effekt, die überlieferten Asymmetrien auf dem Arbeitsmarkt zu befestigen und den ohnehin rudimentären Willen zur Reform vollends zu lähmen. Noch weit gravierender waren in Webers Augen allerdings die nationalpolitischen Konsequenzen. Bliebe eine energische Kursänderung aus, sei die „Polonisierung des Ostens" zu gewärtigen: „Die Entscheidung der Frage der Nationalität des platten Landes hängt auf die Dauer nicht von der Abkunft der besitzenden Schichten, sondern von der Frage ab, welcher Nationalität das Landproletariat angehört. Wir werden im Osten denationalisiert, und das ist keineswegs eine bloße Nationalitätensorge, sondern das bedeutet: es wird unser Kulturniveau, der Nahrungsstand der Landbevölkerung und ihre Bedürfnisse herabgedrückt auf das Niveau einer tieferen, östlicheren Kulturstufe."[16] Notwendig sei daher zweierlei: erstens „Schließung der östlichen Grenze" und zweitens „systematische Kolonisation deutscher Bauern auf geeigneten Böden, namentlich auf geeigneten Domänen". Denn: „Großbetriebe, welche nur auf Kosten des Deutschtums zu erhalten sind, sind vom Standpunkt der Nation wert, daß sie zu Grunde gehen."[17]

Daß die Betroffenen darüber nicht in Jubel ausbrechen würden, leuchtet ein. Der Vorwurf, das eigene über das nationale Interesse zu stellen, mußte sie aufs äußerste beunruhigen, zumal sie es waren, die ihre Belange stets mit dem Gemeinwohl zu identifizieren und zu bemänteln pflegten. Um zweckdienliche Verteidigungslinien aufzubauen, griffen Verbandsfunktionäre und deren akademische Hilfsvölker zu einem Trick, indem sie zu entkräften suchten, was gar nicht behauptet worden war. Der neuralgische Punkt ließ sich dadurch freilich nicht vernebeln. Im Gegenteil, er trat sichtbarer zu Tage denn je. Weber anzulasten, er hätte eindimensional argumentiert und einem unmittelbaren Kausalnexus zwischen Anwerbung der fremden und Abwanderung der inländischen Arbeiter das Wort geredet, sollte den Nachweis mangelnder Sorgfalt und Seriosität erbringen, sollte die Qualität der Analyse und die Validität der Schlußfolgerungen erschüttern.[18] Ein ernsthafter Diskurs erwuchs daraus nicht, eher eine Jagd nach Phantomen, die allerdings den Vorzug bot, von den eigentlichen Problemen und der Reformbedürftigkeit des Agrarsektors abzulenken.

Verdacht auszustreuen und mit Zerrbildern zu operieren, gehört zum Repertoire lobbyistischer Politik. Abwägende Reflexion wird niemand von ihr erwarten. Daß Weber

---

15 Weber, Entwickelungstendenzen, S. 458.

16 Weber, Arbeitsverfassung, S. 452.

17 Der Nationalstaat und die Volkswirtschaftspolitik. Akademische Antrittsrede, Freiburg 1895, S. 13f. Zur Interpretation der Weberschen Position vgl. immer noch unübertroffen Wolfgang J. Mommsen, Max Weber und die deutsche Politik 1890–1920, Tübingen ²1974, S. 22ff.

18 Beispiele dafür bieten die Studie des späteren Geschäftsführers der Landwirtschaftskammer Ostreußen Arno Hoffmeister, Die wirtschaftliche Lage der Landarbeiter in Ostpreußen, Phil. Diss. Halle-Wittenberg 1908, S. 8, sowie die durch den Königsberger Professor Otto Gerlach hg. Untersuchungen: Die Landarbeiterverhältnisse in der Provinz Ostpreußen. Erhebung der Landwirtschaftskammer für die Provinz Ostpreußen. Erste Lieferung, Berlin 1913, S. V.

jedoch als Anhänger der „Verdrängungstheorie“ auch durch die neuere Forschung geistert, löst Irritation aus. Denn bei genauerem Hinschauen wiederholt die vermeintlich modernere und komplexere „strukturgeschichtliche Interpretation“ am Ende nur das, was bereits damals als dynamischer, unumkehrbarer Prozeß erkannt und beschrieben worden ist.[19] Platte Schuldzuweisungen waren dabei nicht im Spiel. Gerade davor hatte Weber ausdrücklich gewarnt. Zwar sei der eingeschlagene Weg „unerfreulich“, weil er „Bestehendes“ zerstöre, „ohne Gleichwertiges an die Stelle zu setzen.“ Aber: „Es arbeiten beide Teile, Arbeiter und Arbeitgeber, nach der angedeuteten Richtung hin, und der einzelne Arbeitgeber handelt lediglich in Konsequenz der nun einmal mit zwingender Gewalt sich gestaltenden Verhältnisse. Will er unter den jetzigen Konkurrenzverhältnissen und bei der Schwierigkeit des Arbeitsmarktes bestehen, so kann er nicht anders verfahren. Gerade das ist das Bedrohliche der Situation, daß die Wirksamkeit der darin liegenden Entwicklungstendenzen von dem Tun und Lassen Einzelner unabhängig ist.“[20]

Nennenswerten Einfluß auf die Praxis hatte der sozialwissenschaftliche Diskurs nicht. 1913 jedenfalls sah Max Sering die „Entnationalisierung vieler großer Gutsbezirke und die Proletarisierung großer Teile der Landarbeiterschaft des Ostens und der Mitte“ weiter voranschreiten.[21] Die Mehrheit der Landwirte zeigte sich von derartigen Kalamitäten allerdings unberührt, blickte kaum über den Horizont ihrer Kirchtürme hinaus und mochte sich weder mit unbequemen Fragen noch mit selbstkritischen Erwägungen befrachten. Von der Legitimität ihrer Ansprüche absolut überzeugt, prangerten sie die Splitter im Auge der anderen an, um die Balken im eigenen zu kaschieren. Daß sie damit die Diagnose von der sich auflösenden Interessengemeinschaft zwischen Herr und Knecht eher unterstrichen als widerlegten, tat offenbar nichts zur Sache. Man trauerte verflossenen Tagen nach und klammerte sich an Beschwörungsformeln, die zerbröselnde Traditionen indes nicht retten konnten. Ein vielstimmiger Chor von Klagen variierte ein und dasselbe Thema: die Sitten- und Zügellosigkeit der „Leute“, Widerspenstigkeit, sinkende Leistungsbereitschaft und Zerfall jeglicher Autorität. „Der alte christlich-konservative Sinn verschwindet“, meinte der Pommer Hugo von Knebel Doeberitz, „der einfach-patriarchalische Geist früherer Zeiten weicht einem neuen Geist der Ungebundenheit und Unzufriedenheit“ – ein Boden, auf dem die „Saat der Sozialdemokratie“ zu sprießen begänne.[22] „Die Hauptbrutstätte für den Arbeitermangel“, so die Beobachtung eines Besitzers aus der Provinz Brandenburg, „bilden die Schnapsläden, Schankwirtschaften und Tanzsäle. Im Umkreis von 3 bis 8 km um das Dorf liegen in den andern Dörfern etwa

19 Klaus J. Bade, Massenwanderung und Arbeitsmarkt im deutschen Nordosten 1880–1914. Überseeische Auswanderung, interne Abwanderung und kontinentale Zuwanderung bis zum Ersten Weltkrieg, in: Archiv für Sozialgeschichte 20, 1980, S. 317ff. und darauf fußend Martin Riesebrodt, Hg., Max Weber. Die Lage der Landarbeiter im ostelbischen Deutschland. 1892. (Max Weber Gesamtausgabe I,3), Tübingen 1984, S. 8.

20 Weber, Verhältnisse der Landarbeiter, hier zit. nach der Gesamtausgabe, ebd., S. 915.

21 Die Entwicklung der sozialen Verfassung auf dem Lande, in: Festtagung des königlich preußischen Landes-Ökonomie-Kollegiums am 6.–8.2.1913, Berlin 1913, S. 285.

22 Die Landflucht, ihre Ursachen, ihre Folgen und die Mittel zur Abhilfe, in: Deutsches Adelsblatt 26, 1908, S. 410.

15 und in der kleinen Stadt wohl 10 solcher Lokale. Irgendwo ist jeden Sonntag Musik, oft auch an den Wochentagen. Die Sucht zur Faulheit, zum Vergnügen, zum Putz, zum Tanz, zum Trunk, zur Rauferei, zur Unzucht, zum Glücksspiel und zum Diebstahl findet hier ständig Nahrung. Der Lohn wird verpraßt, Gesundheit und Ehre geschädigt. Die Kirche aber steht leer!"[23]

Den Pinsel bei der Verfertigung von Genrebildern jeweils in die schwärzesten Farben zu tauchen, diente der moralischen Aufrüstung. Denn es galt eine Politik zu rechtfertigen, in der sich die Arbeiterfrage vorwiegend auf betriebstechnische Dimensionen reduzierte. Wenn die Gesinde- und Tagelöhnermärkte sich wegen der Abwanderung leerten und das zurückbleibende Personal den Anforderungen nicht mehr genügte, mußte eben Ersatz beschafft werden. Woher er kam, war zweitrangig. Als ultima ratio zog man sogar die Anwerbung chinesischer Kulis in Betracht.[24] Nicht untypisch war dabei, daß die agrarische Agitation sich fortwährend in Widersprüche verstrickte. Sie empörte sich über die Verhältnisse in den Fabriken und drapierte sich fürsorglich, wo es nichts kostete[25]; sie argumentierte protektionistisch, solange es um Schutzzölle gegen die ausländische Konkurrenz ging, verschrieb sich aber einem extremen Manchestertum, sobald es sich um den unlimitierten Import von Saisonarbeitern aus den ost- und südosteuropäischen Nachbarstaaten drehte.[26] Über ihre Motive sprachen Vertreter der Interessenten ab und an mit entwaffnender Offenheit. Daß mancher Landwirt „lieber" Russen, Polen und Galizier beschäftige, könne er „bis zu einem gewissen Grade" verstehen, teilte 1906 der Rittergutsbesitzer von Below-Saleske mit: „Im Sommer flotte Arbeit, mit allem beizeiten fertig, Mieten und Scheunen noch flugs ausgedroschen, und dann fort mit der Gesellschaft! Im Winter braucht man dann nur Leute zum Viehfüttern und Dungausfahren, hat keine Scherereien mit Leuteland, Deputat, Wohnungen usw."[27] Die Ausländer waren billig, disponibel und relativ anspruchslos. Darüber schien in Vergessenheit zu geraten, daß „ein guter alter Arbeiterstamm ebenso zum Kulturstand eines Gutes gehört wie eine gute Viehherde oder ein fruchtbarer Ackerboden".[28] Hier und da jedenfalls hätte man „in verhängnisvoller Weise" und „leichten Herzens die eingesessenen Arbeiter abziehen"

23 Abgedruckt bei Heinrich Szagunn, Die landwirtschaftlichen Arbeiter-Verhältnisse in der Provinz Brandenburg im Jahre 1905. Auf Grund der vom Arbeitsamt der Landwirtschaftskammer für die Provinz Brandenburg veranstalteten Erhebungen bearbeitet, Berlin 1910, S. 37.

24 Vgl. Jahresbericht der Landwirtschaftskammer für die Provinz Westpreußen, Danzig 1906, S. 15.

25 Hinweise dazu bei Emil Lederer, Agrarische Sozialpolitik, in: Archiv für Sozialwissenschaft und Sozialpolitik 32, 1911, S. 282ff.

26 In diesem Sinne auch Eckart Kehr, Schlachtflottenbau und Parteipolitik 1894–1901. Versuch eines Querschnitts durch die innenpolitischen, sozialen und ideologischen Voraussetzungen des deutschen Imperialismus, Berlin 1930, S. 267.

27 Auf der Tagung der pommerschen Landwirtschaftskammer am 28.11.1906, zit. nach Wilhelm Stieda, Ausländische Arbeiter, in: Zeitschrift für Agrarpolitik 9, 1911, Sp. 367.

28 So die gegen die eigenen Standesgenossen gerichtete Formulierung eines Gutsbesitzers aus Posen, in: Der Arbeitsmarkt 3, 1900, Sp. 309.

lassen.[29] Sich nebenher von deren „Launen“[30] unabhängig zu machen, ihnen das „Gefühl der Unentbehrlichkeit“ zu nehmen und sie zur „Bescheidenheit“ anzuhalten[31] : auch dies war ein Kalkül, das bisweilen freimütig eingeräumt wurde und einen Kommentator wie Max Weber zu seiner Schlußfolgerung provoziert hatte, die „Poleneinfuhr“ sei das Instrument eines noch latenten, aber bereits antizipierten Klassenkampfes.[32]

Derartige Entäußerungen wurden in der kritischen Öffentlichkeit genußvoll kolportiert und einmal mehr als Indiz für „kurzsichtigen Egoismus“[33] gewertet. Um ihr Image aufzupolieren und ihre Positionen mit empirischen Daten zu untermauern, begannen die agrarischen Körperschaften nach der Jahrhundertwende, Erhebungen in eigener Regie zu veranstalten. Das heißt, sie reagierten beinahe so, wie der Linksliberale Hellmuth von Gerlach seinem konservativen Vetter in einem fiktiven Brief empfohlen hatte: „Mag es sich um Lohn oder um Kost, um Arbeitszeit oder Arbeiterwohnungen, um Frauen- oder Kinderarbeit handeln, immer behauptet ihr Agrarier, man tue euch Unrecht. Gut, so stopft uns doch endgültig und gründlich den Mund, indem ihr selbst auf eine amtliche Untersuchung dringt.“[34] Den Vorreiter spielte die Landwirtschaftskammer in Königsberg. Im Juli 1900 beschloß sie, von Gutsherrn, Bauern und Tagelöhnerfamilien schriftliche oder mündliche Berichte einzuholen und wissenschaftlich auswerten zu lassen. Gerichtet war die Initiative in erster Linie gegen die Enquête des Vereins für Sozialpolitik, die „nur wenig Befriedigendes“ geleistet, durch ihre Ergebnisse und Thesen zudem „gefährlich und verhängnisvoll“ gewirkt hätte.[35] Warme Fürsprache fand man dafür im preußischen Landwirtschaftsministerium, das sich in der Folgezeit bemühte, ähnliches über staatliche Zuwendungen auch in den übrigen Provinzen anzuregen, jedoch weder im Finanz- noch im Innenressort auf Gegenliebe stieß. Dort nämlich regten sich beträchtliche Zweifel am Nutzen solcher Pläne, weil sie womöglich „unrichtige Meinungen und Hoffnungen“ wecken würden. Im Klartext: man fürchtete, mit Material von offiziösem Anstrich die kläglichen Daseinsbedingungen in den Dörfern und Gütern zu bestätigen und die Arbeiter zu koalitions- und sozialpolitischen Vergleichen mit ihren städtischen Kolle-

29 Dies ein Hinweis des Generalsekretärs der pommerschen Landwirtschaftskammer, Max von Stojentin, in: Sechster Deutscher Arbeitsnachweis-Kongreß in Breslau vom 27.–29.10.1910, Berlin 1911, S. 181.

30 Formulierung eines Rittergutsbesitzers aus Posen, zit. nach: Parteivorstand der Deutschen Sozialdemokratie, Hg., Worte und Taten der Konservativen. Material zur Bekämpfung der konservativen Parteien, Berlin 1911, S. 13.

31 Weber, Verhältnisse der Landarbeiter, nach der Gesamtausgabe, S. 469 (die Zitate sind Berichten aus Pommern entnommen).

32 Entwickelungstendenzen, S. 468f.

33 So bereits W. Quistorp (Pastor in Schweinsburg in Pommern), Die soziale Not der ländlichen Arbeiter und ihre Abhilfe, Leipzig 1891, S. 36.

34 Ein Brief zur Landarbeiterfrage, in: Patria. Jahrbuch der „Hilfe“ 1902, Berlin-Schöneberg 1902, S. 90.

35 Preußisches Geheimes Staatsarchiv, Abt. Merseburg, Rep. 87 B, Nr. 205, Landwirtschaftskammer für die Provinz Ostpreußen an Ministerium für Landwirtschaft, Domänen und Forsten, 29.11.1900.

gen zu animieren. Das aber wäre das Gegenteil dessen, was erreicht werden sollte, würde die Arbeitgeber mit „Beschwerden" auf den Plan rufen, mithin eher Verwirrung und Unruhe als Frieden stiften.[36]

Nach den Vorstellungen des Landwirtschaftsministeriums hätten sich die Subsidien auf 70.000 Mark belaufen sollen.[37] Obwohl sie am Ende nicht flossen, schlugen sich die Projekte der Kammern in aufwendigen Büchern und schmalen Broschüren nieder.[38] Die Beschäftigung der Wanderarbeiter resultierte, so überall das Fazit, aus unentrinnbaren Zwängen, und die Lage auf dem Arbeitsmarkt erschien düster. Das noch verfügbare Reservoir sei vielfach minderwertig: „Es bleiben nur die älteren Leute oder Halbinvaliden zurück, die kein volles Tagwerk" mehr erbringen[39] – ganz so, als seien die ländlichen Bezirke zum Asyl für Greise, Kinder und Kranke denaturiert. Wie hier für Ostpreußen lautete auch der Befund für Hannover: „Die Wohnungen unserer früheren Arbeiter stehen leer, und es ist kein Ersatz für sie zu finden. Die heranwachsende Jugend ist der landwirtschaftlichen Arbeit abgeneigt oder verläßt sie, sobald das Alter und die physischen Kräfte die Annahme von Arbeit in der Industrie gestatten. Viele frühere landwirtschaftliche Arbeiter sind durch den Militärdienst in die Stadt gekommen und kehren nach Beendigung desselben nicht mehr zurück. Die Kontraktbrüche haben einen Umfang angenommen wie nie zuvor. Lohnstreitigkeiten und Streiks, welche nur deshalb nicht weiter bekannt werden, weil die geforderte Erhöhung des Lohnes bewilligt werden muß, begegnet man vielfältig, und es liegt die Gefahr nahe, daß, wenn der Arbeiternot nicht bald abgeholfen wird, die erzwungenen Lohnerhöhungen in dem bisherigen Maße weiter schreiten. Alle Vorteile, die der Landwirtschaft aus der Zoll- und Viehseuchengesetzgebung zugeflossen sind, werden nicht bloß verloren gehen, sondern die Verhältnisse werden dahin führen, den landwirtschaftlichen Betrieb extensiv zu gestalten."[40] Kurzum, wie 1908 im „Adelsblatt" zu lesen war: Die Agrarwirtschaft glich einem „Lahmen", der ohne die „Krücke" Ausländerbeschäftigung einstweilen nicht „bewegungsfähig" sei.[41]

Öffentlichkeitsarbeit betrieben die Kammern als Instanzen zwischen Behörden und Interessenverbänden auch sonst. 1909 beteiligte sich Pommern unter Federführung des

---

36 Ebd., Aufzeichnung über eine Besprechung im Reichsamt des Innern, 6.1.1906.

37 Ebd., Finanzministerium an Ministerium für Landwirtschaft, Domänen und Forsten, 11.11.1903.

38 Vgl. unter anderem Gerlach, Hg., Landarbeiterverhältnisse in der Provinz Ostpreußen (wie Anm. 18); Szagunn, Arbeiterverhältnisse in Brandenburg (wie Anm. 23); Max von Stojentin, Die ausländischen Wanderarbeiter in der Provinz Pommern. Nach den Erhebungen des Ausschusses für Arbeiterwesen der Landwirtschaftskammer für die Provinz Pommern dargestellt, Stettin 1909; Dr. Gagezow (Generalsekretär der Landwirtschaftskammer für die Provinz Posen), Erhebungen über die landwirtschaftlichen Arbeiterverhältnisse in der Provinz Posen im Jahre 1910, Posen 1911.

39 B. Skalweit, Die Arbeiterfrage auf den Besitzungen über 100 ha, in: Gerlach, Hg., Landarbeiterverhältnisse in der Provinz Ostpreußen. Dritte Lieferung, Berlin 1918, S. 476.

40 Niedersächsisches Hauptstaatsarchiv Hannover, Hann. 180, Hildesheim 817, Erhebung der Landwirtschaftskammer über die Arbeiterverhältnisse der Landwirtschaft in der Provinz Hannover, 31.12.1906.

41 Knebel Doeberitz (wie Anm. 22).

rührigen Generalsekretärs von Stojentin an der Wanderausstellung der Deutschen Landwirtschafts-Gesellschaft in Leipzig. Ausgebreitet wurden Tafeln, Statistiken und erläuternde Kommentare, die den städtischen Besucher über die Zusammensetzung der Arbeiterschaft nach Nationalität und Geschlecht informierten, über den Zusammenhang von Hackfruchtanbau, Ab- und Zuwanderung, den Arbeitsnachweis der Kammer, die Beschaffungskosten für die Saisonarbeiter, über deren Löhne und nicht zuletzt über den Umfang der Vertragsbrüche. Das Ganze gab sich betont sachlich, die Argumentation war bemerkenswert moderat, jedenfalls fern der üblichen Schwarz-Weiß-Malerei und rang sich sogar zu einem Appell an die Berufsgenossen durch. Es dürfte, hieß es am Schluß des Begleitheftes, „hohe Zeit sein, der ausländischen Arbeiterfrage in Deutschland eine größere Aufmerksamkeit als bisher zu schenken, insbesondere aber darauf bedacht zu sein, die Zahl der eignen heimischen Arbeiter auf jede Weise zu vermehren, selbst wenn dies dem Staate und dem Einzelnen große Kosten aufbürdet".[42]

Aus solchen Formulierungen sprach ein gewisses Maß an Bereitschaft, sich selber ans Portepee zu fassen und das Heil nicht immer nur von anderen zu erwarten. Ein Problem allerdings blieb ausgespart. Im Lichte der verfügbaren Daten konzedierte man zwar den ursächlichen Konnex zwischen der Ausdehnung der Hackfruchtkulturen und dem Umfang der Ausländerrekrutierung. Die Konsequenz, die sich aufdrängte, zog man jedoch nicht: nämlich die Rübenfelder zu reduzieren, stattdessen den Anbau von Futtermitteln und die Nutzviehhaltung zu favorisieren. Denn hier lag ein Ansatzpunkt, um den Trend zur Saisonalisierung einzudämmen, die Arbeit gleichmäßiger zu verteilen und den ortsansässigen Tagelöhnerfamilien über das ganze Jahr hinweg ausreichende Verdienstmöglichkeiten zu bieten. Auf eine Zerschlagung der größeren Güter, wie der Leipziger Nationalökonom Wilhelm Stieda forderte, mußte das nicht unbedingt hinauslaufen.[43] Die Wanderarbeiterfrage im Kontext der Betriebsorganisation zu behandeln, hätte aber die Diskussion versachlichen und aus dem Dunstkreis einer ideologisch befrachteten Nationalitätenpolitik herausführen können. Vorstöße, die Rentabilität wirtschaftlicher Alternativen mit Hilfe von Musteranstalten zu prüfen, gab es, ernsthaft verfolgt wurden sie nicht. Die Erfahrung, die dabei der Breslauer Agrarwissenschaftler Friedrich Waterstradt machte, war jedenfalls wenig ermutigend: „Ich habe", berichtete er im Oktober 1910 auf der Tagung des Verbandes Deutscher Arbeitsnachweise, „den Antrag gestellt, mir einen Versuchsbetrieb zur Verfügung zu stellen. Ich bin nicht gerade ausgelacht worden, aber man hat mir zu verstehen gegeben: alles graue Theorie, so geht die Sache nicht."[44]

Das Bewußtsein, das hier durchschimmerte, vermittelt eine Ahnung von den Barrieren, die eine wirklich durchgreifende Erneuerung zu gewärtigen hatte. Die Landwirte brachten für innovatorische Schritte weder Verständnis noch Interesse auf, was um so leichter fiel,

42 Max von Stojentin, Die ausländischen Wanderarbeiter in der Provinz Pommern, Stettin 1909, S. 36.

43 Ausländische Arbeiter, in: Zeitschrift für Agrarpolitik 9, 1911, Sp. 367.

44 Zit. nach Karl Flesch, Der landwirtschaftliche Großbetrieb und die Entnationalisierung Deutschlands, in: März 22, 1911, S. 317. Vgl. in diesem Zusammenhang auch die Analyse von Gerhard Groß, Ausländische Arbeiter in der deutschen Landwirtschaft und die Frage ihrer Ersetzbarkeit, in: Landwirtschaftliche Jahrbücher 59, 1924, besonders S. 59.

als die Staatsverwaltung ihren Bedürfnissen weit entgegenkam. Dies zeigte sich vielleicht am prägnantesten in der Frage der „Karenzzeit".[45] Zwar beharrte Preußen darauf, daß die Polen und Galizier, nicht jedoch die Ruthenen, für einige Wochen außer Landes mußten, verkürzte die Frist aber nach und nach auf symbolische Dimensionen. Bei einer Abwesenheit zwischen dem 20. Dezember und dem 1. Februar und einer Anwesenheit von beinahe elf Monaten konnte von Saisonarbeit in der strengen Bedeutung des Wortes nicht mehr die Rede sein. Dazu paßte, daß in Schlesien die Wanderarbeiter schon sehr früh zum festen „Stamm der Arbeiterschaft" gerechnet wurden.[46] Obwohl die Löhne und Beschaffungskosten (Fahrkarten und Agentenprovisionen), auch die Fälle von 'Widerspenstigkeit' und Vertragsbruch anstiegen, blieb ihr Einsatz profitabel und bequem. Anderslautende Beteuerungen entpuppten sich regelmäßig als Lippenbekenntnisse. Denn die Gutsbesitzer befreiten sich dadurch von öffentlichen Lasten und der Pflicht zu den tradierten Formen herrschaftlicher Fürsorge. Die Wirtschaftsgesinnung, die sich darin manifestierte, huldigte der Devise, aus den Arbeitskräften mit einem Minimum an Aufwand ein Maximum an Leistung herauszupressen. Kulturpessimistische Beobachter registrierten mit Erschrecken erste Vorboten einer 'Amerikanisierung'. Der Schriftsteller Wilhelm von Polenz etwa, selber eher ein Sozialromantiker, ließ in einem seiner Romane einen Schnitteragenten auftreten, der die Entwicklung geradezu enthusiastisch feierte: „Diese Art des Arbeitskontraktes und der Arbeiterwerbung überhaupt, das ist die moderne Wirtschaftsweise. So wird's in Amerika gemacht auf den Plantagen und Farmen. ... Das Geschäft ist klipp und klar wie ein Rechenexempel. Alles wird auf Geld zurückgeführt. Früher, da ... gab's freie Wohnung und Verpflegung und höchstens noch Deputat. Unter uns gesagt die reine Sklaverei! Jetzt gibt's das nicht mehr. Jetzt wird alles nach amerikanischem Muster gemacht."[47]

Gewiß, um 1900 klang das nach Zukunftsmusik. Für die deutschen Agrarverhältnisse war charakteristisch, daß sich „amerikanische Muster" nie in voller Reinheit durchsetzten. Neben unverhülltem Profitstreben und Ellenbogenmentalität behauptete sich ein aus älteren Quellen gespeistes patriarchalisches Sozialgefühl. Mit Blick auf die fortschreitende Zertrümmerung der tradierten Arbeitsverfassung mutete das anachronistisch an, war gegen den Geist der Zeit und von den Gegensätzen der Klassen längst eingeholte Ideologie. Politische Wirksamkeit entfaltete es dennoch, und es erklärt, warum der Großgrundbesitz sich so hartnäckig gegen das moderne Arbeitsrecht sperrte, das er für „wirtschaftlich ruinös" und „moralisch zerstörend" hielt[48], weil die Legitimation seiner Herrschaftsansprüche untergrabend. Immerhin, auch in agrarischen Kreisen wuchs damals die Einsicht,

45 Zur preußischen Ausländerpolitik vgl. Johannes Nichtweiß, Die ausländischen Saisonarbeiter in der Landwirtschaft der östlichen und mittleren Gebiete des deutschen Reiches, Berlin-DDR 1959 sowie Klaus J. Bade, Politik und Ökonomie der Ausländerbeschäftigung im preußischen Osten 1885–1914, in: Hans-Jürgen Puhle und Hans-Ulrich Wehler, Hg., Preußen im Rückblick, Göttingen 1980, S. 272–299.

46 Weber, Verhältnisse der Landarbeiter, nach der Gesamtausgabe, S. 743.

47 Wilhelm von Polenz, Der Büttnerbauer, Stuttgart 1922, S. 277 (1. Aufl. Berlin 1895).

48 So die Formulierungen bei von der Gablentz und Mennicke, Deutsche Berufskunde, S. 50.

daß der anschwellende Import ausländischer Arbeiter gewisse Gefahren barg. Die internationalen Spannungen ließen es nach der Jahrhundertwende ratsam erscheinen, nicht mehr uneingeschränkt auf Zuzug im bisherigen Umfang zu vertrauen. Um die Abhängigkeit von den Konjunkturen der russischen Politik zu vermindern und die Besorgnisse der Öffentlichkeit zu zerstreuen, propagierte die Agrarlobby eine Reihe von Maßregeln, die helfen sollten, das verbliebene heimische Arbeiterpotential ans Land zu fesseln.[49] Gedacht war an Wohlfahrts- und Heimatpflege, Sparkassen, Prämien und Medaillen für treue Dienste, höhere Vergütungen und bessere Wohnungen, dies allerdings wie stets verkoppelt mit Forderungen nach Einschränkung der Freizügigkeit zumindest für Jugendliche, schärfere Strafen gegen den Kontraktbruch und Änderungen im Bereich des Armenwesens zugunsten der Dörfer und Gutsbezirke. Das meiste davon gelangte über das Stadium von Plänen nicht hinaus oder verhedderte sich in den Maschen parlamentarischer Beratungen. Die Wiederbelebung der Interessengemeinschaft zwischen Besitzern und Arbeitern kam dabei ebenso wenig voran wie die innere Kolonisation, mit der man ein Herzensanliegen der Sozialreformer aufgriff, jedoch geschickt auf die eigenen Zwecke zurückstutzte. Entsprechende Initiativen zielten bei Licht besehen nur darauf ab, das Institut des Gutstagelöhners zu bewahren, die Kosten der Landzuweisung aber zu sparen und den Steuerzahlern aufzubürden.[50]

Kennzeichnend für die Debatte über die Wanderarbeiterfrage war, daß sie voller Überfremdungsängste, Ressentiments und Feindbilder steckte. Das galt für Max Weber und die Liberalen ebenso wie für die Konservativen und hing zusammen mit dem längst nicht ausgestandenen Streit um „Agrar- oder Industriestaat".[51] Die Einsicht, daß die „Verstädterung des Lebens"[52] und daraus resultierende Bevölkerungsbewegungen zu den internationalen, in prosperierenden Gesellschaften eher 'normalen' Phänomenen gehörten, traf den Wahrnehmungs- und Argumentationshorizont der Deutschen für gewöhnlich nicht. Vielmehr dominierten teils apokalyptische, teils moralisierende Betrachtungen, jeweils gepaart mit Vorwürfen an diese oder jene Adresse. Damit soll freilich nicht suggeriert

49 Von agrarischer oder agrarfreundlicher Seite vgl. Stojentins Referat auf dem Arbeitsnachweis-Kongreß in Breslau, 27.–29.10.1910, Berlin 1911, S. 193ff. oder auch die Ausführungen des ostpreußischen Generallandschaftsdirektors Wolfgang Kapp auf der Jahresversammlung des Deutschen Vereins für Armenpflege und Wohltätigkeit, 23.–24.9.1909, in: Zeitschrift für Säuglingsschutz 1, 1909, S. 134f.; zum Zusammenhang und zu weiteren Details vgl. Saul, Konservative Struktur, passim und Flemming, Landwirtschaftliche Interessen und Demokratie. Ländliche Gesellschaft, Agrarverbände und Staat 1890–1925, Bonn 1978, S. 64ff.

50 Typisch dafür die Argumentation bei Arno Hoffmeister, Bearb., Erhebungen über die Seßhaftmachung der Landarbeiter in Ostpreußen und über den Bau von Arbeiterwohnungen in Ostpreußen mit Unterstützung der Landes-Versicherungsanstalt nebst Verhandlungsprotokollen vom 26. November 1907 und vom 1. Februar 1908 (Arbeiten der Landwirtschaftskammer für die Provinz Ostpreußen, Nr. 19), Königsberg 1908, S. Vff.

51 Zu den Debatten darüber vgl. Kenneth D. Barkin, The Controversy over German Industrialization 1890–1902, Chicago 1970.

52 So Willy Wygodzinski, Die ausländischen Wanderarbeiter in der deutschen Landwirtschaft, in: Weltwirtschaftliches Archiv 7, 1916, S. 364.

werden, als ob es keinen Grund zur Entrüstung gegeben hätte. Denn die Bedingungen, unter denen die 'Gäste', Männer, Frauen und Kinder, ihr Dasein fristeten, spotteten vielfach jeder Beschreibung. Menschenwürdig waren sie nicht. Die Kritik, die sich daran entzündete, rieb sich am Gebaren der Gutsbesitzer und an der Untätigkeit der Behörden, erwärmte sich für das „klägliche" Schicksal der Betroffenen jedoch kaum. Mitgefühl für sie äußerte sich selten[53], Scham und schlechtes Gewissen, sofern überhaupt vorhanden, kaschierte man mit wohlfeilen Schutzbehauptungen, die den Polen Anspruchslosigkeit und tieferes Kulturniveau bescheinigten, tatsächlich nur Selbstgefälligkeit und nationales Vorurteil verrieten.

Saisonarbeiter figurierten als Objekte obrigkeitlicher Überwachung und boten mannigfachen Anlaß für partei- und interessenpolitische Agitation. Die agrarischen Körperschaften zum Beispiel prangerten die ausbeuterischen Praktiken und die „betrügerischen Manipulationen" der Stellenvermittler und Aufseher an, aber nicht in erster Linie, um das Los der Leute zu erleichtern, sondern um den eigenen Wünschen nach schärferer Kontrolle des kostentreibenden Agentenwesens Nachdruck zu verleihen.[54] Medizinalbeamte schilderten die traurigen hygienischen Verhältnisse in den Schnitterkasernen und verbanden dies mit der Erwartung, bereits an den Grenzen Impfbüros einzurichten, Kranke und Schwache zu selektieren und unverzüglich abzuschieben. Im Vordergrund standen Desinfektion, Quarantäne und räumliche Isolierung, Prophylaxe gegen Typhus, Pocken, Granulose, Läuse und Krätze.[55] Die zum Thema publizierten Berichte stellten den Arbeitgebern allerdings Armutszeugnisse aus. „Leider kümmern sich nur wenige um die Krankenpflege", hieß es aus dem Kreis Querfurt in der Provinz Sachsen: „Der Gutsinspektor oder Bauer schimpft, wenn der Arbeiter krank wird und zu Haus bleibt, noch ungehaltener wird er, wenn der Kranke nach dem Arzt verlangt, da dieser in der Regel Schonung und Bettruhe anordnet."[56] Ein Kollege aus dem brandenburgischen Soldin monierte das ungenierte Beisammensein der Geschlechter, weshalb die „Schnitterhäuser gleichsam zu länd-

53 Eher zu den Ausnahmen zählen Stefan Schmidt, Die Wanderarbeiter in der Landwirtschaft der Provinz Sachsen und ihre Beschäftigung im Jahre 1910, Phil. Diss. Halle-Wittenberg 1911; Andreas Mytkowicz, Ausländische Wanderarbeiter in der deutschen Landwirtschaft, Posen 1914 sowie Julius von Trzcinski, Russisch-polnische und galizische Wanderarbeiter im Großherzogtum Posen, Stuttgart 1906 (dort auch das Zitat, S. 112).

54 Beispiele dafür in der Eingabe des Zentral-Ausschusses der Königlichen Landwirtschaftsgesellschaft Hannover an den Oberpräsidenten der Provinz Hannover, 29.9.1896, in: Niedersächsisches Hauptstaatsarchiv, Hann. 180 Hildesheim 4027 sowie Max von Stojentin, Die Mißstände der Agentenwirtschaft bei der Vermittlung galizischer Feldarbeiter für die Arbeitsnachweise der preußischen Landwirtschaftskammern und die Notwendigkeit ihrer Abhilfe, Stettin o.J. (Zitat auf S. 7).

55 Typisch dafür die Diskussion auf der Versammlung der Kreis-Medizinalbeamten im schlesischen Regierungsbezirk Liegnitz, 30.11.1912, in: Zeitschrift für Medizinalbeamte 26, 1913, Beilage, S. 171ff.

56 Kreisphysikus Schilling, Die Krankheiten der Sachsengänger und ländlichen Arbeiter, in: ebd. 12, 1899, S. 11; vgl. auch die beschönigende Gegendarstellung durch Sanitätsrat Fieling, Halle, ebd., S. 68–71.

lichen Bordellen“ ausarteten.[57] Immer wieder hagelte es Rügen über Verstöße gegen baupolizeiliche Vorschriften und den geringen Eifer, für Abhilfe zu sorgen. Die Unterkünfte, so fast überall das Fazit, seien „größtenteils überfüllt, oft sehr feucht, dumpf und vielfach überaus schmutzig und tagsüber ohne Ventilation“, Krankenpflege funktioniere nur da, wo Geschwister den Bedürftigen unter die Arme griffen; Krankendiät sei unbekannt, und die „körperliche Reinlichkeit“ würde aus Mangel an Waschbecken, Seife und Handtüchern arg vernachlässigt, ferner spräche es dem „Anstandsgefühl“ Hohn und führe zu Ansteckungen, wenn „Querbalken als Aborte für Jung und Alt, Burschen und Mädchen“ dienten. Gravierender noch als die sanitären Defizite erschien jedoch die demoralisierende Wirkung des „Nomadenlebens“: Die Jugendlichen hausen mit „unmoralischen Weibern und halbwüchsigen liederlichen Bengels zusammen, sehen das unsittliche Treiben tagsüber, sonntags im Gasthause und abends auf der Straße oder in der eigenen Stube, lernen das Schnapstrinken, akquirieren Geschlechtskrankheiten und verfallen anderen Lastern.“[58]

Den Alltag der ausländischen Arbeiter prägten Fremdheit und Diskriminierung. Für die Einheimischen waren sie ungebetene Gäste: lästige und mißtrauisch beäugte Eindringlinge, die ihnen Lohn und Brot abschnitten, zudem andere Riten und Gewohnheiten hatten. Man begegnete ihnen auf den Äckern und ging nach Feierabend getrennte Wege. Für die Sozialdemokratie als Anwältin proletarischer Solidarität hätte sich hier ein reiches Betätigungsfeld eröffnet. Daß sie es nicht beschritt, daß sie weder Distanz zu verringern, noch gegenseitige Achtung zu wecken vermochte: dies zeigt einmal mehr, wie sehr sie trotz prinzipieller Opposition ein Kind der Wilhelminischen Epoche war. Überhaupt fällt auf, daß sie den Wanderarbeitern vergleichsweise wenig Aufmerksamkeit schenkte.[59] Gewiß, da war die Rede von „Lohnsklaven“[60] und „Willkür der Grundbesitzer“.[61] Aber das vermischte sich dann und wann mit Formulierungen, die erkennen ließen, daß das Hemd näher lag als der Rock. Vor allem die lohndrückende 'Schmutzkonkurrenz' war es, die Bauchschmerzen bereitete. Dies als Taktik der Arbeitgeber ins Bewußtsein zu heben, bedurfte es bei der Anhängerschaft keiner besonderen Anstrengung. Naiv indes war die Hoffnung, davon auch die polnischen Arbeiterinnen und Arbeiter überzeugen zu können. 1894 hielt ihnen ein Flugblatt der Generalkommission vor, sie seien ein „Schiebball der Ausbeutung und Unfreiheit“. In Deutschland sei es im übrigen nicht besser als in der Heimat, die sie gerade wegen günstigerer Erwerbsmöglichkeiten verlassen hatten. Und

57 Kreisphysikus Haase, Die Schnitterwohnungen im Kreise Soldin, in: ebd. 13, 1900, S. 189.

58 Kreisphysikus Schilling, Lage der Sachsengänger in den westlichen Provinzen, in: ebd. 6, 1893, S. 6f.; als neuere und den angesprochenen Sachverhalt bestätigende Fallstudien vgl. Hans-Jürgen Rach, Schnitterkasernen in der Magdeburger Börde. Die Unterkünfte der landwirtschaftlichen Saisonarbeiter in der zweiten Häfte des 19. und zu Beginn des 20. Jahrhunderts, in: Jahrbuch für Volkskunde und Kulturgeschichte 17, 1974, S. 171–192 und Albrecht Wien, Die preußische Verwaltung des Regierungsbezirks Danzig 1870–1920, Köln 1974, S. 94–97.

59 Zu diesem Schluß kommt auch Groß, Ausländische Arbeiter (wie Anm. 44), S. 8.

60 Correspondenzblatt der Generalkommission der Gewerkschaften Deutschlands Nr. 2 vom 11.1. 1908 (Ausländische Arbeiter als Lohnsklaven).

61 Norddeutscher Volkskalender für 1909, Kiel 1909, S. 5.

weiter: es ist „schmerzlich, wenn Arbeiter im eigenen Lande ohne Arbeit sind und in Not leben, wo statt dessen Scharen von Arbeitern aus der Fremde zuziehen und alle Arbeit wegschnappen."[62] Der folgende Appell, sich den Gewerkschaften anzuschließen, verhüllte das arbeitsmarktpolitische Interesse und die Ängste, die sich darin offenbarten, mehr schlecht als recht. Fremdheit bestimmte, wie man sieht, nicht nur die Beziehungen zwischen den Klassen, sondern auch die innerhalb der eigenen Klasse.[63] Die Perspektiven, die Sozialdemokraten anboten, blieben abstrakt. Geprägt von den Erfahrungen der Stadt, trösteten sie sich mit dem Blick in eine lichtere, gleichwohl entrückte Zukunft: „Aber ein Funke der Erkenntnis freieren Menschengeistes wird in die Köpfe der Wanderarbeiter dringen, und der Gedanke des organisierten Widerstandes, der gewerkschaftlichen Organisation wird in ihren Herzen Wurzel fassen und sich kräftig entwickeln. Und der Einfluß der internationalen Gewerkschaftsbewegung wird dieses Aufklärungswerk fördern und die gewerkschaftliche Agitation in jene Gebiete tragen, die heute noch die Reserven billigster Arbeitskräfte bilden."[64]

---

62 Abgedruckt im Quellenanhang von Hans-Jürgen Rach und Bernhard Weissel, Hg., Bauern und Landarbeiter im Kapitalismus in der Magdeburger Börde. Zur Geschichte des dörflichen Alltags vom Ausgang des 18. bis zum Beginn des 20. Jahrhunderts, Berlin-DDR 1982, S. 377f.

63 Christel Heinrich, Lebensweise und Kultur der in- und ausländischen landwirtschaftlichen Saisonarbeiter von der Mitte des 19. Jahrhunderts bis 1918, in: ebd., S. 153, spricht allerdings – was damals politisch wohl unumgänglich war – von bewußter oder unbewußter „Zugehörigkeit zur gemeinsamen Klasse". Das beigebrachte Material läßt eher auf das Gegenteil schließen.

64 Correspondenzblatt (wie Anm. 60).

Wolfram Pyta

Besteuerung und steuerpolitische Forderungen des ostelbischen Großgrundbesitzes 1890–1933

Wer sich mit den wirtschaftlichen Gravamina des ostdeutschen Großgrundbesitzes beschäftigt, denkt gewiß zunächst an die seit den späten 1870er Jahren nicht verstummenden Klagen der Landwirte über zu niedrige Preise für Agrarerzeugnisse. In der Weimarer Republik kommt seit Mitte der 20er Jahre noch das Problem der Verschuldung des Grundbesitzes hinzu. Zählen der mit protektionistischen Argumenten ausgefochtene Kampf gegen den Preisverfall und die Anprangerung der als unerträglich angesehenen Verschuldung zum politischen Standardrepertoire gerade der ostdeutschen Rittergutsbesitzer, so gehört die Besteuerung gewiß nicht zu den allerersten Themen, mit denen man die ökonomischen Nöte der Großagrarier in Verbindung bringt.

Die Frage ist, ob dieser Eindruck nicht daher rührt, daß das so lautstark vorgetragene agrarische Verlangen nach immer höheren Zolltarifen und einer immer großzügigeren Entschuldung den Blick für den politischen Stellenwert des Steuerproblems verstellte. Daher lohnt sich eine Musterung der verfügbaren Literatur und ausgewählter Archivalien unter der leitenden Fragestellung, welche Relevanz die Besteuerung für den ostdeutschen Großgrundbesitz besaß. So bruchstückhaft die bisherigen Äußerungen der Forschung hierzu auch sind – sie lassen doch immerhin den einen Befund zu, daß nämlich das Steuerproblem an politischer Bedeutung gewann. Fungierte es bis 1918 aus gleich noch darzulegenden Gründen als „quantité négligeable“, so ist ab 1923/24 ein enormer Zugewinn an politischem Gewicht zu verzeichnen, der dazu führte, daß die Steuerfrage am Ende der 20er Jahre auf der agrarischen Prioritätenskala ganz oben rangierte.

1. Die Steuerfrage im Deutschen Kaiserreich

Bis zum Ende des Kaiserreichs hatten die Agrarier allerdings keinen Anlaß, das Problem der Besteuerung von sich aus anzuschneiden und zu einem Thema der politischen Auseinandersetzung zu machen. Sie taten im Gegenteil gut daran, auf Steuerfragen möglichst wenig zu sprechen zu kommen. Denn eine verstärkte Beschäftigung damit hätte möglicherweise schlafende Hunde wecken und der Öffentlichkeit das Ausmaß der steuerlichen Bevorzugung des ostelbischen Großgrundbesitzes deutlich vor Augen führen können. Gehörte doch der ostdeutsche Rittergutsbesitzer derjenigen Berufsgruppe an, die sich im kaiserlichen Deutschland steuerlich vermutlich am besten stand, so daß es opportun war, diesen Sachverhalt besser für sich zu behalten und die politische Arena lieber mit der Forderung nach Schutzzöllen zu betreten.

Ein Blick auf die für den Großgrundbesitz anfallenden Steuern soll diesen Befund untermauern. Der fiskalischen Zerklüftung des Kaiserreichs entsprechend wurde der ostelbische Großlandbau von Steuern unterschiedlicher Provenienz mehr oder minder locker erfaßt: zunächst von den allein dem preußischen Staat zufallenden beiden Personalsteuern – der Einkommen- und der Vermögensteuer-; dann von den den preußischen Gemeinden zustehenden Grundsteuern sowie den kommunalen Zuschlägen auf Grund- und Einkommensteuer; schließlich noch von den ausschließlich die Reichskasse füllenden Verbrauchssteuern und der 1906 eingeführten Reichserbschaftssteuer. War die fiskalische Kompetenz auch zwischen dem Reich, Preußen und den Gemeinden – allerdings zu Lasten des Reichs – verteilt, so verstanden es die ostelbischen Großgrundbesitzer, sich auf *jeder* der drei Ebenen dem Zugriff des Fiskus weitgehend zu entziehen.

In Preußen hätte die 1891 eingeführte progressive Einkommensteuer eigentlich auch den Großgrundbesitz gemäß seiner tatsächlichen ökonomischen Leistungsfähigkeit heranziehen müssen, wenn dieser nicht Mittel und Wege zur erfolgreichen Umgehung dieser Steuer gefunden hätte, die im Charakter der Einkommensteuer als einer Veranlagungssteuer mit Deklarationszwang begründet waren. Die Steuerpflichtigen mußten ihr erzieltes Einkommen bei den Steuerbehörden angeben und wurden dementsprechend veranlagt, wobei der Steuersatz bei Einkommen von 30500 bis 100000 Mark 3%, für alle darüberliegenden Einkommen 4% betrug. Den allermeisten Großgrundbesitzern gelang es, den Steuerbehörden glaubhaft zu machen, daß sie über gar kein oder nur über ein minimales Einkommen verfügten, weswegen sie die Einkommensteuer so gut wie gar nicht tangierte.

Grundlegende Voraussetzung für diese Steuerdrückebergerei großen Stils war der Umstand, daß die Großagrarier – im Unterschied zu den bäuerlichen Klein- und Mittelbetrieben – Buch führten und so mittels frisierter Zahlen ein offizielles Betriebsergebnis vorlegen konnten, das weit unter dem tatsächlichen lag. Der Erfindungsreichtum bei solchen Steuermanipulationen war groß – besonders beliebt war die Methode, unbezahlte Rechnungen gleich doppelt von den Betriebseinnahmen abzusetzen und diese damit herunterzumanipulieren, einmal in dem Jahr, in dem sie als noch unbezahlte Forderungen vorlagen und das zweite Mal, wenn sie im Jahr darauf tatsächlich beglichen wurden.[1]

Eine derartig dimensionierte Steuerhinterziehung war aber nur möglich, weil die Steuerbehörden beide Augen zudrückten und auf eine Nachprüfung offensichtlich unglaubhafter Angaben verzichteten. Im preußischen Osten war eine solche Passivität bei der Eintreibung der Einkommensteuer, die einer Ermunterung zur Steuerhinterziehung gleichkam, an der Tagesordnung. Denn dort stand in aller Regel mit dem Landrat ein Amtsträger an

1 Eindrucksvolle Beispiele für solche Praktiken bei Peter-Christian Witt, Der preußische Landrat als Steuerbeamter 1891–1918, in: Imanuel Geiss/Bernd Jürgen Wendt (Hg.), Deutschland in der Weltpolitik des 19. und 20. Jahrhunderts, Düsseldorf 1973, S. 205–219, vor allem S. 215f.; beredte Einzelfälle wurden auch von dem Herausgeber der „Preußischen Jahrbücher", Hans Delbrück, angeführt, vgl. Preußische Jahrbücher 136, 1909, S. 180–184.

der Spitze der Steuerveranlagungskommission, der seinen adligen Standesgenossen nicht weh tun wollte und deshalb großzügig über die Steuerpraktiken der Großagrarier hinwegsah.[2] Welch extreme Blüten dieses Steuergebaren trieb, wird u. a. daran ersichtlich, daß der spätere Vorsitzende des großagrarisch dominierten „Bundes der Landwirte", Conrad Freiherr von Wangenheim aus Klein-Spiegel in Pommern, in der zweiten Hälfte der 1890er Jahre überhaupt keine Einkommensteuer entrichtete.[3] Die zweite preußische Staatssteuer, die 1893 eingeführte Vermögensteuer, fiel gegenüber der Einkommensteuer viel weniger ins Gewicht, da ihr Steuertarif nur 0,5 Promille betrug, also ein Vermögen von 100000 Mark nur mit 50 Mark besteuert wurde.

Auch die dem Reich zustehenden Steuern schonten den Großgrundbesitz in einem beträchtlichen Ausmaße. Ging die Reichsregierung einmal daran, ihre fiskalischen Kompetenzen auszuweiten und dabei auch die steuerlichen Privilegien der Rittergutsbesitzer anzutasten, war ihr der geballte Widerstand der im BdL versammelten großagrarischen Lobby gewiß. So scheiterte im Jahre 1908/09 der Versuch, die Reichserbschaftssteuer auch auf Erbschaften von Kindern und Ehegatten auszudehnen, nicht zuletzt an der Ablehnung durch die Großgrundbesitzer, deren materielles Interesse die geplante Besteuerung von 3 % bei einem Erbe von mehr als einer Million Mark nicht zuließ.[4] Die beiden wichtigsten, die ostdeutsche Großlandwirtschaft betreffenden Verbrauchssteuern – die Branntwein- und die Zuckersteuer – erregten hingegen nicht den Anstoß der Agrarier, weil hier durch technischen Fortschritt erhebliche Steuerersparnisse zu erzielen waren und zudem diverse Möglichkeiten zu falscher Steuerdeklarierung existierten.[5]

Diejenigen Steuern, die die potentiell größte steuerliche Belastung für den Großgrundbesitz ausmachten, standen aber nicht Preußen oder dem Reich, sondern den preußischen Kommunen zu. Seitdem die Miquelsche Steuerreform von 1893 den Gemeinden den Ertrag der überwiegend die Landwirtschaft treffenden Grundsteuer zugewiesen hatte, avancierte mit dieser Grundsteuer eine typisch agrarische Steuer zur wichtigsten Säule des kommunalen Steuersystems. Neben der Grundsteuer finanzierten die Gemeinden ihren Etat noch mit Hilfe von Zuschlägen auf bestehende Steuern, wobei auch hier die Grundsteuer auf dem Lande an erster Stelle stand, gefolgt von der Einkommensteuer. In den Landgemeinden lagen diese Zuschläge im Jahre 1911 immerhin bei etwa 180 %.[6] Zumindest in der Theorie konnte die in Preußen übliche kommunale Besteuerung zu einem für die Landwirtschaft äußerst unangenehmen fiskalischen Instrument werden.

---

2 Vgl. dazu die Studie von Witt, wie Anm. 1, die als bisher einzige Arbeit zum Thema agrarische Steuerhinterziehung im Kaiserreich auf Aktenmaterial fußt und dazu unentbehrlich ist.

3 Siehe dazu die Angaben bei Curt Bürger, Die Agrardemagogie in Deutschland, Berlin 1911, S. 13f.

4 Hierzu immer noch grundlegend die umfassende Studie von Peter-Christian Witt, Die Finanzpolitik des Deutschen Reiches von 1903 bis 1913, Lübeck 1970, vor allem S. 256–259.

5 Vgl. ebd., S. 40–54 sowie die Beiträge von Erich Siegert und Erich Trautvetter im Handbuch der Finanzwissenschaft, Bd. 2, Tübingen 1927, S. 225ff. und S. 259ff.

6 Siehe hierzu und zum Modus der Kommunalbesteuerung den wichtigen Beitrag von Wilhelm Gerloff, Die Besteuerung der Landwirtschaft vor und nach dem Kriege, in: Max Sering (Hg.), Die deutsche Landwirtschaft unter volks- und weltwirtschaftlichen Gesichtspunkten, Berlin 1932, S. 156–195, hier S. 163–167.

Daß auch die kommunalen Steuern die Großagrarier bis 1918 weitgehend verschonten, hing also nicht mit dem stark auf den Realsteuern basierenden System der Gemeindefinanzierung zusammen, sondern mit den den Objektsteuern selbst anhaftenden Mängeln, die ihre finanzielle Ergiebigkeit gewaltig schmälerten. Denn die Grundsteuer beruhte auf einer veralteten Bemessungsgrundlage. Sie richtete sich nach dem von Sachverständigen eingeschätzten Reinertrag, d. h. nach dem Wert, den der Grund und Boden normalerweise abwarf. Dieser Grundsteuerreinertrag stammte aber aus den frühen 1860er Jahren, als Experten nach der Verabschiedung des preußischen Grundsteuergesetzes im Jahre 1861 in einem höchst komplizierten Verfahren den Ertragswert des Bodens eingeschätzt hatten.

Wenn die preußischen Landwirte im Jahre 1913 9,4 % dieses Schätzwertes an Grundsteuer abzuführen hatten, entsprach dieser Steuerbetrag in keiner Weise dem tatsächlichen Ertrag des Grund und Bodens, da er die im Laufe von 5 Jahrzehnten beträchtlich angewachsene Ertragsfähigkeit der landwirtschaftlich genutzten Grundstücke völlig außer acht ließ.[7] Auch die kommunalen Zuschläge zu dieser vergleichsweise äußerst mäßigen Grundsteuer trafen den ostdeutschen Großgrundbesitzer vor dem Kriegsende kaum, da es ihm im preußischen Osten nicht schwerfiel, seinen überragenden ökonomischen Einfluß vor Ort in direkte politische Verfügung über den Gemeindehaushalt umzusetzen. Lag sein Besitz auf dem Territorium einer Landgemeinde, dann sorgte allein das auf kommunaler Ebene geltende Zensuswahlrecht dafür, daß in aller Regel ihm ergebene Gemeindevertreter gewählt wurden, die nicht daran dachten, die gemeindlichen Ausgaben für Wegebau und Schulunterhaltung derartig in die Höhe zu schrauben, daß sie nur über den Weg hoher Zuschläge vom größten örtlichen Steuerzahler hätten gedeckt werden können. Bildete sein Besitz einen der knapp 12.000 Gutsbezirke, gab es ohnehin keine Gemeindevertretung. Der Gutsherr war hier in Personalunion der oberste Finanzchef, dem alles andere als eine Vermehrung der kommunalen Ausgaben, die ja ausschließlich aus seiner Privatschatulle zu decken waren, im Sinn stand.

Zusammenfassend läßt sich also sagen, daß bis 1918 der ostelbische Großgrundbesitz eine fiskalische Bevorrechtigung bei Reichs-, Staats- und Gemeindesteuern genoß, die sich aus zwei Quellen speiste: aus den immanenten Mängeln bei den wichtigsten auf die Landwirtschaft zugeschnittenen Steuern und aus seiner direkten politischen Einflußnahme auf das Ausmaß seiner fiskalischen Beanspruchung.

2. Die Steuerfrage in der Weimarer Republik

Doch dieses Steuerparadies fand mit dem Untergang der preussisch-deutschen Monarchie und dem verlorenen Krieg sein Ende. Daß in der Republik auch die Großlandwirtschaft ihren Teil dazu beitragen sollte, die finanziellen Lasten von Krieg und Reparationen zu bewältigen, kündigte sich bereits mit der großen Reichsfinanzreform von 1919/20 an, schlug aber erst nach dem Ende der Hyperinflation im November 1923 durch. Die Steuer-

7 Vgl. ebd., S. 163f.

frage wurde seitdem für die Großagrarier zu einem wichtigen politischen Thema, an dem sich unzählige Klagen über das ungewohnte Ausmaß der Besteuerung entzündeten.

Das Ende der fiskalischen Schonzeit für die Großagrarier hing ursächlich mit der Neuordnung der Finanzhoheit zusammen. Dadurch, daß das Reich nun die direkten Personalsteuern – also vor allem Einkommen- und Vermögensteuer – ganz an sich zog, wurden Länder und Gemeinden auf eine intensivere Ausschöpfung der ihnen verbliebenen Objektsteuern verwiesen. Dies bedeutete zum einen, daß die finanzielle Ergiebigkeit gerade der Grundsteuer gesteigert wurde. Zum anderen wurden die kommunalen Zuschläge auf die Grundsteuer kräftig angehoben. Denn der preußische Staat hatte sich nach der Abtretung der Subjektsteuern an das Reich vor allem an der bis 1918 allein den Gemeinden zustehenden Grundsteuer schadlos gehalten, was die Kommunen dazu nötigte, den Hebesatz des ihnen verbliebenen Quantums an Grundsteuer – dies waren noch zwei Drittel – merklich zu erhöhen.[8]

Die Besteuerung der Landwirtschaft stellte sich damit speziell für den Großgrundbesitz als ein Problem der Realsteuerbelastung dar. Von den 776 Millionen im Jahre 1928 von der Landwirtschaft aufgebrachten Steuern entfielen allein 500 Millionen auf die Realsteuern einschließlich der sich nach den Objektsteuern bemessenden Speziallasten wie den Schulunterhaltungskosten.[9]

Verläßliche Zahlenangaben zeigen, daß gerade der Großgrundbesitz von den Realsteuern betroffen war. So entfiel von der steuerlichen Gesamtbelastung der ostpreußischen Güter über 500 Hektar nur etwas weniger als ein Drittel auf die Reichssteuern, hingegen ein wenig mehr als zwei Drittel auf die sich an den Objektsteuern ausrichtenden Landes- und Gemeindeabgaben inklusive Sonderlasten.[10]

Bevor nun im einzelnen dargelegt werden soll, in welchem Ausmaß der ostdeutsche Großgrundbesitz zu den Steuern herangezogen wurde, ist es nötig, einige Bemerkungen zur Materialgrundlage dieser Ausführungen vorauszuschicken. Es gibt in den veröffentlichten Statistiken keine genauen Zahlen, die das aufzeigen – nämlich die steuerliche Belastung des ostdeutschen Großgrundbesitzes –, wonach an dieser Stelle Ausschau gehalten wird. Das in diesen Veröffentlichungen versammelte Zahlenmaterial ist viel zu allgemein, um die hier gestellte Frage mittels exakter Angaben beantworten zu können. Nur eine systematische Auswertung der entsprechenden Bestände der Finanzministerien des Reiches, Preußens und Mecklenburgs sowie der ihnen unterstehenden Finanz- und Katasterämter könnte hier wirkliche Abhilfe schaffen. Da diese Archivalien jedoch noch einer solchen Untersuchung harren und obendrein quellengesättigte Studien zur Finanzpolitik der erwähnten Länder fehlen, kann die vorliegende Studie nicht mehr als einen ersten Einstieg in das Thema leisten. Sie kann sich dabei allerdings auf quellenmäßig

8 Siehe ebd., S. 171.

9 Vgl. ebd., S. 193 sowie den Beitrag von W. Ebbinghaus, Die Steuerbelastung der deutschen Landwirtschaft, in: Deutsche Agrarpolitik im Rahmen der inneren und äußeren Wirtschaftspolitik, Teil II, Berlin 1932, S. 297–310.

10 Zahlenangaben in der vom Statistischen Reichsamt herausgegebenen Schrift: Die Besteuerung der Landwirtschaft, Berlin 1930, hier S. 101.

faßbare Einzelbeobachtungen stützen, die zusammengefügt einen relativ kohärenten Gesamteindruck vermitteln, der es erlaubt, die politische Bedeutung der Steuerfrage für die vielbeschworenen „Junker" zumindest ansatzweise nachvollziehen zu können.

Die vorhandenen Indizien lassen zum einen den Schluß zu, daß die Reichssteuern bei den Großagrariern kaum Anstoß erregten. Denn auch nach dem Kriege vermochten sie der Einkommensteuer weitgehend zu entkommen. Zwar existierte in der Weimarer Republik keine von politischer Seite her angeregte Ermunterung zur Hinterziehung der Einkommensteuer mehr. Aber die großen Gutsbesitzer verstanden es auf andere Weise, ihr Einkommen vor dem Zugriff des Finanzamtes in Sicherheit zu bringen.

Während die praktisch immer nichtbuchführenden Bauern nach amtlich festgesetzten Richtwerten zur Einkommensteuer veranlagt wurden und damit Einkommensteuer zu entrichten hatten, nutzten die Großgrundbesitzer die Möglichkeit einer individuellen Einkommensteuererklärung, um mit Hilfe einer geschickten Buchführung ihr Einkommen so zu minimieren, daß sie in der Regel weit weniger Steuern als die pauschal veranlagten Bauern zahlten. Den ca. 85 % nichtbuchführenden landwirtschaftlichen Betrieben war diese Möglichkeit verwehrt, da es den Bauern einfach an der nötigen Zeit und Kenntnis dazu mangelte. Hingegen vertrauten die meisten Großgrundbesitzer ihre Buchführung spezialisierten Fernbuchstellen an, wobei sie zu Recht darauf vertrauten, daß sie für die dafür aufgewendeten Kosten reichlich durch die erzielte Steuerersparnis entschädigt würden.[11] Es war also das System der Einkommensteuerermittlung, das die buchführenden Agrarier so stark begünstigte, daß für sie die Einkommensteuer zu einer vernachlässigbaren Größe schrumpfte. Zur Ungleichgewichtigkeit bei der Einkommensteuerveranlagung sei hier nur ein Beispiel genannt, das durch viele andere ergänzt werden könnte. Im brandenburgischen Kreis Prenzlau brachte der Großgrundbesitz nur 25 % der von der dortigen Landwirtschaft abgeführten Einkommensteuer auf, obwohl er dort zwei Drittel des Grund und Bodens besaß.[12]

Diese steuerliche Schonung bei der Einkommensteuer vermochte aber nicht die gestiegenen Lasten bei den Realsteuern aufzuwiegen. Denn den Objektsteuern vermochte sich der Großgrundbesitz bei weitem nicht in dem Maße zu entziehen wie den Subjektsteuern. Daß sich nun vor allem die Grundsteuer auf der Ausgabenseite merklich niederschlug, lag an der gegenüber der alten Grundsteuer von 1861 geänderten Bemessungsgrundlage. Die preußische Finanzpolitik hatte die Gelegenheit der Neuordnung des gesamten Steuersystems dazu genutzt, um die veraltete Grundsteuer am 28. Februar 1924 durch eine sehr viel ergiebigere Grundvermögensteuer zu ersetzen. Die Wertermittlung der Grundstücke

11 Vgl. dazu den Beitrag: Bauernstand und Einkommensteuerveranlagung, in: Deutscher Bauernbund 18, 1926, S. 61f.

12 Diese Angabe in der Landtagsrede des KPD-Abgeordneten Kellermann vom 7. Februar 1928, Sitzungsberichte des Preußischen Landtags, 2. Wahlperiode, Bd. 16, Sp. 23467; weitere deutliche Hinweise mit Einzelbeispielen in der Zeitschrift „Deutscher Bauernbund", welche die Interessen des gleichnamigen, Klein- und Mittelbauern repräsentierenden landwirtschaftlichen Verbandes vertrat: (18) 1926, S. 3, 9f., 27f.,
42, 78 und 92 sowie (19) 1927, Ausgabe vom 1. September 1927.

änderte sich insofern, als nun der für den Veranlagungsabschnitt 1917–1919 festgestellte Wert der preußischen Ergänzungssteuer, die 1893 eingeführt worden war, zur Basis eines progressiven Grundsteuertarifs erhoben wurde. Er begann bei 0,10 Promille für die ersten 10.000 Mark Ergänzungssteuerwert, um dann auf maximal 0,25 Promille für alle 60.000 Mark Grundwert übersteigende Beträge anzuwachsen.[13]

Diese Orientierung an der preußischen Ergänzungssteuer bei der Wertermittlung bedeutete eine gegenüber der Vorkriegszeit weitaus stärkere Heranziehung gerade des Großgrundbesitzes. Denn die 1924 von der Landwirtschaft erzielten Erträge lagen in aller Regel weit unter dem Niveau, das bei der Berechnung des Ergänzungssteuerwertes zu Grunde gelegen hatte.[14] Nun wirkte sich der der Grundsteuer schon immer anhaftende Charakter, auf die momentane tatsächliche Leistungsfähigkeit des Steuerpflichtigen nur ungenügend eingehen zu können, zum Nachteil aus. Hatte bei der alten Grundsteuer von 1861 der tatsächlich erzielte Reinertrag weit über dem dieser Steuer zugrundeliegenden Schätzwert gelegen, so kehrte sich bei der neuen preußischen Grundvermögensteuer diese Tendenz um, so daß sich nun die politischen Vertrauensmänner des Großgrundbesitzes bemüßigt fühlten, gerade diesen Sachverhalt anzuprangern. „Das ist ja die Ungeheuerlichkeit, daß jetzt ... die Landwirtschaft nicht mehr nach ihrem tatsächlichen Einkommen besteuert wird, sondern nach einem fingierten“.[15]

Die stärkere finanzielle Ergiebigkeit der Grundsteuer schlug gleich doppelt zu Buche, da sich ja auch die kommunalen Abgaben auf dem Lande ganz überwiegend an dieser Steuer ausrichteten. In den preußischen Landgemeinden unter 2000 Einwohnern lag der Zuschlagsatz auf die Grundvermögensteuer im Rechnungsjahr 1930/31 bei durchschnittlich 222 %, wobei aber immerhin nicht weniger als 851 von insgesamt 22.284 Landgemeinden mit einem Aufschlag von mehr als 500 % aufwarteten. Die überragende Bedeutung der Grundvermögensteuer für den Etat der ländlichen Kommunen wird daran ersichtlich, daß 73,5 % ihrer Einnahmen im Haushaltsjahr 1930/31 aus den Zuschlägen auf diese Steuer resultierten.[16] Da der Großgrundbesitz nach der Auflösung der Gutsbezirke im Jahre 1928 fast ausschließlich in solchen Landgemeinden beheimatet war, machte ihn die geschilderte fiskalische Ausschöpfung der Grundvermögensteuer zum größten kommunalen Steuerzahler.

Dieser Umstand hätte sich finanziell für ihn nicht sonderlich ausgewirkt, wenn die

13 Grundlegend zu den komplizierten gesetzlichen Grundlagen der Grundvermögensteuer ist die Übersicht von F. Suckow, Die Erhebung einer vorläufigen Steuer von Grundvermögen, Berlin 1928 (2. Auflage), vor allem S. 34f.

14 Vgl. dazu die Landtagsreden der Abgeordneten Schmelzer (Zentrum) vom 1. Februar und Schulze-Stapen (DVP) vom 22. Februar 1924, Sitzungsberichte des Preußischen Landtags, 1. Wahlperiode, Bd. 15, Sp. 21115ff. und 21401f.

15 Landtagsrede des preußischen Abgeordneten von Winterfeld (DNVP) vom 31.1.1924, ebd., Sp. 21051; vgl. auch die Angaben in der zur Zeit aktuellsten und den bisherigen Forschungsstand zusammenfassenden Studie von Heinrich Becker, Handlungsspielräume der Agrarpolitik in der Weimarer Republik zwischen 1923 und 1929, Stuttgart 1990, S. 221.

16 Eigene Berechnung nach dem Taschenbuch der Finanzstatistik in Preußen 1932, Berlin 1932, S. 102–105.

Gemeindeausgaben im preußischen Osten auf ihrem durchweg niedrigen Vorkriegsniveau verharrt hätten. Dies war jedoch aus einer Vielzahl von Gründen nicht der Fall. Denn vor allem die kommunalen Kosten der Schulunterhaltung waren geradezu explosionsartig angestiegen. Da die Schullasten den Löwenanteil des Gemeindehaushaltes ausmachten – ihr Anteil lag im Rechnungsjahr 1929 bei 51,4 % [17] –, mußten die ländlichen Steuerzahler und allen voran die großen Landwirte für diesen Kostenzuwachs aufkommen.

Denn den Großagrariern war in der Weimarer Republik die Möglichkeit weitgehend versperrt, wie in den Zeiten der Monarchie ihre politische und ökonomische Dominanz auf dem Lande dazu zu gebrauchen, die Schulunterhaltungslasten auf ein Minimum zu reduzieren. Zwar existieren keine quellengesättigten Studien darüber, in welcher Weise der Großgrundbesitz seine allein am ökonomischen Eigeninteresse ausgerichtete Schulpolitik in den kommunalen Parlamenten zur Geltung zu bringen suchte. Aber die Vermutung dürfte nicht fehlgehen, daß selbst dort, wo in den Gemeindevertretungen eine großgrundbesitzerfreundliche Mehrheit bestand, er sich den gestiegenen Schulkosten nicht mehr entziehen konnte, ja sogar nicht einmal mehr in den bis 1928 existierenden fast 12.000 Gutsbezirken, wo der Gutsherr ohne eine gewählte kommunale Repräsentanz weitgehend nach eigenem Gutdünken schalten und walten konnte.

Denn gemäß dem in Preußen seit dem 17. Dezember 1920 geltenden System der Schulunterhaltung hatte sich der Schulverband – sei es eine Landgemeinde oder ein Gutsbezirk – in jedem Fall an den persönlichen Schullasten (d. h. den Gehältern, Dienstzulagen und besonderen Unterstützungen für die Lehrer) zu einem Viertel zu beteiligen. Die Sachkosten, also Ausgaben für einen Schulneubau oder für eine Renovierung der Lehrerwohnung, waren sogar ganz von der Gemeinde zu tragen. Konnte der Großgrundbesitz bei den sächlichen Schulkosten noch am ehesten seinem Finanzinteresse Geltung verschaffen, indem er seinen Einfluß in Richtung eines Verzichtes auf kostspielige Schulneubauten ausübte, so vermochte er sich den gerade nach der Erhöhung der Lehrerbesoldung im Jahre 1927 nicht unbeträchtlich gestiegenen schulischen Personalkosten nicht zu entziehen.Denn das System der preußischen Schulunterhaltung – die sogenannte Landesschulkasse – nahm keine Rücksicht auf die finanzielle Leistungsfähigkeit der Gemeinden, behandelte also finanzstarke Großstädte und finanzschwache Landgemeinden gleich. Jede Gemeinde hatte ungeachtet ihres Steueraufkommens pro Schulstelle einen im Laufe der 20er Jahre von 185 RM auf 415 RM angestiegenen Eigenbeitrag an die Landesschulkasse abzuführen, der durch ein staatliches Beschulungsgeld pro Schüler zwar gemindert wurde, aber gerade bei den kommunalen Haushalten des entlegenen preußischen Ostens erheblich ins Gewicht fiel.

Schließlich erhöhte auch die Auflösung der Gutsbezirke die Schullasten ganz beträchtlich, was auf ein sehr kompliziertes Berechnungsschema zurückzuführen war. An dieser Stelle kann der Hinweis genügen, daß bei der Zusammenlegung der Schüler des aufgelösten Gutsbezirkes mit denen der eingemeindenden Kommune sich die Lehrer-Schüler-Relation derartig ungünstig verschieben konnte, daß sogenannte Mehrstellen entstanden, d. h. Lehrerstellen, für die die Landgemeinde mit einem um 30 % höheren Beitrag für die

17 So die Angabe im Taschenbuch der Finanzstatistik in Preußen 1931, Berlin 1931, S. 84.

Landesschulkasse belastet wurde. Aufgrund einzelner verstreuter Zahlenangaben in veröffentlichten Quellen drängt sich der Eindruck auf, als hätten die ländlichen Gemeinden etwa siebenmal so hohe Schulkosten wie in der Vorkriegszeit tragen müssen. Selbst in der Wirtschaftskrise am Ende der Weimarer Republik schwollen die Schullasten in den Landgemeinden trotz der sonst vorherrschenden Sparpolitik der öffentlichen Hände weiter an: von 217 Millionen 1929 auf 228 Millionen 1931.[18]

Doch was bedeutete die unzweifelhaft gestiegene Steuerlast für die wirtschaftliche Kalkulation des landwirtschaftlichen Großbetriebes? Waren vorgetragene Beschwerden über zu hohe Steuern nicht eher pflichtgemäße Bekundungen großagrarischen Unmuts, hinter denen das stillschweigende Eingeständnis steckte, daß der Großgrundbesitz in steuerlicher Hinsicht trotz des Wegfalls mancher liebgewonnener Vorkriegsprivilegien immer noch gut dastand? Lag also überhaupt politischer Sprengstoff in der unbezweifelbaren Tatsache, daß die Großgrundbesitzer in der Weimarer Republik stärker als jemals zuvor zu den Steuern herangezogen wurden?

Diese Fragen zu beantworten, heißt der Besteuerung die ihr zukommende historische Relevanz zuzuweisen. Rangierte das Steuerthema auf der politischen Agenda der Großagrarier als eine von vielen eher zweitrangigen Beschwerden auf den hinteren Plätzen oder war es von wirklich erstrangiger politischer Bedeutung für das Agieren einer gesellschaftlichen Schicht, die gerade in der Endphase Weimars dem Zentrum der politischen Entscheidungen so nahe stand wie keine andere Gruppe?

Mangels exakter Zahlenangaben fällt es nicht leicht, die Besteuerung als Kostenfaktor der großagrarischen Betriebsführung richtig einzuordnen. Die wenigen in der Literatur verstreuten Angaben sprechen aber dafür, daß die Besteuerung das Betriebsergebnis negativer beeinflußte, als es dem prozentualen Anteil der Steuern an den Gesamtausgaben entsprach. Zahlen aus Schlesien und Ostpreußen lassen die Vermutung zu, daß die Gesamtsteuerlast des dortigen Großgrundbesitzes etwa das Drei- bis Vierfache des Vorkriegswertes betrug.[19] Bei einem der prominentesten Vertreter der Großagrarier, dem langjährigen Vorsitzenden des „Schlesischen Landbundes“ Prätorius Freiherr von Richt-

---

18 Vgl. ebd. sowie das Taschenbuch der Finanzstatistik in Preußen 1933, Berlin 1933, S. 53. Die Angaben über die Schulunterhaltung stützen sich auf folgende veröffentlichten Quellen: Sitzungsberichte des Preußischen Landtags, 2. Wahlperiode, Bd. 17, Sp. 25292 (Kultusminister Becker); Sp. 25487f. (Kickhöffel/DNVP); Sp. 25754ff. (Mönke/DNVP und Mantke/Zentrum) sowie auf die Artikel aus folgenden Lehrerzeitungen: Pommersche Blätter für die Schule 1927, S. 121 und S. 272; 1928, S. 200ff. und 1920, S. 481f.; Brandenburgische Schulzeitung 1926, S. 256 und 1928, S. 126f.; Lehrerzeitung für Ost- und Westpreußen 1924, S. 499ff.; vgl. auch die instruktive Übersicht des Kreisausschußsekretärs Aßmus aus Swinemünde in der Zeitschrift: Die Landgemeinde 1922, S. 234–237.

19 Entsprechende Angaben bei Hans-Joachim von der Hardt, Die Lage der schlesischen Landwirtschaft in der Nachkriegszeit, Breslau 1935, S. 59ff. und in der Landtagsrede des Abgeordneten von Stolberg-Wernigerode (DVP) vom 25.2.1927, Sitzungsberichte des Preußischen Landtags, 2. Wahlperiode, Bd. 12, Sp. 17696.

hofen, betrug der Anteil der abzugsfähigen Steuern (dazu zählten nicht die Schullasten) an den Ausgaben seines in der Nähe Breslaus liegenden und mehr als 850 Hektar umfassenden Gesamtbesitzes zwischen 5 % und 6 %.[20]

Es gehört zu den weitreichendsten Auswirkungen der nach dem Ende der Hyperinflation mit zum Teil äußerst rigorosen Methoden[21] eingetriebenen Steuerforderungen, daß sie solche Landwirte, die diese Steuern nicht aus ihren liquiden Mitteln begleichen konnten, in eine neue Verschuldung trieben. Kaum hatten sich diese Landwirte der auf ihren Betrieben lastenden Schulden durch die Inflation weitgehend entledigt, mußten sie kurzfristige Kredite zur Begleichung ihrer Steuerschuld aufnehmen und gerieten so schnell in eine Neuverschuldung.[22]

Zwar hatten sich die meisten Landwirte beim Verkauf der Ernte des Jahres 1923 bewußt zurückgehalten, so daß zu Beginn der Währungsstabilisierung der größte Teil ihrer Erzeugnisse noch nicht verkauft war und somit gegen wertbeständiges Geld veräußert werden konnte.[23] Jedoch konnten viele von ihnen beim Verkauf ihrer Produkte nicht den günstigsten Termin abwarten. Die im Dezember 1923 und Januar 1924 anstehenden Steuertermine zwangen sie nämlich dazu, sich schnell flüssige Mittel zu verschaffen, indem sie ihr gehortetes Getreide auf einen Schlag auf den Markt werfen mußten, was den erzielten Preis natürlich sacken und damit ihre Erlöse beträchtlich schmälern ließ.[24]

Diese Aufzehrung der liquiden Mittel brachte auch manche Großgrundbesitzer in ernste ökonomische Schwierigkeiten. Einzelne von ihnen verschuldeten sich nur, um ihre Steuern entrichten zu können. Ein prominentes Beispiel hierfür ist der völkische Reichstagsabgeordnete und Rittergutsbesitzer Albrecht von Graefe aus dem mecklenburgischen Goldebee, bei dem sich bis zum Frühjahr 1925 11000 Reichsmark an Steuerrückständen angehäuft hatten, die nicht anders als auf dem Wege der Kreditaufnahme und damit der Verschuldung abgetragen werden konnten.[25]

Man wird aber insgesamt mutmaßen können, daß das Gros der ostdeutschen Großgrundbesitzer wegen der Steuerforderungen nicht in die Verschuldung getrieben wurde. Sie dürften noch über genügend große Bestände der Ernte von 1923 verfügt haben, um die anfallende Steuerschuld trotz sinkender Agrarpreise auch ohne Aufnahme von Krediten

20 Siehe dazu die Dissertation von Wilhelm Kaltschmidt, Der landwirtschaftliche Großbetrieb des Freiherrn von Richthofen-Boguslawitz (Kr. Breslau), Breslau 1929, S. 263.

21 Dazu vgl. die Landtagsreden der Abgeordneten Meyer-Bülkau (Deutsch-Hannoversche Partei) vom 31. Januar sowie Kaufhold (DNVP) vom 20. März 1924, Sitzungsberichte des Preußischen Landtags, 1. Wahlperiode, Bd. 15, Sp. 21100f. und 21688ff.

22 Vgl. dazu Becker, Handlungsspielräume, S. 223–227.

23 So die überzeugende Argumentation von Burkhard Theine, Westfälische Landwirtschaft in der Weimarer Republik, Paderborn 1991, S. 38–41.

24 Darüber beklagte sich der geschäftsführende Präsident des Reichslandbundes und DNVP-Reichstagsabgeordnete Roesicke in einem Schreiben vom 30. Dezember 1923 an Reichsfinanzminister Luther, Bundesarchiv, Abteilungen Potsdam (BA P), Nachlaß Roesicke (90 Ro 2) 90, Bl. 52f.

25 Siehe das Schreiben Graefes an das mecklenburgisch-schwerinsche Amt Wismar, 11. Juni 1925, BA P, 61 Re 1
214, Bl. 11.

begleichen zu können. Zudem hatten sich in der Inflationszeit bei ihnen mancherlei Sachwerte angehäuft, die notfalls zum Zwecke der Steuerzahlung mobilisiert werden konnten.[26] Die sich dann naturgemäß aufdrängende Frage, woher dann die schon ab 1924 so verstärkt um sich greifende Verschuldung des ostdeutschen Großgrundbesitzes herrührte, muß hier allerdings unbeantwortet bleiben, da die Forschung hierzu bislang bestenfalls Vermutungen anzubieten hat.

Diese allem Anschein nach nicht ursächlich durch die Besteuerung hervorgerufene Neuverschuldung bewirkte aber eine enorme betriebswirtschaftliche Aufwertung der auf den Großbetrieben lastenden Steuern. Denn die Verschuldung minderte zusammen mit den zurückgehenden Erlösen für Agrarprodukte bereits Mitte der 20er Jahre das Betriebsergebnis derartig, daß die fixen Kosten, die unabhängig vom wirtschaftlichen Wohlergehen des Betriebes entrichtet werden mußten, gravierend zu Buche schlugen. Während die Personalsteuern wie die Einkommensteuer auf ein negatives Betriebsergebnis Rücksicht nahm, verminderten sich die unbeweglichen Realsteuern, die ja den weitaus größten Teil der großagrarischen Besteuerung ausmachten, nicht proportional zur Verschlechterung der Bilanzen. Diese nicht abwälzbare Steuerlast konnte unter diesen Umständen auch den Großgrundbesitz in die Verlustzone treiben.[27]

Unter solchen Bedingungen bewirkte allein schon eine gegenüber der Vorkriegszeit eingetretene Verdoppelung der auf den Großbetrieben lastenden Steuern fast eine Potenzierung der von diesen ausgehenden negativen betriebswirtschaftlichen Folgen, was an einem ca. 170 Hektar großen Besitz aus dem Landkreis Liegnitz einmal exemplarisch vorgeführt werden soll. Dieses sehr intensiv bewirtschaftete Gut mit Getreidewirtschaft, Zuckerrübenanbau und Viehzucht hatte im Wirtschaftsjahr 1932/33 4500 Reichsmark an Ausgaben für Steuern und Abgaben (gegenüber 2124 RM für den Zeitraum 1912/13) aufzubringen. Es mußte aber in Relation dazu einen unverhältnismäßig höheren Anteil seiner Erzeugnisse verkaufen, um mit diesen Erlösen die in etwa verdoppelte Steuersumme begleichen zu können: statt eines Siebtels seiner Weizenernte (1912/13) mußte es 20 Jahre später mehr als ein Drittel der geernteten Weizenmenge – eine gleichbleibende Ernte angenommen – für die Steuer aufwenden.[28]

Daher wird plausibel, warum ausgerechnet einige ostelbische Regionalorganisationen des von den Großagrariern dominierten Reichslandbundes schon 1924 nicht müde wurden, speziell die preußische Grundvermögensteuer als untragbar anzuprangern. Der Unmut über die Besteuerung war neben der Beschwerde über zu niedrige Preise die ausschlaggebende Ursache dafür, daß es in manchen ostelbischen Regionen schon 1924 zu landwirtschaftlichen Protestaktionen kam. Diese in den folgenden Jahren fast regelmäßig wiederkehrenden Kundgebungen erschöpften sich mit der Zeit nicht mehr in der von anderen Verbänden gewohnten öffentlichen Bekundung von Unzufriedenheit.

Sie radikalisierten sich schon binnen weniger Jahre, überschritten sogar die Grenze der

26 So die Vermutung bei Gerloff, Besteuerung, S. 175ff.

27 Vgl. ebd., S. 186f.

28 Alle Angaben gemäß einer Aufstellung der Buch- und Steuerstelle des Kreislandbundes Liegnitz vom 9. Januar 1933, BA P, 61 Re 1 23, Bl. 314–317.

Legalität und brachten damit zum Ausdruck, daß ein erheblicher Teil der ostdeutschen Landwirtschaft bereits Ende der 20er Jahre mit der bestehenden Regierungsform vollkommen gebrochen hatte und zum offenen Angriff auf die Republik von Weimar überging. Die Steuerfrage hat einen nicht unerheblichen Anteil daran gehabt, daß die von Anfang an dem neuen Staat mit großer Distanz gegenüberstehende ostdeutsche Großlandwirtschaft nach dem Ende der Inflationszeit nicht den Weg eines pragmatischen Ausgleichs mit der ungeliebten Republik beschritt, sondern ihre Abneigung gegen das „System" im Gegenteil noch verstärkte.

1924 bewegte sich der agrarische Protest noch in den gewohnten Bahnen. Am 10. August 1924 versammelten sich in der Provinz Brandenburg unter Führung des Brandenburgischen Landbundes, der vom Großbesitz beherrschten Provinzialorganisation des Reichslandbundes, einige Tausend Landwirte zu nicht-öffentlichen Kundgebungen in den Sälen der Kreisstädte. Der Hauptzweck dieser Aktion bestand darin, für die nicht wenigen Mitglieder des Landbundes, die aus Geldmangel nicht mehr in der Lage waren, Steuern aus vorhandenen Barmitteln zu bezahlen, um Steuerstundungen bei den Finanz- und Katasterämtern nachzusuchen.[29]

Die Stundung überfälliger Steuern verhalf den brandenburgischen Landwirten aber nur zu einer kurzen Atempause. 1926 erreichten die Proteste schon eine wesentlich größere Lautstärke, als sich am 10. Mai dieses Jahres insgesamt 52000 Landwirte zu öffentlichen Protestkundgebungen auf den Marktplätzen der brandenburgischen Kreisstädte zusammenfanden. Die Stimmung unter den Teilnehmern war derartig gereizt, daß es in Ruppin beispielsweise beinahe zu einem Sturm auf das dortige Finanzamt gekommen wäre. Gewiß ging diese explosive Atmosphäre überwiegend von den bäuerlichen Kundgebungsteilnehmern aus, die naturgemäß die große Mehrheit der Demonstranten stellten. Aber auch viele brandenburgische Großgrundbesitzer schreckten vor militanten Maßnahmen nicht länger zurück.

So drohten etwa die landwirtschaftlichen Großbetriebe der Niederlausitz im März 1926 damit, ab dem 1. April bei ihren Beschäftigten die Auszahlung der Barlöhne auszusetzen, falls sie nicht durch den Verzicht des Staates auf die Eintreibung ihrer rückständigen Steuern sowie durch eine großzügige zinslose Stundung aller ihrer in den kommenden Monaten fälligen Steuern in die Lage versetzt würden, ihren Lohnverpflichtungen nachzukommen.[30] Die Niederlausitzer Großgrundbesitzer mußten jedoch nicht zu dem Mittel des Lohnstreiks greifen, weil die eindrucksvollen Protestkundgebungen des 10. Mai 1926 mit an erster Stelle nach dem Erlaß aller rückständigen und dem Abbau der bestehenden Steuern verlangten.[31]

---

29 Zu dieser Aktion vgl. das Schreiben des Vorsitzenden des Brandenburgischen Landbundes Nicolas, eines Rittergutsbesitzers aus dem neumärkischen Rostin, an die Vorsitzenden der Kreislandbünde, 9. September 1924, BA P, 61 Re 1 176, Bl. 70–72 sowie die Berichte im Publikationsorgan: Der Brandenburgische Landbund 1924, Nr. 34, S. 1.

30 Vgl. eine entsprechende Denkschrift der landwirtschaftlichen Arbeitgeber der Niederlausitz vom 2. März 1926, ebd., 17b, Bl. 555–559.

31 Zu den Protestaktionen vgl. den Informationsbericht von Nicolas für das Präsidium des Reichs-

Der Brandenburgische Landbund hatte sich aber damit bereits schon in die Nähe eines Aufrufs zur Steuerverweigerung begeben. Wenn er zudem im Verbandsorgan in nur wenig verklausulierter Form für sich ein Recht auf ein Steuermoratorium reklamierte[32], bewegten sich diese Verlautbarungen auf einem rechtlich äußerst brüchigen Boden, weswegen der Reichslandbund sich auch (noch) von solchen Aktionen seiner märkischen Standesgenossen distanzierte.

Zwei Jahre später hatten die Brandenburger jedoch schon Verbündete bekommen. Vor allem in den Regionen, in denen der Großgrundbesitz vorherrschte, wurde die Steuerfrage erneut aufgerollt und zum Anlaß für die Durchführung von Maßnahmen genommen, die die Grenzen der Legalität eindeutig überschritten. Am 12. März fanden im gesamten Reichsgebiet unter Führung der regionalen Landbundorganisationen sog. „Notkundgebungen" statt. In den meisten ostelbischen Gebieten wie Mecklenburg und Pommern bediente man sich dabei einer vom Präsidium des Reichslandbundes formulierten Entschließung, die kaum verhüllt zur Steuerverweigerung aufrief. Es hieß dort u. a.: „Wir können und werden keine weiteren Zahlungen an die öffentliche Hand leisten. Wir können und werden keine weiteren Käufe tätigen. Wir sind nicht gewillt, Zwangsmaßnahmen weiterhin zu ertragen. Wir fordern Niederschlagung aller öffentlichen Lasten für die deutsche Landwirtschaft bis zur Sicherung gerechter Lebensgrundlagen für alle ihre Glieder".[33]

Die Mehrzahl der im Reichslandbund zusammengeschlossenen Organisationen – vornehmlich die im Westen und Süden des Reiches – wandelten die Erklärung des Präsidiums jedoch so ab, daß die anstößigen Passagen gemildert und jeder Anschein der Steuersabotage sorgsam vermieden wurde. Schließlich mußte sich auch das Reichslandbund-Präsidium selbst von seinem Aufruf distanzieren, nachdem die Reichsregierung ihm unmißverständlich mit der ganzen Härte des Gesetzes gedroht hatte. Am 21. März widerrief es die inkriminierten Passagen seiner Entschließung.[34]

Dieser Rückzieher wurde gegen das Votum desjenigen Landbundes beschlossen, in dem

---

landbundes, 19. Mai 1926, ebd., 17b, Bl. 311–317 sowie die Berichterstattung im Verbandsorgan: Der Brandenburgische Landbund 1926, Nr. 20.

32 "Wir sind einfach außerstande, im Augenblick noch Zahlungen zu leisten, wir können sie auch in absehbarer Zeit nicht leisten, wenn man die Rentabilität unserer Betriebe nicht wiederherstellt. Die Steuerzahlungen der Landwirtschaft werden somit ausbleiben, weil sie nichts mehr hat, womit sie bezahlen kann"; so der entsprechende Auszug aus einem Leitartikel mit der bezeichnenden Überschrift: Können wir unsere Steuern noch bezahlen?, Der Brandenburgische Landbund 1926,Nr. 16.

33 Der Text dieser Entschließung findet sich gedruckt als Anlage zum Protokoll der Kabinettssitzung der Reichsregierung vom 16. März 1928: Akten der Reichskanzlei, Die Kabinette Marx III und IV, Bd. 2, Boppard 1988, S. 1379, Anmerkung 8.

34 Einzelheiten dazu in den Protokollen der Kabinettssitzungen vom 16. und 19. März 1928, ebd., S. 1378–1382, sowie bei Dieter Gessner, Agrarverbände in der Weimarer Republik, Düsseldorf 1976, S. 98f.; siehe auch ein Rundschreiben des Landbundes Mecklenburg-Schwerin vom 10. April 1928, BA P,
61 Re 1 23, Bl. 32f.

der Großgrundbesitz fast vollständig den Ton angab. Der Landbund Mecklenburg-Schwerin war eine Domäne der Großagrarier, wies doch dieses Agrarland im Norden mit den höchsten Anteil von Großgrundbesitz an der landwirtschaftlichen Nutzfläche im ganzen Reich auf. Entgegen der weit verbreiteten Ansicht, als hinkten die kühlen Mecklenburger ihrer Zeit immer eine Generation hinterher, erwiesen sich die mecklenburgischen Landwirte äußerst erfindungsreich in der Kreierung neuer Arten des politischen Kampfes. Denn in Mecklenburg wurden bereits im Februar 1928 mit den sog. „Notgemeinschaften" neuartige Formen der agrarischen Interessenvertretung geschaffen, die in den meisten anderen Regionen erst zwei oder drei Jahre später zum Einsatz kamen.

Die „Notgemeinschaften" waren der Versuch, die notorisch unsolidarischen und auf ihren eigenen ökonomischen Vorteil erpichten Landwirte notfalls mit Zwang zu einer einheitlichen „Kampforganisation" zusammenzuschweißen. Unter Leitung eines in der Regel dem Großgrundbesitz angehörenden sog. „Notgemeinschaftsführers" sollten sämtliche Landwirte mehrerer benachbarter Dorf- und Gutsgemeinden zu einem festen Interessenverbund zusammengeschlossen werden, der nach außen hin nur mit einer Stimme sprechen sollte.

Wer auch die besonders dickköpfigen bäuerlichen Berufsgenossen in eine solche geschlossene Front einreihen wollte, mußte zur Androhung drastischer Sanktionen greifen: zum wirtschaftlichen und gesellschaftlichen Boykott. Die Notgemeinschaftsführer sollten daher in enger Zusammenarbeit mit dem Landbund dem Berufskollegen vor Augen führen, „daß im Falle des Nichtbeitretens die sämtlichen Berufsgenossen sich gesellschaftlich wie auch in geschäftlicher Beziehung zurückziehen würden von ihm selber wie auch seinen Angehörigen, daß ein Mann, der im Trüben zu fischen glaubt und der *bewusst* durch sein Verhalten dem Berufsstande in den Rücken fällt, im Kampf um die Existenz dann keinen Anspruch mehr haben kann auf die Achtung seines Standesgenossen."[35]

1928 war den Notgemeinschaften in Mecklenburg allerdings noch nicht der erhoffte Erfolg beschieden. Die in Wirtschaftsdingen individualistische Veranlagung der meisten Landwirte war noch stärker als die Bereitschaft zur bedingungslosen Unterordnung unter einen Selbsthilfeverband; zudem blieben die Aktivitäten der Notgemeinschaften weitgehend auf Mecklenburg beschränkt. Solange es solchen militanten Selbsthilfeeinrichtungen an zentraler Steuerung und Koordination über Provinzial- und Landesgrenzen hinweg mangelte, konnte es nicht gelingen, auch den mißtrauischen und eigensinnigen Landwirten solche Fesseln anzulegen, daß sie sich in eine auf Gedeih und Verderb angelegte Zwangsgemeinschaft eingliederten.

35 Richtlinie des Kreislandbundes Neubukow (Mecklenburg) „betr. Bildung von Notgemeinschaften", Februar 1928, BA P, 61 Re 1 223, Bl. 13f., Zitat Bl. 14. Zur Bildung von Notgemeinschaften in Mecklenburg-Schwerin vgl. weiterhin: einen Aufruf des Rittergutsbesitzers v. Müller aus Lüdershagen, 22.1.28, ebd., Bl. 2f.; ein Schreiben des Kreislandbundes Neubukow an seine Vertrauensleute, 10.2.28, ebd., Bl. 15; ein Schreiben des Kreislandbundes Neubukow an den Landbund Mecklenburg-Schwerin, 5.3.28, ebd., Bl. 17f. sowie das Rundschreiben des Landbundes Mecklenburg-Schwerin vom 10.4.28, ebd., Bl. 32f.

Dennoch sind die Notgemeinschaften vor allem aus zwei Gründen eine äußerst bemerkenswerte Erscheinung. Zum einen zeugen sie von der politischen Sprengkraft, welche die Steuerfrage gerade für die nordostdeutsche Großlandwirtschaft besaß. Während die Vertreter der Kleinbauern die auf ihren Betrieben lastenden Steuern als „an sich erträglich"[36] einstuften, lief der Großgrundbesitz mit allen Mitteln gegen die ihn betreffende Besteuerung Sturm. So bestand ein wichtiger Zweck der Notgemeinschaften darin, die Steuern durch gemeinschaftliches Vorgehen möglichst weitgehend zu reduzieren. Die Landwirte sollten deshalb die zuständigen Finanzbehörden mit gleichlautenden Anträgen auf Erlaß der Steuern, insbesondere der Grundsteuer, bombardieren.[37]

Weiterhin bedarf der Erwähnung, daß die politische Initiative zu solchen Selbsthilfeaktionen von den Großagrariern ausging, welche die durch die Agrarkrise ausgelöste Bereitschaft zu dieser ungewohnten Standessolidarität nutzten, um ihren politischen Führungsanspruch durch solche Aktionen zu untermauern. Der für die Landwirtschaft ungewöhnliche Versuch, eine wirkliche Solidarisierung sämtlicher Landwirte ungeachtet der Hofgröße und der wirtschaftlichen Ausrichtung zustandezubringen, lief also zumindest in Mecklenburg in aller Regel unter Führung des Großgrundbesitzes ab.

Die Steuerverweigerungsaktionen des Jahres 1928 verfehlten ihren Eindruck auf die Politiker nicht. Zwar wichen sie nicht vor den zum Teil illegalen Maßnahmen zurück, aber sie erkannten nun überdeutlich, welche politische Brisanz in dem Steuerproblem steckte und daß Handlungsbedarf bestand. Als der Reichslandbund im Januar 1929 mit seinem diesmal auf zivile Weise vorgebrachten Verlangen nach Steuersenkung bei der Reichsregierung vorstellig wurde[38], bekundeten die Regierungen Preußens und des Reiches ein beträchtliches Entgegenkommen, das sich als Durchbruch auf dem Gebiet der Steuerfrage entpuppen sollte. Zunächst nahmen sich beide Regierungen des besonders notleidenden Ostpreußens auch in steuerlicher Hinsicht an.

Das „Ostpreußenhilfsgesetz" vom 18. Mai 1929 sah u. a. eine Reduzierung der kommunalen Steuerzuschläge um 7 Millionen RM durch Reichszuschuß vor, wobei Preußen mit der Übernahme eines Teils der Schullasten und der Grundvermögensteuer assistierte, so daß auf diese Weise 40 % der gesamten Steuerlasten Ostpreußens von den Schultern der vornehmlich agrarischen Steuerzahler genommen wurden.[39] Im nächsten Jahr erreichte diese massive Senkung der Realsteuern auf dem Wege der Osthilfe auch den übrigen preußischen Osten und damit die Heimat des ostelbischen Großgrundbesitzes. Durch

36 So die Vertreter der klein- und mittelbäuerlichen „Deutschen Bauernschaft" anläßlich einer Unterredung mit Reichspräsident Hindenburg am 3.2.28, Akten der Reichskanzlei (wie Anm. 33), S. 1286.

37 Muster eines solchen Antrages auf Steuererlaß in dem Rundschreiben des Landbundes Mecklenburg-Schwerin vom 10. April 1928, ebd. Auch der Reichsfinanzminister hatte von solchen Methoden erfahren, vgl. dessen Ausführungen auf der Kabinettssitzung vom 19. März 1928, Akten der Reichskanzlei (wie Anm. 33), S. 1381.

38 Vgl. das Protokoll einer Unterredung des Präsidiums des Reichslandbundes bei Reichskanzler Hermann Müller, 23.1.29: Akten der Reichskanzlei, Das Kabinett Müller II, Bd. 1, S. 380.

39 Siehe das Protokoll eines Ministerrats beim Reichspräsidenten vom 20.3.29, ebd., S. 500ff. sowie Bruno Buchta, Die Junker und die Weimarer Republik, Berlin (Ost) 1959, S. 57.

einen Erlaß des Reichsfinanzministers vom 5. November 1930 wurde verfügt, daß die Grundvermögensteuer für die betreffenden Gebiete je nach Krisengeschütteltheit um 30 bis 55 % gesenkt werden sollte.[40] Diese Steuersenkung machte auch vor den Haushalten der Landgemeinden nicht halt und bescherte vielen ländlichen Steuerzahlern – vor allen den Landwirten unter ihnen – eine merkliche Entlastung bei den Kommunalsteuern. Beispielsweise wurden die Gemeindesteuern im vorpommerschen Kreis Grimmen im Jahre 1931 um fast 31 % gegenüber dem Stand des Vorjahres gesenkt.[41]

Damit waren die steuerlichen Forderungen gerade der ostdeutschen Großlandwirtschaft weitgehend erfüllt und ein wichtiger Schritt auf dem Wege zur Verringerung der Betriebskosten getan, der allerdings aus Sicht des Reichslandbundes den durch den Preisverfall bei Agrarprodukten verursachten Schwund auf der Einnahmenseite nicht ausgleichen konnte. Das Schwergewicht der Forderungen der großagrarischen Interessengruppen lag in der Endphase der Weimarer Republik auf dem Verlangen nach Vermehrung der Einnahmen durch immer höhere Zollschranken bzw. – als dies wenig fruchtete – nach der Kontingentierung von Agrareinfuhren.[42]

Politisch vermochte die Weimarer Republik allerdings kein Kapital daraus zu schlagen, daß sie die steuerlichen Wünsche des Großgrundbesitzes 1931 weitgehend befriedigt hatte. Zu diesem Zeitpunkt waren der ostelbischen Großlandwirtschaft die Schulden bereits derartig über den Kopf gewachsen, daß neben der Erzielung höherer Preise der Schutz vor den Gläubigern höchste Priorität besaß. Es entbehrt nicht der Ironie, daß als Folge dieser gravierenden Verschuldung in manchen ostdeutschen Landbünden die Hälfte des Großgrundbesitzes als Beitragszahler ausfiel und das Gros der Beiträge von den Kleinbesitzern aufgebracht werden mußte, die an der Spitze der Landbundorganisationen jedoch nur spärlich repräsentiert waren.[43]

Ende der 20er Jahre war die Steuerfrage bereits in höchstem Maße politisiert, gewissermaßen zur Systemfrage geworden, so daß die Republik in den Augen der ostelbischen Großlandwirtschaft auch dann keine Gnade mehr gefunden hätte, wenn sie diese ganz von der Steuerzahlung freigestellt hätte. Das Aufrollen der Steuerfrage wurde immer mehr zum Vehikel radikaler Systemopposition, die Verweigerung von Steuerzahlungen geriet zum markanten Ausdruck republikfeindlicher Gesinnung. So kursierten in ostdeutschen Landbünden 1929 und 1930 ernsthafte Überlegungen, den Staat durch ein massiertes Ein-

40 Siehe dazu Heinrich von Sybel, Steuerreform und Steuerentlastung der Landwirtschaft durch „Ausgleich", in: Deutsche Agrarpolitik im Rahmen der inneren und äußeren Wirtschaftspolitik, Teil II, Berlin 1932, S. 321–351, hier S. 349f.

41 Vgl. eine entsprechende Übersicht des Vorsitzenden des Kreisausschusses des Kreises Grimmen, 8. Mai 1931, abschriftlich im BA P, 61 Re 1 253, Bl. 168–171.

42 Vgl. dazu etwa das Schreiben des Reichslandbundpräsidenten Graf Kalckreuth an Reichskanzler Papen vom 26.10.32: Akten der Reichskanzlei, Das Kabinett von Papen, Bd. 2, Boppard 1989, S. 805–808.

43 So war etwa im niederschlesischen Kreis Freystadt ca. die Hälfte des Großgrundbesitzes so zahlungsunfähig, daß er nicht einmal mehr die Landbundbeiträge aufbringen konnte, vgl. dazu das Schreiben von Suesmann (Kreislandbund Freystadt) an den Geschäftsführer des Schlesischen Landbundes Höfler, 8. Januar 1929, BA P, 61 Re 1 22a, Bl. 352f.

bringen von Anträgen auf Steuerstundung zur Kapitulation zu bewegen. Man erhoffte sich davon eine derartige Überlastung der Finanzverwaltungen, daß nur noch bei einem kaum noch vertretbaren Verwaltungsaufwand eine ordnungsgemäße Sicherstellung der landwirtschaftlichen Steuerzahlungen sicherzustellen war.[44] In Brandenburg kam es im Spätherbst 1930 dann auch zu Versuchen, den Erlaß der am 15. November 1930 fälligen Steuern durch eine Flut von entsprechenden Anträgen an die Finanz- und Katasterämter zu erzwingen[45] – eine Aktion, die sich allerdings am Jahresende festlief, da der Staat der ostdeutschen Landwirtschaft in steuerlicher Hinsicht entgegengekommen war und sich von daher andere Themen in den Vordergrund schoben.

Zieht man abschließend ein Fazit, so wird man die Bedeutung der Steuerfrage für den ostdeutschen Großgrundbesitz hoch veranschlagen müssen. Nach dem Ende der Hyperinflation wurden die Steuern für ihn erstmals zu einem beträchtlichen Betriebskostenfaktor. Viele Anzeichen deuten darauf hin, daß dieser Faktor in den Jahren 1924 bis 1929 nicht unwesentlich zur Schmälerung des Betriebsergebnisses beitrug, als der ostdeutsche Großlandbau durch Verschuldung, Rückgang der Erlöse und Mißernten bereits angeschlagen war. Die für die Rittergutsbesitzer ungewohnt rigide Besteuerung rief deren ökonomische Probleme zwar nicht ursächlich hervor, verstärkte aber bereits vorhandene Schwachstellen, weil die Steuern als fixe Kosten das Betriebsergebnis auch bei einem schlechten Gang der Geschäfte belasteten. Damit war die fiskalische Beanspruchung mit daran beteiligt, daß die Mehrzahl der ostdeutschen Großgrundbesitzer Ende der 20er Jahre in einer tiefen wirtschaftlichen Malaise steckte. Als dann der Staat durch Übernahme eines erheblichen Teils der Realsteuern einsprang, steckte der Großgrundbesitz bereits zu sehr im wirtschaftlichen Existenzkampf, als daß diese Maßnahmen zu einer merklichen Krisenlinderung beizutragen vermochten.

Nur unter der Bedingung weit vorangeschrittener Verschuldung konnte von der Steuerfrage letztlich eine insgesamt destabilisierende politische Wirkung ausgehen. So verständlich die Forderung der Großgrundbesitzer nach einer Reduzierung der sich so plötzlich vor ihnen auftürmenden Steuerlast auch sein mochte – ohne die immense Verschuldung hätte die Großlandwirtschaft auch mit einer Vervielfachung der Steuerbürde fertig werden können, ohne daß dies ihre Existenz gefährdet hätte. Will man also beurteilen, ob und inwieweit ihre Proteste gegen die Besteuerung einer Berechtigung nicht entbehrten, kommt man nicht um die Kernfrage herum, welches Maß an Verantwortung der Großgrundbesitz für die Verschuldung seiner Güter trug.

---

44 Am 4. September 1929 diskutierte der Arbeitsausschuß des Schlesischen Landbundes entsprechende Maßnahmen. Es bedurfte des ganzen Einsatzes seines Vorsitzenden von Richthofen, eines im Gegensatz zu den meisten seiner Standesgenossen weitblickenden und differenziert urteilenden Rittergutsbesitzers, um solche Pläne zurückzuweisen; Protokoll dieser Sitzung ebd., 151, Bl. 47–59. Mit seinem gouvernemental ausgerichteten Konservatismus konnte sich Richthofen als Vorsitzender des Schlesischen Landbundes aber nur noch bis zum Januar 1931 behaupten, als er von einem mit den Nationalsozialisten sympathisierenden Nachfolger abgelöst wurde.

45 Vgl. dazu den Bericht des Hauptgeschäftsführers des Brandenburgischen Landbundes, Lechler, an das Präsidium des Reichslandbundes, 3. Dezember 1930, ebd., 18, Bl. 19–21.

Da die Forschung diese Frage jedoch noch lange nicht hinreichend beantwortet hat, sie sich hier sogar noch in ihren Anfängen bewegt, muß von einem auf Quellenauswertung basierenden Gesamturteil vorläufig noch abgesehen werden. Doch dürfte die Vermutung nicht ganz von der Hand zu weisen sein, daß die meisten Großgrundbesitzer bei Beginn der Währungsstabilisierung der grundlegenden Fehleinschätzung erlegen waren, es ginge die goldene Zeit der Landwirtschaft 1914–1923, als Blockade und Inflation ihr einen nie dagewesenen künstlichen Außenschutz beschert hatten, auch unter den Bedingungen der Weltmarktkonkurrenz weiter, weswegen es sich lohne, in gewohnter Manier mit dem Schuldenmachen und einem aufwendigen Lebensstil fortzufahren. Wenn dies so gewesen sein sollte, dann war eine gehörige Portion eklatanter Fehleinschätzung und ökonomischer Kurzsichtigkeit dafür verantwortlich, daß sich viele Großagrarier in ganz kurzer Zeit in geradezu ruinöser Weise neu verschuldeten und sich auf ein Vabanque-Spiel einließen, bei dem sie ihre Existenz riskierten.

Keinen Zweifel kann es hingegen darüber geben, daß die seit 1928 grassierende Methode des politischen Umgangs mit dem Steuerproblem durch nichts zu rechtfertigen war. Eine noch so desolate ökonomische Situation legitimierte nicht die seitdem in großem Stil anlaufenden Steuerverweigerungsaktionen. Den von der Großlandwirtschaft dominierten Verbänden ging es dabei nicht nur um die Durchsetzung bestimmter finanzieller Interessen; solche Aktionen nahmen immer stärker den Charakter einer gezielten Kraftprobe mit dem demokratischen Verfassungsstaat an, den man dadurch ins Mark zu treffen suchte. Die von den Großagrariern geführten Organisationen des Reichslandbundes beschritten diesen Weg der unversöhnlichen Konfrontation mit dem Staat von Weimar, weil sie für die Großlandwirtschaft als den vorgeblich wertvollsten Stand der deutschen Gesellschaft einen Anspruch auf eine selbstverständliche politische Vorzugsstellung reklamierten, welcher ihr die auf Gleichbehandlung aller gesellschaftlichen Gruppen bedachte Republik nicht zugestehen wollte.

Die militanten Steuerstreikaktionen des Jahres 1928 markierten den Übergang von lautstarker Interessenartikulation zu einer radikalen Verabsolutierung des eigenen Interessenstandpunkts, die nicht davor zurückschreckte, Recht und Gesetz zu brechen. Das Beispiel von 1928 machte auf dem Lande Schule und nährte den politischen Radikalismus. Die ab 1931 einsetzenden, zum Teil gewalttätigen Verhinderungen von Zwangsversteigerungen wären ohne diesen Vorläufer schlecht vorstellbar.

Heinz Reif

Antisemitismus in den Agrarverbänden Ostelbiens während der Weimarer Republik

I.

Das moderne Judentum lebte in Deutschland zu Beginn unseres Jahrhunderts bevorzugt und mit steigender Tendenz in den Großstädten Preußens, insbesondere in Berlin. 1925 wohnten von 564000 deutschen Juden (= 0,93 % der Reichsbevölkerung) knapp 404000 (71,6 %) in Preußen. Von diesen preußischen Juden waren 294000 (72,8 %) Großstädter, und ihre große Mehrzahl (173000 = 42,7 %) konzentrierte sich in der Hauptstadt Berlin. Hier waren 4,3 % der Bevölkerung jüdischen Glaubens.[1] Ihre vom statistischen Durchschnitt deutlich abweichende Berufs- und Einkommensstruktur, ihre Konzentration in wenigen Schwerpunktbereichen des Handels, der Dienstleistungen und freien Berufe, ihre außergewöhnlichen Aufstiegserfolge durch Reichtum und Bildung, nicht zuletzt auch ihre bleibende Neigung zu sozialer Segregation in wenigen Wohnvierteln, verliehen dieser Minderheitengruppe ein außergewöhnlich hohes Maß an „Sichtbarkeit", das günstige Ansatzpunkte für Ressentiments und Feinbildprojektionen bot. In den ostelbischen ländlichen Gebieten im Umkreis Berlins fehlte diese relativ kompakte, kollektive Sichtbarkeit. Jüdischen Bauern begegnete man auch im 19. Jahrhundert dort nur selten; der „Landmann" traf in der Regel nur auf einzelne Juden, in der Dorfkneipe oder häufiger auf den Märkten und in den Läden der nahegelegenen Klein- und Mittelstädte, beim Handel mit Vieh und Agrarprodukten oder bei Kreditgeschäften. Diese „Landjuden" gewannen im Verlauf des 19. Jahrhunderts, mit der zunehmenden Verflechtung von ländlichen und städtischen Märkten im Gefolge wachsender industrieller Warenproduktion und sich ausbreitenden Massenkonsums erheblich an ökonomischer Funktion und sozialer Bedeutung. Aber gleichzeitig stieg die Neigung dieser Juden, das „Land" zu verlassen und in den Großstädten die neuen Chancen zu nutzen, die sich aus der schnellen Expansion von Handels- und Dienstleistungssektor ergaben. Man hatte es auf dem Lande also mit zunehmend weniger Landjuden zu tun, die allerdings in Lebensform und Kultur, auch weil sie städtischen Verhaltensmustern aufgeschlossener gegenüberstanden, weiterhin, und sogar verstärkt, einen eigenen Habitus aufwiesen.[2]

1 Diese und die folgenden Angaben zur Sozialstatistik der Juden nach: Gunther Mai, Sozialgeschichtliche Bedingungen von Judentum und Antisemitismus im Kaiserreich, in: Th. Klein u. a. (Hg.), Judentum und Antisemitismus von der Antike bis zur Gegenwart, Düsseldorf 1984, S. 113–136, v. a. S. 115 u. 118f.

2 Vgl. hierzu Monika Richarz, Landjuden – ein bürgerliches Element im Dorf?, in: W. Jacobeit u. a.

Es könnte also so scheinen, als hätte sich spätestens im frühen 20. Jahrhundert der Brennpunkt der „Judenfrage" – zumal in den Landregionen um Berlin – eindeutig vom Land in die Großstadt verlagert. Und die Antisemitismusforschung liefert eine Bestätigung dieses Anscheins; hat sie sich doch bei der Erforschung des modernen nach- und antiemanzipatorischen Antisemitismus ganz überwiegend auf städtische Phänomene und Institutionen, auf modernes Finanz- und Handelswesen, auf Justiz und Armee, auf Presse, Universität und andere Bereiche der Kulturarbeit konzentriert. Doch gibt es zu diesem starken Anschein einige schwache Anzeichen, die diesen ersten Eindruck irritieren. So gilt z. B. noch immer die 1979 niedergeschriebene Feststellung Joachim Biebers, daß „we still lack a study of the rise and function of modern anti-semitism within the agrarian population of Germany in the 19th and 20th centuries".[3] Und immerhin konnte Wachhorst de Wente, Vorsitzender des Geschäftsführenden Ausschusses der liberalen „Deutschen Bauernschaft" und Landtagsabgeordneter der Deutschen Demokratischen Partei (DDP), Ende 1927 in der Zeitschrift des „Centralvereins deutscher Staatsbürger jüdischen Glaubens" und am 3. Februar 1928 noch einmal im preußischen Landtag ohne Widerspruch zu erfahren behaupten, „daß die Wurzeln des Antisemitismus nicht in den Großstädten, sondern auf dem flachen Lande zu suchen sind." Der Bauer sei kein „geborener Antisemit"; „die Volkskrankheit des Antisemitismus" sei ihm vielmehr von politischen Parteien eingeimpft worden. Man müsse den Antisemitismus auf dem Lande noch schärfer bekämpfen als bisher: „Tragt Aufklärung aufs Land!"[4]

Der Versuch, Vorstellungsmuster, Motive und Intensität dieses ländlichen Antisemitismus in ihrer Genese und ihrem Zusammenhang mit der agrarwirtschaftlichen und agrarpolitischen Entwicklung der Weimarer Republik zu erfassen, stößt auf frühe Grenzen. Während es für die Kaiserzeit zumindest einige Aufsätze, Buchkapitel und Thesen zum ländlichen Antisemitismus gibt[5], ist dessen Erforschung in der Weimarer Republik offenbar

(Hg.), Idylle oder Aufbruch? Das Dorf im bürgerlichen 19. Jahrhundert. Ein europäischer Vergleich, Berlin 1990, S. 181–192, v. a. S. 185f. In den Landkreisen des Regierungsbezirks Potsdam lag der Anteil der Juden 1925 im Durchschnitt bei 0,275 %; die wenigsten Juden befanden sich im Landkreis Ostprignitz (0,061 %); im Regierungsbezirk Frankfurt lagen die entsprechenden Zahlen bei 0,208 % und (Landkreis Luckau) 0,043 % (vgl. Heinrich Silbergleit, Die Bevölkerungs- und Berufsverhältnisse der Juden im Deutschen Reich, Berlin 1930, Texttabellen, Tabelle 13, S. 27).

3 Joachim Bieber, Anti-Semitism as a Reflectidn of Social, Economic and Political Tension in Germany: 1880–1933, in: D. Bronsen (Hg,), Jews and Germans from 1860 to 1933. The Problematic Symbiosis, Heidelberg 1979, S. 33–77, hier S. 69.

4 Der Reichslandbund (RLB) verwahrte sich gegen diese „Denunziation des deutschen Bauern"; Anlaß der Agitation Wachhorst de Wentes war das Siedlungsprojekt des Reichsbundes jüdischer Frontsoldaten von 1927 (vgl. RLB 7, 1927, Nr. 48, 3.12.1927, S. 614f. sowie RLB 8, 1928, Nr. 8, 25.2.1928, S. 102).

5 Siehe vor allem: David Blackbourn, Roman Catholics, the Centre Party and Anti-Semitism in Imperial Germany, in: P. Kennedy and A. Nicholls (Hg.), Nationalist and Rachialist Movements in Britain and Germany before 1914, London 1981, S. 106–129; Rüdiger Mack, Otto Böckel und die antisemitische Bauernbewegung in Hessen 1887–1894, in: 900 Jahre Geschichte der Juden in Hessen, Wiesbaden 1983; Hans-Jürgen Puhle, Agrarische Interessenpolitik und preußischer Kon-

noch gar nicht in Gang gekommen. Und was den Antisemitismus der Agrarverbände dieser Zeit betrifft, so gehen weder die Studien Puhles und Flemmings, noch die nachfolgenden Untersuchungen Gessners, Schumachers und Beckers, um nur die zur Zeit wichtigsten zu nennen, ausführlicher auf diese Problematik ein.[6] Die hier vorgelegte Studie betritt also Neuland; und entsprechend vorsichtig, nämlich in der Quellengrundlage konzentriert, in der Darstellung überwiegend beschreibend, in den Erklärungsversuchen bewußt „vorläufig", geht sie vor. Untersuchungsregion ist das ostelbische Preußen, im Kern: das Organisationsgebiet des Brandenburgischen Landbundes. Als Quelle wurde die Verbandspresse dieser Region zugrunde gelegt. Der „Reichslandbund" (1922ff.) war das Zentralorgan des gleichnamigen, auf nationaler Ebene agierenden Agrarverbandes, der seinen Organisations- und Mitgliederschwerpunkt aber eindeutig in den Gebieten östlich der Elbe besaß. Der „Brandenburgische Landbund" (1920ff.) informierte über das agrarpolitische Geschehen aus der Sicht des mitgliederstärksten, relativ autonomen Regionalverbandes, der Bauern, Großgrundbesitzer und Landarbeiter im weiten Umfeld Berlins organisierte.[7] Zur Kontrolle eventueller regionaler Varianz antisemitischer Positionen werden in Auswahl der „Pommersche Landbund" (1920ff.), zur Erfassung altersspezifischer Unterschiede in der Leserschaft „Der Deutsche Jungbauer" (1926ff.), Monatsschrift des „Junglandbunds" (im Brandenburgischen Landbund) herangezogen. Zur Klärung eventueller adelsspezifischer Eigendynamik des Antisemitismus wurde schließlich das „Deutsche Adelsblatt", Organ der Deutschen Adelsgenossenschaft, die ihren Schwerpunkt ebenfalls im Ostelbischen besaß, ausgewertet.

Die Untersuchung richtete sich, diese verschiedenen Organisationsebenen und -richtungen berücksichtigend, auf:

1. die Ablaufmuster antisemitischer Verbandsargumentation,auf Intensitäts- und Entspannungsphasen, in Grenzen auch auf das relative Gewicht des Antisemitismus gegenüber anderen Argumentationsreservoiren dieser Organisationen;
2. auf die agrarpolitischen Problemlagen, welche man mit antisemitischen Argumenten zu „bewältigen" suchte und

---

servatismus im Wilhelminischen Reich (1893–1914), Hannover 1966 (1. Teil, Kap. 2.3) und Werner Jochmann, Struktur und Funktion des Antisemitismus, in: W.E. Mosse (Hg.), Juden im Wilhelminischen Deutschland, 1890–1914, Tübingen 1976, S. 389–478, v. a. S. 441ff.

6 Jens Flemming, Landwirtschaftliche Interessen und Demokratie, Bonn 1978; Dieter Gessner, Agrarverbände in der Weimarer Republik, Düsseldorf 1976; Martin Schumacher, Land und Politik. Eine Untersuchung über politische Parteien und agrarische Interessen 1914–1923, Düsseldorf 1978; Heinrich Becker, Handlungsspielräume der Agrarpolitik in der Weimarer Republik zwischen 1923 und 1929, Stuttgart 1990.

7 Vgl. hierzu: Jochen Cerny u. Lutz Fahlbusch, Reichs-Landbund 1921–1933, in: D. Fricke (Hg.), Lexikon zur Parteiengeschichte. Die bürgerlichen und kleinbürgerlichen Parteien und Verbände in Deutschland (1789–1945), Köln 1985, S. 688–712. Der Reichslandbund besaß bei seiner Gründung 1921 etwa 1 Million Mitglieder. Der Brandenburgische Landbund (BLB) mit 1928 knapp 119000 und der Pommersche Landbund (PLB) mit 1928 etwa 140000 Mitgliedern waren die bei weitem stärksten angeschlossenen Verbände. Die Auflagenzahl des „BLB" schwankte um 1927/30 zwischen 80000 und 90000 Exemplaren (vgl. BLB 10, 1929, Nr. 3, Oktober 1929).

3. auf Rhetorik, Bedeutungsfelder, Gebrauchsweisen und Funktionen dieses Verbandsantisemitismus, insbesondere auf die Frage, ob und inwieweit sich dieser Antisemitismus von einem Instrument der Durchsetzung ökonomischer oder politischer Forderungen zur umfassenden Weltanschauung weiterentwickelte und wo die Trägergruppen einer solchen Dynamik zu finden sind.

Sucht man nach einem Ausgangspunkt, einer globalen Leitperspektive für eine solche Studie zum Antisemitismus in den Weimarer Agrarverbänden, so bietet sich vor allem die von Hans-Jürgen Puhle formulierte, später dann auch von Jens Flemming unterstützte „Kontinuitätsthese" an: Puhle hat in seiner Studie über den Bund der Landwirte (BdL) argumentiert, daß dieser Agrarverband den ursprünglich antikonservativen, radikalen Antisemitismus mit seinen völkischen Deutungsmustern schon in den 1890er Jahren in einer eigenen, „gemäßigten" Variante übernahm und zur Durchsetzung seiner politischen Ziele instrumentalisierte. Mit dem Antisemitismus ließen sich die ländlichen (wie städtisch-mittelständischen) Massen zur Protestbewegung mobilisieren, die Parlament und Öffentlichkeit derart unter Druck setzte, daß die Regierung zur Beibehaltung einer dem ostelbischen Großgrundbesitz günstigen Agrarpolitik faktisch gezwungen war. Vom BdL drang der Antisemitismus dann, eingebunden in eine nationalistisch aufgeladene, partiell erneuerte konservative Ideologie, wie ein schleichendes Gift in den altpreußischen Konservatismus ein, formte diesen um und dynamisierte, erweiterte schließlich dessen traditionale Judenressentiments zu völkisch-rassistischen. Puhle richtete sich mit dieser von Hans Rosenbergs Forschungen inspirierten Argumentation gegen Vertreter einer Diskontinuitätsperspektive (H.G. Zmarzlik, P.W. Massing), die dem politischen Antisemitismus des Kaiserreichs eine nur temporäre Bedeutung zugesprochen hatten. Er wandte sich gegen jede „Bagatellisierung" des Antisemitismus und verwies darauf, daß den Vertretern der Diskontinuitätsthese die entscheidende Verlagerung dieses politischen Antisemitismus entgangen sei. Der völkisch-rassische, radikal-sozialdarwinistische politische Antisemitismus des letzten Jahrhundertdrittels sei nicht seit den 1890er Jahren, nach dem frühen Scheitern der Antisemitenparteien, in marginale Bereiche der Gesellschaft abgedriftet und schließlich verschwunden. Dieser habe sich nur verlagert, zum BdL und zur Deutschkonservativen Partei. Beide Organisationen sicherten die Kontinuität antisemitischer Orientierungs- und Verhaltensmuster auch im bruchartigen Übergang vom Kaiserreich zur Weimarer Republik. Weder die grundlegend anderen politischen Rahmenbedingungen, noch die neue Organisation der agrarischen Interessen, so Puhle, hätten nach 1918 gravierende Wandlungen zur Folge gehabt: „Programm und Ideologie des Reichslandbundes entsprachen im wesentlichen denen des BdL, hinzu waren lediglich Forderungen und Topoi gekommen, die sich aus dem Verlust des Krieges und der Errichtung der Republik ergaben."[8] Flemming ist dieser Argumentation mit seiner Studie über die Agrarverbände in der Weimarer Republik im wesentlichen gefolgt. Doch treten in seiner Dar-

8 Vgl. Puhle, Agrarische Interessenpolitik, S. 83; siehe auch S. 121. Zmarzlik hatte den Abstieg des politischen Antisemitismus des Kaiserreiches in ein „obskures Randdasein" konstatiert, das nach Massing einen „provinziell-hinterwäldlerischen Anstrich" gewann. (vgl. Günter Zmarzlik, Antisemitismus im Zweiten Reich, in: Geschichte in Wissenschaft und Unterricht XIV/5, 1963,

stellung – der vielfältiger werdenden Organisationsdynamik entsprechend – gegenüber der nun eher schwachen Zentrale, dem Reichslandbund, die regionalen Agrarverbände, die „Landbünde", mit ihrem Eigengewicht und ihrer Eigendynamik stärker in den Vordergrund[9]. Die unterschiedlichen Interessenlagen der Landarbeiter, Bauern und Großgrundbesitzer waren durch die Erfahrung von Kriegszwangswirtschaft und Revolution deutlicher geworden und entsprechend schwieriger wurde es, alle drei in die Einheitsfront des RLB einzubinden. Die Aufgabe der Einheitsstiftung und Lenkung der ländlichen Massen gestaltete sich zunehmend schwieriger; und gerade damit wuchs dem Antisemitismus ein neues Gewicht zu. Zu den Konsequenzen noch einmal Puhle: „Der RLB, der bereits Mitte der zwanziger Jahre immer mehr in die Gesellschaft der radikalen völkischen Bewegung von rechts geraten ist, statt, wie früher der BdL, an der Spitze zu stehen und ihre Richtung zu bestimmen", sei mit der Agrarkrise und der Verschärfung der politischen Auseinandersetzungen 1927/28 Schritt für Schritt in die radikale Systemopposition und schließlich in die von Richard Walter Darré gelenkte Agrarbewegung des Nationalsozialismus abgedriftet.[10]

Neuere Forschungen zur Geschichte des Antisemitismus haben diese These von der nahezu ungebrochenen Kontinuität eines starken, handlungsorientierenden völkisch-rassischen Antisemitismus der Ober- wie Unterschichten, auf dem Lande wie in der Stadt, eher gestützt als in Frage gestellt, zugleich auch inhaltlich erweitert und mit anderen Erklärungen verbunden. Zum einen wurden neben dem BdL weitere „Garanten" der Kontinuität des völkisch-rassischen politischen Antisemitismus ins Licht gezogen.[11] Neben die kleinbürgerlich-mittelständischen Gruppen des antiemanzipatorischen Kaiserreich-Antisemitismus und seiner Parteien rückten mehrere Studien mit gleichem und sogar größerem Gewicht das akademisch gebildete Bürgertum, dessen antisemitische Profilierung in studentischen Korps und Burschenschaften und dessen Engagement in den mitgliederstarken nationalistisch-völkischen Verbänden: Alldeutscher Verband, Deutsch-Völkischer Schutz- und Trutzbund, Ostmarkenverein. Die Vielfalt der im Antisemitismus vereinigten Trägergruppen und Motivlagen wurde sichtbar und unbestreitbar. Zum anderen haben, angeregt durch die Frage nach den Ursachen für die Mobilisierung „des Landes" seit den 1890er Jahren, englische und amerikanische Historiker wie D. Blackbourn, J. Osmond, I. Farr und R. Moeller auf mögliche Funktionen des Antisemitismus im Prozeß der bäuerlichen Selbstmobilisierung aufmerksam gemacht, insbesondere

S. 273–286; Paul W. Massing, Vorgeschichte des politischen Antisemitismus, Frankfurt a.M. 1959).

9 Flemming geht auf den landbündischen Antisemitismus nur in einer Reihe von kurzen Passagen und Fußnoten ein; vgl. z. B. Flemming, Landwirtschaftliche Interessen, S. 136, 138, 178f., 184, Anm. 83, 227, 318–321.

10 Puhle, Agrarische Interessenpolitik, S. 306f.

11 Vgl. hierzu die Übersichten von Werner Jochmann, Struktur, und: ders., Die Ausbreitung des Antisemitismus, in: W. Mosse (Hg.), Deutsches Judentum in Krieg und Revolution, Tübingen 1971, S. 409–510, sowie die Studien von Norbert Kampe, Studenten und „Judenfrage" im Deutschen Kaiserreich, Göttingen 1988 und Uwe Lohalm, Völkischer Radikalismus. Die Geschichte des Deutsch-Völkischen-Schutz- und Trutz-Bundes 1919–1923, Hamburg 1970.

auf die Möglichkeiten der organisierten Bauern, in der Verbindung mit populistischen, bürgerlichen, modernen „Führern", professionellen Funktionären und Organisatoren, die Hegemonie der Honoratioren in der Lenkung ihrer Interessenverbände zu brechen.[12] Und schließlich kann heute, über die Argumente Puhles hinaus, von der inzwischen gut begründeten Vermutung ausgegangen werden, daß die grundlegenden Bruch- und Verlusterfahrungen der ländlichen Welt im beschleunigten Übergang von regionalen und nationalen Marktorientierungen zum Weltmarkt, vom Agrar- zum Industriestaat, vom sozial harmonistisch-autoritären Patriarchalismus des ländlichen Ostelbien zu den konfliktreichen Verhältnissen der Weimarer Demokratie (in Vereinen, Verbänden, Parteien und Parlamenten) bei Bauern wie Großgrundbesitzern ein Ausmaß an Desorientierung und dementsprechend einen Bedarf an Deutung, Sinngebung und neuer „Realitätskonstruktion" erzeugten, der nach mehr verlangte als nur nach der eher normalen, instrumentellen Absicherung von ökonomischen und politischen Interessen durch Ideologie. Welche Funktionen und welche Intensität gewann der Antisemitismus der ostelbischen Agrarverbände in diesem komplexeren Bedingungsgeflecht?

II.

Eine Übersicht über die inhaltlichen Schwerpunkte der Agrarverbandspresse, die Intensität und Konjunkturen ihres Antisemitismus, führt, gemessen an den starken Aussagen der Kontinuitätsthese Puhles, eher zu relativierenden und korrigierenden Ergebnissen. Zwar aktivierte der BdL mit Kriegsniederlage und Revolution seinen aggressiven Antisemitismus nach 1918 ganz offensichtlich noch einmal über das bisher gewohnte Maß hinaus. Die personelle Kontinuität der bündischen Führung sicherte die ideologische. v. Wangenheim agitierte Anfang 1918 massiv gegen „internationale Sozialdemokratie" und „die goldene Internationale" der „Großkapitalisten", die ihre Profitinteressen vor die nationalen zu stellen gewohnt seien.[13] Im Juli 1918 warnte die BdL-Korrespondenz vor „politischen Gegnern der deutschen Landwirtschaft", die „den deutschen Volkskörper mit Spaltpilzen vergiften", mit „Bauernfang" die Einheit der deutschen Landwirtschaft zu untergraben suchten, um diese dann, wehrlos gemacht, „unter das Joch der von ihnen erstrebten

12 Vgl. David Blackbourn, Peasants and Politics in Germany, 1871–1914, in: ders., Populists and Patricians. Essays in Modern German History, London 1987, S. 114–139, v. a. 124ff.; Jonathan Osmond, A Second Agrarian Mobilization? Peasant Assoziations in South and West-Germany, 1918–24, in: R. G. Moeller (Hg.), Peasants and Lords in Modern Germany, Boston 1986, S. 168–198; Robert G. Moeller, Introduction: Locating Peasants and Lords in Modern German Historiography, ebd., S. 1–23; siehe auch: Richard Bessel, Making Sense of the German Countryside: Some Recent Writing on Rural Life and Politics in Germany, in: European History Quaterly 19, 1989, S. 115–128, v. a. S. 122; und Ian Farr, Populism in the Countryside: The Peasant Leagues in Bavaria in the 189Os', in: R. J. Evans (Hg.), Society and Politics in Wilhelmine Germany, London 1978, S. 136–159.

13 Korrespondenz des Bundes der Landwirte (BdL) 1918, Nr. 8, S. 1522.

Herrschaft der alljüdischen Demokratie" zu beugen.[14] Vorstandsmitglied Roesicke sprach von der „bolschewistischjüdischen Revolution", an welcher die „jüdische Demokratie", künftig ein Synonym für die liberale Deutsche Demokratische Partei (DDP), entscheidend mitbeteiligt gewesen sei. Und er zeigte mit der Konstruktion dieser griffigen Formel zugleich, wie vorzüglich sich der Antisemitismus dazu eignete, relativ spannungsfrei verschiedenste politische Feindbilder zu verknüpfen. Die Kriegsniederlage war nicht Konsequenz eines aggressiven, unfähigen Militarismus, wie es „die jüdisch-demokratische Presse", vor allem das „Mosse-Erzeugnis", das „Berliner Tageblatt aus der Jerusalemer Str." behauptete, sondern die Folge einer katastrophalen „sozialdemokratisch-jüdischen" Zwangswirtschaft („Judenzwangswirtschaft") und eines unheilvollen jüdischen Einflusses, der an der Front als Drückebergerei, hinter der Front als Schieber- und Kriegsgewinnlertum, jenseits aller Fronten aber als internationale „jüdisch-kapitalistische Wirtschaft", die auf allen Seiten am Krieg verdiente, wirksam wurde. Mit dem Stereotyp von David und Goliath begann die bildhafte Ausarbeitung und Variation der Dolchstoßlegende mit antisemitischen Topoi: „Goliath, der deutsche Riese, konnte nicht im ehrlichen Nahkampf gefällt werden; er wurde gefällt durch die Schleuder des kleinen Juden David."[15] Internationaler Kapitalismus, internationale Arbeiterparteien („Judenparteien") im Reichstag und der „russisch-tartarisch-jüdische" Bolschewismus erhielten im deutschvölkischen Zerrbild vom unheroischen, händlerischen, kampf- und arbeitsscheuen, politisch-zersetzenden, von aller (zumeist selbst produzierten) Unordnung stets profitierendem Judentum ihre Einheit. Vom Kriege profitierten sie durch die auch nach 1918 fortbestehende Zwangswirtschaft, von der Revolution durch die Übernahme fast aller wichtigen Regierungsämter („zu 80% von Juden werden wir regiert"), von den Versailler Reparationsverpflichtungen durch die internationale Organisation des deutschen Schuldendienstes. Kein Wunder, daß wesentliche Regierungsmaßnahmen als eindeutig jüdisch motiviert dargestellt wurden: Die Sozialisierungspläne des Juden Walter Rathenau, die „jüdische Steuerpolitik" (zunächst M. Erzbergers, später R. Hilferdings), die Zulassung der Ostjudeneinwanderung, die den Bolschewismus nach Deutschland, zumal unter die deutsche Arbeiterschaft gebracht habe und noch weiter bringe[16]; und nicht zuletzt die Zustimmung zum Versailler Diktatfrieden, dessen Erfüllung nur durch eine Fülle komplexer internationaler Finanztransaktionen möglich sei. Auf der 27. Generalversammlung des BdL, am 17. Februar 1920, traf der Redner Dr. Schandel vom Verband unabhängiger Bauernbünde Deutsch-Österreichs ganz offenbar die Grundstimmung des Plenums, als er feststellte, seine „ganze Bewegung" sei national, stehe „auf dem Boden der christlich-germanischen Weltanschauung..., vor allem aber ist die Bewegung auch antisemitisch (lebhafter Beifall und Händeklatschen)."

14 Ebd., 1918, Nr. 28, S. 69.

15 Ebd., 1919, Nr. 9a, S. 29.

16 Ebd., S. 31, vgl. auch S. 41; sowie die Ausführungen des badischen Landtagsabgeordneten Hertle auf der Generalversammlung des BdL am 17.2.1920: „... da haben sich auch bei uns in Baden Leute an die Spitze der Regierung gestellt, die, Gott sei es geklagt, *vom Roten Meer* gekommen sind." (ebd. 1920, Nr. 8, S. 37ff.)

Was die antisemitische Grundhaltung des BdL nach 1918 betrifft, so wird die Kontinuitätsthese durch diese Zeitschriftenauswertung zunächst weitgehend bestätigt. Alle politischen wie agrarökonomischen Krisenphänomene der ersten Phase der Republik wurden mit Stereotypen eines völkisch-rassischen Antisemitismus „erklärt". Mit der Fusion von BdL und Landbünden zum Reichslandbund 1921 (RLB) wird aber eine gewisse Trendwende unübersehbar. Antisemitische Agitation und Argumentation werden seltener. Erst die primär gegen die Maßnahmen zur Währungsstabilisierung („Versklavung") gerichtete deutsch-völkische Agitation, die im Umkreis der Wahlen von 1924 offenbar bei einem Teil der Bauern auf Resonanz stieß[17], setzte die RLB-Führung unter Druck und zwang sie erneut zu völkischen und antisemitischen Bekenntnissen, die nun allerdings sukzessiv eine neue, nämlich ökonomische Akzentsetzung erhielten:

„Das starke Anwachsen der völkischen Gesinnung im Lande kann von niemand herzlicher begrüßt werden als vom Landbund. Wie seine beiden Vorläufer, der Bund der Landwirte und der Deutsche Landbund, hat er sich von jeher für deutsches Volkstum praktisch eingesetzt." In seinen Leitsätzen habe er „klipp und klar ausgesprochen, daß die Landbundbewegung auf *deutscher und christlicher Grundlage* beruht", habe er „eindeutig festgelegt, daß *nur Christen* die Mitgliedschaft in ihm erwerben können." Der Vorwurf, die Vorstandsmitglieder Dr. Roesicke und Hillger im Verwaltungsrat der Rentenbank hätten ihre Namen bei der Einführung der Rentenmark „neben die Namen von 'Bankjuden' geschrieben" wurde zurückgewiesen, „denn von den mitunterzeichneten *Bankvertretern ist nicht ein einziger Jude*." Man sprach von einem „- zu Unrecht – vermißten offenen Kampf des Reichslandbundes gegen das Judentum" und wies die Deutung zurück, dieser Kampf sei nur ausgeblieben, weil der RLB-Vorsitzende v. Wangenheim „jüdische Vorfahren" besitze. Das Gegenteil sei der Fall.[18] In der Auseinandersetzung mit der völkischen Forderung (DVFP), entgegen dem Artikel 153 der Weimarer Verfassung den „landunwerten Händen, z. B. Juden und Kapitalisten, den Boden zu enteignen und an 'tüchtige große und kleine Landwirte' zu verteilen", setzte man deutlich die eigenen Akzente und betonte, „daß es keinen wirksameren Schutz gegen die jüdische Gefahr gibt als *wirtschaftliche Maßnahmen*. Der ehedem gerade auf dem platten Lande weitverbreitete jüdische Wucher ist nicht zuletzt durch die planmäßige Ausgestaltung des Genossenschaftswesens ver-

17 Der auf dem Lande zirkulierende Vorwurf lautete, „die Führer des Reichs-Landbundes [hätten] den Gesamtgrundbesitz verpfändet, ohne die Landwirte zuvor zu fragen." Auch über die zugunsten der Rentenmark auf den Boden eingetragene Grundschuld, die 6 % des Bodenwertes ausmachte, kursierten höhere Zahlen. Der RLB verteidigte seine Vertreter in der Rentenbank: „Wer sich an die Verhältnisse unmittelbar vor Schaffung der Rentenmark erinnert, weiß, daß damals nur zwei Wege möglich waren: Entweder Fortgang der Papiergeldentwertung, damit maßlose Verschärfung des Kampfs Aller gegen Alle ... ; oder sofortige entschlossene Selbsthilfe durch Opfer des gesamten Besitzes in Handel, Industrie und Landwirtschaft" (RLB 4, 1924, Nr. 12, 22.3.1924, S. 122).

18 "Freiherr von Wangenheim ist mit seiner Familie in das Eiserne Buch deutschen Adels eingetragen. Diese Eintragung hat den urkundlichen Nachweis zur Voraussetzung, daß in der betreffenden Familie weder jüdisches Blut noch das Blut einer farbigen Rasse vertreten ist." (RLB 4, 1924, Nr. 12, 22.3.1924, S. 121).

drängt worden. Die Heuschreckenplage der Ostjuden, die sich während der zunehmenden Entwertung der Papiermark in Deutschland breitmachte, ist durch Schaffung der *Rentenmark* wieder über die deutsche Grenze abgedrängt worden, und wo sonst der Jude ohne eigene Arbeit, lediglich vom Schweiß des Bauern lebend, noch heute zum Schaden der Gesamtheit mühelosen Gewinn schöpfen kann, wird die wirksamste Abwehr in wirtschaftlichen Maßnahmen liegen."

Die neue, stabile Währung, an deren Konstruktion Vertreter des RLB konstruktiv mitgearbeitet hatten, verschlechterte zunächst einmal die Lage der Bauern und damit rückte die Problematik der nichtbäuerlichen, nicht nach demokratischen Regeln gewählten Führung wieder in den Vordergrund; hier setzte die völkische Agitation gezielt an: „Warum", heißt es in einem „parteivölkischen" Flugblatt, „wird der Vorstand des Reichs-Landbundes nicht von den Mitgliedern des Landbundes in mehrjährigen Abständen neu gewählt? Nur dadurch kommen neue Führerkräfte an die Spitze"; und: „Warum werden nicht die jungen Führer der Landwirtschaft, insbesondere des mittleren und kleinen Bauerntums an die Spitze gelassen?"[19] Der RLB sah sich unter diesem Druck im Wahljahr 1924 noch einmal zu einer Sequenz antisemitischer Artikel, und zwar nun mit völkisch-rassischer Schwerpunktsetzung, gezwungen[20]; aber seine künftige Hauptlinie – Einflußnahme zugunsten der Landwirtschaft durch politische Mitarbeit in staatlichen Institutionen und Kommissionen, Durchsetzung konkreter ökonomischer Verbesserungen – verlor er jetzt und in den folgenden Jahren nicht mehr aus den Augen. Antisemitische Artikel finden sich nach 1925 Jahr für Jahr immer seltener. 1925 sind sie noch einmal relativ häufig, aber schon hier drängen sich wieder ökonomische Schwerpunktsetzungen in den Vordergrund. Die völkisch-rassischen Artikel, Textpassagen mit dominant weltanschaulichen

---

19 RLB 4, 1924, Nr. 12, 22.3.1924, S. 120; vgl. zu diesen „parteivölkischen Angriffen" und der Reaktionen der RLB-Führung: RLB 4, 1924, Nr. 12, S. 120–124. Der RLB warnte die Bauern entschieden vor diesen „neuen Propheten .... die eine neue völkische Lehre verkünden."

20 Den unrühmlichen Höhepunkt dieser erzwungenen Wiederbelebung völkisch-rassischen Antisemitismus im RLB bildete am 24.5.1924 ein Artikel des Hauptmanns a.D. Schmude („Bauerngeist Richtung weist"), der den polaren Gegensatz von Deutschen und Juden, wie damals schon weit verbreitet, am Kontrast zwischen Seßhaften und Nomaden entwickelte: „Wo Nomaden ein Land beherrschen, da können Friede und Wohlstand nicht gedeihen. Es liegt auch in der höher zivilisierten – oder sagen wir besser: frisierten Nomadennatur begründet, daß sie zu ernten trachtet, wo sie nicht gesät hat ... Bei unserem Gang am 4. Mai hatten wir zu entscheiden, ob wir demokratisierende, internationale Nomaden oder nationale, bodenständige Bauern wählen wollten. Er war der Schicksalstag des deutschen Volkes. Wehe uns allen, wenn die Entscheidung zugunsten der Nomaden gefallen wäre! Dann wäre der Untergang des Nährstandes besiegelt, mit ihm der Untergang all derer, die von schaffender Arbeit leben. Sie alle würden dann herabgedrückt zu willenlosen Opfern blutgierigster Aussauger". Nomaden seien alle, „die nicht von schöpferischer, schaffender Arbeit des Geistes und der Hand [leben]. Ihre Tendenz wird immer zersetzender, zerstörender, niemals aber aufbauender Art sein... Die Führer der Arbeiter waren vielfach mehr oder weniger durch die Bank arbeitsscheue Nomaden, die nur von demagogischer Schwätzarbeit lebten." (RLB 4, 1924, Nr. 21, 24.5.1924, S. 224f.; vgl. auch RLB 4, 1924, Nr. 35, 30.8.1924, S. 400f.).

Aussagen, verschwinden aus der Berichterstattung. Seit 1926 sind ganze Jahrgänge des „Reichslandbundes" so gut wie frei von antisemitischen Artikeln. Selbst in den Wahljahren und in den letzten Jahren der Republik, in Zeiten schärfster Agrarkrise und „nationaler Opposition" sind antisemitische Artikel nur selten zu finden, auch nicht bei ausgesprochenen Reizthemen wie Verschuldung oder Zwangsversteigerung von Höfen und Gütern.

Die Vermutung liegt nahe, daß diese Enthaltsamkeit und Selbstbeschränkung gegenüber dem Argumentationsreservoir Antisemitismus auf die Funktion der Zeitschrift „Reichslandbund" zurückzuführen ist, den gemeinsamen Nenner aller deutschen Agrarregionen darzustellen und die Verbandsfunktionäre unterschiedlichster Mitgliederbezirke anzuleiten, konkrete agrarische Interessen effektiv (und vermittelnd) bei „ihren" Regierungsbehörden, Landwirtschaftskammern, Abgeordneten und Parteiorganisationen durchzusetzen. Mit rassisch-völkischem Antisemitismus konnten aber wohl weder die verbündete DNVP als mitregierende Partei noch der Landbundfunktionär in Provinz oder Regierungsbezirk konkrete agrarpolitische Forderungen wirkungsvoll „nach oben" vertreten. Es empfiehlt sich also, den Blick stärker auf die Landbundpresse zu richten, die sich primär an die ländliche Basis richtete, also dort nach der Kontinuität antisemitischen Deutens und Verhaltens zu forschen. Um aber das Hauptergebnis gleich vorwegzunehmen, auch hier ergibt sich – jenseits bedeutsamer Unterschiede – ein ähnliches Ablaufmuster: bis 1925 nicht gerade eine Flut, aber doch ein besonders in den Wahljahren recht starker Strom antisemitischer „Argumente", der dann jedoch, bei allerdings deutlich stärkerer Belebung in den Jahren 1927 bis 1929, auffällig schnell wieder verebbte.[21] Die Unterschiede betreffen zum einen das Spektrum antisemitisch gedeuteter Problembereiche. Hier, näher an der Basis, stand neben der Bekämpfung des politischen Gegners in den Wahlen mit gleichem Gewicht die Erläuterung und „Bewältigung" betrieblicher (Preis- und Kursentwicklungen, Steuern, Kredit, Mitbestimmungs- und Sozialgesetzgebung für Landarbeiter) und organisatorischer Probleme (Einheitsorganisation von Gutsbesitzer, Bauer und Landarbeiter, Genossenschaftsdisziplin). Zum anderen zeigen sich in der Intensität, mit der antisemitisch-völkische Stereotype herangezogen werden, erhebliche Varianten. Die Redakteure (und Großgrundbesitzer wie Bauern) des Pommerschen Landbundes (PLB) zeigten sich von Anfang an weitaus aufgeschlossener gegenüber aggressiv-völkischen „Argumenten" als ihre bündischen Kollegen in Brandenburg (BLB). Beide Zeitschriften aber, PLB wie BLB, bezogen völkische Argumente weitaus öfter und selbstverständlicher in ihre Artikel ein als der RLB.

Schauen wir nun auf die antisemitischen Themenfelder der landbündischen Presse seit Gründung des RLB 1921, so zeigt sich zunächst einmal die nahezu bruchlose Fortsetzung der politisch-antisemitischen Abwehr- und Ablenkungsstrategien des BdL: gegen die Übernahme von Verantwortung für Kriegsausbruch und Kriegsniederlage, gegen sozialdemokratische und liberale Verfassungen, Regierungen, Parlamente, Parteien und Öffentlichkeitsmedien, gegen Versailler Diktat, territoriale Verluste und Reparationsver-

21 Diese „Belebung" der antisemitischen Agitation, im Pommerschen Landbund (PLB) stärker als im Brandenburgischen Landbund (BLB), war zum einen die Folge der 1927 einsetzenden Siedlungsbewegung des Reichsbundes jüdischer Frontsoldaten (s. S. 401 f.), zum anderen deren „Vorlauf" zum Wahljahr 1928.

pflichtungen, gegen Revolutions-, Demokratie-, Sozialisierungs- und Bodenreformbewegungen, für die Kontinuität eines autoritären, anti-republikanischen Konservatismus, vertreten durch die DNVP. Solche Abwehr- und Ablenkungsarbeit war aber nicht nur in der Stadt, in Regierung und Öffentlichkeit, in Wahlkampfkampagnen und auf Partei- wie Verbandskongressen zu leisten, sondern – ganz konkret und alltäglich – auch auf dem Lande, wo Organisationserfolge von SPD und DDP, von liberalem Deutschen Bauernbund (DB) und sozialdemokratischem Deutschen Landarbeiter Bund (DLB) schon früh Verlusterfahrungen und Angst vor beschleunigter Machteinbuße auslösten. Gegen diese Erfolge der „Demokratie", aber auch gegen die noch keineswegs voll gezähmte Basisdynamik der Landbundbewegung setzten der RLB und die Führung von BLB wie PLB das Konzept einer berufsständisch-konservativen Einheitsfront des Landes gegen die („jüdische Groß-)Stadt", des agrarischen gegen das städtischhändlerische Interesse. Landbesitzer und Landarbeiter, Bauern und Großgrundbesitzer dürften sich, so die immer wieder wiederholte Forderung, nicht durch „jüdisch-zersetzenden Geist" auseinanderdividieren lassen. Das Feindbild einer „land- und wesensfremden Rasse", einer beängstigend erfolgreichen „händlerisch-demokratisch-städtischen Judenmacht", die das Land zu 'versklaven' trachte, sollte dieser stets aufs neue bröckelnden Einheitsfront Stabilität verleihen.

Innerhalb dieses Feindbildes wurden aber von Anfang an nicht nur die politischen Frustrationen der ersten Jahre der Republik, sondern vor allem die neuartigen und gravierenden ökonomischen Belastungserfahrungen der Landwirtschaft verarbeitet, so daß schon nach wenigen Jahren ein stark verflochtenes, merkwürdig „eigensinniges" Verschwörungsstereotyp entstanden war. Eine erste Erfahrungseinheit, die in dieses Stereotyp einging, verband sich mit der Kriegs- und Nachkriegszwangswirtschaft im Ernährungsbereich. Diese hatte bei den Bauern, sicherlich nicht völlig zu Unrecht, das in tiefsitzender Empörung gegründete Gefühl erzeugt, als Produzenten den Konsumenten, als Landbewohner den städtischen Interessen geopfert zu werden. Als in der Nachkriegsinflation die Nahrungsmittelpreise weiter stiegen, und zwar so stark, daß viele mittel- und arbeitslose Städter ihre Ernährung gefährdet sahen, wuchsen die Spannungen derart, daß die landbündische Presse mehrere Jahre lang von einem „Krieg" zwischen Stadt und Land sprach. Im Kern dieses „Krieges" stand die hochemotionalisiert diskutierte Frage, wer diese Teuerung, vor allem den Anstieg der Getreidepreise, zu verantworten habe. Presse, Gewerkschafts- und Parteivertreter, die Sprecher der städtischen Konsumenten, erklärten ihrer Klientel diese Teuerung mit den Stereotypen des hortenden, wuchernden Bauern und des „habgierigen Agrariers". Diesen Vorwurf, die ländlichen Produzenten steckten als „Wucherer" hinter der künstlich verursachten Teuerung, suchte die Landbundpresse mit einer Fülle von Entlastungskonstruktionen zu kontern, in deren Zentrum allemal „der Jude" stand. 1921 verbreitete der BLB z. B. wochenlang das „Argument", in den ostelbischen Ländern reisten mobile jüdische Händler herum und kauften von den Bauern, die man deswegen tadelte, zu überhöhten Preisen Getreide in Massen auf.[22] Zum Verbleib dieses Getreides erklärte man zunächst – noch ganz befangen in den traditionalen Erklärungsmustern älterer „Hungerkrisen" –, dieses sei über die östliche Grenze gebracht und dort

22 Vgl. hierzu und zum folgenden BLB 3, 1922, Nr. 9, S. 7; Nr. 10, S. 3; Nr. 12, S. 2 und Nr. 14, S. 5.

verkauft oder aber gehortet worden in der Absicht, im Frühjahr dafür Höchstpreise zu erzielen. Ein zweiter Erklärungsversuch ordnete die „mobilen jüdischen Händler" einer angeblich neu gegründeten Berliner „Reichsgetreide-AG-Lagerhausgesellschaft" zu. An die Stelle der „jüdisch" dominierten staatlichen Zwangswirtschaft[23], deren Aufhebung absehbar war, so argwöhnte man, trete nun unmerklich eine „neue Trust-Gesellschaft nach amerikanischem Vorbild". Als der Reichsschatzminister den BLB 1921, gemäß § 11 des Reichspressegesetzes, zu der Richtigstellung zwang, es könne schon deshalb keine jüdischen reisenden Händler geben, die für eine Lagerhaus-Gesellschaft einkauften, weil diese „Deutsche Lagerei-AG ... noch gar nicht gegründet" sei, wandten sich die Versuche, die Teuerung zu erklären, den „jüdischen" Produkten- und Devisenbörsen Berlins zu. Die dort von Juden, und neuerdings in besonders verwerflicher, teils sogar krimineller Weise von gerade erst zugewanderten Ostjuden[24] betriebenen Spekulationen und Kurstreibereien, so das nun stabil bleibende Ergebnis dieses Teuerungs- und Wucher-Diskurses, seien die eigentliche Ursache der anhaltenden Preissteigerungen. Da die Grundlagen für eine solche Spekulation aber recht eigentlich erst durch das internationale Reparationszahlungssystem des jüdischen Bankkapitals gelegt worden seien, wäre die Teuerung – und hier verband sich der ökonomische Kreis der Argumentation mit dem politischen – letztlich eine Folge der „Erfüllungspolitik".

In dieses Entlastungs- und Verteidigungskonzept waren – und wurden auch fernerhin – die gravierendsten Erfahrungen des „Landes" in den frühen zwanziger Jahren eingearbeitet. Da war vor allem die schon im Krieg einsetzende, Anfang der zwanziger Jahre aber stark zunehmende Einwanderung der Ostjuden, die zwar fast ausschließlich auf Städte, insbesondere auf Berlin zielte, das Land also eigentlich nur indirekt betraf, die aber gleichwohl mit großem Argwohn beobachtet und anhaltend negativ kommentiert wurde.[25] Die Ostjudeneinwanderung, so die Deutung der Landbundpresse, verschärfe die ohnehin schon extreme Wohnungsnot in Berlin, konzentriere sich eindeutig in bestimmten Vierteln und entwickle dort ein spezifisches kriminelles Milieu. Der „ungeheure" Zustrom an Ostjuden, so der PLB 1921, sei darüber hinaus eine gravierende „moralische und gesundheitliche Gefahr".[26] Wie an der Parallelisierung von Ostjudeneinwanderung und Teuerung schon gezeigt, regte dieses allen sichtbare, auffallende Phänomen zur antise-

---

23 Zum Anteil jüdischer Kaufleute und Wirtschaftsexperten an der Kriegswirtschaft vgl. Saul Friedländer, Die politischen Veränderungen der Kriegszeit und ihre Auswirkungen auf die Judenfrage, in: W.E. Mosse (Hg.), Deutsches Judentum in Krieg und Revolution 1916–1923, Tübingen 1971, S. 27–65, hier S. 36f. sowie Peter Pulzer, Die jüdische Beteiligung an der Politik, in: W.E. Mosse, Juden, S. 143–239, hier S. 233.

24 Zum Börsenengagement ostjüdischer Zuwanderer und darauf bezogener Maßnahmen des NS-Staates vgl. Helmut Genschel, Die Verdrängung der Juden aus der Wirtschaft im Dritten Reich, Göttingen 1966, S. 65.

25 Zur Einwanderung der Ostjuden nach Deutschland, insbesondere nach Berlin, vgl. die Zusammenfassung von Shulamit Volkov, Die Dynamik der Dissimilation. Deutsche Juden und die ostjüdischen Einwanderer, in: D. Blasius u. D. Diner (Hg.), Zerbrochene Geschichte, Frankfurt a.M. 1991, S. 64–78.

26 PLB 3, 1921, S. 52.

mitischen „Theoriebildung“ an. Die Ostjudenzuwanderung bringe Kommunisten und bolschewistische Revolution nach Deutschland. Und die kleinen, kriminellen Schiebereien und Börsenspekulationen der städtischen Ostjuden heizten im Verein mit den ostjüdischen mobilen Getreidehändlern auf dem Lande die Teuerung weiter an. Das Bemühen, eine weitere Negativerfahrung der zwanziger Jahre zu erklären, fügte diesem antisemitischen Erklärungsmosaik einen weiteren Baustein an: Da war die bedrückende Tatsache, daß es den Gutsbesitzern und Bauern nicht gelang, ein Netz von Bezugs-, Verkaufs- und Verwertungsgenossenschaften derart dicht und diszipliniert aufzubauen, daß sie die wachsenden Gewinne des Zirkulationsbereichs für sich sicherten, also vor allem selbst von den Preisanstiegen profitierten. Einen nicht unerheblichen Teil des Marktes und der Teuerungsprofite behielten aber weiterhin private Zwischen- und Großhändler; die Organisations- und Lieferdisziplin der Bauern und Gutsbesitzer ließ dagegen stets zu wünschen übrig.

Mit der Negativ-Konfiguration aus „ostjüdischem“ (oder einfach jüdischem) Händler und einem Bauern, der gegen geringen Aufpreis an den Genossenschaften vorbei verkaufte, den Stand schädigte, den „Krieg“ zwischen Stadt und Land verschärfte, suchte man seit Anfang der zwanziger Jahre den Aufbau der Landbundgenossenschaften zu forcieren, die Zentralisierung des Genossenschaftswesens zu beschleunigen, die Fusion der drei Hauptgenossenschaften unter landbündischer Führung – mit dem Ziel politischer Inanspruchnahme – durchzusetzen.[27] Nur ganz selten findet man dabei in der Landbundpresse so viel erfolgsgewisses Selbstbewußtsein, so viel Gewißheit, daß man „den Markt“ schon bändigen werde, wie auf der Jahrestagung des BLB Anfang 1925, als ein Hauptredner selbstbewußt ausrief: „Das, was die Juden geschaffen haben, das soll uns Landwirten nicht möglich sein?“[28] Seit 1921 agitierten der RLB und die Landbünde verstärkt für einen Ausbau der Landbundgenossenschaften in allen Kreisen und deren Zusammenschluß zu Hauptgenossenschaften. Mit der „restlosen Erfassung des inländischen Getreides“ in der Hand der Genossenschaften solle der „jüdische Getreidehändler“ endgültig vom Land vertrieben werden. 1922 suchte man, diese Genossenschaftsbewegung auch mit dem schon bekannten Schreckbild einer gerade gegründeten Reichsgetreide AG, einer „jüdischen Lagereigesellschaft“, eines „Trusts a la Amerika“ voranzubringen. Gegen den befürchteten heimlichen Übergang des staatlichen, kriegszwangswirtschaftlichen Ankaufmonopols in die Hand eines „jüdisch-amerikanischen“ Ankaufsmonopolisten setzte man die Vision einer alle ländlichen Produzenten erfassenden, hochdifferenzierten Einheitsgenossenschaft. Aber schon 1925 war man wieder bei bescheideneren Mitteln angelangt, suchte man die zentrale Schwäche des Genossenschaftsmodells – den unsolidarischen Marktindividualismus von Bauern und Gutsbesitzern, die Zersplitterung der Produzenten in eine unendliche Zahl von Einzelanbietern – durch völkische Appelle und Überredungskunst auszugleichen: „Bauer stärke deine Genossenschaft. Sie soll uns aus den Wuchererhänden

27 Vgl. RLB 4, 1924, Nr. 30, 12.7.1924, S. 301; BLB 5, 1924, Nr. 8, S. 6; siehe auch schon PLB 3, 1921, S. 509f. Nach dem Scheitern des Versuchs, den Generalverband der deutschen Raiffeisen-Genossenschaften und den Reichsverband der deutschen landwirtschaftlichen Genossenschaften unter seine Kontrolle zu nehmen, schritt der RLB seit 1921/22 zum Aufbau einer landbündischen Genossenschaftsbewegung, behielt aber seine Agitation für eine Einheitsbewegung bei.

28 BLB 6, 1925, Nr. 3, S. 4f.

befreien. Nicht allein völkisch reden, sondern völkisch handeln. Nicht um 5 oder 10 Pfennige mehr für den Zentner Getreide an den Juden verkaufen! Alles der Genossenschaft – Vereinigung aller Genossenschaften."[29] Der Handel solle durch ständisch-genossenschaftliche Selbsthilfe zum Diener der Landwirtschaft werden, nicht aber deren Ausbeuter sein.[30] Was bei den Bezugs- und den Getreideverkaufsgenossenschaften, zumal in Pommern, noch einigermaßen gelang, blieb karg bei den Viehverkaufsgenossenschaften, blieb noch karger bei den Verwertungsgenossenschaften und scheiterte schließlich bei dem Versuch, die Landwirte mit solchen völkischen Parolen für eine einheitliche, zentralisierte, national-konservativ ausgerichtete Einheitsgenossenschaft aus den drei dominierenden Genossenschaftsverbänden zu mobilisieren. Das antisemitische Feindbild reichte offensichtlich nicht aus, die in diesem Organisationsbereich bestehenden Widerstände zu überwinden. Entsprechend scharf blieb die Agitation gegen die zentralisierten, „internationalen", großkapitalistischen „jüdischen" Lagerhäuser, Getreidemühlenkonzerne, Brot- und Fleischfabriken, Schlachthöfe und Molkereien.

Zwei weitere Verlusterfahrungen dieser Jahre, die „Steuer- und Kreditnot", wurden ebenfalls mit antisemitischen Stereotypen „erklärt", aber überwiegend in Zusammenhang gebracht mit dem Einfluß westlicher, seit langem einheimischer Juden (die mit dem „internationalen Finanzjudentum" zusammenarbeiteten). Die vielfältigen Diskussionen in den Parteien über neue Steuermodelle irritierten und beunruhigten die Landbünde ebenso wie die gesetzlichen Vorgaben, mit denen die Landarbeiter endlich in das Sozialversicherungssystem voll integriert wurden.[31] Zweifellos haben die neuen Grundsteuern der Weimarer Republik, ihre Konstruktion als ertragsunabhängige Steuern auf der Grundlage eines vermutlich zu hoch angesetzten Bodenertragswertes, die Landwirtschaft, vor allem die ostelbischen Güter, mit einer neuen Qualität der Steuerbelastung konfrontiert. Und seit der Währungsstabilisierung verband sich diese Steuererhöhung mit einer verschärften Einziehungspraxis, die als weitere, brüskierende Verschärfung der „Steuernot" empfunden wurde. Es entstand die Angstvision einer geplanten Vernichtung des Bauernstandes durch den Steuerstaat und das Banken- wie Börsenwesen, dessen komplexe Aktionsfelder man nur sehr begrenzt zu durchschauen in der Lage war. Also wurde auch dieses Geschehen mit antisemitischen Deutungsmustern „bewältigt". Zum einen konstruierte man einen engen Zusammenhang zwischen den extrem gestiegenen Grundsteuern und der internationalen, „jüdischen" Reparations- und Erfüllungspolitik. Schon 1921 behaupteten BLB und PLB darüber hinaus unisono, die „Steuerüberlastung" der Landwirtschaft sei Aus-

29 BLB 6, 1925, Nr. 9, S. 8.

30 BLB 10, 1929, Nr. 18, S. 2. Der Höhepunkt dieses antisemitischen Arguments liegt nicht zufällig in den Jahren 1925/26. Damals wurde der Zusammenbruch der Landbundgenossenschaften unübersehbar; die Hetze gegen den „jüdischen Handel" lenkte vom eigenen Versagen in der Führungsfunktion ab.

31 Die vielfältigen Diskussionen in den Anfangsjahren der Weimarer Republik über ein angemessenes Modell zur Besteuerung des Grund- und Bodenbesitzes haben stark zur Verunsicherung gerade der ostelbischen Agrarverbände und zur Entwicklung umfassender Abwehrargumentationen beigetragen (vgl. zu den Steuerdiskussionen: Schumacher, Land, S. 286ff.; Becker, Handlungsspielräume, S. 114ff. und 210ff. sowie den Aufsatz von Pyta, oben, S. 346ff.).

druck der „jüdischen" Bodensozialisierungspläne. Der BLB sah die „brutale Steuerpolitik des Wiener Juden Hilferding" 1923 als ein Verfahren der schrittweisen, verdeckten Bodensozialisierung; und der RLB stützte diese Deutung zur gleichen Zeit mit seiner Kampfformel vom „Steuerbolschewismus" wirkungsvoll flankierend ab.[32]

Die wichtigste, antisemitische Ideologiebildung auf dem Lande vorantreibende Erfahrung der Landbündler war jedoch die „Entdeckung" der nationalen und internationalen Kapitalmärkte, die einerseits große Zirkulationsprofite ermöglichten, andererseits die Kreditmodalitäten und die Kreditfähigkeit des Landwirts festlegten. Der Kreditbedarf von Bauern wie Gutsbesitzern war nach der Ausbeutungswirtschaft der Kriegsjahre, vor allem aber nach der Wiederkehr des Preisdrucks des Weltmarktes – eine Folge der Währungsstabilisierung 1923 – außerordentlich hoch, die Kreditwürdigkeit der Landwirtschaft in offensichtlichem Kontrast dazu dagegen erschreckend gering. Die Landwirtschaft galt nicht mehr als sicherer, erst recht nicht als künftig profitträchtiger Anlagebereich. Trotz der Vorteile der Inflationskonjunktur, die aber offensichtlich nur wenig zur Intensivierung und Mechanisierung der Betriebe genutzt wurde, galt die ostelbische Landwirtschaft den Geldanlegern als „Risikobereich", in den man sein Kapital nur recht ungern gab, auch deshalb, weil die deutschen Landwirte bei geringen Profitaussichten erheblich „vorbelastet" waren. Diese Einschätzung, ein wenig geliebter Partner auf dem Kapitalmarkt zu sein, teilte sich Bauern wie Gutsbesitzern in vielfältiger Weise mit. Während die ländlichen Kreditgenossenschaften auf dem Kapitalmarkt kaum noch neue, günstige Geldressourcen erschließen konnten, prosperierten, wie die Verbandspresse immer wieder berichtete, die großen und „kleinen" städtischen, „jüdischen" Bankinstitute, vor allem die Banken im nahen Berlin. Voller Neid und Verbitterung verfolgte man die Blüte der großen „D-Banken", die das Reparationszahlungssystem trugen und die Inflationsprobleme so souverän wie pekuniär erfolgreich bewältigten, zählte man die „280 jüdischen Banken in Berlin" auf, die kaum minder prosperierten, aber ihr Geld, wenn überhaupt, nur zu recht ungünstigen,"versklavenden" Zinskonditionen an die Landwirte gaben[33]. Entsprechend scharf richtete die Verbandspresse ihren Blick zurück auf die „Vorbelastungen" der Landwirtschaft, die solcher demütigenden Kreditunwürdigkeit zugrundelagen; und – inzwischen keineswegs mehr überraschend – sie entdeckten auch hier das geheime Wirken der Juden, das Projekt einer „kalten Sozialisierung". Rathenaus Plan, das Reparationsproblem durch eine zwanzigprozentige Hypothekenlast auf allem städtischen und ländlichen Grundbesitz als 1. Hypothek zu bewältigen, wurde ebenso in dieses Wahrnehmungsraster eingeordnet wie die Umlagegesetzgebung für die Jahre 1921/1922,[34] vor allem aber die Inanspruchnahme des ländlichen Bodens (und zwar, möglicherweise unberechtigt, auch noch *gleichgewichtig* mit dem städtischen) für die Währungsstabilisierung.

32 Siehe zum vorhergehenden: PLB 3, 1921, S. 361f., 442f. und 586; sowie BLB 4, 1923, Nr. 37, S. 1; der Hauptmann a.D. Schmude klagte in einem Artikel 1924, „daß der vorige Reichstag der Landwirtschaft geradezu unerhörte Steuerlasten aufgebrummt hat, weil ... die Zahl der Nomaden [kurz darauf spricht er von den „arbeitsscheuen Nomaden", H.R.] über die der Bauern triumphierte." (RIB 4, 1924, Nr. 21, S.225.)

33 Vgl. PLB 3, 1921, S. 71f.

34 Vgl. BLB 3, 1921, S. 361f.; BLB.4, 1923, Nr. 2, S. 3f.

Die Führung des RLB, dessen Vertreter an der Konstruktion von Rentenbank und Rentenmark eng beteiligt waren und die Eintragung einer Grundschuld von sechs Prozent[35] auf alle ländlichen Grundstücke – und damit eine gravierende Verschlechterung der ländlichen Kreditmöglichkeiten – mitzuverantworten hatten, geriet schon 1924 unter den starken Druck ihrer Mitgliederbasis. Der Vorwurf lautete, „die Führer des Reichs-Landbundes [hätten] den Gesamtgrundbesitz verpfändet, ohne die Landwirte zuvor zu fragen." Sie arbeiteten in der Rentenbank mit „Bankjuden" eng zusammen und setzten ihre Unterschriften auf dem neuen Geld neben die Namen von „jüdischen Groß-Kapitalisten", die nun mit ihren „Schieber- und Devisenspekulations-Billionen" darangingen, die Rentenbriefe und damit den ländlichen Grundbesitz, ja den Arbeitsertrag des teilenteigneten Bauern in ihren Besitz zu bringen. Die Verteidigungsargumente des RLB blieben, wie gezeigt, auf der gleichen Argumentationsebene: es habe keine „Bankjuden" im Rentenbankprojekt gegeben; und schließlich habe man doch mit der Währungsstabilisierung den unseligen Zusammenhang von einwandernden, spekulierenden Ostjuden und Inflation endgültig zerschlagen. Schon jetzt sehe man, wie als Folge dieser Regelungen die Ostjuden über die Grenze zurückgedrängt, die Ostjudenzuwanderung gestoppt werde. Aber diese „Leistung" fand in den Augen der meisten Landbundmitglieder, zumindest in Brandenburg und Pommern, ebensowenig Anerkennung wie die staatlich gestützte Einrichtung einer eigenen Kreditanstalt für die Landwirtschaft, die sog. „Preußenbank". Die gravierende Preis-, Kredit- und Steuerkrise, die 1924 sichtbar und spürbar wurde, eine Lage „noch ernster als zur Zeit Caprivis"[36], lenkte auch hier den Blick früh auf die langfristig in der Tat durchaus bedrohlichen Seiten dieser Einrichtungen: hohe Kreditzinsen, zum Teil sehr kurze Laufzeiten und Herkunft dieser Kreditmittel aus dem internationalen, vor allem dem amerikanischen Kapitalmarkt. Und so fügte sich auch die Gründung dieser Preußenbank, trotz ihrer durchaus beachtlichen Leistungen für die Landwirtschaft, fast nahtlos in die sich entwickelnde ökonomische Globaldeutung eines „internationalen Judentums" ein, das sukzessiv und auf indirekte Weise die Versklavung der deutschen Wirtschaft, insbesondere aber der deutschen Landwirtschaft, anstrebe und zwar mit beängstigendem Erfolg.

Bisweilen finden sich in dieser Phase durchaus noch einzelne Distanzierungsversuche gegenüber dem schnell fortschreitenden Prozeß antisemitischer Deutung und Symbolisierung eines komplexen ökonomischen Bedingungsgeflechts. Die RLB-Führung verwies 1924 z. B. auf die große Zahl kompetenter Bankiers und Finanzexperten in der Rentenbank, die durchweg keine Juden seien; ein Jahr später heißt es beschwörend, es sei doch „die Wirtschaft" (und nicht der Jude), welche die Landwirtschaft versklavte.[37] Der BLB

35 Diese Regelungen wurden durch die Verordnung über die Errichtung der Rentenbank vom 15.10.1923 festgelegt. Zur Währungs- und Kreditproblematik, die beide nur wenig erforscht sind, siehe vor allem Becker, Handlungsspielräume, S. 126–132; und Friedrich Wilhelm Henning, Landwirtschaft und ländliche Gesellschaft in Deutschland, Bd. 2: 1750 bis 1976, Paderborn 1978, S. 205.

36 RLB 4, 1924, Nr. 12, 22.3.1924, S. 122.

37 BLB 6, 1925, Nr. 19, S. 2.

sah die deutsche Landwirtschaft 1924 zwar „in der Hand von Wucherern", aber: „der Hauptwucherer ist der Staat".[38] Und noch 1929 findet man in einem programmatischen Artikel des BLB die Nebeneinanderstellung von „jüdischen Händlern" und „deutschen Raffkes".[39] Eindeutig stärker blieb aber unter dem Eindruck der Krise von 1924 das Bemühen, die bisherigen Teilerklärungen des ökonomischen Antisemitismus noch enger miteinander zu verknüpfen und, gestützt auf den politischen Antisemitismus der ersten Nachkriegsjahre, weiter zu einer Globaldeutung auszuarbeiten. Holzschnittartig zusammengefaßt ergab sich aus diesem Bemühen das folgende Deutungsschema: Die Juden hatten, unterstützt von einer mächtigen Presse, die Volksgemeinschaft von 1914 zersetzt, die deutsche Kampfkraft an Kriegs- wie Heimatfront geschwächt, eine innere Front zerstörerischen Klassenkampfes aufgebaut und schließlich die bolschewistisch-jüdische Revolution nach Deutschland importiert. Nun beherrschten sie mit jüdischer Verfassung, jüdischen Parteien (SPD und DDP) und jüdischer Regierung den Staat, der, da im Kern jüdisch-städtisch, für die ihm wesensfremde Landwirtschaft nicht das geringste Verständnis aufbringe. Zunächst habe das wirtschaftlich tätige Judentum, Erfinderin der schädlichen Kriegsgesellschaften und der Kriegszwangswirtschaft, als Händler, Schwarzmarkt-Schieber und hortender Spekulant von der Kriegsernährungswirtschaft profitiert. Danach ging es, da am Krieg nichts mehr zu verdienen gewesen war, seine starke Stellung in der Regierung, nicht zuletzt aber als Finanzberater des Staates und Kapitalmarktexperte nutzend, seine international-kapitalistischen Bankverbindungen und ein weit gespanntes Netzwerk weltweit agierender jüdischer Organisationen aktivierend, daran, am „Geschäftsfrieden von Versailles", an der Erfüllungs- und Reparationspolitik, aber auch an der künstlich, durch internationale Absprachen erzeugten Marktverwirrung, der Inflationskonjunktur, zu verdienen.[40] Wie stets, so sei auch jetzt die Landwirtschaft des Juden bevorzugtes Ausbeutungsobjekt; denn er wisse genau, daß an der Einheitsfront der Landwirtschaft die von ihm inszenierte Revolution 1918/19 zerschellt sei, daß die Landwirtschaft der einzige noch gesunde Kern des deutschen Volkskörpers sei.

In diese noch relativ allgemeinen, dominant politischen Grundkonturen eines nationalkonservativen ländlichen Antisemitismus fügte sich dann zwischen 1923 und 1925 spannungslos das verbandspolitische und ökonomische Argumentationsmosaik ein. Jüdisch-liberale und jüdisch-sozialistische Organisationen wie Institutionen, nicht zuletzt, und besonders beharrlich, das „Berliner Tageblatt" Rudolf Mosses, suchten von der „jüdischen Großstadt" Berlin, vom „Neuen Jerusalem" aus, Zwietracht zwischen Gutsbesitzern, Bauern und Landarbeitern zu säen, aus Furcht vor der unverzichtbar notwendigen berufsständischen Einheitsfront des vom Gutsbesitzer geführten Landes, aber auch aus Rache.[41] Ein weiterer, gleichermaßen gefährlicher Angriff des Juden richte sich auf eine

38 BLB 5, 1924, Nr. 39, S. 2f.

39 BLB 10, 1929, Nr. 16, S. 2.

40 Vgl. BLB 10, 1925, S. 4f.; ebenso schon PLB 3, 1921, S. 361f.

41 Zur anhaltenden Problematik des Verhältnisses von alter und neuer Führungsgruppe in den Agrarverbänden siehe den Artikel des Hauptmanns a.D. Schmude im RLB 4, 1924, Nr. 21, 24.5.1924, S. 225: „Bauern und Großgrundbesitzer gehören in ein Lager ... Die Tendenz der

zweite Säule ländlicher Organisation, die Genossenschaftsbewegung, die der „jüdische mobile Händler“ immer wieder durch minimal höhere Preise zu unterminieren suche. War es hier die alte Drohgestalt des mobilen Händlerjuden, der – Teuerung verursachend – das Getreide auf dem Halme aufkaufte und außer Landes schaffte, so knüpfte die Deutungsarbeit über die Kreditnot an die ebenso dunkle Figur des Wucherjuden und Güterschlächters an, die z. B. schon 1847, auf dem Vereinigten Landtag, Otto von Bismarck so eindrucksvoll inszeniert hatte[42] und die auch durch die sog. Wucherenquêten“ des Vereins für Sozialpolitik in den 1880er Jahren nicht völlig entdämonisiert werden konnte. In der ländlichen Realität Ostelbiens dürfte man diesem Kredit- und Handelsjuden wohl nur noch selten begegnet sein. Doch mag die ostjüdische Einwanderung, die eine in der Kultur sehr traditionale, in der äußeren Erscheinung fremde jüdische Bevölkerung nach Deutschland brachte[43], diese Judengestalt ein Stück weit wiederbelebt haben. Auf jeden Fall beschwor der BLB, als er ein Resümee des Landbundtages von 1923 zog, unter dem Titel „Der Bauer ist in der Hand der Juden“[44] zunächst genau diese Traditionsfigur als Symbol

---

Nomaden geht darauf hinaus, den Sieg nicht durch eigenen Heroismus zu erringen, sondern dadurch, daß sie unter die schöpferisch tätigen Menschen Zwietracht säen ... Oft hört man von kerngesund national empfindenden schlichten Leuten: die Partei vom Herrn Baron oder vom Herrn Grafen können wir Kleineren doch nicht wählen ... Hie Nomade – hie Bauer! Einem Teil der kleineren Landwirte fehlt leider der geistige Weitblick ... Das Eng-an-die-Scholle-Gebundensein begrenzt ihren Horizont, und darum läßt er sich so leicht einfangen von denen, die gegen alle Pioniere und treuen, aufopferungsfreudigen Vorkämpfer des Deutschtums im Osten, auch unserer verschrieenen Junker hetzen. Zählt die Blutopfer dieser Junker, die sie auf dem Altar des Vaterlandes dargebracht haben.“ Von der Last dieses Blutopfer-Arguments hatten sich die Bauern spätestens mit dem Übergang in die NS-Bewegung befreit, wie eine Rede von Richard Walter Darré vom 11.5.1934 vor „20000 pommerschen Bauern“ in Starkow belegt. „Die Bewertung des einzelnen Geschlechtes adliger Rittergutsbesitzer Ostelbiens wird von der nationalsozialistischen Regierung nicht mehr einseitig von dem Standpunkte aus zu betrachten sein, welche Blutsverluste dieses Geschlecht in der preußischen Geschichte erlitten, sondern auch danach, ob es sich bauernverantwortlich gezeigt“, also in der Vergangenheit keine Bauern „gelegt“ habe (zitiert nach: Pommern 1934/35 im Spiegel von Gestapo-Lageberichten und Sachakten, hg.v. R. Thévoz u. a., Bd. I, Quellen, Köln 1974, S. 224f.).

42 Bismarcks Redetext 1847 lautete: „Ich kenne eine Gegend, wo die jüdische Bevölkerung auf dem Lande zahlreich ist, wo es Bauern gibt, die nichts ihr Eigentum nennen auf ihrem ganzen Grundstück; von dem Bett bis zur Ofengabel gehört alles Mobiliar dem Juden; das Vieh im Stall gehört dem Juden, und der Bauer bezahlt für jedes einzelne seine tägliche Miete; das Korn auf dem Felde und in der Scheune gehört dem Juden, und der Jude verkauft dem Bauern das Brot-, Saat- und Futterkorn metzenweise. Von einem ähnlichen christlichen Wucher habe ich wenigstens in meiner Praxis noch nie gehört.“ (zitiert nach: RLB 13, 1933, S. 6).

43 Vgl. hierzu Hans-Günter Smarzlik, Antisemitismus im Deutschen Kaiserreich 1871–1918, in: B. Martin u. E. Schulin (Hg.), Die Juden als Minderheit in der Geschichte, München 1982, S. 271289, hier S. 277; Volkow, Die Dynamik, S. 71, und: George L. Mosse, Die deutsche Rechte und die Juden, in: W.E. Mosse (Hg.), Entscheidungsjahr 1932. Zur Judenfrage in der Endphase der Weimarer Republik, Tübingen 1965, S. 183–248, hier S. 230.

44 BLB 5, 1924, Nr. 8, S. 6.

der Krise des Agrarkredits. Daß diese beiden Judengestalten aber nicht mehr ausreichten, die neuen Erfahrungen mit dem Markt zu visualisieren und zu erklären, zeigen schon bald daneben auftauchende Formeln wie der Hauptwucherer sei eigentlich „die Wirtschaft" oder „der Staat". Sollte die Mobilisierungsfunktion antisemitischer Denk- und Deutungspotentiale nicht verlorengehen, dann waren neue Bilder vonnöten. Und diese mußten zentral die städtische Physiognomie des Judentums akzentuieren, erklären, warum sich zwischen Stadt und Land, zwischen Konsumenten und Produzenten eine so hohe Wand des Mißverstehens ausgebildet hatte, warum die städtischen Institutionen (und Menschen) der Wirtschaft „dem Lande" so überlegen waren, warum letztlich die Stadt das Land mit Vernichtung bedrohte.

Im Bild Berlins als eines „Neuen Jerusalem" bündelten sich die vielfältigen, noch stark abstrakten Vorwürfe gegen „die Juden" wie in einem ersten großen Brennspiegel. Berlin erschien in der Landbundpresse als Symbol der jüdisch dominierten, kranken, kapitalistisch-internationalistischen, kulturzerstörenden Großstadt, als Zentrum des Bankkapitals, Sitz der Produkten- und Devisenbörsen, der Nahrungsmittelkonzerne und Großmühlen, der Parteien, Gewerkschaften, Parlamente und vor allem: der jüdischen Presse. Diese „mammonische Zentrale", dieses „zionistisch-bolschewistische Zentrum" setzte in der Agrarkrise von 1924 an der Kredit-, Steuer- und Preisfront, zum entscheidenden Angriff auf das Land an. Der Berliner Jude war damit zur Symbolfigur der neuen bürgerlich-kapitalistischen, internationalen Markt- und Konkurrenzgesellschaft „erhoben". Aber nicht die Industrieunternehmer, sondern die international agierenden Bankiers waren der eigentliche, die „Versklavung der nationalen landwirtschaftlichen Produktion" betreibende Klassenfeind „des Landes". Sie standen hinter den Regierungen, die mit der Zwangswirtschaft, mit Zwangshypotheken (für Reparationslasten und zur Währungsstabilisierung), mit brutalen Steuerkonzepten und janusköpfigen Kredithilfen die Auslieferung des deutschen Grunds und Bodens an das „internationale Großkapital" betrieben. Sie kontrollierten über internationale Trusts und Börsen die Getreide-, Vieh- und Wollpreise. Ein kurzes Telegramm jüdischer Großspekulanten Berlins nach Amerika genüge, so liest man mehrfach, um je nach Bedarf Baisse- oder Hausse-Phasen auf den Märkten zu erzeugen.[45] Was die Einheitsfront des Landes gegenüber der Berliner Revolution 1918/19 auf kurze Sicht verhindert habe, solle auf lange Sicht, durch Überbürdung, Überschuldung, Konkurs und Zwangsversteigerung der Höfe und Güter nachgeholt werden. Für dieses Ergebnis mehrjähriger Deutungsarbeit fand man schließlich eine griffige Formel: das „Programm von 1923".

45 Z.B. BLB 10, 1925, S. 4f.: „Heute macht den Getreidepreis die Börse von Amerika ... und nicht nach wirklichen Verhältnissen, sondern nach einem zum Zwecke einer Hausse oder Baisse bestellten Telegramm ... denn die demokratische Partei als die berufene Vertreterin des internationalen Kapitals (sehr Richtig! Bravo! und Händeklatschen – Zuruf: Juden)..."

III.

Sucht man nach Erklärungen für diese antisemitische Dynamik „des Landes", so ist sicherlich grundlegend, daß die Juden „diejenige Sozialgruppe in Deutschland war, die am stärksten durch den Kapitalismus – und auch durch die moderne Kultur – geprägt war"[46]; und sie zögerten auch nicht, ihre Leistungsfähigkeit und ihre Erfolge in beiden gesellschaftlichen Sektoren, Marktwirtschaft und Kultur, öffentlich zu dokumentieren. Natürlich „herrschten" sie nicht in beiden Bereichen. Aber sie waren, zumal in Berlin, in diesen beiden zentralen Sektoren ländlicher Unterlegenheits- und Rückständigkeitserfahrung in beträchtlichem Maße überrepräsentiert und – - sichtbar. Zwar ist die Sozial- und Wirtschaftsgeschichte der Juden Berlins noch nicht geschrieben; gleichwohl lassen sich die wichtigsten Dimensionen dieser spezifischen Sichtbarkeit näher bestimmen. Da ist zum einen der anfangs schon angesprochene statistische Befund: 43 % aller Juden Preußens lebten in Berlin (4,3 % der Bevölkerung; Reichsdurchschnitt: 0,93 %). Für eine besondere Auffälligkeit im Menschengewirr der Großstadt reichte dieser Anteil gleichwohl nicht aus. Hinzu kam eine spezifische, vom statistischen Durchschnitt signifikant abweichende Berufs- und Einkommensstruktur der Juden Berlins. Nur 32,6 % arbeiteten in Industrie und Handwerk, aber 53,6 % in den Wirtschaftsbereichen Handel und Verkehr; dazu noch 13,5 % im Sektor „öffentliche Dienste/freie Berufe". Innerhalb dieser Bereiche wiederum konzentrierten sich die Juden auf einige wenige Schwerpunkte, Spezialbranchen und Berufsfelder. Für unsere Fragestellung ist wichtig, daß Juden im Bereich der Aktien- wie Privatbanken, im Börsen- und Kredit-, im Presse- wie Verlagswesen überaus stark vertreten waren. Sie überwogen aber auch in der Nahrungsmittelindustrie (Getreide- und Ölmühlen, Brotfabriken, Brauereien) und im Groß- wie Zwischenhandel mit Nahrungsmitteln, mit pflanzlichen Produkten wie Vieh gleichermaßen.[47] Die Juden hatten im Über-

46 Reinhard Rürup, Jüdische Geschichte in Deutschland. Von der Emanzipation bis zur nationalsozialistischen Gewaltherrschaft, in: D. Blasius u. D. Diener (Hg.), Zerbrochene Geschichte, Essen 1991, S. 79–101, hier S. 96; zu den statistischen Angaben vgl. – neben Mai, Sozialgeschichtliche Bedingungen – die Untersuchungen von Silbergleit, Die Bevölkerungs- und Berufsverhältnisse, Tabellenwerk S. 16–19 sowie: Abraham Barkai, Die Juden als sozio-ökonomische Minderheitsgruppe in der Weimarer Republik, in: W. Grab u. J.H. Schoeps (Hg.), Juden in der Weimarer Republik, Stuttgart 1986, S. 3301347, v. a. S. 336f. und 341; auf S. 337 auch das m.E. sehr erklärungskräftige Konzept der „Sichtbarkeit"; und: W. Treue, Zur Frage der wirtschaftlichen Motive im deutschen Antisemitismus, in: W.E. Mosse (Hg.), Deutsches Judentum, S. 387–408, v. a. S. 393f.

47 Genschel nennt für 1925/1930für ausgewählte Wirtschaftsbereiche die folgenden Reichsdurchschnitte, wobei in der Regel in Berlin diese Werte über dem Durchschnitt gelegen haben dürften: von hundert Selbständigen und leitenden Angestellten im Banken- und Börsenwesen waren 1933 12,7 Juden, im Immobilienhandel 11,6, im Waren- und Produktenhandel 7,0. Im Handel mit pflanzlichen Bodenprodukten waren 1930 18,9 % aller Firmeninhaber Juden, im Säckegroßhandel 33,9 %, im Getreidehandel 22,7 % und im Kartoffelhandel 9,4 %. Eine nicht unwesentliche Bedeutung hatte auch die Mitarbeit von Juden im Verwaltungsrat des Maismonopols der Deutschen Bodenkultur AG und im Beirat der Deutschen Getreidehandelsgesellschaft, die beide dem

gang zur industriekapitalistischen Gesellschaft ihre Startvorteile, die sie aufgrund langer Erfahrung und erzwungener Beschränkung auf Banken- und Handelswesen besaßen, konsequent in wirtschaftlichen Erfolg umgesetzt. Und nach ihrer endlich erreichten Emanzipation entfalteten sie eine Bildungsenergie und einen Aufstiegswillen, der den in Deutschland vom Bildungsbürgertum ausgearbeiteten Aufstiegsweg über das Gymnasium und die Universität, trotz vieler Berufszugangsbarrieren, die das „christliche Deutschland" vor staatsnahen Positionen (höhere Beamte, Offiziere) errichtete, konsequent zu nutzen wußte. Gerade in Berlin bewirkte solch doppelter Aufstieg eine Konzentration der Juden in den Mittel- und Oberschichten der Stadt. Einige Indikatoren müssen genügen, dieses zu veranschaulichen. Um 1900 gehörten 4/5 aller Berliner Juden zum mittleren und höheren Bürgertum der Stadt; über 50% waren selbständig. Kurz nach der Jahrhundertwende brachten die Juden Berlins bei einem Bevölkerungsanteil von nicht einmal 5% über 30% des Steueraufkommens auf. Und auch die zehn größten Vermögen der Stadt waren damals in den Händen jüdischer Familien.[48] Der jüdische Reichtum konzentrierte sich sichtbar im Westen der Stadt, in zwei bis drei ausgewählten, „besseren" Wohngegenden (z.B. am oberen Kurfürstendamm und in der Grunewaldsiedlung). Und als im Verlauf des Weltkrieges die Einwanderung der Ostjuden zunahm, bildeten bzw. erweiterten sich, gleichsam komplementär dazu, im Osten der Stadt die Viertel jüdischer Einwanderer-Armut (z.B. das Scheunenviertel). Aber nicht nur Reichtum und Armut präsentierten die Juden Berlins selbstbewußt und in sichtbarer Weise, sondern zugleich und vor allem auch ihre Übereinstimmung mit liberal-aufklärerischen Werten, ihr Eintreten für freie Marktwirtschaft und individuelle Leistungskonkurrenz, für Parlamentarisierung, westliche Zivilisation und internationale Verständigung. Sie „konnten, zumal in Berlin, in besonderer Weise als Repräsentanten kapitalistischer Wirtschaft und Kultur gelten." Und entsprechend leicht war es, sie für die Belastungen und Kosten, die diese kapitalistische Moderne mit sich brachte, verantwortlich zu machen.[49] Dies geschah im Grunde schon seit dem Beginn der langfristigen, strukturellen Agrarkrise, in deren Verlauf die Industrie die Landwirtschaft, die Industrie- die Agrargesellschaft, die Stadt das Land auf den zweiten Rang verwies. Mit Kriegsende und Revolution änderten sich aber grundlegende Rahmenbedingungen dieses Prozesses, traten konjunkturelle Turbulenzen auf, beschleunigte sich gerade im Agrarbereich der Prozeß der Ausdehnung, Ausdifferenzierung und nationalen wie internationalen Verflechtung der Märkte, die Entfaltung eines leistungsfähigen Zwischen- und Großhandels derart, daß eine große Zahl von Bauern (und Gutsbesitzern) offenbar Übersicht und Anschluß an diese Dynamik verlor. Gerade weil der städtische, und in vielen Fällen gerade auch der städtisch-jüdische Kaufmann sich in diesen turbulenten, schwer zu durchschauenden Marktbildungsprozessen und Marktkonjunkturen überaus erfolgreich bewährte, wurden die begrenzten Marktkompentenzen und Markterfolge

---

Reichswirtschaftsministerium angeschlossen waren (Genschel, Die Verdrängung, S.65). Zum Getreidehandel vgl. auch Treue, Zur Frage, S.395.

48 Werner E. Mosse, Die Juden in Wirtschaft und Gesellschaft, in: ders.(Hg.), Juden im Wilhelminischen Deutschland, S.57–115, hier S.77.

49 Rürup, Jüdische Geschichte, S.96.

der ländlichen Produzenten Ostelbiens um so schmerzhafter sichtbar. In der offenen, zunehmend härter und komplexer werdenden Marktkonkurrenz zogen „das Land", zogen Gutsbesitzer, Bauern und ländliche Genossenschaften immer wieder den kürzeren, in der Zirkulationssphäre schöpften „andere" wachsende Profite ab, ging man selbst mehr oder weniger leer aus.

Dies war eine Erfahrung, die schwer auszuhalten war und nach Erklärung verlangte. Hier, in der wenig effektiven, noch kaum gelungenen, von „den Städtern" aber zunehmend energischer geforderten Marktanpassung und in der geringen Marktkompetenz vor allem der Bauern lag das Grundpotential für die Mobilisierungserfolge des landbündischen antisemitischen, anti-berlinischen Deutungszerrbilds. Die Ursachen aller Mißerfolge auf dem Markt, so die entlastende, von eigenen Defiziten, Interessendivergenzen und Problemlagen ablenkende Botschaft dieses Konstrukts, lägen außerhalb der Landwirtschaft, in einer völkisch kranken, gesellschaftlich wie ökonomisch chaotischen Großstadt, deren zentrale Markt- wie politische Machtpositionen „in der Hand des Juden" seien, die nach Belieben, mal über den Markt, mal über den Staat ihre Profite machten, stets auf Kosten des Landes, vor allem der Bauern. Die ökonomischen Kernargumente dieses Feindbildes reduzierten die Unsicherheiten, die Ängste, die sich aus dem ansonsten für sehr viele Landbewohner unbegreifbaren langfristigen Strukturwandel wie kurzfristigen Marktgeschehen ergaben, verdrängten zumindest ein Stück weit das bedrückende, lähmende Gefühl einer tiefgegründeten Unterlegenheit der Landwirtschaft gegenüber dem städtischen Handel, einer umfassenden kulturellen Rückständigkeit des Landes gegenüber Industrie und Großstadt, die schon seit Jahrzehnten immer mehr Landbewohner faszinierten und zur Abwanderung vom Lande bewogen. Entgegen der ursprünglichen Absicht des RLB, die Benachteiligung der Landwirtschaft durch die Regierung der neuen Republik allein mit wirtschaftlichen Konzepten zu bekämpfen, hatte sich spätestens mit dem „Programm von 1923" ein recht strapazierfähiger, dauerhafter völkisch-weltanschaulicher Mantel um das im Kern noch immer ökonomisch-instrumentelle Antisemitismuskonstrukt gelegt: der Aufstieg der „kriminell und verschwörerisch agierenden, nichtarbeitenden, völkisch minderwertigen Juden" wurde in einem engen Zusammenhang gesehen zum Niedergang des national-monarchischen Machtstaates und der (vor allem ostelbischen) Landwirtschaft, aber auch mit dem Aufstieg von Demokratie, Parteien (in denen man nie „angemessen" vertreten war) und Parlamenten. Entlastung von Modernisierungszwängen, Ablenkung von eigenen Problemen und Mobilisierung gegen das „System Israel" waren die wichtigsten Funktionen dieses landbündischen Antisemitismus. Weit weniger effektiv waren dagegen dessen Mobilisierungsleistungen zugunsten einer starken, homogenen Genossenschaftsbewegung, einer Adaption an den Markt und eines demokratischen Engagements der ländlichen Produzenten für eine eigenständige Formulierung und Durchsetzung wirtschaftspolitischer Interessen.

IV.

Natürlich war der Antisemitismus nicht die alleinige Entlastungs-, Integrations- und Mobilisierungsideologie der ostelbischen Agrarverbände. Anti-Sozialismus, Anti-Liberalismus und anti-westlicher Nationalismus, auch Anti-Demokratismus waren vermutlich ähnlich fest und breit im Bewußtsein der Landbundmitglieder verankert. Es bleibt aber gleichwohl ein merkwürdiges, noch weiter zu klärendes Phänomen, wie schnell und wie dauerhaft dieser landbündische Antisemitismus, nachdem er auf dem Sockel langjähriger traditionaler ländlicher Judenfeindschaft die durchaus komplexe Drohfigur des „Programms von 1923" errichtet hatte, nach seinem Höhepunkt 1924/25 wieder aus den Landbund-Gazetten verschwand. Vorbehaltlich weiterer Forschung möchte ich einige erste Erklärungen anführen. Zum einen schwand nach der Währungsstabilisierung ziemlich schnell der Druck der völkischen Parteien und Splitterbewegungen auf die Landbundführung. Antisemitismus als Prophylaxe gegen „völkisch" eingekleidete Kritik der Organisationsbasis an der Führung wurde damit obsolet. Zum anderen wird auch der Übergang von DNVP und RLB zu einer Politik der Zusammenarbeit, der Regierungsbeteiligung und der begrenzten Kooperation mit den Weimarer Koalitionsregierungen den Landbundzeitschriften einen Gestus der Überparteilichkeit und das hieß auch der Zurückhaltung im Gebrauch antisemitischer Agitationsformeln auferlegt haben, da aggressiver Antisemitismus einer erfolgreichen Kompromißfindung und -durchsetzung nur hinderlich sein konnte. Seit Ende der zwanziger Jahre mag dann der schnelle Machtgewinn des Nationalsozialismus auf dem Lande, das Eigeninteresse der Organisation an einer Distanzierung von R.W. Darrés Agrarpolitischem Apparat, der sich exzessiv völkisch-rassischer, vor allem aggressiv-antisemitischer Kampfformeln bediente, weitere Zurückhaltung gegenüber antisemitischen „Argumenten" nahegelegt haben. Doch bleibt über diese Erklärungsversuche hinaus noch ein erheblicher Bedarf an weiterer Erklärung erhalten; und dieses Ergebnis führt uns zurück zu den Zeitungstexten.

Ansatzpunkt und Rechtfertigung eines zweiten Lesens der Zeitungstexte liefert der Befund, daß antisemitische Passagen in den Verbandszeitschriften nach 1925 zwar sehr viel seltener wurden, aber nicht verschwanden. Am kontinuierlichsten hielt sich der Antisemitismus im Rezensionsteil dieser Zeitungen, wo immer wieder einmal auch völkisch-rassisches Schrifttum, und zwar durchweg positiv, rezensiert wurde. Günthers „Rassenkunden" des deutschen und des jüdischen Volkes, 1930 im BLB als „Jahrhundertwerke" gefeiert und „gerade" der landwirtschaftlichen Jugend zur Lektüre empfohlen, wurde z. B. Auflage für Auflage aufs neue vorgestellt und hoch gelobt. Zwei Anlässe gaben darüber hinaus nach 1925 den Anstoß zu zeitlich begrenzt wiederauflebender antisemitischer Agitation: 1927 provozierte das sicherlich wenig zeitgemäße Projekt des Reichsbundes jüdischer Frontsoldaten, sich aktiv an der Inneren Kolonisation der deutschen Ostgebiete zu beteiligen und jüdische Modellsiedlungen zu organisieren, zahlreiche rassisch-antisemitische Abwehrartikel, die die Unfähigkeit dieses „Händlervolkes" zu bäuerlicher Arbeit prognostizierten, aber auch die Angst vor neuer effektiver Konkurrenz und drohendem Landverlust kaum zu verbergen verstanden.[50] Das Thema „Jude und Landwirtschaft“ bewegte einige Wochen lang den landbündischen Blätterwald, um dann abrupt wieder zu verschwinden. 1929 gaben zwei Ereignisse Anlaß für zeitlich begrenzte antisemitische Ausfälle: die Wende der SPD zum staatlichen Agrarprotektionismus mit dem Plan einer neuen, preisstützenden staatlichen Reichsgetreidestelle und der sog. Sklarek-Boeß-Skandal, in dessen Mittelpunkt, neben dem Berliner Oberbürgermeister, die „Kleiderjuden Gebrüder Sklarek“ (RLB 1929) standen.

Versucht man die darüber hinaus noch verbleibenden Antisemitismen zu ordnen und zu begreifen, dann fällt der Trend zur Verkürzung, zur andeutenden Formel, zur Symbolisierung auf. Sichtbar wird ein semantischer und visueller Kode, ein Feld von Kollektivsymbolen, die in der einzelnen Erwähnung eher unauffällig und harmlos wirken, in der Wiederholung der wöchentlichen Zeitungsberichterstattung, massenhaft verbreitet, aber wohl richtiger als antisemitischer Deutungshintergrund der Berichterstattung über landwirtschaftliche und agrarpolitische Probleme, als weiter „auffüllbare Strukturen“, „in die jedermann seine Aggressionen einfließen lassen konnte“[51], zu lesen und zu verstehen sind. Auf einer ersten Ebene dieses Kodes findet man eine Reihe ausgewählter jüdischer Namen, einzelne Hausnamen wie Cohn[52], Rosenthal, Rosenblum und Rosenfeld; Ketten von Hausnamen, z. B. – zur Kennzeichnung der Ostjudenzuwanderung – die Kette „Mandelstam, Silberfarb, Rozenblum und Chaim Buchwalter“ (BLB 1921), aber auch Vornamen wie Israel, Isidor, David oder Schmuhl. Eine zweite Kategorie von Andeutungsstereotypen akzentuierte regionale und religiöse Unterschiede. Man sprach von Leuten, die „vom Roten Meer“ gekommen seien, erwähnte ganz nebenher „die gelbe Wunderblume, die aus Asien herstammt“, sprach vom „Volk Israel“, vom „auserwählten

50 Das Projekt wurde von dem bekannten jüdischen Bodenreformer und Professor der Sozial- und Wirtschaftswissenschaften Franz Oppenheimer, der gegen den Großgrundbesitz agitierte und sich für genossenschaftliche Modelle der Großlandwirtschaft, z. B. für Genossenschaften der Guts- und Landarbeiter aussprach, publizistisch wirkungsvoll unterstützt. 1931 entstand in Gaglau bei Cottbus eine solche Siedlung des Reichsbundes jüdischer Frontsoldaten, die aus zwanzig jüdischen Siedlerfamilien bestand; zum Wirken Oppenheimers siehe: Franz Oppenheimer, Lebenserinnerungen, hg. v. L. Y. Oppenheimer, Düsseldorf 1964.

51 Ich übernehme und erweitere im folgenden eine von Dietz Bering entwickelte, m.E. so originelle wie treffende Methode zur Analyse von Antisemitismen in der Zeitungsberichterstattung konservativer und völkisch-nationalsozialistischer Blätter. Vgl. Dietz Bering, Von der Notwendigkeit politischer Beleidigungsprozesse – der Beginn der Auseinandersetzungen zwischen Polizeivizepräsident Bernhard Weiß und der NSDAP, in: W. Grab u. Julius H. Schoeps (Hg.), Juden, S. 305–329, hier S. 329. Zu körperlichen Merkmalen, Gesichtszügen und Namen als Ansatzpunkten der Stigmatisierung s. auch die große Studie Berings zu diesem Thema: ders., Der Name als Stigma. Antisemitismus im deutschen Alltag 1812–1933, Stuttgart 1987.

52 Die häufig von BLB wie PLB verwandte Formel „die Vertreter vom Stamme Cohn“ bezieht sich z. B. auf Dr. Oscar Cohn, USPD, später KPD, Mitglied des Parlamentarischen Untersuchungsausschusses über die Ursachen des Zusammenbruchs ;vgl. Werner T. Angress, Juden im politischen Leben der Revolutionszeit, in: Werner E. Mosse (Hg.), Deutsches Judentum, S. 137–316, hier S. 213f., 216–218 und 230.

Volk", von den „Hebräern" und ihren „Propheten aus dem Morgenlande" oder von den „Judassen". Eine dritte Methode der Stigmatisierung konzentrierte sich auf einzelne Gegenstände, die man als signifikant für unverdienten jüdischen Halbwelt-Reichtum stilisierte: z. B. „Goldfüllfederhalter", „Klubsessel", „brilliantengeschmückte Finger" und „seidene Socken". Schließlich und nicht zuletzt dann die Metaphorik des rassischen Antisemitismus: körperliche Merkmale (wie „krumme Nasen" und „asiatische Augen"[53]), rassische Eigenschaften (Nomaden- und Händlervolk, die dem Deutschen „wesensfremde Rasse", Habgier, zersetzender Geist, kühler Kopf, „Talmud-Logik" etc.) und biologistische Reduktionen („Heuschreckenplage", „Judengeschmeiß", „Judensumpf", „Morastlöcher", „Schmarotzer", „Spaltpilze" und „fremdstämmige Vampyre"). Schließlich als Quintessenz dieser Sequenz von Stereotypen die politischen und ökonomischen Dispositionen „des Juden": verschwörerische Vernetzung in Geheimlogen (Freimaurerei), politischer und ökonomischer Internationalismus, Pazifismus und Weltherrschaftsanspruch („alljüdische Drahtzieherei", „Verschwörung der Weisen von Zion").

Es sei angesichts dieses Differenzierungsgrades und dieser Kompaktheit des hier nur in Grundzügen rekonstruierten antisemitischen Kodes noch einmal daran erinnert, daß diese Analyse nicht auf obskuren völkischen Blättern, sondern auf Verbandszeitungen gründet, die alle eine relativ hohe Auflage besaßen und sich umfassend an „die ländliche Bevölkerung" richteten. Schon die bisherigen Ergebnisse der Analyse erlauben es, die begründete Vermutung zu äußern und weiter zu überprüfen, daß diese Stereotypisierungstechnik von den Redakteuren mit Kalkül angewendet wurde, daß die instrumentelle Nutzung eines im Kern noch immer ökonomischen, aber schon deutlich rassisch ummantelten Antisemitismus in der landbündischen Presse nach 1925 durchaus bestehen blieb, aber gleichsam die Darstellungsebene wechselte, unsichtbarer wurde, keineswegs aber an Wirkung verlor. Geht man – wie Dietz Bering für die Berliner Zeitungsleser der zwanziger Jahre – auch für die Leser der Landbundpresse davon aus, daß diese, zumal in Krisenzeiten, „gemeinhin alle politische Einordnung über persönliche Fixierungen zu leisten gewohnt waren"[54], dann muß die bisher rekonstruierte antisemitische Praxis der landbündischen Zeitungsredaktionen als propagandistisch wenig effizient, weil zu wenig „personalisierend" eingeschätzt werden. Zu fragen wäre also, ob die bisher rekonstruierten Stereotype, die Merkmale des städtischen Juden als „Feind des Landes" und sein „Programm von 1923", eine Personalisierung erfahren haben, die ihre noch immer relativ große Abstraktion weiter ins Konkrete führte, ihre immer noch schwachen inneren Zusammenhänge durch „personale Plausibilität" überspielte.

Die Suche nach solchen Personalisierungen führte zunächst zu den (wenigen) Karikaturen dieser Zeitungen: das hier abgebildete Beispiel[55] ist besonders aufschlußreich, weil es das Symbol der Landbundzeitungen aufnahm, den Bauern am Pflug, dieses dann aber in doppelter Weise ausdifferenzierte. Zum einen erscheint der Bauer verbittert und müde;

53 Vgl. hierzu auch: S.L. Gilman, Rasse, Sexualität und Seuche. Stereotype aus der Innenwelt der westlichen Kultur, Reinbek 1992.

54 Bering, Von der Notwendigkeit, S. 326.

55 Diese Karikatur erschien im RLB 4, 1924, Nr. 49, v. 4.12.1924, S. 621.

sein Pferd ist zur mageren Mähre verkommen, zwei barfüßige Gestalten in stark geflickter Kleidung, Bauerssohn und Bäuerin müssen mithelfen, Pflug und Pferd voranzubringen; die bäuerliche Innenwirtschaft, so die unausgesprochene Konsequenz, wird vernachlässigt. Auf der anderen Seite ein dreifacher „Jude“: Der alte ländliche Kredit- und Handelsjude und der sozialistisch-städtische Arbeiter-Konsument (mit der hohen ballonartigen Mütze), der eine mit dem Schirm, der andere mit der Peitsche das ausgemergelte Bauern-Gespann antreibend, während der“Finanzjude“ (mit Zylinder, Monokel und schwarzem, städtischem Anzug) eine „Verordnung“, sei es zu Kreditfragen, über welche der beigeordnete Artikel handelt, sei es zu Preis- oder Steuerfragen, präsentiert; auf letzteres verweist eher die Überschrift „Moderne Leibeigenschaft durch die sozialistische Zwangswirtschaft“.

So wirkungsvoll solche zugleich anklagenden und „erklärenden“ Karikaturen möglicherweise auch waren; den konstruktiven Gehalt des „Programms von 1923“ vermochten sie kaum zu visualisieren. Die Suche nach schriftlichen Ebenen der Personalisierung, die sich aus diesem Befund ergibt, führte damit zum Kernbestand jeder Personalisierungstechnik, zum Namen, zurück, genauer zu *Namensketten*. Viele der als Judenstereotyp ausgewählten Namen, z. B. der Name Cohn, knüpften an Erfahrungen mit bzw. Deutungen von zeitgenössischen Personen an. In der Berichterstattung des Sklarek-Boeß-Skandals (1929) tauchte der Name Sklarek nun in der Regel nicht allein, sondern in einer „Kette“ auf: Barmat-Kutisker-Heilmann-Sklarek. Zumindest für die Landwirtschaft scheint damit in der Weimarer Republik der sog. Barmat-Kutisker-Skandal von 1924/25 bedeutender gewesen zu sein als der ansonsten in der Literatur hervorgehobene Eklat, der sich mit dem Jahr 1929 und den Namen Sklarek-Boeß verbindet.

Ende 1924, nach der „Erkenntnis“ des vermeintlichen „Programms von 1923“, nach Währungsstabilisierung, Belastung durch das Rentenbankkonzept, neuer Grundsteuer, endgültiger Eingliederung der Landarbeiter in die Sozialgesetzgebung, Wiederkehr des Preisverfalls, gravierender Kreditnot und „Einbindung“ der Landwirtschaft in die teuren Kurzzeitkredite ausländischer, vor allem amerikanischer Provenienz („Preußenkasse“), sorgte ein Bankenkonkurs in Berlin, der sog. „Barmat-Kutisker-Skandal", für „ungeheure Erregung" auf dem Lande. Wichtiger als die genaue Mechanik und die konkreten Verantwortlichkeiten innerhalb dieses Konkurses, dessen detaillierte Erforschung noch aussteht, ist in unserem Zusammenhang die „personalisierende" Deutung des Vorgangs durch die Landbundpresse. „In der gleichen Lage [wie die Bauern des 19. Jahrhunderts dem Wucherjuden gegenüber, H. R.] befindet sich heute der gesamte deutsche Landbesitz, nicht 'dem Juden', aber 'der Wirtschaft' gegenüber"[56], hieß es noch Anfang 1925 im BLB. Der Barmat-Kutisker-Skandal lieferte aber zur gleichen Zeit schon den Stoff, der es erlauben sollte, diese ökonomisch noch sehr abstrakte Aussage ins „Personale", in ein moderneres Bild des „Wucherjuden" umzusetzen. Die ostjüdischen Unternehmerfamilien Barmat und Kutisker hatten im Berlin der frühen Weimarer Jahre innerhalb kurzer Zeit ein Konglomerat aus zahlreichen Firmen aufgebaut und ihre „Barmat-Bank" in äußerst risikoreiche internationale Devisenmarktgeschäfte verwickelt. Als der Konzern durch diese Spekulationen in Schwierigkeiten geriet, erhielt Barmat 1923/24 erhebliche Kredite, nicht zuletzt von der Staatsbank („Preußische Seehandlung") und von der Reichspost, Kredite, die im folgenden Konkurs dann verlorengingen. Alle drei Verbandszeitungen „bearbeiteten" diesen Skandal in konzertierter Aktion:

„Also nur 45 Millionen", heißt es im BLB Mitte 1925, „hat eine Staatsbank (Seehandlung) in der Zeit der größten Geldknappheit ausländischen jüdischen Geldschiebern vorgestreckt ... Der märkische Bauer kann nicht begreifen, wie es selbst in den verlotterten nachrevolutionären Staatsbetrieben möglich werden konnte, daß zu einer Zeit, als dem wichtigsten Bestandteil der deutschen Volkswirtschaft, der Landwirtschaft, zur Gewährleistung intensiver Wirtschaftsführung die allernotwendigsten Mittel fehlten, gerade die Geldinstitute, die in erster Linie zur Unterstützung der Landwirtschaft einspringen sollten, den Unternehmungen von hergelaufenen jüdischen Ausländern, Schiebern und Wucherern in erheblichem Umfange Kredite gewährt haben ... Wir haben uns damals die Hacken abgelaufen, um für die bäuerlichen Besitzer Darlehensgelder aufzutreiben ... aber überall gab es Absagen und Achselzucken mit der Begründung: 'Es ist kein Geld da'... Da soll der einfache Bauer noch Respekt haben vor der jetzigen Regierungskunst? Der einfache Bauer, der für kleine Darlehen zur Erhaltung seiner Wirtschaft und zur Steuerzahlung – wenn er sie überhaupt bekommt – noch 36 v.H. Zinsen zahlen muß."[57]

In der Folgezeit zog dieser Skandal, das „Riesenpanama der Linken und der Marxregierung"[58], angeheizt durch immer weitere Enthüllungen, wie ein Magnet die vielfältigen Splitter und Mosaiksteine des landbündischen Antisemitismus zu einem neuen Judenstereotyp zusammen. Das „Programm von 1923" erhielt einen Namen und ein Gesicht, das

56 BLB 6, 1925, Nr. 19, S. 2.

57 BLB 6, 1925, Nr. 3, S. 4f.

58 1889 brach die französische Kapitalgesellschaft, die den Bau des Panama-Kanals betrieb, unter ihrer Schuldenlast zusammen. Die innenpolitische Folge in Frankreich war der Panama-Skandal 1892–1894, in dem zahlreiche Politiker der Korruption und der Bestechung beschuldigt wurden. Der Barmat-Kutisker-Skandal wird gegenwärtig im Rahmen eines vom Verfasser geleiteten Forschungsprojektes zur Geschichte des Konservatismus umfassender untersucht.

Gesicht des „jüdischen Bankiers, Großhändlers und Börsenspekulanten vom Schlage Barmat-Kutisker-Sklarek und Genossen". „Barmat-Kutisker", das war zunächst einmal das aus zahlreichen Teilerfahrungen und Deutungssplittern zusammengesetzte Konstrukt einer steilen kriminellen Berliner Ostjudenkarriere, die mit der Zuwanderung in die Einwandererviertel des Berliner Ostens, in die „Grenadierstraße" oder „Dragonerstraße", den „Schlupfwinkel der russischen und polnischen Polen"[59] begann, eine Phase krimineller Devisen- und Produktenbörsenschiebereien zum krassen Nachteil der Landwirtschaft einschloß und schließlich im Westen Berlins, in der „Tauentzienstraße", im Grunewaldviertel oder in Schwanenwerder in die Lebensform des „Luxusjuden", des „Villenjuden" einmündete:

„Barmat", so der RLB am 14.2.1925, „ist der seit der Revolution bekannte üble Typ. Vielleicht noch vor zehn Jahren auf Armenunterstützung angewiesen, noch 1918 ein armseliger Händler an der Amsterdamer Börse, wird er nach dem Krieg Revolutions- und Inflationsgewinnler abstoßendster Art. Er wohnt auf der lieblichen Halbinsel Schwanenwerder bei Berlin, auf der sonst nur ein so vermögender Sozialdemokrat wie Parvus-Helphand und sonstige Ueberreiche hausen konnten."[60] Und schon im Januar hatte man zustimmend aus der völkischen Tageszeitung „Der Tag" zitiert, in der es zu Kutisker hieß: „Es laufen aber heute in Berlin noch Hunderte solcher Kutisker herum. Sie wohnen in den besten Villen und fahren in den elegantesten Autos ... Ein großer Teil der zu diesem Rattenkönig unsauberer Geschäfte gehörenden Personen sind Ausländer. Sie stammen größtenteils aus dem Osten. Ihre Protektoren sind seit Jahren die Linksparteien gewesen. Wer gegen diese Durchsetzung unserer Reichshauptstadt mit solchen östlichen Giftbazillen Einspruch erhob, wurde als engstirniger Nationalist verschrieen."[61]

Das expandierende Bank- und Finanzwesen Berlins wurde mit dem Barmat-Kutisker-Stereotyp als überwiegend ostjüdisch, im Kern kriminell und auch nach dem sozialen Aufstieg, der in die „besseren" Wohnlagen des Westens Berlins führte, weiterhin betrügerisch stigmatisiert. Aber zum „Barmat-Sumpf" des „Programms von 1923" ließ sich dieser Fall erst durch die Beteiligung der Staatsbank und zahlreicher demokratischer Politiker der Republik aufwerten:

„Der Fall Kutisker und der Fall Staatsbank haben sich nun zu einem gemeinsamen Korruptionsknäuel zusammengeballt."[62] Der „Vorwärts" habe noch am 28.11.1924, so der RLB, gemeldet, „daß bei den gegen amtliche preußische Organe erhobenen Vorwürfen nur der Finanzminister Dr. von Richter [DVP, H. R.] und kein Sozialdemokrat in Betracht komme. Die maßgebenden sozialdemokratischen Parteistellen haben also den offenkundigen Parteisumpf bis zum letzten Augenblick zu leugnen versucht; damit sind sie gerichtet. Der Kanzler von Versailles, der sozialdemokratische Abgeordnete Bauer,

---

59 BLB 3, 1922, Nr. 17, S. 1f.; siehe auch: BLB 2, 1921, Nr. 44, S. 3.

60 RLB 5, 1925, Nr. 7, 14.2.1925, S. 168.

61 RLB 5, 1925, Nr. 1, 3.1.1925, S. 17. Diese Personalisierung einer inneren Einheit von Ost- und Westjuden ist später häufig wiederzufinden, nicht zuletzt im NS-Propagandafilm „Der ewige Jude".

62 Ebd.

mußte schließlich sein Mandat niederlegen. Belastet steht da der sozialdemokratische *Minister des Innern* [Severing, H. R.] ... Noch immer nicht entfernt ist der Berliner Polizeipräsident Richter, der auf Barmats Kosten Vergnügungsreisen machte. Noch immer nicht zum Mandatsverzicht gezwungen ist der sozialdemokratische Führer Heilmann, der den Schutzpatron der Barmats spielte. Ungemein peinlich berühren die Beziehungen der jüdischen Groß-Schieberfamilie nicht nur zum Bureau des Reichspräsidenten. Ein Sumpf von ungeheurer Größe ist aufgedeckt...".[63] Der BLB beschrieb als Mitschuldige „den sozialistischen Landtagsabgeordneten Heilmann, der in mehreren [sechs, H. R.] Aufsichtsräten dieser großkapitalistischen Schwindelunternehmen sitzt", den Reichskanzler a.D. Bauer, den Berliner Polizeipräsidenten Richter und den „hoffnungsvollen Sprößling unseres verehrten Reichspräsidenten; der sogenannte Kandelaber-Ebert war ja sogar in einer Bank des Barmat-Konzerns leitend tätig. Die guten Beziehungen zu den ostjüdischen Schwindelunternehmungen sind also durchaus einwandfrei."[64]

Der Wahlkampf Ende 1924 hat die „ungeheure Erregung" des Landes zweifellos mitverursacht, aber auch Mitte 1925 hielt diese, folgt man dem BLB, noch unvermindert weiter an. Die Gleichzeitigkeit von Bankenskandal und anhaltender bäuerlicher Kreditnot hielt den Fall in der Diskussion. Zur Verhandlung stand Mitte 1925 die „Verlängerung der der Landwirtschaft gegebenen Rentenmark-Kredite", die so die Klage des BLB – „jetzt ein der landwirtschaftlichen Not verständnislos gegenüberstehender Reichsbankpräsident in jeder Weise erschwert". Der Bauer sei angesichts der gleichzeitigen Kreditpolitik gegenüber „Kutisker-Barmat-Michael und Genossen" empört über die „sozialistisch-jüdische Mißwirtschaft, die einzelnen Ostjuden erlaubt, sich in kurzer Zeit zu den reichsten Leuten in Deutschland zu machen, wenn sie nur ein wenig von ihrem Raub an die sozialistischen Kassen abgeben."[65]

Der Verweis auf „Barmat-Kutisker und Genossen", in der Folgezeit immer wieder herangezogen und durch weitere Geschichten von betrügerischen Bankiers und zu „schnellem" Reichtum gekommenen jüdischen Kaufleuten ergänzt, wurde in der zweiten Hälfte der Weimarer Republik zur Kurzformel für ein System korrupter marxistisch-demokratischer Parteifunktionäre im Dienste des internationalen jüdischen Finanzkapitals unter der unmittelbaren Herrschaft Berliner Bankiers und Finanzmagnaten, die einen heimlichen, erbitterten Vernichtungskampf gegen die Landwirtschaft betrieben, nach dem „Programm von 1923". Und die Überzeugungs- wie Mobilisierungskraft dieses Stereotyps lag auf dem Lande nicht zuletzt darin, daß dieses Feindbild die „inneren Zusammenhänge", die Einheit von armen Ost- und reichen, erfolgreichen „Westjuden", von kleiner Kriminalität und großem, betrügerischem Bankkapital, von Bankjuden und demo-

---

63 RLB 5, 1925, Nr. 7, 14.2.1925, S. 168.

64 BLB 6, 1925, Nr. 2, S. 3; die beteiligten Bauer, Heilmann, Richter und Ebert jr. gehörten zur SPD; im BLB 6, 1925, Nr. 3, S. 4f. werden als weitere beteiligte preußische Politiker und höhere Beamte genannt: der preußische Postminister Hoefle (Zentrum), der in der Folge sein Amt niederlegte, der Zentrumsabgeordnete Lange-Hegermann sowie die „Genossen" Stöcker und der Privatsekretär des Polizeipräsidenten Richter.

65 RLB 6, 1925, Nr. 6, S. 4.

kratischer Regierung über Lebensläufe und Skandalgeschichten konkretisierte, personalisierte, visualisierte und damit letztlich „bewies“. Der steuernde Kern dieses Netzwerks aber waren unübersehbar die Juden: „Sorgen wir dafür“, rief ein Redner 1925 auf der Jahrestagung des BLB ins Publikum, „daß Rathenaus Wort nicht wahr werde, daß einmal 300 Männer die ganze Welt regieren werden.“ Das Protokoll hielt daraufhin den Zuruf fest: „Tun sie ja schon!“[66]

Sieht man allein auf Zahl und Umfang der antisemitischen Artikel in der Landbundpresse, so ist der Schluß, daß der Antisemitismus in den ostelbischen Agrarverbänden nach 1925 in starkem Maße in den Hintergrund trat, zwar richtig, aber mehr als unvollständig. Ein spezifischer Andeutungsstil, eine geschickte Personalisierungstechnik, hatte zur gleichen Zeit diese Zurücknahme in erheblichem Maße ausgeglichen, sie zum Teil sogar erst ermöglicht. Sobald wirklich wieder Bedarf an Aktivierung aller Mobilisierungsressourcen bestand, war der latent gehaltene Antisemitismus der landbündischen Basis sofort wieder abrufbar. So z. B. 1929, als die SPD eine Wende in der Agrarpolitik vollzog und einen landwirtschaftsfreundlichen Protektionismus vertrat. Gegen diese Gefahr, die Bauern an Sozialdemokratie und Republik zu verlieren, schien der Landbundführung die Aktivierung des Antisemitismus auf dem Lande wieder dringend geboten:

Der sozialdemokratische Plan eines preisstabilisierenden Einfuhrmonopols stamme von dem „sozialdemokratischen Abgeordneten und Barmat-Freund Heilmann“, von „Barmat-Heilmann“, wie der PLB schon im Titel seines programmatischen Artikels signalisierte. Dieser vertrete „die alles beherrschende Stellung des internationalen jüdischen Finanzkapitals in unserem Vaterlande“. Heilmanns Initiative „(Herr Heilmann ist bekanntlich – wie die meisten marxistischen ’Arbeiterführer’ – Jude!) scheint darauf hinzudeuten, daß man in den Kreisen der ’Weisen von Zion’ die Zeit für gekommen hält, demnächst in der deutschen Landwirtschaft mit dem großen Fischzuge zu beginnen.“ Heilmann und die SPD, so dieser Artikel weiter, wollten durchaus die Prosperität der Landwirschaft, aber erst, wenn sich diese „in den Händen der Vertreter des ’auserwählten Volkes’ befinden wird.“ Jede staatliche Lösung „zugunsten“ der Bauern, das habe die Erfahrung mit dem Weimarer Staat bei der „Preußenkasse“ gezeigt, schaffe in Wirklichkeit nur „ein weiteres Werkzeug der jüdischen Hochfinanz.“ Man denke an „die Pläne, die schon im Jahre 1923 die Großfinanzjuden Manny Strauß und Max Warburg ihren sozialdemokratischen Handlangern Auer und Breitscheid unterbreiteten: Unterwerfung der Landwirtschaft“. Es folgten dann noch eine Reihe von „Punkten“ dieses Programms, Hinweise auf die Rentenmark, auf die „amerikanische Kreditmöglichkeit..., dieses von *Regierungsstellen* der Landwirtschaft als Allheilmittel aufgeschwatzten Stricks um den Hals“, auf die „Abwälzung der Arbeitslosenfürsorge auf den Unternehmer“ etc. Nun sei man beim Punkt „Staatsregie jedem widerspenstigen Unternehmer“ angekommen. Es fehlten jetzt nur noch „folgende Punkte *jenes Programms von 1923* [Hervorhebung von mir, H. R.]“; und daran schloß sich eine weitere Folge von „Vernichtungsmaßnahmen“ an, die in die Aufforderung

66 BLB 6, 1925, Nr. 9, S. 2.

und Drohung mündete: „Wahr di Bur – ... Schwarze Fahnen wehen im Land ... Wahr di, Jud, de Bur kummt."[67]

Andeutungsstil und neue modernere Judenstereotype nach dem Muster des Barmat-Kutisker-Feindbildes hielten das „Argumentations-" und Mobilisierungspotential des Antisemitismus in der Landbundbasis latent lebendig, so daß man in der Landbundpresse die offen antisemitischen Artikel stark zurücknehmen konnte. Aber es gab darüber hinaus sehr wahrscheinlich noch eine andere Methode, diesen „gemäßigten" Antisemitismus vor weiterer Abschwächung und Auszehrung zu sichern. Die Durchsicht des „Deutschen Adelsblatts" und des „Deutschen Jungbauern" legt die Vermutung mehr als nahe, daß es zwischen den verschiedenen Zeitschriften des ländlich-konservativen Milieus Ostelbiens eine Art Arbeitsteilung gegeben hat, die die Landbundzeitschriften von der Aufgabe antisemitischer Agitation, die in der Öffentlichkeit der Hauptstadt wie in Regierungskreisen wenig Vorteile einbrachte, partiell entlastete. Das „Deutsche Adelsblatt", weitaus stärker aber noch der „Deutsche Jungbauer" betrieben eine in der Häufigkeit und Kontinuität antisemitischer Artikel, in der Sprache[68], vor allem aber in der eindeutig weltanschaulichen Schwerpunktsetzung ihres Antisemitismus weitaus intensivere und aggressivere Indoktrination ihrer Leser als die Landbundzeitschriften. Im „Deutschen Jungbauern" entwickelte sich, allerdings im Rahmen einer zunehmend Selbständigkeit gegenüber dem Großgrundbesitz einfordernden Bauernideologie, ein rassistischer Antisemitismus, der den entsprechenden Konzepten R.W. Darrés in keiner Weise nachstand und diese Bauernbewegung letztlich konsequent in den Nationalsozialismus führte.

V.

Seit Beginn der Weimarer Republik sorgten der „Krieg" zwischen Stadt und Land, weiter anhaltende Verlust- und Bedrohungserfahrungen der Bauern wie der Gutsbesitzer, nicht zuletzt aber auch die Legitimationskrise der BdL-Führung für eine nahtlose Fortsetzung der national-konservativen Ablenkungs-, Integrations- und Mobilisierungsstrategien der Kaiserzeit, in BdL und RLB, noch stärker aber in den einzelnen ostelbischen Landbünden. Damit waren zugleich die Grundlagen gelegt für Kontinuität und neue Konjunkturen des Antisemitismus auf dem Lande. Von Anfang an wurde der Antisemitismus der Agrarverbände aber nun von einer starken und wachsenden völkischen Strömung auf dem Lande flankiert. Zwei „Belastungs- oder gar Überlastungspunkte" agrarischer Republik-

67 PLB 1929, Nr. 8, S. 58f.

68 Vgl. nur als eines von vielen Beispielen die enthumanisierende Rhetorik in dem Artikel „Der Kuckuck" in: Deutscher Jungbauer 1926, Nr. 2, S. 19 („Schmarotzer", „Büschelkäfer", „Laus", „Trichinen" und „Bazillen" als Metaphern für Juden); den Deutungshintergrund für solche Artikel legte die „Bildungsarbeit" der „Bauernhochschule" für die Jugend; vgl. z. B. die von dem Lehrer der Brandenburgischen Bauernhochschule, Kurt Kerlen, zusammengestellte Literaturliste für die bildungswillige Landjugend, in welcher völkisch-rassistische, vor allem aber antisemitische Literatur eindeutig dominierte (BLB 6, 1926, Nr. 8, 20.2.1926, S. 94).

erfahrung „steuerten“ diesen Verbandsantisemitismus: Kriegsniederlage und Revolution 1918/19 gaben dem bis 1923 dominierenden politischen Antisemitismus seine Dynamik; dann verlagerte die Preis-, Kredit-, Steuer- und Soziallastenkrise von 1923/24 den Schwerpunkt antisemitischer „Argumentation“ bis 1933 auf ökonomische Konstrukte, die aber, wie die vorher konzipierten politischen, in völkisch-weltanschauliche Vorstellungen eingebunden waren, ohne daß diese zum steuernden Kern der Deutungsarbeit wurden.

Zwar hat man in den Landbünden Ostelbiens den Antisemitismus auch eingesetzt, um die Mitglieder für notwendige landwirtschaftliche Reform- und Effektivierungsmaßnahmen zu mobilisieren, am deutlichsten zweifellos zum Ausbau des Genossenschaftswesens. Bestimmend für den Einsatz antisemitischer „Argumente“ und Mobilisierungsressourcen blieb aber das Konzept der überforderten, betrogenen, schutzbedürftigen Landwirtschaft. Der bündische Antisemitismus blieb auch nach dem Ende der politischen Nachkriegskrisen und der erfolgreichen Währungsstabilisierung defensiv, organisierte nun die Verlust- und Verteidigungsgemeinschaft des Landes gegen die Stadt, darüber hinaus günstigstenfalls noch das Bündnis aus „ordentlichen“ Kaufleuten, „ehrlichen“ Handwerkern und den aufopferungsvoll arbeitenden, aber gezielt vom Staat geopferten Bauern und Gutsbesitzer gegen den einseitig profitorientierten „Juden“. Steuerungskern dieser antisemitischen Agitation blieb ein grundlegendes Unterlegenheits- und Bedrohungsgefühl, das sich mit den Verlusterfahrungen von 1923/24 noch einmal dramatisch gesteigert hatte. Man protestierte gegen die neue Fülle von Lasten und Anpassungsanforderungen, die von „der Stadt“, zunächst von dem neuen politischen System, dann von den beschleunigten Marktbildungsprozessen ausgingen. Landbundführung und organisierte Landwirte bemühten sich zwar um Effektivierung von Produktion und Absatz, blieben aber hinter der Schnelligkeit der Marktentwicklung, auch hinter den neuen, politisch auferlegten Belastungen immer stärker zurück. Da die Bewußtseins- und Verhaltenstraditionen, die Vielfalt der Lasten, aber auch die konservativen Interessen von Gutsbesitzern wie Bauern eine noch zielstrebigere Umstellung ihrer Landwirtschaft nicht zuließen, suchte man die Zumutung, neue Betriebs- und Vermarktungsstrukturen zu akzeptieren und zu etablieren, durch Stigmatisierung derer zu blockieren (bzw. stark abzuschwächen), die scheinbar allein diese zerstörerische, „undeutsche“ Beschleunigung zu verantworten hatten und sich in dieser auch offenkundig vorzüglich bewährten: die Juden. Diese Defensivstrategie, die Aktualisierung tiefsitzender Unterlegenheitsängste, mochte für eine erfolgreiche konservativ-landbündische Agitation von Wahltermin zu Wahltermin langfristig hinreichen, zumal sich 1929, mit dem Abfluß der ausländischen Kredite, wie schon lange vorausgesagt, das „Programm von 1923“ wirklich zu realisieren schien. Für die landbündische Einheitsfront war ein solches defensives Deutungsmuster aber auf längere Sicht ein zu schwacher Kitt. Gegen die personalisierende Vereinfachung komplexer politisch-ökonomischer Zusammenhänge erhob sich kein Widerspruch, wohl aber gegen eine elitär-traditionelle Führung, die ein Konzept des dauernden Verlierers vertrat. Das Konzept des „mit allen modernen Hilfsmitteln, ganz analog zur Industrie“ wirtschaftenden „Farmers“ in Verbindung mit einem effizienten Genossenschaftswesen (dessen Aufbau mißlang) hätte vielleicht einen Ausweg aus der Krise bieten können; aber die Lage der Landwirtschaft war seit 1927 mehr als schwierig und zudem war dieses Modell seit langem als „undeutsch“, „amerikanisch“ und „jüdisch“ desavouiert. So wandten sich Bauern wie Gutsbesitzer letztlich einem anderen, scheinbar Erfolg versprechenden Konzept zu, setzten auf ein imaginäres Volkstums- und Rassesubstrat, das in der Landbevölkerung angeblich noch relativ rein und gesund geblieben sein sollte. Mit jeweils eigenen Ideologien völkisch-rassischer Erneuerung von Führertum und „Nährstand" gingen Gutsbesitzer wie Bauern Ostelbiens seit 1930, beide zunehmend jenseits der Organisation der Landbünde, zur NS-Bewegung über.

Personenregister

Autorenverzeichnis

Dr. Walter Achilles, Professor, Diekholzen
Dr. Maria Blömer, Berlin
Dr. habil. Ilona Buchsteiner, Rostock
Dr. Scott M. Eddie, Professor, Toronto
Dr. Jens Flemming, Kassel
Dr. Hartmut Harnisch, Professor, Berlin
Dr. Klaus Herrmann, Stuttgart-Hohenheim
Dr. Klaus Heß, Fellbach
Dr. Wolfgang Jacobeit, Professor, Berlin
Dr. Manfred Jatzlauk, Rostock
Dr. Fusao Kato, Professor, Hiroshima
Dr. Volker Klemm, Professor, Berlin
Dr. Jürgen Laubner, Halle (Saale)
Dr. Stephan Merl, Professor, Bielefeld
Dr. Hans-Heinrich Müller, Berlin
Dr. Wolfram Pyta, Köln
Dr. Heinz Reif, Professor, Berlin
Dr. Hans-Joachim Rook, Berlin
Dr. Wlodzimierz Stepinski, Szczecin
Dr. Leszek Wiatrowski, Wroclaw

Printed and bound by CPI Group (UK) Ltd, Croydon, CR0 4YY
30/09/2026
14973049-0006